LIBRO HOMENAJE A
CECILIA SOSA GÓMEZ

Academia de Ciencias Políticas y Sociales

LIBRO HOMENAJE A CECILIA SOSA GÓMEZ

TOMO II

Comisión Coordinadora:
Rafael Badell Madrid
Henrique Iribarren Monteverde
Juan Cristóbal Carmona Borjas
José Antonio Muci Borjas

Editorial Jurídica Venezolana International
2021

A12

Academia de Ciencias Políticas y Sociales
Libro Homenaje a Cecilia Sosa Gómez / Academia de Ciencias Políticas y Sociales. -- Rafael Badell Madrid; Henrique Iribarren Monteverde; Juan Cristóbal Carmona Borjas; José Antonio Muci Borjas (Coordinadores); presentación Allan R. Brewer-Carías. -- Caracas: Academia de Ciencias Políticas y Sociales, 2021.
2 tomos

Depósito Legal: DC2021001581
ISBN de la obra completa: 978-980-416-038-7
Tomo I: 978-980-416-039-4
Tomo II: 978-980-416-040-0

1. DERECHO CONSTITUCIONAL 2. DERECHOS FUNDAMENTALES 3. DERECHO INTERNACIONAL PÚBLICO 4. DERECHO ADMINISTRATIVO 5. DERECHO PROCESAL Y ADMINISTRACIÓN DE JUSTICIA I. Título II. Brewer-Carías, Allan R.

Depósito legal: DC2021001581
ISBN obra completa: 978-980-416-038-7
ISBN Tomo II: 978-980-416-040-0

Avenida Universidad, Bolsa a San Francisco,
Palacio de las Academias. Caracas 1121-A
Teléfonos: (0212) 482.88.45 - 482.86.34
Fax: (0212) 483.26.74
e-mail: academiadecienciaspoliticas@gmail.com
Página Web: www.acienpol.org.ve
Biblioteca "Andrés Aguilar Mawdsley"
Telefax: (0212) 481.60.35
Servicio on line: Sistema de Cooperación Jurídica: www.scjuridica.org.ve
Centro de Investigaciones Jurídicas
Teléfono: (0212) 377.33.58
Servicio on line: Proyecto Ulpiano: www.ulpiano.org.ve

Diseño de portada: Evelyn Barboza V.
Diagramación: Oralia Hernández

Impreso por: Lightning Source, an INGRAM Content company
para: Editorial Jurídica Venezolana International Inc.
Panamá, República de Panamá.
Email: ejvinternational@gmail.com

LIBRO HOMENAJE A CECILIA SOSA GÓMEZ

TOMO II

Autores

Alfredo Parés Salas
Ana Sánchez Lamelas
Enrique Urdaneta Fontiveros
Franklin Hoet-Linares
Gonzalo Pérez Salazar
Henrique Iribarren Monteverde
Humberto Romero-Muci
Jaime Rodríguez-Arana
Jorge Luis Lozada González
José Antonio Muci Borjas
José Araujo-Juárez
José Ignacio Hernández G.
Juan Antonio Hernández Corchete
Juan Manuel Alegre Ávila
Julio Rodríguez Berrizbeitia
Luciano Parejo Alfonso
Luis Cova Arria
Luis Miguez Macho
María Amparo Grau
Nelly Del Valle Mata
Ramón Escovar León
Rodrigo Rivera Morales
Román J. Duque Corredor
Salvador R. Yannuzzi Rodríguez
Xabier Arzoz Santisteban

Comisión Coordinadora:
Rafael Badell Madrid
Henrique Iribarren Monteverde
Juan Cristóbal Carmona Borjas
José Antonio Muci Borjas

CECILIA SOSA GÓMEZ

CONTENIDO

TOMO I

Presentación al Libro Homenaje de la Dra. Cecilia Sosa Gómez. El falseamiento del Estado Constitucional.
Allan R. Brewer-Carías 19

DERECHO CONSTITUCIONAL

Del Estado de Derecho al Estado *de Facto*: La destrucción de la Democracia Constitucional en Venezuela.
Carlos Ayala Corao 117

El régimen de los estados federales en la Constitución Venezolana de la nueva democracia.
Fortunato González Cruz 195

Reflexiones sobre el papel del Estado y del Derecho en las situaciones de necesidad y emergencia.
Juan Carlos Cassagne 215

Una propuesta contramayoritaria como regla de poder para la consolidación de un nuevo paradigma constitucional y democrático en Venezuela.
Alejandro González Valenzuela 249

La inconstitucional mutación del Consejo Federal de Gobierno como instrumento contra la Descentralización.
Juan Manuel Raffalli 285

El Préstamo Constitucional.
Raúl Arrieta Cuevas 317

Populismo. Democracia y Justicia Constitucional: Variaciones en torno al Constitucionalismo Autoritario.
Ramsis Ghazzaoui 337

DERECHOS FUNDAMENTALES

Algunos aspectos sobre unos Derechos Humanos más olvidados y preteridos en Venezuela: El derecho a vivir en paz.
Allan R. Brewer-Carías 381

Diálogo social: Perspectiva latinoamericana.
César Augusto Carballo Mena 439

El ejercicio del derecho al sufragio por parte de la mujer venezolana.
Juan Cristóbal Carmona Borjas 469

Situación de los Derechos Civiles y Políticos en Venezuela durante la Pandemia (2020-2021) a la luz del Derecho Internacional de los Derechos Humanos y el Derecho Penal Internacional.
Fernando M. Fernández 497

Respuestas de los estados en el contexto del Covid-19 ¿Existen derechos existenciales a nivel Global que deben ser protegidos o *solo son* potestades de los gobiernos?
Luis Alberto Petit Guerra 551

La protección del ambiente frente al riesgo de accidentes industriales, en Europa y España.
Ángel Manuel Moreno Molina 579

Las normas del Derecho Internacional aplicables a la situación de los desplazados venezolanos.
Milagros Betancourt C. 643

Democracia, Constitución y protección de datos personales.
Raúl Arrieta Cortés 679

Sobre la conveniencia de consensuar un concepto de terrorismo.
Jesús Ollarves Irazábal 693

DERECHO INTERNACIONAL PÚBLICO

Comentarios sobre la controversia con Guyana.
Rafael Badell Madrid 731

La supuesta aquiescencia de Venezuela en la disputa por la Guayana Esequiba. Especial referencia al Acuerdo de Ginebra.
Gabriel Ruan Santos 815

Agresiones a la soberanía de Venezuela y amenazas a la paz y a la seguridad internacionales.
Moisés Troconis Villarreal 837

La controversia del Esequibo y las condiciones de validez del Laudo de París del 3 de octubre de 1899.
Héctor Faúndez Ledesma 897

TOMO II

DERECHO ADMINISTRATIVO

La necesidad y el contenido mínimo de las normas legales atributivas de potestades discrecionales.
José Antonio Muci Borjas 983

El documento público administrativo.
Henrique Iribarren Monteverde 999

Antecedentes y principios de la mejora de la regulacion en el Derecho Español.
Luis Miguez Macho 1011

Ensayo de caracterización de la dogmática juridico-pública y en concreto administrativa y española.
Luciano Parejo Alfonso.....1037

Reflexiones sobre las medidas cautelares en el proceso contencioso-administrativo español. (Una visión jurisprudencial).
Jaime Rodríguez-Arana.....1079

Los riesgos imprevistos en la ejecución de los contratos administrativos.
Juan Antonio Hernández Corchete.....1105

El nacimiento del principio de protección de la confianza en la jurisprudencia alemana.
Alfredo Parés Salas.....1145

Unas pinceladas a modo de sugerencia para una futura y eventual teoría sobre el Derecho Administrativo.
Juan Manuel Alegre Ávila y Ana Sánchez Lamelas.....1169

El Derecho Administrativo Interamericano en el Siglo XXI y la post-pandemia. Perspectivas desde el Derecho Administrativo fallido en Venezuela.
José Ignacio Hernández G......1233

Derecho Administrativo: Derecho garantizador.
José Araujo-Juárez.....1265

DERECHO PROCESAL Y ADMINISTRACIÓN DE JUSTICIA

La corrupción de la administración de la justicia.
Román J. Duque Corredor.....1305

El tránsito de la casación de derecho a la casación de instancia.
Ramón Escovar León.....1341

¿Se puede recurrir de la decisión que ordene oficiosamente practicar diligencias probatorias?
Salvador R. Yannuzzi Rodríguez 1381

¿Es inconstitucional lo dispuesto en el Artículo 255 de la Constitución sobre el nombramiento y juramento de los jueces por el Tribunal Supremo de Justicia?
Rodrigo Rivera Morales 1417

Aproximación a la interpretación conforme como técnica de coordinación normativa.
Xabier Arzoz Santisteban 1435

Cecilia Sosa Gómez, la Juez.
María Amparo Grau 1485

Inconsistencias de la Sala Constitucional en materia de principios y valores.
Gonzalo Pérez Salazar 1517

TEMAS VARIOS

La adiaphora.
Julio Rodríguez Berrizbeitia 1537

Ilegitimidad de *la dolarización* de las sanciones tributarias.
Humberto Romero-Muci 1575

El leviatán portacontenedores "*Ever Given*": Un compendio de Derecho Marítimo.
Luis Cova Arria 1609

Carabobo: La Batalla que no termina *a cien años del homenaje y a doscientos de la epopeya.*
Enrique Urdaneta Fontiveros 1619

La legislación del agua en Venezuela.
Jorge Luis Lozada González 1651

El emprendimiento social y su protección por la legislación de propiedad intelectual.
Franklin Hoet-Linares 1685

Individualización de las sanciones en el Sistema Penal de responsabilidad del adolescente.
Nelly Del Valle Mata 1735

TOMO II

- DERECHO ADMINISTRATIVO
- DERECHO PROCESAL Y ADMINISTRACIÓN DE JUSTICIA
- TEMAS VARIOS

DERECHO ADMINISTRATIVO

La necesidad y el contenido mínimo de las normas legales
atributivas de potestades discrecionales.
José Antonio Muci Borjas

El documento público administrativo.
Henrique Iribarren Monteverde

Antecedentes y principios de la mejora de la regulacion en el Derecho Español.
Luis Miguez Macho

Ensayo de caracterización de la dogmática juridico-pública
y en concreto administrativa y española.
Luciano Parejo Alfonso

Reflexiones sobre las medidas cautelares en el proceso
contencioso-administrativo español. (Una visión jurisprudencial).
Jaime Rodríguez-Arana

Los riesgos imprevistos en la ejecución de los contratos administrativos.
Juan Antonio Hernández Corchete

El nacimiento del principio de protección de la confianza
en la jurisprudencia alemana.
Alfredo Parés Salas

Unas pinceladas a modo de sugerencia para una futura y eventual teoría
sobre el Derecho Administrativo.
Juan Manuel Alegre Ávila y Ana Sánchez Lamelas

El Derecho Administrativo Interamericano en el Siglo XXI y la post-pandemia.
Perspectivas desde el Derecho Administrativo fallido en Venezuela.
José Ignacio Hernández G.

Derecho Administrativo: Derecho garantizador.
José Araujo-Juárez

LA NECESIDAD Y EL CONTENIDO MÍNIMO DE LAS NORMAS LEGALES ATRIBUTIVAS DE POTESTADES DISCRECIONALES

JOSÉ ANTONIO MUCI BORJAS*

SUMARIO

I. Introducción. II. La atribución de potestades discrecionales a la luz de la Constitución venezolana. A. El presupuesto para la válida atribución de potestades discrecionales a la Administración Pública: su necesidad. B. El contenido mínimo de las leyes atributivas de potestades discrecionales: cavilaciones a partir de la Constitución. §1. El derecho a la tutela judicial efectiva y el contenido de las leyes atributivas de poderes discrecionales. §2. La garantía constitucional de reserva legal y el contenido de las leyes atributivas de poderes discrecionales. C. Corolario. III. La atribución de potestades discrecionales a la luz de la Ley Orgánica de Procedimientos Administrativos. A. La Ley Orgánica de Procedimientos Administrativos: el propósito de sus normas. B. El artículo 12 de la Ley Orgánica de Procedimientos Administrativos. §1. La designación de la autoridad administrativa competente. §2. El supuesto de hecho normativamente previsto. §3. Los fines de la norma. §4. Los trámites, requisitos y formalidades para su validez y eficacia. C. Recapitulación.

I. INTRODUCCIÓN

Las reflexiones que siguen no versan sobre el ejercicio de la discrecionalidad administrativa; tampoco sobre su control judicial *ex post*. Versan sobre el antecedente indispensable para la existencia y correcto ejercicio de la discrecionalidad administrativa: una ley atributiva de poderes o potestades discrecionales.

---

* Abogado egresado de la Universidad Católica Andrés Bello (UCAB, 1986), con estudios de postgrado en Derecho Administrativo, Tributario y Procesal Civil (Università La Sapienza (1987-1988), Derecho Constitucional y Derecho Tributario (University of Miami, 1994) y Derecho Financiero (UCAB, 1996-1998). Profesor Titular de Derecho Administrativo en la UCAB. Individuo de Número de la Academia Nacional de Ciencias Políticas y Sociales (Sillón N° 27).

El cumplido estudio de la discrecionalidad administrativa obliga a discurrir sobre un tópico que doctrina y jurisprudencia aún no han abordado debidamente, a saber, la necesidad y el contenido –mínimo– de las leyes atributivas de poderes discrecionales, entendidos como requisitos sin los cuales resulta imposible asegurar (i) la licitud de la conducta administrativa y (ii) la efectividad del control de dicha discrecionalidad por los jueces contencioso-administrativos.

Al abordar esta cuestión, soslayada por la soberanía que tradicionalmente se ha reconocido al Legislador y la fuerza irresistible de sus mandatos, resulta necesario plantearse diversas preguntas, entre las cuales cabría mencionar las siguientes: ¿cuándo y con base en qué razones puede la ley otorgar poderes discrecionales a la Administración Pública? ¿La decisión del Legislador debe responder a razones de necesidad o puede, por el contrario, obedecer a motivos de mera conveniencia? ¿Cabe atribuir discrecionalidad administrativa si el Legislador puede prever las soluciones que la tutela del interés general puede reclamar?.

A esas preguntas iniciales, referidas a la causa o razón justificante de la atribución de poderes discrecionales, cabría agregar otras, relativas a la extensión de estos últimos: ¿en qué términos puede el Legislador otorgar poderes discrecionales a la Administración? ¿qué extremos o requisitos deben reunir las normas legales atributivas de discrecionalidad administrativa?[1].

Las páginas que siguen abordan estas cuestiones a partir de la Constitución[2] y de la Ley Orgánica de Procedimientos Administrativos[3].

II. LA ATRIBUCIÓN DE POTESTADES DISCRECIONALES A LA LUZ DE LA CONSTITUCIÓN VENEZOLANA

A. El presupuesto para la válida atribución de potestades discrecionales a la Administración Pública: su necesidad

El Poder Legislativo, he aquí una obviedad, se halla en el deber de ejercer sus potestades legislativas de manera razonable. Así lo exi-

---

1 Preguntas esencialmente idénticas formula en España Tomás Ramón Fernández, "Sobre los límites constitucionales del poder discrecional", *Revista de Administración Pública*, N° 187, enero-abril (2012), Madrid, p. 148.

2 *Gaceta Oficial de la República* N° 5.908 Extraordinario, del 19 de febrero de 2009.

3 *Gaceta Oficial de la República* N° 2.818 Extraordinario, de 1° de julio de 1981.

ge el principio constitucional de racionalidad en el ejercicio del Poder Público, también conocido como principio constitucional de razonabilidad, que impone al Estado el deber de ejercer las potestades que el ordenamiento le asigna de manera juiciosa, esto es, con sensatez y prudencia. Los poderes del Parlamento no tienen la fuerza irresistible de otrora que, de acuerdo con una frase clásica, podía hacerlo absolutamente «todo menos convertir a un hombre en mujer»[4]. Dicho en otros términos,

> *«[l]as Constituciones se fundan en la juridificación del poder político, y lo hacen además en un sentido amplio: todo poder político deriva de la Constitución y se encuentra sujeto a la misma; dicho de otra forma, no existe autoridad alguna al margen de la Constitución».*[5]

Por causa del deber constitucional de racionalidad y la consecuente veda de las actuaciones legislativas irreflexivas o caprichosas, la asignación de poderes discrecionales a la Administración Pública debe ser siempre el resultado de una actuación juiciosa, cuyo resultado responda a argumentos jurídicos serios y atendibles. Por consiguiente, el Legislador:

a. Debe primero determinar si se haya en capacidad de prever en la ley las distintas consecuencias jurídicas que deberían producirse una vez acaecido el supuesto de hecho –tipo– previsto en la norma.
b. Hecha esa primera determinación debe definir, asimismo, si resulta necesario habilitar a la Administración Pública con un poder que le permita adaptar sus decisiones a las circunstancias singulares de cada uno de los asuntos que esta deba decidir con base en la norma atributiva de facultades discrecionales.

---

4 Joaquín García Morillo, "Mitos y realidades del parlamentarismo, *Revista del Centro de Estudios Constitucionales*, Nº 9 Mayo-Agosto 1991, Madrid, p. 122; y, Santiago Muñoz Machado, *Tratado de Derecho Administrativo y de Derecho Público General*, Tomo III (Los principios de constitucionalidad y legalidad), Agencia Estatal Boletín Oficial del Estado, Madrid, 2015, p. 48.

5 Hans Michael Heinig, Thorsten Kingreen, Oliver Lepsius, Christoph Möllers, Uwe Volkmann, y Hinnerk Wißmann, "Why Constitution Matters – La Ciencia del Derecho Constitucional ante la Crisis del Coronavirus", *Revista de Derecho Público: Teoría y Método*, Marcial Pons Ediciones Jurídicas y Sociales, Vol. 1 – 2021, Madrid, p. 132.

c. Debe determinar, finalmente, la finalidad –siempre de interés general– digna de tutela y, con base en ella, la extensión de los poderes, limitados por definición, que cabe conferir a la Administración[6].

Con base en tales reflexiones el Legislador debería abstenerse de conceder poderes discrecionales para, *e.g.*, las actuaciones administrativas rutinarias que puedan ser resueltas mediante una simple subsunción y aplicación "*mecánica*" de la consecuencia jurídica prevista por la norma, que no demanda la previa valoración de los intereses –públicos y privados– en conflicto, ni la determinación, caso por caso, del interés que ha de prevalecer[7]. Y cuando la concesión de poderes discrecionales resulte realmente necesaria, el Legislador debe procurar redactar reglas legales claras, que delimiten con precisión los poderes que se delegan, particularmente cuando estos puedan incidir sobre la libertad de los ciudadanos.

A la actuación crítica y reflexiva del Legislador, acorde con el principio constitucional de racionalidad, alude, de manera virtual o implícita, el Reglamento Interior y de Debates de la Asamblea Nacional, al exigir que todo proyecto de ley (i) venga acompañado de una exposición de motivos, contentiva de una explicación de sus normas, particularmente en lo que atañe a su contenido y alcance; (ii) sea objeto de detenido estudio por una comisión parlamentaria, y que producto de ese estudio se elabore un informe en el que se exponga la conveniencia de aprobar el proyecto; y, (iii) sea sometido a dos discusiones, la segunda de las cuales tiene por objeto analizar separadamente cada uno de sus artículos.

El proceso legislativo disciplinado por el Reglamento Interior y de Debates de la Asamblea Nacional es, por diseño, el foro en el que el Estado debe reflexionar –de suyo, de manera crítica– sobre la necesidad y contenido de las normas legales atributivas de potestades discrecionales antes de su sanción y entrada en vigor.

---

6 Tomás Ramón Fernández, "Sobre los límites constitucionales del poder discrecional", *Revista de Administración Pública*, N° 187, enero-abril (2012), Madrid, p. 162.

7 Marco A. Quiroz Vitale, *Il Diritto Liquido* (Decisioni giuridiche tra regole e discrezionalità), Dott. A. Giuffrè Editore S.p.a., Milano, 2012, p. 82.

B. El contenido mínimo de las leyes atributivas de potestades discrecionales: cavilaciones a partir de la Constitución

§1. El derecho a la tutela judicial efectiva y el contenido de las leyes atributivas de poderes discrecionales

El artículo 26 de la Constitución venezolana reconoce el derecho a una tutela judicial efectiva[8]. Constatada esa obviedad, la pregunta obligada es esta: ¿qué entraña el adjetivo («efectiva») empleado por la norma? La respuesta es, nuevamente, una obviedad: para impartir justicia y brindar tutela judicial no basta con pronunciar cualquier decisión. Pero, de nuevo, ¿qué significa esto último?

La tutela efectiva del derecho o interés invocado en juicio se contrapone a su tutela nominal. La decisión judicial que se dicte no debe ni puede dejar irresoluto el conflicto que media entre las partes enfrentadas, porque ello daría pie a la interposición de sucesivas demandas y a la tramitación de nuevos procesos; en suma, a la posibilidad de que surjan conflictos judiciales interminables[9]. Los tribunales de justicia deben brindar amparo o protección verdaderos y, para ello, la tutela que impartan *–secundum legem–* debe ser idónea para poner punto final al conflicto que el juez está llamado a dirimir. Es este, y no otro, el deber que la Constitución les impone.

En el ámbito administrativo, la cualidad de esa tutela judicial exige que la norma atributiva de poderes discrecionales tenga un contenido mínimo, porque sin este los jueces contencioso-administrativos carecerían de los parámetros de referencia, necesarios por definición, que les permitan (i) contrastar la actuación administrativa con el mandato contenido en la norma que la Administración aplicó o debió haber aplicado y, consecuentemente, (ii) ejercer el control plenario de legalidad que la Constitución les encomienda. De acuerdo con lo previsto por la Cons-

---

8 De acuerdo con el artículo 26 *«[t]oda persona tiene derecho de acceso a los órganos de administración de justicia para hacer valer sus derechos e intereses, incluso los colectivos o difusos; a la tutela efectiva de los mismos y a obtener con prontitud la decisión correspondiente. El Estado garantizará una justicia gratuita, accesible, imparcial, idónea, transparente, autónoma, independiente, responsable, equitativa y expedita, sin dilaciones indebidas, sin formalismos o reposiciones inútiles»*.

9 *Mutatis mutandis*, Corte Primera de lo Contencioso-Administrativo, Sentencia N° 347, del 21 de marzo de 2001, asunto *Josefina Constanzo S.*

titución, ese contenido mínimo incluye, *inter alia*, el fin que justificó la asignación de la potestad discrecional a la Administración, pues, de lo contrario, resultaría imposible anular los actos administrativos «contrarios a Derecho, incluso por desviación de poder» (artículo 259)[10]; y, el procedimiento administrativo cuya tramitación asegura el derecho al debido proceso (artículo 49)[11].

En un Estado de Derecho (artículo 2° de la Constitución) la ley no puede conceder poderes a la Administración en términos que a la postre frustren o impidan el control encomendado a la jurisdicción contencioso-administrativa y el restablecimiento efectivo de los derechos e intereses lesionados por la actuación administrativa. Incumbe al Legislador –y a su producto típico, la ley– asegurar que los jueces contencioso-administrativos puedan ejercer en plenitud la función que la Constitución les encomienda («disponer lo necesario para el restablecimiento de las situaciones jurídicas subjetivas lesionadas por la actividad administrativa»).

En este orden de ideas, la Corte Constitucional Federal de Alemania ha afirmado que el principio de tutela judicial efectiva le impone deberes al Legislador al momento de aprobar leyes atributivas de poderes discrecionales. Según la Corte, las leyes individuales deben estar formuladas de forma tal que garanticen –en la medida de lo posible– una protección judicial efectiva. De resultas, mientras mayores sean las facultades que las leyes concedan a la Administración Pública para afectar o gravar un derecho fundamental, más concretas y verificables deben ser las normas legislativas[12]. En sentido coincidente, el Tribunal Constitucional del Reino de España ha afirmado, *mutatis mutandis*, que al Legislador no le resulta posible sancionar normas atributivas de

---

10 El artículo 259 establece que «[*l*]*a jurisdicción contencioso administrativa corresponde al Tribunal Supremo de Justicia y a los demás tribunales que determine la ley. Los órganos de la jurisdicción contencioso administrativa son competentes para anular los actos administrativos generales o individuales contrarios a derecho, incluso por desviación de poder; condenar al pago de sumas de dinero y a la reparación de daños y perjuicios originados en responsabilidad de la Administración; conocer de reclamos por la prestación de servicios públicos y disponer lo necesario para el restablecimiento de las situaciones jurídicas subjetivas lesionadas por la actividad administrativa*».

11 Según el encabezamiento del artículo 49, «[*e*]*l debido proceso se aplicará a todas las actuaciones judiciales y administrativas*».

12 Jürgen Kühling, "Il controllo della discrezionalità in Germania", *Potere Discrezionale e controllo giudiziario*, a cura di Parisio, Vera, Dott. A Giuffrè Editore, S.pa., Milano, 1998, p. 18.

poderes discrecionales «*carentes de límites ciertos y estrictos*», particularmente en materia de derechos fundamentales, porque ello comportaría «*disponer de la reserva*», en contravención de lo dispuesto por la norma constitucional creadora de la reserva[13].

Para dar cumplimiento a lo ordenado por la Constitución no basta cualquier norma de ley. Las normas de ley deben contar con contenido mínimo que sirva para determinar –con precisión suficiente–los límites del poder concedido a la Administración Pública, para así proporcionar al juez contencioso-administrativo un término de referencia idóneo, que le permita controlar la licitud –integral– de actuación administrativa. Sin un contenido mínimo resulta imposible asegurar la idoneidad del control que el Estado se halla en el deber de garantizar, *ex* artículo 26 de la Constitución y, consecuentemente, que la parte enfrentada a la Administración obtenga tutela judicial efectiva.

El poder de elección que la discrecionalidad confiere a la Administración siempre debe estar encuadrado o acotado por normas jurídicas con un contenido cierto, delimitador de ese poder. Así lo exigen los principios de legalidad[14] y seguridad jurídica[15].

§2. La garantía constitucional de reserva legal y el contenido de las leyes atributivas de poderes discrecionales

En virtud de la garantía de reserva legal el Parlamento, órgano plural en el que se encuentre representada la sociedad como un todo[16], se halla en el deber de regular las materias que integran la reserva mediante norma de ley sancionada previa tramitación de un procedimiento inclusivo de consulta pública a la sociedad[17].

---

13 Sentencia número 99/1987, de 11 de junio, en *Boletín Oficial del Estado* (BOE) Nº 152, de 26 de junio de 1987, pp. 16-29.

14 A tenor del artículo 141 de la Constitución, «[l]*a Administración Pública está al servicio de los ciudadanos y ciudadanas y se fundamenta en los principios de honestidad, participación, celeridad, eficacia, eficiencia, transparencia, rendición de cuentas y responsabilidad en el ejercicio de la función pública, con sometimiento pleno a la ley y al derecho*».

15 Según la jurisprudencia venezolana el principio general de la seguridad jurídica, esto es, el derecho al Derecho, tiene rango constitucional (*vid.* Sala Político-Administrativa de la Corte Suprema, Sentencia Nº 686, del 30 de octubre de 1997, asunto *Luis Enrique Pagés*).

16 *Mutatis mutandis*, José Antonio Muci Borjas, *Potestad Reglamentaria y Reglamento*, coedición de la Editorial Jurídica Venezolana y de la Academia de Ciencias Políticas y Sociales, Caracas, 2017, p. 63.

17 Sala Constitucional del Tribunal Supremo de Justicia, Sentencia Nº 1.031, del 12 de julio de 2012, asunto *Defensor del Pueblo*.

En palabras de nuestro más alto Tribunal, «*la infraestructura básica del ordenamiento pertenece a la ley, dada su fuente de legitimidad y su función creadora irresistible*» y, por consiguiente, es la ley formal la que debe definir «*las situaciones básicas de los sujetos, sus deberes, obligaciones y derechos*»[18]. Esa infraestructura básica o contenido mínimo es indisponible por el Legislador, particularmente en materia de derechos fundamentales, porque es el Legislador –y no la Administración Pública– quien puede restringir la libertad (general) que la Constitución reconoce a los ciudadanos[19].

Para satisfacer el deber impuesto por la garantía de la reserva legal no basta cualquier regulación. Las disposiciones de la ley deben ser lo suficientemente precisas como para permitir la conducta de la Administración sea previsible[20]. Una ley cuyas disposiciones sean vagas o ambiguas –en suma, inconcretas– no podría ser conciliada con el principio de completitud de la ley, de acuerdo con el cual la materia reservada a la ley debe ser disciplinada de manera cumplida o acabada por el Legislador. También sería contraria a la Constitución porque impediría contrastar la actuación administrativa con la horma o molde –que ha de ser cierto y concreto– que debe condicionar dicha conducta (principio de legalidad).

Cuando son exiguas –esto es, insuficientes–, las regulaciones legales concedentes de discrecionalidad administrativa comportan una prohibida *"deslegalización"*[21], porque la ley debe proporcionarle re-

---

18 Corte Suprema de Justicia en Pleno, Sentencia s/n, del 17 de noviembre de 1986, asunto *Arturo Luis Torres* (*Revista de Derecho Público* N° 28, octubre-diciembre 1986, Editorial Jurídica Venezolana, Caracas, 1986, pp. 85-86).

19 Corte Costituzionale italiana, Sentenza del 7 aprile 2011, n. 115 (Quiroz Vitale, Marco A., *Il Diritto Liquido* (Decisioni giuridiche tra regole e discrezionalità), Dott. A. Giuffrè Editore S.p.a., Milano, 2012, pp. xv-xvi). Consúltese también Sala Constitucional del Tribunal Supremo de Justicia, Sentencia N° 1.613, del 17 de agosto de 2004, asunto *Henry Pereira Gorrín*; y, Muci Borjas, José Antonio, *Potestad Reglamentaria y Reglamento*, coedición de la Editorial Jurídica Venezolana y de la Academia de Ciencias Políticas y Sociales, Caracas, 2017, p. 323.

20 Pierre -Laurent Frier y Jacques Petit, *Droit Administratif*, 9e édition, Lextenso Éditions LGDJ, Paris, 2014, p. 83. Corte Suprema de Justicia en Pleno, Sentencia s/n, del 17 de noviembre de 1986, asunto *Arturo Luis Torres* (*Revista de Derecho Público* N° 28, octubre-diciembre 1986, Editorial Jurídica Venezolana, Caracas, 1986, pp. 85-86).

21 José Antonio Muci Borjas, *Potestad Reglamentaria y Reglamento*, coedición de la Editorial Jurídica Venezolana y de la Academia de Ciencias Políticas y Sociales, Caracas, 2017, pp. 174, 246 y 311.

glas legales de actuación ciertas a la Administración, particularmente cuando limitan la libertad constitucionalmente garantizada.

C. Corolario

Como atinadamente afirma Fernández, el juez contencioso-administrativo y su poder de revisión «*no puede llegar [...] donde el Derecho no llega*» y, por ello, la lucha contra la arbitrariedad en el ejercicio del Poder Público por la Administración hay que empezar a plantearla –nos hacemos eco de su planteamiento– «*en una fase anterior*»: la de la proposición, discusión, consulta y ulterior sanción de las leyes[22]. Hay que desplazar la lucha a ese estadio previo porque para que una potestad discrecional califique como «*legal y legítima*», «*el dispositivo legal*» que la confiera debe siempre establecer «*condiciones o requisitos para su ejercicio*»[23].

Las normas legales que confieren poderes discrecionales a la Administración Pública pueden y deben *ser* –según los casos– anuladas o desaplicadas por el juez competente, si al conferir tales potestades anulan el derecho constitucional a la tutela judicial efectiva o violentan los principios constitucionales de racionalidad y reserva legal[24].

III. LA ATRIBUCIÓN DE POTESTADES DISCRECIONALES A LA LUZ DE LA LEY ORGÁNICA DE PROCEDIMIENTOS ADMINISTRATIVOS

A. La Ley Orgánica de Procedimientos Administrativos: el propósito de sus normas

La Ley Orgánica de Procedimientos Administrativos data de 1981. De acuerdo con el artículo 163 de la Constitución vigente *ratione temporis*, las leyes dictadas en materias reguladas por leyes orgánicas se

---

22 Tomás Ramón Fernández, "Sobre los límites constitucionales del poder discrecional", *Revista de Administración Pública*, Nº 187, enero-abril (2012), Madrid, p. 149-150.

23 Sala Constitucional del Tribunal Supremo de Justicia, Sentencia Nº 1265, del 5 de agosto de 2008, asunto *Ziomara Lucena*.

24 Allan Randolph Brewer-Carías, *Estado de Derecho y Control Judicial*, Instituto Nacional de Administración Pública, Madrid, 1987, pp. 19-23; y, José Antonio Muci Borjas, *La "Excepción de Ilegalidad" en el Derecho Administrativo*, Editorial Jurídica Venezolana, Caracas, 2013, pp. 51-60.

encontraban sometidas a las normas de estas últimas[25]. Según la Corte Suprema de Justicia, con la inclusión del artículo 163 se procuraba dispensarle a las leyes orgánicas un «*carácter privilegiado*» en el ordenamiento jurídico venezolano, porque esas leyes debían servir para determinar el «*marco normativo*», «*preeminente y preferente a las leyes ordinarias*» en los asuntos regulados por aquéllas, tanto en lo adjetivo como en lo sustantivo.[26]

No obstante las modificaciones introducidas a la regulación de las leyes orgánicas por la Constitución de 1999, las previsiones de la Ley Orgánica de Procedimientos Administrativos continúan estando supraordenadas a las demás leyes. Cuentan con ese rango superior por la finalidad o propósito –duradero– que en su momento justificó su sanción: servir de marco normativo[27] para otras leyes reguladoras de la Administración Pública y de la actuación administrativa[28].

B. El artículo 12 de la Ley Orgánica de Procedimientos Administrativos

El artículo 12 de la Ley Orgánica de Procedimientos Administrativos determina los términos –siempre uniformes– en los que la Adminis-

---

[25] *Gaceta Oficial de la República* N° 662 Extraordinario, de 23 de enero de 1961. De acuerdo con el artículo 163, «[s]*on leyes orgánicas las que así denomina esta Constitución y las que sean investidas con tal carácter por la mayoría absoluta de los miembros de cada Cámara al iniciarse en ellas el respectivo proyecto de ley. Las leyes que se dicten en materias reguladas por leyes orgánicas se someterán a las normas de éstas*».

[26] Sentencia dictada por la Corte Suprema de Justicia en Corte Plena en fecha 23 de noviembre de 1995, N° 871, asunto *José Godoy et al.* (*Revista de Derecho Público*, N° 63-64, julio-diciembre 1995, Editorial Jurídica Venezolana, Caracas, 1995, pp. 133 y 134); y, Aguilar Gorrondona, José Luis, "Las leyes orgánicas en la Constitución de 1961", *Estudios sobre la Constitución – Libro Homenaje a Rafael Caldera*, Tomo III, Universidad Central de Venezuela, Caracas, 1979, p. 1.959.

[27] En su encabezamiento el artículo 203 de la Constitución establece que «*son leyes orgánicas las que así denomina esta Constitución; las que se dicten para organizar los poderes públicos o para desarrollar los derechos constitucionales y las que sirvan de marco normativo a otras leyes*».

[28] El artículo 1° de la Ley Orgánica de Procedimientos Administrativos dispone textualmente: «*la Administración Pública Nacional y la Administración Pública Descentralizada, integradas en la forma prevista en sus respectivas leyes orgánicas, ajustarán su actividad a las prescripciones de la presente ley. Las administraciones Estadales y Municipales, la Contraloría General de la República y la Fiscalía General de la República, ajustarán igualmente sus actividades a la presente ley, en cuanto les sea aplicable*».

tración Pública puede ejercer la discrecionalidad administrativa "*típica*", esto es, la que habilita a la Administración para conocer y resolver un asunto concreto o específico con fundamento en unas circunstancias de hecho tipo o modelo previstas en –y disciplinadas por– una norma legal preexistente[29]. De acuerdo a esa disposición legal, la discrecionalidad designa el proceso intelectual que, partiendo de antecedentes fácticos ciertos, culmina con la determinación de la sanción jurídica aplicable. Como veremos de seguida, ese proceso intelectual se encuentra acotado por límites normativos (i) de carácter sustantivo («*deberá mantener la debida proporcionalidad y adecuación con*»), así como (ii) de naturaleza formal («*cumplir los trámites, requisitos y formalidades necesarios para su validez y eficacia*»).

Al determinar los términos –siempre uniformes– en los que la Administración Pública puede ejercer la discrecionalidad, el artículo 12 de la Ley Orgánica de Procedimientos Administrativos determina también, de manera indirecta, cuáles son los extremos que deben satisfacer las leyes a través de las cuales se conceden poderes discrecionales a la Administración.

El artículo 12 de la Ley Orgánica de Procedimientos Administrativos establece textualmente lo siguiente:

> *«[a]un cuando una disposición legal o reglamentaria deje alguna medida o providencia a juicio de la autoridad competente, dicha medida o providencia deberá mantener la debida proporcionalidad y adecuación con el supuesto de hecho y con los fines de la norma, y cumplir los trámites, requisitos y formalidades necesarios para su validez y eficacia».*

---

29 La discrecionalidad administrativa típica se contrapone a la discrecionalidad reglamentaria, ejercida para crear las normas con base en las cuales habrán de decidirse todos los asuntos futuros que puedan ser enmarcados en el supuesto de hecho abstracto normativamente previsto –que puedan llegar a ser encuadrados, *id est*, en el supuesto de hecho, tipo o modelo, disciplinado por la norma reglamentaria–. Por tanto, la potestad discrecional que conduce a la aprobación de un reglamento no tiene por objeto habilitar a la Administración para conocer y resolver un asunto concreto; la habilita, por el contrario, para regular hechos que aún no se han producido, para la hipótesis de que lleguen a producirse (José Antonio Muci Borjas, *Potestad Reglamentaria y Reglamento*, coedición de la Editorial Jurídica Venezolana y de la Academia de Ciencias Políticas y Sociales, Caracas, 2017, pp. 111-113).

De seguida analizaremos, uno por uno, los distintos requisitos que deben cumplir las leyes atributivas de poderes discrecionales.

§1. La designación de la autoridad administrativa competente

Al aludir a «*la autoridad competente*», el artículo 12 de la Ley Orgánica de Procedimientos Administrativos exige que toda ley atributiva de potestades discrecionales determine, primero que nada, cuál es la autoridad –especializada funcionalmente– que puede ejercer el poder.

El artículo 12 de la Ley Orgánica de Procedimientos Administrativos debe ser concatenado con los artículos 26 y 27 de la Ley Orgánica de la Administración Pública[30], según los cuales:

a. Toda competencia atribuida legalmente «será de obligatorio cumplimiento y ejercida bajo las condiciones, límites y procedimientos establecidos; será irrenunciable, indelegable, improrrogable y no podrá ser relajada por convención alguna, salvo los casos expresamente previstos en las leyes y demás actos normativos» (artículo 26).
b. En aquellos casos en los que la ley o reglamento atributivo de poderes discrecionales no especifique el órgano o ente que debe ejercerlos, se entenderá que corresponde al órgano o ente con competencia en razón de la materia. Y si lo que la norma no determina es la unidad administrativa que debe ejercerlos, se entenderá que su ejercicio corresponde a la unidad administrativa con competencia por razón de la materia y el territorio (artículo 27).

§2. El supuesto de hecho normativamente previsto

El «*supuesto de hecho*» –siempre cierto– que habilita a la Administración Pública para actuar constituye elemento esencial de toda norma atributiva de poder. Las normas atributivas de poderes discrecionales no constituyen excepción. En estas últimas las circunstancias o antecedentes –de hecho– cumplen un doble propósito, a saber: justifican, primero y principal, el ejercicio mismo de tales poderes; y, segundo,

---

30 *Gaceta Oficial de la Rep*ública N° 6.147 Extraordinario, del 17 de noviembre de 2014.

imponen el deber de graduar o dosificar el ejercicio de este tipo de poderes[31]. Es por ello que el artículo 12 de la Ley Orgánica de Procedimientos Administrativos exige que la medida dictada en ejercicio de poderes discrecionales mantenga «*la debida proporcionalidad [...] con el supuesto de hecho» normativamente previsto*»[32].

Por su íntima relación con el «*supuesto de hecho*», el artículo 12 de la Ley Orgánica de Procedimientos Administrativos también regula los medios que la Administración puede emplear al momento de ejercer sus poderes discrecionales[33]. De acuerdo con la norma esos medios, representados por la decisión o medida administrativa que en definitiva se adopte, deben ser siempre «*mantener la debida proporcionalidad*» con el supuesto de hecho.

§3. Los fines de la norma

En consonancia con lo dispuesto por la Constitución (*ut supra*, II.A), el artículo 12 de la Ley Orgánica de Procedimientos Administrativos establece la medida que se adopte en ejercicio de poderes discrecionales debe mantener «*la debida [...] adecuación [...] con los fines de la norma*». En consecuencia, las leyes atributivas de poderes discrecionales deben siempre indicar cuál es la finalidad que una medida adoptada con base en aquéllos puede perseguir.

La razón de ser de esta exigencia es simple: la consecuencia jurídica aplicable al caso concreto debe tener en cuenta los objetivos perseguidos por la ley. Por ello, una vez constatada la realidad la Administración debe interpretar la ley atributiva de la discrecionalidad para determinar qué es lo que justificó que el ordenamiento la concederle

---

31 Según nuestra justicia, los poderes discrecionales se caracterizan porque la ley habilita a la Administración Pública para «administrar su ejercicio» (Sala Político Administrativa del Tribunal Supremo de Justicia, Sentencia N° 1.512, del 16 de noviembre de 2011, asunto *Corporación Venezolana de Televisión, C.A. (Venevisión)*, y Sala Político Administrativa del Tribunal Supremo de Justicia, Sentencia N° 575, de fecha 13 de junio de 2016, asunto *Fundación Casa de Oración*).

32 Allan Randolph Brewer-Carías, "Régimen General del Procedimiento Administrativo en la Ley Orgánica de Procedimientos Administrativos de Venezuela de 1981", *Revista Electrónica de Derecho Administrativo Venezolano* N° 11/2017, Caracas, pp. 53-54.

33 Quiroz Vitale, Marco A., *Il Diritto Liquido* (Decisioni giuridiche tra regole e discrezionalità), Dott. A. Giuffrè Editore S.p.a., Milano, 2012, p. xv.

el poder (interpretación teleológica)[34]. En oportunidades, la finalidad puede ser explícita y constar en el texto de la norma atributiva de poder, como hace el numeral 7° del artículo 98 de la Ley del Mercado de Valores, que faculta a la Superintendencia Nacional de Valores para «adoptar preventiva y oportunamente, las medidas necesarias a los fines de resguardar los intereses de quienes hayan efectuado inversiones en valores objeto de oferta pública [...] o para mantener el correcto y sano funcionamiento del mercado de valores.». En otras oportunidades, la finalidad ha de ser determinada a partir de una interpretación conjunta de las previsiones de la ley atributiva del poder[35] o, incluso, de su precisa ubicación dentro de la ley de que se trate[36].

§4. Los trámites, requisitos y formalidades para su validez y eficacia

De acuerdo con el artículo 12 de la Ley Orgánica de Procedimientos Administrativos, la actuación discrecional siempre se encuentra sometida a procedimiento administrativo previo (la medida, dice la norma, debe «cumplir los trámites, requisitos y formalidades necesarios para su validez y eficacia»).

Por ello, incumbe a la ley determinar cuáles son los «trámites, requisitos y formalidades» previos que la Administración debe satisfacer para dar cumplimiento tanto a ese mandato legal como al derecho al debido proceso que el encabezamiento del artículo 49 de la Constitución ordena observar en todas las actuaciones administrativas. Ese proce-

---

34 Emilio Betti, *Interpretazione della Legge e degli Atti Giuridici* (Teoria Generale e Dogmatica), 2ª edizione, Dott. A. Giuffrè Editore, S.p.a., Milano, 1971, pp.149-162; y, Hartmut Maurer, *Derecho Administrativo (Parte General)*, Marcial Pons Ediciones Jurídicas y Sociales, S.A., Madrid, 2011, p. 170. También, *mutatis mutandis*, Sala Político Administrativa del Tribunal Supremo de Justicia, Sentencia N° 669, de fecha 7 de mayo de 2014, asunto *Alfombras y Fieltros Iberia, C.A.* G

35 *Mutatis mutandis*, José Antonio Muci Borjas, "Encaje legal bancario: un caso de estudio sobre la regulación de la actividad bancaria en Venezuela", en Alfonzo Paradisi, Juan Domingo y Silva Aranguren, Antonio (coordinadores), *Jornada Anual de la Asociación Venezolana de Derecho Administrativo*, Asociación Venezolana de Derecho Administrativo (Aveda), Caracas, 2020, pp. 111-123.

36 *Vid.* Corte Primera de lo Contencioso-Administrativo, Sentencia N° 1.159, del 12 de julio de 1995, asunto *Ponce & Benzo Sucr., C.A.*

dimiento, diseñado para ponderar –en el ejercicio de las competencias propias– la totalidad de los intereses públicos y privados en juego[37], ha servido para juridificar –conjuntamente con los principios generales del Derecho Administrativo– el ejercicio de la discrecionalidad por la Administración Pública.

También incumbe a la ley determinar cuáles son los requisitos –sean estos concomitantes o posteriores– que la Administración debe satisfacer para que su medida sea válida y eficaz. Entre ellos destacan de manera muy particular (i) la razonada ponderación de los intereses involucrados y (ii) la comunicación del proceso decisorio a los destinatarios a través de una motivación que ha de ser suficiente (principio de suficiencia de la motivación), es decir, «de una amplitud tal que permita al interesado reconstruir el proceso lógico a través del cual se formó la voluntad administrativa» que lesiona sus derechos[38].

C. Recapitulación

Para ser válidas, las normas atributivas de poderes discrecionales deben satisfacer un conjunto de requisitos que bien cabría calificar como necesarios. Deben contemplar necesariamente «*la propia potestad discrecional, la competencia del órgano que la actúa, las formas y procedimientos a través de los cuales dicha potestad debe necesariamente ser desplegada y el fin en consideración al cual dicha potestad se otorga*»[39].

---

37 Artículo 25 de la Ley Orgánica de la Administración Pública. Véase también Massimo Severo Giannini, *Diritto Amministrativo*, Dott. A. Giuffrè Editore, 3ª edizione, Milano, 1993, p. 120.

38 Corte Primera de lo Contencioso-Administrativo, Sentencia s/n del 12 de julio de 1983, en *Revista de Derecho Público* Nº 16, octubre-diciembre de 1983, Editorial Jurídica Venezolana, Caracas, pp. 154-155; y, Tribunal Superior Primero en lo Civil, Mercantil y Contencioso-Administrativo de la Región Capital, Sentencia s/n, del 14 de mayo de 1990, asunto Jesús Ochoa Fuenmayor, en *Revista de Derecho Público* Nº 42, abril-junio 1990, Editorial Jurídica Venezolana, Caracas, 1990, p. 101.

39 Sala Constitucional del Tribunal Supremo de Justicia, Sentencia Nº 790, del 11 de abril de 2002, asunto *Lidia Cropper*. De acuerdo con el fallo, en adición a tales requisitos las normas pueden regular otros elementos, llamémoslos accidentales, como «el tiempo» en que la potestad discrecional puede ejercitarse o, incluso, «los límites precisos» de la propia «decisión» discrecional.

EL DOCUMENTO PÚBLICO ADMINISTRATIVO

HENRIQUE IRIBARREN MONTEVERDE*

SUMARIO

I. Planteamiento del problema. II. Los documentos en el sistema probatorio Venezolano III. Concepto de documento administrativo. IV. Origen jurisprudencial del documento administrativo. 1. La etapa de incertidumbre (1967-1998). 2. El asentamiento (1998). 3. Etapa de consolidación (1998-2021). V. Consecuencias de la calificación de un documento como administrativo. VI. A modo de colofón. VII. Referencias bibliográficas.

Para nosotros es un honor preparar un artículo jurídico en homenaje a la muy eminente jurista, Dra. Cecilia Sosa Gómez, por cuanto ella es en sus vivencias y trayectoria un ejemplo a seguir en Venezuela, y por lo tanto este libro homenaje, promovido para reconocerle sus grandes méritos está plenamente justificado; esto especialmente por haber sido la primera mujer que ocupó la presidencia de la entonces Corte Suprema de Justicia.

I. PLANTEAMIENTO DEL PROBLEMA

La Administración Pública, en el marco del Estado Social, tiene una muy importante presencia en la vida cotidiana de los ciudadanos. Los servicios públicos y demás actividades administrativas, procuran la satisfacción de las necesidades e intereses públicos. Además, en los Estados modernos, la Administración Pública, cumple cada día más funciones, desde la prestación de servicios públicos, la actividad de regulación, el fomento de actividades o la clásica actividad de policía administrativa.

En todas estas actividades, por criterios de seguridad jurídica, los distintos ordenamientos jurídicos, suelen imponer a la Administración la obligación de la forma escrita para todos sus actos. Esta inclinación

---

* Individuo de número de la Academia de Ciencias Políticas y Sociales. Profesor de Derecho Administrativo UCAB.

por lo escrito obedece en principio a la posibilidad de ejercer control sobre las actuaciones de los funcionarios públicos, quienes con cada actuación van formando un cuerpo documental, que luego pude servir como prueba de los hechos que en ellos están contenidos.

En esta oportunidad, nos hemos propuesto hacer unos breves comentarios al estado actual del régimen legal de los documentos administrativos en el derecho positivo venezolano, principalmente a la luz de la jurisprudencia que ha desarrollado el tema, para posteriormente exponer la opinión que nos hemos formado de este especial asunto.

II. LOS DOCUMENTOS EN EL SISTEMA PROBATORIO VENEZOLANO

Lo primero que debemos destacar es que el ordenamiento jurídico Venezolano, sistemáticamente ha reconocido dentro de los tipos de pruebas instrumentales; los instrumentos o documentos públicos, y los instrumentos o documentos privados. En efecto, cuanto venimos diciendo se desprende del contenido de los artículos 1.356, 1.357 y 1.363, del Código Civil, normas que señalan lo siguiente:

> *Artículo 1.356.- La prueba por escrito resulta de un instrumento público o de un instrumento privado.*
> *Artículo 1.357.- Instrumento público o auténtico es el que ha sido autorizado con las solemnidades legales por un Registrador, por un Juez u otro funcionario o empleado público que tenga facultad para darle fe pública, en el lugar donde el instrumento se haya autorizado.*
> *Artículo 1.363.- El instrumento privado reconocido o tenido legalmente por reconocido, tiene entre las partes y respecto de terceros, la misma fuerza probatoria que el instrumento público en lo que se refiere al hecho material de las declaraciones; hace fe, hasta prueba en contrario, de la verdad de esas declaraciones.*

De la lectura de estas normas llama la atención, que el legislador no utiliza la palabra "*documento*", sino que se refiere a "*instrumento*". Sobre este tema, la doctrina del derecho procesal civil, ha debatido y sostenido distintas posiciones, como la del profesor y magistrado emérito Dr. Jesús Eduardo Cabrera[1], quien luego de revisar varias normas del Código Civil, del Código de Procedimiento Civil, y del algunas leyes especiales, concluye que *"una serie de disposiciones regadas en diversas leyes hablan de los documentos o instrumentos, ya que las palabras son utilizadas por dichas leyes como sinónimas"*.

Ahora, otro sector de la doctrina científica del derecho probatorio, representada por el profesor Rivera Morales, luego de analizar el concepto de documento de importantes nombres del derecho procesal universal, como Carnelutti, Chiovenda, Couture, y Devis Echandia, entre otros, concluye que si bien es cierto que en lenguaje cotidiano forense se habla indistintamente de documento e instrumento, tomándolo incluso como sinónimos, considera que son distintos[2].

El mencionado autor considera que el documento es una noción más amplia ya que es *"todo aquello que pueda expresar el pensamiento del hombre"*, mientras que el instrumento es una especie de documento en el cual *"la representación de la idea se hace en forma escrita"*.

No obstante, a los efectos de este trabajo, y tomando en consideración que en el campo jurídico, lo relevante es incorporar las pruebas a los autos, mediante su anexión al expediente, con la finalidad de trasladar los hechos y que el juez los pueda apreciar, en nuestra opinión, procesalmente hablando, debe considerarse que la forma escrita es consustancial a la prueba documental o instrumental, siendo estos términos sinónimos.

El profesor Jesús Eduardo Cabrera, muy bien lo describe al exponer que la característica básica del documento es su reproductibilidad, lo que se logra por cualquier sistema de copia. No obstante, dice el autor, que cuando lo fundamental ya no es solo el texto, sino el material en el que el texto está incorporado, (verbigracia, botellas, cajas, latas, entre otros) su reproducción es imposible, y mucho menos su anexión a los autos, lo que se lograría mediante otra prueba, como por ejemplo la experticia.

---

1 Jesús Eduardo Cabrera, *Control y Contradicción de la Prueba Legal y Libre*. Editorial Jurídica Alva. Caracas, Venezuela, 1989, Tomo I, p. 316.

2 Rodrigo Rivera Morales, *Las Pruebas en el Derecho Venezolano*. Librería J. Rincón G. 7ma Edición, 2013, pp. 771.

Expuestas las reflexiones anteriores, pasamos a exponer el origen jurisprudencial del documento administrativo, y las consecuencias que esa clasificación implica.

III. CONCEPTO DE DOCUMENTO ADMINISTRATIVO

Tal como señalamos en el punto anterior, nuestro ordenamiento jurídico, especialmente las normas contenidas en los artículos 1.356, 1.357 y 1.363, del Código Civil, sólo contemplan los instrumentos o documentos públicos; contentivos de aquellos que han sido autorizados con las solemnidades legales por un Registrador, por un Juez u otro funcionario que tenga la facultad de dar fe pública cuyo contenido, en el caso del documento público negocial sólo puede ser impugnado por tacha (artículo 1.380 del Código Civil); y, los instrumentos o documentos privados, contentivos de aquellos reconocidos o tenidos legalmente por reconocidos, que tienen entre las partes la misma fuerza probatoria que un instrumento público en lo que se refiera al hecho material de las declaraciones, los cuales hacen fe de esas declaraciones, salvo prueba en contrario.

Quisiéramos hacer referencia brevemente a lo que ocurre en el derecho español, en el cual, el artículo 319.2 de la Ley 1/2000, del 07 de enero, de Enjuiciamiento Civil, expresamente menciona a los documentos administrativos, como un tipo de documento público, que en defecto de ley especial *"se tendrán por ciertos, a los efectos de la sentencia que se dicte, salvo que otros medios de prueba desvirtúen la certeza de lo documentado"*.

De manera distinta, nuestra legislación procesal, incluidas las disposiciones del Código Civil sobre la prueba instrumental, no cuenta con una referencia expresa a los documentos administrativos, siendo la única mención a ellos la contenida en el artículo 32 de la Ley de Procedimientos Administrativos, según la cual *"Los documentos y expedientes administrativos deberán ser uniformes de modo que cada serie o tipo de ellos obedezca a iguales características"*.

Esta omisión ha llevado a la doctrina a tratar de establecer, una definición de lo que se puede entender por documento administrativo. En efecto, para el profesor Rafael Badell[3], los documentos administrativos son aquellos que emanan de los funcionarios del Poder Público, en el ejercicio de las funciones que la ley les atribuye. Constituyen, por ende, una categoría de documentos de naturaleza distinta al documento privado y al documento público. Para el profesor Rodrigo Rivera Morales[4], los documentos administrativos son los autorizados por funcionarios de la administración pública, de cualquier entidad, siempre en el marco de su competencia y con las solemnidades legales.

Podemos entonces destacar, dos elementos centrales del concepto de documento público negocial, que a los fines de ordenar ideas, podemos denominar el elemento subjetivo y el elemento material. El primero de los elementos viene dado por la persona de quien emana, que debe ser un funcionario, en nuestra opinión distinta del Registrador, Notario, Juez o Secretario; y el segundo, que actúe en el ejercicio las competencias o funciones que establece la ley.

De esta manera, documento público administrativo o documento administrativo, será aquel emanado de un funcionario público, que no cuenta con la facultad expresa de dar fe pública respecto a su contenido, pero que emite el documento en ejercicio de las potestades, competencias y atribuciones que le establece el ordenamiento jurídico.

La definición tiene sobrada relevancia, en la medida que si el documento emana de una persona que usurpa autoridad pública, o de un funcionario que se extralimita en sus funciones, resultando incompetente para emitir el acto que dictó, entonces el Tribunal al momento de dictar la sentencia correspondiente, podría válidamente desechar el documento, o en su defecto valorarlo de manera distinta.

IV. ORIGEN JURISPRUDENCIAL DEL DOCUMENTO ADMINISTRATIVO

El desarrollo de la categoría del documento administrativo, fue lento y progresivo, pasando de una etapa de incertidumbre, a una de

3 Rafael Badell. "Las pruebas en el contencioso administrativo de la responsabilidad extracontractual del Estado en Venezuela". Consultado en: http://www.badellgrau.com/?pag=68&ct=910.

4 Op. Cit. P. 796.

asentamiento y posteriormente de consolidación. Pasemos entonces a analizar de la mano de la jurisprudencia, estas etapas.

1. La etapa de incertidumbre (1967-1998)

Resulta entonces evidente que la categoría de documento público administrativo, no está prevista en la ley, lo cual generó un intenso debate doctrinal y jurisprudencial, sobre la naturaleza jurídica de los documentos administrativos, sin que hubiera un tratamiento uniforme, lo que era contrario a la seguridad jurídica. En efecto, como señala María Gabriela Pimentel Henríquez, en algunas ocasiones se consideran como documentos públicos y en otras, como una categoría intermedia entre éstos y los documentos privados.

La jurisprudencia no había sido uniforme en cuanto a su posición, respecto de este tipo de documentos.

La Sala Político-Administrativa de la Corte Suprema de Justicia, en algunas decisiones reconocía el carácter de documento público a los documentos administrativos, y en consecuencia se admitía como medio de impugnación el procedimiento de falsedad o tacha previsto en el Código Civil[5].

No obstante, la hoy desaparecida Corte Primera de lo Contencioso Administrativo[6], reconocía que estos documentos eran distintos de los documentos públicos, en virtud de la presunción de legalidad de que

---

5 María Gabriela Pimentel Henríquez. "El documento Administrativo. Medio probatorio y forma de redargüirlo". Consultado en el siguiente enlace: https://www.derechoadministrativoucv.com.ve/wp-content/uploads/2020/05/homenaje-02-12.pdf. En este trabajo se citan como ejemplos de decisiones que consideran a los documentos administrativos como documentos públicos, las sentencias de la Sala Político-Administrativa de fechas 4-7-67 y 27-7-70 y como ejemplos de las que los calificaban como documentos distintos a los documentos públicos, menciona a las sentencias de la Corte Primera de lo Contencioso Administrativo de fecha: 14-04-83, 25-01-83, 20-06-83, 31-01- 84, 9-9-84 ,14 -0 3 -8 5 ,17 -01 -85 , 7-11-85,3 -05 -90 ,14 -06 -90.

6 Tribunal que tuvo una capital importancia en el desarrollo del derecho administrativo en Venezuela, y que con la entrada en vigencia de la Ley Orgánica de la Jurisdicción Contencioso Administrativa, cambió su denominación por la de Juzgados Nacionales de lo Contencioso Administrativo.

gozan los actos administrativos, equiparándolos a los documentos auténticos que hacen o dan fe pública hasta prueba en contrario.

Vemos pues, que en esta primera etapa estuvo marcada por un constante ir y venir, que en nada otorgaba seguridad jurídica a las partes que pretendieran servirse de este tipo de documento.

2. El asentamiento (1998)

No sería sino hasta el año 1998, que la discusión quedó finalmente resuelta, como consecuencia de la sentencia N° 300 dictada por la Sala Político-Administrativa del Tribunal Supremo de Justicia (Caso: Consorcio Hidroeléctrico Caroní), con ponencia de la Magistrada Josefina Calcaño de Temeltas, cuyos aportes al derecho administrativo, fueron superlativos, en la que se reconoce por primera vez la especialidad de los documentos administrativos, definiéndolos de la siguiente manera:

> *"(...) Esta especie de documentos -los administrativos- conforman una tercera categoría dentro del género de la prueba documental, y por tanto, no pueden asimilarse plenamente a los documentos públicos, ni a los documentos privados. La especialidad de los antecedentes administrativos radica, fundamentalmente, en que gozan de una presunción de legitimidad, autenticidad y veracidad, pero tal presunción puede ser desvirtuada mediante prueba en contrario. Se distinguen así esta especie de documentos de los instrumentos públicos, que sólo pueden ser impugnados mediante la tacha de falsedad; y de los meros documentos privados, que pueden ser, incluso, desconocidos en contenido y firma por el adversario.*
> *Siendo los documentos administrativos -como los promovidos como la empresa apelante- un medio de prueba distinto de los documentos privados, resulta claro para esta Sala que no pueden aquellos quedar sometidos a la disposición consagrada en el aparte único del artículo 434 del Código Procedimiento Civil, pues dicho precepto regula, única y exclusivamente, la oportunidad en que deben producirse los documentos privados.*
> *Observa la Sala, finalmente, que no existiendo una disposición procesal especial que regule la oportunidad en que deben producirse en juicio los documentos administrativos, razón por la cual resulta plenamente aplicable, en esta materia, el principio general consagrado en los artículos 396 y 400 del Código de Procedimiento*

Civil. En tal virtud, las partes que quieran servirse de un documento de esta especie pueden anunciarlo o promoverlo en el lapso de promoción y producirlos o evacuarlos en la etapa de evacuación de pruebas (...)".

De acuerdo con este importante precedente, que va a constituir la piedra angular sobre la que se va a consolidar definitivamente el criterio hoy imperante, los documentos administrativos constituyen una tercera categoría de documentos que por contener una declaración administrativa emanada de un funcionario del poder público, en el ejercicio de sus funciones, están revestidos de la presunción de veracidad, legitimidad y autenticidad, que es consecuencia del principio de legalidad de la actividad administrativa, y en particular del principio de ejecutoriedad y ejecutividad de los actos dictados por la Administración Pública.

3. Etapa de consolidación (1998-2021)

Debemos recordar que con la aprobación de la Constitución de 1999, la antigua Corte Suprema de Justicia, fue sustituida en el diseño constitucional de los Poderes Públicos del Estado, por el Tribunal Supremo de Justicia, el cual, en sus distintas Salas, inmediatamente asumió como propio el criterio contenido en la sentencia del caso: *Consorcio Hidroeléctrico Caroní.* En efecto, algunas sentencias que han venido recogiendo el criterio antes expuesto, son las siguientes:

En cuanto a la forma y oportunidad en que deben ser introducidos al proceso, la Sala de Casación Civil en sentencia N° 209 de fecha 16 de mayo de 2003, caso: *Constructora Basso C.A.*, ratificada en decisión N° 1207 de fecha 14 de octubre de 2004, caso: *Inversiones Patricelli, C.A* estableció lo siguiente:

"...Los instrumentos públicos que pueden producirse en todo tiempo hasta los últimos informes, se refiere al documento público negocial y no a los documentos públicos administrativos, pues de lo contrario, se crearía una desigualdad extrema para la contraparte del promovente del documento público administrativo, producido luego de precluido el lapso probatorio ordinario.

En efecto, al contener el documento público administrativo una presunción de certeza desvirtuable por cualquier prueba en contra-

rio, si el mismo es consignado en cualquier tiempo y no en el lapso probatorio, en caso de ser impugnado, el Juez estaría obligado a abrir una articulación probatoria, a fin de que la contraparte del promovente pueda desvirtuar la presunción de veracidad mediante la producción de la prueba en contrario; articulación que tiene lapsos más reducidos que los ordinarios concedidos por la Ley. Desde luego que tal problema no se presenta en el caso del documento público negocial, pues ellos sólo pueden ser destruidos por tacha o a través de la acción de simulación...".

Posteriormente, la Sala Político-Administrativa, en su sentencia N° 503 de fecha 29 de abril de 2008, con ponencia de la Magistrada Evelyn Marrero Ortiz, indicó que las comunicaciones emanadas de la Administración y firmadas por un funcionario autorizado por la ley en el marco de la prestación de un servicio público, que formen parte del expediente administrativo, ***deben considerarse como un documento administrativo que goza de presunción de legalidad, legitimidad y veracidad***.

Lo anterior se precisó conforme al criterio jurisprudencial imperante sobre la materia, según el cual el documento administrativo es el que emana de un funcionario competente con arreglo a las formalidades de ley, que contiene una declaración de voluntad destinada a producir efectos jurídicos.

De acuerdo con esta decisión, dichos documentos, se asimilan, por lo que atañe a su valor probatorio, a los instrumentos privados reconocidos o tenidos legalmente por reconocidos, en los términos establecidos en el artículo 1.363 del Código Civil, toda vez que hacen fe del hecho material de las declaraciones en ellos contenidas, salvo que se realice prueba en contrario (Vid. Sentencias números 01257 y 00117 del 12 de julio de 2007 y 29 de enero de 2008, respectivamente, de la misma Sala).

Recientemente la Sala de Casación Social del Tribunal Supremo de Justicia, mediante sentencia N° 102 del 16 de diciembre de 2020, reiteró que los documentos públicos administrativos tienen el mismo efecto probatorio de los documentos públicos, en razón de que emanan de funcionarios que cumplen atribuciones que le han sido conferidas por la Ley.

Sin embargo, la prueba que se deriva de tales instrumentos administrativos no es absoluta o plena, porque el interesado puede impugnarla, y en consecuencia, desvirtuarla en el proceso, mediante la utilización de las pruebas legales que estime pertinentes, es decir, están dotados de una presunción desvirtuable de veracidad y legitimidad de su contenido, y por tanto, deben considerarse ciertos hasta prueba en contrario.

Todavía más recientemente, la Sala Político-Administrativa del Tribunal Supremo de Justicia, en su sentencia N° 3, de fecha 11 de febrero de 2021[7], determinó que las constancias de residencia emitidas por los consejos comunales, tienen el valor probatorio de documento administrativo.

En dicha decisión, con ponencia de la magistrada María Carolina Ameliach Villarroel, se indicó que:

> *"(...) los consejos comunales se constituyen como organizaciones mediante las cuales los ciudadanos y ciudadanas se integran y bajo esta modalidad ejercen el derecho constitucional a la participación en los asuntos públicos, en los términos precedentemente referidos, dichas entidades se encuentran sujetas al control de la Jurisdicción Contencioso Administrativa cuando actúan en función administrativa, siendo una de las formas en que esta se materializa la emisión de los llamados actos administrativos".*
>
> *...omissis...*
>
> *"los consejos comunales tienen atribuida legalmente la competencia para expedir constancias de residencia, es decir, emitir declaraciones de conocimiento que acrediten la dirección habitual y permanente de sus habitantes en los límites del ámbito geográfico de cada comunidad, y como tales deben reputarse como actos administrativos".*

En consecuencia, y con vista a las competencias atribuidas por la Ley en esta materia, concluyó la Sala, lo siguiente:

> *"resulta forzoso para esta Máxima Instancia conceder valor probatorio de documento administrativo a las referidas constancias*

---

[7] Sentencia consultada en el siguiente enlace: http://historico.tsj.gob.ve/decisiones/spa/febrero/311303-00003-11221-2021-2017-0750.HTML.

de residencia cursantes en autos y, por tanto, se establece como ciertas las direcciones de residencia tanto del demandante como de su apoderado judicial señaladas en dichas documentales, y que las mismas se encuentran ubicadas a una distancia considerable de la sede principal de este Tribunal Supremo de Justicia".

V. CONSECUENCIAS DE LA VALORACIÓN DE UN DOCUMENTO COMO ADMINISTRATIVO

Es importante tener en consideración, que tal calificación, no resulta baladí, o un simple ejercicio académico o teórico. Sino que por el contrario, tiene un importante sentido práctico, con consecuencias jurídicas en el proceso judicial.

i. La presunción de legitimidad y autenticidad, propia de los documentos administrativos, puede ser desvirtuada mediante prueba en contrario. De allí, su diferencia con los documentos públicos, que sólo pueden ser impugnados por la vía de la tacha de falsedad, y con los documentos privados que pueden ser desconocidos por la parte contra quien se opongan, y,

ii. al no ser documentos públicos ni privados, constituyen una categoría aparte respecto de la cual resultan aplicables las disposiciones generales del Código de Procedimiento Civil en materia probatoria, esto es, que los mismos deben anunciarse en la fase de promoción y producirse en la fase de evacuación, y no como los documentos públicos que de acuerdo con las reglas del Código de Procedimiento Civil, pueden ser incorporados a los autos, hasta informes en segunda instancia.

VI. A MODO DE COLOFÓN

En la legislación procesal venezolana, no existe la categoría de documento administrativo, más allá de una limitada norma prevista en la Ley Orgánica de Procedimientos Administrativos.

Fue la jurisprudencia, luego de un intenso diálogo jurisdiccional, la que determinó la existencia y valor del documento administrativo, como una categoría distinta a la clásica distinción entre documentos públicos y privados.

La jurisprudencia se ha consolidado, más allá de los tribunales del orden contencioso administrativo, en el cual tuvo su origen, por aplicación de conceptos sustantivos propios del derecho administrativo, como lo son la presunción de legalidad que caracteriza a los actos administrativos, y sus cualidades de ejecutividad y ejecutoriedad.

Lo anterior nos pone de manifiesto que el derecho administrativo, y el procesal administrativo o contencioso administrativo, son categorías indisolublemente unidas, por lo que cada categoría jurídica sustantiva, tiene su contraparte procesal, con lo cual nos afiliamos a las teorías que ubican al contencioso administrativo, mucho más cerca al derecho administrativo, que al procesal.

Sería deseable *de lege ferenda* la inclusión de esta categoría documental o instrumental, en una eventual reforma del Código de Procedimiento Civil, de manera similar a como se encuentra regulado en el actual artículo 319.2 de la Ley 1/2000, del 07 de enero, de Enjuiciamiento Civil española.

VII. REFERENCIAS BIBLIOGRÁFICAS

BADELL, Rafael. "Las pruebas en el contencioso administrativo de la responsabilidad extracontractual del Estado en Venezuela". Consultado en: http://www.badellgrau.com/?pag=68&ct=910.

BAUDIN, Patrick. *Código de Procedimiento Civil Venezolano*. Ediciones Paredes, Caracas, 2010.

CABRERA, Jesús E. *Control y Contradicción de la Prueba Legal y Libre*. Editorial Jurídica Alva. Caracas, Venezuela, 1989.

GONZALEZ BETANCOURT, Gina. "La Prueba En El Procedimiento Administrativo: Énfasis En La Distinción De Los Principios Rectores Que La Diferencian De La Prueba Judicial", publicado en: *Revista Electrónica de Derecho Administrativo*. Consultado en: http://www.ulpiano.org.ve/revistas/bases/artic/texto/REDAV/14/REDAV_2018_14_93-142.pdf

PIMENTEL HENRÍQUEZ, María G. "El documento Administrativo. Medio probatorio y forma de redargüirlo". Consultado en: https://www.derechoadministrativoucv.com.ve/wp-content/uploads/2020/05/homenaje-02-12.pdf.

RIVERA MORALES, Rodrigo. *Las Pruebas en el Derecho Venezolano*. Universidad Católica del Táchira. Librería J. Rincón G. 7ma Edición, 2013.

ANTECEDENTES Y PRINCIPIOS DE LA MEJORA DE LA REGULACIÓN EN EL DERECHO ESPAÑOL

LUIS MIGUEZ MACHO*

SUMARIO

1. Introducción. 2. Bases de la mejora de la regulación. 3. Mejora de la regulación y técnica normativa. 4. El marco regulatorio eficiente para las actividades económicas. 5. Los principios de buena regulación en la legislación del procedimiento administrativo común. 6. Conclusiones. 7. Bibliografía.

1. INTRODUCCIÓN

"*Mejora de la regulación*" o "*buena regulación*" son las expresiones que se han adoptado en España para traducir el sintagma anglosajón "*better regulation*", que, junto con "*smart regulation*"[1], aluden a una tendencia favorecida por organizaciones internacionales como la Organización para la Cooperación y el Desarrollo Económico (OCDE) para cambiar la manera de legislar, sobre todo en relación con las actividades económicas de los particulares[2]. En realidad, es bien conocido que *regulation*, más allá de su sentido genérico como regulación o normación, es el término técnico específico que alude en la cultura jurídica

---

* Catedrático de derecho administrativo en la Universidad de Santiago de Compostela (España); doctor en derecho por la Universidad de Bolonia (Italia); colegial del Real Colegio Mayor de España en Bolonia en los años 1995 y 1996; decano de la Facultad de Derecho de la Universidad de Santiago de Compostela entre los años 2007 y 2015; director del Departamento de Derecho Público y Teoría del Estado de la Universidad de Santiago de Compostela.

1 Sobre las diferencias entre ambos conceptos, véase Robert Baldwin, "Is better regulation smarter regulation?", en *Public law*, núm. 3, 2005. pp. 485-511.

2 Véase Ciara Brown y Colin Scott, "Regulation, Public Law and Better Regulation", en *European Public Law*, vol. 17, núm. 3, 2011. pp. 467 ss.; Belén López Donaire, "Análisis de las últimas novedades en materia de calidad normativa en el ordenamiento a raíz de la Ley 39/2015. Hacia una legislación inteligente", en *Gabilex*, núm. extraordinario, 2018. p. 179; y Antonio Eduardo Embid Tello, "Calidad normativa y evaluación ex-post de las normas jurídicas", en *Revista General de Derecho Administrativo*, núm. 50, 2019. Pp. 3-4.

de influencia anglosajona a lo que en nuestro ordenamiento jurídico tradicionalmente se denomina la intervención pública en la economía[3].

De hecho, los procesos de liberalización emprendidos a partir de mediados de los años setenta del siglo pasado en los Estados Unidos y en su ámbito de influencia cultural y jurídica se presentaron como una desregulación (*deregulation*), puesto que el sistema de intervención pública en la economía del que se partía y que se ponía en cuestión era el de *regulation*. Una vez superada esa fase, en que lo prioritario era eliminar o reducir al mínimo posible dicha intervención en los sectores donde resultaba más incisiva, se inició una segunda etapa de *re-regulation*, es decir, de introducción de una regulación fundada en nuevas bases, en cuyo contexto se ha desarrollado el movimiento de la *better regulation*. Concretamente, ésta surge en el Reino Unido a finales del siglo pasado, con la creación en el Gobierno británico de la *Better Regulation Commission*, a la que ha sucedido el actual *Better Regulation Executive*[4]; ahora el objetivo que se busca, además de eliminar las regulaciones innecesarias, es que, cuando se decide que hay que regular, se haga de la mejor manera posible para no imponer cargas innecesarias o excesivas a los particulares y, sobre todo, a los operadores económicos[5].

La Unión Europea, que ha sido criticada con frecuencia por su normativa excesiva, oscura, reglamentista y elaborada a espaldas de los ciudadanos, se ha sumado a esta corriente para tratar de corregir su propia forma de legislar. El primer precedente fue la Resolución del

---

3 Véase, por todos, Juli Ponce Solé, "La calidad en el desarrollo de la discrecionalidad reglamentaria: teorías sobre la regulación y adopción de buenas decisiones normativas por los Gobiernos y las Administraciones", en *Revista de Administración Pública*, núm. 162, 2003. pp. 95 ss.

4 Disponible en: https://www.gov.uk/government/groups/better-regulation-executive; consultado en fecha 12 de julio de 2021. Sobre la Oficina de Coordinación y Calidad Normativa creada en la Administración general del Estado española por el Real Decreto 771/2017, de 28 de julio, y desarrollada por el Real Decreto 1081/2017, de 29 de diciembre, véase Belén López Donaire, "Análisis de las últimas novedades en materia de calidad normativa en el ordenamiento a raíz de la Ley 39/2015. Hacia una legislación inteligente", cit. pp. 182 ss.

5 Como explica Robert Baldwin, "*it was in 1997... that Tony Blair's Labour government came into power and made the terminological and philosophical switch from «deregulation» to «better regulation». Dr David Clark, Chancellor of the Duchy of Lancaster, introduced the initiative «Better Regulation» in July 1997 and emphasised that some regulatory activity was necessary for public and consumer protection. He argued: «Deregulation implies regulation is not needed. In fact good regulation can benefit us all-it is only bad regulation that is a burden»*" ("*Is better regulation smarter regulation?*", cit., p. 485).

Consejo de 8 de junio de 1993, relativa a la calidad de la redacción de la legislación comunitaria[6], a la que siguió la Comunicación de la Comisión de 5 de junio de 2002, que contiene el Plan de acción "*Simplificar y mejorar el marco regulador*" [COM(2002) 278 final][7], y más recientemente, la nueva Comunicación de 19 de mayo de 2015, titulada "*Legislar mejor para obtener mejores resultados - Un programa de la UE*" [COM(2015) 215 final][8], y el Acuerdo interinstitucional entre el Parlamento Europeo, el Consejo de la Unión Europea y la Comisión Europea de 13 de abril de 2016, sobre la mejora de la legislación (*Diario Oficial de la Unión Europea* núm. L 123 de 2016, de 12 de mayo)[9]. Es significativo, sin embargo, que se trate de instrumentos no normativos, dirigidos a las propias instituciones y a la burocracia de la Unión y sin fuerza jurídica vinculante[10].

Diferente ha sido el camino emprendido en España para la introducción de la mejora de la regulación. En vez de utilizarse documentos sin valor normativo como los mencionados de la Unión Europea, los principios de buena regulación se han llevado a la legislación estatal básica, primero a través del capítulo I del título I de la Ley 2/2011, de 4 de marzo, de economía sostenible[11], titulado "*Mejora de la calidad de la regulación*", y después a través del título VI de la Ley 39/2015, de 1 de octubre, del procedimiento administrativo común de las administracio-

6 Disponible en: https://eur-lex.europa.eu/legal-content/ES/TXT/?uri=CELEX:31993Y0617(01); consultado en fecha 12 de julio de 2021.

7 Disponible en: https://eur-lex.europa.eu/legal-content/ES/TXT/HTML/?uri=LEGISSUM:l10108&from=ES; consultado en fecha 12 de julio de 2021.

8 Disponible en: https://eur-lex.europa.eu/legal-content/ES/TXT/?uri=CELEX:52015DC0215; consultado en fecha 12 de julio de 2021.

9 Disponible en: http://data.europa.eu/eli/agree_interinstit/2016/512/oj; consultado en fecha 12 de julio de 2021.

10 Sobre todas estas iniciativas de la Unión Europea, puede consultarse Iker Nabaskues Martínez de Eulate, "Panorama actual de la calidad normativa en el ordenamiento tras la aprobación de la Ley 39/2015", en *Revista Vasca de Administración Pública*, núm. 109-I, 2017. Pp. 396 y ss. A ello hay que añadir que, entre los documentos internos de trabajo de la Comisión, existen unas *Better Regulation Guidelines* de 7 de julio de 2017 [SWD (2017) 350], complementadas por una *Caja de herramientas para la mejora de la regulación* (disponible en: https://ec.europa.eu/info/better-regulation-toolbox_es; consultado en fecha 12 de julio de 2021).

11 Disponible en: https://www.boe.es/eli/es/l/2011/03/04/2/con; consultado en fecha 12 de julio de 2021.

nes públicas[12]. Además, esos principios son la inspiración de muchas de las previsiones de la Ley 20/2013, de 9 de diciembre, de garantía de la unidad de mercado[13].

Partiendo de estos antecedentes y referencias normativas, en este trabajo se van a analizar, en primer lugar, las bases de la mejora de la regulación. A continuación, se tratará la técnica normativa, una cuestión íntimamente relacionada con la buena regulación, de la que puede considerarse un presupuesto necesario, aunque en los últimos tiempos haya perdido protagonismo frente a ella, con consecuencias muy negativas[14]. La legislación española sobre mejora de la regulación antes mencionada se comentará en otros dos epígrafes, uno dedicado al marco regulatorio eficiente para las actividades económicas que diseña la Ley de garantía de la unidad de mercado y otro que se ocupará de los principios de buena regulación recogidos en el título VI de la Ley del procedimiento administrativo común de las administraciones públicas. Finalmente, se expondrán las conclusiones que se extraen del estudio realizado.

2. BASES DE LA MEJORA DE LA REGULACIÓN

La mejora de la regulación se proyecta a los tres momentos del proceso normativo: el previo a la elaboración de las normas, el de la elaboración y adopción de éstas y el posterior a su entrada en vigor.

---

12 Disponible en: https://www.boe.es/eli/es/l/2015/10/01/39/con; consultado en fecha 12 de julio de 2021.

13 Disponible en https://www.boe.es/eli/es/l/2013/12/09/20/con; consultado en fecha 12 de julio de 2021. Para un análisis detallado de los pasos que se han seguido en la introducción de la política de mejora de la regulación en España, véase Marisa Álvarez Suárez, "La mejora de la regulación en España como política pública: análisis y evolución", en *Gestión y Análisis de Políticas Públicas. Nueva época*, núm. 17, 2017. pp. 28 ss.

14 Antonio Eduardo Embid Tello distingue entre la calidad formal de las normas, que "*haría referencia a la técnica normativa, al uso del lenguaje legal (claridad semántica) y a la ordenación sistemática de las normas (claridad normativa)*" y estaría vinculada al principio de seguridad jurídica, y la calidad material o sustantiva, que "*habría de cumplir en primer lugar los principios comunitarios de la better regulation, es decir: ser eficaz y eficiente, necesaria y proporcionada a sus objetivos y no generar costes desmesurados ni imponer cargas administrativas innecesarias*", relacionándose así con principios como los de racionalidad (derivado del de interdicción de la arbitrariedad), seguridad jurídica, eficiencia y economía, proporcionalidad e igualdad en su doble vertiente formal y material ("Calidad normativa y evaluación ex-post de las normas jurídicas", cit., pp. 6-7).

En el momento previo a la elaboración de las normas, la mejora de la regulación exige la planificación de la actividad normativa. De esta manera, las iniciativas normativas de las administraciones públicas y de sus órganos de gobierno dejan de ser el producto de decisiones burocráticas o políticas improvisadas, para convertirse en la concreción de una planificación previa conocida por los ciudadanos, lo que aporta ya desde ese primer momento previsibilidad. Ahora bien, esta planificación no exime a las futuras normas de una evaluación de su necesidad antes de comenzar a redactarse. Esta evaluación consiste en sopesar, con la participación de los destinatarios de la futura norma, las distintas alternativas que existen para conseguir el fin que se persigue con aquélla, incluida la de no aprobar una nueva norma o la adopción de medidas distintas a las de carácter normativo.

En la fase de elaboración de las normas, la mejora de la regulación impone requisitos tanto de contenido como de procedimiento. En lo que se refiere al contenido de las normas, cabe mencionar la proporcionalidad de las medidas regulatorias en relación con el fin que se pretende alcanzar con ellas y la reducción de las cargas administrativas, todo ello con el objetivo de no incrementar innecesariamente el coste que la regulación supone para los ciudadanos y las empresas. En el plano procedimental, la mejora de la regulación impone el diálogo con los sectores afectados por la norma en elaboración, a través de las correspondientes consultas, cuyo resultado debe tener reflejo en el proceso normativo. Es preciso analizar también el previsible impacto de la norma, como mínimo para sus destinatarios directos y para la Hacienda pública (el llamado "*análisis del impacto normativo*").

Finalmente, por motivos de seguridad jurídica, las normas han de huir de las derogaciones implícitas o tácitas. En el procedimiento para la elaboración de elaboración de disposiciones de carácter general que diseñaba la Ley española de procedimiento administrativo de 17 de julio de 1958[15] ya se obligaba a que toda propuesta de nueva disposición incluyese "*la tabla de vigencias de disposiciones anteriores sobre la misma materia*" y se consignasen expresamente "*las anteriores que*

[15] Disponible en: https://www.boe.es/buscar/doc.php?id=BOE-A-1958-11341; consultado en fecha 12 de julio de 2021.

han de quedar total o parcialmente derogadas" (artículo 129.3). En experiencias comparadas, se intenta también que la aprobación de cualquier nueva norma vaya acompañada de la derogación expresa de otra u otras, para reducir así la inflación del sistema normativo, y se prevén fechas fijas preestablecidas para la entrada en vigor de las normas, lo que contribuye, como la planificación previa de la que ya se ha hablado, a la previsibilidad de las reformas regulatorias.

En el momento subsiguiente a la entrada en vigor de las normas, la mejora de la regulación opera fundamentalmente a través de la evaluación de los efectos de aquéllas. De esta manera, se evita la proliferación de regulaciones cuya eficacia real se desconoce por falta de estudios rigurosos y se facilita la revisión o, en su caso, la derogación de las normas que se hayan demostrado innecesarias o incluso contraproducentes. En relación con las reformas de normas ya existentes, es también especialmente importante la elaboración de textos consolidados que integren las modificaciones realizadas y permitan a los operadores jurídicos y al público en general contar con versiones actualizadas y fiables de la normativa vigente.

3. MEJORA DE LA REGULACIÓN Y TÉCNICA NORMATIVA

En España, antes de que se hablase de la mejora de la regulación, se desarrolló una corriente que se puede considerar un precedente de la misma y que no debería quedar relegada al olvido por el desarrollo de aquélla: los estudios de técnica legislativa o técnica normativa[16]. En 1984 se constituyó en el ámbito académico el Grupo de Estudios de Técnica Legislativa (GRETEL), que publicó en 1986 una primera obra colectiva titulada *La forma de las leyes: 10 estudios de técnica legislativa* y en 1989, con el patrocinio del Centro de Estudios Constitucionales, un *Curso de técnica legislativa*[17].

---

16 Sobre el concepto de técnica normativa o técnica legislativa, véase Fernando Sainz Moreno, "Problemas actuales de la técnica normativa", en *Anuario Jurídico de La Rioja*, núm. 1, 1995. pp. 58 ss. Una noción amplia de aquélla anticipa aspectos que luego se desarrollarían en la mejora de la regulación, como puede comprobarse en ob. cit., 68-69.

17 Una recapitulación sobre los propósitos fundacionales del GRETEL y sus limitaciones puede encontrarse en las primeras páginas de Pablo Salvador Coderch, "Técnica legislativa y teorías de la regulación", en *InDret*, núm. 2/2004.

Como resultado de las propuestas del GRETEL, el Consejo de Ministros aprobó en su reunión de 26 de enero de 1990 el *Cuestionario de Evaluación que deberá acompañarse a los proyectos normativos que se elevan al Consejo de Ministros* y en la de 18 de octubre de 1991 las *Directrices sobre la forma y estructura de los Anteproyectos de Ley*, a las que han sucedido las actuales *Directrices de técnica normativa*, aprobadas por Acuerdo del Consejo de Ministros de 22 de julio de 2005[18]. También muchas comunidades autónomas han seguido la misma senda, adoptando sus propias directrices.

Este movimiento ha encontrado incluso apoyo en la doctrina del Tribunal Constitucional español, al estar vinculada la técnica normativa al principio de seguridad jurídica consagrado en el artículo 9.3 de la Constitución[19]. Así, en el fundamento jurídico 4 de la sentencia 46/1990, de 15 de marzo[20], se lee que "*la exigencia del 9.3 relativa al principio de seguridad jurídica implica que el legislador debe perseguir la claridad y no la confusión normativa, debe procurar que acerca de la materia sobre la que se legisle sepan los operadores jurídicos y los ciudadanos a qué atenerse, y debe huir de provocar situaciones objetivamente confusas como la que sin duda se genera en este caso dado el complicadísimo juego de remisiones entre normas que aquí se ha producido. Hay que promover y buscar la certeza respecto a qué es Derecho y no, como en el caso ocurre, provocar juegos y relaciones entre normas como consecuencia de las cuales se introducen perplejidades difícilmente salvables respecto a la previsibilidad de cuál sea el Derecho aplicable, cuáles las consecuencias derivadas de las normas vigentes incluso cuáles sean éstas*"[21]. Con todo, ha de aclararse que las

---

18 Disponible en: https://www.boe.es/eli/es/res/2005/07/28/(1)/con; consultado en fecha 12 de julio de 2021.

19 En palabras de Francisco Rubio Llorente, "*me gustaría recordar una verdad frecuentemente olvidada: la de que la seguridad jurídica depende sustancialmente de corrección técnica del ordenamiento y de cada uno de los enunciados normativos que lo integran y es un componente esencial del Estado de Derecho*" ("El papel del Consejo de Estado en el control de la calidad técnica de las normas", en *Revista Española de la Función Consultiva*, núm. 6, 2006. p. 28).

20 Disponible en: http://hj.tribunalconstitucional.es/es-ES/Resolucion/Show/1471; consultado en fecha 12 de julio de 2021.

21 Sin embargo, el Alto Tribunal después no ha profundizado en esta línea, como se indicará más adelante. Un análisis de su posición en esta materia puede encontrarse en Ángel L.

directrices de técnica normativa no son disposiciones normativas, sino instrucciones internas que vinculan únicamente en la esfera organizativa de cada administración pública en virtud de la superior jerarquía del órgano de gobierno del que emanan[22].

Las directrices se ocupan fundamentalmente de la corrección formal de las disposiciones normativas, desde el propio título de éstas[23]. En primer lugar, intentan uniformizar la estructura de las normas, con una clara distinción entre la parte expositiva (preámbulo o exposición de motivos, según el tipo de norma), la parte dispositiva, para la cual también se preceptúa el orden de sus contenidos, y la parte final, formada, en esta precisa sucesión, por las disposiciones adicionales, transitorias, derogatorias y finales. En segundo lugar, abordan la forma que han de revestir las disposiciones modificativas de otras normas. Por último, incluyen también los criterios lingüísticos que se deberán respetar en la redacción de los textos normativos.

En relación con este último aspecto, las directrices de técnica normativa del Estado propugnan el uso de un lenguaje claro y preciso, de nivel culto, pero accesible para el ciudadano medio; exigen el respeto del orden normal de los elementos de la oración, prescindiendo del hipérbaton, y que se evite todo aquello que, sin aportar precisiones de contenido, complique o recargue innecesariamente la redacción de la norma; y, en fin, se preocupan del decoro lingüístico de las normas jurídicas, que obliga, dentro de la sencillez, a cuidar la propiedad y a huir de la pobreza de expresión[24]. Otro criterio fundamental de redacción es

---

Sanz Pérez, "Apuntes sobre la técnica legislativa en España", en *Asamblea. Revista Parlamentaria de la Asamblea de Madrid*, núm. 26, 2012. pp. 11 y ss.

22 Un análisis crítico muy detallado de las directrices de técnica normativa del Estado, véase Fernando Santaolalla López, "Las directrices de técnica normativa", en *Revista de Administración Pública*, núm. 170, 2006. pp. 41-92. Otro comentario puede encontrarse en Ángel L. Sanz Pérez, "Apuntes sobre la técnica legislativa en España", cit., pp. 21 ss., que añade referencias a las directrices autonómicas aprobadas en aquel momento.

23 Sobre la relevancia jurídica del título de las normas y los criterios técnicos que se le deben aplicar, véase José Luis Martín Moreno, "Título de las leyes y homogeneidad", en *Revista Española de la Función Consultiva*, núm. 6, 2006. pp. 171-179.

24 Sobre la polémica cuestión de la utilización del lenguaje "*no sexista*" o "*inclusivo*" en las normas, no tratado en las directrices de técnica normativa del Estado, pero sí en algunas autonómicas e incluso en la legislación sobre igualdad efectiva entre hombres y mujeres de las comunidades autónomas, véase Luis Miguez Macho, "Análisis de los instrumentos para la integración de la igualdad efectiva entre hombres y mujeres en la elaboración de las normas", en *Políticas de igualdad y derechos fundamentales*, Tirant Lo Blanch, Valencia, 2009. pp. 139 ss.

la regla según la cual "*cada artículo, un tema; cada párrafo, un enunciado; cada enunciado, una idea*", a la que se suma la de que los artículos no deberán contener motivaciones o explicaciones, pues el lugar adecuado para éstas es la parte expositiva de la disposición. Igualmente, las directrices señalan cómo se han de efectuar las remisiones y citas a la misma u otras normas y las referencias a órganos administrativos, entre otras cuestiones.

Las directrices que han aprovechado las enseñanzas de los estudios de técnica normativa han tenido un éxito considerable a la hora de estandarizar la estructura de las disposiciones normativas. En cambio, no han sido suficientes para lograr una mejora sustancial de la redacción de aquéllas, lo cual, desde el punto de vista del principio constitucional de seguridad jurídica, habría sido más importante. Es más, en la última década la doctrina jurídica ha denunciado el empeoramiento de la calidad técnica de la redacción de las leyes, que afecta a algunas de las más importantes que se han aprobado recientemente.

El primer ejemplo que se puede mencionar es la controvertida Ley 27/2013, de 27 de diciembre, de racionalización y sostenibilidad de la administración local[25], que, en realidad, es una disposición de reforma de la Ley 7/1985, de 2 de abril, reguladora de las bases del régimen local[26]. Como consecuencia de una elaboración particularmente atormentada tanto en la fase de anteproyecto como en su tramitación parlamentaria, esta ley incluye múltiples preceptos de redacción farragosa, carentes en ocasiones de sentido gramatical y que hacen un uso inapropiado de los términos jurídicos, todo lo cual dificulta seriamente su interpretación y aplicación[27]. Sin embargo, enfrentado el Tribunal Cons-

---

25 Disponible en: https://www.boe.es/eli/es/l/2013/12/27/27/con; consultado en fecha 12 de julio de 2021.

26 Disponible en: https://www.boe.es/eli/es/l/1985/04/02/7/con; consultado en fecha 12 de julio de 2021.

27 Véase, por todos, José Luis Carro Fernández-Valmayor, "La reforma del régimen local de 2013. Consideraciones introductorias", en *Derecho local de Galicia*, Iustel, Madrid, 2017. pp. 27-79. Sobre la manera en que las distintas opiniones presentes en una sociedad pluralista como la nuestra influyen en la elaboración de las normas y contribuyen en ocasiones a oscurecerlas y a empeorar su calidad técnica, véanse las reflexiones de Luis López Guerra, "*Pluralismo y técnica normativa*", en *Cuadernos de Derecho Público*, núm. 29, 2006. pp. 11-18.

titucional a algunas de estas dificultades, concluyó en el fundamento jurídico 12.d) de su sentencia 111/2016, de 9 de junio[28], que "*tampoco cabe emitir un juicio de constitucionalidad sobre la técnica legislativa empleada; el legislador llama «coordinación» a fórmulas que la doctrina constitucional denomina «colaboración», «cooperación» o, todo lo más, «coordinación voluntaria». La incongruencia denunciada por el recurrente desborda igualmente el control de constitucionalidad que nos corresponde*".

Esta renuncia a integrar en el enjuiciamiento de constitucionalidad de las leyes el control de la técnica legislativa utilizada, a pesar de que se podría vincular, como ya se ha dicho, al principio de seguridad jurídica consagrado en el artículo 9.3 de la Constitución española, no ha servido precisamente de acicate para que el legislador ponga más cuidado en la redacción de los textos legales. La disposición normativa que recoge en la actualidad los principios de buena regulación, la Ley 39/2015, ya citada en este trabajo, representa, junto con su complementaria la Ley 40/2015, de 1 de octubre, de régimen jurídico del sector público[29], otro ejemplo de deficiente técnica legislativa mencionado a menudo por la doctrina científica, particularmente grave por tratarse de textos que vertebran el ordenamiento jurídico-administrativo y el derecho público español en general[30]. En este caso, aparte de una evidente mala coordinación de las comisiones o grupos de trabajo que participaron en la elaboración de los anteproyectos, se detecta también un afán por regular con un grado de detalle inadecuado para una ley y más propio de las normas reglamentarias las cuestiones que no se quiere que las comunidades autónomas puedan abordar de manera diferenciada, dada la exigencia impuesta por la doctrina del Tribunal Constitucional

28 Disponible en: https://hj.tribunalconstitucional.es/es/Resolucion/Show/25011; consultado en fecha 12 de julio de 2021.

29 Disponible en: https://www.boe.es/eli/es/l/2015/10/01/40/con; consultado en fecha 12 de julio de 2021.

30 Véase, por todos, el análisis que realiza Juan José Díez Sánchez en "Consideraciones críticas a propósito de los planteamientos generales de las Leyes 39 y 40 de 2015 y el procedimiento seguido para su elaboración", en *Derecho administrativo e integración europea. Estudios en homenaje al Profesor José Luis Martínez López-Muñiz*, tomo I, Editorial Reus, Madrid, 2016. pp. 471-490, y la bibliografía allí citada.

de que, como regla general, la legislación básica esté contenida precisamente en normas con rango de ley[31].

Ésta es también una de las explicaciones que se suele ofrecer para el último ejemplo de deficiente técnica legislativa que se va a mencionar: la Ley 9/2017, de 8 de noviembre, de contratos del sector público, por la que se transponen al ordenamiento jurídico español las Directivas del Parlamento Europeo y del Consejo 2014/23/UE y 2014/24/UE, de 26 de febrero de 2014[32], cuyo desmesurado título es ya un anuncio de lo que va a ser su contenido: 347 artículos, nada menos que 53 disposiciones adicionales (que ya se han convertido en 54 por un añadido posterior a su aprobación)[33], 5 transitorias, una derogatoria y 16 finales, que contienen un número de caracteres muy superior al de los 1.976 artículos del Código civil español[34], como se puede comprobar con cualquier procesador de textos.

En esta ley no se ha ahorrado la infracción de ninguna de las directrices de técnica normativa relativas a la redacción de los textos legales[35]. Si, como se ha dicho, en un número inferior de artículos y disposiciones se contienen más caracteres que en los casi 2.000 artículos del Código civil, ya puede inferirse dónde queda la regla de que "*cada artículo, un tema; cada párrafo, un enunciado; cada enunciado, una idea*". De hecho, hay artículos interminables que se extiende por más de una página entera del *Boletín Oficial del Estado*; un caso extremo es el artículo 32, que abarca tres páginas y media. Encontramos también disposiciones que vulneran la directriz de que en los preceptos de una

---

31 Así lo recuerda en su fundamento jurídico 5 la sentencia 15/2018, de 22 de febrero, invocando la sentencia 102/1995, de 26 de junio. Disponible en: https://hj.tribunalconstitucional.es/es/Resolucion/Show/25586; consultado en fecha 12 de julio de 2021.

32 Disponible en: https://www.boe.es/eli/es/l/2017/11/08/9/con; consultado en fecha 12 de julio de 2021.

33 Critica la práctica española de añadir al articulado de las normas disposiciones adicionales con numeración propia expresada en números ordinales y no cardinales Fernando Santaolalla López, "Las directrices de técnica normativa", cit., pp. 71 ss.

34 Disponible en: https://www.boe.es/eli/es/rd/1889/07/24/(1)/con; consultado en fecha 12 de julio de 2021.

35 Para unas consideraciones generales sobre la deficiente técnica normativa empleada en el texto, véase Mariano Magide, "Algunas reflexiones a la luz de la nueva Ley de Contratos del Sector Público, en particular sobre los contratos de concesión", en *Actualidad Jurídica Uría Menéndez*, núm. 46, 2017. pp. 44 ss.

disposición normativa no deben incluirse motivaciones o explicaciones propias de la parte explicativa; así, nada más empezar la ley, el artículo 1.3 proclama que "*en toda contratación pública se incorporarán de manera transversal y preceptiva criterios sociales y medioambientales siempre que guarde relación con el objeto del contrato, en la convicción de que su inclusión proporciona una mejor relación calidad-precio en la prestación contractual, así como una mayor y mejor eficiencia en la utilización de los fondos públicos*". O supuestos de utilización de expresiones distintas para referirse a lo mismo, lo que provoca las consiguientes dudas interpretativas, como sucede con el "*sector público estatal*", al que se denomina de esta manera (que es la apropiada según la norma que lo regula, la Ley 40/2015) en toda la Ley de contratos del sector público, menos en el artículo 332.7.d), que habla de "*Sector público del Estado*" (utilizando, además, mal la mayúscula inicial en la palabra "sector"). Toda una llamada de atención de que los avances en materia de mejora de la regulación no deberían hacer olvidar nunca los principios elementales de buena técnica normativa, sin cuyo respeto mal se puede empezar a hablar siquiera de la primera.

4. EL MARCO REGULATORIO EFICIENTE PARA LAS ACTIVIDADES ECONÓMICAS

Aunque la mejora de la regulación puede y debe aplicarse a cualquier sector del ordenamiento jurídico, el ámbito en el que ha nacido y donde su utilización deviene más incisiva es el de la intervención pública en la economía. En España es así también, como lo demuestra el dato ya apuntado de que la primera ley que incorporó los principios de buena regulación haya sido la de economía sostenible. En la misma línea, han sido las últimas derivaciones de la aplicación de la Directiva 2006/123/CE del Parlamento Europeo y del Consejo, de 12 de diciembre de 2006, relativa a los servicios en el mercado interior[36], plasmadas en la polémica Ley de garantía de la unidad de mercado, las que han dado lugar a la

[36] Disponible en: http://data.europa.eu/eli/dir/2006/123/oj; consultado en fecha 12 de julio de 2021.

introducción de los criterios y reglas tendentes a la configuración de un marco regulatorio eficiente para las actividades económicas[37].

En principio, la ley mencionada tiene como objetivo reforzar la unidad del mercado nacional español que garantiza el artículo 139 de la Constitución, "*evitando o minimizando las distorsiones que puedan derivarse de nuestra organización administrativa territorial*", tal como señala el preámbulo del texto. Ahora bien, en éste también se hace notar que en la elaboración de la ley "*se ha tenido en cuenta la experiencia recabada durante el proceso de transposición de la Directiva 2006/123/CE*", porque lo que se acaba haciendo es extender los principios establecidos por la Ley 17/2009, de 23 de noviembre, sobre el libre acceso a las actividades de servicios y su ejercicio[38], para transponer la directiva, en particular los de necesidad y proporcionalidad, eficacia nacional y no discriminación, a todas las actividades económicas, con especial atención a la eliminación de las barreras internas a las libertades de establecimiento y prestación de servicios de los operadores económicos en todo el territorio nacional.

Dejando a un lado la cuestión de la unidad del mercado nacional, que desborda el tema del presente trabajo, y poniendo la atención en la extensión de los principios de la directiva a todas las actividades económicas, la clave se encuentra en el artículo 5 de la Ley de garantía de la unidad de mercado, que proclama los principios de "*necesidad y proporcionalidad de las actuaciones de las autoridades competentes*". En virtud del principio de necesidad, las autoridades que en el ejercicio de sus competencias establezcan límites al acceso a una actividad económica o a su ejercicio, o exijan el cumplimiento de requisitos para el desarrollo de una actividad, tendrán que motivar la necesidad de tales límites o requisitos en la salvaguarda de alguna razón imperiosa de

---

37 Sobre la relación entre la Directiva de Servicios y la mejora de la regulación, véase Dolors Canals Ametller, "Simplificación administrativa y Directiva de Servicios: objetivos, medios e incidencias", en *Revista Aragonesa de Administración Pública*, núm. extraordinario 12, 2010, pp. 324 ss. Un análisis de la Ley de garantía de la unidad de mercado desde el punto de vista de la mejora de la regulación puede encontrarse en Cayetano Prieto Romero, "El nuevo procedimiento para la iniciativa legislativa y el ejercicio de la potestad reglamentaria", en *Revista de Administración Pública*, núm. 201, 2016. pp. 347 ss.

38 Disponible en: https://www.boe.es/eli/es/l/2009/11/23/17/con; consultado el 12 de julio de 2021.

interés general, que se define por remisión al artículo 3.11 de la Ley 17/2009, el cual, a su vez, recoge lo establecido al respecto por la directiva. Asimismo, los límites y requisitos que nos ocupan tendrán que ser proporcionados a la razón imperiosa de interés general invocada, sin que pueda existir otro medio de tutelar ese interés general menos restrictivo o distorsionador para la actividad económica.

En este contexto, el artículo 7 de la ley consagra el "*principio de simplificación de cargas*", en virtud del cual "*la intervención de las distintas autoridades competentes garantizará que no genera un exceso de regulación* o duplicidades *y que la concurrencia de varias autoridades en un procedimiento no implica mayores cargas administrativas para el operador que las que se generarían con la intervención de una única autoridad*", que es justamente una de las bases de la mejora de la regulación. Este principio se reitera y desarrolla en el artículo 14 de la ley, relativo a la cooperación en la elaboración de proyectos normativos. Después de articularse el intercambio de información entre las autoridades competentes sobre los proyectos normativos que puedan tener incidencia en la unidad de mercado, se da aplicación práctica al principio de simplificación de cargas administrativas con la previsión de que, si un proyecto de norma establece o modifica medios de intervención, habrá que analizar la existencia de otras medidas que afecten a la misma actividad impuestas por autoridades distintas y asegurarse de que los medios de intervención no recaen sobre los mismos aspectos en caso de concurrencia de varias administraciones. Con tal fin, deberá introducirse un sistema por el cual el procedimiento no genere costes adicionales para el operador en comparación con la intervención de una única administración.

Asimismo, el artículo 14 de la Ley de garantía de la unidad del mercado incorpora otros principios de buena regulación, como el de coherencia del conjunto del ordenamiento jurídico, cuando dispone que, si un proyecto de norma establece o modifica requisitos de acceso o ejercicio a una actividad económica, se tendrá que analizar la consistencia de éstos con el resto de la normativa de las demás autoridades competentes, o el de participación en la elaboración de las normas.

Igualmente importante desde el punto de vista de la mejora de la regulación es el artículo 15 de la ley, que se ocupa de la evaluación periódica de la normativa vigente. Con carácter general, se impone que todas las autoridades competentes evalúen periódicamente su normativa, con objeto de valorar el impacto de la misma en la unidad de mercado. Para el ámbito de la Administración general del Estado, la disposición adicional séptima prevé la presentación a la Comisión Delegada del Gobierno para Asuntos Económicos de un plan de trabajo y seguimiento, que defina con carácter anual objetivos, prioridades y plazos de ejecución para el continuo seguimiento y evaluación de la normativa sobre las actividades económicas a la luz de los principios y mecanismos establecidos en la propia Ley de garantía de la unidad de mercado.

Este último instrumento de mejora de la regulación aparece también recogido, con un alcance más general, en el artículo 4.1 de la Ley 40/2015, precepto de gran importancia, pues consagra con carácter básico para todas las administraciones públicas los principios de intervención de éstas en el desarrollo de las actividades privadas. Esos principios son los de proporcionalidad y no discriminación, y a continuación se obliga a aquéllas a "*evaluar periódicamente los efectos y resultados obtenidos*" con las medidas de intervención adoptadas en la regulación correspondiente.

5. LOS PRINCIPIOS DE BUENA REGULACIÓN EN LA LEGISLACIÓN DEL PROCEDIMIENTO ADMINISTRATIVO COMÚN

No cabe duda de que el paso más importante en la asunción por el ordenamiento jurídico español de los postulados de la mejora de la regulación se ha dado con la incorporación de los mismos a la Ley 39/2015, a través de su título VI, dedicado a la iniciativa legislativa y la potestad para dictar reglamentos y otras disposiciones[39]. Es preciso aclarar ya desde un primer momento que la pretensión del legislador estatal de establecer un régimen básico para el ejercicio de la potestad

[39] Una comparación entre los principios tal como aparecían recogidos en la Ley de economía sostenible y la manera en que se han consagrado en la Ley 39/2015 puede encontrarse en Piedad García-Escudero Márquez, "Iniciativa legislativa del Gobierno y técnica normativa en las nuevas leyes administrativas (Leyes 39 y 40/2015)", en *Teoría y Realidad Constitucional*, núm. 38, 2016. p. 436, nota 9.

normativa, tanto en su variante de elaboración de anteproyectos de ley, como en la de redacción y aprobación de disposiciones generales de rango inferior a la ley, se ha visto parcialmente frenada por el Tribunal Constitucional español a través de su sentencia 55/2018, de 24 de mayo[40]. Ésta, respecto de las comunidades autónomas, limita la aplicación de tales previsiones a las normas reglamentarias, y aun en relación con éstas también priva de carácter básico a la mayor parte del artículo 133, relativo a la participación de los ciudadanos en el procedimiento de elaboración de las normas[41].

Hechas estas importantes salvedades sobre el alcance de las disposiciones que se van a comentar, lo primero que se debe resaltar es la consagración de la técnica de la planificación normativa en el artículo 132 de la Ley 39/2015. En él se establece que las administraciones públicas harán público anualmente en su portal de transparencia un plan normativo que contendrá las iniciativas legales o reglamentarias que vayan a ser elevadas para su aprobación durante el año siguiente. En el desarrollo de esta previsión que se ha llevado a cabo para el ámbito estatal en la redacción vigente del artículo 25 de la Ley 50/1997, de 27 de noviembre, del Gobierno[42], se pone como fecha límite para la aprobación del plan anual normativo el 30 de abril de cada año y, lo que es más importante, se clarifica su carácter meramente orientativo, al contemplarse de forma expresa la posibilidad de que se tramiten propuestas normativas que no figuren en él, siempre que se justifique en la correspondiente memoria de análisis del impacto normativo. No obstante, el Consejo de Ministros queda obligado a aprobar, antes también del 30 de abril de cada año, un informe anual en el que se refleje el grado de

---

40 Disponible en https://hj.tribunalconstitucional.es/es/Resolucion/Show/25660; consultado en fecha 12 de julio de 2021.

41 Sobre su aplicación al ámbito local, respecto del cual no existe pronunciamiento del Tribunal Constitucional, véase Alejandro Ramón Antelo Martínez, "Elaboración de disposiciones de carácter general en la Administración Local, tras la entrada en vigor de la Ley 39/2015", en *Revista de Estudios de la Administración Local y Autonómica. Nueva época*, núm. 6, 2016. pp. 105-121; y Lucía Casado Casado, "La incidencia de la Ley del Procedimiento Administrativo Común de las Administraciones Públicas sobre la potestad normativa local", en *Revista Vasca de Administración Pública*, núm. 107-I, 2017. pp. 87-141.

42 Disponible en: https://www.boe.es/eli/es/l/1997/11/27/50/con; consultado el 12 de julio de 2021.

cumplimiento del plan anual normativo del año anterior y las iniciativas adoptadas que no estaban inicialmente incluidas en aquél (artículo 28.1 de la Ley del Gobierno)[43].

Hay que resaltar también que el artículo 23 de la Ley del Gobierno ha incorporado, para contribuir a la previsibilidad de los cambios normativos, la regla de que las leyes y reglamentos que impongan nuevas obligaciones a las personas físicas o jurídicas que desempeñen una actividad económica o profesional, como consecuencia del ejercicio de ésta, preverán el comienzo de su vigencia el 2 de enero o el 1 de julio siguientes a su aprobación. Se exceptúan los decretos-leyes y los supuestos en que el cumplimiento del plazo de transposición de directivas de la Unión Europea u otras razones justificadas así lo aconsejen, lo que se deberá motivar en la correspondiente memoria de análisis del impacto normativo.

La segunda disposición del título VI de la Ley 39/2015 que merece un comentario en relación con la mejora de la regulación es el artículo 129, titulado precisamente "*principios de buena regulación*". Estos principios son los de necesidad, eficacia, proporcionalidad, seguridad jurídica, transparencia y eficiencia, y se obliga a que en la exposición de motivos o en el preámbulo, según se trate, respectivamente, de anteproyectos de ley o de proyectos de reglamento, se justifique la adecuación de la nueva norma a los mismos.

Los principios de necesidad y de eficacia se tratan conjuntamente en el apartado 2 del artículo 129. Así, se establece que, en aplicación de estos principios, las iniciativas normativas deben estar justificada por una razón de interés general, basarse en una identificación clara de los fines perseguidos y ser el instrumento más adecuado para garantizar

---

43 Como bien señala Piedad García-Escudero Márquez, "*es cierto que existe la posibilidad de elusión de la eficacia del PAN por la laxa previsión de que puedan elevarse a aprobación propuestas normativas que no figuren en el mismo, bastando con justificar este hecho en la MAIN, revisión que permitiría convertir la excepción en regla general. Seamos no obstante optimistas y pensemos que los elementos que empiezan a introducirse para dotar de cierta racionalidad al ordenamiento tal vez hagan germinar la conciencia de su necesidad y de su carácter ordinario, de la que se derive la autodisciplina imprescindible para lograr los objetivos perseguidos, en este caso de planificación normativa*" ("Iniciativa legislativa del Gobierno y técnica normativa en las nuevas leyes administrativas (Leyes 39 y 40/2015)", cit., p. 439).

su consecución. Los dos primeros elementos parece que enlazan con el principio de necesidad[44], mientras que el último lo haría con el de eficacia, aunque también podría encuadrarse en el de proporcionalidad, del que se hablará más adelante[45].

En cualquier caso, estos principios y, sobre todo, el de necesidad, están estrechamente relacionados con el primer momento para la participación de los ciudadanos que prevé el artículo 133.1 de la ley: una consulta previa a la elaboración del texto de las iniciativas normativas, cuyo objetivo es recabar la opinión del público en general (y no sólo de "*los sujetos y de las organizaciones más representativas potencialmente afectados por la futura norma*", como erróneamente se dice en el artículo, pues la consulta se lleva a cabo a través del portal de internet o página web de la administración y no hace falta acreditar ningún título legitimante para participar), sobre, precisamente, los problemas que se pretenden solucionar con la iniciativa, la necesidad y oportunidad de su aprobación, los objetivos de la norma y las posibles soluciones alternativas regulatorias y no regulatorias. De este trámite cabe prescindir en determinados casos[46]: normas presupuestarias u organizativas, ya

---

44 Advierte Íñigo del Guayo Castiella que "*la primera de las tres exigencias que la ley de procedimiento de 2015 anuda al principio de necesidad está mal expresada, porque todo cuanto el poder público haga debe estar justificado en el interés general. Aquello que la ley quiere expresar es que antes de aprobar una norma hay que examinar si es necesaria o no. La norma es innecesaria si ya hay otra de contenido idéntico o similar, o si los efectos de la norma van a ser imperceptibles por la falta de trascendencia de sus previsiones, o va a tener efectos perniciosos sobre el sector al que se dirigen, o por cualquier otra causa. Con objeto de que el juicio acerca de la necesidad de la norma sea acertado, se impone la exigencia de que los fines perseguidos estén claramente identificados. Cuando no lo están, entonces la norma es innecesaria*" ("*Better and smart regulation.* Los principios de buena regulación de la Unión Europea en las recientes leyes españolas de procedimiento administrativo común y de régimen jurídico del sector público", en *Derecho administrativo e integración europea. Estudios en homenaje al Profesor José Luis Martínez López-Muñiz*, tomo I, Editorial Reus, Madrid, 2016. p. 419).

45 Así lo destacan también Cayetano Prieto Romero, "El nuevo procedimiento para la iniciativa legislativa y el ejercicio de la potestad reglamentaria", cit., p. 350; e Íñigo del Guayo Castiella, "*Better and smart regulation.* Los principios de buena regulación de la Unión Europea en las recientes leyes españolas de procedimiento administrativo común y de régimen jurídico del sector público", cit., p. 459.

46 Sobre las consecuencias de una eventual inobservancia del trámite en los supuestos en que no concurre ninguna de las excepciones legales, Cayetano Prieto Romero defiende que ello no implicará la anulación de la norma (reglamentaria), "*siempre y cuando quede sub-*

que respecto de ellas no parece que tenga sentido; cuando concurran razones graves de interés público que lo justifiquen; cuando la propuesta normativa no tenga un impacto significativo en la actividad económica, no imponga obligaciones relevantes a los destinatarios o regule aspectos parciales de una materia. En la referencia al impacto sobre la actividad económica de la futura norma aparece un nuevo reflejo de la innegable vinculación entre mejora de la regulación e intervención pública en la economía.

En cuanto al principio de proporcionalidad, implica que la iniciativa deberá contener la regulación imprescindible para atender la necesidad que justifica la elaboración de la nueva norma, previa constatación de que no existen otras medidas menos restrictivas de derechos o que impongan menos obligaciones a los destinatarios. Así definido, no es fácil de distinguir del principio de eficacia ni del de eficiencia a los que se hará referencia más adelante[47].

El principio de seguridad jurídica impone que la iniciativa normativa se ejerza de manera coherente con el resto del ordenamiento jurídico, nacional y de la Unión Europea, para generar "*un marco normativo estable, predecible, integrado, claro y de certidumbre, que facilite su conocimiento y comprensión y, en consecuencia, la actuación y toma de decisiones de las personas y empresas*" (artículo 129.4 de la Ley 39/2015). Ciertamente, la coherencia con el resto del ordenamiento jurídico y la previsibilidad de las normas son elementos que contribuyen a generar seguridad jurídica, pero quizá en este punto se debería haber

---

sanado mediante la práctica posterior del trámite de audiencia e información públicas" ("El nuevo procedimiento para la iniciativa legislativa y el ejercicio de la potestad reglamentaria", cit., p. 360). Sin embargo, esta conclusión es discutible, en la medida en que la finalidad de la consulta previa y la de la audiencia e información pública no son idénticas. Joaquín Meseguer Yebra también se pronuncia por la "*menor entidad de su ausencia sobre la validez de la norma*" ["Procedimiento de elaboración de normas y *better regulation* en el ejercicio de la potestad reglamentaria local", en *El nuevo procedimiento administrativo local tras la Ley 39/2015*, Wolters Kluwers, Las Rozas (Madrid), 2016. p. 133)].

47 Como destaca Cayetano Prieto Romero, "*los principios de necesidad, eficacia y proporcionalidad conforman un modo distinto de justificar o motivar la aprobación de una nueva norma jurídica, digamos que pasamos de una motivación general y superficial a una motivación concreta y exigente, todo lo cual debe quedar claramente explicado en la memoria de análisis de impacto normativo*" ("El nuevo procedimiento para la iniciativa legislativa y el ejercicio de la potestad reglamentaria", cit., p. 351).

integrado también la exigencia de una correcta técnica normativa, a la que se ha hecho referencia en el apartado anterior de este trabajo. En cambio, la Ley 39/2015 mezcla con el principio que nos ocupa cuestiones que poco tienen que ver con él, como la justificación de las especialidades que se introduzcan en materia de procedimiento administrativo o los requisitos de las habilitaciones para el desarrollo reglamentario de las leyes.

El principio de transparencia incluye en el artículo 129.5 de la Ley 39/2015 tres manifestaciones relacionadas con la mejora de la regulación. Enunciándolas en un orden distinto al del precepto, serían la definición clara de los objetivos de las iniciativas normativas y su justificación en el preámbulo o exposición de motivos; la posibilidad de que los potenciales destinatarios tengan una participación activa en la elaboración de las normas; y el acceso sencillo, universal y actualizado a la normativa en vigor y a los documentos propios de su proceso de elaboración, lo cual conecta con las obligaciones de publicidad activa que impone la Ley 19/2013, de 9 de diciembre, de transparencia, acceso a la información pública y buen gobierno[48] y, en particular, su artículo 7.

Sobre la participación ciudadana en la elaboración de las normas, conviene mencionar en este punto el segundo momento que el artículo 133.2 de la Ley 39/2015 contempla para ella, después de la consulta previa ya comentada: cuando la futura norma vaya a afectar a los derechos e intereses legítimos de las personas, habrá que publicar el texto en el portal de internet o página web correspondiente para dar audiencia a los ciudadanos afectados y recabar cuantas aportaciones adicionales puedan hacerse por otras personas o entidades, es decir, se abrirá un trámite de información pública[49]. Otra posibilidad es recabar de manera directa la opinión de las organizaciones o asociaciones reconocidas por la ley que agrupen o representen a las personas cuyos derechos o intereses legítimos se vayan a ver afectados por la norma y cuyos fines

---

48 Disponible en: https://www.boe.es/eli/es/l/2013/12/09/19/con; consultado el 12 de julio de 2021.

49 Para un estudio en extenso de estos trámites cabe remitirse a Cayetano Prieto Romero, "El nuevo procedimiento para la iniciativa legislativa y el ejercicio de la potestad reglamentaria", cit., pp. 361 ss.

guarden relación directa con el objeto de aquélla, lo que sería más bien una consulta. Algunos de los supuestos en que cabe prescindir de la consulta previa a la elaboración de las normas son también aplicables a estos trámites participativos: así, el caso de las normas presupuestarias[50] u organizativas y cuando concurran razones graves de interés público que lo justifiquen.

Para acabar, el principio de eficiencia se identifica parcialmente en el apartado 6 del artículo 129 de la Ley 39/2015 con la simplificación y reducción de las cargas administrativas, aunque también incluye, con mayor propiedad, la racionalización en la aplicación de la nueva norma de la gestión de los recursos públicos. Añade a este último respecto el apartado 7 del artículo que, cuando una iniciativa normativa afecte a los gastos o ingresos públicos presentes o futuros, se deberán cuantificar y valorar sus repercusiones y efectos, y supeditarse al cumplimiento de los principios de estabilidad presupuestaria y sostenibilidad financiera.

El último instrumento de mejora de la regulación que se ha incorporado a la Ley 39/2015 es la evaluación periódica de la normativa en vigor. El artículo 130.1 de la ley obliga a las administraciones públicas a revisar periódicamente su normativa vigente para adaptarla a los principios de buena regulación y para comprobar la medida en que ha conseguido los objetivos previstos y si estaba justificado y correctamente cuantificado el coste y las cargas impuestas en ella; el resultado de esta evaluación se tiene que plasmar en un informe que se hará público[51].

En la redacción actual del artículo 25.2 de la Ley del Gobierno, se prevé para la Administración general del Estado que los planes anuales

---

50 Sin embargo, como acertadamente pone de manifiesto Cayetano Prieto Romero, "*en el ámbito de las entidades locales, tanto el proyecto de presupuestos como las ordenanzas fiscales se someten a información pública, debiéndose contestar las observaciones que se formulen en la correspondiente memoria*" ("El nuevo procedimiento para la iniciativa legislativa y el ejercicio de la potestad reglamentaria", cit., p. 371). Sería inaudito que, como consecuencia de la entrada en vigor de la Ley 39/2015, hubiese que entender derogadas esas previsiones, por lo que deberá considerarse que subsisten como *lex specialis.*

51 Sobre la evaluación *a posteriori* de las normas jurídicas, cabe remitirse a la pionera monografía de María José Montoro Chiner, *La evaluación de las normas. Racionalidad y eficiencia*, Atelier, Barcelona, 2001. pp. 116 ss., así como, más recientemente, con un análisis de la plasmación de esta técnica en la Ley 39/2015, a Antonio Eduardo Embid Tello, "Calidad normativa y evaluación ex-post de las normas jurídicas", cit., pp. 10 ss.

normativos deberán identificar, con arreglo a los criterios que se establezcan por vía reglamentaria, las normas que habrán de someterse a un análisis sobre los resultados de su aplicación, atendiendo fundamentalmente al coste que suponen para la administración o los destinatarios y las cargas administrativas impuestas a estos últimos. En el informe anual de evaluación que prevé el artículo 28 de la Ley del Gobierno, y al que ya se ha hecho referencia en relación con la planificación de la actividad normativa, se incluirán las conclusiones del mencionado análisis, que abarcará en todo caso tres cuestiones: la eficacia de la norma, entendiendo por tal la medida en que ha conseguido los fines pretendidos con su aprobación; la eficiencia de la misma, identificando las cargas administrativas que podrían no haber sido necesarias; y su sostenibilidad, hay que entender que desde el punto de vista financiero. Sobre la base de las conclusiones del análisis de los resultados de la aplicación de las normas, el informe podrá contener recomendaciones específicas de modificación o, en su caso, de derogación de las normas evaluadas.

6. CONCLUSIONES

Las políticas de mejora de la regulación son una consecuencia de la reflexión generada después de los grandes procesos de liberalización de la economía de los años ochenta y noventa del siglo pasado sobre la inevitabilidad de la intervención pública en aquélla, es decir, de la regulación, pero al mismo tiempo sobre la necesidad de que la misma se lleve a cabo correctamente, para no imponer cargas administrativas excesivas a los ciudadanos y a las empresas que mermen la competitividad del sistema económico y, en último término, restrinjan de manera injustificada la libertad. Principios como los de la previsibilidad de las normas, vinculado al de seguridad jurídica, la participación ciudadana en su elaboración o la proporcionalidad son algunas de las bases de estas políticas.

Es patente el esfuerzo desarrollado en los últimos años en el ordenamiento jurídico español por asumir los instrumentos y técnicas de mejora de la regulación al máximo nivel normativo. La culminación de esta tendencia se encuentra en su inclusión en el título VI de la Ley 39/2015, si bien el Tribunal Constitucional ha limitado su alcance en relación con las comunidades autónomas. No obstante, los mayores riesgos a los que se enfrenta la mejora de la regulación y que amenazan con desvirtuarla son dos. El primero es el excesivo formalismo que, de manera paradójica, impone al procedimiento de elaboración y aprobación de las normas jurídicas, al añadir requisitos que con anterioridad no se exigían y que complican y ralentizan la tramitación de aquéllas, lo que puede suponer un incentivo para su cumplimiento meramente formulario. El segundo es que no resulta suficiente por sí misma para garantizar la calidad técnica de las normas, pues siguen produciéndose ejemplos censurables de técnica normativa deficiente en textos legislativos de gran trascendencia, a pesar de la consagración legal de los instrumentos y técnicas de la mejora de la regulación.

Es claro que la mejora de la regulación no se consigue con trámites o formalismos vacíos, sino con el cumplimiento sincero y responsable de las reglas que tratan de evitar la proliferación de normas innecesarias y mal concebidas[52]. También convendría recuperar la preocupación por la técnica normativa, que parece haberse dejado de lado en la consagración legal de la mejora de la regulación, sobre todo en lo que se refiere a la corrección lingüística y la coherencia lógica y sistemática de los textos legales y reglamentarios. Se trata, en definitiva, de reducir el arte de legislar a una técnica que pueda ser aprendida y aplicada en beneficio del conjunto de la sociedad[53].

---

52 Ya Francisco Rubio Llorente, desde su posición de Presidente del Consejo de Estado español, denunciaba el cumplimiento meramente formal de los requisitos que tratan de garantizar la calidad de las normas; véase "El papel del Consejo de Estado en el control de la calidad técnica de las normas", cit., pp. 30 ss. Sobre los retos pendientes de la mejora de la regulación en España, con propuestas para la profundización en esta política, véase Marisa Álvarez Suárez, "La mejora de la regulación en España como política pública: análisis y evolución", cit., pp. 35 ss.

53 Concluye Fernando Sainz Moreno que "*así entendida, la técnica normativa tiene por objeto formular directrices para construir un ordenamiento jurídico bien estructurado en sus principios e integrado por normas correctamente formuladas, esto es, un ordenamiento que cumpla el principio de seguridad jurídica. En su origen se trataba del arte de redactar cada precepto jurídico (el antiguo "arte de legislar" entendido como cualidad personal basada en la sensibilidad, intuición y habilidad adquirida por la propia experiencia) pero hoy tiene que resolver, además, problemas más complejos que crea un sistema de fuentes en el que concurren múltiples titulares de potestades normativas*" ("Problemas actuales de la técnica normativa", cit., p. 59).

7. BIBLIOGRAFÍA

ÁLVAREZ SUÁREZ, Marisa, "La mejora de la regulación en España como política pública: análisis y evolución", en *Gestión y Análisis de Políticas Públicas. Nueva época*, núm. 17, 2017.

ANTELO MARTÍNEZ, Alejandro R., "Elaboración de disposiciones de carácter general en la Administración Local, tras la entrada en vigor de la Ley 39/2015", en *Revista de Estudios de la Administración Local y Autonómica. Nueva época*, núm. 6, 2016.

BALDWIN, Robert, "Is better regulation smarter regulation?", en *Public law*, núm. 3, 2005.

BROWN, Ciara y SCOTT, Colin, "Regulation, Public Law and Better Regulation", en *European Public Law*, vol. 17, núm. 3, 2011.

CANALS AMETLLER, Dolors, "Simplificación administrativa y Directiva de Servicios: objetivos, medios e incidencias", en *Revista Aragonesa de Administración Pública*, núm. extraordinario 12, 2010.

CARRO FERNÁNDEZ-VALMAYOR, José L., "La reforma del régimen local de 2013. Consideraciones introductorias", en *Derecho local de Galicia*, Iustel, Madrid, 2017.

CASADO CASADO, Lucía, "La incidencia de la Ley del Procedimiento Administrativo Común de las Administraciones Públicas sobre la potestad normativa local", en *Revista Vasca de Administración Pública*, núm. 107-I, 2017.

DEL GUAYO CASTIELLA, Íñigo, "*Better and smart regulation*. Los principios de buena regulación de la Unión Europea en las recientes leyes españolas de procedimiento administrativo común y de régimen jurídico del sector público", en *Derecho administrativo e integración europea. Estudios en homenaje al Profesor José Luis Martínez López-Muñiz*, tomo I, Editorial Reus, Madrid, 2016.

DÍEZ SÁNCHEZ, Juan J., "Consideraciones críticas a propósito de los planteamientos generales de las Leyes 39 y 40 de 2015 y el procedimiento seguido para su elaboración", en *Derecho administrativo e integración europea. Estudios en homenaje al Profesor José Luis Martínez López-Muñiz*, tomo I, Editorial Reus, Madrid, 2016.

EMBID TELLO, Antonio E., "Calidad normativa y evaluación ex-post de las normas jurídicas", en *Revista General de Derecho Administrativo*, núm. 50, 2019.

GARCÍA-ESCUDERO MÁRQUEZ, Piedad, "Iniciativa legislativa del Gobierno y técnica normativa en las nuevas leyes administrativas (Leyes 39 y 40/2015)", en *Teoría y Realidad Constitucional*, núm. 38, 2016.

GRUPO DE ESTUDIOS DE TÉCNICA LEGISLATIVA, *La forma de las leyes: 10 estudios de técnica legislativa*, Bosch, Barcelona, 1986.

GRUPO DE ESTUDIOS DE TÉCNICA LEGISLATIVA, *Curso de técnica legislativa*, Centro de Estudios Constitucionales, Madrid, 1989.

LÓPEZ DONAIRE, Belén, "Análisis de las últimas novedades en materia de calidad normativa en el ordenamiento a raíz de la Ley 39/2015. Hacia una legislación inteligente", en *Gabilex*, núm. extraordinario, 2018.

LÓPEZ GUERRA, Luis, "Pluralismo y técnica normativa", en *Cuadernos de Derecho Público*, núm. 29, 2006.

MAGIDE, Mariano, "Algunas reflexiones a la luz de la nueva Ley de Contratos del Sector Público, en particular sobre los contratos de concesión", en *Actualidad Jurídica Uría Menéndez*, núm. 46, 2017.

MARTÍN MONTERO, José L., "Título de las leyes y homogeneidad", en *Revista Española de la Función Consultiva*, núm. 6, 2006.

MESEGUER YEBRA, Joaquín, "Procedimiento de elaboración de normas y *better regulation* en el ejercicio de la potestad reglamentaria local", en *El nuevo procedimiento administrativo local tras la Ley 39/2015*, Wolters Kluwers, Las Rozas (Madrid), 2016.

MIGUEZ MACHO, Luis, "Análisis de los instrumentos para la integración de la igualdad efectiva entre hombres y mujeres en la elaboración de las normas", en *Políticas de igualdad y derechos fundamentales*, Tirant Lo Blanch, Valencia, 2009.

MONTORO CHINER, María José, *La evaluación de las normas. Racionalidad y eficiencia*, Atelier, Barcelona, 2001.

NABASKUES MARTÍNEZ DE EULATE, Iker, "Panorama actual de la calidad normativa en el ordenamiento tras la aprobación de la Ley 39/2015", en *Revista Vasca de Administración Pública*, núm. 109-I, 2017.

PONCE SOLÉ, Juli, "La calidad en el desarrollo de la discrecionalidad reglamentaria: teorías sobre la regulación y adopción de buenas decisiones normativas por los Gobiernos y las Administraciones", en *Revista de Administración Pública*, núm. 162, 2003.

PRIETO ROMERO, Cayetano, "El nuevo procedimiento para la iniciativa legislativa y el ejercicio de la potestad reglamentaria", en *Revista de Administración Pública*, núm. 201, 2016.

RUBIO LLORENTE, Francisco, "El papel del Consejo de Estado en el control de la calidad técnica de las normas", en *Revista Española de la Función Consultiva*, núm. 6, 2006.
SAINZ MORENO, Fernando, "Problemas actuales de la técnica normativa", en *Anuario Jurídico de La Rioja*, núm. 1, 1995.
SALVADOR CODERCH, Pablo, "Técnica legislativa y teorías de la regulación", en *InDret*, núm. 2/2004.
SANTAOLALLA LÓPEZ, Fernando, "Las directrices de técnica normativa", en *Revista de Administración Pública*, núm. 170, 2006.
SANZ PÉREZ, Ángel L., "Apuntes sobre la técnica legislativa en España", en *Asamblea. Revista Parlamentaria de la Asamblea de Madrid*, núm. 26, 2012.

Fort Lauderdale (Florida), 27 de abril de 2021.

ENSAYO DE CARACTERIZACIÓN DE LA DOGMÁTICA JURÍDICO-PÚBLICA Y, EN CONCRETO, ADMINISTRATIVA ESPAÑOLA

LUCIANO PAREJO ALFONSO*

SUMARIO

I. Introducción. 1. La situación actual en España de la dogmática jurídico-administrativa. 2. Las causas de la situación actual y la influencia foránea, en especial alemana, en la formación del actual Derecho administrativo. 3. Analogías, no obstante las diferencias, en la decantación de la dogmática en España y Alemania; la constatación en España de la necesidad de su potenciación. II. La relación entre la dogmática jurídica y la ciencia jurídica. 1. El tratamiento de la cuestión fundamentalmente en sede de la filosofía del Derecho. 2. La cuestión en la doctrina jurídico-pública alemana como referencia. III. La caracterización general de la dogmática. 1. Las posiciones ius-filosóficas. 2. El enfoque tradicional en la doctrina jurídico-administrativa: el método jurídico como sinécdoque de la dogmática jurídica. 3. El nuevo enfoque: el directo análisis de la dogmática y sus elementos con apoyo en la doctrina alemana. • Bibliografía.

> *"...nada impide que no pudiendo ser el Derecho una realidad sistemática haya una sistemática de esa realidad. El Derecho no es solo una realidad que se vive y que las sociedades humanas van haciendo y deshaciendo a medida que marchan, sino que es algo también que se estudia, se ordena y cuyo conocimiento se transmite. Por eso, junto a las Leyes y los códigos y los repertorios de sentencias están las instituciones y los tratados, y a veces hasta se mezclan. Los conceptos con los que el Derecho opera en el mundo de las aporías para adaptarse a las relaciones sociales y a la contraposición de intereses, y reducirlas, habrán acaso de quebrarse al servicio de ese fin y no podrán organizarse sistemáticamente. Pero el objetivo de los conceptos de la ciencia jurídica no es directamente la reducción de esos intereses, sino la actividad reductora misma. En el mismo mundo romano y aún en la compilación de Justiniano encontramos, una junto a otra, ambas cosas: lo pensado*

* Catedrático emérito de Derecho administrativo de la Universidad Carlos III de Madrid; ex Director del Instituto Pascual Madoz del Territorio, Urbanismo y Medio Ambiente de dicha Universidad; ex Rector de la Universidad Internacional Menéndez Pelayo; ex Director del Instituto de Estudios de Administración Local; ex Presidente del Instituto Nacional de Administración Pública; ex Subsecretario de los Ministerios de Administración Territorial y para las Administraciones Públicas.

> *para solucionar problemas, vencer el obstáculo y seguir adelante, y las obras didácticas en que se define, clasifica y sistematiza. Y el sueño de la unidad acabada y completa del ordenamiento jurídico es el sueño de unas cuantas generaciones de intelectuales que desde los primeros glosadores influidos por la escolástica hasta los grandes clásicos del siglo XIX han elaborado los sistemas."*
>
> E. Gómez Orbaneja, *Ficciones y conceptos formales en el Derecho*, Ed. Thomson/Civitas/Aranzadi, Cizur Menor 2008, pp. 57 y 58.

I. INTRODUCCIÓN

1. La situación actual en España de la dogmática jurídico-administrativa

La dogmática jurídica es fruto que, por sus requerimientos, solo ha podido cuajar plenamente en el continente europeo. Pero mientras en Europa central y, especialmente, Alemania las condiciones han sido especialmente propicias a su pleno desarrollo, las propias de los países latinos y, en especial, de España, no han permitido que haya llegado a adquirir una entidad propia, a alcanzar su cultivo como tal. Esto explica que, en Alemania, se considere la dogmática jurídica un concepto típicamente centroeuropeo y, más concretamente, alemán, una singularidad alemana[1] e, incluso, por su *status* especial y carácter dominante (en el seno de las disciplinas jurídicas y en el plano de la enseñanza y la investigación), una "*marca alemana*"[2]. Y se insista en tal especificidad

---

1 Chr. Waldhoff, "Kritik und Lob der Dogmatik. Rechtsdogmatik im Spannungsfeld con Gesetzesbindung und Funktionsorientierung", en G. Kirchhof, S. Magen y K. Schneider (Eds.), *Was weiss Dogmatik?*, Ed. Mohr Siebeck, Tübingen 2012, p. 36; con ulteriores referencias en el mismo sentido e indicación de que la expresión "*legal dogmatics*" se utiliza normalmente en el ámbito anglosajón en todo peyorativo y, aunque la "*legal doctrine*" pudiera considerarse un equivalente funcional de la dogmática, se considera normalmente que alude en todo caso a una forma inconsciente de la misma (aunque siempre atenida bien a un caso concreto, bien a un determinado texto legal).
Niega, sin embargo, tal singularidad, por ser la necesidad de sistematización inherente a cualquier orden jurídico (incluso los anglosajones), R. Wahl, "Rechtsdogmatik und Rechtspolitik im Öffentlichen Recht", en E. Stürner (Ed.), *Die Bedeutung der Rechtsdogmatik für die Rechtsentwicklung. Ein japanisch-deutsches Symposium*, Ed. Mohr Siebeck, Tübingen 2010.

2 M. Jestaedt, "Wissenschaftliches Recht –Rechtsdogmatik als gemeinsames Kommunikationsformat von Rechtswissenschaft und Rechtspraxis", en G. Kirchhof, S. Magen y K. Schneider, ob. cit. en nota 1, pp. 117 y 118. Este autor señala que en Francia no existe algo con un *status* parecido.

por la estrecha e intensa relación existente en Alemania (y ausente en otros países europeos) entre dogmática y ciencia jurídica (a pesar de no ser la primera algo específico de la segunda) que difícilmente es posible encontrar en otros lugares[3].

La ausencia en España de una dogmática, desde luego una jurídico-administrativa, abiertamente cultivada como tal en términos equivalentes o parecidos a la alemana obedece sin duda a la falta de una mínimamente suficiente indagación reflexiva de la ciencia jurídica positiva sobre su propio obrar[4], al menos una capaz de conducir a la identificación, en su seno, de diversos y diferenciados modos de operar dotados, por ello, de sustantividad propia. De ahí que la comunidad de los juristas que no limitan su actividad al foro se autocalifica, por ello, sea como científico-académica, sea como doctrina de autores, siendo más infrecuente que lo haga como dogmática. Lo que no quiere decir que en España no se haya desarrollado y exista de hecho dogmática jurídica y, más precisamente, jurídico-administrativa; existe porque sencillamente se practica[5], solo que -sin distinguirla suficientemente

---

3 O. Lepsius, "Kritik der Dogmatik", en G. Kirchhof, S. Magen y K. Schneider (Eds.), ob. cit., en nota 1, p. 46 a 51. Según este autor, la dogmática solo cuaja en los EEUU en el caso de la unión personal de científico y Juez precisamente del Tribunal Supremo y en los restantes países europeos falta una comprensión de fondo de la dogmática análoga a la alemana. En los países románicos se habla, por ello, de doctrina o dottrina, que solo alude a la opinión de profesores, pues la capacidad de decir lo que es Derecho solo se da en la jurisprudencia o giurisprudenza. En Francia es también clara diferenciación de doctrina y jurisprudencia. Por ello, en esos países Derecho, ciencia y praxis permanecen claramente separados y sin la conexión entre ellos que, en Alemania, establece la dogmática. En cualquier caso y constatando la vida de que hoy disfruta en Alemania la dogmática (de suerte que se habla de dogmática de valores y dogmática de los derechos fundamentales), manifiesta sorpresa por la alta valoración que actualmente tiene (al haber perdido todo sabor de lo retrógrado), al punto de afirmar de nunca han sido los alemanes tan dogmáticos como ahora (al menos en el Derecho público). Pues habiendo sido históricamente una de las líneas de trabajo, hoy amenaza con ocupar todo el terreno de la ciencia jurídica (con abandono de otros campos científicos.

4 En este sentido, citando a F. Kaufmann, E. García de Enterría, "Reflexiones sobre la Ley y los principios generales del Derecho en el Derecho administrativo", *RAP* núm. 40, enero-abril 1963, p. 190.

5 La prueba la proporcionan dos tempranas Sentencias del Tribunal Constitucional que hacen referencia con toda normalidad a la dogmática jurídica. La Sentencia del Tribunal Constitucional (en adelante STC) 132/1989, de 18 de julio, afirma, en el FJ su FJ 10, que: "*Ciertamente, y partiendo del derecho vigente, la doctrina científica ha elaborado diver-*

del método jurídico[6]- se hace indiferenciadamente como tarea propia,

---

sas categorías dogmáticas referentes al concepto y características de las corporaciones públicas en nuestro ordenamiento; pero tales categorías (frente a lo que parecen sostener varios recursos) no representan límites infranqueables al legislador, sino explicaciones y sistematizaciones de una realidad forzosamente cambiante". Y la STC 150/1991, de 4 de julio, FJ 3, señala: "... *y en este sentido es igualmente claro que, para resolver sobre la constitucionalidad o inconstitucionalidad de la agravante de reincidencia art. 10.15 c.p. hay que atender, no a las construcciones doctrinales formuladas respecto de la agravante ahora cuestionada, sino única y exclusivamente a la regulación y efectos que el código penal establece respecto de la misma, para comprobar si la determinación de una pena superior por el hecho de la concurrencia de la reincidencia es o no conforme con la constitución. al respecto, no es ocioso recordar que el parámetro a utilizar para resolver sobre la constitucionalidad o inconstitucionalidad de la norma cuestionada es la propia constitución, y no determinadas categorías dogmáticas jurídico-penales, sobre las que no corresponde pronunciarse a este tribunal*" (la cursiva es nuestra) A esas referencias se añade aún la de la vinculación dogmática de la protección de la integridad de las resoluciones judiciales con la seguridad jurídica (STC 5/2002, de 11 de marzo, FJ. 2, con cita algunas otras Sentencias anteriores).

Nótese, no obstante, que el Alto Tribunal se refiere a la dogmática jurídica como el conjunto de explicaciones y sistematizaciones o construcciones *doctrinales o de la doctrina científica*. Esta última expresión (vinculada a la tarea de la "*construcción*") es la más frecuentemente utilizada por el Alto Tribunal, como resulta de los siguientes ejemplos:

STC 42/1985, de 15 de marzo, FJ 2 (recogida en el Auto 139/2015, de 25 de julio) alude a la construcción doctrinal para prescindir de ella dado el tenor literal del precepto considerado.

105/1988, de 8 de julio, FJ 3 –reiterada luego por la STC 4/2014, de 16 de enero, FJ 3-, que señala que no compete al Alto Tribunal terciar en polémicas doctrinales, aunque sí puede recibir de los antecedentes doctrinales los elementos precisos para enjuiciar y resolver las cuestiones propuestas.

STC 301/1993, de 21 de octubre, FJ 3, que afirma no ser necesario examinar la naturaleza jurídica de determina expresión empleada en un precepto legal, pues semejante labor de identificación dogmática corresponde al poder judicial.

STC 128/2018, de 29 de noviembre, FJ 4 (recogida luego en STC 18/2019, de 11 de febrero, FJ2) sostiene que, si bien la cuestión a decidir no es fácil, no debe terciar en discusiones que son más propias de la doctrina científica que de la jurisdicción constitucional.

STC 108/2019, de 30 de septiembre, FJ 3, señala: "... *no debe olvidarse que la expresa exclusión de la discriminación por razón del sexo halla su razón concreta, como resulta de los mismos antecedentes parlamentarios del art. 14 CE, y es unánimemente admitido por la doctrina científica, en la voluntad de terminar con la histórica situación de inferioridad...[de] la población femenina*".

6 Es éste un dato que, en términos generales, distingue a la doctrina española de la alemana a la que sin duda tiene como una de sus referencias principales. Pues, como señalan G. Kirchhof y S. Magen ("Dogmatik: Rechtliche Notwendigkeit und Grundlage fächerübergreifenden Dialogs –eine systematisierende Übersicht, en la obra colectiva citada en nota 1, p. 135), aunque método y dogmática no puedan separarse nítidamente (al ser ambos necesarios para el trabajo con textos), la dogmática jurídica tiene por fin específico y diferencial captar los contenidos y las estructuras de un ámbito del Derecho, dependiendo

junto con otras, de los juristas tanto científicos como prácticos[7]. Pues el centro de atención ha sido y continúa siendo -probablemente por la preocupación en torno al *status* científico del Derecho[8]- el método jurídico, por más que tampoco a éste se le haya dedicado tradicionalmente excesiva atención[9].

2. Las causas de la situación actual y la influencia foránea, en especial alemana, en la formación del actual Derecho administrativo

El origen de esta situación puede quizás reconducirse a la evolución en el Derecho civil, que, como es bien sabido, ha tenido una gran influencia, desde luego inicial, en la formación del Derecho público en general y del administrativo en particular[10]. La ya clásica obra

directamente, así, de las premisas legales. Esta dependencia y sus inconvenientes no se dan en el método, porque la lógica y los mecanismos que le son propios valen para cualquier norma o decisión judicial y no precisan ser modificados con ocasión de cualquier cambio en el Derecho. Y en el campo de la interpretación y aplicación la relación (diferenciadora) entre método y dogmática consiste en que el primero es solo, cuando recurre a él, utilización del sistema formado por la dogmática, mientras que ésta es también elaboración de dicho sistema.

7 Esta dogmática de hecho practicada encuentra su reflejo sobre todo en los manuales, cursos, lecciones y tratados escritos con finalidad de exposición sistemática de la materia y propósito tanto didáctico, como práctico. Pero también en las revistas de la disciplina. Por ello, las correspondientes elaboraciones se refieren, en ambos casos, a la normativa en vigor y a la jurisprudencia pertinente.

8 Véase a este respecto, A. Calsamiglia, *Introducción a la ciencia jurídica*, Ed. Ariel, Barcelona 1986 (se cita aquí y en adelante por la edición de 1990), p. 47. Este autor llama la atención sobre la dificultad de la fundamentación y justificación de la actividad de los juristas, transmitiéndose de generación en generación la cuestión de su estatuto científico sin que los ríos de tinta que se han vertido al respecto hayan logrado otorgar seguridad sobre la legitimidad del saber jurídico. Pero entiende que la cuestión de la cientificidad es irrelevante en la medida en que no aumenta el conocimiento sobre el contenido, sentido y alcance de la actividad del jurista.

9 De nuevo aquí es ilustrativa la opinión de E. García de Enterría (ob. cit., p. 190), que destaca la contraposición entre la formulación de teorías filosóficas estériles en el plano del Derecho positivo y la dificultad de los expertos en éste para reflexionar sobre la cuestión y extraer de ella los resultados oportunos.

10 F. Garrido Falla, *Las transformaciones del régimen administrativo: estudios de administración*, IEP, Madrid 1954, pp. 76 y ss. En pág. 77, afirma: "*Desde luego, el Derecho administrativo ha tenido que construirse como un sistema de conceptos técnicos. Esta construcción ha tomado como ejemplo el sistema del Derecho civil. Cuando el Derecho administrativo nace, cuando comienzan a publicarse los primeros tratados de ciencia*

de F. De Castro y Bravo[11] es ilustrativa al respecto en cuanto:

- Señala la asimilación progresiva, ya en la época de la codificación y también después de la publicación del Código civil, de doctrinas foráneas y, concretamente, alemanas[12].
- Analiza, en especial y a propósito de la voluntad objetiva de la Ley, el "*método dogmático*", que equipara al "*método científico*" y que critica sobre la base, implícita, de la previa trascendencia que otorga a los principios generales del Derecho, a los que reconoce vigor normativo y dedica especial atención[13].
- Incluye entre las funciones del jurista la elaboración científica, que proporciona el conocimiento y la fundamentación necesaria

---

jurídico-administrativa, el Derecho civil tiene ya un sistema propio que técnicamente ha heredado nada menos que de Roma. En este sentido, la creación de una serie de dogmas jurídico-administrativos tiene que adoptar, en principio, el ejemplo de Derecho civil".

Es significativo que, ya C. García de Oviedo ("Hacia la emancipación del Derecho administrativo", *Revista General de Legislación y Jurisprudencia*, Vol. 79, núm. 156 (1930), pp. 170-212) sostuviera que, *"aún cuando la obra crítica de su tiempo acabara por emancipar plenamente el Derecho administrativo, todavía quedaba mucho por hacer y, mientras ello no ocurra, se nutrirán sus raíces con la savia, todavía fértil, del Derecho civil, recibiendo de él aspiraciones y enseñanzas*".

La obra de referencia a este respecto sigue siendo, no obstante, la de S. Martín Retortillo Baquer, *El Derecho civil en la génesis del Derecho Administrativo y de sus instituciones*, Instituto García Oviedo, Universidad de Sevilla, 1960.

11 F. de Castro y Bravo, *Derecho civil de España*, Parte General, T. I, IEP, Madrid 1953.

12 Según F. De Castro y Bravo (ob. cit en nota anterior, pp. 321-323) primero se produjo la recepción por Durán y Bas de los postulados de la escuela histórica y luego la asunción por F. Sánchez Román ("Técnica Jurídica. Discurso inaugural n la Academia de Jurisprudencia de Granada", curso 1895-1902, *RGLJ* 59 [1881]; también *Estudios de ampliación del Código Civil y Códigos españoles*, Granada, 1879-1889) de la idea de "*construcción jurídica*" (basada en la obra de Ihering) y el pandectismo, así como de la sistemática alemana por A. Comas (*Proyecto de Código Civil*, 1885). Línea ésta que continúa, en calidad de plan y método de los tratados de Derecho civil, con C. Valverde (*Tratado de Derecho Civil español*, Valladolid, 1909) y Fernández Elías (*Novísimo tratado histórico-filosófico del Derecho civil español*, 1880) y, más tarde, con F. Clemente de Diego y su escuela, que, sin perjuicio del estudio de la doctrina clásica propia, siguen importando el instrumental técnico de la ciencia alemana.

13 F. De Castro y Bravo, ob. cit. en nota 11, pp. 384-448 y 499 y 500). Considera este autor que el método científico consiste en la clasificación, en diferentes categorías, de los distintos hechos previstos en las Leyes según criterios exclusivamente técnicos. Y entiende que, de esta forma, se han construido magníficos edificios conceptuales, cuyos dislates no son más gracias al sentido de los mejores juristas que siguen en definitiva principios morales, políticos o sociales.

para la práctica, creando una presunción en favor de una interpretación o principio que no resulta directamente de una Ley; pero solo atribuye valor normativo a la doctrina legal, ya que la doctrina jurisprudencial es la clase de doctrina que sirve para autorizar una solución con valor equivalente a la doctrina de los autores[14].

- Y diferencia la doctrina jurídica (carente de validez), en la que distingue: i) la teoría (visión total de la realidad jurídica, que prepara la labor legislativa ofreciendo el esquema de la organización jurídica, señala los límites y la orientación aconsejable de las Leyes, y muestra el modo en que las disposiciones consiguen sus fines), operando también en el plano de la aplicación mediante la determinación del verdadero sentido de cada regla dentro de ordenamiento y la identificación de la solución más adecuada de los casos prácticos; y, finalmente, formando los juristas; y ii) la doctrina propiamente dicha, que no es abstractamente científica y teórica, actuando sobre la realidad social y orientándola en determinado sentido, por lo que se caracteriza por su carácter práctico[15].

Aunque no le es ajena la perspectiva sistemática, característica de la dogmática[16], en el Derecho civil actual, no parece hablarse ya, al tratar significativamente de las fuentes del Derecho, tanto de dogmática jurídica, cuanto, junto a la jurisprudencia, de doctrina de los autores, la cual, sin poder ser considerada fuente del Derecho, puede constituir -aunque sin valor vinculante- un elemento útil instrumentalmente en el desenvolvimiento de la vida jurídica de importancia a efectos de la interpretación de las Leyes (interpretación doctrinal) y también material de trabajo a tener en cuenta por el legislador a la hora bien de elaborar un texto legal bien de reformarlo[17].

---

14 F. De Castro y Bravo, ob, cit. en nota 11, pp. 569 y 570.

15 F. De Castro y Bravo, op, cit. en nota 11, pp. 571 y 572.

16 J. Castán Tobeñas, "La ordenación sistemática del Derecho Civil", *Revista General de Legislación y Jurisprudencia*, abril-mayo, Ed. Reus, Madrid 1954.

17 L. Diez-Picazo y A. Gullón, *Sistema de Derecho Civil*, Vol. I, 8ª ed. Ed. Tecnos, Madrid 1992, pp. 161 y 180. Estos autores recuerdan, respecto de la influencia en la legislación, la llamada a tener en cuenta la doctrina de los autores en la elaboración del Código por el art. 1 de la Ley de Bases de 11 de mayo de 1888.

Es de notar la correspondencia de tal evolución en el Derecho civil con la descripción que del proceso de formación del Derecho público (concretamente el administrativo) hace F. Garrido Falla[18]: i) preocupación, ya antes de la recepción del método jurídico, por la literatura extranjera, que se consolida con A. Posada[19]; ii) identificación de la recepción del método jurídico (tanto el de investigación y elaboración, como el de interpretación) con la historia del nacimiento y desarrollo de la ciencia jurídico-administrativa, precisando, para el método de interpretación, la influencia de la doctrina civilista, que, tras la reducción del propio Derecho civil a pura exégesis por la autoridad del código napoleónico y su superación por obra de la crítica de F. Gény[20] , pasa a ser finalista; y iii) recepción en el S. XX del Derecho administrativo europeo[21] y empleo consciente y riguroso, solo tras la guerra civil, del método jurídico, cuyo empleo inicia S. Royo Villanova[22] y se afirma definitivamente desde 1950 en torno al grupo fundador de la Revista de Administración Pública[23]. Y, en efecto, el método ha sido objeto de análisis no del todo infrecuente[24]. S. Muñoz

---

18 F. Garrido Falla, *Tratado de Derecho Administrativo*, Vol. I Parte General, Ed. Tecnos, 14ª ed. (actualizada por A. Palomar Olmeda y H. Losada González), Madrid 2005, pp. 156 y 161 y 162.

19 Introducción a la traducción de J. Meyer, *La Administración y la organización administrativa en Inglaterra, Francia, Alemania y Austria*, Ed. La España Moderna, Madrid 1912.

20 F. Gény, *Méthode d'interpretation et sources en droit privé positif*, LGDJ, París 2016; edición en español: *Método de interpretación y fuentes en Derecho privado positivo*, Ediciones Jurídicas Olejnik, Santiago de Chile, 2018.

21 A través de las obras de A. Royo Villanova (*Elementos de Derecho Administrativo*, Librería Santaren, 1955), J. Gascón y Marín (*Tratado de Derecho administrativo (Doctrina general) (Organización)*, 2 vols., Madrid, 1933-35), R. Fernández de Velasco (*Resumen de Derecho administrativo*, 2 vol., Murcia 1921), C. García Oviedo (*Instituciones de Derecho Administrativo con referencias a la legislación y jurisprudencia españolas*, Sevilla 1930) y S. Álvarez Gendín (*Instituciones de Derecho administrativo de Fritz Fleiner* [trad.], Barcelona, Labor, 1933; y *Tratado general de Derecho administrativo*, Barcelona, Bosch, 1958).

22 S. Royo Villanova, *Elementos de Derecho administrativo,* Imprenta Castellana, Valladolid 1940; y *Problemas del régimen jurídico municipal,* Diana Artes Gráficas, Madrid 1944.

23 Para E. García de Enterría ("Sobre la formación del Derecho Administrativo español contemporáneo", *RAP* núm. 174, septiembre-diciembre 2007, pp. 23-29) la RAP ha sido la verdadera creadora del Derecho Administrativo español.

24 Baste con las siguientes citas: Pi Suñer, "El problema del método en el Derecho administrativo", *Revista Moderna de Administración Local*, 1945, pág. 267, y 1946, págs. 7, 41 y 134; S. Royo Villanova, "El método en el Derecho administrativo", *Las Ciencias*, año

Machado[25] atribuye a la doctrina alemana, junto a la francesa calificada como de la "*edad de oro*"[26], la construcción de la dogmática del Derecho público europeo, destacando su influencia[27] en España, con el resultado de una ciencia del Derecho administrativo que, como todas,

---

XVI, núm. 2, pp. 307 y ss.; J. González Pérez, "El método en el Derecho administrativo", *RAP* núm. 22, pp. 12-97; F. Garrido Falla, "Administración y método", *RAP* núm. 35, mayo-agosto 1961, pp. 46-74; y A. Pérez Moreno, "El método en el Derecho administrativo", *Revista de Estudios Jurídicos*, segunda época, núm. 9 (2009), pp. 1-30.

25 S. Muñoz Machado, *Tratado de Derecho administrativo y Derecho público general*, T. I, Ed. BOE, Madrid 2015, pp. 57 y 58.

26 A la que atribuye la teoría de la autolimitación. Se trata del grupo de autores que trabaja entre 1879 y 1914 (época para la que recoge la idea de edad de oro apuntada en la tesis doctoral de M. J. Redor [*De l'État légal à l'État de droit : l'évolution des conceptions de la doctrine publiciste française, 1879-1914*, Paris Economica; Aix-en-Provence: Presses universitaires d'Aix-Marseille, 1992] y da lugar a la que conceptúa como "edad de oro") y que determina así: "*En 1887 se conoce la primera edición del Traité de Laferrière; M. Hauriou publica su Précis de Droit Administratif et de Droit Public en 1892; dos años más tarde se crea la Revue de Droit Public que, poco a poco, desplazará a la Revue General d'Administration . Los nombres y la obra impresionante de Barthélémy, Duguit y Jèze se sumarán después a esa nómina de creadores que puede darse, en lo principal, por cerrada con la aparición de la formidable Contribution à la thèorie general de l'État que, aunque publica en 1920, Carré [de Malberg] tiene ya redactada en 1914*".

27 Sobre esa influencia, son claras las opiniones tanto de:
- J. González Pérez, ob. cit. en nota 24, que reconoce la influencia que el sistema del Derecho privado tuvo en la construcción del Derecho público, con cita de las siguientes palabras de Perticone: "*el sistema científico del Derecho privado, con su complejidad de estructura y precisión de líneas, fue escogido inmediatamente como modelo del Derecho público*", y F. Garrido Falla (ob. cit. en nota 23, p. 77), que afirma: "*Desde luego, el Derecho administrativo ha tenido que construirse como un sistema de conceptos técnicos. Esta construcción ha tomado como ejemplo el sistema del Derecho civil. Cuando el Derecho administrativo nace, cuando comienzan a publicarse los primeros tratados de ciencia jurídico-administrativa, el Derecho civil tiene ya un sistema propio que técnicamente ha heredado nada menos que de Roma. En este sentido, la creación de una serie de dogmas jurídico-administrativos tiene que adoptar, en principio, el ejemplo de Derecho civil*";
Como, con anterioridad (justamente a mitad del S. XX) de J. Gascón y Marín, que, en la 12ª ed. de 1952, de su Tratado de Derecho administrativo (p. 130), dejó dicho: "*Conviene seguir la labor de construcción científica del Derecho administrativo, ya iniciada en el siglo xix al utilizar no sólo el método exegético los primeros de nuestros tratadistas, sino también el dogmático: tener en cuenta la existencia de numerosas disposiciones que conviene dar a conocer vulgarizando, pues que son la base de la vida social y de su mejor o peor observancia puede depender la prosperidad de un Estado... sin abandonar el terreno del Derecho positivo, hay que concebirla más con la finalidad sistemática, constructiva, tan apreciada por los alemanes, huyendo de algunas exageraciones metafísicas a que puede conducir tal proceder*" (la cursiva es nuestra).

"*... no se forma en base a cortes radicales que declaren la derogación total de lo creado, sino poco a poco, mediante sumas de esfuerzos y aportaciones que innoven, expliquen y den respuesta a los nuevos problemas*", sin perjuicio de estar afectada actualmente por muchas transformaciones que reclaman una importante renovación de las explicaciones de conjunto.

3. Analogías, no obstante las diferencias, en la decantación de la dogmática en España y Alemania; la constatación en España de la necesidad de su potenciación

Salvando las notables diferencias que entre ambos procesos sin duda existen, son visibles también las analogías, siquiera sea en sus líneas fundamentales, entre el de formación del tratamiento materialmente calificable (por su método) de dogmático del Derecho público, concretamente el administrativo, en España (donde ha precedido al constitucional) y en Alemania. Como, citando a H. Coing[28], señala O. Lepsius[29], la dogmática actual alemana es una invención de la ciencia civil del S. XIX, impregnada de la concepción científica específica de la escuela histórica[30]. El término "*dogmática*" es más tardío, por lo que en el Derecho público no era usual (los grandes manuales de O. Mayer, A. Merkel, W. Jellinek, no lo empleaban), al punto de que E. Forsthoff lo utiliza, ya en el S. XX, mirando retrospectivamente al estado de la ciencia en el S. XIX. El término penetra en el Derecho administrativo solo durante la República Federal, pudiendo valer como fecha de su emergencia la de elección del tema de la sesión de la asociación de profesores de Derecho del Estado de 1971 ("*Grundrechte im Leistungsstaat. Die Dogmatik des Verwaltungsrechts vor den Gegenwartsaufgaben der*

---

28 Para H. Coing ("Historia del Derecho y dogmática jurídica", *Revista de Estudios Histórico-Jurídicos de la Pontificia Universidad Católica de Valparaíso*, núm. 6, 1981): "*El nombre de "dogmática jurídica" (Rechtsdogmatik) corresponde ante todo a una determinada concepción del Derecho que se desarrolló particularmente en Alemania en el siglo XIX, es decir, la llamada jurisprudencia de conceptos. Entre tanto, el nombre se ha desprendido de esta conexión histórica y puede ser utilizado para designar la comprensión sistemática del contenido de un determinado ordenamiento jurídico*".

29 O. Lepsius, ob. cit. en nota 3, pp. 46 a 51.

30 Cuyo comienzo sitúa en la obra de Ihering, *Jahrbücher für die Dogmatik des heutigen römischen und deutschen Privatsrecht*, publicada desde 1866.

Verwaltung" [Los derechos fundamentales en el Estado prestacional. La dogmática del Derecho administrativo ante las tareas actuales de la Administración]). Y lo mismo puede decirse de la hoy corriente dogmática constitucional, que es incluso más tardía[31].

Si en Alemania se comprueba que la dogmática sigue estando muy viva a pesar de habérsele dado, y no una sola vez, por muerta[32], en España parece haberse constatado el surgimiento de un debate sobre la necesidad de la dogmática como método de investigación científica[33] al hilo de contraposición entre la crítica de la conceptualización y categorización[34] y la reafirmación de la necesidad de la dogmática en cuanto método más alto para construir un entramado institucional complejo y único capaz de alumbrar los elementos estructurales profundos de las instituciones y su articulación en servicio de los principios generales del Derecho, extrayendo de estos últimos su máximo rendimiento y alumbrando nuevas soluciones[35]. En realidad, el debate así referido no parece haber ido más allá de la alusión por A. Troncoso Reigado[36] a la que califica como polémica dogmática sobre el servicio público y su propia aportación, en el plano del Derecho constitucional, a las características, conocidas, de la dogmática jurídica: condición de instrumento

---

31 En parecido sentido Chr. Waldhoff, ob. cit. en nota 1, p. 33. Para este autor el concepto de dogmática surge en la concreta situación histórica de la ciencia jurídica preñada de pandectismo del S. XIX. Y, por tanto, vinculada a la codificación. La dogmatización del emergente moderno Derecho administrativo se produjo fundamentalmente por la jurisprudencia prusiana en el campo del Derecho de policía. Pero en el Derecho constitucional democrático la dogmática pasa a servir no solo a la mediación y aplicabilidad del Derecho legitimado diferenciadamente, sino a ser pieza necesaria de articulación en la realización democrática del Derecho. La realización de las decisiones políticas encarnadas en normas presupone, en cuanto tejido normativo dependiente de su aplicación, la dogmática y el método jurídicos sin por ello hacerlos explícitamente objeto de la legislación o poderlo siquiera hacer.

32 En este sentido, U. Meyer-Cording, *Kann der Jurist heute noch Dogmatiker sein?*, Mohr Siebeck, Tübingen 1973, p. 32.

33 A. Troncoso Reigada, "Dogmática administrativa y Derecho constitucional: el caso del servicio público", *REDC*, núm. 57, septiembre-diciembre 1999, p. 95.

34 En este sentido, J. L. Villar Palasí, "Prólogo" a la obra de G. Ariño Ortiz, J. M. De la Cuétara y J. L. Martínez López Muñiz, *El nuevo servicio público*, Marcial Pons, Madrid 1997, pp. 9 a 12. También G. Ariño Ortiz, en esa misma obra, p. 24.

35 E, García de Enterría, "Prólogo" a la obra de A. Huergo Lora, *Los contratos sobre los actos y las potestades administrativas*, Civitas-Universidad de Oviedo, Madrid 1998, p. 13.

36 A. Troncoso Reigado, ob. cit. en nota 33, pp. 94-97 y 98 y ss.

para explicar la realidad (adaptando a ésta las categorías y no a la inversa)[37]; dependencia del Derecho positivo vigente y carácter, por tanto, evolutivo; y su doble función de preparación de la labor legislativa y de la jurisprudencia y de explicación del Derecho como sistema armónico y no mero conjunto de normas inconexas. Y su significativa conclusión, conforme a la cual, aun asumiendo el carácter de método jurídico válido, la dogmática debe ser desmitificada, pues la única que merece tal nombre es el estudio del Derecho constitucional, y, más en concreto, el análisis del significado de los preceptos constitucionales, pues ni siquiera el de la jurisprudencia constitucional es, en puridad, dogmática.

II. LA RELACIÓN ENTRE LA DOGMÁTICA JURÍDICA Y LA CIENCIA JURÍDICA.

1. El tratamiento de la cuestión fundamentalmente en sede de la filosofía del Derecho

Aunque en ella no se obvie sin más la cuestión de si la actividad de los juristas es o no una ciencia, la doctrina jurídico-administrativa ni ha hecho de ella objeto específico de atención, ni se ha pronunciado sobre ella de modo claro[38]. Su tratamiento directo y frontal se ha producido más bien en la filosofía del Derecho, generalmente alcanzando la conclusión -no distante de la generalizada en Alemania- de que se sitúa en un terreno intermedio entre teoría y práctica, presenta un carácter híbrido teórico-práctico o es propiamente una técnica. No obstante, hay

---

[37] En estos últimos años, no obstante, es apreciable una mayor preocupación (perceptible en las sesiones anuales del Seminario sobre teoría y método iniciado desde la Facultad de Derecho de la Universidad Autónoma, aunque desarrollado a escala nacional) por el método y la dogmática jurídico-administrativos, con aportaciones relevantes de las que se dará cuenta más adelante.

[38] Desde la filosofía del Derecho, R.J. Vernengo -"Ciencia jurídica o técnica política: ¿es posible una ciencia del Derecho?", *Doxa* núm. 17, 1986, pp. 289 y 290- califica como "*afligente*" la situación de la jurisprudencia o dogmática en tanto que los juristas no cesan de cuestionar su *status* científico e incurrir en bizantinas discusiones metodológicas.
En el terreno del cultivo del Derecho público positivo, A. Pérez Moreno (ob. cit. en nota 24, p. 1) señala que: "... *entre todas las ciencias sociales que en el transcurso de siglo y medio se han ido constituyendo al mismo tiempo que proclamaban su emancipación con respecto a la filosofía, la ciencia jurídica es probablemente la única que sigue todavía discutiendo acerca de la naturaleza de su objeto y que, incluso, ha expresado muchas veces la imposibilidad de definirlo*".

desde luego excepciones, sobre todo en el Derecho penal[39], en el que se alcanzan conclusiones enteramente equiparables a las sostenidas en la filosofía del Derecho. Así, S. Mir Puig[40] considera que la dogmática no es una ciencia teorética, sino una ciencia aplicada, que cumple -según E. Gimbernat[41]- un papel ordenador y racionalizador toda vez que de su desarrollo depende la previsibilidad de las decisiones judiciales (aspecto de suma trascendencia en materia penal). Pero también las hay en el Derecho administrativo: A. Pérez Moreno[42], acogiendo la opinión de K. Engisch[43], sostiene que la ciencia del Derecho ha sido desde su origen una ciencia práctica.

Para A. Calsamiglia[44], que emplea los términos dogmática y jurisprudencia como sinónimos, existen algunos importantes obstáculos para la constitución de una ciencia jurídica, concretamente los de: i) la ambigüedad del término Derecho; ii) la poca consideración social del jurista; y iii) la crítica a la jurisprudencia dogmática (a partir de la fundamental de von Kirchmann), que coloca en el dilema de renunciar a su carácter científico, aceptándola como técnica, o transformarla en una ciencia natural[45]. Por ello, no reconociéndole la filosofía de la ciencia *status* científico, la dogmática no ha logrado encaje en la definición de ciencia formulada por las diversas teorías de la ciencia[46]. Dada la vaguedad e imprecisión del término ciencia, que presenta así -junto a una de certeza- una zona de penumbra, Calsamiglia recurre a la tesis de Th. Kuhn[47] sobre la importancia de la estructura comunitaria de las cien-

---

39 Explicable, quizás, por la muy importante en él (la llamada parte general) de la influencia germánica.

40 S. Mir Puig, "Dogmática creadora y política criminal", *Revista Jurídica de Cataluña*, Vol. 77, núm. 3, 1978, pp. 118 y ss.

41 E. Gimbernat, *¿Tiene un futuro la dogmática jurídico-penal?*, Editorial Temis, Bogotá 1983; Ara Editores, Lima 2009; 3ª ed. Universidad Nacional de San Marcos, Lima (2016).

42 A. Pérez Moreno, ob. cit. en nota 24, p. 2.

43 K. Engisch, *Introducción al pensamiento jurídico*, Ed. Guadarrama, Madrid 1967, pp. 16 y 17 (existe una edición posterior de la editorial Comares en 2016).

44 A. Calsamiglia, ob. cit. en nota 8.

45 En este sentido ya J. Ruiz Giménez, *Introducción a la filosofía jurídica*, EPESA, Madrid 1960, p. 122. Véase también, después, A. Latorre, *Introducción al Derecho*, Ed. Ariel, Barcelona 1968, pp. 97 y ss.

46 A. Calsamiglia, ob. cit. en nota 8, pp. 60 y 61.

47 Th. Kuhn, *La estructura de las revoluciones científicas* (trad. de A. Contin), Ed. Fondo de Cultura Económica, México 1971. El razonamiento de Calsamiglia se apoya sobre todo en la posdata que figura en dicha obra, pp. 318 y ss.

cias (la compartición por las comunidades científicas de paradigmas o modos de operar[48]) para acabar concluyendo que, aunque pueda tener interés a efectos del ataque o la defensa del poder de la comunidad dogmática, la discusión sobre si ésta es o no una ciencia carece de interés cognoscitivo, ya que el mayor o mejor conocimiento del Derecho no depende de ninguna de las respuestas posibles. Lo importante, en todo caso, es la existencia de una comunidad -de juristas y jueces- dotada de una red conceptual usada para resolver conflictos sociales y en la que funciona un termómetro colectivo de valoración (sus miembros pueden, por ello, emitir juicios sobre la calidad de las aportaciones). Base ésta sobre la que concluye que no se está tanto ante una ciencia, cuanto ante una técnica[49].

Poco antes, M. Atienza[50] había llegado a un resultado cercano, aunque no idéntico, pero que motivó -en punto justamente a su aparente exclusión de todo carácter científico en la dogmática- un intercambio de puntos de vista con R. J. Vernengo en la revista Doxa. Pues, reaccionando a la tesis de Atienza (que interpreta como negadora del carácter científico a la dogmática por considerarla exclusivamente una técnica), este último autor[51] sostiene que ciencia y técnica no son dominios excluyentes[52], pues les es típico justamente no dar pie a tal dicotomía. La técnica es, por igual, repertorio de actividades orientadas a lograr ciertos fines y conjunto de enunciados legales cuya aplicación o realización pretende alcanzarse. Lo que significa que los juristas cumplen actividades de distinto tipo, algunas de las cuales no hay inconveniente en calificar de científicas, mientras que tampoco lo hay en conceptuar como técnicas otras muchas de sus actividades. El que la dogmática no responda a los tipos corrientes en las ciencias empíricas o formales no basta, según

---

48 Para Th. Kuhn (ob. cit. en nota anterior, pp. 318 y 319): "*.... El conocimiento científico, como el idioma, es, intrínsecamente, la propiedad común de un grupo, o no es nada en absoluto. Para comprender esto necesitaremos conocer las características especiales de los grupos que lo crean y que se valen de él*".

49 A. Calsamiglia, ob. cit. en nota 8, p. 87.

50 M. Atienza, *Introducción al Derecho*, Ed. Barcanova, Barcelona 1985.

51 R. J. Vernengo, ob. cit. en nota 38.

52 De modo que lo que tiene interés es saber si, en cuanto técnica, la dogmática puede incorporar y utilizar conocimiento científico y también conocimiento tecnológico procedente de otras áreas (ob. cit. en nota 38, pp. 292 y 293).

este autor, para descalificarla como ciencia[53]. En su respuesta a esta interpretación de su tesis, M. Atienza[54] aduce que no mantiene una tesis fuerte (la dogmática como política), sino débil (la dogmática como actividad impregnada de politicidad, aunque no reductible a la política). Como condición de posibilidad de la distinción entre normas (Derecho positivo) y proposiciones normativas elaboradas por la ciencia del Derecho, el lenguaje de la ciencia jurídica no es tan prescriptivo como el Derecho mismo. Desde este punto de vista, la dogmática cumple una función útil, pues un sistema jurídico sin elaboración dogmática estaría en disposición de resolver menos problemas que uno dotado de ella. Por tanto, ciencia y técnica no son dominios excluyentes, son actividades distintas pero conectadas entre sí. De donde la conclusión: la dogmática es una actividad heterogénea que, por encima de su diversidad, tiene (y ésta es su nota común) finalidad práctica, integrando así una técnica social de carácter complejo[55].

La alternativa entre técnica y ciencia (concretamente una de las ciencias sociales, equiparadas éstas, o no, a las ciencias naturales[56]) ha sido retomada más recientemente por A. Ruiz Miguel[57]. Formando parte el Derecho, por su objeto social-cultural, de las ciencias sociales, pero dependiendo su cientificidad del método empleado, los resultados obtenidos y las funciones cumplidas, este autor considera que solo desde criterios historicistas es posible su consideración como parte de las referidas ciencias y la asunción del carácter de conocimiento objetivo de la jurisprudencia[58]. Pero la cuestión más precisa es la de si la dogmá-

---

53 R.J. Vernengo, ob. cit. en nota 38, pp. 293 y 294.

54 M. Atienza, "Sobre la jurisprudencia como técnica social. Respuesta a Roberto J. Vernengo", *Doxa* núm. 18.

55 M. Atienza, ob. cit. en nota anterior, pp. 298 y 299.

56 En el entendido de que la diferencia entre las ciencias sociales y las naturales reside en la menor enjundia de los resultados de las primeras por razón, no tanto de su menor desarrollo, cuanto a la mayor complejidad de los hechos sociales, que provoca una menor consistencia desde la perspectiva de la secuencia descripción-explicación-predicción: las explicaciones tienden a ser limitadas y las predicciones son, cuando existen, limitadamente relevantes.

57 A. Ruiz Miguel, "La dogmática jurídica, ¿ciencia o técnica?", en A. Cabanillas Sánchez (Coord.), *Estudios jurídicos en homenaje al profesor Luis Diez-Picazo*, Ed. Cívitas, Madrid 2002, pp. 5648-5678.

58 Con apoyo en N. Luhmann y K. Larenz, sostiene este autor que se trata del estudio del sistema jurídico (cumpliendo la función de reducción de la complejidad y enriquecimiento

tica es equiparable a las ciencias sociales y esta cuestión debe responderse, según este autor y a la vista de los métodos, los resultados y las funciones, negativamente. Por el método[59] es más plausible conceptuar la dogmática como actividad de reelaboración en la que hay momentos de atribución de valoraciones al conjunto normativo interpretado. La reelaboración puede verse como sistematización diseccionable en tres momentos: i) la selección y glosa de la base normativa pertinente; ii) la clasificación de los componentes de la base normativa, como labor central (en tanto que tarea no meramente expositiva); y iii) la calificación de figuras o instituciones problemáticas con objeto de determinar su naturaleza o concepto (clarificar aspectos oscuros de régimen jurídico). Y la reelaboración implica, en toda su extensión, la labor de interpretación (decisiones interpretativas que presuponen valoraciones). La mirada desde los resultados confirma tal conceptuación, pues los que alcanza la dogmática no son ni predictivos (los cuales ni siquiera pretende), ni explicativos, sino -limitadamente- descriptivos: presupone la existencia de la norma, la cual no se ofrece como hecho o fenómeno por descubrir, determinar, observar o analizar, sino como una suerte de dogma, como una proposición-punto de partida incuestionado; la operación interpretativa es prescriptiva, pues procesa los dogmas normativos para convertirlos en dogmas doctrinales, siendo éste el paso característico incluso en la tarea de sistematización y categorización de conceptos abstractos no necesariamente existentes en los textos; y, finalmente, su

---

de las interpretaciones jurídicamente aceptables) y la búsqueda (no obstante, el eterno retorno de problemas básicos) de soluciones justas en determinado Derecho positivo y un concreto contexto histórico. Derivando su significatividad de la referencia a valores, el Derecho precisa del método de comprensión hermenéutica (interpretación de textos intencionales). De donde la peculiaridad del método hermenéutico con sus fases de pre-comprensión inmediata del sentido del texto, comprensión del mismo, integración de ésta con la pre-comprensión e interpretación exitosa o acertada. Por ello se está ante una ciencia valorativa, ya que comprender una norma exige descubrir la valoración en ella contenida y su alcance. Y este método orientado por valores es equiparable a los de otras ciencias libre de valores. Su condena desde la perspectiva empírica no desvirtúa esta afirmación, al ser producto de un paradigma metodológico distinto (A. Ruiz Miguel, ob. cit. en nota 57, pp. 5663 y 5664).

59 Para este autor, la pretensión de objetividad de las valoraciones jurídicas es una ilusión generada por entender que la comprensión de las normas consiste en descubrir sus valoraciones.

función primera no es de conocimiento por el conocimiento, sino la de cumplir las tareas prácticas didáctica, integradora y político-jurídica. La conclusión es: la interpretación científico-jurídica es dogmática en cuanto presupone o suministra valoraciones tomadas como indiscutibles y en tal sentido es ciencia social, pero sin ocultar su carácter de técnica social. Tiene, por tanto, una dimensión técnica, toda vez que: i) no existe una relación necesaria entre ciencia y utilidad social: existen investigaciones inútiles en un principio y la jurisprudencia puede tener rigor y utilidad sin necesidad de ser científica; y ii) no hay identidad entre cognoscitividad y cientificidad, pues la ciencia no es la única forma de saber, por lo que la dogmática puede conllevar conocimientos no necesariamente científicos[60].

2. La cuestión en la doctrina jurídico-pública alemana como referencia

La situación en Alemania a propósito del *status* de la dogmática no es, como ya se ha avanzado, muy diferente a la que reflejan entre nosotros los anteriores planteamientos en la filosofía del Derecho. La diferencia alemana estriba en que la cuestión es abordada y discutida frontalmente por los propios cultivadores del Derecho público positivo[61].

Puede decirse que es opinión bastante extendida la de la inscripción de la dogmática en la ciencia jurídica: aquélla constituye el núcleo central, el corazón mismo, de ésta[62]; más aún: es lo propio de la ciencia jurídica[63] , la ciencia jurídica verdaderamente practicada o ciencia jurídica en sentido estricto[64] o, incluso, lo que es común a la aplicación

---

60 A. Ruiz Miguel, ob. cit. en nota 57, pp. 5665 a 5672.

61 La explicación puede reside a la ausencia en Alemania de una separación, semejante a la española, entre la teoría del Estado, el Derecho constitucional y el Derecho administrativo.

62 En este sentido, F. Schoch, “Gemeinsamkeiten und Unterschiede von Verwaltungsrechtslehre und Staatsrechtslehre”, en: H. Schulze-Fielitz (Ed.), *Staatsrechtslehre als Wissenschaft*, Die Verwaltung, 2007, Beiheft 7, p. 177. R. Dreier, *Recht, Moral, Ideologie. Studien zur Rechtstheorie*, Ed. Suhrkamp, Frankfurt a. Main 1981, p. 48.

63 B. Grzeszick, “Steuert die Dogmatik?”, en la obra colectiva citada en nota 1, p. 97.

64 R. Alexy, *Theorie der juristichen Argumentation: Die Theorie des rationalen Diskurses als Theorie der juristischen Begründung*, Ed. Suhrkamp, 1983, pp. 307 y 308 (existe versión en castellano realizada por M. Atienza e Isabel Espejo: *Teoría de la argumentación jurí-*

práctica y la ciencia del Derecho[65]. Pero con esta afirmación convive el reconocimiento de que se trata de un campo de contornos borrosos y, por tanto, difícil de precisar y definir[66]; en definitiva: poco claro[67]. Quizás ello se deba a que, además de la ausencia de un concepto generalmente aceptado, no existe, según O. Lepsius[68], ni una descripción precisa de las tareas que desarrolla, ni una idea acabada de la función que cumple. Aunque su concepto se considera evidente y objeto de valoración positiva, individualmente se la entiende de diversas formas.

Las posiciones sobre la relación entre ciencia jurídica y dogmática van:

- Desde la identificación entre una y otra.
  Así, tanto R. Alexy[69], como K. Larenz[70] y H. Coing[71] entienden la dogmática como ciencia jurídica practicada, ciencia jurídica sin más o ciencia jurídica aplicada.
- Pasando por la conceptuación de la dogmática como parte de la ciencia jurídica.

---

dica. La teoría del discurso racional como teoría de la fundamentación jurídica, CEPC, Madrid, 2007). Se trata, para este autor, de una mezcla de cuando menos tres actividades: la descripción del Derecho en vigor; su elaboración conceptual y sistemática; y la elaboración de propuestas de soluciones para casos problemáticos.

65 Chr. Möllers, "Methoden", en W. Hoffmann-Riem, E. Schmidt-Assmann y A. Vosskuhle, *Grundlagen des Verwaltungsrechts*, Ed. C.H. Beck, München 2012, T. I, p. 157.

66 B. Grzeszick, ob. cit. en nota 62, p. 97.

67 Chr. Waldhoff, ob. cit. en nota 1, p. 21. Este autor enumera distintos conceptos doctrinales de dogmática en pp. 21 a 26.

68 O. Lepsius, ob. cit. en nota 3, p. 40.

69 Véase R. Alexy, ob. cit. en nota 63.

70 K. Larenz, *Methodenlehre der Rechtswissenschaft*, Springer, Heidelberg, 1960, p. 189 (hay edición en castellano: *Metodología de la ciencia jurídica*, Ariel, Barcelona, 2001).

71 H. Coing (ob. cit. en nota 28) afirma a este respecto:
"*La dogmática jurídica es la ciencia de un Derecho positivo vigente. Investiga la conexión entre cada una de las normas jurídicas. Esta conexión de ninguna manera se reduce a una relación deductiva en el sentido de que una determinada norma jurídica se entienda y deduzca de un principio general. Puesto que todo ordenamiento jurídico positivo se basa en puntos de vista diferentes, cuyos significados deben ser sopesados unos frente a otros y con los cuales se debe hacer una síntesis, la dogmática jurídica tiene más bien el cometido de poner de relieve principios opuestos y delimitar su ámbito de vigencia. De acuerdo con su fin prepara la aplicación de las normas. Además, sirve para la presentación del derecho positivo en la enseñanza. Por su finalidad preferentemente práctica puede calificarse de ciencia del espíritu aplicada*".

En este sentido W. Hassemer[72] considera que la ciencia es fuente de la dogmática, pues, aunque aquélla no necesita ésta, su función comprende el desarrollo de la dogmática (lo que no quiere decir que toda la ciencia sea dogmática, ya que no lo es la que carece de consecuencias prácticas). Existen posiciones más matizadas, como la de M. Eifert[73], que entiende que la dogmáti-

72 W. Hassemer, "Dogmatik zwischen Wissenschaft und richterlicher Pragmatik. Einführende Bemerkungen", en la obra colectiva citada en nota 1, pp. 10 y 11. Aunque este autor trata la ciencia jurídica, junto con la teoría del método jurídico, la jurisprudencia de los Tribunales y la legislación, como "*vecina*" de la dogmática.

73 M. Eifert, "Zum Verhältnis von Dogmatik und pluralisierter Rechtswissenschaft", en la obra colectiva citada en nota 1, p. 79 y 80-84. Para entender cabalmente la posición de este autor ha de tenerse en cuenta que según él la dogmática cumple, respecto de la ciencia, diversas tareas:

Articular una parte de la ciencia jurídica. La ciencia tiene por objeto el Derecho como un todo y debe por ello iluminar éste desde métodos diversos. Las observaciones científicas crean un amplio caudal del que se alimenta también el desarrollo de la dogmática centrada en la aplicación y en el que la delimitación entre mera observación y construcción dogmática depende no de los contenidos, sino solo de la formulación con pretensión de validez. Esto afecta sobre todo al trabajo de sistematización en cuanto tarea central científica, que va mucho más allá de la dogmática aplicativa. Pues en él se producen procesos de deslizamiento desde la elaboración científica de conceptos/categorías (descriptivas) "*blandas*" hacia figuras jurídicas con función dogmática (con pretensión de validez). Desde este punto de vista la ciencia realiza prestaciones preparatorias centrales para la dogmática, sin ser por ello en todo caso dogmática "*madura para la aplicación*".

En un terreno aún más previo a la sistematización científica se sitúa la descripción de líneas de evolución (en este snrtido también W. Hoffmann-Riem, "Tendenzen der Verwaltungsrechtsentwicklung", *DÖV* 1997, pp. 158 y ss.), la cual puede conducir tanto a densificaciones dogmáticas, como a quiebras de la existente, pero en la mayoría de los casos carece de pretensión de relevancia normativa.

A su vez, la ciencia tiene, dentro de la dogmática, un campo propio: la elaboración de un estrato operativo intermedio en las materias que, por falta de relevancia de la tutela judicial, son normalmente inaccesibles para el poder judicial (así: lainformación y la organización).

Recibir aportaciones de la ciencia. La tarea de la ciencia es, en general, el desarrollo productivo de su cientificidad mediante trabajos dogmáticos. Su libertad (por carecer de carga decisional), autonomía, horizonte temporal abierto y pluralismo metódico, le aseguran una continuada reflexión crítica de los estados de la dogmática y sus retos. Precisamente por ello está en situación de contrarrestar los momentos disfuncionales de consolidación e independización. Puede asegurar la reconducción de la dogmática a sus fuentes y, con ello, la flexibilidad de la misma. Y es idónea especialmente para preparar alternativas e identificar lagunas.

Esta tarea de recepción se da incluso en la reciente ciencia de orientación directiva. Éste aporta una pluralidad de intereses de conocimiento y métodos. A la unificación, gracias al método jurídico, de los modos de trabajo, en el Derecho público se ha añadido el planca descansa en la necesidad de comprobación del peso relativo de los enunciados sobre el Derecho practicado en el contexto de la diferenciación de la ciencia jurídica. Con la consecuencia de que la jurisprudencia y la ejecución -en cuanto modos de la aplicación- y la ciencia observadora, se encuentran en un triálogo dogmático; triálogo, en el que la dogmática representa el punto central de referencia de los diversos actores y funciones del sistema jurídico, constituyendo, así, un elemento central del sistema jurídico en cuanto institución social.

- Hasta su consideración como una actividad desplegada, sin perjuicio de su cientificidad, en el terreno de la práctica y estrechamente ligada, por ello, a la jurisprudencia de los Tribunales.

Así, según O. Lepsius[74], la dogmática constituye, por sus características (en especial la ausencia de un autor), una intersección exitosa entre la ciencia y la práctica (lo que representa una característica alemana). En ella es apreciable lo que califica de "*autoapoderamiento*" en virtud de la tensión entre las pretensiones de competencia y validez. La práctica (la de la Administración y los Tribunales) no tiene problema alguno de validez (pues ésta proviene del Derecho mismo), pero sí lo tiene de competencia (pues ésta limita el ámbito y alcance de las decisiones). Por ello, se arrogan (especialmente los Tribu-

---

teamiento científico calificado como directivo. Si bien el método jurídico se asocia a la dogmática, no sucede lo mismo con la ciencia directiva, la cual pretende, en definitiva, una legislación y administración resolutoria adecuadamente de problemas, la cual presenta, de entrada, una disposición funcional amplia, que abarca todo el ciclo de acción del Estado (desde la programación de las decisiones, pasando por su formulación, hasta su ejecución/revisión). Esta orientación funcional se despliega en paralelo al ampliamente difundido enfoque teleológico de la dogmática. Se produce así una cientifización del trabajo teleológico y junto a ella el aseguramiento de la flexibilidad de la dogmática gracias a su permanente referencia funcional y el pluralismo metodológico, que le aseguran una continuada reflexión crítica de su resultado capaz de contrarrestar su tendencia a la consolidación e independización.

74 O. Lepsius, ob. cit. en nota 3, pp. 45 y 46-48. Según este autor tiene, epistemológicamente, un *status* extremadamente precario por carecer de autor y ser, por ello, autoreferencial: sencillamente emana. El término designa tanto el contenido, como el procedimiento, el objeto y el método: la dogmática es fuente de conocimiento y fuente de producción, radicando su peculiaridad en que sus características contrapuestas, sincréticas, cuestionables, se interpretan positivamente.

nales) esa competencia, como demuestran el relleno de lagunas y la doctrina constitucional de la interpretación conforme. Por el contrario, la ciencia jurídica y, con ella, la dogmática están exentas, por su capacidad de actuación universal (la posibilidad de ocuparse de cualquier cuestión), de todo problema de competencia, pero padecen de la limitación consistente en la falta de validez de sus resultados. De ahí que la dogmática sirva de auxiliar en la pretensión de participación en la producción normativa y de validez jurídica de las afirmaciones, lo que determina su relación simbiótica con la ciencia y la práctica. Pues con la ayuda de la "*soberanía*" competencial de la ciencia puede la práctica solucionar su problema de validez y con ayuda de la "*soberanía*" de validez de la práctica obtiene la ciencia solución a su problema de validez. Y ambas obtienen, con ayuda de la dogmática, un aumento de su significado. Todo lo cual puede reconducirse a una estrategia de autoapoderamiento, que solo funciona en el contexto de la expresada conexión. De todo lo cual resulta para la dogmática, que sus afirmaciones no deben dejar traslucir su autor, ni la proveniencia de la ciencia o de la práctica. Pues en otro caso surgiría o bien el problema de la competencia o el de la validez. Por eso la dogmática remite típicamente a referencias tanto de la literatura científica como de la jurisprudencia. Esta es la razón de que las cuestiones teoréticas o los temas referentes a los fundamentos se sustraigan de suyo a un tratamiento dogmático, ya que los juristas prácticos no son incorporados al debate de que son objeto.

Y para el ya citado M. Eifert[75] la dogmática, sin perjuicio de las múltiples aproximaciones de que es susceptible, puede ser objeto de:

i. Una visión funcional (mediación entre normas y aplicación), constituyendo -una idea que también aparece en la doctrina iusfilosófica española- un estrato intermedio que asegura la coherencia y procura la operatividad entre las normas y su aplicación en el caso concreto. Aunque esa mediación no

---

[75] M. Eifert, ob. cit. en nota 73, pp. 80-84.

tenga perfiles precisos, no impide la referencia central de la dogmática a la aplicación como operación decisiva en el sistema jurídico (entendiendo la aplicación en sentido amplio, no restringido a la solución judicial del caso). Y tal referencia a la aplicación tampoco impide su igual referencia a las propias normas. Resultado: la dogmática es el lugar de la comprensión de los contenidos prescriptivos de las normas, incluyendo la de la apertura o el cierre de tales contenidos a otras ciencias.

ii. Una consideración de la dogmática como punto de referencia de todos los actores y funciones en el sistema jurídico. Desde este punto de vista se ofrece como tarea previa a la normación (positivación de figuras dogmáticas de la que depende el legislador). Esta relación a la hora del establecimiento de una norma[76] es tan imprescindible como el método de la interpretación de esta última (lo que impide absolutizar, en ésta, la voluntad del legislador). Pero también como modo de trabajo propio de la jurisprudencia en tanto que función pura de la aplicación. Pues la fundamentación de las decisiones judiciales (ya incluso por razón de la sucesión de instancias) apuntan necesariamente a una dogmática susceptible de generalización y producen o reproducen continuadamente dicha dogmática. Así pues, la dogmática decanta intersecciones (y, en caso de éxito, también consensos) de las diferentes lógicas y restricciones subyacentes a las funciones en el sistema jurídico.

Y A. Vosskuhle[77], aunque asume el concepto de dogmática acuñado por R. Alexy[78], considera -con E. Schmidt-Assmann- que

---

[76] Pues el legislador aparece constreñido, de un lado, por imperativos políticos (en el proceso de acoplamiento de política y Derecho), y, de otro lado, por su obligación de consistencia jurídica.

[77] A. Vosskuhle, "Was leistet Rechtsdogmatik?", en la obra colectiva citada en nota 1, pp. 110-112.

[78] Entiende, en efecto, por dogmática una clase de proposiciones que, si bien referidas a norma establecida, no son idénticas con su contenido, están relacionadas entre sí, son establecidas y discutidas por un Estado de Derecho profesional (Jueces, funcionarios de la Administración, científicos, etc...) y tienen sustancia normativa.

es, simultáneamente, formación y utilización de un sistema (al consistir, en definitiva, en construcciones de relevancia normativa realizadas por la comunidad de todos los participantes en la producción del Derecho; punto de vista desde el que es inexcusable en el trabajo con textos jurídicos). Por ello, su inteligencia procede precisamente de la diversidad de influencias a la que está expuesta (obligándola a ser evolutiva), consistiendo su papel en el acoplamiento de *praxis* y ciencia jurídicas (por la que ha de pagar el precio de la marginalización en la investigación no relativa a la aplicación).

Desde el punto de vista sistémico y negando a la dogmática condición científica, destaca la posición de N. Luhmann[79], para el que:

i) El Derecho es un sistema funcional en el seno del sistema de la sociedad, por lo que -desde tal punto de vista- no es parte del sistema científico, *status* éste que solo otorgan al Derecho las disciplinas fundamentales (la historia, la filosofía del Derecho y la sociología del Derecho).

ii) El término dogmática sirve al cierre del sistema jurídico (respecto, antes, de la religión y, hoy, de las ciencias sociales); cierre que se consigue mediante el acoplamiento con el sistema político y la restricción de la argumentación jurídica[80]. Pues el

---

[79] N. Luhmann, "Recht als soziales System", *Zeitschrift für Rechtssoziologie* núm. 20, 1999 (cuaderno 1), pp. 1-13; *Rechtsystem und Rechtsdogmatik*, Ed. W. Kohlhammer, Stuttgart 1974, pp. 15, 16 y 22 (existe traducción al español: Sistema jurídico y dogmática jurídica, Ediciones Jurídicas Olejnik, Santiago de Chile, 2018); *Zweckbegriff und Systemrationalität*, Ed. Suhrkamp, Frankfurt 1977, p. 90; y también *Das Recht der Gesellschaft*, Ed. Suhrkamp, Frankfurt 1993 (existe versión en castellano: El Derecho de la sociedad, Ed. Herder, 2009).

[80] La declaración sobre lo que sea Derecho o No Derecho se reconduce a una autoridad política, que habla a través de la Ley. La Ley es para el jurista lo que las sagradas escrituras son para el teólogo en las religiones escritas. Para cada dogma ha de asegurarse primero que garantiza el dogma principal de la vinculación por la Ley (dogma de primer orden que establece autorreferencialmente la vinculación a determinadas fuentes políticas). La vinculación a la Ley sirve, así, a la independencia de los tribunales (inaceptable en otro caso) y la sujeción del poder a formalidad jurídica y su sumisión al Derecho aseguran, a su vez, la realización del Derecho por medios de poder. Cita como dogmas de primer orden, además, p. ej., de la primacía de la Ley, la superioridad de la Constitución, la reserva de Ley o la primacía aplicativa del Derecho europeo, la doctrina del método (reglas de interpretación y aplicación, básicamente).

carácter vinculante del Derecho incrementa el potencial de poder, de modo que el poder político de configuración social y la independencia judicial solo se dan gracias a la vinculación a la Ley y el Derecho, de la cual puede la dogmática extraer, a su vez y en sede interpretativa, cierta libertad. Tal libertad no puede significar, empero, plena flexibilidad, pues ésta -lejos de incrementar la libertad- conduce a largo plazo a una situación de ausencia de la misma. De ahí la necesidad de la interpretación y aplicación metódicas de la Ley. Pues la dogmática asegura el valor de la consistencia y, con ella, la unidad y capacidad de comunicación racional del Derecho. Éste no puede liberarse de todo contexto de fundamentación y comprensión so pena del surgimiento de problemas de consistencia, toda vez que el Derecho debe estabilizar las expectativas y, por tanto, generar una mínima regularidad previsible.

La posición de M. Jestaedt[81], finalmente, extrae gráficamente la que puede considerarse conclusión sobre la cuestión examinada: la peculiaridad de la dogmática reside en que verifica una *duplex transmutatio* de la ciencia y la *praxis*. Pues su *modus operandi* consiste en convertir el Derecho en ciencia (el núcleo, como ya nos consta, de la dogmática) para seguidamente, en un segundo paso y en la fase de aplicación, obtener de la ciencia generada, a su vez, Derecho, utilizando para ello y como catalizador, el pensamiento sistémico.

III. LA CARACTERIZACIÓN GENERAL DE LA DOGMÁTICA

1. Las posiciones ius-filosóficas

También en este terreno las aportaciones más destacables en España son las de los filósofos del Derecho. A. Calsamiglia[82], tras apuntar la perplejidad que puede causar el recurso al término dogmática para

81 M. Jestaedt, ob. cit. en nota 2, pp. 124 y 125.

82 A. Calsamiglia, ob. cit. en nota 8, pp. 75, 76 y 79. Pues, según apunta este autor, dogmático tiene, en el lenguaje ordinario, un significado emotivo de carácter negativo, toda vez que alude a quien acepta un principio sin someterlo a crítica racional. Las actitudes dogmáticas no admiten ni pruebas ni razones en contra de sus principios. Y en principio la convicción dogmática se opone, así, a la verdad científica.

designar el modo de operar de los juristas[83] y preguntarse si, en realidad, la dogmática jurídica es dogmática en tal sentido, explica que su autocalificación como tal deriva no de que excluya siempre la discusión racional, sino del hecho de que considera hechos indiscutibles las normas del ordenamiento y parte de unos principios no susceptibles de crítica racional (crítica ésta, que constituye el campo propio de la política jurídica), constituyendo una escala intermedia entre la Ley y los hechos (conceptuación análoga a la generalizada en la doctrina alemana). Tratándose de un saber cultivado exclusivamente por juristas desde la perspectiva de la dimensión normativa del Derecho que es objeto de diversas concepciones, representa, en definitiva, un filtro entre la creación y la aplicación del Derecho, siendo Derecho (forma parte del Derecho positivo y no es deslindable de él) y ocultando su verdadera función por no contar su poder con legitimación propia. En suma[84], la comunidad dogmática acepta desde luego acríticamente unos presupuestos y unas reglas de juego, pero -en el marco de tales reglas- las teorías dogmáticas son explícitamente críticas, ocupando el argumento racional un papel importante en ella. Por esta razón no es arbitraria, toda vez que el jurista no puede inventarse sus planteamientos, pues la comunidad de referencia posee criterios de valoración y éstos están sujetos, a su vez, a determinados procedimientos[85].

En un plano descriptivo, tres son los presupuestos básicos de la dogmática:

1. La neutralidad, y, por tanto, la abdicación valorativa[86]. La importancia de este presupuesto radica en que determina el tipo de

---

83 Para L. Recasens Siches ("Notas a la Introducción", en G. Del Vecchio, *Filosofía del Derecho*, Bosch, Barcelona 1929, p. 29; existe nueva edición de 2001) la jurisprudencia tiene carácter dogmático.

84 A. Calsamiglia, ob. cit. en nota 8, p. 145.

85 Señala este autor (ob. cit. en nota 8, p. 78) que los reproches de arbitrariedad (por carencia de justificación objetiva al no ser fiel a un principio metodológico básico) y utilización política (arma política bajo ropaje científico por el sesgo ideológico de sus presupuestos) no aciertan, toda vez que, de un lado, la ausencia de neutralidad concurre también en otras ciencias y la comunidad de juristas dogmáticos tiene sus presupuestos y reglas de juego determinantes del marco de su actividad. Por ello, la comunidad no acepta cualquier argumento o teoría. La existencia de procedimientos de aceptación excluye la arbitrariedad.

86 A. Calsamiglia, ob. cit. en nota 8, pp. 93-96. La justificación que ofrece el autor puede resumirse así: el dogmático opera con la conciencia dividida por razón de las reglas de juego

problemas que puede estudiar la dogmática: los circunscribe al campo del Derecho positivo.

2. La creencia en la racionalidad intrínseca del legislador, con consecuente subordinación al mismo[87].
3. La idea de que el Derecho es un sistema o, más bien, de que ha de ser tratado como si fuera un sistema[88].

Las piezas esenciales de la dogmática son, así, la comunidad de sus cultivadores y las reglas de juego desde las que éstos operan. Las principales de estas reglas -dirigidas a salvaguardar los valores de seguridad jurídica, igualdad y solución justa y eficaz de los conflictos sociales- son, según A. Calsamiglia[89], las siguientes:

1ª. La sujeción a la Ley.
2ª. La justicia del caso.
3ª. La sistematicidad del Derecho.

La posibilidad de la contradicción entre las reglas y la ausencia de un criterio para dirimirla no abocan a la dogmática a un subjetivismo irracional, pues la comunidad de referencia solo acepta las soluciones fundamentadas debidamente y se integran en una teoría general. Este funcionamiento está asegurado por la necesaria aceptación de las reglas

---

de la comunidad a que pertenece (exigencia de distinción entre opinión personal y descripción del ordenamiento positivo). Razón: la subordinación a la Ley y la prevalencia de los valores del ordenamiento. La posición del dogmático es, pues, análoga a la del futbolista que juega al fútbol, que ha de aceptar necesariamente las reglas del juego; aquí la objetividad del Derecho. Pero esta objetividad no es absoluta: permite la crítica, si bien coloca al crítico fuera de la dogmática (los valores los impone el legislador y no el investigador). La apuntada dualidad de conciencia puede conducir a contradicciones, pero no así a situaciones límite. Y ello, porque la dogmática permite cierta discrecionalidad en la interpretación de las reglas de juego (posibilidad de intentar que la opinión subjetiva alcance el *status* de interpretación objetiva del ordenamiento).

87 A. Calsamiglia, ob. cit. en nota 8, pp. 97-98. Según este autor, este postulado tiene la función de justificar el anterior (la abdicación valorativa) e implica la idea del Derecho como sistema, en el cual la decisión entre alternativas viene predeterminada por el ordenamiento. El modelo del legislador racional es ficticio, pero tiene vigencia, pues la consideración del Derecho como producto racional organiza el consenso sobre la necesidad de la obediencia (elemento que sirve para la conservación del propio Derecho) y la producción del Derecho está legitimada por ser la expresión de la voluntad popular, divide los poderes, los somete al Derecho, garantiza los derechos individuales (ligazón al Estado liberal de Derecho).

88 A. Calsamiglia, ob. cit. en nota 8, pp. 114-118.

89 A. Calsamiglia, ob. cit. en nota 8, pp. 144 y 145.

de juego, sin perjuicio de la existencia de diversas tendencias en su interpretación. Pues aquéllas permiten la introducción de consideraciones extrajurídicas en el proceso jurídico, lo que posibilita el distanciamiento respecto de la literalidad de la Ley. Lo cual proporciona a la dogmática, a su vez, la posibilidad de evolución.

La dogmática así entendida tiene funciones cognoscitivas (y, por tanto, formativas: aprendizaje en las facultades de Derecho y en los juzgados y tribunales) y prescriptivas (cumple una tarea política importante: el suministro de criterios no solo de interpretación, sino también de modificación del Derecho)[90].

2. El enfoque tradicional en la doctrina jurídico-administrativa: el método jurídico como sinécdoque de la dogmática jurídica

La importancia del método en todo quehacer jurídico -con la necesaria precisión de su adaptación desde luego a la realidad a la debe servir[91]- no precisa ser resaltada. En la doctrina jurídico-administrativa española las características propias de la dogmática afloran básicamente con ocasión del análisis del método jurídico: sustantivamente hablando aquella es lo que resulta del empleo de éste.

Para J. González Pérez[92] la condición de disciplina jurídica impone al Derecho administrativo[93] su objeto: la correspondiente realidad jurídica y el método de su tratamiento, que es el de las ciencias jurídicas, es decir, el método jurídico como único admisible; método éste que, asumiendo la posición de M. Caetano -reputado como crea-

---

90 A. Calsamiglia, ob. cit. en nota 8, pp. 145 y 146.

91 A. Hernández Gil, *Metodología de la ciencia del Derecho*, Vol. I, Gráf. Ugina, Madrid 1971, p. 18; reimpresión de la anterior *Metodología del Derecho. Ordenación crítica de las principales direcciones metodológicas*, Revista de Derecho privado, Madrid, 1945. Para este autor la metodología -como disciplina del método a seguir en el operar con una materia científica, bien sólo con fines de investigación, bien, además, con fines de aplicación- entraña un autoconocimiento de su cultivador. Y en la investigación metodológica, la ciencia misma se torna objeto de reflexión.

92 J. González Pérez, ob. cit. en nota 24, pp. 23 a 33.

93 Cuya formación reconduce a la obra, del último tercio del S. XIX, de P. Laband (*Das Staatsrecht des Deutschen Reiches*), que entiende que procede por deducción y hace dogmatismo.

dor del Derecho administrativo portugués moderno-, es el propio de la "*construcción dogmática del Derecho*". Ahora bien, la complejidad y movilidad (exigente de fluidez en los conceptos) impone en el Derecho administrativo la prevalencia de la perspectiva finalista[94] y el rechazo del exclusivismo metodológico, si bien -a partir de la idea de justicia- considera adecuado el método deductivo para inferir criterios de adecuación de los principios generales de la justicia (Derecho natural) y de los de la política (idea de la vida a realizar en un pueblo y en un tiempo determinado: el método deductivo, conociendo la realidad social (estructura social, política y económica real), siendo imprescindible, en todo caso la utilización de los conceptos (aunque, por el predominio en él de los fines, en el Derecho administrativo nunca ha llegado a prevalecer la jurisprudencia de conceptos).

Sobre esta base y desde la consideración de la posibilidad de la contemplación de la realidad jurídica tanto teórica (modo de conocerla) como técnicamente (modo de operar sobre ella) -doble contemplación que marca la diferencia entre ciencia y técnica- precisa González Pérez[95] las funciones del método jurídico. La realidad jurídica puede ser contemplada desde dos perspectivas distintas: teóricamente (modo de conocerla) o técnicamente (modo de operar sobre ella). En la elaboración del Derecho administrativo ambas están estrechamente imbricadas. Lo que explica la finalidad práctica de su construcción científica y la identidad de la construcción la elaboración de un sistema (a partir y sobre la base de conceptos), que, a su vez, está al servicio de la técnica, de la técnica legislativa, de la técnica jurisprudencial y de la técnica jurídica en general. En el Derecho administrativo, pues, el método (el modo de operar de los juristas: dogmática a la postre) debe afrontar y resolver las dos grandes cuestiones de la delimitación de la realidad jurídico-administrativa (momento de la interpretación) y el sistema del Derecho administrativo (momento de la construcción).

Por su parte, F. Garrido Falla[96] entiende por ciencia jurídica la que utiliza reglas lógicas específicas (jurídicas) para la solución de cues-

---

94 De ahí que -con cita de J. L. Villar Palasí, "La doctrina del acto confirmatorio", *RAP*, núm. 8, 1952, pp. 11-66 (12)- rechace la jurisprudencia de conceptos.

95 J. Gonzalez Pérez, ob. cit. en nota 24, pp. 33-35.

96 F. Garrido Falla, ob. cit, en nota 24, pp. 47 a 69.

tiones jurídicas, es decir, la dogmática jurídica. Tras repasar las fases por la que ésta ha atravesado (la positivista determinante de un sistema conceptualista fruto de la más alta especulación; la de su crítica justificativa de las tendencias de la jurisprudencia finalista y de intereses, del Derecho libre y del sociologismo) resalta su triple función: i) la de condicionamiento de la producción de normas mediante su sumisión a la lógica jurídica determinante de la dependencia del legislador con respecto a las formas generales del pensamiento jurídico y su subordinación a la técnica jurídica, la cual comporta que el legislador no deba, por vía legal, dar definiciones ni adelantar calificaciones jurídicas, pero si lo hace, debe hacerlo con rigor técnico (por conocer y emplear los conceptos jurídicos establecidos); ii) la de estructuración de un sistema como resultado de la adecuada ordenación de los conceptos propios de la disciplina; y iii) la de interpretación de la Ley, o descubrimiento de su significado. Estas dos últimas funciones remiten al método jurídico (como medio que está en función de la finalidad perseguida). Pues, de un lado, ese método determina el cómo de la construcción o sistematización del Derecho administrativo y, de otro, obliga a tener por objeto de la interpretación el ordenamiento constituido principalmente por Leyes escritas; todo ello, con miras a la resolución de casos concretos y desde el presupuesto de que el intérprete ha de considerarse a sí mismo en una situación de subordinación con respecto a la Ley escrita, o, lo que es lo mismo, que el intérprete no es legislador y ha de admitir consiguientemente la Ley, le guste o no le guste. Con la precisión de que, no definiendo frecuentemente las normas administrativas de modo exacto lo que significa el interés general o público, posibilitan también frecuentemente que la jurisprudencia -y la función interpretativa en general- abandone el seco formalismo de la lógica jurídica para entrar en un terreno en el que predomina la valoración de los contenidos.

También E. García de Enterría[97] parte del método y de la revisión, a partir de la crítica de Gény, del positivismo y su resultado: la insufi-

97 E. García de Enterría, ob. cit. en nota 4, pp. 190 a 222 (especialmente pp. 206-207 y 214-216). Este trabajo fue incluido en el libro posterior del autor: *Reflexiones sobre la Ley y los principios generales del Derecho*, Ed. Civitas, Madrid 1984 (hay ediciones posteriores de 1986 y 2016).

ciencia de la exégesis o inquisición de la *voluntas legislatoris* (porque el Derecho y su unidad no pueden ya derivarse del Estado, ya que el primero es más que el conjunto de normas estatales). Y apunta a la existencia de elementos prepositivos y la constatación de la *voluntas legis* que hace accesible el Derecho a la interpretación evolutiva (lo que alude a un sustrato más profundo: los principios generales del Derecho, con lo que el Juez no es ya la *bouche de la loi* por recurrir a elementos de conformación valorativa), para acabar deduciendo las siguientes consecuencias:

- La elección del criterio interpretativo constituye un *prius* lógico a la hora de abordar la comprensión de un texto normativo, lo que no puede hacerse sin recurso a los principios en cuanto instrumentos para dar sentido a las instituciones y articular éstas en un sistema general del ordenamiento. La interpretación misma es una actividad impregnada por ellos y es ésta impregnación la que la hace jurídica y no una comprensión meramente filológica, es decir, la que la convierte en una actividad técnica y no gramatical, para la que el jurista ha de estar pertrechado de categorías y principios, siendo la jurisprudencia, por ello, una verdadera fuente del Derecho.
- La desvalorización, como consecuencia, de la Ley, con reducción de su papel a simple medio de organización sobre la base de los principios[98].

Adopta, pues, E. García de Enterría una posición metódica sustancialista y no formal del Derecho, que ofrece flanco propicio a la penetración de los principios y repudia los excesos del Derecho libre, el sociologismo jurídico, el *legal realism* y el pragmatismo de la jurisprudencia de intereses. Pues entiende que tal posición es la única que acierta a otorgar a la ciencia jurídica su papel efectivo, que no se reduce a una operación abstracta desligada de la vida real, sino que es,

---

98 Véase la crítica a este primer planteamiento, más tarde atenuado por el propio E. García de Enterría en su obra posterior (el libro citado en nota anterior), G. Peces-Barba Martínez, "Reflexiones sobre la Ley y los principios generales del Derecho. Comentario al libro de E. García de Enterría", *REDC*, núm. 11, mayo-agosto 1984, pp. 249-254.

ella misma, un trozo de la vida real del Derecho. La tarea de la ciencia jurídica (expresión que podría sustituirse por dogmática jurídica) consiste en desvelar y descubrir, a través de conexiones de sentido y mediante la construcción de instituciones y la integración respectiva de todas ellas en un conjunto, los principios generales del Derecho sobre los que se articula y debe expresarse el orden jurídico. De este modo, se trata de "*hacer patente esa oculta y profunda vida de los principios [pues en ello] está la augusta función del científico del Derecho, y no en ofrecer clasificaciones o sistematizaciones geométricas, lógicas o nemotécnicas de la materia de las leyes*" (el que, desmintiendo a von Kirchmann, las obras de los grandes juristas de la historia hayan adquirido un permanente y eficaz valor clásico, obedece a que en ellas se expresa un orden institucional de principios jurídicos no sometidos a la usura del tiempo).

Como confirma la experiencia histórica, el Derecho administrativo se ha ido decantando como "*sistema coherente animado de valores materiales*" por dos vías:

1°. La afirmación de un cuerpo de doctrina [jurisprudencial] desveladora y depuradora de un sistema de auténticos principios generales del Derecho de naturaleza institucional.
2°. La introducción del método jurídico en términos de método principal, que es el verdadero de la ciencia jurídica, por partir de la verdadera sustancia del Derecho.

La cabal comprensión de esta posición exige atender a la precisión que hace el propio E. García de Enterría: la posición central ocupada hasta ahora por el sistema (posición que éste, sin embargo, sigue conservando) pasa a ser compartida por el problema o el caso concreto (la serie de problemas, la casuística), cuya resolución es toda la misión del Derecho, ya que el problema y no el sistema es el centro mismo del pensamiento jurídico (el Derecho se ofrece desde esta perspectiva como un conjunto de respuestas a problemas concretos). Lo que conduce de suyo a la tópica de Th. Viehweg[99] desde la que el Derecho es

[99] Th. Vieweg, *Tópica y jurisprudencia*, Ed. Civitas, Madrid 2016.

una tópica de problemas, que deben ser debatidos en su singularidad, pero en el contexto de la determinación de analogías problemáticas y de *leges artis* obtenidos de la experiencia reiterada de los mismos. De esta forma, lo que en el Derecho se califica como sistema no lo es en sentido lógico o axiomático, pues consiste en una simple conexión entre problemas dados que, aunque sirva instrumentalmente para poder afrontar éstos, no expresa -cual ocurre en las ciencias axiomáticas- las proposiciones básicas o basilares y, por ello, no permite descender de ellas por simple deducción hasta las cuestiones particulares. La percepción de éstas requiere, antes al contrario, introducir elementos problemáticos nuevos, no comprensibles desde ningún fundamento previo, y respecto de los cuales sólo cabe orientarse mediante un repertorio de puntos de vista o *topoi*. En consecuencia, tanto el sistema como los conceptos y principios de la jurisprudencia están siempre vinculados al problema y sólo desde ellos, y no desde un supuesto *primum verum*, pueden ser comprendidos[100].

Más recientemente, A. Pérez Moreno[101] alcanza igualmente algunas conclusiones sobre las características de la dogmática a partir del análisis de la evolución de las ideas sobre el método. Como resultado del estudio de esa evolución, propugna un moderado sincretismo en el método (siempre jurídico, evitando todo sociologismo, politicismo o economicismo) sobre la base de un orden de justicia material superior a las meras formulaciones del Derecho positivo vigente (lo que implica el rechazo del positivismo). El jurista ha de prestar atención a la realidad, pero para poder operar en el plano de la técnica jurídica al servicio de la realización de la justicia en las reales condiciones en que se manifiesta la vida social. Y esa técnica requiere un peculiar arsenal de conceptos e instrumentos lógicos y un *modus operandi* que garantice la autenticidad y la eficacia, siendo el método su cauce definitivo (el de la técnica, por tanto, y, por su intermedio, el correspondiente sistema conceptual).

---

100 Véase a este respecto, J. M. Rodríguez de Santiago, "Sistema, tópica y argumentación en la metodología del Derecho administrativo actual", en *Panorama jurídico de las Administraciones Públicas en el Siglo XXI. Homenaje al Profesor Eduardo Roca Roca*, MAP, INAP, BOE, Madrid, 2002, pp. 1281-1308.

101 A. Pérez Moreno, ob. cit. en nota 24, pp. 1 a 30, en especial 25 y 26 (en las que se consignan las conclusiones).

3. El nuevo enfoque: el directo análisis de la dogmática y sus elementos con apoyo en la doctrina alemana

Es reciente la directa preocupación de la doctrina académica por la dogmática, abordada desde luego en estrecha conexión con la cuestión del método, que ha dado lugar ya a aportaciones importantes y significativas[102].

En el campo aún de la filosofía del Derecho, A. Ruiz Miguel[103], entiende la dogmática, por su método, como actividad de reelaboración en la que hay momentos de atribución de valoraciones al conjunto normativo objeto de interpretación. De esta suerte, puede verse como sistematización en la que, implicando la tarea de interpretación, son discernibles tres momentos: i) el de selección y glosa de la base normativa pertinente; ii) el central de clasificación (no mera exposición) de los componentes de la base normativa; y iii) el de calificación de figuras o instituciones problemáticas con objeto de determinar su naturaleza o concepto (clarificar aspectos oscuros de régimen jurídico). No obtiene resultados ni simplemente descriptivos o explicativos, ni predictivos respecto del objeto de estudio, sino solo los que resultan de los expuestos momentos del proceso de reelaboración en que consiste y en los que, partiendo de la existencia de normas no como hecho o fenómeno por descubrir, determinar, observar o analizar, sino como una suerte de dogma incuestionado, procesa los dogmas normativos para su conversión (mediante exégesis, sistematización y categorización) en dogmas doctrinales (conceptos abstractos no necesariamente existentes en los textos) para el cumplimiento de sus tres funciones: didáctica, integradora y político-jurídica.

En sede ya del Derecho administrativo, son dos las precisiones de la dogmática más destacadas, cuyo recurso al apoyo de la doctrina ale-

---

102 J. M. Rodríguez de Santiago, *Metodología del Derecho administrativo. Reglas de racionalidad para la adopción y el control de la decisión administrativa*, Marcial Pons, Madrid 2016, pp. 14 a 16; y Silvia Diez Sastre, "La formación de conceptos dogmáticos en el Derecho público", *RJUAM*, núm. 31, 2015-I. Véase también la obra posterior de ambos autores, *La formación de conceptos en el Derecho público: Un estudio de metodología académica: definición, funciones y criterios de formación de los conceptos jurídicos*, Ed. Marcial Pons, Madrid 2018.

103 A. Ruiz Miguel, ob. cit. en nota 57, pp. 5672 a 5676.

mana pone de relieve la insuficiencia del análisis de que ha sido objeto hasta ahora en España y, al propio tiempo, revela que las aproximaciones aquí en todo caso realizadas y antes expuestas están en línea con las de la aludida doctrina germánica.

La metodología académica empleada con rigor y racionalidad busca, según J. M. Rodríguez de Santiago[104], en primer lugar, la explicación de las reglas de racionalidad con ayuda de las cuales se construye el sistema a partir del Derecho vigente[105] con objeto de explicar su unidad axiomática y evitar al máximo las contradicciones valorativas. Coincidiendo en lo sustancial con la doctrina alemana, para este autor la dogmática se sitúa, así, en un plano de intersección entre la metodología académica (de los juristas teóricos que se ocupan de la construcción del sistema) y la aplicativa (de quienes utilizan las normas para adoptar decisiones o controlar decisiones adoptadas por otro), de modo que:

- Está constituida por el conjunto de conceptos jurídicos y contextos valorativos que se desarrollan sobre la base del dato del Derecho positivo, aunque sea relativamente independiente del específico contenido de concretos preceptos de éste.
- Opera como bisagra de la metodología de los profesores y la de los órganos administrativos y judiciales y, por tanto, en sede fundamentalmente de la interpretación sistemática.
- Descarga, por ello, la labor interpretativa del órgano aplicativo y orienta con criterios consolidados su tarea decisoria.

En segundo lugar y centrándose justamente en la elaboración de conceptos (como una de las tareas tradicionales de la dogmática), S.

---

104 J. M. Rodríguez de Santiago, ob. cit. en nota 101, pp. 14 a 16.

105 Mediante la creación y depuración de conceptos sólidos en la dogmática o más flexibles clasificaciones tipológicas que pierden en rigor, pero permiten abarcar más material positivo sobre la base de la observación de la interactuación de la parte general y la parte especial del Derecho administrativo (por intermedio de los sectores llamados de referencia , así como de la elaboración correcta del Derecho comparado; las reglas del trabajo interdisciplinar en el que esté involucrado el Derecho administrativo; y la utilización del conocimiento procedente, entre otras, de otras ciencias para producir nuevo conocimiento jurídico a partir de la historia, la ciencia política y la administración, la sociología y el análisis económico del Derecho administrativo.

Diez Sastre[106], define la dogmática jurídica como uno de los métodos para el tratamiento científico de la creación y aplicación del Derecho, pues la pluralidad de métodos jurídicos no impide la identificación de la abstracción[107] como proceso común que hace posible tanto las conexiones de sentido entre diversas soluciones, como la coherencia de todo o parte del Derecho. De esta suerte, la dogmática:

1°. Se diferencia, por cierto grado de abstracción, de la actividad los juristas prácticos –jueces o abogados–, influyendo en ella por su orientación al análisis y la resolución de los problemas jurídicos y proporcionando previsibilidad a la solución de tipos de casos.

2°. Sistematiza el material jurídico, racionalizándolo[108] y haciéndolo manejable, mediante la ordenación de hechos desconectados entre sí e incardinando las soluciones y realidades jurídicas en un orden de compatibilidad y conexión valorativas. Sin perjuicio de la inutilidad actual del conceptualismo estático, permanente y constitutivo de una foto fija, la construcción de sistema sigue siendo relevante[109] porque estabiliza el material jurídico y lo simplifica mediante conceptos y principios que facilitan su control y la resolución de conflictos[110]. Pero, siendo necesario así superar las doctrinas clásicas de la unidad, subsunción y vinculación a las formas jurídicas en la construcción jurídica, en beneficio de un nuevo tratamiento del material jurídico basado

---

106 S. Diez Sastre, ob. cit. en nota 101, pp. pp. 105-135 (especialmente pp. 107, 108, 109, 116-121 y 123).

107 La elaboración de conceptos jurídicos y su integración en un sistema están en la base de la dogmática jurídica tradicional.

108 En términos de racionalidad formal en forma de conceptos, figuras, técnicas, instituciones y principios generales que permiten realizar operaciones articuladas sobre un esquema binario, conecta lo especial con lo general y establece un equilibrio entre las generalizaciones y las individualizaciones o concreciones. A la racionalización se han vinculado tradicionalmente las ventajas señalas en el texto.

109 Pues el Derecho no puede reducirse a un conjunto de normas, reglas y principios, toda vez que los conceptos y otros elementos abstractos son solo una parte del mismo. La dogmática jurídica –en su diseño originario– es incapaz de adaptarse a los cambios y la complejidad de la realidad.

110 Porque los conceptos continúan cumpliendo una función esencial de ordenación y explicación de la realidad jurídica.

en la diferenciación, la conexión y la garantía de coherencia, hoy la dogmática jurídica debe ser entendida como un conjunto de elementos y de conexiones de sentido que i) se apoya en el Derecho positivo, pero que no depende de su existencia; y ii) cumple funciones de a) racionalización del Derecho permisiva de la adopción de decisiones previsibles, calculables y, por tanto, controlables; b) legitimación, al maximizar la vinculación a la Ley; y c) integración del material jurídico.

La actualización de la dogmática la fía S. Diez a una ordenación o aclaración conceptual útil, con el fin de delimitar qué son los conceptos dogmáticos dentro de un catálogo abierto de herramientas metodológicas, entre las cuales analiza las instituciones o institutos jurídicos[111], los principios[112], los conceptos clave[113] y los tipos o modelos[114]. Define los conceptos dogmáticos por sus atributos, concretamente los siguientes:

---

111 Califica las instituciones como entramados normativos sometidos a un cierto grado de consistencia con la realidad social, que cumplen una función de contacto con ésta y cuya *utilización como herramienta metodológica debe estar precedida de su reconocimiento en el material jurídico-positivo* y someterse, por tanto, a juicios de ponderación con otros elementos del sistema. De donde se sigue que no pueden sustentar por sí mismas juicios de corrección jurídica, pues, en otro caso, éstos responderían solo al voluntarismo del intérprete jurídico.

112 Entiende los principios como máximas de optimización con trascendencia axiológica, pues expresan las bases éticas del Derecho. Se generan en un proceso de abstracción de los valores que hay en juego tras una regla o un entramado de reglas, por lo que no constituyen una abstracción tanto de los atributos de una realidad jurídica, cuanto de los mandatos o valores que subyacen a la misma. Desempeñan funciones de carácter interpretativo y heurístico y ofrecen una explicación dinámica del Derecho que permite distintas conexiones de sentido entre múltiples elementos.

113 Se trata en este caso de ideas vertebradoras o inspiradoras que sirven como fuente de inspiración para introducir nuevas perspectivas de análisis y asociaciones para el futuro. Por ello, pueden ayudar a la creación de supraconceptos o de ideas ordenadoras superiores, que puedan utilizarse en distintos contextos y permitan el trabajo en red cuando los conceptos aún no están maduros.

114 Considera que los tipos son modelos, imágenes gráficas de la realidad generada por abstracción, mediante la selección de una serie de atributos típicos de una realidad, que no tienen que darse necesariamente de forma cumulativa y simultánea. Por ello encierran en su estructura sistemas móviles, pues engloban una serie de elementos enlazados entre sí mediante criterios de distinta naturaleza y con vínculos de diversa. Por su versatilidad constituyen una herramienta metodológica muy útil.

a. Generalización o simplificación, en grado suficiente, de la realidad, más allá de las meras definiciones del Derecho positivo. El concepto se intercala en el margen que media entre ideas metajurídicas y jurídicas, para, de un lado, simplificar cierto material jurídico y, de otro y más ampliamente, reunir un ámbito relevante de la realidad jurídica. Lo que significa que el grado de abstracción de los conceptos dogmáticos ha de ser el óptimo según la función que deba desempeñar, explicando mejor un problema jurídico, distinguiendo entre realidades a efectos de la aplicación de un régimen jurídico determinado y legitimando una nueva solución jurídica para ciertos problemas, entre otras cosas.
b. Impregnación y modulación suficientes por el Derecho, de modo que, conforme al grado de abstracción, se sitúen a medio camino entre el lenguaje común y el propiamente jurídico.
c. Precisión bastante para ordenar la realidad dentro y fuera del concepto y operar en términos dicotómicos equiparables a las reglas, lo que los diferencia de los principios, los tipos y los conceptos clave, sin perjuicio de que admitan cierto grado de indeterminación (por existencia de zonas de sombra al modo de los conceptos jurídicos indeterminados).
d. Susceptibilidad de integración en la llamada parte general de la correspondiente disciplina jurídica, quedando no obstante expuestos al proceso de renovación inducida por la dialéctica parte general-parte especial.

BIBLIOGRAFÍA

ALEXY, R., *Theorie der juristichen Argumentation: Die Theorie des rationalen Diskurses als Theorie der juristischen Begründung*, Ed. Suhrkamp, 1983 (existe versión en castellano realizada por M. Atienza e Isabel Espejo: *Teoría de la argumentación jurídica. La teoría del discurso racional como teoría de la fundamentación jurídica*, CEPC, Madrid, 2007).

ÁLVAREZ GENDÍN, S., *Instituciones de Derecho administrativo de Fritz Fleiner* [trad.], Barcelona, Labor, 1933.

_____________, *Tratado general de Derecho administrativo*, Barcelona, Bosch, 1958.

ATIENZA, M:

_____________, *Introducción al Derecho*, Ed. Barcanova, Barcelona 1985.

_____________, "Sobre la jurisprudencia como técnica social. Respuesta a Roberto J. Vernengo", *Doxa* núm. 18.

CALSAMIGLIA, A. *Introducción a la ciencia jurídica*, Ed. Ariel, Barcelona 1986.

CASTÁN TOBEÑAS, J., "La ordenación sistemática del Derecho Civil", *Revista General de Legislación y Jurisprudencia*, abril-mayo, Ed. Reus, Madrid 1954.

COING, H., "Historia del Derecho y dogmática jurídica", *Revista de Estudios Histórico-Jurídicos de la Pontificia Universidad Católica de Valparaíso*, núm. 6, 1981.

COMAS, A., *Proyecto de Código Civil*, 1885.

DE CASTRO Y BRAVO, F., *Derecho civil de España*, Parte General, T. I, IEP, Madrid 1953.

FERNÁNDEZ, Elías, *Novísimo tratado histórico-filosófico del Derecho civil español*, 1880.

L. Diez-Picazo y A. Gullón, *Sistema de Derecho Civil*, Vol. I, 8ª ed. Ed. Tecnos, Madrid 1992.

DIEZ SASTRE, Silvia, "La formación de conceptos dogmáticos en el Derecho público", *RJUAM*, núm. 31, 2015-I.

DREIER, R., *Recht, Moral, Ideologie. Studien zur Rechtstheorie*, Ed. Suhrkamp, Frankfurt a. Main 1981.

EIFERT, M., "Zum Verhältnis von Dogmatik und pluralisierter Rechtswissenschaft", en KIRCHHOF, G., MAGEN, S. y SCHNEIDER, S. (Eds.), *Was weiss Dogmatik?*, Ed. Mohr Siebeck, Tübingen 2012.

ENGISCH, K., *Introducción al pensamiento jurídico*, Ed. Guadarrama, Madrid 1967 (existe una edición posterior de la editorial Comares en 2016).

FERNÁNDEZ DE VELASCO, R., *Resumen de Derecho administrativo*, 2 vol., Murcia 1921.

GARCÍA DE ENTERRÍA, E., "Sobre la formación del Derecho Administrativo español contemporáneo", *RAP* núm. 174, septiembre-diciembre 2007.

_____________, "Prólogo" a la obra de A. Huergo Lora, *Los contratos sobre los actos y las potestades administrativas*, Civitas-Universidad de Oviedo, Madrid 1998.

GARCÍA OVIEDO, C., "Hacia la emancipación del Derecho administrativo", *Revista General de Legislación y Jurisprudencia,* Vol. 79, núm. 156 (1930).

_____________, *Instituciones de Derecho Administrativo con referencias a la legislación y jurisprudencia españolas*, Sevilla 1930.

GARRIDO FALLA, F., *Las transformaciones del régimen administrativo: estudios de administración,* IEP, Madrid 1954.

_____________, "Administración y método", *RAP* núm. 35, mayo-agosto 1961.

_____________, *Tratado de Derecho Administrativo,* Vol. I Parte General, Ed. Tecnos, 14ª ed. (actualizada por A. Palomar Olmeda y H. Losada González), Madrid 2005.

GASCÓN y MARÍN, J., *Tratado de Derecho administrativo (Doctrina general) (Organización)*, 2 vols., Madrid, 1933-35 (12ª ed. en 1952).

GÉNY,F., *Méthode d'interpretation et sources en droit privé positif,* LGDJ, París 2016; edición en español: *Método de interpretación y fuentes en Derecho privado positivo,* Ediciones Jurídicas Olejnik, Santiago de Chile, 2018.

GIMBERNAT, E., *¿Tiene un futuro la dogmática jurídico-penal?*, Editorial Temis, Bogotá 1983; Ara Editores, Lima 2009; 3ª ed. Universidad Nacional de San Marcos, Lima (2016).

GONZÁLEZ PÉREZ, J., "El método en el Derecho administrativo", *RAP* núm. 22.

GRZESZICK, B. "Steuert die Dogmatik?", en KIRCHHOF, G., MAGEN, S. y SCHNEIDER, S. (Eds.), *Was weiss Dogmatik?*, Ed. Mohr Siebeck, Tübingen 2012.

HASSEMER, W., "Dogmatik zwischen Wissenschaft und richterlicher Pragmatik. Einführende Bemerkungen", en KIRCHHOF, G., MAGEN, S. y SCHNEIDER, S. (Eds.), *Was weiss Dogmatik?*, Ed. Mohr Siebeck, Tübingen 2012.

HERNÁNDEZ GIL, A., *Metodología de la ciencia del Derecho*, Vol. I, Gráf. Ugina, Madrid 1971

JESTAEDT, M., "Wissenschaftliches Recht –Rechtsdogmatik als gemeinsames Kommunikationsformat von Rechtsw M.issenschaft und Rechtspraxis", en KIRCHHOF, G., MAGEN, S. y SCHNEIDER, S. (Eds.), *Was weiss Dogmatik?*, Ed. Mohr Siebeck, Tübingen 2012.

KIRCHHOF, G. y MAGEN. S., "Dogmatik: Rechtliche Notwendigkeit und Grundlage fächerübergreifenden Dialogs –eine systematisierende Übersicht", en KIRCHHOF, G., MAGEN, S. y SCHNEIDER, S. (Eds.), *Was weiss Dogmatik?*, Ed. Mohr Siebeck, Tübingen 2012.

LARENZ, K., *Methodenlehre der Rechtswissenschaft*, Springer, Heidelberg, 1960, p. 189 (hay edición en castellano: *Metodología de la ciencia jurídica*, Ariel, Barcelona, 2001).

LATORRE, A., *Introducción al Derecho*, Ed. Ariel, Barcelona 1968.

LEPSIUS, O., "Kritik der Dogmatik", en KIRCHHOF, G., MAGEN, S. y SCHNEIDER, S. (Eds.), *Was weiss Dogmatik?*, Ed. Mohr Siebeck, Tübingen 2012.

LUHMANN, N., "Recht als soziales System", *Zeitschrift für Rechtssoziologie* núm. 20, 1999.

_____________, *Rechtsystem und Rechtsdogmatik*, Ed. W. Kohlhammer, Stuttgart 1974 (existe traducción al español: Sistema jurídico y dogmática jurídica, Ediciones Jurídicas Olejnik, Santiago de Chile, 2018).

_____________, *Zweckbegriff und Systemrationalität*, Ed. Suhrkamp, Frankfurt 1977.

_____________, *Das Recht der Gesellschaft*, Ed. Suhrkamp, Frankfurt 1993 (existe versión en castellano: El Derecho de la sociedad, Ed. Herder, 2009).

MARTÍN RETORTILLO BAQUER, S., *El Derecho civil en la génesis del Derecho Administrativo y de sus instituciones*, Instituto García Oviedo, Universidad de Sevilla, 1960.

MEYER-CORDING, U., *Kann der Jurist heute noch Dogmatiker sein?*, Mohr Siebeck, Tübingen 1973.

MÖLLERS, Chr., "Methoden", en HOFFMANN-RIEM, W., SCHMIDT-ASSMANN, E. y VOSSKUHLE, A., *Grundlagen des Verwaltungsrechts*, Ed. C.H. Beck, München 2012.

MUÑOZ MACHADO, S., *Tratado de Derecho administrativo y Derecho público general*, T. I, Ed. BOE, Madrid 2015.

PECES-BARBA MARTÍNEZ, G., "Reflexiones sobre la Ley y los principios generales del Derecho. Comentario al libro de E. García de Enterría", *REDC*, núm. 11, mayo-agosto 1984.

PÉREZ MORENO, A., "El método en el Derecho administrativo", *Revista de Estudios Jurídicos*, segunda época, núm. 9 (2009).

PI Y SUÑER, J. Mª., "El problema del método en el Derecho administrativo", *Revista Moderna de Administración Local*, núm. 241, 1946.

POSADA, A., Introducción a la traducción de J. Meyer, *La Administración y la organización administrativa en Inglaterra, Francia, Alemania y Austria*, Ed. La España Moderna, Madrid 1912.

RECASENS SICHES, L., "Notas a la Introducción", en G. Del Vecchio, *Filosofía del Derecho*, Bosch, Barcelona 1929.

REDOR, M. J., *De l'État légal à l'État de droit: l'évolution des conceptions de la doctrine publiciste française, 1879-1914*, Paris Economica; Aix-en-Provence: Presses universitaires d'Aix-Marseille, 1992.

RODRÍGUEZ DE SANTIAGO, j. Mª., "Sistema, tópica y argumentación en la metodología del Derecho administrativo actual", en *Panorama jurídico de las Administraciones Públicas en el Siglo XXI. Homenaje al Profesor Eduardo Roca*, MAP, INAP, BOE, Madrid, 2002.

____________, *Metodología del Derecho administrativo. Reglas de racionalidad para la adopción y el control de la decisión administrativa*, Marcial Pons, Madrid 2016.

RODRÍGUEZ DE SANTIAGO, J.M. y DIEZ SASTRE, S., *La formación de conceptos en el Derecho público: Un estudio de metodología académica: definición, funciones y criterios de formación de los conceptos jurídicos*, Ed. Marcial Pons, Madrid 2018.

ROYO VILLANOVA, A., *Elementos de Derecho Administrativo*, Librería Santaren, 1955.

____________, *Problemas del régimen jurídico municipal,* Diana Artes Gráficas, Madrid 1944.

____________, "El método en el Derecho administrativo", *Las Ciencias*, año XVI, núm. 2.

RUIZ GIMÉNEZ, J., *Introducción a la filosofía jurídica*, EPESA, Madrid 1960.

RUIZ MIGUEL, A., "La dogmática jurídica, ¿ciencia o técnica?", en CABANILLAS SÁNCHEZ, A. (Coord.), *Estudios jurídicos en homenaje al profesor Luis Diez-Picazo*, Ed. Cívitas, Madrid 2002.

SÁNCHEZ ROMÁN, F., "Técnica Jurídica. Discurso inaugural en la Academia de Jurisprudencia de Granada", curso 1895-1902, *RGLJ* 59 [1881].

____________, *Estudios de ampliación del Código Civil y Códigos españoles*, Granada, 1879-1889.

SCHOCH, F., "Gemeinsamkeiten und Unterschiede von Verwaltungsrechtslehre und Staatsrechtslehre", en SCHULZE-FIELITZ, H. (Ed.), *Staatsrechtslehre als Wissenschaft*, Die Verwaltung, 2007.

TRONCOSO REIGADA, A., "Dogmática administrativa y Derecho constitucional: el caso del servicio público", *REDC*, núm. 57, septiembre-diciembre 1999.

VERNENGO, R. J., "Ciencia jurídica o técnica política: ¿es posible una ciencia del Derecho?", *Doxa* núm. 17, 1986.

VIEWEG, Th., *Tópica y jurisprudencia*, Ed. Civitas, Madrid 2016.

VILLAR PALASÍ, J. L., "La doctrina del acto confirmatorio", *RAP*, núm. 8, 1952.

____________, "Prólogo" a la obra de G. Ariño Ortiz, J. M. De la Cuétara y J. L. Martínez López Muñiz, *El nuevo servicio público*, Marcial Pons, Madrid 1997.

VOSSKUHLE, A., "Was leistet Rechtsdogmatik?" en KIRCHHOF, G., MAGEN, S. y SCHNEIDER, S. (Eds.), *Was weiss Dogmatik?*, Ed. Mohr Siebeck, Tübingen 2012.

WAHL, R., "Rechtsdogmatik und Rechtspolitik im Öffentlichen Recht", en STÜRNER, E. (Ed.), *Die Bedeutung der Rechtsdogmatik für die Rechtsentwicklung. Ein japanisch-deutsches Symposium*, Ed. Mohr Siebeck, Tübingen 2010.

WALDHOFF, Chr., "Kritik und Lob der Dogmatik. Rechtsdogmatik im Spannungsfeld con Gesetzesbindung und Funktionsorientierung", en KIRCHHOF, G., MAGEN, S. y SCHNEIDER, S. (Eds.), *Was weiss Dogmatik?*, Ed. Mohr Siebeck, Tübingen 2012.

REFLEXIONES SOBRE LAS MEDIDAS CAUTELARES EN EL PROCESO CONTENCIOSO-ADMINISTRATIVO ESPAÑOL. (UNA VISIÓN JURISPRUDENCIAL)

JAIME RODRÍGUEZ-ARANA*

SUMARIO

I. Introducción. II. Ejecutividad del acto y tutela judicial efectiva: De la Ley de 1956 a la de 1998. III. Caracterización de las medidas cautelares. IV. Reflexión conclusiva.

I. INTRODUCCIÓN

Participo con mucho gusto en el justo y merecido homenaje que se tributa a la Profesora Cecilia Sosa Gómez por la Academia de Ciencias Políticas y Sociales de Venezuela. No tengo el gusto de conocer personalmente a la Doctora Cecilia Sosa Gómez, pero si la he escuchado en conferencias y la he leído en sus publicaciones y en sus resoluciones judiciales. Es una destacada académica que sobresale en el conocimiento de la ciencia jurídica, singularmente del Derecho Público, caracterizándose por ser una incansable luchadora por la libertad y los derechos humanos, tarea hoy de gran actualidad, no solo en la actual Venezuela, sino en tantas partes del mundo donde se han vaciado de contenido los valores del Estado de Derecho, hoy rendido ante la tiranía y el despotismo que, en tiempos de pandemia, se cierne sobre las maltrechas democracias formales de este tiempo.

A ella dedico estas líneas sobre uno de los temas más importantes, a mi juicio, del Derecho Administrativo: las medidas cautelares en el proceso contencioso administrativo. Una cuestión muy vinculada a la

* Catedrático-Director del Grupo de Investigación de Derecho Público de la Universidad de A Coruña (España). Presidente del foro Iberoamericano de Derecho Administrativo. Presidente de la Spin-Off universitaria Ius Publicum Innovatio. Presidente de la Sección Española del Instituto Internacional de Ciencias Administrativas.

necesidad de leer e interpretar el Derecho Administrativo actual desde los valores constitucionales.

La cuestión de las medidas cautelares, a día de hoy, en los inicios del siglo XXI, con una justicia administrativa lenta y que suele pronunciarse sobre la legalidad de la actuación administrativa cuando esta se ha consumado tiempo atrás, constituye uno de los temas centrales del entero sistema del Derecho Administrativo. Por muchas razones, entre otras, porque el juicio cautelar, que no es un juicio de validez, sino de eficacia, se nos presenta como un primer test sobre la eficacia del acto y su posible afectación al derecho fundamental a la tutela judicial efectiva. En efecto, la tensión entre eficacia, ejecutividad y ejecutoriedad, que son dimensiones temporales de la eficacia, y tutela judicial efectiva, constituye el ámbito propio en el que despliegan su virtualidad operativa las medidas cautelares.

El dogma de la ejecutividad del acto administrativo, uno de los principales pilares de la construcción continental europeo del Derecho Administrativo, está siendo reinterpretado a la luz de los principios y criterios constitucionales; en especial, desde el derecho fundamental a la tutela judicial efectiva que, en España, como en otros países de nuestra cultura jurídica, han traído consigo una nueva dimensión de la tutela judicial efectiva: la tutela judicial cautelar.

Tal y como ha afirmado el Tribunal Supremo español en un auto de 18 de julio de 2006, la razón de ser de la justicia cautelar se encuentra en la necesidad de evitar que el lapso de tiempo que transcurre desde que se inicia el proceso hasta que recae un pronunciamiento judicial firme suponga la pérdida de la finalidad del proceso. O, lo que es lo mismo, que se pueda asegurar razonablemente la efectividad de una sentencia futura, que pueda llevarse a la práctica, como sigue diciendo el Tribunal Supremo español en el auto citado, de modo útil. Si el acto se ejecuta, desaparece su objeto, y por ello la pretensión del recurrente se desnaturaliza al igual que una eventual sentencia favorable a quien insta la medida cautelar. Si el recurso pierde su finalidad legítima, por haberse ejecutado inmediatamente el acto, sobre todo en los casos de daños irreversibles, entonces la justicia se torna ilusoria con la consiguiente desmoralización del pueblo, que empieza a perder la fe en la impartición eficaz de la justicia.

Es interesante, a estos efectos subrayar la doctrina sentada por el Tribunal Supremo en su sentencia de 12 de diciembre de 2011 cuando señala que "*hay que tener en cuenta que la regulación de las medidas cautelares en la Ley obedece a la finalidad de respetar durante el proceso la tutela judicial efectiva o si se prefiere impedir que la pendencia del proceso cause situaciones irreversibles; de ahí que la doctrina jurisprudencial en relación con la adopción de medidas cautelares en el seno del proceso contencioso- administrativo se sustente en que, ante una pretensión de suspensión de actos impugnados en sede jurisdiccional (u otra medida positiva), el marco a tener en cuenta es la propia Ley Jurisdiccional*". Es decir, la clave para la adopción de la medida cautelar reside en evitar que se consoliden situaciones irreversibles, que son aquellas que, en terminología de la Ley española de 1988, hagan perder al recurso su finalidad legítima.

En efecto, la adopción de medidas cautelares, como dispone el artículo 130 de la Ley de 1998, podrá acordarse únicamente cuando la ejecución del acto "*pudiera hacer perder su finalidad legítima al recurso*". Se configura éste, sigue diciendo la sentencia de 12 de diciembre de 2011, como el elemento esencial, la premisa o cuestión que ha de plantearse el juzgador a la hora de examinar la solicitud cautelar, siempre dentro del principio de congruencia. En tal sentido, el artículo 129 establece que los interesados podrán solicitar la adopción de cuantas medidas "*aseguren la efectividad de la sentencia*", la cual vendrá delimitada en cada caso en relación con la pretensión deducida en el proceso que marca el límite máximo de lo que se puede conceder en la Sentencia (art. 31, 33.1, 68.1.b), 71 y 103 y ss. de la LJCA, sin olvidar el art. 24 y 117.3 de la Constitución. En definitiva, en sede de medidas cautelares estamos ante problemáticas que han de plantearse y resolverse casuísticamente, esto es, en función de las circunstancias concretas que concurran de modo que no han de ser necesariamente aplicables al caso concreto algunos razonamientos o soluciones generales.

Es decir, es tanta la trascendencia que tiene la justicia cautelar cuándo la lentitud es la característica esencial de la Administración de justicia, que en estos procedimientos se ha concentrado, aunque sea una justicia provisional, una de las principales expectativas para la obtención de resoluciones judiciales en tiempo razonable. No en vano hace años Carnelluti sentenció que la justicia cautelar se está convirtiendo en la única justicia, reflexión que debe llevarnos a construir una justicia cautelar que se mueva en el ámbito de una tutela judicial efectiva que impida las situaciones de indefensión a que podría conducirnos una perspectiva absoluta del dogma de la ejecutividad y ejecutoriedad de los actos administrativos.

En efecto, la cuestión de la renovación de viejos dogmas, expresiones de la autotutela de la Administración pública, es la consecuencia lógica de la proyección del Estado social y democrático de Derecho sobre las categorías que venían inveteradamente fundando el Derecho Administrativo en el viejo continente. No se trata, pues, de desmontar el viejo sistema del Derecho Administrativo continental, sino de *"aggiornar"* sus basamentos a la realidad social y normativa que, obviamente, ha cambiado y mucho, especialmente en materia de derechos fundamentales de la persona. No es que la ejecutividad y la ejecutoriedad del acto administrativo deban desparecer por mor de la relevancia del derecho fundamental a la tutela judicial efectiva, sino que hemos de reclamar una posibilidad del control judicial de la actuación administrativa que sea razonable que evite las situaciones irreversibles. Es decir, que la justicia administrativa, especialmente la cautelar ha de poder conocer de determinadas actuaciones administrativas antes de que se hayan consumado o ejecutado, máxime cuando nos encontremos con situaciones de irreversibilidad, con situaciones en las que el recurso contencioso administrativo pueda perder su finalidad legítima.

En este punto es menester señalar que la evolución legislativa se ha producido a golpe de sentencia, por lo que los Tribunales, y especialmente el Tribunal Supremo Español, han tenido el acierto, ya desde la interpretación de la Ley jurisdiccional de 1956, de abrir el camino que ha desembocado en la ley vigente de 1998 que, en esta materia, puede decirse que ha recogido fielmente las aportaciones jurisprudenciales y doctrinales más relevantes producidas desde la aprobación de la Constitución en relación con la proyección del derecho fundamental a la tutela judicial efectiva sobre los principios de ejecutividad y ejecutoriedad de los actos administrativos. Así lo ha puesto de manifiesto la exposición de motivos de la Ley de 1998 y así lo ha demostrado la centralidad de los derechos fundamentales en su proyección sobre el entero sistema del Derecho Administrativo.

El problema fundamental estriba, como veremos a continuación, en que el privilegio de la ejecutividad no puede operar al margen de la tutela judicial efectiva, por lo que el Tribunal Supremo en su sentencia de 10 de noviembre de 2003 señaló que "*en el proceso administrativo, la justicia cautelar tiene determinadas finalidades específicas, incluso con trascendencia constitucional, que pueden cifrarse genéricamente en constituir un límite o contrapeso a las prerrogativas exorbitantes de la Administración, con el fin de garantizar una situación de igualdad, con respecto a los particulares, ante los Tribunales, sin la cual sería pura ficción la facultad de control o fiscalización de la actuación administrativa que garantiza el artículo 106.1 CE ("los Tribunales controlan la potestad reglamentaria y la legalidad de la actuación administrativa, así como el sometimiento de ésta a los fines que la justifican"), así como el 153.6 CE ("El control de la actividad de los órganos de las Comunidades Autónomas se ejercerá: (...), por la jurisdicción contencioso – administrativa, el de la Administración autónoma y sus normas reglamentarias"), y, en último término, respecto de la legislación delegada, el artículo 86.2 CE ("Sin perjuicio de la competencia propia de los Tribunales, las leyes de delegación podrán establecer en cada caso fórmulas adicionales de control"*)".

El principio de la tutela cautelar, derivación de la tutela judicial efectiva del artículo 24.1 de la Constitución, se nos presenta como límite infranqueable a la ejecutividad administrativa, por lo que las medidas cautelares ya no son medidas extraordinarias o excepcionales sino que, como ha señalado la propia exposición de motivos de la Ley de 1998 y afirma el Supremo en esta capital sentencia de 10 de noviembre de 2003, se convierten "*en instrumento de la tutela judicial ordinaria*", adquiriendo así una perspectiva constitucional que sitúa estas medidas en el ámbito del denominado Derecho Administrativo Constitucional.

Por ejemplo, las sentencias del Tribunal Supremo de 7 de noviembre y 2 de febrero de 2007, señalan que "*con la nueva regulación concluye el monopolio de la medida cautelar de suspensión, perfilándose un sistema de "numerus apertos", de medidas innominadas, entre las que sin duda se encuentran las de carácter positivo*". Las medidas cautelares no son excepciones, son facultades, dice la sentencia del Tribunal Supremo de 22 de enero de 2002, que el órgano judicial puede ejercitar siempre que resulte necesario. Y será necesario cuando la ejecución del acto pueda hacer perder al recurso su finalidad legítima. Esta es la nueva funcionalidad de las medidas cautelares en el marco constitucional, una funcionalidad que se inserta en una justicia lenta que poco a poco, aunque no debiera ser así, va sustituyendo una justicia definitiva sobre la validez que llega muy tarde, y a veces en malas condiciones, por una justicia provisional, cautelar, que se centra en los efectos del acto en relación con la irreversibilidad del daño producido y con la naturaleza de la incidencia que pueda tener en el interés general.

En este sentido, como ya hemos indicado, la sentencia del Tribunal Supremo de 18 de julio de 2006 señala que la razón de ser de la justicia cautelar en el proceso en general se encuentra, como estableció ya el Tribunal Supremo del Reino de España por sentencia de 22 de julio de 2002, en la necesidad de evitar que el lapso de tiempo que transcurre hasta que recae un pronunciamiento firme suponga la pérdida de finalidad del proceso. Con las medidas cautelares se trata de asegurar la eficacia de la resolución que ponga fin al proceso, evitando la producción de un perjuicio de imposible o difícil reparación, como señalaba anterior mente el artículo 122 de la ley de 1956, y como hoy dice expresivamente el artículo 129 de la ley jurisdiccional de 1998, asegurando la efectividad de la sentencia. Por ello, sigue diciendo esta sentencia, el "*periculum in mora*" forma parte de la esencia de la medida cautelar pues, en definitiva, con ella se intenta asegurar que la futura sentencia pueda llevarse a la práctica de manera útil. Sería inútil si es que el acto ya se ejecutó o si es que su conocimiento lesiona la tutela judicial efectiva. No digamos si es que la sentencia provoca o produce indefensión, situación que no es sólo exclusiva del accionar administrativo, también puede ocasionarse, aunque es más difícil, por el propio poder judicial a través de sus resoluciones.

Hoy, tras la ley de 1998, las medidas cautelares "*podrán acordarse – dice el artículo 129.2 – únicamente cuando la ejecución del acto o la aplicación de la disposición pudiera hacer perder su finalidad legítima al recurso*". Criterio que parece traer causa del artículo 56 de la Ley Orgánica del Tribunal Constitucional de 1979 y de la doctrina recogida en el auto del Tribunal Supremo de 20 de diciembre de 1990, en el que se proclama el derecho a la tutela cautelar; y, por supuesto, de la sentencia Factortame del Tribunal de Justicia de Luxemburgo, de 19 de junio de 1990, que establece que "*la necesidad del proceso para obtener la razón no debe convertirse en un daño para el que tiene la razón*". Ahora bien, junto a este presupuesto es menester que la ponderación circunstanciada de los intereses en juego así lo aconseje.

La doctrina sentada en la sentencia Factortame, que introduce en el Derecho español el famoso auto de 20 de diciembre de 1990 del Tribunal Supremo, ponencia del profesor González Navarro, ha sido glosada, para el tema que ahora nos ocupa, por una sentencia del Tribunal Supremo de 25 de febrero de 2003. En dicho pronunciamiento, el Tribunal Supremo, siguiendo su jurisprudencia, entiende que parece como una derivación del derecho a la tutela judicial efectiva, el derecho a una tutela judicial cautelar por fuerza del principio del derecho que se resume en que la necesidad del proceso para obtener razón no debe convertirse en un daño para el que tiene la razón. Entiende también el Supremo español que esta tutela cautelar trata de evitar la frustración de una sentencia final, ya que de lo contrario, la obtención futura y dilatoria del reconocimiento de su previsible razón, no supone una entera satisfacción de sus legítimas pretensiones, aunque posteriormente fuera resarcido en sus daños o perjuicios.

Este principio del Derecho Comunitario nos lleva a cuestionarnos hasta qué punto en el análisis de la medida cautelar, aunque no es posible entrar en el fondo, en la cuestión de validez del acto norma recurrida, no es posible que el juzgador realice determinadas reflexiones en orden a analizar la consistencia o solidez de la razón que asiste a quien solicita la cautelar, reflexiones que de alguna manera sean inescindibles, inseparables, del juicio o test de legalidad.

Como es sabido, la preocupación por las medidas cautelares en el orden jurisdiccional contencioso-administrativo ha cobrado un especial relieve en este tiempo debido, en gran parte, a su consideración como parte integrante del derecho a la tutela judicial efectiva del artículo 24.1 de la Constitución. Derecho que, como hemos comprobado, es de construcción jurisprudencial a partir de la introducción en nuestro Derecho de la doctrina Factortame del Tribunal de Justicia de las Comunidades Europeas de 19 de julio de 1990.

El caso es que la tutela judicial efectiva de carácter cautelar se ha convertido en un hecho cotidiano en los Tribunales contencioso-administrativos españoles, actuando como un mecanismo para asegurar provisionalmente la eficacia de la sentencia definitiva y como remedio para que ésta, llegada a su ejecución, no sea inútil.

En efecto, la potestad de los Jueces y Tribunales de adoptar medidas cautelares responde, como ha señalado el Tribunal Constitucional, "*a la necesidad de asegurar, en su caso, la efectividad del pronunciamiento futuro del órgano jurisdiccional*" (sentencia 218/1994) evitando que un posible fallo a favor de la pretensión "*quede desprovisto de la eficacia por la conservación o consolidación irreversibles de situaciones contrarias a derecho o interés reconocido por el órgano jurisdiccional en su momento*" (sentencia 218/1994). Esta es, en mi opinión, la clave del tema, evitar que se consoliden situaciones irreversibles que, obviamente, la indemnización *"a posteriori"* puede no restaurar. Para evitar que la ejecutividad genere supuestos de "*irreversibilidad*", se somete a control judicial para que su entendimiento y aplicación se realice en el marco constitucional que dibuja el artículo 24.1. Esta referencia a la irreversibilidad, nudo gordiano de la materia que vamos a examinar, también puede colegirse sin especial dificultad de la línea argumental mantenida por la Jurisprudencia del Tribunal Supremo durante la vigencia de la Ley de 1956 tal y como tuve ocasión de estudiar, van a hacer ahora casi treinta años en mi tesis doctoral precisamente sobre la suspensión del acto administrativo en vía contencioso administrativa, entonces -1986- la única medida cautelar prevista en nuestro Ordenamiento jurídico.

El profesor García de Enterría, que ha estudiado a fondo esta cuestión, señala como auténtico hito de esta evolución el citado auto del Supremo de 20 de diciembre de 1990, en el que el ponente, Profesor González Navarro, configura un genuino derecho a la tutela cautelar, que se corresponde con un deber, por parte de la Administración y de los Tribunales, de acordar la medida cautelar que resulte necesaria para asegurar el contenido de la resolución que finalmente se adopte. En este sentido, el Tribunal Supremo – auto de 20 de diciembre de 1990 - señalaba lo siguiente interpretando, por elevación, el antiguo artículo 122 de la Ley de 1956, precepto que en el régimen anterior sólo preveía la suspensión como medida cautelar única:

> *"los estrechos límites del artículo 122 de la LJCA tienen hoy que entenderse ampliados por el expreso reconocimiento del derecho a una tutela judicial efectiva en la propia Constitución, derecho que implica, entre otras cosas, el derecho a una tutela cautelar".*

Estas aproximaciones, realizadas durante la vigencia de la ley jurisdiccional de 1956, prepararon el terreno para que la ley de 1998 dedicara al tema de las medidas cautelares nada menos que un capítulo: el capítulo II del título VI de la ley a través de los artículos 129 a 136.

El articulado que diseña el nuevo régimen jurídico de las medidas cautelares en la Ley de 1998 responde a lo dispuesto en su exposición de motivos cuándo reconoce que "*el espectacular desarrollo de estas medidas en la jurisprudencia y la práctica procesal de los últimos años ha llegado a desbordar las moderadas previsiones de la legislación anterior, certificando su antigüedad en este punto. La nueva ley actualiza considerablemente la regulación de la materia, amplía los tipos de medidas cautelares posibles y determina los criterios que han de servir de guía en su adopción*". El legislador, pues, se limita a registrar lo que la jurisprudencia y la doctrina han venido señalando tiempo atrás en orden a disponer de una justicia cautelar de mayor calidad, para, desde el entendimiento de que esta modalidad de Justicia forma parte integrante del principio de tutela judicial efectiva, señalar que, estas medidas en modo alguno son una excepción, sino que, por el contrario, se nos presentan "*como facultad que el órgano judicial puede ejercitar siempre que sea necesario*".

La doctrina está de acuerdo en situar como un elemento clave a la hora de tratar el fundamento de las medidas cautelares en general, el problema de la lentitud en la resolución de los procesos jurisdiccionales. El artículo 24.2 de nuestra Constitución afirma claramente que "*todos tienen derecho a un proceso público sin dilaciones indebidas y con todas las garantías...*" por lo cual el retraso desproporcionado en la resolución de los procedimientos supone una grave conculcación del derecho a la tutela judicial efectiva reconocida en el artículo 24 de nuestra norma suprema. Así, además, lo ha reconocido el Tribunal Constitucional, en su Sentencia 26/1983, al afirmar que "*desde el punto de vista sociológico y práctico puede seguramente afirmarse que una justicia tardíamente concedida equivale a una falta de tutela judicial efectiva*".

Básicamente, lo que se pretende es que la duración del procedimiento no altere el equilibrio inicial de fuerzas entre las partes. En otras palabras, el principio de efectividad de la tutela judicial recogido en el artículo 24.1 de la Constitución reclama que el control jurisdiccional que ampliamente traza su artículo 106.1 haya de proyectarse también sobre la ejecutividad del acto administrativo. Y dada la duración del proceso, el control judicial sobre la ejecutividad ha de adelantarse al enjuiciamiento del fondo del asunto. La armonización de las exigencias de ambos principios da lugar a que la regla general de la ejecutividad haya de ser controlada en cada caso concreto para evitar que pueda dar lugar a situaciones de indefensión, situaciones claramente prohibidas por la propia Carta Magna en su artículo 24.

El Tribunal Supremo ha construido recientemente, a partir de los preceptos que el legislador de 1998 dedica a esta materia un sistema general (artículos 129 a 134) y dos supuestos especiales (artículos 135 y 136) con siete notas o características (sentencias de 13 de junio de 2007, de 6 de febrero de 2007, de 21 de junio de 2006, de 30 de noviembre de 2005 o de14 de octubre de 2005):

En primer lugar, la regulación de las medidas cautelares en el orden judicial contencioso administrativo constituye un sistema amplio, por cuanto resulta de aplicación al procedimiento ordinario, al abreviado, al especial de protección de derechos fundamentales de la persona. Las medidas cautelares pueden adoptarse respecto de actos y de normas, si bien en relación con las disposiciones generales sólo cabe la tradicional medida de suspensión y cuenta con algunas especialidades procesales (artículos 129.2 y 134.2 de la Ley de la jurisdicción contencioso administrativa de 1998). Respecto a la supresión de la especialidad que tenía la suspensión del acto en punto al procedimiento especial de derechos fundamentales, mi juicio es francamente negativo puesto que, si tanto predicamos la centralidad de los derechos fundamentales de la persona, resulta que el sistema anterior de suspensión automática como regla salvo que el abogado del Estado acreditara un perjuicio grave al interés general parecía congruente con esa posición medular en el sistema jurídico. Ahora, al seguir las medidas cautelares en este procedimiento especial de protección de los derechos fundamentales de la persona el régimen general, resulta que esa centralidad queda diluida, desnaturalizada.

En segundo lugar, las medidas cautelares se fundamentan en un presupuesto claro: el denominado tradicionalmente "*periculum in mora*", ahora bajo el rótulo de la irreversibilidad, es decir, que el recurso pueda perder su finalidad legítima, lo que acontece cuando el daño ocasionado por la actuación administrativa recurrida es imposible de reparar razonablemente. Supuesto que se produce de ordinario cuando el acto se ejecuta antes de la sentencia, algo muy frecuente en un universo en el que prima, a veces de manera irracional, el dogma de la ejecutividad y ejecutoriedad de los actos administrativos. Por eso, el artículo 130.2 de la vigente ley jurisdiccional dispone que procederá "*únicamente*" la medida cautelar cuando "*la ejecución del acto o la aplicación de la disposición pudieran hacer perder su finalidad legítima al recurso*". Sin embargo, no es cierto que sea este el requisito o presupuesto único porque, como ahora señalaremos, es necesaria la concurrencia de otro elemento.

En tercer lugar, efectivamente, como parámetro o contrapeso del anterior criterio, el nuevo sistema exige, como reconoce el Tribunal Supremo, al mismo tiempo, una detallada ponderación del interés general o de tercero. Tal ponderación o valoración jurídica habrá de realizarse en relación con el propio "*periculum in mora*". En el mismo sentido, el propio artículo 130.2 de la vigente ley establece que, no obstante, la concurrencia del "*periculum in mora*", "*la medida cautelar podrá denegarse cuándo de esta pueda seguirse perturbación grave de los intereses generales o de tercero*". Ambos criterios, insisto, han de darse conjuntamente a través de una ponderación circunstanciada, como también dice la ley, de los intereses y de las consecuencias de la ejecutividad de la actuación administrativa.

En cuarto lugar, desde una perspectiva procedimental se apuesta por la motivación de la medida cautelar, lo cual es muy saludable y conveniente al sistema de justicia administrativa en el que cada vez la justicia cautelar tiene un papel más relevante. La motivación de la medida cautelar, como señala certeramente el Tribunal Supremo en la sentencia de 14 de octubre 2005, una de las más recientes, es consecuencia de la ponderación de los intereses en conflicto; así en el artículo 130.1.ª se exige para su adopción la previa valoración circunstanciada de todos los intereses en conflicto, expresión que se reitera en el artículo 130.2 "*in fine*", al exigir igualmente una ponderación en forma circunstanciada de los citados intereses generales o de tercero. Tal operación jurídica de ponderación implica una argumentación racional acerca de la incidencia de la cautelar en el interés general y de la previsibilidad de que la ejecución de la actuación administrativa pueda hacer la finalidad legítima al recurso. Es decir, su racionalmente se puede deducir una posible situación irreversible que haría inútil la interposición del recurso contencioso administrativo.

En quinto lugar, tal y como dispone la sentencia del Tribunal Supremo de 13 de junio de 2007, con la nueva regulación concluye el monopolio legal de la medida cautelar de suspensión, pasándose a un sistema de "*numerus apertus*", entre las que, sin duda se encuentran las de carácter positivo. En este sentido, el artículo 129.1 de la vigente se remite a cuantas medidas aseguren la efectividad de la sentencia. Medidas que pueden ser de orden positivo y que pueden adoptarse en relación con actos negativos de la Administración pública, tal y como en este último caso previene, por ejemplo, la sentencia del Tribunal Supremo de 21 de marzo de 2001.

Por lo que se refiere al ámbito temporal de las medidas, la nota sexta subraya que la solicitud de las medidas cautelares podrá llevarse a cabo en cualquier estado del proceso (artículo 129.1 de la vigente ley con la excepción del número 2 para las disposiciones generales), extendiéndose en cuanto a su duración, hasta que recaiga sentencia firme que ponga fin al procedimiento en que se hayan acordado, o hasta que este finalice por cualquiera de las causas previstas en esta Ley (artículo 132.1 de la vigente ley de la jurisdicción contencioso administrativa), contemplándose, no obstante, su modificación por el cambio de circunstancias.

Y, finalmente, en séptimo lugar, como correspondencia a la apertura de las medidas cautelares del nuevo sistema, la nueva Ley lleva a cabo una ampliación de las contracautelas, permitiéndose, sin límite alguno, que puedan acordarse las medidas que sean necesarias para evitar a paliar los perjuicios de cualquier naturaleza que pudieran derivarse de la medida cautelar que se adopte (artículo 133.1 de la ley de 1998), añadiéndose, además, que la misma podrá constituirse en cualquiera de las formas admitidas en derecho (artículo 133.3 de la ley jurisdiccional contencioso administrativa de 1998).

El Tribunal Supremo, en la sentencia de 14 de octubre de 2005, además de la doctrina expuesta, cita jurisprudencia abundante para concluir que el adverbio "*únicamente*" del artículo 130.1 de la vigente ley debe interpretarse teniendo en cuenta una doble referencia: " *valorando no solo la posibilidad de que la ejecución del acto pudiera hacer perder su finalidad legítima al recurso, sino también la de que con la medida cautelar pudiera seguirse perturbación grave de los intereses generales o de tercero, que el Juez o Tribunal ponderará de forma circunstanciada".*

Además, el Tribunal Supremo, por ejemplo, sentencia de 6 de febrero de 2007, extrae tres conclusiones de la exégesis del artículo 130.1 de la ley de la jurisdicción contencioso administrativa de 1998 que vale la pena exponer:

"a) La adopción de la medida exige de modo ineludible que el recurso pueda perder su finalidad legítima, lo que significa que, de ejecutarse el acto, se crearían situaciones jurídicas irreversibles haciendo ineficaz la sentencia que se dicte e imposibilitando el cumplimiento de la misma en sus propios términos, con merma del principio de identidad, en el caso de estimarse el recurso.

b) Aun concurriendo el anterior presupuesto, puede denegarse la medida cautelar, siempre que se aprecie perturbación grave de los intereses generales o de tercero, lo que obliga siempre a considerar un juicio comparativo de todos los intereses en juego, concediendo especial relevancia, a la hora de decidir, a la mayor perturbación que la medida cautelar al interés general o al de un tercer afectado por la eficacia del acto impugnado.

c) En todo caso, el juicio de ponderación que al efecto el órgano jurisdiccional ha de realizar ha de atender a las circunstancias particulares de cada situación, y exige una motivación acorde con el proceso lógico efectuado para justificar la adopción o no de la medida cautelar solicitada". Irreversibilidad y grave afectación al interés general o de tercero afectado han de integrarse armónicamente para que prospere la medida cautelar.

He aquí, pues, un diseño acabado del sistema cautelar del derecho español en el orden contencioso administrativo. Ahora corresponde, una vez establecido el contorno jurídico de la institución, analizar algunos elementos que ayuden a entender este completo sistema que el Tribunal Supremo español ha caracterizado con rigor y precisión.

II. EJECUTIVIDAD DEL ACTO Y TUTELA JUDICIAL EFECTIVA: DE LA LEY DE 1956 A LA DE 1998

Como es sabido, la Ley Jurisdiccional de 1956, en consonancia con el momento y las circunstancias históricas que presidieron su nacimiento, partía de una consideración general del efecto no suspensivo de la interposición de recursos en vía judicial contenciosa, contra actos o disposiciones administrativas. Frente a este principio, se contemplaba la sola excepción de que la ejecución de actos o normas pudieran causar perjuicios de reparación imposible o difícil, en cuyo caso el Tribunal, a instancia del interesado, podría acordar la suspensión. Este es, en esencia, el contenido del viejo artículo 122 de la ley jurisdiccional de 27 de diciembre de 1.956, cuya exposición de motivos se situaba, sin embargo, un paso más allá de la propia regulación que interpretaba, al señalar que, a la hora de declarar la suspensión, se deberá ponderar en qué medida el interés público la exige. De igual modo, en relación con la dificultad de la reparación, dicha exposición de motivos afirmaba que no cabía excluirla, sin más, por el hecho de que el daño fuese evaluable económicamente. Es decir, el legislador tenía claro que los intereses en juego, especialmente el público, debían modular el régimen demasiado estricto del presupuesto de la irreparabilidad o difícil reparación.

Desde este punto de partida -que, como hemos visto, apuntaba en su propio nacimiento, unas interesantes posibilidades interpretativas-se edifica la construcción doctrinal y jurisprudencial sobre las medidas cautelares en general y la suspensión en particular que, tiene, en su evolución, un antes y un después de la Constitución de 1.978.

En efecto, podemos, en primer lugar, identificar un progresivo debilitamiento del requisito de la imposible o difícil reparación de los daños, como elemento central del sistema, que parte, como hemos señalado, de la propia ley jurisdiccional de 1956. Del carácter vertebrador de este requisito de la dificultad de la reparación se ha señalado, con acierto, que desviaba la atención hacia un problema que no era el fundamental, ya que lo realmente decisivo es la protección de los bienes jurídicos en presencia en el caso concreto, mediante una solución de justicia material.

Se ha querido, también, buscar la causa de esta interpretación exclusivamente centrada en la dificultad o imposibilidad de reparación en la propia -e inadecuada- redacción del párrafo 2º del artículo 122 de la ley de 1956 y en el paralelo desconocimiento del contenido de la exposición de motivos, a cuyas posibilidades interpretativas ya hemos aludido y que, ciertamente, sólo al final de la vida de esta ley se le supo sacar toda la virtualidad que encerraba.

Pues bien, sobre estos presupuestos, la jurisprudencia se situó, en el momento inicial de la aplicación de la Ley de 1956, en una posición marcadamente favorable a la preeminencia del principio de ejecutividad de los actos, denegando prácticamente como regla toda suspensión cuyo posible daño fuera evaluable económicamente, desoyendo, por otra parte, la propia exposición de motivos de la ley.

Ahora bien, esta posición inicial fue progresivamente matizada al socaire de la realidad constitucional que, a partir de 1.978, marcó una consideración nueva de las medidas cautelares y, entre ellas, de la suspensión, al entrar en relación ejecutividad y ejecutoriedad de la actuación administrativa con las exigencias derivadas del derecho a la tutela judicial efectiva. Es, ésta, una de las consecuencias de la proyección de un orden jurídico nuevo sobre unos cimientos viejos que precisaban de una tarea a fondo de remozamiento, rehabilitación y reconstrucción.

Efectivamente, el criterio de la reparación económica -y de su presupuesto: la evaluación de los daños- no podía ser considerado de manera absoluta, más bien requería de una solución valorativa caso por caso. A partir de aquí, la jurisprudencia entendió que el precepto del artículo 122 de la Jurisdicción de 1956 encerraba un concepto jurídico indeterminado, necesitado de ser traducido conforme al conjunto de circunstancias concurrentes en cada supuesto concreto. Casuismo que, unido a la citada, aunque tardía incorporación del texto de la exposición de motivos de la Ley de 1956 como elemento hermenéutico de primer orden, invitaba claramente a valorar los intereses implicados para decidir otorgar o no la suspensión. Tarea de ponderación que, sin embargo y como ya hemos advertido, es uno de los criterios determinantes que la Ley de 1998 establece para la procedencia o no de la medida cautelar.

El Tribunal Supremo español ha tenido ocasión de llamar la atención sobre la necesidad de obrar en este tema de acuerdo con el caso concreto, recogiendo una vieja jurisprudencia que más que negar la virtualidad de los principios, los fortalece puesto que el caso concreto ha de ser analizado jurídicamente en el marco de la legalidad y de los principios generales del Derecho. Al casuismo en materia de medidas cautelares se han referido, por ejemplo, las sentencias del Tribunal Supremo de 13 de junio de 2007, de 21 de junio de 2006 o de 21 de marzo, puesto que la proyección de los criterios que establece la ley de 1998 para pronunciarse si procede o no la medida cautelar de que se trate ha de hacerse en el caso concreto y éste, la realidad, en muchas ocasiones revela o no la propia aplicación de los principios o criterios previstos en la ley. Casuismo integrado en los principios y, por supuestos, principios aplicados a la realidad.

A partir de la Constitución de 1978 el criterio de la irreparabilidad de los daños deja de ser, al menos en apariencia, el eje sobre el que pivota la suspensión de la ejecución del acto recurrido, entonces la única medida cautelar prevista en la ley. La necesidad de la solución justa en cada caso trajo como lógica consecuencia la necesidad de ponderar los intereses en conflicto, teniendo muy en cuenta la incidencia del interés público. Y, en este punto, la combinación del criterio de los daños y la incidencia del interés público fue calificada por el Tribunal Supremo de "*interpretación auténtica*" del artículo 122 de la Ley de 1956, abriendo las puertas a la nueva regulación que hoy contempla el Derecho vigente.

Una nueva nota vino a completar este debate. En efecto, en el mismo sentido de la ponderación de intereses se pronunció la regulación del procedimiento de amparo constitucional en la Ley Orgánica del Tribunal Constitucional, que estableció que, en materia de suspensión en esta vía, la Sala suspenderá el acto cuando la ejecución hubiere de ocasionar un perjuicio que haría perder al amparo su finalidad y, a sensu contrario, podrá denegarse la suspensión solo cuando de ésta pueda seguirse perturbación grave de los intereses generales. Regulación, insisto, que hasta literalmente recoge el legislador de 1998.

Poco a poco, pues, como fruto de la labor del Tribunal Supremo basada en la cantidad y la calidad de sus autos relativos a la posibilidad de suspender actos recurridos, fue viendo la luz una nueva interpretación del artículo 122 de la Ley de 1956 en la que el criterio de la irreparabilidad o difícil reparación, fue, sustituido por la concepción de la "*irreversibilidad*" -que permite una más amplia tutela judicial- adquiriendo la ponderación del interés público en presencia, a partir de la consideración de lo expuesto en la exposición de motivos de la Ley Jurisdiccional de 1956, un notable protagonismo. Hoy, la jurisprudencia más reciente entiende que el presupuesto fundamental que habilita la adopción de la medida cautelar es precisamente que el recurso pierda su finalidad legítima, lo que acontece de ordinario cuando se consuman situaciones "*irreversibles*" (sentencias de 27 de julio de 2005, de 8 de julio de 2005, ambas del Tribunal Supremo). Situaciones, insisto, como también reconoce la jurisprudencia del Tribunal Supremo, que han de integrarse en el marco de la ponderación de los intereses en conflicto, especialmente en relación con la incidencia de la medida cautelar en el siempre relevante interés público.

Realmente, si la ejecutividad se fundamenta en razones de interés público, no parece muy aventurado pensar que la suspensión, o la medida cautelar de que se trate, pueda jugar cuando no haya interés público grave en la ejecución del acto o norma. Sabemos que el conflicto de intereses es frecuente en estos casos. Pero sabemos, también, que los principios constitucionales concretados en la "*vis expansiva*" de las libertades públicas y los derechos fundamentales deben abrirnos las puertas de la solución. La reciente jurisprudencia también se ha ocupado de este tema, por ejemplo, en las sentencias de 7 de noviembre de 2007, de 21 de junio de 2006 o de 18 de mayo de 2004.

No debe, sin embargo, asimilarse un progresivo aumento de la operatividad de las medidas cautelares con un paulatino debilitamiento de la ejecutividad. Más bien, por situar la polémica en los que entiendo son sus justos términos, es menester señalar la necesidad de integrar la ejecutividad en el marco constitucional en que discurre la Administración Pública. La ejecutividad debe, por tanto, entenderse precisamente en clave constitucional. Y, en esta línea, lo relevante es, como queda señalado, que el enjuiciamiento de dicha ejecutividad garantice la tutela cautelar que la Constitución hace nacer del principio del artículo 24.1 de nuestra Carta Magna.

En este sentido sí me parece interesante citar la sentencia del Tribunal Supremo de 15 de junio de 1987, según la cual, la potestad ejecutoria de la Administración, legalmente reconocida, no puede considerarse, en modo alguno, como opuesta la Constitución, sino, muy al contrario, como desarrollo necesario del principio de «*eficacia con sometimiento pleno a la Ley y al Derecho*» que proclama el art. 103 de la Carta Magna. Ahora bien, que esto sea así, no quiere decir, ni mucho menos, que la tutela cautelar introduzca fuertes límites a la posición institucional de una Administración que ya no dispone de la ejecutividad. Más bien, de lo que se trata es de situar a la ejecutividad en el marco de la Constitución, tarea que reclama seriamente evitar que tal propiedad de los actos administrativos produzca situaciones de indefensión, situaciones prohibidas por la Carta Magna. Es decir, lo que a mi juicio no es compatible con la Constitución es una versión radical, absoluta, del privilegio de autotutela. La autotutela constituye un poder público que debe operarse en el marco de la Constitución, lo que quiere decir que también la tutela judicial efectiva, la interdicción de la arbitrariedad y la prohibición de la indefensión deben integrarse como elementos del ejercicio de dicha potestad.

A partir de aquí, y a pesar de que en la Ley Orgánica del Tribunal Constitucional o en la ley de protección jurisdiccional de los derechos fundamentales de 1978 se haya invertido la regla general de la no suspensión como efecto de la interposición del recurso, no debe deducirse que la suspensión deba ser la regla general ya que esta regulación no es más que la consecuencia de que, en determinados presupuestos -protección de libertades públicas hasta 1998 o sanciones administrativas- el Derecho se ajusta a la propia realidad y naturaleza de las cosas. Hoy, con la ley jurisdiccional de 1998 en la mano, como ya he señalado, el régimen de las medidas cautelares en los supuestos del procedimiento especial en materia de derechos fundamentales son las ordinarias, habiéndose terminado, desafortunadamente el régimen de la suspensión como regla salvo que se acredite el perjuicio grave al interés público. Aquí ha prevalecido el funcionalismo sobre la centralidad de los derechos fundamentales, ha prevalecido un exceso de realismo sobre la fuerza jurídica que deben tener los derechos fundamentales de las personas.

Como punto final a la construcción jurisprudencial que venimos describiendo, debemos situar el juego de la interrelación entre la ejecutividad y la tutela judicial efectiva del artículo 24 de la Constitución. Frente a quienes vieron en esta relación la necesidad de interpretar de modo distinto -cuando no de vaciar completamente de contenido- la regulación de la ley jurisdiccional de 1956, parece afirmarse una postura más razonable y equilibrada, según la cual, la protección de los derechos fundamentales -en especial del derecho a la tutela judicial efectiva- se satisface haciendo que la ejecutividad de los actos administrativos pueda ser sometida a la decisión de un Tribunal y que éste, con la información y los instrumentos propios del principio de contradicción, resuelva en Derecho.

Sin ánimo de realizar una exposición exhaustiva de la evolución jurisprudencial bien difundida y conocida en esta materia, sí quisiera llamar la atención sobre algunas resoluciones judiciales que ilustran la evolución que hasta aquí hemos comentado, trabajando en este caso también con la interesante y evolutiva jurisprudencia del Tribunal Supremo.

Efectivamente, la jurisprudencia ha sido la responsable de incorporar una nueva aproximación de las medidas cautelares, antes de 1998 la suspensión, mediante la cual éstas, o ésta según el tiempo en que nos situemos, dejó de ser un mero mecanismo excepcional, para convertirse en una pieza central del sistema de garantías consagrado en la Constitución, tal y como, por ejemplo, ya lo sabemos, ha registrado la exposición de motivos de la ley jurisdiccional de 1998. El nuevo camino no es ya la protección radical del interés público, sino la lógica constitucional de garantizar la plena eficacia de la decisión judicial sobre el conflicto, que deriva del derecho a la tutela judicial efectiva en relación con las exigencias ponderadas de la ejecución del acto en su conexión con el propio interés general

En esta línea, el auto del Supremo de 2 de noviembre de 1993, califica de provisionalísimas las medidas que adopta (comunicación telemática a la Administración de que se abstenga de adoptar medida alguna en tanto no recaiga resolución sobre la suspensión solicitada) que, evidentemente, no tienen su base en la regulación de la Ley de 1956, si no en otras normas (este caso en la Ley de Enjuiciamiento Civil, que el auto entiende supletoria). El auto realiza una sutil distinción entre la suspensión de la eficacia del acto recurrido y la demora de su materialización, impuesta por el Tribunal sobre la base de la necesidad de garantizar el derecho fundamental a la tutela judicial efectiva. Este pronunciamiento no puede hoy considerarse como doctrina extendida en sede judicial. Es más, continuaron siendo mayoría los autos en los que el Tribunal Supremo se "*ceñía*" a la letra de la Ley de 1.956, para interpretar la necesidad de suspender la eficacia de los actos recurridos.

Hoy, tras la redacción del artículo 135 de la ley de 1998, las medidas provisionalísimas tienen especial relevancia cuando la naturaleza del caso lo permita.

La suspensión ha sido tradicionalmente, como hemos indicado, la única medida cautelar regulada en la Ley de la Jurisdicción contencioso-administrativa de 1956, respondiendo a una necesidad actual por alejar el temor o peligro de un daño futuro, lo que hace aconsejable mantener el estado o situación que tienen las personas, cosas o derechos en el momento en que se solicita la medida, en el que no puede decidirse si el derecho esgrimido existe, y por ello si el sujeto activo lo ostenta frente al sujeto pasivo. Mientras tanto, los ciudadanos tienen derecho a que se respete su situación actual, porque han solicitado la tutela de los Jueces y Tribunales, ejercitando un derecho proclamado en la Constitución (artículo 24), tutela que no solamente ha de entenderse referida a una sentencia fundada que ponga fin al proceso, sino también ha de ser interpretada en el sentido de obtener una tutela cautelar, que se eleva así la condición de derecho.

III. CARACTERIZACIÓN DE LAS MEDIDAS CAUTELARES

Las medidas cautelares, como es sabido, presentan una serie de caracteres que suscitan el consenso doctrinal y entre las que pueden citarse las siguientes: instrumentalidad, homogeneidad, temporalidad y provisionalidad, variabilidad y jurisdiccionabilidad.

La instrumentalidad se refiere a que las medidas cautelares son únicamente concebibles en virtud de la interposición de un recurso contencioso-administrativo, recurso que ha dado lugar al proceso y al hecho de que lo que se persigue es el mantenimiento de la situación inicial; es decir lo que el particular pretende es que las cosas vuelvan a su estado originario. Esta instrumentalidad aparece reconocida en el artículo 129 de la nueva Ley, del que se infiere que las medidas cautelares dependen siempre del proceso principal, como lo subraya el hecho de que es competente para conocer de la pretensión el mismo órgano que conozca del proceso principal y asimismo se da identidad de partes con el proceso principal. Asimismo, la medida cautelar es instrumento de la resolución definitiva, teniendo por finalidad permitir su ejecución y estando subordinada a ella. Como ha señalado el Tribunal Constitucional en la Sentencia 148/1993 "*el incidente cautelar entraña un juicio de cognición limitada en el que el órgano judicial no debe pronunciarse sobre las cuestiones que corresponde resolver en el proceso principal*".

Al respecto de la homogeneidad, se puede señalar que las medidas que anticipen en parte o provisionalmente efectos de la sentencia responden a la función de asegurar la efectividad de la misma; lo que supone algo más que asegurar la ejecución, dado que implica también proteger aquélla frente a riesgos que impidan que sus efectos se desarrollen en condiciones de plena utilidad para el que sea reconocido como titular del derecho. Aquí aparece la cuestión relativa a si la medida cautelar supone un test previo de la legalidad del acto o norma; cuestión que debe rechazarse por ser contraria, dicha posibilidad, a la naturaleza jurídica de la medida cautelar. En este sentido, la jurisprudencia del Tribunal Supremo español es bien clara tal y como, por ejemplo, podemos deducir de las sentencias de 7 de noviembre de 2007 o de 18 de mayo de 2004. En esta última resolución judicial se afirma con toda claridad que si la medida cautelar anticipa el fallo sobre el fondo se desnaturaliza su función propia, suponiendo una extralimitación del contenido propio de la medida cautelar.

La provisionalidad hace referencia al carácter no definitivo de las medidas cautelares, pues éstas desaparecen, perdiendo toda su eficacia, cuando faltan los presupuestos que originaron su adopción, y en todo caso cuando finaliza el proceso principal. La nota de la provisionalidad se entiende bien si se conecta con la finalidad de las medidas cautelares; si lo que se trata de proteger y tutelar mediante la adopción de tales medidas es la efectividad de una ulterior sentencia, lógico es que las mismas tengan una vigencia limitada en el tiempo, concretamente aquella en la que dicha sentencia tarde en obtenerse.

Esta provisionalidad aparece muy claramente en dos casos: las medidas "*inaudita parte debitoris*" del artículo 135 de la vigente ley y en los supuestos de impugnación de inactividades administrativas o de actuaciones materiales constitutivas de vía de hecho que el artículo 136.2 de la ley de 1998 permite solicitar antes de la interposición del recurso para evitar la producción de daños irreversibles que harían que la medida perdiese su finalidad de instarse una vez iniciado el proceso. En los casos de las medidas provisionalísimas, la clave reside en acreditar la existencia de causa objetiva de urgencia para proceder de acuerdo con este excepcional régimen. Y, en los supuestos de inactividad, ha de justificarse suficientemente que la posición jurídica de inactividad en verdad ocasiona situaciones irreversibles y contrarias al interés general.

Con la nota de la variabilidad se quiere indicar que la permanencia o modificación de la medida cautelar esta siempre condicionada al mantenimiento de los presupuestos que justificaron su adopción.

La medida cautelar podrá ser reformada, si se producen modificaciones en el estado de los hechos respecto de los cuales la medida fue adoptada, y en el supuesto en el que no fuera otorgada cuando se solicitó, se podrá volver a pedir siempre que se haya producido un cambio de las circunstancias anteriores.

Esto es lo que establece el artículo 132.1 de la nueva Ley, el cual partiendo de la cláusula "*rebus sic stantibus*" afirma que las medidas cautelares podrán ser modificadas o revocadas durante el curso del procedimiento si cambiaran las circunstancias en virtud de las cuales se hayan adoptado. Como ha señalado el auto del Tribunal Superior de Justicia de Cantabria, es menester, para que proceda la modificación de la medida, acreditar que se ha producido un verdadero cambio de situaciones fácticas o una situación sobrevenida a la existente al dictar la pertinente medida cautelar.

Esta manifestación de la "*potestas variandi*" de la Administración pública, se basa en una alteración del equilibrio de intereses en el que se fundamenta la adopción de la medida o en la propia desaparición sobrevenida de la necesidad de su existencia para garantizar la decisión final del proceso. Ahora bien, esta "*potestas variandi*" está sometida a las limitaciones establecidas en el artículo 132.2 de la Ley, ya que las medidas no podrán modificarse o revocarse en función de los distintos avances que se vayan haciendo durante el proceso respecto al análisis de la cuestión litigiosa, ni tampoco en razón de la modificación de los criterios de valoración que el órgano jurisdiccional aplicó a los hechos al decidir el incidente cautelar.

Estas dos excepciones pretenden evitar que la modificación de la medida pueda parecer que se trata de una pura decisión subjetiva completamente desvinculada de la aparición de nuevas circunstancias que deberán ser alegadas por las partes. En definitiva, las medidas cautelares no producen el efecto de cosa juzgada y son, por ello, modificables siempre que se produzca una variación de las circunstancias de hecho.

En cuanto a la jurisdiccionalidad, puede señalarse que está implícita en las notas anteriores puesto que significa que la adopción de la suspensión compete al órgano jurisdiccional que este conociendo el proceso principal ya que, según dispone el artículo 117.3 de la Constitución española de 1978, solo a los órganos jurisdiccionales les corresponde el juzgar y hacer ejecutar lo juzgado.

La nueva Ley, pues, pone de manifiesto el insuficiente tratamiento que las medidas cautelares recibían en la anterior regulación, regulación que fue ampliamente desbordada por la jurisprudencia y la práctica procesales, tal y como hemos señalado anteriormente

La Ley jurisdiccional de 1998 actualiza la regulación anterior en cuestiones tales como el establecimiento de una regulación común a todas ellas, cualquiera que sea su naturaleza o la ampliación de los tipos de medidas posibles.

La Ley opta así por una cláusula abierta que permita adoptar en cada caso concreto la medida que sea idónea para cumplir su función de garantía de la efectividad de la tutela judicial que se solicita. La Ley ha seguido así el criterio del artículo 1428 de la Ley de Enjuiciamiento Civil, reconociendo un genérico derecho a solicitar cualquier medida cautelar y no establece límites de ninguna clase ni en cuanto al tipo de medida que puede solicitarse y adoptarse ni en cuanto a los supuestos de hecho frente a los que procede su adopción ni tampoco en cuanto a los efectos que estas medidas puedan tener, optando por un régimen de gran flexibilidad, con dos únicos límites en los artículos 130.2 y 133.1, a los que me referiré posteriormente.

En efecto, el Tribunal Supremo en sentencia de 21 de octubre de 2003 ha señalado que "*el carácter innominado de las medidas cautelares autorizadas por la ley 29/1998 permite que puedan adoptarse cualesquiera disposiciones de orden cautelar que sean proporcionadamente adecuadas al fin de garantizar la eficacia de la sentencia dictada (artículo 129.1), aun cuando no se trate de la suspensión de la ejecutividad del acto impugnado*". Además, la referencia genérica de la Ley, sigue diciendo el Supremo, debe entenderse también como una remisión a las leyes que contemplan medidas específicas, en cuanto puedan considerarse expresión de los criterios de "*periculum in mora y fumus boni iuris*".

En este sentido, la innominatividad de las medidas cautelares resulta ser muy importante para el administrado, acorde con el artículo 24 de la Constitución y en consonancia con una concepción del orden jurisdiccional contencioso-administrativo cada vez menos revisor y más tendente a conocer del conjunto de pretensiones que puedan suscitarse frente a la actuación u omisión de la Administración. La jurisdicción contencioso – administrativa ha pasado de ser sólo revisora de un acto previo a centrarse en la protección jurídica de los derechos en juego, haya acto o haya omisión de la Administración pública.

Así, entre las medidas anteriormente no previstas y que ahora quedarían cubiertas con la nueva regulación, pueden citarse las condenas cautelares de hacer o no hacer, las medidas consistentes en la provisión anticipada de una deuda en caso de negativa injustificada de la Administración o la anotación preventiva de demanda sobre bienes inmuebles en materias urbanísticas.

Es interesante tener en cuenta la argumentación esgrimida por el Tribunal Supremo en sentencia de 30 de junio de 2014 para acceder a una cautelar positiva, escolarizar en castellano a un alumno en Cataluña, a partir del *fumus boni iuris*: "*La necesidad del proceso para obtener la razón no debe convertirse en un daño para el que tiene la razón". Este principio, que resume la doctrina del " fumus boni iuris ", y que se enuncia desde la conocida Sentencia Factortame del Tribunal de Justicia de Luxemburgo, de 19 de junio de 1990, que asume este Tribunal Supremo, desde el Auto de esta Sala de 20 de diciembre de 1990, tiene cabal aplicación en este caso, en el que se acude al proceso para que se reitere lo que ya han acordado los Tribunales en asuntos idénticos anteriores. Es decir, para que se aplique al caso concreto una jurisprudencia ya consolidada y uniforme nacida para casos iguales al examinado. Y si bien es cierto que la Ley de la jurisdicción no hace expresa referencia al criterio del " fumus bonis iuris ", sin embargo, la jurisprudencia ha limitado su aplicación, al amparo del artículo 728 de la Ley de Enjuiciamiento Civil, supletoria en esta jurisdicción según la disposición final primera de la Ley de la Jurisdicción, a los supuestos más evidentes como la nulidad plena declarada por sentencia anterior, o como la existencia de un criterio uniforme y reiterado al respecto. Tal como venimos declarando que sucede en el caso examinado. Precisamente esa reiteración de pronunciamientos judiciales en el mismo sentido determina que ahora apliquemos esa doctrina consolidada, por razones de seguridad jurídica (artículo 9.3 de la Constitución) e igualdad en la aplicación de la ley (artículo 14 de la Constitución). Esta misma circunstancia nos impide, igualmente, considerar que el contenido del auto recurrido sea impropio o inadecuado para una resolución sobre medidas cautelares. Teniendo en cuenta que se trata de la adopción de medidas de carácter positivo basadas en la apariencia de buen derecho, atendida la redundancia de pronunciamientos judiciales iguales.*"

IV. REFLEXIÓN CONCLUSIVA

La exposición de motivos de la Ley española de 1998 destaca, como hemos señalado, la atención que la norma presta a las medidas cautelares ampliando su tipología anteriormente limitada únicamente a la suspensión. Por ello, la Ley parte de una regulación análoga a todas las medidas cautelares con independencia de cuál sea su naturaleza con el criterio de adopción de que la ejecución del acto o de la aplicación de la disposición puedan hacer perder su finalidad al recurso, pero siempre sobre la base de la ponderación suficientemente motivada de todos los intereses en conflicto. Por ello, como señala la exposición de motivos, la suspensión ya no puede ser la única medida cautelar posible por lo que es el Juez o Tribunal el que debe valorar la adopción de las que, según las circunstancias, fuesen necesarias.

Como corolario de todo lo afirmado hasta aquí, podemos afirmar que el texto de la nueva Ley Reguladora de la Jurisdicción Contencioso-Administrativa es un serio intento de encontrar un equilibrio -siempre dinámico entre la ejecutividad de la actuación administrativa y el respecto a los derechos de los ciudadanos. Para ello, se pone en manos de los jueces un instrumento -la aplicación de medidas cautelares- enmarcado en sus propias facultades para paralizar cautelarmente la actuación administrativa en función de la ponderación de los intereses -todos ellos, públicos y privados- en presencia.

En España, la incidencia de la Constitución sobre el entero sistema de Derecho Administrativo ha traído consigo la necesidad de reinterpretar tantas instituciones, categorías y conceptos que bien se puede decir que el nuevo Derecho Administrativo Español debe ser construido desde la luz constitucional y en el marco de los postulados del pensamiento abierto, plural, dinámico y complementario, posición metodológica que nos lleva a superar " *aprioris*" o "*prejuicios*" sin sentido y a colocar, con valentía y decisión, a la persona en el centro de este nuevo edificio jurídico.

LAS RIESGOS IMPREVISTOS EN LA EJECUCIÓN DE LOS CONTRATOS ADMINISTRATIVOS

JUAN ANTONIO HERNÁNDEZ CORCHETE*

SUMARIO

1. Introducción. 2. El pretendido ocaso de las prerrogativas en la ejecución de los contratos administrativos. 2.1. La ejecución de los contratos administrativos se caracteriza por la presencia de prerrogativas. 2.2. La prerrogativa de modificación de los contratos administrativos; 2.3. La incidencia del Derecho de la Unión Europa en la ejecución de los contratos administrativos; 2.4. La doctrina especializada sostiene el ocaso de las prerrogativas en los contratos administrativos. 2.5. Valoración crítica de esa posición doctrinal. 3. El declive del *ius variandi.* 3.1. El criterio clásico en Derecho español. 3.2. La doctrina jurisprudencial del TJUE 3.3. La adaptación del Derecho español a esa doctrina en la LCSP 2007. 3.4. La Directiva 2014/24/CE y su acogida literal en la Ley 9/2017, de Contratos del Sector Público. 4. Los contratos administrativos se ejecutan a riesgo y ventura del contratista. 5. La equivalencia de las prestaciones. Su sentido como límite del principio de riesgo y ventura y su naturaleza de responsabilidad contractual. 5.1. La equivalencia de las prestaciones es un principio ínsito en la idea de contrato como acuerdo de voluntades. 5.2. La ruptura de la equivalencia de las prestaciones requiere que se concrete un *aleas extraordinario* que altere la base del negocio. 5.3. Relatividad del concepto de *aleas extraordinario.* 5.4. La concreción del *aleas extraordinario* determina un supuesto de responsabilidad contractual. 5.5. La idea de contratista colaborador modula la rigidez en la exigencia del aleas extraordinario. 6. El debate doctrinal y jurisprudencial sobre los riesgos imprevistos. 6.1. Doctrina clásica y relativo olvido posterior. 6.2. Repunte en la actualidad. Razones. 7.- La fuerza mayor opera en la teoría del cumplimiento del contrato y no en la teoría de los riesgos. 8. El *factum principis.* 8.1. Diferencias con el *ius variandi;* 8.2. *Aleas* administrativo, *aleas* económico y la discutible regla de que solo constituye *factum principis* la decisión de una autoridad del mismo nivel de gobierno; 8.3. Doble régimen de responsabilidad (contractual y extracontractual) a que dan lugar las decisiones públicas externas que afectan a los contratos. 8.4. Análisis de la sentencia de Tribunal Supremo español de 16 de mayo de 2011. • Bibliografía.

* Profesor Titular de Derecho Administrativo. Universidad de Vigo. Letrado del Tribunal Constitucional.

1. INTRODUCCIÓN

Asumo con enorme interés, y no menor grado de respeto y reconocimiento, la ocasión que me brinda esta feliz iniciativa de la Academia de Ciencias Políticas y Sociales de tomar la pluma para festejar la destacada trayectoria de la Dra. Cecilia Sosa Gómez, Académica de Número de esta insigne institución. Atendiendo a que en su desempeño como jurista ha ocupado un lugar importante su labor como Magistrada y Presidente de la extinta Corte Suprema de Justicia, desde donde contribuyó de un modo notable a que el Estado de Derecho continuase siendo una realidad en Venezuela, pienso que la mejor contribución que puedo hacer a su homenaje es ofrecer una reflexión, en cualquier caso modesta, sobre el contrato administrativo, que como es sabido es en Venezuela una creación forense de la Corte Suprema de Justicia, quien introdujo ex novo esta figura en el Derecho Público venezolano a mediados del siglo XX y la configuró jurisprudencialmente en cuanto a su ámbito objetivo y las consecuencias jurídicas que conforman su régimen jurídico en las décadas siguientes, sobre todo en los años 80 y 90 mientras ella era magistrada[1].

No me corresponde, ni en todo caso estaría en condiciones de hacerlo, abordar una crítica doctrinal de esa construcción jurídica. Me remito en este momento a los trabajos de los profesores Brewer-Carías (1964 y 1992, así como los trabajos posteriores que compila, junto a los anteriores, en su libro de 2021), Badell (2001) y Muci Borjas (2015), que a la postre son igualmente Académicos de Número de esta corporación. En lo que me alcanza, son también imprescindibles para comprender la evolución en esta materia la información y los juicios que se contienen en el libro de los profesores Ortiz-Álvarez y Mascetti (1999) y en los estudios monográficos de los profesores Iribarren (2005), Subero (2007) y Hernández González (2009).

Lo que entiendo que sí puede revestir algún interés es señalar las tendencias vigentes en el Derecho Público español sobre la figura del

---

1 Esta configuración jurisprudencial se desarrolla a partir del fallo de la Corte Suprema de Justicia en el asunto "*ACCIÓN COMERCIAL*", recaído en el año 1983 y cuya ponencia corrió a cargo de Luis H. Farías Mata, quien también tuvo una vínculo estrecha con la Academia de Ciencias Políticas y Sociales.

contrato administrativo, en la medida que, por la cercanía de ambos sistemas en punto al régimen jurídico de la actividad de las Administraciones Públicas, pueda en cierto modo coadyuvar a que continúe el diálogo doctrinal. Me ocuparé, en consecuencia, (a) de la mayor o menor vigencia de las prerrogativas administrativas (o cláusulas exorbitantes del derecho privado), (b) de la modulación que afecta al *ius variandi* y que le resta aptitud como remedio en los casos de riesgos imprevistos y, en fin, (c) del debate doctrinal sobre la reacción jurídica frente a la concurrencia de estas circunstancias imprevistas, con atención especial al juego que cabe atribuir a las nociones de fuerza mayor y *factum principis*.

2. EL PRETENDIDO OCASO DE LAS PRERROGATIVAS EN LA EJECUCIÓN DE LOS CONTRATOS ADMINISTRATIVOS

2.1. La ejecución del contrato administrativo se caracteriza por la presencia de prerrogativas

Los conflictos nacidos durante la ejecución de los contratos celebrados por la Administración Pública fueron atribuidos inicialmente (primera mitad del siglo XIX) a la jurisdicción administrativa. Con abstracción de si esa atribución se debió exclusiva o principalmente a razones de simple conveniencia[2], lo que ahora resulta relevante es que esta separación jurisdiccional entre los contratos en los que intervenía el Estado y los que eran estrictamente privados derivó con naturalidad en la consolidación de un conjunto de reglas propias para los contratos

2 Posada Herrera, formador y aplicador de las leyes de 1945 y 1946 que articulan el Consejo de Estado y los Consejos Provinciales, firma en septiembre de 1880 un prólogo al libro de Gallostra ("De lo contencioso-administrativo"). Sigue defendiendo una jurisdicción especial retenida. Entre otros muchos motivos, dice que "*el contencioso-administrativo, como V. sabe bien, no comprende otros negocios que los que en todos tiempos ha resuelto la Administración sin forma alguna de juicio. La noción de esta justicia es una extensión de la idea de la justicia ordinaria a derechos más imperfectos que los civiles de las personas*" y *también, esta vez expresamente en favor de "la jurisdicción retenida del monarca*", que "*Al que se detiene en la superficie [...] parecerá burla que el mismo que causó el agravio sea quien en último término decida su reparación; pero [...] a nadie debe sorprender que la publicidad y la discusión detenida y el influjo de la opinión, que por estos medios se levanta, modifiquen el juicio rápidamente formado en la oscuridad de un oficina, sin la luz del debate y sin temor de la censura*".

administrativos[3].Muchas de estas especialidades rompían en favor de la Administración contratante la posición de igualdad entre las partes que caracteriza el contrato tal como se manifiesta en el Derecho civil, por lo que se han venido en denominar prerrogativas de la Administración o cláusulas exorbitantes (del Derecho Privado, que era la regla de partida).

Esto es lo que ocurrió en España, pero también en Francia y en la mayoría de sistemas iberoamericanos, también en Venezuela a juzgar por las brillantes exposiciones de los profesores mencionados antes. Por el contrario, en otros sistemas nacionales, algunos que responden a una tradición jurídica bastante cercana (ej. Italia o Alemania), más sobre todo los de corte anglosajón, la ejecución de los contratos administrativos se gobierna por las mismas reglas que los contratos civiles[4], lo que ha abonado profundas polémicas doctrinales acerca de la cuestión del contrato administrativo[5], esto es, sobre si conviene someter la ejecución de estos contratos a normas especiales o, por el contrario, sujetarla a las generales del Derecho civil, y en el primer caso si esas reglas especiales alcanzan a conformar una figura jurídica con sustantividad propia y distinta o simplemente da lugar a modulaciones dentro del supraconcepto que es la figura contractual y que por razones históricas se ha desarrollado principalmente en el Derecho civil.

El contrato administrativo, caracterizado por la presencia de prerrogativas de la Administración, ha sobrevivido a esta polémica doctrinal[6], aunque no sin que sus partidarios discrepen acerca de si las prerrogativas administrativas derivan de un elemento objetivo ínsito en la naturaleza del contrato administrativo, pudiendo así hablar de sustanti-

---

3 Acerca de la gestación y consolidación del contrato administrativo en España, vid. R. Parada Váquez, (1963), E. García De Enterría (1963) y últimamente, J. L. Meilán Gil (2013).

4 Una descripción de los más importantes ordenamientos europeos y de los sistemas de *common law*, vid. González-Varas Ibáñez (2003) y J.L. Meilán Gil (2008).

5 Cabe resaltar la sostenida por H. Mairal ("De la peligrosidad o inutilidad de una teoría general del contrato administrativo", en *ED* 179- 655; y "El aporte de la crítica a la evolución del derecho administrativo", en *ED* 180-849) y J.C. Cassagne, ("Un intento doctrinario infructuoso: el rechazo de la figura del contrato administrativo", en *ED* 180-773; y " La delimitación de la categoría del contrato adminitrativo: réplica a un ensayo crítico"). Cassagne volvió en 2006 sobre al asunto en "Supervivencia de la figura del contrato administrativo y su categorización jurídica", en Cassagne y Rivero (Dir.), *La contratación pública*, Hammurabi, Buenos Aires, pp. 53 ss.

6 G. Ariño Ortiz (2007), p. 101.

vidad de la figura[7], o por el contrario tienen una justificación extracontractual ligada a la especial posición de la Administración pública, de la que no queda desposeída al celebrar un contrato, y que se manifiesta fundamentalmente en el privilegio de decisión previa y ejecutiva y en las distintas modalidades de su potestad expropiatoria[8].

Vale la pena insistir en este último rasgo que a menudo se omite. La Administración pública como actor singular no solo conlleva el elemento estrictamente procesal que representa el privilegio de decisión previa. Además de esta singularidad, que resulta más evidente por ser consustancial al giro administrativo, implica una segunda de cariz más sustantivo, que se manifiesta como una posibilidad o poder que la Administración pública tiene a su disposición. Me refiero a la facultad, inherente al *imperium*, de sacrificar en aras del interés público la posición de los particulares mediante la correspondiente indemnización. Esta genérica potestad expropiatoria se refleja en ocasiones en el contexto de otras instituciones, entre ellas en el contrato administrativo[9].

2.2. La prerrogativa de modificación de los contratos administrativos

En los sistemas articulados en torno a la figura del contrato administrativo la Administración contratante goza del poder de modificar unilateralmente el objeto del contrato. Se trata de una cláusula exorbitante, en la medida que, dentro de unos límites cuantitativos, el contratista deviene obligado a realizar la nueva prestación aunque no fuere su voluntad hacerlo. Dentro de esos límites se le impone como obligatorio aunque no sea lo que inicialmente pactó ni acceda a ello posteriormen-

---

7 G. Ariño Ortiz, (2007), op. cit., pp. 100 y 101. J. L. Meilán Gil (2013), afirma que "*el poder de modificación... ciertamente no es manifestación de las prerrogativas de las que dispone en general la Administración, sino una 'ilustración del papel que juega... el interés general en los contratos administrativos'*", señalando que la cita que inserta es de DE LAUBADERE.

8 S. Martín-Retortillo Baquer (1960), pp. 63 ss; E. García De Enterría, (1963), op. cit., pp. 121 a 126.

9 C. Horgué Baena (1997), p.28, argumenta que la singular posición de la Administración pública no siempre es meramente "*procesal*" (privilegio de decisión previa), sino que en ocasiones también implica "*cambios profundos en las reglas de fondo*". Cfr. también J. F. Mestre Delgado (1985).

te. Pero este desequilibrio entre las partes a que da lugar la *potestas variandi* no quiebra de manera completa y radical la fuerza de obligar del contrato como "*lex inter partes*", más que otra cosa habilita para convertir las cláusulas pactadas en su equivalente económico. En efecto, el contratista tendrá derecho a que se le abone la nueva prestación que está obligado a realizar, y además a que se le indemnice adicionalmente por los perjuicios que el cambio conlleve.

Esta característica del *ius variandi* lo ha convertido en institución propicia para reaccionar ante el surgimiento durante la ejecución del contrato de cualquier tipo de riesgo imprevisto. De este modo, en los supuestos nada infrecuentes en que en un contrato de obras aparecía una dificultad no contemplada que exigía trabajos no previstos siempre cabía modificar el contrato para añadirle unidades de obra no previstas en él, con el consiguiente abono adicional de las mismas. O cuando en una concesión aparecía algún sobrecoste que ponía en riesgo la explotación de la obra o servicio público se reequilibraba ampliando el plazo de duración y, por tanto, el tiempo en que el concesionario percibiría la prestación. La experiencia demostró que esta versatilidad del *ius variandi* de la Administración contratante era susceptible de abusos, con perjuicio indirecto para el resto de licitadores y reflejamente para el principio de libre competencia, por no mencionar que ha sido uno de los cauces por los que ha fluido con facilidad el fenómeno de la corrupción. Nada de esto, que es consecuencia de los usos perversos de la figura y no de ella en sí misma, es capaz de empañar su sentido como concepto jurídico ni su aptitud en abstracto para articular jurídicamente problemas que imprevisiblemente, más no infrecuentemente, surgen en la ejecución de los contratos administrativos

2.3. La incidencia del Derecho de la Unión Europa en la ejecución de los contratos administrativos

En este panorama doctrinal en el que las prerrogativas administrativas eran elemento central en las discusiones de los autores sobre la figura del contrato administrativo ha venido a incidir de un modo transcendental el Derecho de la Unión Europea (en adelante, DUE).

El DUE inicialmente disciplinó solo la fase previa a la adjudicación del contrato. El único fin que perseguía era imponer que los mercados públicos se abrieran a todos los licitadores europeos, con el objetivo de construir un mercado único europeo. Coherentemente con ello, las Directivas de contratación pública aprobadas por el legislador europeo en los años 70, 80 y 90 se limitaron a exigir procedimientos de adjudicación de contratos que garantizasen la libre concurrencia y la igualdad de los licitadores europeos independientemente de su nacionalidad.[10] Ahora bien, en estos años que llevan transcurridos del Siglo XXI el DUE ha extendido sus objetivos y para cumplirlos ha empezado a imponer reglas en la fase de ejecución de los contratos administrativos.

Voy a mencionar dos ejemplos. El primero tuvo su origen en la Directiva 2000/35/CE, que vino a establecer obligatoriamente unos plazos cortos para el abono de la prestación por la Administración contratante y unos intereses muy altos para el caso de que ésta incurriera en demora. La propia Directiva exponía en sus considerandos que uno de los fines de la Unión Europea era alcanzar el pleno empleo y que las pequeñas y medianas empresas proporcionaban la mayor parte de los puestos de trabajo. Proteger el empleo en tal situación exigía imponer condiciones que desincentivasen la mora en el pago por parte de la Administración, pues de lo contrario dichas pequeñas y medianas empresas suministradoras de empleo, al tener menor capacidad financiera, podrían quebrar.

El segundo ejemplo, que es el que ahora más interesa, muestra que el DUE, primero a través de la jurisprudencia del Tribunal de Justicia de la Unión Europea (en adelante, TJUE) de principios del presente Siglo XXI y luego mediante sucesivas Directivas aprobadas por el legislador europeo, se ha ido proyectando cada vez más sobre los aspectos del momento ejecutivo del contrato que pudieran defraudar los principios de libre concurrencia e igualdad de licitadores garantizados en principio a través de los procedimientos de adjudicación. Entre estas reglas europeas destaca muy singularmente que se ha reducido a la mínima expresión el poder de modificación contractual, en tanto que las nuevas condiciones que resulten de la modificación podrían haber justificado que los demás licitadores hubieran ofertado condiciones distintas[11]. En

10 En cuanto a la orientación inicial del Derecho comunitario europeo de la contratación pública, vid. J. L. Piñar Mañas (1996), y J. A. Moreno Molina (1996).

11 Vid. J. A. Hernández Corchete, *Comentario a la Ley de Contratos del Sector Público* (dir. Parejo Alfonso, L. Y Palomar Olmeda, A.), Bosch, Barcelona, 2009. pp. 2037 a 2044.

cuanto a los detalles de este declive del *ius variandi* volveré en el epígrafe 2 de este trabajo.

2.4. La doctrina especializada sostiene el ocaso de las prerrogativas en los contratos administrativos

Ante este profundo declive del *ius variandi* de la Administración contratante la doctrina especializada ha propuesto una revisión de la figura de las prerrogativas en los contratos administrativos, sosteniendo que aquellas han perdido tanta relevancia que ya no es posible explicar dicha institución contractual a partir de la presencia en ella de prerrogativas o cláusulas exorbitantes.

En este sentido Meilán Gil, en un trabajo publicado en 2016 en la Revista de Administración Pública que de un modo elocuente titula "*Las prerrogativas de la Administración en los contratos administrativos: propuesta de revisión*"[12], manifiesta que "*la Directiva europea .... invita a la revisión del acogimiento tradicional de las prerrogativas, al menos de la modificación del contrato*" y concluye su propuesta de revisión afirmando que "*la prerrogativa se corresponde a una orientación legal y doctrinal diferente a la de poner el acento en la preparación del contrato*". Su propuesta de revisión, aunque se centra en especial en el poder de modificación, se extiende también de un modo expreso a la potestad de interpretación unilateral de los contratos administrativos.

Otro profesor español muy autorizado en la materia de los contratos públicos como es Moreno Molina había ya observado unos años antes que el Derecho de la Unión Europea, a juzgar por la interpretación del mismo que el Tribunal de Justicia de la Unión Europea estaba haciendo y sobre el que se volverá más adelante, estaba determinando un muy importante declive de la presencia de la prerrogativas públicas en la fase de ejecución, al tiempo que procedía a confiar su función de garantía a los principios generales de la contratación pública que rigen en la fase de adjudicación del contrato[13].

---

12 J. L. Meilán Gil, (2013), pp. 27 y 38.

13 J. A. Moreno Molina, (2010), pp. 1525 ss.

2.5. Valoración crítica de esa posición doctrinal

La indicada apreciación de la doctrina española más autorizada acerca del ocaso de las prerrogativas tal y como se han conocido hasta ahora, a pesar de acertar a mostrar la evolución del Derecho de la contratación pública en el Unión Europea, merece ser convenientemente contextualizada. Si el fin público que se trata de asegurar con las reglas que rigen la ejecución de los contratos administrativos es la mejor realización de la prestación pactada y su más rápida puesta a disposición de la Administración o de los ciudadanos, según fuese el concreto interés público que se persiga por medio del contrato, hay necesariamente que reconocer que el ordenamiento sigue confiando en las prerrogativas de la Administración como el mecanismo adecuado al efecto. No cabe afirmar, en mi opinión, que los principios generales de la contratación de raigambre europea permitan lograr esta finalidad pública del mismo modo que lo hacen las prerrogativas.

Lo que sucede es que la legislación europea, que goza de la posición que le confiere el principio de primacía, opta por privilegiar fines públicos distintos al mencionado. En su perspectiva se posterga la mejor realización de la prestación que reviste interés público en beneficio de otras manifestaciones del interés general, como la apertura de los mercados públicos, la competencia como medio para obtener la mejor oferta y la mayor igualdad de los licitadores. En la misma medida que estos otros fines públicos desplazan el interés general que implica obtener la prestación contratada y ponerla al servicio de sus destinatarios, las prerrogativas administrativas pierden virtualidad y son postergadas en aras a la mayor eficacia de los denominados principios generales de la contratación.

Entiendo, en conclusión, que el Derecho español de la contratación administrativa continúa reposando en las prerrogativas administrativas como medio para asegurar la mejor realización de la prestación que se pactó en función del logro de un cierto interés general, pero al mismo tiempo restringe este planteamiento en lo que sea necesario para conseguir los fines, distintos y preferentes, seleccionados por el legislador europeo. En aquello que tales finalidades superpuestas no lo requieran expresamente, las prerrogativas de la Administración siguen siendo aplicables, pues es la técnica escogida por el ordenamiento español para asegurar la realización de la prestación acordada con el contratista, que es el fin prevalente en la fase de ejecución del contrato[14].

3. EL DECLIVE DEL *IUS VARIANDI*

En Derecho español, como en todos los demás sistemas nacionales que admiten la figura del contrato administrativo, ha sido tradicional que la Administración pública contratante disfrutara del poder de modificar unilateralmente los contratos en que intervenía. Este poder, como ocurre con todos y cada uno de los que el ordenamiento jurídico atribuye a las Administraciones Públicas, no era susceptible de ser ejecutado al puro y entero arbitrio del órgano contratante, sino que procedía únicamente cuando el interés público, en forma de necesidades públicas nuevas o causas imprevistas, así lo requiriese. Esta situación permaneció inalterada durante décadas y la hallamos presente incluso en el artículo 101 del Real Decreto Legislativo 2/2000, de 16 de junio, por el que se aprueba el texto refundido de la Ley de Contratos de las Administraciones Públicas, pero cambió sustancialmente en la de Ley 30/2007, de contratos del sector público (en adelante, LCSP 2007), cuyo objetivo declarado fue incorporar la doctrina jurisprudencial del TJUE. El legislador europeo, a través de la Directiva 2014/24/CE, ha intervenido para suavizar las radicales exigencias que derivaban de la jurisprudencia del TJUE, pero aun así el espacio que abre al *ius variandi* es extraordinariamente limitado.

3.1. El criterio clásico en Derecho español

El Real Decreto Legislativo 2/2000, de 16 de junio, adoptando en este punto el mismo criterio que las normas que le precedieron[15], disponía en su art. 101 que "*Una vez perfeccionado el contrato, el órgano de contratación sólo podrá introducir modificaciones por razón de interés*

[14] Sobre esta relación entre fines públicos que se proponen como prioritarios y regulación del contrato público, vid. J.A. Hernández Corchete, (2018).

[15] Por ejemplo, ya el art. 149 RGCE 1975 decía que "*la Administración solo podrá acodar modificaciones en el proyecto de obras cuando sean consecuencia de necesidades nuevas o de causas técnicas imprevistas al tiempo de elaborar el proyecto, cuyas circunstancias deberán quedar debidamente justificadas*".

público en los elementos que lo integran, siempre que sean debidas a necesidades nuevas o causas imprevistas, justificándolo debidamente en el expediente".

3.2. La doctrina jurisprudencial del TJUE

Este planteamiento fue arrumbado por completo cuando la STJUE de 29 de abril de 2004, asunto C-496/99 P (Comisión contra Succhi di Fruta), sentó que el principio de igualdad de trato entre los licitadores tiene como ámbito de aplicación tanto la fase de selección y adjudicación del contrato como la fase de ejecución del mismo. Afirmó, en un intento de proteger a ultranza la igualdad de trato de los licitadores, aun cuando ello llevara consigo desatender cualesquiera otros fines públicos relevantes, que contradecía dicho principio de igualdad cualquier modificación que se introdujese durante la ejecución del contrato y que no estuviese anunciada como posible en los pliegos que rigieron la adjudicación.

Las circunstancias del caso, que son muy relevantes para comprender plenamente el sentido de la doctrina jurisprudencial sentada, fueron las siguientes. En 1996, la Comisión Europea convocó una licitación para el suministro de zumos de fruta destinados a ser enviados como ayuda al Cáucaso. En lugar de un pago en metálico, el adjudicatario debía ser retribuido con manzanas –procedentes de las existencias de intervención y retiradas del mercado–, por lo que los licitadores debían indicar la cantidad de manzanas que exigían como retribución. La demandante no obtuvo la adjudicación, ni presentó un recurso contra ella. Tras adjudicarse la licitación a otras empresas, la Comisión Europea [motivada por la insuficiencia sobrevenida de manzanas en los almacenes de intervención] comunicó a los servicios de intervención que, en lugar de manzanas, también podrían retirarse melocotones, una disposición que posteriormente se extendió también a otras variedades de frutas, fijándose asimismo coeficientes de equivalencia en peso entre las distintas variedades de fruta [por referencia a acontecimientos ocurridos con posterioridad a la adjudicación, en concreto al nivel de precios en el mercado a mediados de agosto de 1996]. Estos coeficientes de equivalencia fueron modificados mediante una nueva Decisión de la Comisión, que fue la primera que la demandante impugnó por vía jurisdiccional. El Tribunal de Primera Instancia (en la actualidad se denomina Tribunal General) estimó el recurso de anulación, en contra de lo cual la Comisión Europea, como parte demandada, interpuso el presente recurso de casación.

El Tribunal de Luxemburgo, al resolver este asunto en la sentencia ya indicada de 29 de abril de 2004, dijo, entre otras cosas, las siguientes[16]: a) corresponde a la Comisión, en su condición de entidad adjudicadora, cumplir estrictamente los criterios que ella misma ha establecido, no sólo durante el procedimiento de licitación propiamente dicho, que tiene por objeto la evaluación de las ofertas y la selección del adjudicatario, sino, más en general, *hasta la finalización de la fase de ejecución del contrato* de que se trata; b) la entidad adjudicadora tampoco está autorizada a alterar el sistema general de la licitación modificando unilateralmente más tarde una de sus *condiciones esenciales* y, en particular, una estipulación que, si hubiese figurado en el anuncio de licitación, *habría permitido a los licitadores presentar una oferta sustancialmente diferente;* c) si la entidad adjudicadora desea que, por determinadas razones, puedan modificarse ciertas condiciones de la licitación tras haber seleccionado al adjudicatario, está obligada a *prever expresamente esta posibilidad de adaptación, así como sus modalidades de aplicación, en el anuncio de licitación* elaborado por ella y que establece el marco en el que debe desarrollarse el procedimiento, de forma que todas las empresas interesadas en participar en la licitación tengan conocimiento de ello desde el principio y se hallen así en condiciones de igualdad en el momento de formular su oferta.

3.3. La adaptación del Derecho español a esa doctrina en la LCSP 2007

La Ley 30/2007, de Contratos del Sector Público (LCSP 2007), con el propósito declarado[17] de incorporar el criterio establecido por el

---

16 Véanse los apartados 115 a 118 de la STJUE 29 de abril de 2004. La cursiva ha sido introducida por el autor para subrayar la correspondencia entre la doctrina de dicha STJUE y la modificación del art. 202 LCSP 2007.

17 Este nuevo régimen aparece en el art. 202 LCSP en virtud de la Enmienda 181 de las propuestas en el Congreso de los Diputados, la cual obedece, según la motivación que acompañó a aquella enmienda, a "*incorporar la doctrina del TJUE en relación con las condiciones de admisibilidad de las modificaciones del contrato*". Más precisa todavía es

TJUE sobre la proyección del principio de igualdad de los licitadores también sobre la fase de ejecución del contrato, alteró por completo el régimen de modificación de los contratos administrativos. Dispuso en el art. 202 que:

> *"1. Una vez perfeccionado el contrato, el órgano de contratación sólo podrá introducir modificaciones en el mismo por razones de interés público y para atender a causas imprevistas, justificando debidamente su necesidad en el expediente. Estas modificaciones no podrán afectar a las condiciones esenciales del contrato. No tendrán la consideración de modificaciones del contrato las ampliaciones de su objeto que no puedan integrarse en el proyecto inicial mediante una corrección del mismo o que consistan en la realización de una prestación susceptible de utilización o aprovechamiento independiente o dirigida a satisfacer finalidades nuevas no contempladas en la documentación preparatoria del contrato, que deberán ser contratadas de forma separada, pudiendo aplicarse, en su caso, el régimen previsto para la contratación de prestaciones complementarias si concurren las circunstancias previstas en los artículos 155.b) y 158.b).*
> *2. La posibilidad de que el contrato sea modificado y las condiciones en que podrá producirse la modificación de acuerdo con el apartado anterior deberán recogerse en los pliegos y en el documento contractual"*

Adviértanse las siguientes previsiones: (a) se proscriben expresamente las modificaciones que "*consistan en la realización de una prestación ... dirigida a satisfacer finalidades nuevas no contempladas en la documentación preparatoria del contrato*"; (b) se admiten las requeridas para atender a causas imprevistas, pero solo en la medida que la posibilidad de modificación y las condiciones en que se hará se recojan en la documentación contractual.

---

la Enmienda 95 que pretendía el mismo objetivo con el art. 217 LCSP, si bien que se prefirió la redacción que ofrecía la Enmienda 182. Pues bien, esa Enmienda 95, que no tuvo éxito en la letra pero sí en su finalidad, se justificaba por "*la salvaguarda del principio de igualdad de trato y no discriminación, tal como ha expresado el TJUE en el C-496/99 P (Comisión contra Succhi di Fruta), impide considerar en el plazo de la modificación de los contratos aquellas alteraciones que dimanen de necesidades nuevas, puesto que en tal caso, debería procederse a una nueva licitación ya que las variaciones suponen una transformación esencial del objeto del contrato (art. 31.4 de la Directiva 2004/18/CE).*".

En estos términos, cabe concluir, el poder de modificación, aunque nominalmente se admita, resulta casi impracticable. No siendo ya apto para satisfacer necesidades nuevas, queda reservada su utilización para atender a las circunstancias imprevistas que surjan en la ejecución de las necesidades previstas en la documentación contractual, pero este uso se somete a su vez a condiciones estrictas, entre ellas que la posibilidad y condiciones de modificación estén recogidas en los pliegos contractuales. Cabe preguntarse ¿hasta qué punto es posible contemplar la probabilidad de que concurran circunstancias imprevistas en la ejecución futura de las prestaciones contractuales?

3.4. La Directiva 2014/24/CE y su acogida literal en la Ley 9/2017, de Contratos del Sector Público

El legislador europeo de 2014 declara expresamente en los considerandos 107 a 111 de la Directiva 2014/24/CE que los poderes adjudicadores deben tener un cierto margen para ajustar las prestaciones del contrato o sus condiciones de realización sin tener que emprender al efecto un nuevo procedimiento de adjudicación. Esta línea de actuación apuntada por el legislador europeo se traduce en el articulado de dicha Directiva principalmente en el artículo 72, que mantiene como principio el de exigir la previsión de las posibles modificaciones en los pliegos contractuales, admitiendo otras modificaciones solamente en casos muy precisos y sometidos a muy serias y detalladas cautelas y condiciones. Con ello no se abandona la decisión de atribuir prioridad a la apertura a la competencia de los mercados públicos nacionales sobre la mayor eficacia en la realización del interés general a que se orienta el contrato, pero esa opción preferente se modula a la baja. En mi opinión, aunque debe entenderse como un reconocimiento implícito de que la igualdad de los licitadores llevada a sus últimas consecuencias, sobre todo cuando éstas repercuten en la fase de ejecución del contrato, produce sacrificios de otros intereses públicos que pueden llegar a ser desproporcionados, la posibilidad de introducir modificaciones contractuales para dar respuesta a circunstancias imprevistas sigue apareciendo como una excepción a la regla general y es de esperar que el Tribunal de Justicia de la Unión Europea la aplique con criterio restrictivo.

La legislación española de contratos públicos ha sido reformada con carácter general para incorporar las novedades de dicha Directiva 2014/24/CE. Se ha dictado, en consecuencia, la Ley 9/2017, de 8 de noviembre, de Contratos del Sector Público (en adelante, LCSP 2017), que después de una *vacatio legis* de 4 meses ha entrado en vigor el 9 de marzo de 2018. Los artículos 203 a 205 recogen de un modo que es en gran medida literal el nuevo régimen jurídico previsto en el artículo 72 de la Directiva 2014/24/CE[18].

Visto el limitado espacio que se permite al *ius variandi* como medio de responder a las circunstancias que de manera imprevista afecten a la realización de las prestaciones pactadas durante su ejecución, haciéndolas normalmente más onerosas para el contratista obligado, se ha incrementado la reflexión sobre las técnicas que permiten el reequilibrio económico del contrato, lo que conduce en primer término a considerar la relación recíproca entre el principios de riesgo y ventura y la regla de la equivalencia de las prestaciones propia de las relaciones jurídicas sinalagmáticas.

4. LOS CONTRATOS ADMINISTRATIVOS SE EJECUTAN A RIESGO Y VENTURA DEL CONTRATISTA

En Derecho español es una constante que entre las disposiciones generales que rigen la ejecución de los contratos administrativos, y que consiguientemente son de aplicación común a todos y cada uno de ellos, figura el principio de riesgo y ventura. Actualmente el artículo 197 de la Ley 9/2007, bajo la rúbrica Principio riesgo y ventura, dispone que "*la ejecución del contrato se realizará a riesgo y ventura del contratista*", sin perjuicio de los supuestos de fuerza mayor enumerados en el artículo 239, que son casos de desastres físicos de consecuencias inevitables como inundaciones, terremotos y otros similares.

Dejando a un lado la excepción mencionada, que como luego se dirá induce a un cierto equívoco, ese principio se traduce en que si, por realizarse acontecimientos imprevistos, se produce una alteración en la onerosidad de la prestación ésta corresponderá al contratista. Es, al

[18] Para un análisis completo de este régimen jurídico, vid. C. Horgué Baena (2018)

fin y al cabo, un precepto de atribución de riesgos. Los riesgos en los contratos administrativos, ya sea a favor o en contra, corresponden al contratista. García De Enterría exponía el alcance de este principio al señalar que supone que "*el contratista no puede dejar el contrato ni pedir aumento del precio convenido porque la realización de la obra prometida sobrepase la onerosidad por él prevista, y aun cuando este exceso sea debido a causas supervinientes absolutamente objetivas y extrañas...*"[19].

Añadiría que no es solamente una regla de Derecho positivo, sino que responde a la lógica interna de los contratos administrativos, donde rige el principio del precio cierto sobre todo para hacer posible y efectiva la libre concurrencia. Pero más allá de este principio hay otras notas que conllevan esta implicación. Por una parte, el contrato de obras responde a la estructura de una *locatio operis*, donde la prestación consiste en la entrega de un resultado. Durante el periodo de ejecución y hasta que se produce la entrega, cualesquiera circunstancias que determinan que la prestación sea más o menos onerosa incumben al contratista. Por otro lado, en la fórmula concesional, ya se aplique a una obra o a un servicio, el pago consiste en el derecho a explotar la obra o el servicio y percibir sus frutos. El precio así configurado entraña siempre un riesgo de explotación. Este riesgo resulta esencial a la fórmula concesional y sin él estaríamos ante otra figura jurídica[20].

5. LA EQUIVALENCIA DE LAS PRESTACIONES. SU SENTIDO COMO LÍMITE DEL PRINCIPIO DE RIESGO Y VENTURA Y SU NATURALEZA DE RESPONSABILIDAD CONTRACTUAL

5.1. La equivalencia de las prestaciones es un principio ínsito en la idea de contrato como acuerdo de voluntades

El principio de que el contratista corre con los riesgos durante la ejecución del contrato, ya le beneficien ya le perjudiquen, encuentra

---

19 García De Enterría, "Riesgo y ventura y fuerza mayor en los contratos administrativos", *RAP, núm. 2* (1950), p. 90.

20 Sobre el principio de riesgo y ventura, tanto en cuanto a su origen y desarrollo como en sus consecuencias actuales, vid. M. Fuertes (2018).

un límite implícito en la teoría de la equivalencia de las prestaciones (o del equivalente económico). No porque el Derecho positivo no contenga alusiones explícitas al referido principio éste deja de operar, pues está estrechamente conectado con la idea de contrato como acuerdo de voluntades. Si el marco básico de presupuestos en que el acuerdo se produce se altera el mismo pierde virtualidad.

El fundamento a que obedece este principio va ligado a que los contratos administrativos son una especie de los contratos bilaterales sinalagmáticos, los cuales se justifican porque entre las prestaciones que se intercambian hay una necesaria equivalencia, al menos así se reconoce por las partes al momento de concluir el contrato. Por ello, si circunstancias imprevistas rompen ese equilibrio entre las prestaciones ese principio de conmutatividad que subyace al contrato exige que aquel se restablezca[21].

5.2. La ruptura de la equivalencia de las prestaciones requiere que se concrete un *aleas extraordinario* que altere la base del negocio

Este enfoque vinculado al principio de conmutatividad remite a una noción abierta de la equivalencia de prestaciones. Para conferirle una mayor concreción se hace en todo caso imprescindible avanzar en la precisión conceptual de qué se entiende por equivalencia de prestaciones y de qué se requiere para que quepa tenerla por quebrada y surja así la necesidad de una actuación de reequilibrio. Y esta construcción conceptual encuentra como idea rectora la posición dentro del instituto contractual del principio de equivalencia de las prestaciones, que no es otra que la de excepción a la regla general de que es el contratista quien asume los riesgos o venturas que emerjan durante la ejecución de las prestaciones comprometidas, sin duda en muchos supuestos de un modo imprevisto.

De esta posición institucional se deriva, y esto es lo verdaderamente central, que en un sentido jurídico (distante del que puede ser común en el lenguaje coloquial) el concepto "*equivalencia de las pres-*

---

21 J. C. Cassagne (1999), pp. 77 a79, defiende que el equilibrio financiero del contrato reposa en razones de justicia conmutativa y no de justicia distributiva. En similar sentido, L. Rodríguez Rodríguez (2007), p. 2210.

taciones" no quiebra cualquiera que sea el riesgo imprevisto que se materialice porque al calcular el equilibrio inicial hay que computar un cierto *aleas* normal que lleva aparejado el principio de riesgo y ventura, incertidumbre que si se produce haciendo más o menos onerosa la prestación no alcanza a alterar dicho equilibrio. Lo único que desbarata esa equivalencia de prestaciones y que hace surgir el derecho al reequilibrio es que se realice alguna circunstancia imprevista que salga de ese *aleas* normal y merezca su inclusión en la categoría de *aleas* extraordinario.

En España este enfoque, que reconoce que hay una ruptura de la equivalencia de prestaciones solo cuando se concreta un *aleas* extraordinario, aparece de un modo repetido en la labor hermenéutica del Consejo de Estado, que aun siendo un órgano consultivo de la Administración pública goza de enorme respeto hacia sus criterios doctrinales, muy en particular en esta materia de ejecución contractual que es uno de sus ámbitos naturales de actuación. Este órgano administrativo suele usar como cláusula de estilo en sus dictámenes que ese *aleas* extraordinario concurre "*solo en los casos singularísimos de alteración grave de las circunstancias existentes y siempre que el equilibrio económico del contrato quedara desbaratado*". En otras ocasiones, con expresiones de similar o incluso mayor elocuencia, sus dictámenes han venido a dejar sentado que "*... el restablecimiento del equilibrio económico-financiero de un contrato requiere la existencia de una alteración de la base del negocio*"[22] y también que "*el principio de riesgo y ventura, en definitiva, impide al contratista trasladar a la Administración los riesgos de su actividad, en este caso y entre otros, el riesgo de falta de demanda*"[23].

---

[22] Dictamen número 637/2019, de 3 de octubre, cuya argumentación completa afirma que "*... el restablecimiento del equilibrio económico-financiero de un contrato requiere la existencia de una alteración de la base del negocio Esta no se entiende como la simple representación mental y, por lo tanto, subjetiva que se hacen las partes de una situación fáctica existente al momento de formalizarse el negocio y que se asume como condición implícita, sino que se conceptúa como expectativa común a ambos contratantes de que el contrato se celebra en atención a una concreta situación definida por unas circunstancias cuya aparición o persistencia es esperada por las partes (base del negocio subjetiva) y cuya subsistencia es necesaria para que el contrato continúe siendo una reglamentación común de intereses dotada de un fin (base del negocio objetiva). La alteración del negocio se da primordialmente cuando la equivalencia entre la prestación y la contraprestación pactada varía sustancialmente*".

[23] Dictamen 596/2020, de 10 de diciembre.

5.3. Relatividad del concepto de *aleas extraordinario*

La cuestión determinante y al mismo tiempo compleja es definir qué circunstancias imprevistas quedan comprendidas en el *aleas ordinario*, y sujetas al riesgo y ventura que asume el contratista, y cuáles son manifestación de un verdadero *aleas extraordinario* que quiebra la regla de equivalencia de la prestaciones e impone algún modo de reequilibrio. Esta cuestión admite, al menos como hipótesis de partida, posibles entendimientos muy diversos.

Aquellos más flexibles pueden presentar el inconveniente de convertir la teoría del equivalente económico en lo que no es, en un seguro general de la posición del contratista frente a cualquier evento que reduzca sus beneficios, eliminando con ello el riesgo y ventura que de algún modo debe regir en los contratos administrativos. Un ejemplo de ello ha sido el criterio que a principios de este siglo XXI era constante en la actuación del Consejo de Obras Públicas, que seguía la regla de dictaminar favorablemente las peticiones de reequilibrio de las contratistas siempre que se acreditase que la oscilación imprevista de los precios disminuía los beneficios calculados en más de un 7%, posición que el Consejo de Estado y la jurisprudencia contencioso administrativa viene rechazando[24].

Caben entendimientos más rígidos, como los que realiza el Consejo de Estado español respecto de la construcción de vías paralelas a las que son objeto de concesión o respecto de las alteraciones de precios en los contratos de obras. Estas soluciones pueden llegar a producir dos inconvenientes. De un lado, el que sufre el contratista que no ve reequilibrado el contrato a pesar de tener derecho a ello. De otro, el atinente al interés público, en la medida en que cabe que el contratista no tenga capacidad de realizar la prestación comprometida en esas circunstancias, lo que es particularmente perjudicial cuando afecta a la continuidad de los servicios públicos. Y ello ocurrirá de un modo directo cuando se trate de una concesión de servicio público, pero también podrá suceder en el caso de obras públicas que no se realizan y que estaban destinadas a

[24] Sobre el criterio del Consejo de Obras Públicas y su crítica por el Consejo de Estado y la jurisprudencia contencioso-administrativa, vid. Memoria del Consejo de Estado de 2011, pp. 197 y ss.

prestar un servicio público. En estos casos la necesidad de licitar nuevamente el contrato producirá un retraso en el cumplimiento de los intereses generales, pero además, como se dirá más adelante, puede conllevar costes para el erario público ligados a la liquidación del contrato.

5.4. La concreción del *aleas extraordinario* determina un supuesto de responsabilidad contractual

De lo anterior se desprende que resolver acerca del restablecimiento del equilibrio contractual, moviéndose entre un entendimiento rígido o flexible de lo que comprende el *aleas* extraordinario, es una tarea en cierta medida casuística vinculada a las circunstancias fácticas del supuesto y del tiempo en que ocurre. Ahora bien, cualquiera que sea la interpretación escogida, la manifestación de un *aleas extraordinario* entraña la quiebra de la base del negocio, del contexto que las partes tuvieron presente como marco general de los pactos que estipularon. Lo relevante no es la acción (o los simples hechos) que determine que los fundamentos del contrato se desbaraten completamente, sino el efecto mismo de que los presupuestos básicos en que se apoyaba el acuerdo contractual quiebra.

Es imprescindible partir de que el elemento central es esta afectación radical de la base del negocio para calificar la naturaleza de la responsabilidad que de ella trae casusa. Estamos, en consecuencia, ante una modalidad de responsabilidad contractual. Las partes estipulan unas condiciones contractuales a la luz de una situación general que les sirve de presupuesto y, una vez que ésta resulta alterada sustancialmente (o se "*desbarata completamente*" o se "*quiebra enteramente*"[25]), las mismas partes están obligadas a reformular las prestaciones de suerte que puedan volver a responder a un criterio de equivalencia.

Esta naturaleza de responsabilidad contractual lleva aparejado ciertos rasgos en su régimen jurídico. Si el dato decisivo es la entera quiebra de la base del negocio, no importa si ese resultado se deriva de una acción lícita o ilícita, o si nace de una acción de la Administra-

---

25 Dictámenes del Consejo de Estado 3.205/2003 de 20 de noviembre y 635/2005 de 5 de mayo.

ción contratante o de otra persona, sea pública o privada. Podría incluso venir determinado por simples hechos y nada cambiaría, siempre que lo verdaderamente característico, que es la alteración sustancial de los presupuestos del contrato, se verifique de un modo efectivo. Rota la equivalencia de las prestaciones, entendida en sentido jurídico como los presupuestos fundamentales en que se enmarcan las estipulaciones contractuales, la Administración contratante está contractualmente obligada a restaurar ese equilibrio perdido, aunque la quiebra no encuentre origen en su actuación, sino en acciones de otra persona pública o privada o incluso sea un efecto ocasionado por simples hechos.

La mejor doctrina[26], no obstante, ha sido constante en adoptar un enfoque distinto. Los autores que se han ocupado del *factum principis* quizá siguiendo lo que había sido la práctica del Consejo de Estado francés, han destacado unánimemente, aparte de que se trata de una modalidad de responsabilidad extracontractual, que solo nace cuando la acción causante procede de una autoridad del mismo nivel de gobierno que el sujeto público contratante. Pero quizá ese juicio provenga de que la expresión *factum principis* es y ha sido siempre una institución compleja, en la que se confunden distintas realidades jurídicas[27]. Como luego expondré con más detalle, estoy persuadido de que bajo la denominación *factum principis* se cobijan varios títulos de responsabilidad, muy distintos entre sí. Uno de ellos, en los términos que he expuesto en este apartado, es el que nace si lo hecho por la autoridad desbaratan los presupuestos básicos que enmarcan el acuerdo de voluntades, en cuyo caso lo relevante es este resultado de ruptura y no qué acción lo provoque, ni en lo que hace a su mayor o menor licitud, ni en lo relativo a quién sea dicha autoridad y en qué nivel de gobierno se integre.

---

26 A. R. Brewer-Carías (2021), p. 572; Cassagne, J.C. (1999), p. 80; Ariño Ortiz, G. (1968), 263.

27 J. C. Cassagne, (1999), p. 80, afirma que "*la teoría del hecho del príncipe, calificada como una de las más confusas del derecho administrativo…*", atribuyendo esa calificación en nota al pie a la mejor doctrina francesa; G. Ariño Ortiz, (1968), p. 263, escribe que "*En la caracterización del factum principis hay que hacer, en primer lugar, una distinción entre dos categorías jurídicas que, con frecuencia aparecen confundidas en la doctrina española, siguiendo en esto a la del país vecino*", con detalles de esta confusión en la correspondiente nota a pie de página.

5.5. La idea de contratista colaborador modula la rigidez en la exigencia del *aleas* extraordinario

La equivalencia de las prestaciones, comprendida como quiebra de la base negocial, entraña una importante rigidez como fuente de responsabilidad contractual. Este duro enfoque se ha venido modulando desde fuera de la institución, conforme a la tradicional idea del contratista colaborador de la Administración, que opera de un modo más intenso si cabe cuando la prestación comprometida es la gestión prolongada en el tiempo de un servicio público[28]. En suma, la rigidez del principio de riesgo y ventura, que repercute directamente en su reverso que consiste en asegurar la equivalencia de las prestaciones, debe encontrar en esta idea del contratista colaborador, que es singular en los contratos administrativos (entendidos como aquellos en que interviene la Administración en su condición de tal, dotada de su posición institucional especial, para la mejor realización de fines públicos), una razón para suavizarse. Es lo que García De Enterría llamaba ya en 1950 principio de la conveniencia del servicio público, pues el reequilibrio otorgado al contratista persigue como fin, mediato pero principal, la mejor obtención del interés público[29].

6. EL DEBATE DOCTRINAL Y JURISPRUDENCIAL SOBRE LOS RIESGOS IMPREVISTOS

6.1. Doctrina clásica y relativo olvido posterior

Esta cuestión de los riesgos imprevistos y los casos en que procede su reequilibrio recibió una intensa atención por parte de la doctrina española de los años 50 y 60 del pasado siglo. García De Enterría publica precisamente en el año de 1950 el trabajo del que se acaba de transcribir un extracto, que tituló "*Riesgo y ventura y fuerza mayor en los contratos administrativos*" y en el que puso de relieve la diferencia entre la teoría de los riesgos y la teoría del cumplimiento, aparte de enunciar el principio de conveniencia del servicio público que ha sido ya men-

---

28 J.C. Cassagne, (1999), p. 214; También A. Embid Irujo (2007), págs. 2249 y 2250.

29 E. García De Enterría (1950), op. cit., pp. 98 y ss.

cionado. Y del mismo autor ve la luz en 1956 la primera edición de su libro "*Los principios de la nueva ley de expropiación forzosa*" en el que argumenta que el "*hecho del príncipe*" da lugar a compensación como modalidad de responsabilidad extracontractual que es. Considero, no obstante, que esta afirmación sobre la naturaleza de la responsabilidad a que da lugar el *factum principis* viene completamente influido por el contexto en que se produce su afirmación, que no es otro que el de definir el ámbito objetivo del artículo 121 de la Ley de expropiación forzosa de 1956, que señala los supuestos en que cabe imputar responsabilidad civil extracontractual a la Administración pública. A ello volveré más adelante.

En los años 60, Villar Palasí aborda en varias ocasiones esta materia, aunque destaca sobre todas ellas por su originalidad su trabajo de 1964 en la Revista de Administración Pública sobre la conexión del precio con la dinámica presupuestaria. Por su parte, Ariño Ortiz publica en 1968 su conocida tesis doctoral que titula "*La teoría del equivalente económico de los contratos administrativos*", explorando en profundidad la gestación y sentido del principio según el cual el contratista asume la obligación de realizar las prestaciones pactadas a su riesgo y ventura, así como las razones y los supuestos en que procede que, por excepción a esta regla, el contratista vea reconocida una compensación por la mayor onerosidad de las prestaciones a que se obligó.

Posteriormente, la atención que han merecido estos temas de parte de la doctrina decayó en España, donde apenas se hallan un par de brillantes comentarios jurisprudenciales en la Revista Española de Derecho Administrativo, uno de Parejo Alfonso en 1978 sobre el riesgo imprevisible y otro de Quintana López en 1986 acerca del *factum principis*.

Debe advertirse, sin embargo, que no ha ocurrido lo mismo en los países iberoamericanos, en los que la doctrina más autorizada ha continuado ocupándose profusamente de estas materias, como lo demuestran los trabajos que vengo citando de Brewer-Carías, Cassagne y Rodríguez, los cuales dan cuenta además de una rica bibliografía.

6.2. Repunte en la actualidad. Razones

Esta cuestión de cuándo y cómo reparar la mayor onerosidad de las prestaciones que debe el contratista-colaborador de la Administración y que traen causa de la realización de riesgos imprevisibles ha adquirido en España nueva actualidad, como lo acredita las distintas sentencias y obras doctrinales de constan en el presente trabajo[30].

En este momento importa destacar las razones que ha determinado este repunte. La primera, que ya venimos apuntando en este trabajo, es que el *ius variandi*, que daba respuesta a estas situaciones aunque fuera de una manera a veces forzada e incluso en otras un tanto abusiva, en la medida en que el contratista ya contaba a priori con que sería completamente normal que el objeto del contrato se ampliase, ha quedado restringido en la ley a supuestos muy limitados, con lo que ya no es un instrumento tan eficaz en este contexto.

El segundo motivo es el recorte en el gasto público impuesto por sucesivas políticas de la Unión Europea, principiando con el proceso de convergencia en torno a ciertos límites de déficit que se configuraron como requisito para participar en la nueva moneda europea común. Debido a este recorte en el gasto público muchas de las necesidades sociales se encauzaron alegremente a través de la fórmula concesional[31], con el objeto de que la remuneración del contratista, ya sea de obra pública como de servicio público, consistiera en el derecho de la explotación y proviniera por tanto de los usuarios. Esta realidad condujo a que las Administraciones públicas no pusieran la debida atención en analizar la viabilidad de estas fórmulas concesionales, que de un modo no infrecuente se adjudicaron sobre la base estudios completamente insuficientes, lo que acabó revelándose en la fase de ejecución en forma de circunstancias imprevistas aunque quizá no imprevisibles.

El tercer motivo es, como resulta evidente, la profunda e inesperada crisis económica que afectó a los países europeos a partir de 2008. Esa crisis, en la medida que redujo la actividad económica aparte de los recursos de los ciudadanos, fue determinante de una demanda de uso de las obras públicas y servicios públicos muy inferior a la prevista. Un

---

30 T. R. Fernández Rodriguez (2016, 203-217); Fuertes (2018), ambos con cita de una rica bibliografía.

31 O por medio de otras técnicas innovadoras que producían este mismo efecto, como las fórmulas de asociación público-privada, que se han revelado como problemáticas hasta el punto de que la Directiva 2014/24/CE prescinde de ellas. Sobre el fracaso de estas fórmulas, con especial referencia a la experiencia francesa, vid. P. Subra De Bieusses (2019).

ejemplo patente es la merma drástica en demanda de uso de ciertas autopistas de peaje que habían entrado en servicio poco antes, provocando que las concesionarias, ante el rechazo de su pretensión de reequilibrio contractual, se han declarado en concurso de acreedores. A ello volveremos más adelante.

7. LA FUERZA MAYOR OPERA EN LA TEORÍA DEL CUMPLIMIENTO DEL CONTRATO Y NO EN LA TEORÍA DE LOS RIESGOS

García De Enterría[32] viene destacando desde su trabajo de 1950 que en el ámbito contractual no se debe confundir la teoría de los riesgos con la teoría del incumplimiento.

La primera se ocupa de establecer cuál de las dos partes contratantes corre con el riesgo de que, por cualquier circunstancia preexistente o sobrevenida, la ejecución de las prestaciones pactadas resulte más onerosa de lo en un principio pensado. Y, en consecuencia, de qué acontecimientos extraordinarios, agrupados bajo el concepto de "*fuerza mayor*", rompen el principio del riesgo y ventura.

La segunda persigue determinar cuándo el incumplimiento de las prestaciones pactadas es imputable al obligado a prestarlas, que deberá indemnizar los daños y perjuicios causados por el incumplimiento. Y, por consiguiente, en qué casos, también calificados como fuerza mayor, no se produce esa imputación, de suerte y manera que no habrá lugar a exigir ninguna indemnización al obligado por la obligación incumplida[33].

Pues bien, tratándose de vicisitudes contractuales distintas, se debe concluir que el concepto de fuerza mayor no abarca las mismas circunstancias cuando aparece en uno o en otro ámbito. Ello supone que la identificación de la fuerza mayor con los desastres físicos inevitables como único supuesto de excepción a favor del contratista debe entenderse referido a la teoría del cumplimiento. Por el contrario, el

---

[32] V. E. García De Enterría (1950), pp. 83 y ss. Véase, en cuanto a los orígenes históricos de la fuerza mayor y al seguimiento que ha tenido el novedoso planteamiento que hace García De Enterría en el mencionado trabajo, J.L. Villar Palasi, y J.L. Villar Ezcurra (1996).

[33] Sobre el cumplimiento en los contratos administrativos, cfr. Barrero Rodríguez (2011) y Hernández Corchete (2006).

contratista que en principio soporta el riesgo de mayor onerosidad se ve eximido de esa regla en virtud de un concepto de fuerza mayor al que se debe atribuir un distinto alcance, guiado por el criterio de la quiebra de la base negocial, modulado a su vez por el principio de la conveniencia del servicio.

El tiempo no ha invalidado el fundamento y el sentido de esta clasificación, que conserva su utilidad. Cuestiones que derivan de ella y cuya construcción doctrinal le añadiría versatilidad en la solución de casos concretos serían las siguientes: a) delimitar los eventuales espacios de intersección entre la teoría de los riesgos y la del cumplimiento, habida cuenta que en ocasiones el incumplimiento es consecuencia necesaria de la mayor onerosidad de las prestaciones, adelantando posibles criterios de regulación de estas situaciones; b) examinar en qué medida el reparto de los riesgos entre las partes puede pactarse en el contrato, sin perder de vista que esta atribución no puede alcanzar a aquellos riesgos completamente imprevistos, que son los que a menudo tendrán aptitud de quebrar la base negocial. No me convence demasiado la idea de un pacto de atribución "*de todos los riesgos*", en el que se comprendan también los absolutamente imprevisibles, porque no se acomoda bien a la realización efectiva de las finalidades públicas que es lo que en último término justifica cualquier contrato administrativo.

8. EL *FACTUM PRINCIPIS*

8.1. Diferencias con el *ius variandi*

En esta categoría la ruptura del equilibrio de prestaciones deriva de una actuación pública, de un "*hecho del príncipe*", que es una alusión directa a quien ostente en cada momento la autoridad, en virtud de la cual estará a su alcance incidir en el contexto general en cuyo seno se inserta la ejecución de las prestaciones contractuales tal como han sido pactadas. Por ello, en la medida que la presencia de una decisión pública en el origen entraña una proximidad subjetiva entre ambas figuras, la doctrina científica ha dirigido sus esfuerzos a trazar la diferencia entre la *potestas variandi* y el *factum principis*.

Ariño Ortiz destacó que en la doctrina y en la práctica, tanto en España como en Francia, se llegaban a confundir esos dos tipos de intervención pública sobre el contrato. Y que ello era muy inconveniente porque, mientras el *ius variandi* suponía una indemnización completa de los efectos de la alteración, no sucedía lo mismo con el *factum principis*. Utilizando sus propias palabras, la diferencia entre ellas es muy notable y radica en que "*el primero contempla modificaciones internas del contrato y contenido de la prestación*" cuando "*el segundo, en cambio, se refiere más bien a intervenciones administrativas de tipo general – no referidas exclusivamente a un contrato- pero que suponen un cambio en las condiciones externas de ejecución de éste*"[34].

Me interesa puntualizar al respecto dos ideas. De un lado, cuando se dice que el *factum principis* consiste en una intervención de tipo general no se debe entender que se restrinja a actuaciones administrativas del tipo de las disposiciones generales. También se reconduce a esta categoría cualquier decisión administrativa de naturaleza singular que, sin modificar lo pactado en el contrato por las partes, afecte de algún modo al conjunto de circunstancias ambientales susceptibles de condicionar de su ejecución hasta el punto de alterar sustancialmente la base negocial del contrato. De este modo, aparte de una ley o reglamento, también puede ser en principio calificado de factum principis aquella decisión concreta que determine una devaluación monetaria, una alteración del tipo de interés o incluso la construcción imprevista de una nueva infraestructura que preste un servicio equivalente.

El segundo enfoque que requiere una ulterior atención es que el fundamento de la responsabilidad en uno y otro caso es distinto, pues toda modificación de las prestaciones pactadas constituye *ius variandi* y no cualquier alteración de las condiciones generales que enmarcan el contrato merece que se le atribuya la etiqueta de *factum principis*. Solo se aprecia que hay un "*hecho del príncipe*", como generador del derecho a una compensación de índole contractual, cuando se quiebra la base negocial o, dicho con las palabras del Consejo de Estado, cuando se desbarata completamente el negocio contractual pactado. En el resto

---

34 G. Ariño Ortiz, (1968), pp. 264. El autor añade "*las primeras son manifestaciones de la potestad de policía y control de las obras y servicios públicos en particular; las segundas son manifestación de la potestad ordenatoria general de la economía, de que goza el Estado interventor; son las medida à la grand orchéstre, tales como devaluaciones monetarias, manejo del tipo de interés, medidas de variación del arancel, cargas sociales …*".

de los supuestos, cuando ese *aleas administrativo* no transciende de lo que sea un riesgo ordinario, queda cubierto por la regla según la que el riesgo y ventura en la ejecución de un contrato administrativo corre a cargo del contratista.

8.2. *Aleas* administrativo, *aleas* económico y la discutible regla de que solo constituye *factum principis* la decisión de una autoridad del mismo nivel de gobierno

Otra constante en la conformación doctrinal del "*hecho del príncipe*" es que solo comprende las actuaciones de las autoridades públicas del mismo nivel de gobierno que el sujeto contratante. En ello la doctrina ha seguido de cerca la práctica constante del *Conseil D'Etat*. Relata Jean Rivero[35] en relación a ella que, dentro de la teoría de las sujeciones imprevistas, se distingue la teoría de la imprevisión que depende de un *aleas* económico del *factum principis* que surge cuando se concreta un *aleas* administrativo. Y, a modo de precisión de este enfoque, señala que "*la teoría del hecho del príncipe no juega jamás cuando la medida que agrava las obligaciones del cocontratante emana no de la persona pública contratante sino de otra persona pública*", caso este último que remite a la teoría de la imprevisión pasando a depender de que se concrete un *aleas* económico. Esta distinción adquiere sentido porque, según sus palabras, "*el aleas examinado aquí, llamado alea administrativo, es aquel que resulta del ejercicio, por la autoridad pública, respecto del cocontratante, de sus prerrogativas. Cuando la potestad pública agrava con su hecho las condiciones de ejecución del contrato ella puede ser obligada a indemnizar al cocontratante. La indemnización es entonces integral, es decir, igual al perjuicio sufrido*".

Este extracto del profesor francés deja claro que sobre el *factum principis*, como resaltó tempranamente Ariño Ortiz, se cierne una cierta confusión, equiparándolo muy a menudo al *ius variandi*. Pareciera al leer esas líneas de Jean Rivero (que no son una excepción en la doctrina francesa) que siempre que la mayor onerosidad de las prestaciones deriva de una acción del sujeto público contratante, aunque se trate de una

---

[35] J.Rivero, *Derecho Administrativo,* traducción al español de la 9ª ed (1980) a cargo del Instituto de Derecho Público de la Universidad Central de Venezuela, Ediciones Olejnik, 2019, pág. 172.

decisión de carácter general y no una modificación interna del contrato, el contratista tiene derecho a una indemnización integral, acercándolo así al *ius variandi*. En suma, lo que se desprende de la doctrina francesa (asumida inicialmente en España y hasta nuestros días en América) es que el *aleas* administrativo, limitado eso sí al mismo sujeto público contratante, se asimila a un riesgo ordinario y en ello se separaría del *aleas* económico que se entiende como *aleas* extraordinario. Esto obviamente no es así. El *aleas* administrativo, como supuesto constitutivo de *factum principis*, solo se concreta cuando se trata de un *aleas* extraordinario y produce la entera quiebra de la base negocial, exactamente igual que sucede con el *aleas* económico.

Esta clarificación muestra que no hay mucha diferencia entre, de un lado, que la decisión pública de carácter general que altere sustancialmente el marco en que han de ejecutarse las prestaciones provenga del sujeto público contratante (o de otro perteneciente al mismo nivel de gobierno) y, de otro, que dicha actuación pública sea imputable a sujetos públicos distintos[36]. En uno y otro caso la obligación de compensar al contratista nacerá únicamente si la decisión pública quebró por entero la base negocial y la razón de ser de esta compensación será precisamente que el acuerdo de voluntades se alcanzó teniendo en cuenta unos presupuestos generales que la decisión pública hace desaparecer de un modo sustancial. Ubicar unas decisiones públicas bajo el epígrafe *aleas* administrativo y llevar las otras decisiones públicas al de *aleas* económico no deja de ser una cuestión poco más que nominativa[37]. Si en Francia hizo fortuna esa separación se debe únicamente a que allí reina una cierta confusión entre *ius variandi* y *factum principis*.

---

36 C. Horgué Baena (1997), p.32; J. Mestre Delgado (1992), p. 75.

37 La legislación española vigente –LCSP 2017 – no se ajusta del todo al enfoque propuesto en el texto. Su art. 270 relativo a la concesión de obra pública dispone en el apartado segundo que "*Se deberá restablecer el equilibrio económico del contrato, en beneficio de la parte que corresponda, en los siguientes supuestos: a) [...]; b) Cuando actuaciones de la Administración Pública concedente, por su carácter obligatorio para el concesionario determinaran de forma directa la ruptura sustancial de la economía del contrato*", mientras que prevé en el apartado cuarto que "*el contratista tendrá derecho a desistir del contrato cuando este resulte extraordinariamente oneroso para él, como consecuencia de una de las siguientes circunstancias: a) La aprobación de una disposición general por una Administración distinta de la concedente con posterioridad a la formalización del contrato*". Para un análisis de este precepto, vid. Albendea, I., y León, A. (2018), 2348 y 2349.

Aún quiero, a partir de estas ideas, destacar otro aspecto relacionado con el anterior, que es el de precisar quién responde. De que el fundamento de la compensación sea la quiebra de la base negocial con perjuicio para una de las partes del contrato se deriva que estamos ante una responsabilidad contractual, que viene a consistir en que surge para la otra parte del contrato (normalmente, el sujeto público contratante) la obligación de compensar ese desequilibrio. Es importante enfatizar que no es relevante a estos efectos qué autoridad pública haya adoptado la decisión que originó la quiebra de los presupuestos contractuales, sino que estos quedaron desbaratos y los pactos contractuales sin base que los sostenga. Si el fundamento de la compensación es que la relación contractual sinalagmática se revela desequilibrada, tiene todo el sentido exigir la responsabilidad del sujeto contratante beneficiado, aunque no haya sido él sino otra autoridad pública perteneciente a un nivel de gobierno distinto quien haya adoptado la decisión que ha producido la quiebra. *Sensu* contrario, estaría completamente fuera de lugar procurar la compensación frente a la autoridad pública que adoptó la decisión causante de la quiebra de la base negocial del contrato cuando no sea ella el sujeto público contratante.

8.3. Doble régimen de responsabilidad (contractual y extracontractual) a que dan lugar las decisiones públicas externas que afectan a los contratos

A.– Hasta ahora he centrado la exposición en los supuestos en que las decisiones públicas externas al contrato quiebran la base negocial, haciendo nacer la obligación de reconstruir la equivalencia de las prestaciones, lo que he calificado de responsabilidad contractual que pesa sobre el sujeto público contratante, aun cuando la decisión pública que haya producido la alteración sustancial provenga de una autoridad de un nivel de gobierno distinto. No creo, sin embargo, que este sea el único título de responsabilidad que cabe asociar a decisiones públicas externas al contrato que repercutan indirectamente sobre este. Cabe argumentar que esas decisiones públicas sean también fuente, siempre que concurren los requisitos exigidos por su régimen jurídico propio, de responsabilidad extracontractual, la cual obviamente sería imputable, de existir, al sujeto público que adoptó la decisión, sea él o no quien mantenga la relación contractual con el contratista que recibió el daño extracontractual.

B.– Con esta perspectiva en el horizonte, me propongo examinar el criterio que ha apuntado sobre esta cuestión la doctrina más autorizada, con el fin de proponer una visión complementaria a la vigente.

García De Enterría en 1956[38], partiendo de la doctrina francesa de aquellos años y en especial del libro de PEQUIGNOT que reseña en el pie de página[39], afirmaba que "*solo en aquellas hipótesis – que no son excepcionales – en que la Administración interfiera un contrato suyo en virtud de poderes extracontractuales [...] cabría reservar al artículo 121 de la Ley la posibilidad de una aplicación directa, pero esto siempre que ni las normas propias del contrato de que se trate, ni las particulares estipulaciones del mismo o de los pliegos de condiciones hayan previsto y regulado la eventualidad de ese llamado, en general, 'hecho del príncipe'. Pero esto mismo es ya, en cierta manera, una responsabilidad extracontractual, aunque liquidable en el seno de un contrato, por esa razón de que se trata de una interferencia incidental de los poderes rigurosamente extracontractuales de la Administración, de un sacrificio puro y simple de la posición que el contrato precisamente aseguraba al contratista privado*".

Ariño Ortiz en su libro de 1968 afirma, como pórtico de un epígrafe titulado Fundamento y alcance de la indemnización [por *factum principis*], que "l*a justificación de la indemnización en el caso del factum principis es, en definitiva, la misma que la responsabilidad extracontractual de la Administración*" y, sin solución de continuidad, recoge en el propio texto una cita de García De Enterría en su libro de 1956 y al pie reseña que "*la doctrina es unánime*", con mención de trabajos de Garrido Falla, García Trevijano y Gonzalez Perez[40]. Desde entonces esta cuestión no ha tenido mayor atención en la doctrina española,

---

38 E. García De Enterría, (1956), pág. 205. La cita se hace a partir de la reproducción facsimilar que hizo la editorial en 1989.

39 Pequignot (1945), p. 452, rechaza que el derecho del contratista a la indemnización pueda encontrar justificación únicamente en el contrato, proponiendo recurrir al principio de igualdad ante las cargas públicas que, para este autor francés, era el elemento central de la responsabilidad extracontractual de la Administración.

40 G. Ariño Ortiz, (1968), pp. 267 y 268, en particular la nota 32 en esta última página.

como si se tratase de una cuestión pacífica y cuya consideración no entrañe ninguna utilidad.

La doctrina americana parece que se pronuncia en parecidos términos. Por ejemplo, Cassagne resalta en su libro "*El contrato administrativo*" publicado por primera vez en 1999 que "*se trata de un supuesto de responsabilidad extracontractual*", matizando en una nota al pie que dicha responsabilidad, conforme a la doctrina y jurisprudencia argentina, es objetiva y directa[41].

C.– Hay un dato en esa sucesión de opiniones doctrinales que, por muy implícito que sea, es harto elocuente. El libro de García De Enterría no versa sobre el *factum principis*, ni siquiera sobre algún aspecto de los contratos administrativos o públicos. Es un trabajo que, en la parte que nos interesa, reflexiona acerca de la responsabilidad extracontractual que puede derivarse de la actuación administrativa, que recientemente había sido regulada en el artículo 121 de la Ley de expropiación forzosa en cuya redacción había participado. El extracto transcrito muestra que el autor está intentando una sistematización del ámbito objetivo de ese artículo 121, preguntándose si el ejercicio de una actividad administrativa extracontractual que cause daños en la posición de un administrado dentro de un contrato queda dentro del ámbito objetivo de esa institución que el artículo 121 había regulado de nuevas.

García De Enterría no emitió en ese pasaje ningún juicio sobre la responsabilidad contractual que se pudiera derivar del ejercicio de las potestades administrativas extracontractuales. Esa cuestión no estaba en ese momento dentro de su atención. Se podría decir, aunque esto tenga algo de especulación, que daba por supuesto que un "*hecho del príncipe*" como ese daría lugar, si concurriesen el resto de exigencia de la figura, a alguna responsabilidad contractual. En suma, cuando el autor escribió que *el hecho del príncipe* podría dar lugar "*a una responsabilidad extracontractual, aunque liquidable en el seno de un contrato*" no está excluyendo que esa misma actuación administrativa no conlleve, siempre que se den las notas propias de la institución, una responsabilidad contractual. Esta impresión que formuló encontraría apoyo en el trabajo de Pequignot que sirve a García De Enterría de acicate. El autor

41 J.C. Cassagne (1999), p. 80.

francés, con las reflexiones que trae a colación el profesor de Madrid, procura razonar en contra de la tesis de Jeze según la cual todo derecho del contratista a una indemnización se fundaría en el contrato, en la ecuación financiera que lo sostiene.[42]

Muy distinto es lo que ocurre con el criterio expuesto por Ariño Ortiz, a pesar de que él considera que se está adhiriendo a una opinión de García De Enterría, en la que coincidían también otros autores. Es diferente porque el libro de Ariño no solo trataba de la materia contractual, sino que dentro de la misma se ocupaba de la teoría del equivalente económico y, como uno de sus mecanismos, del *factum principis*. Y siendo esto así se limita a afirmar la justificación de la indemnización por *factum principis* es la misma que la responsabilidad extracontractual, sin ningún otro añadido, de donde se desprende esta es la única modalidad de responsabilidad que se deriva de las intervenciones públicas que repercuten de un modo indirecto en un contrato.

D.– Estoy convencido, como avancé, que estas decisiones públicas que llamamos *factum principis* pueden dar lugar a dos tipos de responsabilidades[43], muy distintas entre sí en cuanto a su régimen jurídico, una de índole contractual ligada a la quiebra de la base negocial y otra de cariz extracontractual vinculada al sacrificio especial que de la intervención pública general pueda nacer para la posición contractual del contratista. Aunque parezca innecesario, debe advertirse que ambas deberán articularse conforme a sus exigencias propias y, en todo caso, sin dar lugar a una doble compensación por el mismo daño.

---

[42] García De Enterría en la nota 249 dice "*Pequignot rechaza con gran lujo la tesis de Jeze de fundar únicamente en el contrato la justificación del derecho del contratista a la indemnización (ecuación financiera) y propone [...] acudir al famoso principio de la igualdad ante las cargas públicas que para él es el principio central de la doctrina de la responsabilidad (extracontractual) administrativa*".

[43] S. Muñoz Machado, (2108), p. 189, afirma, de un modo mucho más abierto que no vincula necesariamente el *factum principis* con la responsabilidad extracontractual, que "*la compensación por factum principis se ha incardinado habitualmente en nuestra jurisprudencia en los supuestos de responsabilidad patrimonial de la Administración. A estos cambios sería aplicable lo establecido en los artículos 106 de la Constitución, 32 y siguientes de la LRJ 40/2015 y 121 LEF. Pero más allá de considerarlos o no como un supuesto de responsabilidad de la Administración, la obligación de restablecimiento del equilibrio económico del contrato, en los supuestos de factum principis, está expresamente consignada en diversos preceptos de nuestro Derecho positivo*".

Ya se ha dicho, en cuanto a su régimen jurídico, que la primera de ellas -la responsabilidad contractual- (a) tiene como fundamento la realización de un aleas extraordinario que produce la entera quiebra de la base negocial y (b) que se exigen necesariamente del sujeto público contratante, aunque provenga de él la decisión pública causante. Por contraste, una de estas decisiones públicas dará lugar a responsabilidad extracontractual (a) cuando, aunque no arrumbe los presupuestos en que se apoya el contrato, suponga para el contratista un sacrificio especial y (b) se deberá reclamar del propio sujeto público que adoptó la decisión general de la que se desprende la consecuencia dañosa para el contratista.

En cuanto a la segunda modalidad de responsabilidad que puede derivar de una decisión pública calificable de *factum principis*, su régimen jurídico indicado lleva consigo algunas consecuencias: a) el fundamento de la indemnización se encuentra en poderes extracontractuales de la Administración, lo que desliga el surgimiento de la responsabilidad de la Administración contratante y pone el acento en la Administración titular de esa potestad, aunque sea distinta de la contratante; b) que el nacimiento de la responsabilidad a favor del contratista no queda condicionada a que el ejercicio de la potestad administrativa general sea o no lícito. Aun siendo lícito el actuar administrativo nacerá la obligación de indemnizar si de ese actuar se deriva un perjuicio especial para el contratista.

El distinto régimen jurídico a que se sujetan ambas modalidades de responsabilidad, sobre todo en cuanto al sujeto responsable, que en el primer caso es el sujeto público contratante y en el segundo es la persona pública titular de la potestad cuyo ejercicio genera el daño, aconseja, en términos procesales, dirigir la reclamación contra ambos sujetos públicos cuando son distintos.

8.4. Análisis de la sentencia del Tribunal Supremo español de 16 de mayo de 2011

La sentencia del Tribunal Supremo español de 16 de mayo de 2011 (recurso 566/2008)[44] resuelve la reclamación de compensación que rea-

[44] Casares Marcos (2012), pp. 917-944.

liza el concesionario de la obra pública Autopista de Peaje AP-41 Madrid-Toledo contra el Estado contratante. El concesionario se queja de la reducción de tráfico en dicha infraestructura como consecuencia de que la Administración competente respecto de las carreteras regionales (la Comunidad de Madrid) acometió, con posterioridad a la concesión que nos ocupa, el desdoblamiento de calzada en una vía regional libre que corría paralela a la AP-41 objeto de la concesión.

La sentencia rechaza esta reclamación. De su argumentación interesan ahora dos aspectos:

a) De un lado, niega expresamente que la Administración contratante "*deba responder por decisiones posteriores de otros sujetos*", razonando que no se pueden imputar al Estado las consecuencias de las actuaciones administrativas de la Comunidad de Madrid.
b) De otro lado, sostiene que de reconocer la responsabilidad solicitada por el contratista "*se estaría coartando la responsabilidad de las Administraciones competentes de mejorar las infraestructuras existentes*".

El primer argumento, aunque no lo dice de ese modo, significa que la responsabilidad en los casos de *factum principis* nace cuando la decisión administrativa que determina el daño proviene de la Administración contratante, pero no cuando deriva de un sujeto público distinto (en el sentido de perteneciente a un nivel de gobierno diferente).

Este planteamiento contraría abiertamente la calificación jurídica de la institución como un supuesto de responsabilidad extracontractual, que deriva del perjuicio especial que para algunos ciudadanos se deriva el ejercicio de una potestad administrativa general. Pone la atención, por el contrario, en cómo la Administración contratante ejerce sus potestades contractuales, lo que supone desenfocar por completo la cuestión jurídica que se plantea.

La sentencia debería haber recurrido a otra fundamentación. Debería haber expuesto que ese cauce procesal era inadecuado, al menos en cuanto a la posibilidad de apreciar responsabilidad extracontractual, pues se dirigía frente a un sujeto no responsable de esa actuación. La acción se dirigía frente al Estado contratante cuando la potestad administrativa cuyo ejercicio produjo al contratista un sacrificio especial había sido actuada por otra Administración.

El segundo argumento vuelve a perder de vista los principios que informan la institución del *factum principis*. Viene a plantear la sentencia que no es posible derivar una responsabilidad a favor del contratista del ejercicio normal, e incluso deseable, de una potestad administrativa, como sería en este caso mejorar las infraestructuras viarias por parte de quien es competente para ello.

Debe recordarse que el fundamento de la responsabilidad extracontractual de la Administración no está en que su ejercicio sea ilícito o de algún modo anormal, sino que se conecta con la idea de igualdad de cargas ante el desempeño de los poderes públicos, que conlleva la compensabilidad de los sacrificios especiales allí donde se produzcan. La *ratio* de esta institución es, dicho con otras palabras, que si el resultado de una actuación administrativa que beneficia a la generalidad supone un daño relevante y especial para algún ciudadano éste tiene derecho a ser indemnizado. La circunstancia de que el elemento patrimonial que deviene afectado de un modo especial consista en la posición del contratista dentro del contrato no debería suponer ninguna diferencia en cuanto al reconocimiento del derecho a ser compensado. Otra cosa quizá será respecto a la cuantificación de la compensación.

BIBLIOGRAFÍA

ALBENDEA, I., y LEÓN, A. "El reequilibrio económico de los contratos públicos", en GAMERO, E. y CORCOLES, I. (Dir.), *Tratado de contratos del sector público*, 2018. pp. 2313-2379

ARIÑO ORTIZ, G., *Teoría del equivalente económico en los contratos administrativos*, Instituto de Estudios Administrativos, Madrid, 1968.

______________, "El enigma del contrato administrativo", *RAP*, nº 172. 2007.

BADELL, R., *Régimen jurídico del contrato administrativo*, Caracas, 2001.

BREWER-CARÍAS, A., "Teoría del contrato administrativo", en *Instituciones fundamentales del Derecho administrativo y jurisprudencia venezolanas,* Universidad Central de Venezuela, Caracas, 1964.

______________, *Los contratos administrativos*, Editorial Jurídica Venezolana, 1992.

______________, *Contratos administrativos. Contratos públicos. Contratos del Estado,* 2ª ed., Editorial Jurídica Venezolana, 2021.

BARRERO RODRÍGUEZ, C., *La resolución de los contratos administrativos por incumplimiento del contratista,* Lex Nova, Valladolid, 2011.

CASSAGNE, J. C. "Un intento doctrinario infructuoso: el rechazo de la figura del contrato administrativo", en *ED 180-773*; y «La delimitación de la categoría del contrato administrativo: réplica a un ensayo crítico»).

______________, *El contrato administrativo*, Abeledo Perrot, Buenos Aires, 1999.

______________, "Supervivencia de la figura del contrato administrativo y su categorización jurídica", en CASSAGNE y RIVERO YSERN (Dir.), *La contratación pública*, Hammurabi, Buenos Aires, 2006. pp. 53-87.

CASARES MARCOS, "Límites al riesgo y ventura del concesionario de obras públicas: restablecimiento del equilibrio económico-financiero de la concesión de la Autopista AP 41 Madrid-Toledo", en *Administración y Justicia,* 2012. Pp. 917-944.

EMBID IRUJO, A., "El establecimiento del equilibrio económico de las concesiones de servicios públicos como consecuencia de modificaciones contractuales" en *Derecho Administrativo Iberoamericano*, Paredes, Caracas, 2007. págs. 2249 y 2250.

FERNÁNDEZ RODRÍGUEZ, T., "Los riesgos imprevistos en el contrato de obras", RAP 201, 2016, pp. 203-217.

FUERTES, M., *Las desventuras del dinero público. Elegía al principio de riesgo y ventura*, Marcial Pons, Madrid, 2018.

GARCÍA De Enterría, E., "Riesgo y ventura y fuerza mayor en los contratos administrativos", *RAP*, núm. 2., 1950.

______________, *Los principios de la nueva ley de expropiación forzosa* (Reproducción facsimilar de la primera edición de 1956). 1989.

______________, "La figura del contrato administrativo", *RAP*, nº 41, 1963.

GONZÁLEZ-VARAS IBÁÑEZ, *El contrato administrativo*, Civitas, Madrid, 2003.

HERNÁNDEZ CORCHETE, J.A, "Las obligaciones de las partes y su cumplimiento en los contratos administrativos", en CASSAGNE y RIVERO YSERN (Dir.), *La contratación pública*, Hammurabi, Buenos Aires, 2006. Pp. 507 -539

______________, "Prerrogativas, derechos y obligaciones en la ejecución de los contratos administrativos", en GAMERO, E. y CORCOLES, I. (Dir.), *Tratado de contratos del sector público*, 2018. Pp. 2133-2199.

HERNANDEZ GONZÁLEZ, J. I., "Hacia los orígenes históricos del derecho administrativo venezolano: la construcción del contrato administrativo, entre el derecho público y el derecho privado", en Boletín de la Academia de Ciencias Políticas y Sociales, No. 147, 2009. pp. 39-72

HORGUÉ BAENA, C., *La modificación del contrato administrativo de obra*, Marcial Pons, Madrid, 1997.

_____________, "La modificación de los contratos", en GAMERO, E. y CORCOLES, I. (Dir.), *Tratado de contratos del sector público*, 2018. pp. 2259-2311.

IRIBARREN MONTEVERDE, H., "El equilibrio económico en los contratos administrativos y la teoría de la imprevisión", T.I., FUNEDA, Caracas, 2005.

MAIRAL, H., "De la peligrosidad o inutilidad de una teoría general del contrato administrativo", en *ED 179- 655.*

_____________, "El aporte de la crítica a la evolución del derecho administrativo", en *ED* 180-849.

MARTÍN-RETORTILLO BAQUER, S., *El Derecho Civil en la génesis del Derecho Administrativo y de sus instituciones,* Instituto García Oviedo, 1960.

MESTRE DELGADO, J. F., "La posición singular de la Administración en la contratación administrativa y las garantías del contratista según la jurisprudencia reciente", *REDA,* nº 47. 1985.

MUÑOZ MACHADO, S., *Tratado de Derecho Administrativo y Derecho Público General,* Tomo XIII (Contratos del Sector Público). Editorial del BOE, Madrid, 2018.

MEILÁN GIL, J. L., "Las prerrogativas de la Administración en los contratos administrativos: propuesta de revisión", *RAP*, nº 191, 2013.

_____________, *La estructura de los contratos públicos*, Iustel, 2008.

MORENO MOLINA, J. A., *Contratos Públicos: Derecho Nacional y Derecho Comunitario,* McGraw-Hill, Madrid, 1996.

_____________, "El nuevo Derecho de la contratación pública: de las prerrogativas de la Administración a la garantía de los principios generales", en ARENILLA SÁEZ (Coord): *La Administración Pública entre dos siglos*, 2010. pp. 1525 ss.

MUCI BORJAS, J.A., "Contratos administrativos y potestades exorbitantes", en *Libro Homenaje a las Instituciones del Derecho Administrativo y la Jurisprudencia Venezolana*, Editorial Jurídica Venezolana, 2015. Pp. 264 y 278.

ORTIZ-ÁLVAREZ, L. y MASCETTI, G., *Jurisprudencia de contratos administrativos,* Ed. Sherwood, Caracas, 1999.

PARADA VÁQUEZ, R., *Los orígenes del contrato administrativo en el Derecho español,* Instituto García Oviedo, 1963.

PAREJO ALFONSO, L., "¿Un paso atrás en la figura del riesgo imprevisible?", *REDA,* nº.18, 1978.

PEQUIGNOT, G., *Theorie generale du contrat administratif,* París, 1945.

PIÑAR MAÑAS, J. L., "El Derecho Comunitario de la Contratación Pública. Marco de referencia de la nueva Ley", en GÓMEZ-FERRER MORANT, R. (Dir.), *Comentario a la Ley de Contratos de las Administraciones Públicas,* Civitas, 1996.

POSADA HERRERA, J., Prólogo al libro de Gallostra "De lo contencioso-administrativo", en *Veinticinco discursos y un prólogo,* Junta General del Principado de Asturias (1997), 1880. pp. 521-537.

QUINTANA LÓPEZ, T., "El anacronismo del *factum principis* en la legislación de contratos", *REDA,* nº 50. 1986.

SUBERO, M., "La noción de contrato administrativo y la jurisprudencia en Venezuela", *Derecho Administrativo Iberoamericano,* Paredes, Caracas, 2007. págs. 2025 y ss

SUBRA DE BIEUSSES, P., "Quelques aspects actuels des marchès publics en France", en *El régimen de los contratos públicos* (Dir. Rodríguez, L.), Bogotá-Caracas, 2019.

VILLAR PALASI J.L. VILLAR EZCURRA, "Fuerza Mayor", en GÓMEZ-FERRER MORANT, R. (Dir.), *Comentario a la Ley de Contratos de las Administraciones Públicas,* Civitas, 1996, pp. 675 y ss.

RIVERO, J., *Derecho Administrativo,* traducción al español de la 9ª ed., a cargo del Instituto de Derecho Público de la Universidad Central de Venezuela, Ediciones Olejnik, 2019.

RODRÍGUEZ RODRÍGUEZ, L., "La teoría de la imprevisión en los contratos administrativos", en *Derecho Administrativo Iberoamericano,* Paredes, Caracas, 2007.

VILLAR PALASI J.L. VILLAR EZCURRA, "El principio de riesgo y ventura", en GÓMEZ-FERRER MORANT, R. (Dir.), *Comentario a la Ley de Contratos de las Administraciones Públicas,* Civitas, 1996.

EL NACIMIENTO DEL PRINCIPIO DE PROTECCIÓN DE LA CONFIANZA EN LA JURISPRUDENCIA ALEMANA

ALFREDO PARÉS SALAS*

SUMARIO

• Introducción. A. La Alemania de postguerra y la victoria del principio de protección de la confianza sobre el principio de legalidad. B. El caso pionero: la pensión de viudez *(Witwenpension).* 1. La sentencia del Tribunal Superior Administrativo de Berlín del 14 de noviembre de 1956. 2. La sentencia del *Bundesverwaltungsgericht* del 28 de octubre de 1959. C. El desarrollo del principio en las subsiguientes decisiones del *Bundesverwaltungsgericht.* D. La línea jurisprudencial nacida con ocasión de los casos estudiados. E. El reconocimiento legislativo del principio de protección de la confianza en la Ley de Procedimientos Administrativos. • Conclusiones.

INTRODUCCIÓN

Hace casi cien años Max Rümelin afirmaba que a pesar de los vicios de los que podía adolecer un acto estatal, sus efectos podían ser mantenidos en el tiempo, habida consideración de la confianza que su destinatario pudiese haber tenido en él.[1]

Previamente, en el año 1892, en una decisión única en su género, pues ella vendría a constituir un distanciamiento de lo que hasta entonces había sido su jurisprudencia y de lo que continuaría siéndolo posteriormente, el Tribunal Superior Administrativo de Prusia ya había reco-

---

* Abogado, *summa cum laude*, por la Universidad Católica Andrés Bello (2001); Especialista en Derecho Administrativo, mención honorífica, por la Universidad Central de Venezuela (2005); *Magister Legum* (LLM) por la Ruprecht-Karls-Universität Heidelberg (2007); Doctorando en el Doctorado en Derecho de la Universidad Católica Andrés Bello (en curso). Profesor Agregado de la cátedra de Derecho Administrativo de la Universidad Católica Andrés Bello.

1 Max Rümelin, *Rechtssicherheit*, 1924, p. 17 y ss, citado por Thomas Rottenwallner, "Vertrauensschutz im Verwaltungsrecht", en: *Fachzeitschrift für die öffentliche Verwaltung*, Abril 2015, Editorial Maximilian, Hamburgo, 2015, p. 135.

nocido que se produciría una "*inseguridad jurídica extraordinaria*" si una situación jurídica creada a partir de una autorización administrativa de asentamiento (*Ansiedlungsgenehmigung*) otorgada a un individuo podía ser eliminada años después de su expedición, forzándolo así a dejar dichas construcciones deshabitadas o a demolerlas. Esa inseguridad contradecía la confianza (*Vertrauen*) con base en la cual el beneficiario de la autorización había levantado construcciones en su asentamiento.[2] Este fallo constituye la primera decisión en la que se hace referencia a la idea de la protección de la confianza en el mundo jurídico germánico.[3]

No obstante lo anterior, la opinión de Rümelin en su trabajo de 1924 y el fallo de 1892 del Tribunal Superior Administrativo de Prusia fueron, la primera, expresión de un sector minoritario de la doctrina y, la segunda, una decisión aislada.[4]

Aun cuando hoy en día sabemos que la protección de la confianza y el principio de irretroactividad son instituciones jurídicas diferentes, resulta obligado admitir que ambas tienen raíces comunes. Por esta razón, algunos autores alemanes contemporáneos han dado un paso más allá al intentar encontrar las raíces más profundas del principio de la protección de la confianza en la cláusula de irretroactividad contenida en el §14 del llamado Código Prusiano de 1794 (*Allgemeines Landrecht für die Preußischen Staaten*).[5] De acuerdo con la aludida disposición normativa, «*las leyes nuevas no pueden aplicarse a actuaciones o situaciones llevadas a cabo o constituidas en el pasado*».[6]

---

2 Karen Keller, "Vertrauensschutz im deutschen Verwal*tungsrech"t*, en: *Tagung der Vereinigung Deutscher, Italienischer und Französischer Verwaltungsrichter und Verwaltungsrichterinnen*, 11 al 13 de mayo de 2012, Lyon, 2012.

3 Achim Fuhrmanns, *Vertrauensschutz im deutschen und österreichischen öffentlichen Recht, Inaugural-Dissertation zur Erlagungder Doktorwürde*, Gießen, 2004, p. 5.

4 Thomas Rottenwallner, *Op. Cit.*, p. 135. «*§ 14. Neue Gesetze können auf schon vorhin vorgefallene Handlungen und Begebenheiten nicht angewendet werden*».

5 Klaus Rennert, "Vertrauensschutz im deutschen Verwaltungsrecht", en: *Vortrag anlässlich des Seminars zum Vertrauensschutz der Association of Councils of State and Supreme Administrative Jurisdictions of the European Union (ACA-Europe)*, Lituania, 2016, p. 2.

6 En Francia se reconocía ya el principio de irretroactividad. En efecto, el artículo 8 de la Declaración de los Derechos del Hombre y del Ciudadano de 1789, establecía lo siguiente: «*La Ley sólo debe establecer penas estricta y evidentemente necesarias, y tan sólo se puede ser castigado en virtud de una Ley establecida y promulgada con anterioridad al delito, y aplicada legalmente*».

Esa prohibición de retroactividad sería luego reconocida, aunque en el campo penal, por el artículo 116 de la Constitución de Weimar de 1919 (*Verfassung des Deutschen Reiches*), de acuerdo con el cual, «*una conducta solo podía ser sancionada cuando su punibilidad se encontrase legalmente prevista antes de que dicha conducta hubiere sido llevada a cabo*».[7]

Si bien, tal y como lo enseña Fuhrmanns, la prohibición de retroactividad quedó prácticamente sin efecto durante la sombría época del Nacionalsocialismo, lo cierto es que con la puesta en vigor de la Ley Fundamental en 1949, esta garantía fue asegurada nuevamente con rango constitucional a través de su expreso reconocimiento en el artículo 103.2.[8]

En relación con la raíz común de las instituciones mencionadas, Rennert destaca, precisamente, la importancia que revistió la entrada en vigencia de la Ley Fundamental y la creación de la República Federal de Alemania, pues con ella no solo se aseguró un catálogo de derechos de rango constitucional y la consolidación de una fuerte jurisdicción constitucional y administrativa, sino que también se reconoció de forma expresa el principio, de progenie alemana,[9] de Estado de Derecho (*Rechtsstaatsprinzip*), principio del cual – ya en el ideario jurídico de la época se lo sabía – formaba parte integrante la noción de *seguridad jurídica*.[10]

Pareciera entonces que la idea de que la confianza que el ciudadano pone la corrección de la actuación del Estado debe ser jurídicamente protegida, no es del todo una novedad. Antes bien, ella se nos presenta, aunque de manera incipiente, como una concepción de vieja data, fraguada lentamente en las tierras germánicas durante los siglos XVIII, XIX e inicios del XX.

---

7 Achim Fuhrmanns, *Op. Cit.*, p. 4. «*Artikel 116. Eine Handlung kann nur dann mit einer Strafe belegt werden, wenn die Strafbarkeit gesetzlich bestimmt war, bevor die Handlung begangen wurde*».

8 Achim Fuhrmanns, *Op. Cit.*, p. 4. De acuerdo con el artículo 103.2 de la Ley Fundamental, «*...Un acto sólo podrá ser castigado cuando la pena esté ya prevista por ley antes de cometerse aquel*».

9 Ekkerhart Stein y Frank Götz, *Staatsrecht*, 19na Edición, Morh Siebeck, Tübingen, 2004, p. 148.

10 Klaus Rennert, *Op. Cit.*, p. 3, y, Ekkerhart Stein y Frank Götz, *Op. Cit.*, p. 153.

Así las cosas, hubo de discurrir un dilatado período para que se dieran las condiciones necesarias para la concreción de esas ideas en el ámbito administrativo, como elementos que orientarían la resolución de los conflictos entre el principio de legalidad objetivamente considerado (interés general), que demanda la eliminación del mundo jurídico de los actos estatales contrarios a derecho, y la protección de las situaciones jurídicas subjetivas de los individuos nacidas al amparo de la confianza que estos pudieran haber tenido en el obrar administrativo (interés particular), que, pese a su ilegalidad – *lato et improprio sensu* – demanda la conservación del acto.

El rol principal en el proceso de implementación al campo operativo de este ideario sobre el principio de la protección de la confianza, entendido como una herramienta de control del poder y de la arbitrariedad, estuvo, como era de esperarse, en las manos de la justicia administrativa federal alemana.

Sin dejar de lado bibliotecas enteras dedicadas al tema por la doctrina alemana, lo cierto es que es en los tribunales administrativos alemanes donde nacerá y, posteriormente, se desarrollará el principio de protección de la confianza.

A. La Alemania de postguerra y la victoria del principio de protección de la confianza sobre el principio de legalidad

Aunque ya en la doctrina alemana se había iniciado desde temprano la discusión sobre si, por mandato del principio de legalidad, un acto administrativo contrario a derecho podía ser revocado "*libremente*" – o, incluso, si debía necesariamente serlo – o si, más bien, en ciertos casos, pese al principio de legalidad (control objetivo de la legalidad), debía optarse por la conservación del acto contrario a derecho que había hecho surgir confianza en su destinario (protección de las situaciones jurídicas subjetivas),[11] la ocasión propicia para plantear

---

[11] Podría afirmarse, incluso, que la idea según la cual el principio de legalidad sería una suerte de *primus inter pares* cuando se le enfrenta con los demás principios rectores, es un atavismo jurídico producto de la clásica concepción objetiva del contencioso-administrativo, cuya finalidad, según Canova, «*...no es la protección de situaciones jurídicas lesionadas de los particulares, sino la vigilancia del apego a la ley de la actividad administrativa...*» (Antonio Canova González, *Reflexiones para la reforma del sistema contencioso admi-*

el problema en el foro judicial se presentó durante la segunda posguerra.[12]

Fue precisamente en esa época cuando el producto de esa lenta fragua terminó cristalizando en una sucesión de decisiones judiciales que reconocieron expresamente, por vez primera, que el principio bajo estudio podía prevalecer sobre el principio de legalidad, y establecieron los parámetros fundamentales para su funcionamiento. De esta manera, el debate quedaría zanjado judicialmente con lo que la doctrina denominó la "*marcha triunfal*" de la protección de la confianza (*Siegeszug des Vertrauensschutzes*).[13]

Esa primera decisión no es otra que la sentencia del Tribunal Superior Administrativo de Berlín (*Oberverwaltungsgericht Berlin*), del 14

---

nistrativo venezolano, Editorial Sherwood, Caracas, 1998. p. 166). Aun cuando resulta claro que no existen sistemas de justica administrativa total y absolutamente objetivos o subjetivos, sino que tales rasgos se presentan en mayor o menor medida en los diferentes sistemas o en las diferentes épocas, lo cierto es que la tendencia en su evolución se dirige a darle cada vez mayor preponderancia a los rasgos subjetivos, fundamentalmente como producto de la incidencia de los derechos fundamentales en el ordenamiento jurídico y sobre los operadores jurídicos, incluyendo, particularmente, el derecho a la tutela judicial efectiva. No hay duda alguna que el principio de legalidad constituye una de las piedras angulares del derecho público, y que, además, es un principio de muy vieja data, pues su concepción surge durante los estadios iniciales de la lucha contra la arbitrariedad y el absolutismo, como, *exempli gratia*, uno de los elementos necesarios para la existencia del Estado de Derecho formal (versión alemana) o como parte de los postulados de los derechos del hombre y del ciudadano (versión francesa). Como quiera que el principio de legalidad nace en una época primitiva del derecho público no sorprende el hecho que su concepción inicial se haya hecho desde una perspectiva objetiva, pues ya para su época constituyó sin duda un hito en la evolución del derecho público y cumplía adecuadamente su función de protección ante la arbitrariedad. Dicho en otras palabras, en sus albores el principio de legalidad objetivamente considerado cumplía perfectamente su función y servía bien a su propósito de control. Hoy en día resulta inadmisible seguir entendiendo este principio como se lo hizo hace doscientos años; debe este más bien ser comprendido desde un enfoque subjetivo, lo cual, como veremos en el presente estudio, lleva a concluir en el asunto que aquí nos ocupa, que esa suerte de naturaleza de *primus inter pares* del principio de legalidad no es tal, o al menos no es para nada absoluta, sobre todo cuando el conflicto o tensión se presenta entre aquel y el principio de protección de la confianza. No en vano habríamos de plantearnos la idea de deconstruir parcialmente el principio de legalidad para reconstruirlo bajo esta nueva concepción, como ya sucedió hace más de medio siglo en otras latitudes.

12 Stephan Neidhardt, *Nationale Rechtsinstitute als Bausteine europäischen Verwaltungsrechts*, Mohr Siebeck, Tübingen, 2008, p. 120.

13 Achim Fuhrmanns, *Op. Cit.*, p. 6.

de noviembre de 1956, dictada en el marco del famoso caso conocido como la pensión de viudez (*Witwenpension*), posteriormente confirmada, con ligeros matices, por el Tribunal Federal Administrativo (*Bundesverwaltungsgericht*), mediante fallo del 28 de octubre de 1959. Esta decisión, así lo reconoce de forma pacífica la doctrina alemana, fue la primera en poner en tela de juicio la libre revocabilidad de los actos administrativos contrarios a derecho, en virtud de la protección de la confianza.[14] Con ella, se daría inicio a una serie de decisiones que fueron perfilando paulatinamente el instituto en cuestión.

Para el momento en que estas primeras decisiones fueron dictadas, a pocos años de haberse puesto en vigencia la Ley Fundamental de 1949, Alemania se encontraba en plena época de posguerra y su territorio, divido en zonas de ocupación, se hallaba en manos de las potencias vencedoras, según lo pactado durante las Conferencias de Yalta y Potsdam.

Entre los difíciles retos sociales, políticos, económicos y jurídicos que enfrentaron los Aliados y la sociedad alemana en general durante esta época, una situación en particular resulta relevante para intentar comprender el contexto en el que los fallos fueron dictados.

Esta serie de decisiones resolvieron demandas de anulación, provocadas por el otorgamiento – y posterior revocatoria – de actos administrativos favorables, mediante los que la Administración había concedido pensiones o ayudas económicas a, entre otros, diversos funcionarios públicos o sus deudos, y luego habría procedido a revocarlas alegando sobrevenidamente su ilegalidad.

Durante el lustro comprendido entre 1945 y 1950, una enorme cantidad alemanes y de personas de ascendencia alemana que habitaban en los países ocupados por el Tercer Reich en el frente oriental, entre ellos numerosos funcionarios públicos, habían empezado a huir de vuelta a Alemania, por causa del inminente avance del Ejército Rojo.[15] Esa situación de migración forzada se agravó luego de la Conferencia de Potsdam, momento a partir del cual, ya de manera oficial, se produjo la

---

14 Stephan Neidhardt, *Op. Cit.*, p. 120.

15 Stefan Glejdura, "La expulsión de los alemanes del centro y el Este de Europa (1944-1950)", en: *Revista de Estudios Políticos*, Nº 121, Instituto de Estudios Políticos, Madrid, 1962, p. 60.

expulsión de las personas de origen alemán de los territorios que habían sido ocupados por Alemania durante la guerra.[16] Se estima que entre 12 y 14 millones de desplazados y refugiados fueron expulsados de estos territorios durante el mencionado período.[17]

Por otra parte, también había que hacer frente a la situación de la enorme cantidad de funcionarios públicos alemanes que habían pertenecido a la Administración pública del Tercer Reich,[18] entre los que seguramente se encontrarían funcionarios de menor rango y que sin haber sido considerados criminales de guerra o habiendo tenido solo una "*participación nominal*",[19] habían sido igualmente removidos de sus cargos y se encontraban, por tanto, en una grave situación de precariedad, producto del proceso de desnazificación de las Administraciones públicas iniciado con la llamada Hora Cero (*Stunde Null*) o *Zusammenbruch.* El *Zusammenbruch*, expresión con la que se designa el día de la

16 Stefan Glejdura, *Op. Cit.*, p. 55.
El Capítulo XIII (Sobre el traslado ordenado de habitantes alemanes) del Acuerdo de Potsdam estableció cuanto sigue: «*La conferencia adoptó el siguiente acuerdo con respecto al traslado de los alemanes de Polonia, Checoslovaquia y Hungría: Después de considerar la cuestión en todos sus aspectos, los tres gobiernos reconocen que deberá hacerse el traslado a Alemania de las poblaciones alemanas o elementos de la misma que queden en Polonia, Checoslovaquia y Hungría, y convienen en que cualesquiera traslados deberían efectuarse en forma ordenada y humanitaria*».

17 Maria Rutowska, Zbigniew Mazur y Hubert Orłowski, "History and Memory: mass expulsions and transfers (1939-1945-1949)", en: *Biuletyn Instytutu Zachodniego*, N° 21/ 2009, p. 18.

18 Cantidad que, se estima, ascendía a casi medio millón de individuos (Joachim Perels, "Die Übernahme der Beamtenschaft des Hitlers-Regime", en: *Kritische Justiz*, Vol. 37, N° 2, Nomos, 2004, pp. 1-2).

19 En propósito, resultan ilustrativas las Cláusulas A.3.5 y A.3.6 del Acuerdo de Potsdam, las cuales dispusieron cuanto sigue: «**5.** *Se arrestará y se someterá a juicio a todos los criminales de guerra y a aquellos que hayan participado en proyectar y llevar a cabo empresas nazistas que hayan cometido atrocidades o crímenes de guerra o estén complicadas en su perpetración. Se arrestará e internará a los jefes nazis, a los sostenedores prominentes del nazismo, y a los altos oficiales de las organizaciones e instituciones nazistas y a cualesquiera otras personas peligrosas para la ocupación o sus objetivos.* **6.** *Se removerá de los cargos públicos y semipúblicos y de todos los puestos de responsabilidad en empresas privadas de importancia, a todos los miembros del partido nazi que hayan tenido una participación más que nominal en sus actividades, y a todas las demás personas hostiles a los propósitos de los Aliados. Dichas personas serán sustituidas por individuos que, debido a sus cualidades políticas y morales, se juzguen capaces de contribuir al desarrollo de genuinas instituciones democráticas en Alemania*».

capitulación del Tercer Reich, el 8 de mayo de 1945, constituyó un hito histórico a través del cual se pretendió marcar un antes y un después de la caída del régimen Nacionalsocialista y el nacimiento de un nuevo Estado.[20]

Aun cuando no nos corresponde abordar aquí el tema de las vicisitudes y complejidades del proceso de desnazificación, ni mucho menos emitir juicios de valor sobre la corrección o incorrección en su aplicación, sí resulta importante destacar lo complejo de la situación de postguerra, entre otras cosas, por lo que respecta a la justicia transicional y los mecanismos de clasificación de las distintas categorías de funcionarios públicos a los fines de la graduación de las medidas y sanciones que debían ser aplicadas. Menos aún nos corresponde entrar aquí a analizar la eficacia real de tales medidas o si su implementación fue la apropiada para evitar la impunidad de los crímenes cometidos, cosa que no parece haber sido, para nada, así.[21]

En este sentido, el muy polémico y duramente criticado[22] artículo 131 de la Ley Fundamental – posteriormente desarrollado por la igualmente polémica[23] Ley para regular las relaciones jurídicas de las personas comprendidas por el artículo 131 de la Ley Fundamental (*Gesetz zur Regelung der Rechtsverhältnisse der unter Artikel 131 des Grundgesetzes fallenden Personen*), del 11 de mayo de 1951, conocida comúnmente como la "*Ley del 131*"[24] – se ocupó de regular la situación de los funcionarios públicos, incluyendo aquellos desplazados y refugiados expulsados de los territorios previamente ocupados por la

---

20 Entrevista realizada M. Shrader a Ian Kershaw en Deutsche Welle, recuperada en: https://www.dw.com/es/el-fin-de-una-era-ian-kershaw-acerca-del-8-de-mayo-de-1945/a-1573201.

21 Para una maravillosamente bien documentada y espeluznantemente detallada revisión de ese proceso, y sobre cómo las circunstancias y la realidad imperantes llevaron a resultados que desde el punto de vista ético, moral y lógico son fuertemente reprensibles, remitimos al lector a la obra de Müller (Ingo Müller, *Los juristas del horror*, 2da Reimpresión, Editorial Actum, Caracas, 2007).

22 Joachim Perels, Die Übernahme der Beamtenschaft des Hitlers-Regime, en: *Kritische Justiz*, Vol. 37, N° 2, Nomos, 2004, p. 3.

23 Como lo enseña Perels, la estructura de la Ley del 131 se dirigía en contra de la política dominante de los Aliados y de los gobiernos regionales alemanes, de eliminar la continuidad del aparato administrativo del Nacionalsocialismo (Joachim Perels, *Op. Cit.*, pp. 1-2).

24 *Bundesgesetzblatt* N° 22, 13 de mayo de 1951.

Alemania Nazi, que habían sido destituidos de sus cargos públicos durante el proceso de desnazificación por, precisamente, haber sido parte del aparato burocrático del Tercer Reich.[25] Se ha sostenido que esta regulación lamentablemente permitió que muchos funcionarios públicos miembros del Partido Nacionalsocialista fueran restituidos posteriormente en cargos públicos, pero eso es harina de otro costal.[26]

El aludido artículo 131 disponía cuanto sigue:

> *«Se regulará por Ley federal la situación jurídica de cualesquiera personas, incluyendo refugiados y expulsados, que, formando parte de la función pública al 8 de mayo de 1945, hayan abandonado el servicio por razones distintas de las del estatuto funcionarial o del régimen de remuneraciones y que hasta el momento presente no hayan sido empleadas o no lo hayan sido con arreglo a su categoría anterior. Se aplicará un régimen análogo para las personas, incluyendo los refugiados y los expulsados, que, teniendo el 8 de mayo de 1945 derecho a pensión, no reciban ya ninguna pensión por razones diferentes de las de tipo estatutario o basadas en régimen retributivo o no la reciban en la cuantía que les corresponda. Mientras no entre en vigor la Ley federal de referencia no se podrá hacer valer derecho alguno, salvo disposiciones adoptadas en otro sentido por los Estados regionales».*

Ese artículo fue luego desarrollado por la Ley del 131, que disciplinaría los casos relativos a la concesión de pensiones, entre otros, a los familiares de funcionarios públicos que habían sido destituidos luego del *Zusammenbruch*.

Dadas ya algunas someras pinceladas para ayudar a ubicarnos en el contexto en el cual fueron dictadas las primeras sentencias que impidieron la revocatoria de un acto que, en caso contrario, habría desconocido la confianza que su destinatario había puesto en él, y dejando por ahora de lado las atinadas críticas que han sido formuladas a la anterior regulación, pues ello escapa del objeto de nuestro estudio, corresponde entonces enfocarnos en el estudio jurídico de tales decisiones.

---

25 Muy fuertes y atinadas críticas le formula a esta regulación pueden encontrarse en el trabajo, arriba citado, de Perels.

26 *Vid.* Joachim Perels, "Die Übernahme der Beamtenschaft des Hitlers-Regime", en: *Kritische Justiz*, Vol. 37, N° 2, Nomos, 2004, pp. 186-193.

B. El caso pionero: la pensión de viudez (*Witwenpension)*

1. La sentencia del Tribunal Superior Administrativo de Berlín del 14 de noviembre de 1956

Como ya lo asomamos líneas atrás, la primera sentencia que aborda el tema de la protección de la confianza en el derecho alemán fue dictada el 14 de noviembre de 1956 por el Tribunal Superior Administrativo de Berlín, en el marco de una controversia disciplinada principalmente por las reglas contenidas en el artículo 131 de la Ley Fundamental y la Ley del 131.

En el caso que nos ocupa, la demandante, viuda de un Inspector (*Regierungsinspektor*) retirado del Servicio de Patentes del Reich en Berlín (*Reichspatentamt*) y fallecido en 1938, había sido titular de una pensión por viudez hasta el 9 de mayo de 1945, esto es, hasta el día del *Zusammenbruch*. La demandante, dicho sea de paso, vivía para ese entonces en un área que formaría luego parte de la zona de ocupación soviética.

Pues bien, mediante una comunicación oficial del 11 de marzo de 1953, la Administración le notificó a la demandante que tenía derecho a obtener una pensión, por encontrarse dentro de los supuestos establecidos por el artículo 131 de la Ley Fundamental, en concordancia con las disposiciones de la Ley del 131, en tanto y en cuanto se residenciara en una determinada circunscripción de Berlín Occidental dentro del plazo que mediante esa comunicación se le otorgaba.

Algunos meses después, el 7 de septiembre de 1953, la Administración expidió un segundo acto, mediante el cual le garantizó formalmente la inmigración para su establecimiento por tiempo indefinido en Berlín Occidental.[27] Dos meses más tarde, el 23 de noviembre de 1953, la Administración fijó la pensión en la suma de 258,99 Marcos alemanes mensuales con efectos retroactivos al 1° de septiembre de ese año.

La demandante procedió, tal y como se lo había indicado la Administración, a desplazarse a la República Federal de Alemania y esta-

---

[27] Tribunal Federal Administrativo, sentencia del 28 de octubre de 1959, VI C 88.57, BVerwGE 9, 251-257.

blecerse en Berlín Occidental, abandonando lo que hasta la fecha había sido su residencia. Empero, un año después de establecida en su nuevo hogar, mediante una comunicación del 10 de octubre de 1954, la Administración le notificó que había decidido suspender el pago de la pensión, por haber determinado que, como quiera que para el 8 de mayo de 1945, la demandante tenía su residencia en una zona de ocupación soviética, esto es, una zona que se hallaba fuera de la circunscripción de Berlín Occidental, esa Administración carecía de competencia por razón del territorio para haber expedido el acto administrativo inicial.

Se le informó, además, que, como quiera ya había caducado el plazo para hacer valer la pretensión para la obtención de la pensión ante la autoridad territorialmente competente, solo tenía la posibilidad de solicitar otro tipo de ayuda, vía seguro social. Y, por haber sido establecida la pensión en el monto de 258,99 Marcos alemanes mensuales, en tanto que la ayuda por vía del seguro social sería de tan solo 59,11 Marcos alemanes al mes, la Administración decidió solicitar, además, el reintegro de la diferencia entre ambas sumas por las pensiones ya saldadas.

La demandante interpuso el correspondiente recurso contencioso-administrativo de anulación por ante el Tribunal Administrativo de Berlín (*Verwaltungsgericht*) en contra del acto administrativo que revocó la concesión de la pensión. La demanda fue declarada con lugar en primera instancia.

En contra de esa sentencia, la Administración interpuso infructuosamente apelación ante el Tribunal Superior Administrativo de Berlín, que, en fecha 14 de noviembre de 1956, dictó lo que, según la doctrina y jurisprudencia alemanas, se ha calificado como la primera sentencia que expresamente rechazó la idea según la cual la contrariedad a derecho aparejaba la necesaria revocatoria de los actos administrativos.[28] El fallo sería luego atacado por la Administración mediante recurso de revisión interpuesto por ante el Tribunal Federal Administrativo, que decidió de manera definitiva el asunto a través fallo del 28 de octubre de 1959, al confirmar la decisión del Tribunal Superior.

Pues bien, la sentencia del Tribunal Superior Administrativo de Berlín comienza por analizar la legalidad del acto administrativo fa-

---

[28] Achim Fuhrmanns, *Op. Cit.*, p. 6.

vorable mediante el cual se le concedió la pensión a la demandante, para concluir, de manera tajante, que el mismo era contrario a derecho. De hecho, la sentencia reconoce que la Administración realmente había obrado fuera de su competencia territorial para expedir el acto administrativo, porque la demandante había estado residenciada en un área, luego declarada como parte de la zona de ocupación soviética para el momento del *Zusammenbruch*. En consecuencia, se afirma, que la demandante efectivamente no tenía derecho o pretensión alguna a la pensión erróneamente concedida. No había, pues, duda alguna sobre la ilegalidad – *lato et improprio sensu* – del acto administrativo inicial.

No obstante ello, término seguido el Tribunal pasa a dilucidar el argumento central hecho valer por la Administración, según el cual la posibilidad de revocar en cualquier momento los actos administrativos favorables contrarios a derecho era una suerte de derecho reconocido, y que, más bien, los funcionarios públicos tendrían incluso un deber de revocarlos. El Tribunal desecha el argumento y concluye que, pese a la evidente contrariedad a derecho del acto administrativo favorable, la Administración autora no podía haberlo revocado, pues la confianza y la buena fe de la demandante debían haber sido protegidas.

Para fundamentar su conclusión, la sentencia analiza el acto administrativo que concede la pensión, así como el acto posterior que la revoca. En propósito, destaca que la concesión de la pensión es un acto favorable y que el acto que la revocó es, en esencia, un acto de gravamen, y que como todo acto desfavorable requería de un fundamento jurídico, el cual, en criterio del Tribunal no existió en el caso de la especie. Siguiendo este orden de ideas, la sentencia hace una precisión clave o fundamental, al afirmar, en términos, por demás claros y tajantes, que:

> *"...del principio de legalidad de la Administración no puede derivarse un poder ilimitado o, menos aún, un deber del funcionario, para revocar el acto contrario a derecho... [pues]... el sentido del mencionado principio es ser una norma de protección para el ciudadano."*[29]

---

[29] Tribunal Federal Administrativo, sentencia del 28 de octubre de 1959, VI C 88.57, BVerwGE 9, 251-257, pp. 2-3.

La sentencia hace una interesante comparación, pues sostiene que la conservación de un acto administrativo contrario a derecho es perfectamente admisible y que no debe extrañar, pues lo mismo sucede con el acto administrativo desfavorable contrario a derecho en contra del cual no se ejerció el correspondiente recurso antes del vencimiento del plazo.[30] En ambos casos, pese a la ilegalidad – *lato et improprio sensu* – los actos pueden conservar, como de hecho las conservan, su vigencia y eficacia.

Luego de descartar de manera categórica la existencia de un principio general del derecho, de acuerdo con el cual se permitiría a la Administración revocar libremente un acto administrativo favorable al administrado, simplemente por resultar contrario a derecho, la decisión deja abierta una válvula excepcional de escape, y sostiene que la tal revocatoria sería únicamente admisible ante la presencia de un "*ineludible*" (*zwingenden*) interés público predominante o prevalente.

Y, cónsona con la distinción que, en atención a su ubicación en la estructura de la norma, la doctrina alemana hace entre potestades discrecionales y conceptos jurídicos indeterminados,[31] la decisión descarta

---

30 Tribunal Federal Administrativo, sentencia del 28 de octubre de 1959, VI C 88.57, BVerwGE 9, 251-257, p. 3.

31 Resumiendo en este punto las enseñanzas de Maurer, que no hacen más que recoger el desarrollo pacífico de la doctrina y jurisprudencia alemanas, resulta menester recordar que las potestades discrecionales se manifiestan del lado de la consecuencia jurídica de la norma, al atribuir a un mismo y único supuesto de hecho una pluralidad de posibilidades contenidas en, precisamente, esa multiplicidad de consecuencias jurídicas, en tanto que los conceptos jurídicos indeterminados son un problema del supuesto de hecho de la norma (Maurer, Hartmut, *Allgemeines Verwaltungsrecht*, 15ta Edición, C. H. Beck, Múnich, 2004, pp. 134 y 142). En otras palabras, desde el punto de vista lógico, o más cronológico, el problema del concepto jurídico se nos presenta siempre en la primera mitad del proceso de aplicación de la norma, esto es, al momento de la subsunción, pues para poder contrastar unos hechos concretos con el supuesto normativo deben aclararse todos los elementos contenidos en la descripción normativa; en tanto que la discrecionalidad, cuando se está en presencia de ella, únicamente se presenta en la segunda fase de dicho proceso, esto es, cuando corresponde a la Administración decidir cuál alternativa normativa (múltiples consecuencias jurídicas) elegirá para el caso en concreto. La anterior precisión tiene consecuencias, entre otros aspectos, por lo que respecta al control judicial de las decisiones en las que nos encontramos en presencia de alguna de estas dos figuras. Así, el juez, puede controlar libremente el uso de los conceptos jurídicos indeterminados, pues la operación que realiza al definir si se está en presencia o no del concepto jurídico indeterminado objeto de examen, proceso que, como bien se sabe, no admite soluciones o resultados interme-

la existencia de tales potestades al momento en que la Administración decide un asunto como el de marras, pues, así lo dice el fallo, la noción "*interés público*" es un concepto jurídico indeterminado y no entraña potestades discrecionales.[32] En efecto, la decisión reza textualmente así:

> *«La decisión al respecto no es una decisión discrecional. El "interés público" es un concepto jurídico indeterminado, cuyo contenido resulta en casos individuales de la valoración jurídica de los intereses en conflicto, es decir, los de la autoridad administrativa para revocar el acto administrativo ilícito y los del beneficiario a ser protegido en su confianza en la vigencia de dicho acto».*[33]

Al analizar el caso en concreto, la decisión consideró que la demandante, obrando de buena fe, había tomado todas las medidas requeridas para su mudanza y asentamiento definitivo en la zona de Berlín Occidental según lo indicado por la Administración, y que no podría habérsele exigido el deber de conocer la regulación aplicable. Más aún, el Tribunal consideró que, en atención a la situación política que para el momento se vivía, la demandada no podía deshacer su mudanza y volver a la zona de ocupación soviética.

Finalmente, la protección de la confianza, dice el fallo, no podría haberse visto disminuida por el simple hecho de que el acto contrario a derecho constituyese un mandato para llevar a cabo prestaciones periódicas por un tiempo indefinido, pues, pese al compromiso presupuestario, la exigencia de cumplimiento de las aludidas prestaciones en las que se confió se basaba en la buena fe de la demandante.

---

dios (*tertium non datur*), es la misma que realizó previamente la Administración al apreciar las circunstancias de modo, tiempo y lugar para concluir si se está en presencia o no del concepto jurídico determinado del que se trate. Lo que queda claro es que la presencia de un concepto jurídico determinado en una norma no guarda absolutamente ninguna relación con la existencia o no de potestades discrecionales, todo lo cual puede confirmarse cuando observamos normas que confieren facultades plenamente regladas pero que en su supuesto de hecho tienen un concepto jurídico indeterminado que es preciso concretar para lograr la operación de subsunción.

32 Tribunal Superior Administrativo de Berlín, sentencia del 14 de noviembre de 1956, VII B 12.56, juris.

33 Tribunal Superior Administrativo de Berlín, sentencia del 14 de noviembre de 1956, VII B 12.56, juris.

En consecuencia, el Tribunal Superior Administrativo de Berlín declaró sin lugar la apelación. Esa decisión, tal y como ya lo advertimos, fue luego impugnada por la Administración por ante el Tribunal Federal Administrativo.

2. La sentencia del *Bundesverwaltungsgericht* del 28 de octubre de 1959

Luego de hacer un recuento pormenorizado sobre la relación de los hechos que dieron lugar al asunto, así como de revisar los motivos considerados por el Tribunal Superior Administrativo de Berlín, el Tribunal Federal Administrativo declara sin lugar la revisión.

No obstante, como suele ser propio de los tribunales de última instancia, el Tribunal Federal Administrativo comienza por marcar distancia respecto de las tajantes consideraciones que había hecho la sentencia revisada, en relación con la discusión sobre la existencia o no de un principio general según el cual los actos administrativos favorables contrarios a derecho pueden ser, por la simple contrariedad a derecho, libremente revocados. Recordemos que el Tribunal Superior Administrativo de Berlín había llegado al punto de negar la existencia de un principio general como el mencionado. El Tribunal Federal Administrativo reconoció, empero, que aun cuando existen ciertas excepciones desarrolladas por su propia jurisprudencia, la existencia del principio en sí mismo no podía ser puesta en duda.

El Tribunal Federal Administrativo ahonda, a diferencia del Tribunal Superior Administrativo de Berlín, en el tema de los efectos retroactivos del acto administrativo que había revocado la pensión, pues, como lo expusimos previamente, la decisión, además, había requerido de la demandante el reintegro de las sumas que habían sido ya pagadas durante prácticamente un año. Consideró el Tribunal que la pretensión de reintegro constituía una flagrante violación de la buena fe de la demandante.

Una vez más la impugnación de la Administración fue declarada sin lugar y la sentencia confirmada, en lo que se convertiría en el primer acto de la "*marcha triunfal*" de la protección de la confianza.

C. El desarrollo del principio en las subsiguientes decisiones del *Bundesverwaltungsgericht*

Con posterioridad al fallo en el caso de la pensión de viudez, pero antes de pronunciarse sobre su revisión, ya el Tribunal Federal Administrativo había tenido ocasión de confrontarse en varias decisiones con el tema en cuestión. En efecto, la primera sentencia del Tribunal Federal Administrativo que abordó el asunto fue la dictada el 25 de octubre de 1957, en otro caso relacionado con la revocatoria de una pensión a una desplazada alemana.

El incidente surgió con ocasión de la demanda interpuesta por la exesposa de Jefe de Departamento (*Abteilungsleiter*) de los Servicios Públicos Municipales de un poblado en Silesia, región que había sido ocupada por las fuerzas Nazis y que luego del fin de la guerra había sido parcialmente cedida a Polonia.

Hacia la primavera de 1945, la demandante – al igual que el resto de los habitantes alemanes de la región – fue expulsada de dicho territorio, aunque la expulsión de su marido no pudo llevarse a cabo por encontrarse este recluido en un centro de salud debido a una severa enfermedad pulmonar. Dos años más tarde, se produciría finalmente la expulsión del esposo, quien pasaría a estar bajo el cuidado de la demandante, razón por la que se encargaría ella de administrar la pensión con la que el esposo ya contaba. Su divorcio ocurriría más tarde, en 1950.

Luego de su divorcio, mediante una comunicación de diciembre de 1953, la Administración le concedió a la demandante una pensión vitalicia de vivienda, a título de compensación por la pérdida de su "*base de subsistencia*" (*Existenzgrundlage*) a raíz de los daños de guerra por ella experimentados, todo de acuerdo con la Ley de compensación de cargas (*Lastenausgleichsgesetz*) de 1952. Esta ley, dicho sea de paso, tenía por objeto garantizar ciertas ayudas económicas a los alemanes que habían sufrido menoscabos patrimoniales durante la guerra, tales como, *exempli gratia*, la pérdida del hogar producto de bombardeos o el haber sido desplazados o refugiados, entre otros.

No obstante, dos años más tarde, mediante una nueva comunicación de octubre de 1955, la Administración decidió suspender el pago de la pensión, fundamentándose para ello en que supuestamente el estado de necesidad de la demandante que había dado pie a la concesión de la renta vitalicia, realmente no habría sido producto directo de un daño de guerra que ella hubiere experimentado, sino que, por el contrario, su situación de necesidad derivaba directamente de la separación de su esposo, producto del divorcio, pues el hogar común se mantenía fundamentalmente a través de la pensión de aquel.

Luego de las correspondientes reclamaciones en sede administrativa, la demandante acudió ante el Tribunal Administrativo Regional (*Landesverwaltungsgericht*). La demanda interpuesta, empero, resultó infructuosa. La sentencia se fundamentó principalmente en el hecho que las condiciones legales para la expedición del acto nunca llegaron a ser satisfechas y, por tanto, el acto de concesión de la pensión carecía de fundamentos, algo que, en nuestra terminología, podríamos asimilar al falso supuesto de hecho. Luego, razona la sentencia, la protección de la confianza debía ceder ante el interés de no mantener indefinidamente en el tiempo una prestación pecuniaria a favor del particular erradamente concedida y en una hipótesis que no había sido prevista por el Legislador.

De la apelación del fallo conoció el *Bundesverwaltungsgericht*, mediante la decisión del 25 de octubre de 1957. El Tribunal, luego de analizar, si a la luz de la normativa en vigor resultaba posible revocar un acto administrativo favorable contrario a derecho que había adquirido ya firmeza, procedió a dejar por sentado que

> *"...hay que ponderar entre el interés público, fundamentalmente afirmativo, consistente en... la aparentemente deseable, incluso necesaria, eliminación de las consecuencias de la aplicación errónea de la ley por parte de la Administración, y los intereses individuales del ciudadano beneficiario, quien con razón no quiere ser engañado en su confianza en la estabilidad decisiones oficiales."*[34]

De esta manera el Tribunal Federal Administrativo revocaría la sentencia del Tribunal Administrativo Regional.

---

[34] Tribunal Federal Administrativo, sentencia del 25 de octubre de 1957, III C 370.56, BVerwGE 5, 312-315, p. 5.

Dos años más tarde, mediante fallo del 24 de abril de 1959, el Tribunal Federal Administrativo resolvería otro asunto originado por la revocatoria de una pensión concedida a la viuda de un soldado de profesión, quien había iniciado su carrera en el ejército en 1886 y se había desempeñado como comandante de una brigada de caballería durante la primera guerra mundial, hasta que, en el año 1919, ya con el cargo de coronel, pasó a situación de retiro, para luego fallecer en el año 1942.

Mediante una comunicación del 28 de abril de 1953, la Administración concedió una pensión por viudez a quien luego sería la demandante. Dos años después, mediante una nueva comunicación, la Administración revocó la primera comunicación y fijó un nuevo monto para la pensión, esta vez inferior al que había sido inicialmente establecido, invocando a tales efectos que el rango que su esposo detentaba al momento del fallecimiento, debía clasificarse en un grupo diferente al que lo había sido inicialmente. Por añadidura, la Administración resolvió descontar una suma fija mensual para realizar un reintegro paulatino de las sumas que se consideraron pagadas en exceso por la errónea clasificación en un grupo al que no pertenecía en razón de su rango.

Al conocer el fondo del asunto, sostuvo la sentencia que:

> *"En todo caso, resulta fundamentalmente inadmisible la revocatoria de un acto administrativo incorrecto con efecto para el pasado en materia de protección de la confianza del interesado...*
> *Una determinación oficial incorrecta, que daría lugar a pagos de pensión superiores a la pensión legal, podría poner al beneficiario de la pensión en una posición tal que su confianza en la legalidad y continuidad del acto de determinación mereciera protección contra la revocatoria".*[35]

Por otra parte, la sentencia realiza una serie de consideraciones de interés, en relación con algunas circunstancias que pueden descartar la existencia de una situación de confianza. En efecto, la sentencia admite que sí

[35] Tribunal Federal Administrativo, sentencia del 25 de octubre de 1957, III C 370.56, BVerwGE 5, 312-315, p. 13.

> *"...se permitiría la revocatoria retroactiva en el caso que la ilegalidad del acto administrativo hubiera sido causada por circunstancias que se debieron simplemente a la culpa del beneficiario".*[36]

D. La línea jurisprudencial nacida con ocasión de los casos estudiados

Los fallos precedentemente comentados dieron nacimiento a una importante línea jurisprudencial que se mantiene hasta la actualidad y que supuso un hito histórico que luego se trasladaría a la otrora Comunidad Europea, así como a sus países miembros y a otros de distantes latitudes.[37]

A la luz de ese criterio jurisprudencial, el principio de protección de la confianza se consolidó como una de herramienta de limitación a la libre revocabilidad de los actos administrativos favorables contrarios a derecho. A partir de esas decisiones, la revocabilidad de este tipo de actos administrativos ha dejado de ser "*libre*", mucho menos obligatoria.

Ahora, la Administración no puede limitarse a invocar, como fundamento de su revocatoria, el simple interés general en el mantenimiento del principio de legalidad objetivamente considerado, sino que ante la existencia en el caso en concreto de un interés individual en el mantenimiento de una situación jurídica subjetiva que se encuentre amparada por confianza, debe necesariamente ponderar y resolver el conflicto entre ambos valores o principios, y, de ser el caso, proteger dicha confianza aún por encima del principio de legalidad. Por eso, insistimos, se dice que estas sentencias constituyeron la "*marcha triunfal*" del principio de protección de la confianza.

Con esta línea jurisprudencial queda claro quién, al menos en principio, debe prevalecer en el conflicto entre el principio de legalidad y el de protección de la confianza y que, solo en ocasiones excepcionales, se puede invertir el resultado. Para tales casos, sin embargo, se incor-

---

36 Tribunal Federal Administrativo, sentencia del 25 de octubre de 1957, III C 370.56, BVerwGE 5, 312-315, p. 14.

37 Aun cuando durante ese período fueron dictados más decisiones relacionadas con el tema, por razones de espacio hemos circunscrito nuestro examen a los fallos primigenios.

pora al partido un nuevo jugador del equipo del estado de derecho: la responsabilidad patrimonial extracontractual (por sacrificio particular).

Finalmente, una década más tarde, el Tribunal Federal Constitucional (*Bundesverfassungsgericht*) se uniría a la jurisprudencia del Tribunal Federal Administrativo ampliando la discusión sobre la protección de la confianza, ahora, frente la actuación del Legislador.[38]

E. El reconocimiento legislativo del principio de protección de la confianza en la Ley de Procedimientos Administrativos

Los avances jurisprudenciales del Tribunal Federal Administrativo y del Tribunal Federal Constitucional continuarían liderando el tema de la protección de la confianza, hasta que el Legislador tomó cartas en el asunto, casi 25 años luego de la primera sentencia en el caso de la pensión de viudez.

Así, la puesta en vigor de la Ley de Procedimientos Administrativos (*Verwaltungsverfahrensgesetz*), el 1° de enero de 1977, supuso la primera regulación federal omnicomprensiva del principio de protección de la confianza.

Luego de la entrada en vigencia de la Ley Fundamental y la consecuente creación de la República Federal de Alemania, la Ley de Procedimientos Administrativos vino a convertirse en el primer intento exitoso de codificación de las normas que regirían, a nivel federal, no solo el procedimiento administrativo en sí, sino también el derecho administrativo sustantivo relacionado con dicho procedimiento.[39]

Siguiendo este orden de ideas, la Ley de Procedimientos Administrativos (*Verwaltungsverfahrensgesetz*) cobra capital importancia a los efectos de nuestra materia, pues en ella se reguló expresamente un catálogo de casos relacionados con la revocatoria de los actos administrativos contrarios a derecho (§ 48 *Rücknahme eines rechtswidrigen Verwaltungsaktes*) y de los actos administrativos conformes a derecho (§ 49 *Widerruf eines rechtmäßigen Verwaltungsaktes*) y su relación con la protección de la confianza.

---

[38] Achim Fuhrmanns, *Op. Cit.*, p. 6.

[39] Hartmut Maurer, *Op. Cit.*, pp. 99-103.

Vale la pena concluir nuestros comentarios, incorporando a nuestro texto las reglas establecidas por el § 48 de la aludida ley. En efecto, el parágrafo mencionado dispone cuanto sigue:

"§ 48. Revocatoria de un acto administrativo contrario a derecho

(1) Un acto administrativo contrario a derecho, incluso después de ser firme, puede ser revocado enteramente o en alguna de sus partes con efectos retroactivos o futuros. Un acto administrativo que concede o confirma un derecho o una ventaja jurídicamente relevante solo puede ser revocado con las limitaciones impuestas en los párrafos 2 a 4 de este parágrafo.
(2) Un acto administrativo contrario a derecho que reconoce derecho a una prestación administrativa pecuniaria, sea única o periódica, o que constituye condición para la prestación de bienes divisibles, no puede ser revocado cuando el beneficiario ha confiado en la validez del acto administrativo y su confianza es digna de protección tomando en consideración el interés público de la anulación. Como regla general se considera que la confianza en la validez del acto es digna de protección cuando el beneficiario haya hecho uso de las prestaciones o haya dispuesto de los bienes en tal forma que no pueda o que solo pueda restituirlos en condiciones notoriamente desventajosas. El beneficiario, sin embargo, no podrá invocar confianza en la validez del acto cuando aquel:
1. Hubiere provocado el acto administrativo mediante engaño, amenaza o cohecho.
2. Hubiere provocado el acto administrativo mediante informaciones en esencia inexactas o incompletas.
3. Hubiere conocido la ilegalidad del acto administrativo o no la conociera como consecuencia de su grave negligencia.
En el supuesto del número 3 de este párrafo, como regla general procede la revocatoria del acto administrativo con efectos retroactivos.
(3) Cuando se revoque un acto administrativo ilegal no incluido entre los referidos en el párrafo 2 de este parágrafo, la autoridad, a petición del interesado, debe compensar los perjuicios patrimoniales sufridos por el interesado como consecuencia de su confianza en la validez del acto administrativo, cuando su confianza sea digna de protección en adecuación con el interés público. Debe aplicarse

el párrafo 2, número 3. Sin embargo, la compensación del perjuicio patrimonial no debe ser superior al interés real que tenga el interesado en la conservación del acto administrativo. La autoridad administrativa determinará el perjuicio patrimonial que debe ser compensado. La reclamación sólo puede presentarse en el plazo de un año, plazo que empezará a contarse a partir del momento en que la autoridad así lo advierta al interesado.
(4) Cuando lleguen a conocimiento de la autoridad circunstancias que justifiquen la revocatoria de un acto administrativo contrario a derecho, la revocatoria solo será admisible dentro del plazo de un año contado desde el momento en que las citadas circunstancias llegaron al conocimiento de la autoridad. Lo anteriormente dispuesto no aplica en el supuesto del párrafo 2, punto 3, número 1.
(5) La revocatoria de un acto administrativo firme la decide la autoridad competente con arreglo al § 3. Lo dispuesto anteriormente es de aplicación cuando el acto administrativo a revocar fue dictado por otra autoridad." [40]

CONCLUSIONES

Sin duda alguna, la dilatada forja del ideario sobre el principio de seguridad jurídica y sus implicaciones en la protección de las situaciones jurídicas subjetivas de los individuos frente a la arbitrariedad rindieron sus frutos. Como corolario de aquel, el principio de protección de la confianza se erigió como el Caballo de Troya que terminó por dinamitar el adjetivo "*libre*" con el que se solía acompañar a las diversas expresiones de la potestad revocatoria de la Administración, en relación con sus actos favorables.

Las sentencias estudiadas marcaron un hito histórico en la evolución del Derecho Administrativo, pues pusieron un límite o cortapisa al (mal) empleo del principio de legalidad objetivamente considerado,

---

[40] Advertimos al lector que los efectos de la traducción del parágrafo 48 de la Ley hemos tomado como punto de partida la traducción hecha en la publicación: "La Ley de Procedimiento Administrativo de la República Federal Alemana", en: *Revista de Administración Pública*, N° 83, 1977, pp. 477-540, la cual hemos actualizado a la versión vigente de la Ley y hemos ajustado en nuestro criterio.

evitando que su mera invocación sirviera para atropellar la confianza del ciudadano en la actividad administrativa.

Aunque huelga decirlo, ello, por supuesto, no supone que la Administración ya no pueda revocar sus actos contrarios a derecho, sino que para hacerlo deberá necesariamente revisar si tal revocatoria podría desconocer la confianza del interesado. En caso que ese dilema o conflicto se plantee, la Administración deberá necesariamente ponderar todos los intereses en juego para resolver el conflicto entre el interés general – representado por la conservación del acto sugerida por el principio de legalidad – y el interés particular del afectado – representado la necesidad de protección de su situación jurídica por el principio de la protección de la confianza–. Si los extremos necesarios para considerar que en el caso existe una confianza digna de protección, el resultado deberá apuntar – al menos en principio – al respeto de dicha situación, incluso por encima del principio de legalidad. Sin embargo, cuando, por razones ineludibles de interés público, y aun ante la existencia de una situación de confianza digna de protección, resultare estrictamente necesaria[41] la eliminación del acto, habrá entonces de considerarse la eventual indemnización del particular afectado.

Estas sentencias le proporcionaron al principio de protección de la confianza el peso específico que requería para poder equilibrar en este caso puntal la balanza del sempiterno conflicto entre el interés general y el interés particular. Y es que, al final del día, de eso es de lo que trata el Derecho Administrativo, de equilibrio, ¿no?

---

41 Y cuando decimos estrictamente necesaria, lo hacemos aludiendo directamente al principio de proporcionalidad, particularmente al test de necesidad, también conocido como el *Übermaßverbot*, ampliamente desarrollado también por la doctrina alemana (Steffen Detterbeck, *Allgemeines Verwaltungsrecht mit Verwaltungsprozessrecht*, 7ma Edición, C. H. Beck, Múnich, 2009, p. 74).

UNAS PINCELADAS A MODO DE SUGERENCIA PARA UNA FUTURA Y EVENTUAL TEORÍA SOBRE EL DERECHO ADMINISTRATIVO

JUAN MANUEL ALEGRE ÁVILA*
ANA SÁNCHEZ LAMELAS**

SUMARIO

Aviso. El Derecho Administrativo como Derecho de las Administraciones públicas [apartado **Uno**]. *La concepción subjetiva del Derecho Administrativo: la insuficiencia de las concepciones funcionales o materiales como nódulos explicativos del Derecho Administrativo. La actividad de la Administración pública: la actividad formalizada y la actividad técnica o material* [apartados **Dos** a **Cuatro**]. *La invalidez de los actos administrativos: la necesaria superación de la dicotomía nulidad/anulabilidad* [apartado **Cinco**]. *El servicio público: reserva de este rótulo para las actividades asumidas en régimen de monopolio por la Administración pública* [apartado **Seis**]. *El patrimonio de las Administraciones públicas: bienes de dominio público o bienes demaniales y bienes patrimoniales. La autorización como única técnica sobre la que articular el aprovechamiento por los particulares de los bienes públicos* [apartados **Siete** y **Ocho**]. *El carácter contractual de las concesiones demaniales. Las reservas demaniales* [apartados **Nueve** y **Diez**]. *El contratista como concesionario de la Administración pública: su configuración como delegado o mandatario ejerciente de funciones públicas* [apartado **Once**]. *La responsabilidad patrimonial o civil extracontractual de las Administraciones públicas: la doctrina del riesgo como eje ancilar de la referida responsabilidad. La inconveniencia de la llamada "cláusula de la ciencia y de la técnica* [apartados **Doce** y **Trece**]. *La modulación de la responsabilidad patrimonial o civil extracontractual de las Administraciones públicas en el ámbito del servicio de la sanidad. Las prestaciones médico-sanitarias como obligaciones de medios, no de resultados: el vaciamiento de la "cláusula de la ciencia y de la técnica"* [apartados **Catorce** a **Veinte**]. *La Administración pública como persona jurídica. La personalidad jurídica como centro de imputación de derechos y obligaciones: el mito de la persona jurídica como organización dotada formalmente de personalidad jurídica* [apartado **Veintiuno**]. *La personalidad jurídica del Estado-ordenamiento: el Estado*

* Catedrático de Derecho Administrativo de la Universidad de Cantabria. Exletrado del Tribunal Constitucional.

** Profesora Titular de Derecho Administrativo de la Universidad de Cantabria.

como persona jurídica. La responsabilidad del Estado-legislador [apartados **Veintidós** y **Veintitrés**]. *El Derecho Administrativo sancionador: ¿Un derecho pre-beccariano...aún a día de hoy?* [apartados **Veinticuatro** a **Treinta y cinco**]. *La contratación del sector público: una normativa poliédrica y profusa, de carácter predominantemente <procedimental>: la regulación contractual como disciplina <para> la adjudicación de los contratos del sector público* [apartados **Treinta y seis** a **Cuarenta**]. *Subvenciones y sector público institucional: el eventual otorgamiento del ejercicio de potestades administrativas a entidades del sector público institucional que no tienen la consideración de administraciones públicas* [apartados **Cuarenta y uno** a **Cuarenta y tres**]. *El empleo público: la distorsión de la doctrina constitucional por mor de la proliferación de entidades integrantes de los sectores públicos institucionales que no tienen la consideración de administraciones públicas* [apartados **Cuarenta y cuatro** a **Cuarenta y nueve**]. *La legislación procesal administrativa: una veneranda normativa precisada de una debida y adecuada puesta al día* [apartados **Cincuenta** a **Cincuenta y seis**].

Aviso.- Las líneas que siguen, aquí y ahora, no tienen otro propósito sino adelantar, a modo de bosquejo o guion, unas líneas-fuerza o vectores sobre los que articular una futura, y eventual, teoría o concepción del Derecho Administrativo. Un bosquejo o guion a modo de decantación de un hatillo de ideas, si pueden merecer tan solemne calificación, que han ido perfilándose a lo largo de las últimas décadas, más bien en los ratos perdidos que otros quehaceres o su ausencia no han cubierto, en el ánimo de quienes esto firman. Un hatillo de ideas que, empero [la contradicción es inherente a la cosa humana] no pretenden en modo alguno transformarse en una *teoría* completa y acabada y, por ende, cerrada, siquiera sea por una congénita aversión a todo lo que huela a *sistema*, a afán explicativo y comprensivo de una *totalidad* coherente y sin fisuras. Tal pretensión, sobre exceder notoriamente de unas fuerzas siempre limitadas, no se compadece con lo que entendemos es el límite, el confín de toda labor intelectual, enhebrar, de manera siempre contingente, un cordaje en el que ensartar una realidad poliédrica y proteica, cuya vitalidad acaba, más pronto que tarde, por rebalsar los *sólidos* muros de todo edificio conceptual que se pretenda más o menos permanente y definitivo. Sea como fuere, sirvan estas líneas de homenaje a la doctora Cecilia Sosa Gómez en la ocasión de su jubilación académica.

Uno.- El Derecho Administrativo *es*, *debe* seguir siendo, el Derecho de las Administraciones Públicas. Unos sujetos dotados de una peculiar posición aglutinada sobre la noción de *poder público*, de *potestad administrativa*, en cuya virtud encauzan, ordenan la actuación de otros sujetos de derecho en aquellos ámbitos [siempre contingentes, cambiantes] que en cada momento el *legislador* ha seleccionado, acotándolos así, como objeto de la acción de aquéllas. Donde no hay intervención de las Administraciones Públicas *no* hay, no puede haber, Derecho Administrativo.

Dos.- Las *teorías* o *concepciones* que tratan de dar cuenta del Derecho Administrativo sobre criterios o nociones de índole *funcional* o *material* [el último intento en tal sentido, la función de *regulación económica* o *regulación*], con carácter unitario o de manera sincrética con la perspectiva *subjetiva* u *orgánico-subjetiva* se topan de modo ineluctable con un valladar infranqueable, la misma contingencia o variabilidad de aquellas *funciones* o *materias.* Más aún, la veneranda noción *servicio público* [paradigma de esa veta proteica que subyace al mismo Derecho Administrativo] se ha revelado, a pesar de su extraordinaria potencialidad, inane frente a la concepción *subjetiva* como venero explicador global de esta rama del ordenamiento jurídico...salvo, naturalmente, que se incurra en la tautología de sostener que *todo* lo que hacen las Administraciones Públicas *es*, en tanto que proveniente de aquéllas, *servicio público.*

Tres.- La *actividad* de las Administraciones Públicas puede desglosarse en dos grandes apartados, a saber: *una*.- la actividad *formalizada*, esto es, la que, a través del oportuno *procedimiento administrativo*, se traduce en el dictado de [mantengamos el rótulo clásico] *actos administrativos*, decisiones unilaterales de carácter ejecutivo [una *ejecutividad* que, como el haz y el envés, como las dos caras de una misma realidad, viene impregnada de dos atributos, la *presunción de validez* -dimensión o vertiente *estática*- y la *eficacia* -dimensión o vertiente *dinámica*-, que respecto de los actos administrativos de contenido *positivo*, esto es que imponen al destinatario una prestación de *dar* o de *hacer*, es signada como *ejecutoriedad*; dos.- la actividad *técnica* o *material*, la que *stricto sensu* dice relación con *prestaciones* emanadas de las Administraciones Públicas que implican la recepción por los administrados de un *queha-*

cer o actuación de esta índole, en puridad, una prestación de *dar* o *hacer* que no encuentra su razón de ser en la cobertura de un *acto administrativo* como título jurídico sino directamente en los *deberes* impuestos por el ordenamiento jurídico a las Administraciones Públicas.

Cuatro.- La actividad *formalizada* de las Administraciones Públicas se desenvuelve mediante el dictado de *actos administrativos*, actos jurídicos que, de acuerdo a la convencional tripartición de las *formas de acción administrativa*, son expresión ya del *control/policía* ya del *fomento* que a aquéllas incumbe. La primera, vinculada a la que, ahora en términos de modelos o tipos de Estado, tiene su correspondencia en el Estado *liberal* de derecho, esto es, al módulo de *control* en tanto que [en el ámbito, se insiste, acotado a la *intervención* de los poderes públicos] verificación de la legalidad de la actuación pretendida por los particulares, y cuya técnica por antonomasia es la *autorización* o *licencia* [hoy, también, la *declaración responsable* y la *comunicación previa* o *comunicación* a secas]. La segunda, anudada, dicho siempre de manera arquetípica y en absoluto con un sesgo de exclusividad, incompatible, por contraposición, con la antes señalada, la segunda, decía, enderezada a *visibilizar* el Estado *social* de derecho. El acto administrativo, así pues, decisión ejecutiva dotada de los atributos antes reseñados cuya conformidad al ordenamiento jurídico puede ser discutida jurisdiccionalmente a fin de desvirtuar esa *presunción de validez* con la que, por estrictas razones de operatividad, vale decir en tanto que fundamento de su eficacia, nacen a la vida jurídica esas declaraciones emanadas en ejercicio de lo que ha dado en llamarse *auto-tutela declarativa* [la *auto-tutela ejecutiva* o, por mejor decir, *ejecutoria* no es sino el correlato, en el plano de la *eficacia*, de aquélla].

Cinco.- Una presunción de validez cuyo reverso es, naturalmente, la eventual *invalidez* del acto administrativo. Una *invalidez* que no es sino el trasunto de la noción *ordenamiento jurídico*, esto es, del binomio *norma jurídica/decisión singular*, como especies del género *acto jurídico*, y que ha de concebirse como categoría *unitaria*, sin distingos, pues, entre *nulidad* [radical, absoluta o de pleno derecho] y *anulabilidad* [meros convencionalismos legales a los que, por otra parte, no se asignan regímenes jurídicos nítidamente diferenciados]; menos aún en cuanto a los *efectos* de la eventual declaración de invalidez, que no consiente así [por lo demás desmentida por el propio legislador] esa [distinción meramente académica] partición entre la eficacia *ex tunc* de la declaración de invalidez en el primer caso y la eficacia *ex nunc* en el segundo. Unos efectos, los de la declaración de invalidez, que en línea de principio han de ser en todo caso homogéneos y aun uniformes, siquiera por razones ligadas a una sedicente *seguridad jurídica* den en parar en el *mantenimiento* [siempre por decisión del legislador, según la modulación en cada caso introducida por la jurisprudencia] de los actos *firmes* por consentidos, esto es, los no recurridos en tiempo y forma. Un *mantenimiento* al que, siempre en línea de principio, cabe oponer la radical *susceptibilidad de impugnación* de aquellas decisiones singulares que traigan causa no ya de decisiones *normativas* que presten amparo a aquéllas [el convencional *recurso indirecto contra reglamento*] sino incluso de decisiones singulares anteriores, no recurridas por hipótesis, que se erijan en fundamento, vale decir en *causa* o fundamento, en tanto que elemento objetivo del acto administrativo, de aquellas ulteriores decisiones singulares [éstas sí, por hipótesis, objeto de la pertinente impugnación].

Seis.- La *actividad técnica* o *material* de las Administraciones Públicas se ha vinculado tradicionalmente a las actividades de *servicio público*, entendida ahora esta expresión en el sentido arriba pergeñado, esto es, a las que, por decirlo con las mismas palabras antes consignadas, a las que dicen relación con *prestaciones* provenientes de las Administraciones Públicas que implican la recepción por los administrados de un *quehacer* o actuación de esta índole, en puridad, una prestación de *dar* o *hacer* que no encuentra su razón de ser en la cobertura de un *acto administrativo* como título jurídico sino directamente en los *deberes* impuestos por el ordenamiento jurídico a las Administraciones Públicas. Si ahora traemos, ya con un entendimiento no ya laso sino estricto, la noción *servicio público* como sintagma que rotula esa *actividad técnica* o *material* de las Administraciones Públicas, es de rigor reservar este nombre para aquellas actividades cuya titularidad *stricto sensu* es pública, esto es, en relación a aquellos cometidos o tareas cuya prestación incumbe en régimen de *monopolio* a una Administración Pública, bien que aquella prestación pueda ser eventualmente llevada a cabo por un *concesionario*, esto es, un *delegado* o *mandatario* de la Administración Pública titular de la correspondiente actividad. Así pues, respecto de aquellas otras actividades que consienten la titularidad *privada* [enseñanza, sanidad] y, por supuesto, en relación a *otrora* servicios públicos, *stricto sensu* o *impropios* o *virtuales*, ahora entregados, en virtud de la pertinente liberalización, a la competencia privada [los, por utilizar una terminología cara al Derecho de la Unión Europea, *servicios económicos de interés general*, comporten o no *obligaciones de servicio público* bajo la égida singular del *operador dominante* en el correspondiente sector], a estas otras actividades, en aras de la claridad conceptual y léxica, debe serles ajena el rótulo *servicio público*, cuyo empleo estaría necesitado de prolijas e innecesarias explicaciones.

Siete.- Las Administraciones Públicas son, en virtud de su capacidad de obrar, *propietarios*, titulares de bienes en sentido jurídico-civil, esto es, de cosas, muebles e inmuebles. La *teoría* de los bienes públicos distingue dos grandes categorías, los bienes de *dominio público* o *demaniales* y los bienes *patrimoniales*. Dos categorías cuya línea divisoria estriba en la noción de *afectación*, de suerte que los primeros [*dominio público natural* o por afectación *singular*] son aquellos que están destinados a un *uso* o *servicio público*, en tanto que los segundos, como bienes de propiedad *privada* de las Administraciones Públicas, devienen carentes de una *particular* afectación, constituyendo a lo sumo fuente de renta para la Administración propietaria. El *dominio público* o *demanio* viene dotado, como garantía de aquella *afectación* [*natural*, vale decir, en atención a la pertenencia del bien en cuestión a un determinado *género*, caracterizado por la concurrencia de determinados caracteres *físicos*, pasados, por supuesto, por el tamiz de la oportuna definición legal; o *singular*] de un peculiar régimen jurídico, sintetizado en la tríada clásica *inalienabilidad/imprescriptibilidad/inembargabilidad* [*sic*]; en tanto que, en principio, el de los bienes *patrimoniales*, sin perjuicio de las pertinentes singularidades o modulaciones, es el *común* u ordinario del Código Civil.

Ocho.- Tanto los bienes de *dominio público* o *demaniales* como los bienes *patrimoniales* son susceptibles de su *utilización* [debida en el primer caso en tanto que definidor de la misma noción de *afectación*] por los particulares. Una utilización que, fuera de los supuestos de *uso común*, *general* o *especial* [por acogernos a la sistematización canónica que codificara el Reglamento de Bienes de las Entidades Locales de 1955], se supedita a un régimen de *concesión/autorización* cuando, peculiaridades al margen, comporta un aprovechamiento *privativo*. Esta dualidad es de todo punto inconveniente, pues a diferencia de lo que ocurre en el caso de los bienes de dominio público destinados a un *servicio público* cuando éste se presta en régimen de concesión, el *usuario* privativo de un bien *demanial* no es ejerciente, a diferencia de lo que ocurre con el concesionario de un servicio público, de *funciones públicas* en sentido estricto. De ahí que, en línea de principio, el aprovechamiento *privativo* de un bien de dominio público deba sujetarse a un común régimen de *autorización*, que discipline el preciso contorno de las facultades de uso conferidas al titular de aquel aprovechamiento, siempre, obviamente, bajo el designio del no perjuicio para la integridad del bien público de que se trate [*demanial* o *patrimonial*]. Una integridad que, naturalmente, es dependiente de las características del bien de que se trate, pues, en ocasiones, como es notorio, aquel *aprovechamiento* [minas, pesca] comporta el *consumo* de *pertenencias* singulares, de suerte que en este caso la *integridad* del bien público ha de venir referida al *género*, no, por tanto, a cada una de sus especies o *individuos* singularmente considerados.

Nueve.- De esta *homogeneización* del aprovechamiento *privativo* de los bienes públicos se desprenden algunas e importantes consecuencias. Destaquemos dos. Así, en primer lugar, permite salir al paso del *discutido*, cuando no abiertamente negado, carácter *contractual* de la [a diferencia de la concesión de servicio público, cuya condición de tal nunca ha sido puesta en cuestión] *concesión demanial*. Esto es, el vínculo que se traba entre la Administración propietaria [sea de un bien de dominio público sea de un bien patrimonial] y el titular del aprovechamiento *privado* conferido por la oportuna *autorización* administrativa [que, a estos efectos, juega como *adjudicación*] es un *contrato* en sentido estricto, esto es, una relación de índole *patrimonial*, *onerosa*, de carácter *sinalagmático*, que engloba una serie de prestaciones *mutua* o *recíprocamente* condicionadas [sintéticamente, un precio o *canon*, cualquiera que sea la cuantía de éste, a cambio de un aprovechamiento privativo]. Una vez más, la afirmación de la índole contractual *stricto sensu* del vínculo entablado entre los dos sujetos de derecho concernidos permite desechar [un tópico más del entendimiento tradicional en este ámbito] la caracterización de la *concesión demanial* [*recte*: *autorización* del aprovechamiento privativo de un bien público] como *acto unilateral precisado de aceptación*. Esa confluencia de la *oferta* realizada por la Administración propietaria, siquiera bajo la veste de *autorización*, y de la oportuna *aceptación* de aquella oferta es, supuesto el contenido *patrimonial* del vínculo a que da lugar, un *contrato*.

Diez.- La segunda consecuencia que quiere destacarse es la atinente a las llamadas *reservas demaniales*, esto es, el apartamiento de determinados bienes, o porciones de bienes, de dominio público para su *uso* o *aprovechamiento* por la propia Administración Pública titular de los mismos. En este caso, el entendimiento clásico [que, en puridad, encubre un equívoco] postula que, excepcionalmente, la Administración propietaria puede *reservar* para sí la utilización de un bien, o porción del mismo, de dominio público, esto es, exceptuar, mediante el oportuno apartamiento, el régimen *ordinario* de utilización de los bienes *demaniales*. Dicho de otra manera, de acuerdo a este [tópico] entendimiento tradicional, la *vocación* ordinaria de los bienes de dominio público *es* [vale decir *debe ser*] su uso, común o especial, por la generalidad de los particulares y, en su caso, su uso privativo por algunos de aquéllos. Un entendimiento que parece hacer caso omiso de que la utilización por la Administración propietaria es *también* uso público, amén de no reparar en que, en su condición de *propietaria*, la Administración Pública ha de valorar la conveniencia de que el más *adecuado* aprovechamiento de los bienes de que es titular puede demandar aquella utilización *privativa*...por la misma Administración titular del bien de que se trate.

Once.- Precisamente, el ámbito contractual, por imperativo del Derecho comunitario europeo [hoy, de la Unión Europea] ha sido utilizado como atalaya por los contradictores de la *concepción subjetiva* para postular su superación. ¿Cómo cohonestar, se arguye, tal entendimiento del Derecho Administrativo cuando entidades de derecho privado han de sujetar su contratación a las exigencias dimanantes del principio de libre competencia en el acceso a una contratación formalmente *privada* pero sustentada en dinero *público*? Objeción sólo aparentemente sólida, pues, en definitiva, el adjudicatario *privado* opera como *mandatario* o *delegado* de la Administración Pública, como una especie de *concesionario*, entendida esta expresión en el sentido de ejerciente de *funciones públicas*. No hay Derecho Administrativo *sin* Administración Pública, se decía más arriba…aserto que, a despecho de la [aparentemente] radical *transformación* operada por el Derecho de la Unión Europea permanece incólume: a la contratación *europea* subyace siempre y en todo caso la presencia de una Administración Pública.

Doce.- Unas Administraciones Públicas que como sujetos de derecho *responden* de los daños y perjuicios irrogados de resultas del *funcionamiento de los servicios públicos*, del *giro o tráfico administrativo*, en la dicción ortodoxa. Un sintagma que engloba las fuentes productoras del *daño*, esto es, la entera actividad [o inactividad] de las Administraciones Públicas, que técnicamente se encauza a través de los denominados *títulos de imputación* o *atribución* de la responsabilidad [patrimonial; *recte*: responsabilidad *civil extracontractual*] de las Administraciones Públicas, a saber, el funcionamiento *normal* y el funcionamiento *anormal* de aquéllas, y que sintéticamente se ofrecen bajo el sintagma de responsabilidad *objetiva*, por contraposición a la responsabilidad *subjetiva* o por culpa del artículo 1.902 del Código Civil. Una responsabilidad objetiva cuyo eje articulador es desde 1954 la noción de *lesión*, entendida como el daño que el particular "*no tenga el deber jurídico de soportar de acuerdo con la Ley*" [hoy, artículo 34.1 de la Ley 40/2015, de 1 de octubre, de Régimen Jurídico del Sector Público -en adelante, LRJSP-; *sensu contrario*, artículo 32.1 LRJSP]. Un *no-deber* de soportar el daño, esto es, un daño *antijurídico* que, en la explicación clásica de García de Enterría, se cifra en la carencia por la Administración Pública de una *causa de justificación* [civil] para irrogar el daño de que se trate y, por ende, en el *deber* del particular de soportar las consecuencias dimanantes de aquél.

Trece.- ¿Un *no-deber* de soportar el daño imputable a la Administración Pública como piedra ancilar de la noción de *lesión*, fundamento, pues, de la *responsabilidad*, esto es, del deber de reparar los daños e indemnizar los perjuicios *causados* por la actividad de aquélla? ¿Hay, así pues, *daños* respecto de los que pueda predicarse que el dañado tiene el *deber* de soportar? La ilustración académica de esta contraposición [de nuevo, los *tópicos* jurídico-profesorales] hace entrar en escena el supuesto del *pago* de los tributos, un *daño*, se argumenta [para el bolsillo, a qué dudarlo] que el contribuyente ha de arrostrar, más un daño *jurídico*...pues no es sino el correlato del cumplimiento de un *deber legal*, el deber de contribuir, en los términos de la normativa tributaria, al sostenimiento de los gastos públicos.

Pues bien, si, continuemos con el ejemplo, estamos en presencia de un *deber* legal del particular, ¿puede en estrictos términos jurídicos apostillarse el cumplimiento del mismo, esto es, su consecuencia, como un *daño jurídico*, no susceptible en cuanto tal de fundar una reclamación en concepto de responsabilidad? Más allá del indubitado oxímoron [un *daño* que es conforme al ordenamiento jurídico, un *daño jurídico*] no parece que este supuesto pueda fundar, a modo de contraposición, como se dice, la construcción de un *daño-no jurídico*, significado del significante *lesión*, santo y seña de esa responsabilidad *objetiva* de las Administraciones Públicas, que, en consecuencia, debe buscar su anclaje en otras coordenadas.

Unas coordenadas que son, *deben ser* [el Derecho, es sabido, es un *desideratum*, una llamada a la conversión en derecho positivo de unos postulados que, por su patrocinador, se juzgan como oportunos y convenientes] las que enmarcan el *derecho de la responsabilidad* como un *sistema de reparto de riesgos*. El *riesgo*, esto es, la *potencialidad*, la eventualidad de que un *peligro* se transforme, actual, realmente, en *daño*, debe ser el parámetro rector de ese reparto, no otra cosa es la decantación de las consecuencias derivadas de aquella actualización, de aquella transformación del peligro en daño. Una transformación y, por ende, su conversión en la oportuna *caída* de este último, vale decir en su asunción, en alguno de los dos polos que conforman el binomio generación/repercusión. Una *caída* que de habitual se producirá del lado de la Administración Pública, que, por tanto, vendrá obligada a asumir las consecuencias indemnizatorias pertinentes, más que, por expresa decisión del legislador, puede eventualmente recaer en la esfera, en el patrimonio jurídico del *dañado*.

Un entendimiento de la *responsabilidad* que, de acuerdo a esta lógica, trasciende de la ordinaria dicotomía *subjetivo/objetivo* que hasta la fecha se han erigido en los dos *modos* o parámetros de encuadramiento de la meritada responsabilidad. De ahí que sea profundamente perturbadora la apodíctica inteligencia que de la convencionalmente conocida como *cláusula de la ciencia y de la técnica* viene efectuando el legislador desde 1999, y que, hoy formalizada en el apartado 1 del artículo 34 LRJSP, se expresa en la exención de responsabilidad de la Administración Pública cuando "*los daños [imputables, por definición, a la actividad de la Administración Pública] se deriven de hechos o circunstancias que no se hubiesen podido prever o evitar según el estado de los conocimientos de la ciencia o de la técnica existentes en el momento de la producción de aquéllos*". Una exención de la responsabilidad [que, bajo el aséptico rótulo "*Indemnización*" *ex* artículo 34.1 LRJSP, ha sido encuadrada, si no bajo los genéricos títulos de imputación o atribución "*funcionamiento normal o anormal de los servicios públicos*", en la égida *lesión* en tanto que módulo rector del surgimiento de la responsabilidad de la Administración Pública] que, dicho llanamente, no es otra cosa sino una patente de corso en favor de la Administración Pública, la cobertura de la *ignorancia*, si no de la *imprudencia* y aun del comportamiento *doloso* -cualesquiera que sean las eventuales consecuencias penales de tal proceder- de los gestores administrativos [piénsese, así, sin ir más lejos, en la puesta en circulación, autorizada por la Administración Pública, de un medicamento o de un alimento *potencialmente* dañoso].

La responsabilidad patrimonial o civil extracontractual de la Administración pública reviste en el ámbito del servicio público de la sanidad, esto es, de las prestaciones médico-sanitarias, unos contornos peculiares de los que, singularmente y de manera individualizada, conviene dar cuenta.

Catorce.- En el concreto ámbito de la responsabilidad patrimonial o civil extracontractual de la Administración pública por la prestación del servicio sanitario, los dos títulos [legales] de atribución o imputación, esto es, el funcionamiento *normal* y el funcionamiento *anormal*, han quedado reducidos a uno, el funcionamiento *anormal*, al menos a partir de la inflexión que supuso la *Sentencia del Tribunal Supremo de 3 de octubre de 2000* [caso: vasectomía], que vino así a marcar una cesura con la doctrina [tradicional] que, según el entendimiento al uso, había encontrado su expresión más acentuada [y contestada] en la *Sentencia del Tribunal Supremo de 14 de junio de 1991* [caso: aneurisma], bien que en esta última no dejase de deslizarse alguna alusión o referencia al eventual funcionamiento "*anormal*" en el funcionamiento del servicio médico-sanitario [bien que a través de una constatación *a posteriori*: la evolución del estado de la paciente ponía de relieve que en el caso la aplicación del tratamiento en su momento descartado habría conducido a un resultado más favorable o beneficioso para la salud de aquélla].

Quince.- El funcionamiento *anormal*, pues, como único o exclusivo título de imputación o atribución de la responsabilidad en el ámbito médico-sanitario. Un título de imputación o atribución cuyo marco genérico es la caracterización de las prestaciones inherentes al servicio médico-sanitario como una obligación de *medios*, no de resultados: si no existe un derecho a la [íntegra y completa] restauración de la salud, ninguna consecuencia desde la perspectiva de la responsabilidad puede anudarse a la *debida* y *adecuada* utilización de los medios *disponibles*…siempre y cuando esta utilización de los medios disponibles se haya efectuado [prestación debida y adecuada] conforme a la *lex artis* [*ad hoc*]. En su formulación negativa: no hay responsabilidad patrimonial o civil extracontractual si la prestación del servicio médico-sanitario se ha efectuado con utilización de los medios disponibles en cada momento y con observancia de las normas o pautas ínsitas a la *lex artis*. Funcionamiento *anormal*, de un lado, y no puesta a disposición de los *medios* habilitados al efecto y/o inobservancia de la debida *lex artis*, de otro, son las dos caras que conforman la moneda de la responsabilidad patrimonial o civil extracontractual en el ámbito de la prestación del servicio público de la sanidad. en otros términos, habrá *lesión* y, por tanto, funcionamiento *anormal* si y sólo si se ha producido un *defectuoso* o anormal funcionamiento en la prestación de los servicios médico-sanitarios ya por omisión o deficiente puesta a disposición de todos y cada uno de los medios utilizables ya por infracción de la debida *lex artis* en el manejo de aquellos medios.

Dieciséis.- Funcionamiento anormal/obligación de medios/puesta a disposición de los medios disponibles [...en cada momento y lugar] conforman, pues, la tríada que caracteriza en el momento presente la responsabilidad patrimonial o civil extracontractual de la Administración pública por la prestación del servicio de la sanidad, en el bien entendido de que el primer sintagma, "*funcionamiento anormal*", es el reverso o negativo del *leit motif* de una debida y adecuada realización de la prestación médico-sanitaria, la que expresan los sintagmas signados en segundo y tercer lugar, que, en definitiva, se sintetizan en el cano o parámetro rector de aquella debida y adecuada realización de la prestación médico-sanitaria, su llevanza de conformidad a las exigencias de la *lex artis*, en el sentido antes apuntado, de suerte que, en su formulación negativa, *no* ha lugar a apreciar aquella responsabilidad si el funcionamiento de la prestación sanitaria se ha llevado a cabo de modo *normal*, esto es, ateniéndose estrictamente a lo [en cada momento y lugar] mandado por la oportuna *lex artis* [*ad hoc*, por tanto].

En este marco, así pues, que en síntesis ciñe la [apreciación de la] responsabilidad patrimonial o civil extracontractual de la Administración pública a los estrictos términos de la *culpa* [*del servicio*], esto es, constriñe el alcance de aquélla a los confines de la responsabilidad *subjetiva*, se desenvuelve, como concreción o desarrollo de la antecitada tríada, el juego de las nociones *consentimiento informado/pérdida de la oportunidad/daño desproporcionado/cláusula de la ciencia y de la técnica.* Un juego cuyo denominador común estriba en que [premisa mayor] el eventual resultado *lesivo* dimanante de la [normal] prestación del servicio médico-sanitario ha de quedar anclado en la esfera jurídica del interesado, del paciente de la prestación sanitaria; y sólo como excepción [premisa menor] aquel eventual resultado lesivo se desplaza a la esfera jurídica de la Administración pública con la consiguiente [apreciación de la] responsabilidad de la misma [conclusión] si el referido resultado lesivo reviste el carácter de *desproporcionado*. Un silogismo que, en definitiva, no deja de encubrir una inequívoca tautología, a saber, el carácter desproporcionado del resultado lesivo no es sino expresión de un funcionamiento *anormal* del servicio médico-sanitario, o, dicho, con otras palabras, tal resultado desproporcionado, *lesión* en la dicción legal *ex* artículo 32.1 LRJSP, no es sino la consecuencia de una infracción de la debida y adecuada *lex artis*.

Diecisiete.- En el marco así delimitado, el *consentimiento informado* despliega su eficacia, en lo que aquí interesa, en dos planos diferentes: uno, cuando la transgresión de tal deber [omisión o insuficiencia de la pertinente información] no va seguida de la producción de un resultado sustancialmente diferente del que habría tenido lugar de haberse observado escrupulosamente tal deber, supuesto en el que la referida transgresión adquiere autonomía propia con la consecuencia indemnizatoria, en su caso, a ello inherente; dos, cuando la transgresión de tal deber [omisión o insuficiencia de la pertinente información], y aquí hace acto de presencia la *pérdida de la oportunidad*, va seguida de la producción de un resultado que es diferente del que eventualmente habría tenido lugar de haberse observado escrupulosamente tal deber y, en su estela, la aplicación de un tratamiento diferente [el preterido por mor de la omisión o insuficiencia de la pertinente información] del efectivamente llevado a cabo. En este segundo supuesto, la conculcación del *consentimiento informado* tiene un carácter medial o instrumental respecto de la *pérdida de la oportunidad*, vale decir nos hallamos en puridad ante un funcionamiento *anormal* en la prestación del servicio médico-sanitario que directamente remite a una infracción de la debida *lex artis* y con ella a la producción de un resultado que puede rectamente ser calificado como constitutivo de *lesión*, con la consecuencia indemnizatoria a ello inherente.

Dieciocho.- En el entendimiento con el que aparece consagrado jurisprudencialmente [así, de modo paradigmático, las *Sentencias del Tribunal Supremo de 10 de abril de 2014* y *6 de octubre de 2015*, a las que puede sumarse la de *19 de septiembre de 2012* -Sala de lo Contencioso-Administrativo, Sección 4ª; recurso de casación número 8/2010; ponente: Martínez-Vares García-], la *cláusula de la ciencia y de la técnica* [hoy, artículo 34.1 LRJSP; antes, artículo 141.1 LRJ-PAC, en la versión dada por la Ley 4/1999, de 13 de enero] es indisociable de la caracterización de la prestación sanitaria como una obligación de medios y no de resultados, de suerte que la Administración pública cubre el contenido de aquella obligación mediante la puesta a disposición de los medios disponibles en cada momento y lugar conforme a las exigencias de la *lex artis*. O, en otros términos, si un determinado medio, de acuerdo a las circunstancias de tiempo y lugar, no se halla incorporado *de facto* al acervo del arsenal médico-sanitario, no ha lugar a declarar la responsabilidad patrimonial o civil extracontractual de la Administración pública por los resultados sedicentemente dañosos derivados de la oportuna prestación, esto es, que aquellos *daños* no son constitutivos de lesión *ex* artículos 32.1 y 34.1 LRJSP…por tener el particular el *deber jurídico de soportarlos*.

Introducida formalmente en nuestro ordenamiento en 1999, ya la *Sentencia-vasectomía* [2000, aunque los hechos sobre los que se pronuncia datan de 1989] entendió que la *cláusula de la ciencia y de la técnica*, aun cuando "*no debe aplicarse con efecto retroactivo*", "*positiviza [sic] un principio que estaba ya latente en la regulación anterior*" [fundamento de derecho noveno, anteúltimo párrafo]. Con esta concepción bien se comprende que la referida cláusula no incorpore un contenido sustantivamente añadido a las exigencias derivadas de la *lex artis ad hoc*, esto es, al canon del funcionamiento *normal* del servicio público de la sanidad. en este sentido, pues, la cláusula de la ciencia y de la técnica no pasa de ser un mero sintagma retórico, vaciado de sustancia y, por ende, inidóneo para integrar el concepto *lesión*, esto es, el daño que el particular no tiene *el deber jurídico de soportar*, el daño, en consecuencia, resarcible.

Diecinueve.- Así pues, y por lo que hace singularmente y de manera individualizada al ámbito del servicio público de la sanidad, so pena de condenar a la absoluta inanidad a la *cláusula de la ciencia y de la técnica*, parece que a la misma ha de dársele un contenido que la aleje de la mera identificación con el funcionamiento *anormal* del servicio de la sanidad, esto es, con la vulneración de la *lex artis ad hoc* en cualquiera de las dos manifestaciones o planos arriba apuntados. En esta tesitura, tal dotación de un *contenido sustantivo* ha de venir dada por la incorporación de la doctrina del *riesgo* al balance en el que, en definitiva, se sintetiza la elucidación de la eventual responsabilidad [de la Administración pública] como consecuencia de la oportuna prestación médico-sanitaria, esto es, por la determinación del polo en el que *recae*, en el que se proyecta el concreto resultado producido, de acuerdo al binomio generación/repercusión. Al hilo de los dos pronunciamientos jurisdiccionales antes señalados, las *Sentencias de 10 de abril de 2014* [caso: recién nacido] y de *6 de octubre de 2015* [caso: radioterapia], quizá sea posible extraer alguna consecuencia al respecto.

En ambos se constata que el tratamiento con óxido nítrico inhalado [que eventualmente habría minorado, si no descartado enteramente, el resultado finalmente producido] se generalizó, para casos similares al analizado, con posterioridad al momento de los hechos enjuiciados [*Sentencia-recién nacido*]; así como que la dosis efectivamente prescrita y administrada había sido calculada con arreglo a unos parámetros que posteriormente fueron corregidos por erróneos [*Sentencia-radioterapia*]. *Prima facie*, en ambos casos, por tanto, se había respetado la *lex artis ad hoc* en las dos manifestaciones o planos antes apuntados, esto es, el funcionamiento del servicio público de la sanidad debía reputarse de *normal*. Ambos supuestos, por tanto, no diferían sustancialmente de los considerados en *Sentencia-aneurisma* y *Sentencia-vasectomía*, bien que en aquélla del funcionamiento *normal* se desprendía la declaración de responsabilidad patrimonial o civil extracontractual de la Administración pública al entenderse que el resultado [dañoso] producido debía caer del lado de la Administración pública, que corría así con el *riesgo* anudado a la intervención quirúrgica llevada a cabo, en tanto que en *Sentencia-vasectomía* se llega a conclusión diferente al sostenerse que el riesgo que comportaba la operación médica efectuada [un riesgo mínimo, en todo caso, del que, no obstante, se había informado suficientemente al paciente] basculaba del lado de este último [un riesgo, *ad abundantiam*, que el Tribunal Supremo considera cubierto por la *cláusula de la ciencia y de la técnica*, implícita, venía a decir, en el sistema de responsabilidad], esto es, que así como en *Sentencia-aneurisma* había *lesión*, ésta debía descartarse en *Sentencia-vasectomía*.

La interrogación, pues, es nítida: ¿era pertinente que tanto en *Sentencia-recién nacido* como en *Sentencia-radioterapia* el *riesgo* cayera del lado del paciente, esto es, que la concreción o materialización de aquél, como efectivamente ocurrió, debiera calificarse como constitutiva de *no-lesión*? Si, volvamos al comienzo, el *leit motif* de la elucidación de la responsabilidad debe articularse sobre la noción de *riesgo*, de suerte que la identificación *cláusula de la ciencia y de la técnica/ lex artis ad hoc*, como viene haciendo la jurisprudencia, conduce al vaciamiento de aquélla, no parece que la solución más plausible en *Sentencia-radioterapia* pasara por la atribución del pertinente riesgo a la esfera jurídica del paciente, habida cuenta de que la dosis suministrada obedecía a un *error* inherente al sistema, como fácilmente pudo detectarse poco después de producidos los hechos, y que de algún modo debería asimilar la solución de este caso a la que preside la de los que se engloban en el rótulo *daño desproporcionado*. En cambio, y de acuerdo a esta misma lógica, idéntica conclusión no parece de procedente extensión a *Sentencia-recién nacido*, supuesto en el que, más allá de la ulterior generalización de un tratamiento *más* adecuado a patologías como las del caso [como, de manera sustancialmente coincidente, se puso asimismo de relieve en *Sentencia-aneurisma*], no era plausible anudar el resultado producido a un *error* del sistema, de suerte que, en este sentido, no es irrazonable sostener que el riesgo de la intervención médica debería anclarse en el patrimonio jurídico del paciente.

Veinte.- En última instancia, así entendido el sistema de responsabilidad, el carácter *objetivo* del mismo, esto es, la elucidación de la existencia o no de *lesión*, trasciende del estricto canon que representa la infracción de la *lex artis ad hoc* en tanto que trasunto del funcionamiento *anormal* [aquí, de los servicios médico-sanitarios] para cifrar la imputación o atribución de la responsabilidad patrimonial o civil extracontractual a la Administración pública a aquellos supuestos en que el *riesgo* debe caer del lado de esta última, de la Administración pública. Una imputación o atribución que contribuye a mejor perfilar el alcance de la *cláusula de la ciencia y de la técnica*, hasta ahora, en el entendimiento de la jurisprudencia, un sintagma puramente nominal que poco o nada añade al estricto funcionamiento *normal* del servicio público de la sanidad, vale decir de la estricta observancia de la *lex artis ad hoc* en cualquiera de las dos modalidades o planos a los que se viene haciendo referencia.

Veintiuno.- La Administración Pública, *cada* Administración Pública es una *persona jurídica*. El organigrama administrativo viene constituido, así pues, por una pléyade de personas jurídicas, configuradas, a su vez, como sujetos de derecho bajo vestes diferenciadas [*pluralidad* y *diversidad* son las dos notas que dan cuenta de esa variopinta realidad que genéricamente se engloba bajo el rótulo *Administración Pública*... una variopinta realidad subsumida en la dicotomía *Administraciones Generales/Administraciones no Generales*]. La persona jurídica como *centro autónomo de imputación de derechos y obligaciones*, tal es el artificio, la técnica dispuesta por el Derecho para *actuar* en el mundo jurídico, para trabar relaciones jurídicas, de cuya erección surgen aquellos *derechos* y *obligaciones*. En este sentido, los signados *fondos sin personalidad jurídica* son verdaderas y propias *personas jurídicas*, cuyo basamento no es sino un *patrimonio* al que imputar, dicho en términos obligacionales, unos *créditos* y unas *deudas*. La mixtificación de la *persona jurídica* ha llevado [una vez más, uno de los típicos tópicos con que se manejan los operadores jurídicos] a identificar aquélla con una *organización* [a ser posible, compleja], esto es, un *compositum* de *órganos* servidos por personas físicas, sus titulares, cuya *actuación* se imputa jurídicamente a la persona jurídica [la clásica dicotomía *persona/órgano*], con olvido, así pues, de que la *personalidad jurídica* no es sino un *artificio* del que se desprenden relaciones jurídicas y, por ende, derechos y obligaciones. En suma, pues, una *persona jurídica* no es sino un *patrimonio* [obviamente, un patrimonio *activado* por personas físicas, con capacidad para *actuar* en nombre de aquél], formalizado o no como *tal* persona jurídica, cuya inserción en el mundo jurídico se traduce en el surgimiento de relaciones jurídicas, esto es, de derechos y obligaciones de ordinario de carácter patrimonial [sobre estos extremos y, en general, acerca de la configuración del *sector público institucional* en la Ley 40/2015, de 1 de octubre, de Régimen Jurídico del Sector Público, Juan Manuel Alegre Ávila/Ana Sánchez Lamelas, *Unos apuntes a vuelapluma acerca de la configuración del sector público institucional en la Ley 40/2015, de 1 de octubre, de Régimen Jurídico del Sector Público*, en *Derecho Administrativo e integración europea. Estudios en homenaje al Profesor José Luis Martínez López-Muñiz*, coordinado por José Carlos Laguna de Paz, Íñigo Sanz Rubiales e Isabel María de los Mozos y Touya, tomo I -*El ser de la Administración Pública*- Reus, Madrid, 2017, 731-772].

Veintidós.- Sea como fuere, es inconcuso que la Administración Pública, cada Administración Pública es una persona jurídica. Una personalidad jurídica que en el orden interno de la organización estatal se afirma con carácter *exclusivo* y *excluyente*, esto es, que en el conjunto de los poderes estatales *sólo* las Administraciones Públicas *tienen* personalidad jurídica, con exclusión así de los poderes legislativo y ejecutivo, de suerte que si estos últimos *no* son personas jurídicas el *Estado*, en tanto que organización jurídico-política de una determinada comunidad, *no* es una persona jurídica, que, en consecuencia, sólo viene investida de tal atributo en las relaciones internacionales como sujeto de derecho internacional. Tal entendimiento, siquiera por razones estrictamente lógicas, no es satisfactorio: no hay inconveniente en considerar, como ya hiciera la doctrina alemana de derecho público en el siglo XIX, al Estado *como* una persona jurídica, globalidad cuyos componentes se configuran, a su vez, como *órganos* de la misma, aun cuando algunos de estos *órganos* [las Administraciones Públicas, singularmente] vengan dotados de *personalidad jurídica*, esto es, actúen en el mundo jurídico como personas jurídicas [el Estado, pues, como un *complejo* integrado por un variopinto conjunto de *órganos*, algunos de los cuales, como se ha dicho, configurados a su vez, por razones estrictamente operativas, como *personas jurídicas*, al modo de las *matroscas* rusas, las cajas chinas o las capas de cebolla]. Un entendimiento que, entre otras consecuencias, permite dar cuenta con una cierta coherencia de lo que se dice a continuación.

Veintitrés.- Una de estas consecuencias es la *responsabilidad* del *Estado-legislador*, esto es, la responsabilidad [patrimonial; civil extracontractual] dimanante de las mismas *leyes*...cuando de su aplicación se derive un *daño*, sin ulterior modulación o calificación. Una responsabilidad que ha encontrado acomodo en el ordenamiento español, bien que bajo unos contornos en modo alguno coherentes con el sentido de la meritada institución, hoy recogida en los apartados 3, 4 y 5 del artículo 32 LRJSP. En concreto, en el primer párrafo del apartado 3 se consigna que "*los particulares tendrán derecho a ser indemnizados por las Administraciones Públicas de toda lesión que sufran en sus bienes y derechos como consecuencia de la aplicación de actos legislativos* *de naturaleza no expropiatoria de derechos que no tengan el deber jurídico de soportar cuando así se establezca en los propios actos legislativos y en los términos que en ellos se especifiquen*". A su vez, el párrafo segundo del meritado apartado 3, bajo las letras a) y b), extiende aquella responsabilidad a "*los daños [que] deriven de la aplicación de una norma con rango de ley declarada inconstitucional*" y a "*los daños [que] deriven de la aplicación de una norma contraria al Derecho de la Unión Europea",* respectivamente.

De acuerdo a la letra de los textos transcritos la *responsabilidad* del *Estado-legislador sólo* procede: uno.- si de la aplicación de la ley [constitucional, por hipótesis] se deriva una *lesión* [*id est*, un daño que los particulares "*no tengan el deber jurídico de soportar*"] "*cuando así se establezca en los propios actos legislativos y en los términos que en ellos se especifiquen*"; dos.- del surgimiento de un "*daño*" como consecuencia de la declaración de *inconstitucionalidad* de una ley o de la declaración de ésta como "*contraria al Derecho de la Unión Europea*". Ambas hipótesis son notoriamente insuficientes: la *ley* como producto jurídico es *fuente* de responsabilidad [imputable, por tanto, al *Estado-legislador*, con independencia de que las debidas reparación y resarcimiento corran de cuenta de la correspondiente Administración Pública, en tanto que *gestora* de las obligaciones económico-financieras del Estado en su conjunto, del Estado como *persona jurídica*] si de su aplicación se desprende un *daño* para los particulares, salvedad hecha, por tanto, de que la ley sea o no constitucional, sea o no conforme a las exigencias del Derecho de la Unión Europea. La dicción del apartado 3 del artículo 34 LRJSP no es sino un *resabio*, una *aceptación* forzada a modo de brecha en el tradicional muro de la *irresponsabilidad* del Estado-legislador, que en el primero de los supuestos enunciados [esto es, la responsabilidad dimanante de leyes *no inconstitucionales*] da casi pudor comentar, pues ¿cómo puede dejarse en manos del *responsable* el *reconocimiento* de su responsabilidad? En definitiva, el *Estado-legislador*, del mismo modo que el *Estado-juez* [apartado 7 del artículo 34 LRJSP; artículos 292 y siguientes de la Ley Orgánica del Poder Judicial de 1985], no puede ser inmune al genérico principio de responsabilidad de los poderes públicos. Una responsabilidad que, en términos dogmáticos, no es sino la consecuencia de la consideración del Poder Legislativo, o del Poder Judicial, como *órganos* del *Estado-ordenamiento*, del Estado como organización jurídica de una determinada comunidad, de una sociedad política.

Veinticuatro.- Hace más de cuarenta años el profesor García de Enterría calificó el Derecho Administrativo sancionador entonces a la sazón de *pre-beccariano* [Eduardo García de Enterría, *El problema jurídico de las sanciones administrativas*, "*Revista Española de Derecho Administrativo*", 10, 1976, 399-340]. Más allá de tratarse de un Derecho *pre-constitucional*, tal aserto traía causa del *desconocimiento* en la configuración del ejercicio de la potestad administrativa de corte sancionador de los principios, técnicas y, por ende, de las consecuencias propias del Derecho Penal: frente a un Derecho altamente *tecnificado* en pro de la más depurada observancia, en última instancia, del *principio de culpabilidad*, el Derecho Administrativo sancionador se ofrecía como un Derecho primario, escasamente elaborado en lo doctrinal e insuficientemente desarrollado en lo jurisprudencial, un Derecho, en definitiva, rudimentario y, por ende, escasamente respetuoso de las exigencias inherentes, en última instancia, al principio de culpabilidad, santo y seño de todo Derecho sancionador que se precie de tal.

Aprobada la Constitución, la jurisprudencia del Tribunal Constitucional y del Tribunal Supremo fue desprendiendo de ese Derecho Administrativo sancionador *pre-beccariano* sus adherencias más groseras en pro de la rigurosa observancia de los principios y derechos constitucionales consagrados en los artículos 25.1 y 24.2 del texto constitucional [principios de legalidad, de tipicidad, de culpabilidad; procedimiento administrativo sancionador…]. La Ley 30/1992, de 26 de noviembre, de Régimen Jurídico de las Administraciones Públicas y del Procedimiento Administrativo Común [en adelante, LRJ-PAC] *codificó* en su Título IX unos "*principios de la potestad sancionadora*" [Capítulo primero: artículos 127 a 133] y unos "*principios del procedimiento sancionador*" [Capítulo segundo: artículos 134 a 138]. Hoy, de la potestad sancionadora administrativa se ocupan la LRJSP, que en el Capítulo III de su Título Preliminar ["*Disposiciones generales, principios de actuación y funcionamiento del sector público*"] recoge, en la estela del Capítulo primero del Título IX de la LRJ-PAC, los "*principios de la potestad sancionadora*" [artículos 26 a 31]; y la Ley 39/2015, de 1 de octubre, de Procedimiento Administrativo Común de las Administraciones Públicas [en adelante, LPACAP], ahora bajo la veste de "*especialidades*" del procedimiento administrativo sancionador [artículos 63, 64, 85, 89 y 90, amén, en relación a la ejecutoriedad de las sanciones administrativas, del artículo 98.1 b)]. El elenco de los "*principios de la potestad sancionadora*" que aparece en el Capítulo III del Título Preliminar de la LRJSP es el que sigue: "*Principio de legalidad*" [artículo 25]; "*Irretroactividad*" [artículo 26]; "*Principio de tipicidad*" [artículo 27]; "*Responsabilidad*" [artículo 28]; "*Principio de proporcionalidad*" [artículo 29]; "*Prescripción*" [artículo 30]; "*Concurrencia de sanciones*" [artículo 31].

Veinticinco.- El principio de legalidad/tipicidad es la clave de bóveda del Derecho Penal. Un principio que, en su faz diacrónica, halla su expresión simétrica en el de *irretroactividad in peius*, la irretroactividad de lo desfavorable. Tanto el uno como el otro con el oportuno refrendo constitucional [artículos 25.1 y 9.3 del texto constitucional], en tanto que derechos fundamentales susceptibles de amparo constitucional, y que en su dimensión interpretativo/aplicativa halla su correlato en el de *taxatividad*; una caracterización, sustantiva y procesal, que por mor de su consagración en el artículo 2 del Código Penal [el vigente de 1995 y el anterior de 1973], se ha extendido al de *retroactividad in melius*, la retroactividad de lo favorable, por obra de la jurisprudencia del Tribunal Constitucional [Sentencia 232/1997]. Principios de pertinente extensión al Derecho Administrativo sancionador [artículos 25 -"*Principio de legalidad*"- y 26 -"*Irretroactividad*"- LRJSP], bien que, en relación específicamente al de *tipicidad*, con la [relativa] modulación que supone la entrada en juego del Reglamento a la hora de tipificar infracciones y establecer sanciones administrativas, ya con carácter general [artículo 27.3 LRJSP] ya, de manera singular, en el ámbito local [artículos 25.1 y, específicamente, 27.1 LRJSP; reconocimiento del papel de las Ordenanzas locales que trae causa de la jurisprudencia constitucional, así, en particular, Sentencias 60/2000 y, sobre todo, 132/2001, en la base de la modificación introducida en la Ley de Bases de Régimen Local de 1985 -Título XI: "*Tipificación de las infracciones y las sanciones por* *las Entidades locales en determinadas materias*": artículos 139 a 141- y en los artículos 127.1 y 129.1 LRJ-PAC por la Ley 57/2003, de 26 de diciembre, de medidas para la modernización del gobierno local]. La formulación del principio de *taxatividad*, por su parte, se encuentra en el apartado 4 del artículo 27 LRJSP ["*Las normas definidoras de infracciones y sanciones no serán susceptibles de aplicación analógica*"].

Veintiséis.- Un Derecho [con matices] *pre-beccariano*, a despecho de los beneméritos intentos de la LRJ-PAC y de la LRJSP, el Derecho Administrativo sancionador, si confrontamos el marco general establecido en aquéllas con los principios y las técnicas consagrados por el Derecho Penal. Con el común denominador del principio de legalidad/ tipicidad, el Derecho Penal y el Derecho Administrativo sancionador, especies del género *ius puniendi*, se articulan sobre el *principio de culpabilidad* [*responsabilidad*, en la dicción del artículo 28 LRJSP], a saber, la perentoria exigencia de "*dolo o culpa*" a fin de imputar un comportamiento *antijurídico*, esto es, a efectos de fundar un *juicio* de culpabilidad. En este sentido, el apartado 1 del artículo 28 LRJSP con la expresa referencia transcrita, "*dolo o culpa*", despeja cualquier duda, en relación a la escrupulosa plasmación del principio de culpabilidad en el Derecho Administrativo sancionador, que pudiera desprenderse del sintagma "*aun a título de simple inobservancia*" que lucía en el artículo 127.1 LRJ-PAC. El correlato del principio de culpabilidad, en la concreta vertiente de la consecuencia anudada a la comisión de un hecho tipificado como infracción administrativa, esto es, de la pertinente sanción administrativa, es la "*adecuación a la gravedad del hecho constitutivo de la infracción*" de la oportuna sanción, vale decir, el principio de *proporcionalidad*, del que da cuenta el artículo 29 LRJSP, en cuyo apartado 3 se recogen los "*criterios*" para, en la imposición de la correspondiente sanción, reflejar la preconizada "*graduación*", entre los cuales aparece [letra a)] "*el grado de culpabilidad o la existencia de intencionalidad*".

Veintisiete.- Dicho lo que antecede, que, *prima facie*, no parece justificar en modo alguno el aserto acerca del carácter *pre-becarriano* del [actual] Derecho Administrativo sancionador, vengamos ahora a aportar la debida justificación. Así, en primer lugar, a diferencia del modo como aparece construido el vigente Código Penal, esto es, sobre la individualización en relación a cada tipo penal del binomio *delito doloso/delito imprudente*, de suerte que respecto de cada tipo penal *sólo* cabe la modalidad imprudente cuando así se halle expresamente prevista [artículo 12 del Código Penal], en el Capítulo Tercero del Título Preliminar LRJSP, que aspira a erigirse en el marco o *código* general del Derecho Administrativo sancionador, no se atisba el menor indicio al respecto, más allá de la más que genérica referencia, a propósito del principio de proporcionalidad, al "*grado de culpabilidad o la existencia de intencionalidad*" *ex* artículo 29.3 a) LRJSP [sintagma que no es precisamente un dechado de precisión técnica: ¿la *culpabilidad* es privativa de la modalidad imprudente como parece darse a entender por mor de la contraposición con "*la existencia de intencionalidad*", esto es, de dolo?].

Idéntica omisión se registra a propósito de las *personas* responsables por la comisión de un hecho constitutivo de infracción administrativa. Ciertamente, el apartado 1 del artículo 28 LRJSP contiene un elenco de los sujetos "*responsables [...] a título de dolo o culpa*", que, sin embargo, no va seguido de la especificación del *grado* de responsabilidad por razón de la índole de la participación en el hecho constitutivo de infracción administrativa, a salvo la [bien que formulada a otro propósito] mención al "*grado de participación*" del apartado 3 del artículo 28 LRJSP y, una vez más, la genérica referencia al "*grado de culpabilidad o la existencia de intencionalidad*" *ex* artículo 29.3 a) LRJSP. En otros términos, del marco o *código* general del Derecho Administrativo sancionador se halla ausente la distinción entre autores *stricto sensu*, inductores, cooperadores y cómplices *ex* artículos 27, 28 y 29 del Código Penal.

Ausencia que, asimismo, es predicable de categorías tales como las de *consumación, tentativa, conspiración, proposición, provocación* y *apología* [artículos 15 a 18 del Código Penal], que coadyuvan a perfilar el concreto desvalor o antijuridicidad de la conducta de que se trate.

O, en tercer lugar, no se advierte en modo alguno [a despecho de su reconocimiento en la jurisprudencia contencioso-administrativa] la presencia del *error* en este marco o *código* general del Derecho Administrativo sancionador que hoy representa el Capítulo III del Título Preliminar LRJSP. Una construcción que, de haberse incorporado a aquél, podría haber tomado como referencia, va de suyo, el artículo 14 del Código Penal, bien que en tal caso ello habría exigido la articulación del referido Capítulo III del Título Preliminar sobre el binomio *infracción dolosa/infracción imprudente*, binomio, según se ha dejado dicho, ausente *expressis verbis* de la regulación llevada a la LRJSP, y que se erige en canon o parámetro del diseño del error *ex* artículo 14 del Código Penal.

Veintiocho.- Dicho lo que antecede, vengamos a lo que, en relación al principio de *personalidad/culpabilidad*, sí recoge *expressis verbis* la LRJSP. Los apartados 3 y 4 de su artículo 28 dicen así:

> *"3. Cuando el cumplimiento de una obligación establecida por una norma con rango de Ley corresponda a varias personas conjuntamente, responderán de forma solidaria de las infracciones que, en su caso, se cometan y de las sanciones que se impongan. No obstante, cuando la sanción sea pecuniaria y sea posible se individualizará en la resolución en función del grado de participación de cada responsable.*
> *4. Las leyes reguladoras de los distintos regímenes sancionadores podrán tipificar como infracción el incumplimiento de la obligación de prevenir la comisión de infracciones administrativas por quienes se hallen sujetos a una relación de dependencia o vinculación. Asimismo, podrán prever los supuestos en que determinadas personas responderán del pago de las sanciones pecuniarias impuestas a quienes de ellas dependan o estén vinculadas".*

Los apartados 3 y 4 del artículo 28 LRJSP desagregan el contenido del apartado 3 del artículo 130 ["Responsabilidad"] LRJ-PAC, cuya redacción era la que sigue:

> *"3. Cuando el cumplimiento de las obligaciones previstas en una disposición legal corresponda a varias personas conjuntamente, responderán de forma solidaria de las infracciones que, en su caso, se cometan y de las sanciones que se impongan.*
> *Serán responsables subsidiarios o solidarios por el incumplimiento de las obligaciones impuestas por la ley que conlleven el deber de*

prevenir la infracción administrativa cometida por otros, las personas físicas y jurídicas sobre las que tal deber recaiga, cuando así lo determinen las leyes reguladoras de los distintos regímenes sancionadores".

Los apartados 3 y 4 del artículo 28 LRJSP, con una redacción más perfilada que la de los precedentes dos párrafos del artículo 130.3 LRJ-PAC, integran sendas reglas particulares en relación al principio general consagrado en el apartado 1. En este último se dice: "*Sólo podrán ser sancionadas por hechos constitutivos de infracción administrativa las personas físicas y jurídicas, así como, cuando una Ley les reconozca capacidad de obrar, los grupos de afectados, las uniones y entidades sin personalidad jurídica y los patrimonios independientes o autónomos, que resulten responsables de los mismos a título de dolo o culpa*" [la redacción del artículo 130.1 LRJ-PAC era más sucinta en la medida en que no incorporaba el inciso -"*[...] así como, cuando una Ley les reconozca capacidad de obrar, los grupos de afectados, las uniones y entidades sin personalidad jurídica y los patrimonios independientes o autónomos [...]*"- ahora añadido: "*Sólo podrán ser sancionados por hechos constitutivos de infracción administrativa las personas físicas y jurídicas que resulten responsables de los mismos aun a título de simple inobservancia*"]. El inciso registrado en el corchete que antecede a estas líneas, cuyo afán estriba en delimitar con la mayor precisión el círculo subjetivo de los "*responsables*" en materia sancionadora, esto es, el ámbito del principio de personalidad/culpabilidad, refleja una contraposición que no deja de ser sino uno de los tópicos que recorren el mundo del Derecho, a saber, la presencia en el tráfico jurídico de *sujetos* dotados de personalidad jurídica ["*personas físicas y jurídicas*"], de un lado, y la de actores carentes de tal atributo ["*los grupos de afectados, las uniones y entidades sin personalidad jurídica y los patrimonios independientes o autónomos*"], de otro. Tal contraposición, como se dice, encubre una falacia: la *personalidad jurídica*, esto es, la configuración de un *patrimonio* como centro de imputación de derechos y obligaciones, es el artificio ideado para actuar en el tráfico jurídico, para trabar relaciones jurídicas; luego, en este sentido, personalidad jurídica la *tiene* quien actúa en el tráfico jurídico, a saber, quien tiene *capacidad* para trabar relaciones jurídicas [el condicionante "*cuando una Ley les reconozca capacidad de obrar*" *ex* artículo 28.1 LRJSP no pasa, así pues, de ser una mera redundancia], más allá del reconocimiento formal de la referida personalidad jurídica. Una capacidad, trasunto de la personalidad jurídica, que, en consecuencia, es predicable [más allá, o más acá, se insiste, de su expreso *reconocimiento* por "*una ley*"] de esos "*grupos de afectados, uniones y entidades sin personalidad jurídica y patrimonios independientes o autónomos*". La identificación de la *personalidad jurídica* con las *organizaciones* dotadas formalmente de la condición de *persona jurídica* es, se ha señalado, un típico tópico con el que los juristas vienen manejándose acríticamente, hoy, además, expresamente consagrado con carácter general en la propia LRJSP [Capítulo VIII -"*De los fondos carentes de personalidad jurídica del sector público estatal*"- del Título II -"*Organización y funcionamiento del sector público institucional*"-: artículos 137 a 139], corolario de un deficiente entendimiento de la noción *personalidad jurídica* en tanto que atributo -implícito, si se quiere- inherente a todo *sujeto* que desenvuelve su actuación en el tráfico jurídico.

Veintinueve.- El apartado 3 del artículo 28 LRJSP consagra la responsabilidad [sancionadora] *solidaria*, esto es, hace derivar la culpabilidad de todos y cada uno de los interesados de la antijuridicidad dimanante del "*[in]cumplimiento de una obligación [que] corresponda a varias personas conjuntamente*". Una culpabilidad, en consecuencia, que nace de la imputación a todos y cada uno de los interesados de "*las infracciones que, en su caso, se cometan y de las sanciones que se impongan*". En otras palabras, y dicho en términos estrictamente obligacionales, de una obligación *mancomunada*, esto es, una obligación cuyo cumplimiento compete a todos y cada uno de los obligados a la realización de la oportuna prestación, surge una responsabilidad sancionadora *solidaria*…aun en el supuesto, por hipótesis, de que el incumplimiento de la pertinente obligación sea *sólo* imputable a alguno o algunos de los interesados. Desde esta perspectiva, por tanto, el precepto [como su antecesor, el párrafo primero del apartado 3 del artículo 130 LRJ-PAC] es acreedor del reproche de transgresión del principio de personalidad, que es, en lo que aquí importa, la otra manera de nombrar al de culpabilidad, en la medida en que a un comportamiento ajustado a derecho, no antijurídico, por tanto, manifestado en la voluntad de cumplir la obligación de base, se anuda un juicio de culpabilidad por el incumplimiento de otro, de quien o quienes con su comportamiento han coadyuvado al no-cumplimiento de una obligación mancomunada: desde esta perspectiva, así pues, el precepto es merecedor de un severo juicio de conculcación del principio de culpabilidad, que es, en lo que aquí importa, la otra manera de nombrar al de personalidad, y cuya adecuación a los principios constitucionales rectores de la materia sancionadora es, en suma, harto dudosa.

Un juicio, el de conculcación del principio de culpabilidad, que en todo caso resulta mediatizado, hasta el punto de, en el extremo, vaciarlo de su contenido peyorativo, de aplicarse rectamente la segunda frase del apartado 3 del artículo 28 LRJSP [que no figuraba en el texto del primer párrafo del artículo 130.3 LRJ-PAC]: "*No obstante, cuando la sanción sea pecuniaria y sea posible se individualizará en la resolución en función del grado de participación de cada responsable*". Un "*grado de participación*" que, en su dicción literal, presupone la *culpabilidad* de todos y cada uno de los obligados al cumplimiento [mancomunado] de la oportuna obligación, tal y como evidencia el genitivo que acompaña al referido sintagma ["*de cada responsable*"], que, empero, a fin de conciliar su tenor al principio de personalidad/culpabilidad, debería permitir una interpretación que condujera al juicio de no-culpabilidad, basado en la ausencia de atribución de un comportamiento antijurídico, de aquel o aquellos interesados que hubieran manifestado su voluntad de llevar a cabo la prestación en que se cifra el cabal cumplimiento de la obligación de base.

Treinta.- Diferente del supuesto contemplado en el apartado 3 del artículo 28 LRJSP es, constante el plano del principio de personalidad/culpabilidad, el que alberga el apartado 4 del artículo 28 LRJSP. Reproduzcamos de nuevo, en aras de la más cumplida inteligencia de su texto, el tenor concernido:

> "*4. Las leyes reguladoras de los distintos regímenes sancionadores podrán tipificar como infracción el incumplimiento de la obligación de prevenir la comisión de infracciones administrativas por*

quienes se hallen sujetos a una relación de dependencia o vinculación. Asimismo, podrán prever los supuestos en que determinadas personas responderán del pago de las sanciones pecuniarias impuestas a quienes de ellas dependan o estén vinculadas".

El transcrito prevé, a despecho de su aparente linealidad, dos hipótesis distintas, la segunda de las cuales, como se verá, necesitada de una interpretación que la haga conforme a las exigencias del principio de personalidad/culpabilidad. El hilo conductor de ambas es la figura del *garante*, es decir, el sujeto a cuyo cargo corre la obligación de "*prevenir la comisión de infracciones administrativas por quienes se hallen sujetos a una relación de dependencia o vinculación*", cuya responsabilidad sancionadora se cifra en la comisión de la infracción consistente en "*el incumplimiento de la obligación de prevenir la comisión de infracciones administrativas*" por quienes se encuentren respecto de aquél en "*una relación de dependencia o vinculación*". Nótese, y en este punto la primera frase del artículo 28.4 LRJSP, que tipifica la primera de las hipótesis aludidas, es estrictamente respetuosa del principio de personalidad/culpabilidad, que la infracción del garante, aquella de cuya [propia] comisión deriva su culpabilidad, es *autónoma* respecto de la que se imputa a quien se encuentre respecto de aquél en "*una relación de dependencia o vinculación*", cuya [propia] infracción *no* se imputa al garante; un garante que *stricto sensu* es responsable en términos sancionadores por el incumplimiento de una obligación al mismo impuesta, la que estriba en no haber "*prevenido*" la comisión de "*infracciones administrativas por quienes se hallen sujetos a una relación de dependencia o vinculación*". Esto es, la infracción del garante [en los términos dispuestos por "*las leyes reguladoras de los distintos regímenes sancionadores*"] se configura como una especie de vulneración del *deber de cuidado* [la conducta del garante, tal y como aparece descrita, consiste en no haber *prevenido* la comisión de infracciones administrativas por quienes se hallen sujetos a una relación de dependencia o vinculación, *no*, por tanto, en no haber *impedido* la comisión, en los términos expuestos, de las referidas infracciones], que aproxima su tipificación a la de una suerte de *infracción imprudente*, alejada, en consecuencia, de la *participación* en la comisión de infracciones administrativas por quienes se hallen sujetos a una relación de dependencia o vinculación, que permitiría imputar al garante la realización de estas últimas ya como inductor ya como cooperador ya, finalmente, como cómplice.

En todo caso, la redacción de esta primera frase, y con ella la tipificación de la infracción [propia y autónoma] del garante, mejora sustancialmente la del [confuso; una confusión acrecentada por la enigmática referencia a la responsabilidad *subsidiaria o solidaria* del garante: una "*solidaridad*", en todo caso, que había que entender por referencia a la del primer párrafo…mas ¿y la de su carácter *subsidiario*, configurado, además, de modo alternativo -tal era el sentido de la disyuntiva "o"- a la de la referida solidaridad?] texto del segundo párrafo del artículo 130.2 LRJ, cuya dicción se prestaba a entender que la infracción imputada al garante *era* la cometida "*por otros*", bien que aquella imputación dimanara del "*incumplimiento de las obligaciones impuestas por la ley que conlleve el deber de prevenir la infracción administrativas cometida*" por quienes, según el texto de la ahora primera frase del artículo 28.4 LRJSP, "*se hallen sujetos a una relación de dependencia o vinculación*".

Treinta y uno.- La segunda frase del apartado 4 del artículo 28 LRJSP ["*Asimismo, podrán prever los supuestos en que determinadas personas responderán del pago de las sanciones pecuniarias impuestas a quienes de ellas dependan o estén vinculadas*"], constante el plano del principio de personalidad/culpabilidad, sí es acreedora del reproche de conculcación del meritado principio. En la hipótesis tomada en consideración, "*determinadas personas*" [*recte*, el garante] asumen el "*pago de las sanciones pecuniarias impuestas a quienes de ellas dependan o estén vinculadas*". Esto es, al garante se imputa la *consecuencia* [el pago de las oportunas sanciones pecuniarias] anudada a la infracción cometida *por* quienes del mismo "*dependan o estén vinculadas*", no, obviamente, la correspondiente [primera frase del apartado 4 del artículo 28 LRJSP] a la infracción *propia* y *autónoma* consistente en "*el incumplimiento de la obligación de prevenir la comisión de infracciones administrativas por quienes se hallen sujetos a una relación de dependencia o vinculación*". La referida traslación al garante de la sanción que se enlaza a una infracción *ajena* no se compadece, en definitiva, con el principio de personalidad/culpabilidad, ancilar en todo derecho sancionador que se precie de tal.

Treinta y dos.- Cambio de tercio: en el artículo 29, bajo la veste "*Principio de proporcionalidad*", se alojan dos previsiones que traen causa no del artículo 131 ["*Principio de proporcionalidad*"] LRJ-PAC sino del Reglamento sobre los procedimientos sancionadores de 1993. Son las que albergan los apartados 5 y 6, plasmación, bien que, como se verá, peculiar, de los *concursos* del Derecho Penal [artículos 73 a 79 del Código Penal]. Este es su texto:

> *"5. Cuando de la comisión de una infracción derive necesariamente la comisión de otra u otras, se deberá imponer únicamente la sanción correspondiente a la infracción más grave cometida.*
> *6. Será sancionable, como infracción continuada, la realización de una pluralidad de acciones u omisiones que infrinjan el mismo o semejantes preceptos administrativos, en ejecución de un plan preconcebido o aprovechando idéntica ocasión".*

Antes de abordar el comentario de las referidas previsiones, conviene parar mientes en el apartado que antecede a los transcritos, el 4, a cuyo tenor "*Cuando lo justifique la debida adecuación entre la sanción que deba aplicarse con la gravedad del hecho constitutivo de la infracción y las circunstancias concurrentes, el órgano competente para resolver podrá imponer la sanción en el grado inferior*". Pues bien, si, tal es la razón de ser del principio de culpabilidad, ha de observarse la debida adecuación de la sanción a la antijuridicidad del comportamiento, una adecuación a la que obedece el principio de proporcionalidad, ¿cuál es la justificación que subyace a la expresa consignación de que en aras de esa "*debida adecuación*" se imponga "*la sanción en el grado inferior*"?, ¿qué justificación puede aducirse para no dejar expresamente consignado que, en aras de esa "*debida adecuación*", se imponga la sanción en el grado superior…o en el grado medio? Sencillamente, ninguna: el precepto, en consecuencia, parece enteramente superfluo.

Dicho esto, volvamos la vista a la [peculiar] regulación de los concursos en este marco o *código* general del Derecho Administrativo sancionador que hoy representa el Capítulo III del Título Preliminar LRJSP. Así, en primer lugar, el contemplado en el apartado 5, cuyo presupuesto es la tipificación del *concurso medial* o *instrumental*, esto es, la comisión de un delito/infracción como medio necesario para la comisión de otro/a delito/infracción ["*Cuando de la comisión de una infracción derive necesariamente la comisión de otra u otras* [...]", es el enunciado del referido presupuesto]. A este presupuesto, sin embargo, el legislador anuda la consecuencia que el Derecho Penal reserva para otro tipo de concursos, el concurso de *normas* o de *leyes*, a saber, cuando una determinada conducta es susceptible de ser imbricada en dos o más tipos delictivos, supuesto en el que la sanción [penal] es la correspondiente al tipo que prevea la más grave. Un presupuesto, pues, el del concurso medial o instrumental, cuya consecuencia en el apartado 5 del artículo 29 LRJSP no es la que a este propósito prevé el Código Penal sino la correspondiente al concurso de normas o de leyes. Sucintamente: el legislador, en un arrebato de "*generosidad*", y sobre la base de la referida mezcolanza, ha hecho caso omiso, con olvido así de la máxima consagrada en el primer párrafo del apartado 3 del artículo 29 LRJSP [la "*adecuación [de la sanción] a la gravedad del hecho constitutivo de la infracción*"], de la antijuridicidad inherente a las infracciones "*menos graves*", antijuridicidad que, en consecuencia, no tiene el menor reflejo en la pertinente consecuencia sancionadora, constreñida así a la anudada a "*la infracción más grave cometida*".

Y, en segundo lugar, la *infracción continuada ex* artículo 29.6 LRJSP, tributaria del *delito-masa* o *delito continuado*, una construcción doctrinal, obediente a un principio de política criminal, que con el tiempo adquirió carta de naturaleza en el Código Penal. El supuesto típico era el siguiente: la comisión de una pluralidad de estafas, que, singularmente consideradas, no alcanzaban por razón de la cuantía defraudada la calificación como *delito* sino meramente la de *falta.* En esta tesitura, la suma de las penas correspondientes a las diferentes faltas de estafa realizadas no alcanzaba una entidad que reflejara el *desvalor* o antijuridicidad de esa pluralidad de acciones ejecutadas, en la dicción hoy del apartado 6 del artículo 29 LRJSP, "*en ejecución de un plan preconcebido o aprovechando idéntica ocasión*". De ahí que, como propuesta doctrinal, se configurara esa pluralidad de acciones como formando parte de un *todo*, de suerte que con este arbitrio se hacía posible el castigo de esa *pluralidad* de acciones, que en el caso prototípico de la estafa y por razón de la cuantía debían ser individualmente calificadas como *faltas*, como si se tratara de una *única* acción calificada ahora como *delito*, con la consecuencia de que la sanción fuera la de este último y no la suma de las singulares faltas de estafa. Una construcción doctrinal que, antes de su llevanza al Código Penal, fue aplicada por los tribunales penales con el consiguiente reproche de conculcación del fundamental principio de legalidad, que, sin embargo, el Tribunal Constitucional no acogió al desestimar el recurso de amparo interpuesto frente a la condena, en un supuesto de estafa, por *delito continuado* o *delito masa* [sobre los pormenores del caso, Eduardo García de Enterría, *Principio de legalidad, Estado material de Derecho y facultades interpretativas y constructivas de la jurisprudencia en la Constitución*, en *Reflexiones sobre la Ley y los principios generales del Derecho*, Civitas, Madrid, 1984, 85-174.].

Pues bien, como se viene diciendo, el ahora apartado 6 del artículo 29 LRJSP se hace eco de esta construcción, doctrinal y legal, penal para incorporarla al ámbito sancionador administrativo. Bajo el rótulo *infracción continuada* se caracteriza "*la realización de una pluralidad de acciones u omisiones que infrinjan el mismo o semejantes preceptos administrativos, en ejecución de un plan preconcebido o aprovechando idéntica ocasión*". Una tipificación que, sin embargo, no va seguida de la previsión de la oportuna consecuencia sancionadora que dé cuenta del desvalor o antijuridicidad de la referida "*pluralidad de acciones u omisiones [...] en ejecución de un plan preconcebido o aprovechando idéntica ocasión*". Un déficit o carencia que, una vez más, y de manera harto imperfecta, sólo podrá ser rellenada acudiendo al genérico "*grado de culpabilidad*" de la letra a) del apartado 3 del artículo 29 LRJSP, reflejo de la endeblez o falta de solidez con que el Derecho positivo articula esta concepción del injusto administrativo que, a no dudarlo, habría merecido una más atenta consideración y un más cuidado diseño.

Treinta y tres.- Un par de observaciones acerca de la anteúltima cuestión, la atinente a la *prescripción ex* artículo 30 LRJSP. A propósito de la de las *infracciones* el párrafo segundo del apartado 2 del artículo 30 LRJSP dice: "*Interrumpirá la prescripción la iniciación, con conocimiento del interesado, de un procedimiento administrativo de naturaleza sancionadora, reiniciándose el plazo de prescripción si el* *expediente sancionador estuviera paralizado durante más de un mes por causa no imputable al presunto responsable*"; en tanto que por lo que hace a la de las *sanciones* señala el párrafo segundo del apartado 3 del artículo 30 LRJSP: "*Interrumpirá la prescripción la iniciación, con conocimiento del interesado, del procedimiento de ejecución, volviendo a transcurrir el plazo si aquél está paralizado durante más de un mes por causa no imputable al infractor*".

En ambos casos, como puede observarse, a la *paralización* ya del "*expediente sancionador*" ya del "*procedimiento de ejecución*" se anuda el efecto de provocar la *interrupción* de los meritados expediente sancionador y procedimiento de ejecución, en línea así con la *ortodoxia* de los plazos de prescripción, en relación a los cuales los hechos a los que se atribuye tal fuerza tienen el efecto de provocar la referida interrupción con la consecuencia, una vez producido el cese de la eficacia de los hechos pertinentes, de que el plazo de prescripción se *reinicia*, esto es, vuelve a comenzar a transcurrir...a partir, naturalmente, del mes durante el que el expediente sancionador o procedimiento de ejecución estuviera paralizado "*por causa no imputable al presunto responsable [o infractor, en el segundo caso*]".

En este sentido, por tanto, la dicción del párrafo segundo del apartado 2 del artículo 30 LRJSP, a propósito de la prescripción de las infracciones administrativas, es acorde a la mencionada *interrupción* y al consiguiente *reinicio* del plazo ["[...] *reiniciándose* el plazo *de prescripción* [...]"]. En cambio, la del párrafo segundo del apartado 3 del artículo 30 LRJSP, en relación a la prescripción de las sanciones administrativas, no parece acomodarse a la mencionada *interrupción* y al consiguiente *reinicio* del plazo ["[...] *volviendo* a *transcurrir el plazo* [...]"], aproximándose, antes bien, a la configuración de un supuesto de *caducidad*, en el que, siempre de acuerdo a una *ortodoxia* que marque nítidamente la frontera respecto de la prescripción, los hechos a los que eventualmente se atribuya tal fuerza tienen el efecto de provocar no la interrupción del oportuno plazo sino su *suspensión*, de suerte que, en esta tesitura, una vez producido el cese de la eficacia de los hechos pertinentes [el transcurso del mes durante el que el procedimiento de ejecución estuviera paralizado por causa no imputable al infractor], el plazo [de *prescripción/caducidad* del procedimiento de ejecución] se *reanuda* y no se reinicia, esto es, se computa, sumándose así al posterior, a efectos de la referida prescripción/caducidad, el tiempo que hubiere transcurrido hasta la iniciación del procedimiento de ejecución.

Al artículo 30 LRJSP no se ha incorporado un criterio doctrinal y una regla jurisprudencial que dicen relación con el binomio prescripción [de la infracción administrativa]/caducidad [ahora sí, *stricto sensu*, del procedimiento administrativo sancionador], esto es, la incidencia que en el plazo de prescripción de la infracción administrativa despliega la eventual caducidad del procedimiento administrativo sancionador. Una caducidad [*id est*, la proyección del *tiempo* sobre el ejercicio de las potestades administrativas] que comporta el desapoderamiento de la Administración pública para dictar la oportuna resolución sancionadora una vez caducado el procedimiento administrativo sancionador, y que se concreta en la *no* interrupción del plazo de prescripción de la infracción administrativa, esto es, a los fines de aquélla, la enervación del efecto anudado a la incoación, con conocimiento del interesado, del procedimiento administrativo sancionador, cual es, con carácter general, la interrupción del referido plazo. En otros términos: la caducidad del procedimiento administrativo sancionador se hace equivalente en cuanto a su efectividad a la no incoación del correspondiente procedimiento administrativo sancionador y con ello la no interrupción del plazo de prescripción de la infracción administrativa. En este sentido, se traduce, por tanto, en una *penalización* de la desidia de la Administración pública al dejar caducar el pertinente procedimiento administrativo sancionador.

Una penalización que, por identidad de razón, debería haberse llevado al texto de los párrafos segundos de los apartados 2 y 3 del artículo, a saber, la paralización "*durante más de un mes por causa no imputable al presunto responsable*" del expediente sancionador [para el caso de las infracciones administrativas] y la paralización "*durante más de un mes por causa no imputable al infractor*" del procedimiento de ejecución [para el de las sanciones administrativas] deberían haberse configurado como supuestos de *suspensión* y no de interrupción de los correspondientes expediente sancionador y procedimiento de ejecución, de suerte que, producido el cese de la eficacia de los hechos a los que se anuda la fuerza de provocar la paralización de aquéllos, aquellos expediente sancionador y procedimiento de ejecución se *reanuden* y no se reinicien, con la consecuencia de acumular el tiempo de prescripción habido con anterioridad a la incoación del expediente sancionador o del procedimiento de ejecución al que haya transcurrido, luego de su paralización, entre esta última y la oportuna reanudación del expediente sancionador o del procedimiento de ejecución.

La segunda observación que quiere hacerse a propósito de la prescripción, en concreto, la de las *sanciones administrativas*, engarza aquélla, la prescripción, con la *ejecutoriedad* de éstas, las sanciones administrativas. El párrafo primero del apartado 3 del artículo 30 LRJ-SP sienta con toda pulcritud la regla que conecta prescripción y ejecutoriedad: "*El plazo de prescripción de las sanciones comenzará a contarse desde el día siguiente a aquel en que sea ejecutable la resolución por la que se impone la sanción o haya transcurrido el plazo para recurrirla*". Una ejecución forzosa que, desde la Sentencia del Tribunal Constitucional 76/1996, no se liga indisolublemente a la *firmeza* en vía administrativa de la oportuna sanción administrativa [primer párrafo del artículo 138.3 LRJ-PAC y artículo 21.2 del Reglamento de 1993; hoy, artículos 90.3 y 98.1 b) LPACAP], esto es, a la no susceptibilidad de la sanción administrativa de ser impugnada, a través de los recursos administrativos ordinarios, alzada y reposición, en vía administrativa, sino que, de haber sido recurrida en vía contencioso-administrativa y haberse solicitado la suspensión de su eficacia, la Administración pública no puede proceder a su ejecución forzosa en tanto no haya sido denegada aquella suspensión.

Siendo esto así, el tercer párrafo del apartado 3 del artículo 3 LRJ-SP consagra, a propósito del binomio prescripción/ejecutoriedad, una regla especial para el caso de que la sanción administrativa haya sido recurrida en alzada. Dice así: "*En el caso de desestimación presunta del recurso de alzada interpuesto contra la resolución por la que se impone la sanción, el plazo de prescripción de la sanción comenzará a contarse desde el día siguiente a aquel en que finalice el plazo legalmente previsto para la resolución de dicho recurso*". Esta regla especial supone, a tenor de lo señalado y de lo que a continuación se añade, una distorsión del recto entendimiento de la prescripción, amén de ser contradictoria con la regla general que a propósito de la prescripción/

ejecutoriedad luce en el antes transcrito párrafo primero del apartado 3 del artículo 30 LRJSP.

Una distorsión y una contradicción que nacen de la confluencia de la regla en materia de ejecución forzosa de las sanciones administrativas [recuérdese, las sanciones administrativas sólo pueden ser ejecutadas forzosamente por la Administración pública cuando de haber sido impugnadas en vía contencioso-administrativa, el órgano judicial haya denegado la medida cautelar solicitada] y de la jurisprudencia del Tribunal Supremo y del Tribunal Constitucional según la cual, con carácter general, no hay plazo para recurrir en vía contencioso-administrativa las desestimaciones presuntas por silencio. Si, de acuerdo a esta jurisprudencia, no hay, con carácter general, plazo para la impugnación contencioso-administrativa del silencio administrativo negativo, difícilmente adquirirán ejecutoriedad las sanciones administrativas frente a las que se haya entablado un recurso de alzada no resuelto expresamente, supuesto que en este caso queda en manos del interesado el momento de la interposición del pertinente recurso contencioso-administrativo y con el mismo la solicitud de adopción de la oportuna medida cautelar. En esta tesitura, por tanto, disociar la prescripción de la sanción administrativa [el inicio del plazo de prescripción se cifra, según el aludido párrafo tercero del apartado tercero del artículo 30 LRJSP, en "*el día siguiente a aquel en que finalice el plazo legalmente previsto para la resolución de dicho recurso*"] de su ejecutoriedad, implica dejar en manos del interesado la misma prescripción de la sanción administrativa y con ella la de su ejecutoriedad, habida cuenta de que, ante la ausencia de plazo para acudir a la vía contencioso-administrativa, la razón de ser de esta última decae desde el momento en el que, eventualmente, puede haber transcurrido el plazo de prescripción y con él la susceptibilidad de ejecución forzosa de la sanción administrativa. La única enseñanza, así pues, de esta inconveniente solución legal es el aviso, el aldabonazo a la Administración pública para que resuelva de manera diligente los recursos de alzada entablados frente a las sanciones administrativas.

Treinta y cuatro.- El último extremo al que dan acogida estas líneas es el referente al apartado segundo del artículo 31 ["*Concurrencia de sanciones*"] LRJSP, cuya redacción, novedosa, no aparecía en el artículo 133 ["*Concurrencia de sanciones*"] LRJ-PAC. Su texto es el que sigue:

> *"2. Cuando un órgano de la Unión Europea hubiera impuesto una sanción por los mismos hechos y siempre que no concurra la identidad de sujeto y fundamento, el órgano competente para resolver deberá tenerla en cuenta a efectos de graduar la que, en su caso, deba imponer, pudiendo minorarla, sin perjuicio de declarar la comisión de la infracción".*

¿Una vez más el legislador administrativo hace gala de [inusitada] "*generosidad*" en materia sancionadora? Si no concurre la triple identidad [sujeto, hecho y fundamento *ex* apartado 1 del artículo 31 LRJSP] que, de conformidad a la regla *non* [o *ne*] *bis in ídem*, proscribiría la imposición de la doble sanción, ¿a qué viene esa "*toma en consideración*" de la sanción impuesta por un órgano de la Unión Europea "*a efectos de graduar la que, en su caso, deba imponer ["el órgano competente"], pudiendo minorarla, sin perjuicio de declarar la comisión de la infracción*"? Una cosa es atender al alcance que a su sanción haya dado el órgano de la Unión Europea, a fin de que por "*el órgano [interno] competente*" se proceda a calibrar la interpretación del tipo que consagra la oportuna infracción administrativa y la graduación de la pertinente sanción, y otra que la imposición de aquella sanción comporte la "*minoración*" de la que en su caso corresponda fijar a ese "*órgano [interno] competente*". A salvo mejor y más cumplida elucidación del apartado 2 del artículo 31 LRJSP, sencillamente incomprensible.

Treinta y cinco.- ¿Un Derecho Administrativo sancionador *prebeccariano*...aun a día de hoy, así pues? Lejos de nuestro ánimo el incurrir en hipérboles aparatosamente llamativas y carentes de sustancia: simplemente, un Derecho Administrativo sancionador, por lo que hace a ese marco o *código* general que hoy representa el Capítulo III del Título Preliminar LRJSP, necesitado, con el indispensable referente o modelo del Código Penal, de una más depurada decantación y un más preciso diseño.

Treinta y seis.- La de *contratación pública* [desde 2007, del *sector público*] es normativa profusa, por abundosa y copiosa, difusa por dilatada y, aun, confusa, por vaga e imprecisa, a despecho de la proclamación vertida en el Preámbulo de la Ley 9/2017, de 8 de noviembre -en adelante, LCSP- ["*El sistema legal de contratación pública que se establece en la presente Ley persigue aclarar las normas vigentes, en aras de una mayor seguridad jurídica [...]*": párrafo primero del apartado III de Preámbulo-LCSP]. Una normativa cuyos "*objeto y finalidad*" plasma el artículo 1 LCSP:

> *"1. La presente Ley tiene por objeto regular la contratación del sector público, a fin de garantizar que la misma se ajusta a los principios de libertad de acceso a las licitaciones, publicidad y transparencia de los procedimientos, y no discriminación e igualdad de trato entre los licitadores, y de asegurar, en conexión con el objetivo de estabilidad presupuestaria y control del gasto, y el principio de integridad, una eficiente utilización de los fondos destinados a la realización de obras, la adquisición de bienes y la contratación de servicios mediante la exigencia de la definición previa de las necesidades a satisfacer, la salvaguarda de la libre competencia y la selección de la oferta económicamente más ventajosa.*
> *2. Es igualmente objeto de esta Ley la regulación del régimen jurídico aplicable a los efectos, cumplimiento y extinción de los contratos administrativos, en atención a los fines institucionales de carácter público que a través de los mismos se tratan de realizar.*
> *3. En toda contratación pública se incorporarán de manea transversal y preceptiva criterios sociales y medioambientales siempre que guarde relación con el objeto del contrato, en la convicción de que su inclusión proporciona una mejor relación calidad-precio en la prestación contractual, así como una mayor y mejor eficiencia en la utilización de los fondos públicos. Igualmente se facilitará el acceso a la contratación pública de las pequeñas y medianas empresas, así como de las empresas de economía social".*

Objetivos, ciertamente, ambiciosos, inspirados en el designio garantizar el ajuste de la contratación del sector público a "*los principios de libertad de acceso a las licitaciones, publicidad y transparencia de los procedimientos, y no discriminación e igualdad de trato entre los licitadores*", enderezado, en última instancia, a la "*salvaguarda de la libre competencia*"; amén de a la consecución de fines de tipo "*social y medioambiental*", así como a la facilitación del "*acceso a la contratación pública de las pequeñas y medianas empresas, [y] de las empresas de economía social*". Objetivos que, como ha explicado Juan Alfonso Santamaría Pastor, quizá expliquen el propio contenido de la LCSP, una norma eminentemente *procedimental*, enderezada a establecer, y hacerlo de manera detallada y minuciosa, los procedimientos de adjudicación de los *contratos del sector público* [en particular, los relativos a los *contratos normalizados* o *contratos sujetos a regulación armonizada*, que, cuando el poder adjudicador es una administración pública *stricto sensu,* revisten la calificación de *contratos administrativos*], de suerte que las prescripciones *sustantivas* incorporadas a la misma representan un pequeño porcentaje del articulado [compuesto, a día de hoy, por 347 artículos, muchos de los cuales integrados por multitud de apartados y, dentro de éstos, párrafos, amén de un sinfín de disposiciones adicionales, transitorias y finales… de ahí que el propio Santamaría Pastor constatara en su momento que la ley y su reglamento de desarrollo ofrecían, en su versión digital, un número de caracteres superior al del mismísimo Código Civil, con sus 1.976 artículos].

Treinta y siete.- Un propósito de *aclaración* "*en aras de una mayor seguridad jurídica*" que, ciertamente, brilla por su ausencia en el caso del "*contrato de concesión*", alumbrado por la Directiva 2014/23/UE, de 26 de febrero de 2014, y ahora incorporado al ordenamiento jurídico español [anteúltimo párrafo del apartado II de Preámbulo-LCSP y párrafos quinto a decimoséptimo del apartado IV de Preámbulo-LCSP], tal y como puse de relieve en *Contrato de concesión de servicios y contrato de servicios*: *¿Un binomio operativo, una <concesión> debida o una logomaquia distorsionadora*? [Asociación Española de Profesores de Derecho Administrativo: página web, 2018], no obstante algunos loables intentos doctrinales por poner algo de "*orden*" en la denunciada "*logomaquia*" [Francisco Lorenzo Hernández González].

Treinta y ocho.- Los párrafos noveno y décimo del apartado V de Preámbulo-LCSP son emblemáticos en relación a la trascendencia de la "*salvaguarda de la libre competencia*", santo y seña de la legislación de los *contratos del sector público*. Este es el texto de aquéllos:

"Con independencia de las normas llamadas a facilitar la lucha contra el fraude y la corrupción, se incluyen nuevas normas tendentes al fomento de la transparencia en los contratos. Así, debe mencionarse, entre otras cuestiones, la introducción de una novedad significativa: la supresión del supuesto de aplicación del procedimiento negociado sin publicidad por razón de la cuantía. Dicho procedimiento, muy utilizado en la práctica, resultaba muy ágil pero adolecía de un déficit de transparencia, al carecer de publicidad, corriendo el riesgo de generar desigualdades entre licitadores. Para paliar estas deficiencias, se crea en la ley un nuevo procedimiento de adjudicación, el denominado Procedimiento Abierto Simplificado [...] en el que el proceso de contratación está concebido para que su duración sea muy breve y la tramitación muy sencilla, pero sin descuidar, sin embargo, la necesaria publicidad y transparencia en el procedimiento de licitación del contrato. En este procedimiento se habilita además una tramitación especialmente sumaria para contratos de escasa cuantía que ha de suponer la consolidación de la publicidad y la eficiencia en cualquier contrato público, reduciendo la contratación directa a situaciones extraordinarias".

Descarnada confesión, sin duda, del legislador. Supresión del "*[ágil] procedimiento negociado sin publicidad*", "*muy utilizado en la práctica*", más que adolecía de un déficit de transparencia, al carácter de publicidad, corriendo [*sic*; en tanto que gerundio de posterioridad, gramaticalmente incorrecto], ahora sustituido por un "*procedimiento abierto simplificado*", "*concebido para que su duración sea muy breve y la tramitación muy sencilla, pero sin descuidar [...] la necesaria publicidad y transparencia* [...]"; un "*procedimiento abierto simplificado*" aderezado con una variante, la que "*habilita [...] una tramitación especialmente sumaria para contratos de escasa cuantía [...]*", de suerte que la "*contratación directa*" queda anclada a "*situaciones extraordinarias*".

Una previsión normativa, la del "*procedimiento abierto simplificado*", que persigue conjugar el debido respeto a las exigencias de publicidad/transparencia con la observancia de una tramitación "*breve y sencilla*", que, empero, no ha dejado de suscitar dudas y controversias, a la vista de las *resoluciones* interpretativas emanadas al efecto de la

Junta Consultiva de Contratación Administrativa del Estado *ex* artículo 328 LCSP, de las que se desprende de manera inconcusa que la *simplificación* pretendida en la adjudicación de los contratos *menores* [por emplear el epíteto clásico a la hora de caracterizar la adjudicación de los contratos de "*escasa cuantía*"] no ha ido acompañada de la pertinente *simplificación*, o *aclaración* [por volver de nuevo al empeño de que se da cuenta en Preámbulo-LCSP]. Y, en todo caso, ¿el "*procedimiento negociado sin publicidad por razón de la cuantía*" o "*contratación directa*" en los casos de contratos de "*escasa cuantía*" o "*menores*" es radicalmente incompatible con el respeto debido a las exigencias de publicidad/transparencia? Quizá, de algún modo, la respuesta se halle implícita en el testimonio que figura más abajo.

Treinta y nueve.- Claro que, a despecho de las solemnes proclamaciones legales *iniciáticas*, "*la realidad manda*", valga la coloquial expresión. Las masivas, millonarias... en cantidad y en euros o dólares, compras de vacunas para hacer frente a la presente emergencia/crisis vírica ha propiciado, reforma mediante, la adecuación o puesta al día de la normativa sobre *contratos del sector público* [José María Gimeno Feliú/Gerardo García Álvarez, entre otros]. Una reforma o adecuación o puesta al día que, por la peculiaridad, vale decir excepcionalidad, de la situación actual, *modula, atempera*, vale decir *deja en suspenso*, los exigentes requisitos que adornan la contratación pública [aquí, en el particular atinente al contrato administrativo -*stricto sensu*- de *suministros*], articulada [valga una vez más el recordatorio] por los imperativos términos de la normativa de la Unión Europea acerca del sacrosanto principio de *competencia* o estricta *libertad de acceso en condiciones de igualdad a la contratación pública.* Un sacrosanto principio entre cuyas virtudes se halla [¡qué remedio!: *salus publica suprema lex esto*, según el *dictum* clásico] la de su *ser flexible*, esto es, "*susceptible de cambios o variaciones según las circunstancias o necesidades*". Una flexibilidad, así pues, puesta a prueba debida y oportunamente.

Cuarenta.- Y, como colofón de las consideraciones *contractuales* antedichas, un par de citas provenientes de acreditado especialista y *legislador.* Escribe a este propósito Francisco Sosa Wagner, catedrático de derecho administrativo, que fuera miembro del Parlamento Europeo durante el quinquenio 2009-2014, en sus *Memorias europeas*:

> *"Pronuncio [en 2013] en el Pleno un discursillo donde señalo que, desde los años setenta, las instituciones europeas han aprobado numerosas Directivas con el fin de crear un auténtico mercado común de la contratación pública. Ahora impulsamos nuevas reformas, pero debo advertir que, pese a las energías consumidas, los resultados no han sido positivos. Los mercados siguen muy fraccionados, la transposición de estas normas en los Estados es irregular, de tal modo que se solapa la entrada en vigor de una norma con su reforma, creando una gran confusión agravada por el hecho de ser elevado el número de Administraciones y empresas llamadas a aplicarlas. Todo ello hace que un valor jurídico de primero [sic] orden, como es la seguridad jurídica, padezca de forma muy sensible. De otro lado, lamento que los criterios que está aplicando el Tribunal de Luxemburgo no siempre se acojan en las reformas de las Directivas. Y, en fin, que la buena tradición histórica del régimen de las concesiones de servicios públicos procedente del derecho francés, haya quedado, en buena medida, desatendida" [Francisco Sosa Wagner, Memorias europeas. Mi traición a UPyD, prólogo de Victoria Prego, epílogo de Max Lacruz, Funambulista, Madrid, 2015, 640].*

Y, finalizada su andadura parlamentaria por Bruselas-Estrasburgo en 2014, el profesor Sosa Wagner incorpora a sus *Memorias europeas* una nueva pincelada *contractual*, no sin antes, a modo de contrapunto, dejar dicho: "*Me han gustado mucho las conclusiones del Abogado General ante este último ["el tribunal europeo de Luxemburgo"], Pedro Cruz Villalón, un excepcional jurista español, en las que ha defendido el amplio margen de apreciación de que ha de disponer el Banco Central Europeo a la hora de diseñar y ejecutar la política monetaria, respaldando con ello su programa <Compra masiva de deuda> combatido desde Alemania*". La pincelada *contractual* registra el siguiente tenor:

> *"Menos me han gustado los cambios habidos en el derecho de la contratación pública y de las concesiones administrativas porque además yo he colaborado a ellos con mi voto y no sé si podré ex-*

plicarlo satisfactoriamente cuando se me exijan cuentas en el más allá" [Memorias europeas, 744].

Cuarenta y uno.- Posiblemente, la novedad más destacada de las Leyes 39/2015, de 1 de octubre y 40/2015, de 1 de octubre [LPACAP y LSP, respectivamente] estribe en la eventual atribución del ejercicio de potestades administrativas *stricto sensu* a las "*entidades de derecho privado vinculadas o dependientes de una administración pública [general o institucional]*"; atribución en virtud de la oportuna ley, estatal o autonómica, supuesto en el que aquéllas "*quedarán sujetas a lo dispuesto en las normas de esta Ley [...] y, en todo caso, cuando ejerzan potestades administrativas*" [letra b) del apartado 2 del artículo 2 LPACAP y LSP]. A este propósito, pues, la "*habilitación*" conferida por la LPACAP y la LSP ha de encontrar "*eco*" en las correspondientes leyes [generales o sectoriales] estatales y autonómicas. Así, y por lo que hace al "*sector público [institucional] estatal*", el párrafo segundo del apartado 2 del artículo 128 LSP alberga una previsión específica en relación a las "*fundaciones del sector público estatal*", siquiera aquélla se resuelva en una prescripción de índole prohibitiva, formulada así en el indicado precepto: "*Las fundaciones ["del sector público estatal"] no podrán ejercer potestades públicas*"; prohibición que, naturalmente, no vincula a la legislación autonómica [letra c) del apartado 2 de la disposición final decimocuarta LSP].

Cuarenta y dos.- Esta genérica "*habilitación*" y con ella la [eventual] atribución *efectiva* del ejercicio de potestades administrativas a las "*entidades de derecho privado vinculadas o dependientes de una administración pública*" va acompañada, ante la ausencia de prescripciones específicas al respecto, de la oportuna cohorte de "*dudas*" e "*incertidumbres*", a saber, ¿las *decisiones* adoptadas por aquéllas en ejercicio de una potestad administrativa tienen la consideración *stricto sensu* de *actos administrativos*?; si la respuesta es negativa [conclusión a la que, *expressis verbis*, aboca la caracterización contenida en el apartado 1 del artículo 1 LJCA], ¿aquellas decisiones *no* son recurribles ante los órganos judiciales que ejercen la jurisdicción contencioso-administrativa [conclusión, asimismo, ineluctable, a la vista del referido apartado 1 del artículo 1 LJCA, siquiera sea por la delimitación *subjetiva* de la "*actuación*" sujeta al control de lo contencioso-administrativo, ceñida estrictamente a las "*administraciones públicas*"]?

Contrapunto: ¿*Decisiones* de entidades integradas en el correspondiente sector público institucional que no son administraciones públicas *stricto sensu, controladas* por el orden jurisdiccional civil? No parece, ciertamente, muy coherente con el propósito que anima al legislador de la LPACAP y de la LSP, mas, asimismo, consecuencia que se desprende de una lectura *ad pedem litterae* de la "*cláusula general*" plasmada en el apartado 1 del artículo 1 LJCA. Una consecuencia que, por tanto, sólo puede ser enervada a partir de una lectura *teleológica* o finalista de la *voluntas legislatoris* y, aun, de la *voluntas legis*, por acudir a tópicos tradicionales de la interpretación jurídica, y que, en todo caso, interregno mediante, demanda de la debida intervención del legislador, por la vía [parece lo más adecuado] de la introducción de una cláusula específica en el texto del artículo 2 LJCA, a fin de dar una [coherente] respuesta a la *laguna* propiciada por la *insuficiente* previsión de la LPACAP y de la LSP.

Cuarenta y tres.- A la espera, pues, de esa [demorada en exceso desde 2015] exigible intervención del legislador, la cuestión en este momento estriba en la respuesta a la interrogación que sigue, a saber, ¿cabe esperar del legislador, general o sectorial, estatal y autonómico, un *generoso* empleo de la habilitación conferida por la LPACAP y la LSP, esto es, una, más o menos, *generalizada* atribución a las entidades del sector público institucional que no tienen la consideración de administraciones públicas *stricto sensu* del ejercicio de potestades administrativas, en particular, del ejercicio de la potestad para el otorgamiento de ayudas y subvenciones públicas? La prognosis no parece ni laberíntica ni endiablada: frente a la *libertad* actual [más allá de la sucinta sujeción a los *principios* que, a tenor de la normativa en materia de subvenciones públicas, pautan el proceder de las entidades de derecho privado vinculadas o dependientes de una administración pública *stricto sensu* a la hora de otorgar los dineros públicos en el ámbito de las funciones y objetivos que presiden, de acuerdo a su legislación específica, la actuación en el referido ámbito de este tipo de entidades], no parece previsible, intervención legislativa mediante, que se *aherroje* el comportamiento de estas entidades del sector público institucional que no son administraciones públicas *stricto sensu* mediante el sometimiento a una estricta observancia de los requisitos y exigencias que presiden el ejercicio de la potestad administrativa para el otorgamiento de ayudas y subvenciones públicas, esto es, la observancia rigurosa del procedimiento administrativo en materia de subvenciones.

Prognosis en modo alguno osada o atrevida, antes bien, mero "*conocimiento anticipado de algún suceso*", actuación o comportamiento, en este caso, el deseo de acogerse a la, por razones de flexibilidad y agilidad , se aduce, *liberación* de trabas e impedimentos ["*burocráticos*", va de suyo] en pro de una adecuada gestión de los asuntos [públicos, por definición] atribuidos a la competencia de estas entidades de derecho privado vinculadas o dependientes de una administración pública *stricto sensu*, cuyo ejercicio no debe ser "*entorpecido*" por la observancia o sujeción a requisitos y exigencias "*retardatorias*" de la eficacia y eficiencia en el proceder de aquéllas.

Cuarenta y cuatro.- El signado como *estatuto básico del empleado público*, que arranca de 2007 [en adelante, EBEP/2007], halla hoy su plasmación legislativa en el texto refundido de 2015 [en adelante, EBEP/2015]. La idea-fuerza que articula su contenido es el propósito de consagrar un [mínimo] *común denominador* de los dos tipos o clases de *empleados públicos*, funcionarios *stricto sensu* y personal laboral. Un propósito que se recoge así en la Exposición de Motivos [*recte* Preámbulo] EBEP/2007:

> *"[...] la manifestación más significativa de esa tendencia a la diversidad viene siendo el recurso por muchas Administraciones Públicas a la contratación de personal conforme a la legislación laboral. Si bien por imperativo constitucional no pude ser éste el régimen general del empleo público en nuestro país, ni existen razones que justifiquen hoy una extensión relevante de la contratación laboral en el sector público, no debe desconocerse que un porcentaje significativo de los empleados públicos tienen la condición de personal laboral, conforme a la legislación vigente. La flexibilidad que este régimen legal introduce en el empleo público y su mayor proximidad a los criterios de gestión de la empresa*

privada explican la preferencia por él en determinadas áreas de la Administración.

Esta dualidad de regímenes, presente también con unas u otras peculiaridades en la mayoría de los Estados europeos, suscita no obstante algunos problemas jurídicos y de gestión de personal, que no pueden dejar de contemplarse y regularse, en sus aspectos esenciales, por una ley que aspira a ordenar el sistema de empleo público en su conjunto. Es más, como la experiencia demuestra y la jurisprudencia de los Tribunales subraya, la relación laboral de empleo público está sujeta a ciertas especificidades y por eso algunos principios, como los de mérito y capacidad en el acceso y ciertas normas de derecho público, como el régimen de incompatibilidades, vienen siendo de aplicación común al personal estatutario y al laboral. Más aún, la negociación colectiva del personal al servicio de las Administraciones Públicas, aunque separada para uno y otro tipo de personal hasta este momento, ha tenido como consecuencia una creciente aproximación de las condiciones de empleo que les afectan. Por eso, sin merma de la aplicación de la legislación laboral general en lo que proceda y siguiendo las recomendaciones de los expertos, conviene regular en el mismo Texto Legal que articula la legislación básica del Estado sobre la función pública aquellas peculiaridades de la relación laboral de empleo público. El presente Estatuto contiene, pues, también las normas que configuran esta relación laboral de empleo público, en virtud de la competencia que atribuye al Estado el artículo 149.1.7ª de la Constitución" [párrafos décimo y undécimo EBEP/2007].

Cuarenta y cinco.- Una norma, el EBEP/2015, como antes el EBEP/2007, del que aquél trae causa, que, desde la perspectiva de su *eficacia* en el entramado del Estado-territorial diseñado por el texto constitucional, es legislación *básica ex* artículo 149.1.18ª de la Constitución. Una eficacia que, no obstante, ofrece una *singular* peculiaridad o especificidad [probablemente, el único caso que puede aducirse al respecto], derivada del carácter *progresivo*, vale decir *demorado*, de su misma entrada en vigor, en los términos de la disposición final cuarta EBEP/2015 [como antes, por supuesto, de la norma en el mismo refundido, el EBEP/2007]:

> *"1. Lo establecido en los capítulos II y III del título III, excepto el artículo 25.2, y en el capítulo III del título V producirá efectos a partir de la entrada en vigor de las leyes de Función Pública que se dicten en desarrollo de este Estatuto.*
> *La disposición final tercera del presente Estatuto producirá efectos en cada Administración Pública a partir de la entrada en vigor del capítulo III del título III con la aprobación de las leyes de Función Pública de las Administraciones Públicas que se dicten en desarrollo de este Estatuto. Hasta que se hagan efectivos esos supuestos la autorización o denegación de compatibilidades continuará rigiéndose por la actual normativa.*
> *2. Hasta que se dicten las leyes de Función Pública y las normas reglamentarias de desarrollo se mantendrán en vigor en cada Administración Pública las normas vigentes sobre ordenación, planificación y gestión de recursos humanos en tanto no se opongan a lo establecido en este Estatuto".*

Esto es, el EBEP, legislación *básica*, se insiste, en el sentido de la materia 18ª del apartado 1 del artículo 149 del texto constitucional supedita su eficacia, su propia entrada en vigor, al dictado [en las partes o ámbitos mencionados en la referida disposición final cuarta EBEP/2015] de las leyes, estatales y, en particular, autonómicas, "*que se dicten en desarrollo de este Estatuto*". Una entrada en vigor, así pues, transida de una, sea permitida la coloquial expresión, *geometría variable*, que, eventualmente, puede quedar diferida *ad calendas graecas*, y que, en todo caso, no ofrece un cariz ni homogéneo ni, menos aún, uniforme.

Cuarenta y seis.- Una norma *básica*, con los contornos *geométricamente* variables que acaban de exponerse, cuyo *objeto*, de acuerdo al propósito consignado en su exposición de motivos o preámbulo, es, de un lado, "*establecer las bases del régimen estatutario de los funcionarios públicos incluidos en su ámbito de aplicación*"; y, de otro, "*determinar las normas aplicables al personal laboral al servicio de las Administraciones Públicas*" [apartados, respectivamente, 1 y 2 del artículo 1 EBEP/2015], con sujeción, en todo caso, a los "*fundamentos de actuación*" que recoge el elenco del apartado 3 EBEP/2015.

Una observación es pertinente dejar sentada desde este momento: en virtud de la referencia a "*las administraciones públicas*" *ex* artículo 1.2 EBEP/2015, en conexión con el "*ámbito de aplicación*" *ex* artículo 2 [en particular, por lo que aquí interesa, su apartado 1], de aquél quedan *excluidas* las entidades de derecho privado vinculadas o dependientes de una administración pública *stricto sensu*, esto es, las entidades de los sectores públicos institucionales que no tienen la consideración de administraciones públicas en sentido estricto [letra b) del apartado 2 del artículo 2 LPACAP y letra b) del apartado 2 del artículo 2 LSP]. De esta suerte, por tanto, quedan extramuros del *régimen común* de los empleados públicos el personal [laboral, por definición] al servicio de las meritadas entidades de los sectores públicos institucionales que no tienen la consideración de administraciones públicas; un personal [laboral] que, lógicamente, integra el grueso de los *trabajadores* o personal laboral al servicio, en sentido, de los correspondientes sectores públicos. Una exclusión literalmente *incomprensible*, si se tiene en cuenta que el EBEP/2015 tiene fecha de 30 de octubre de 2015, siendo así que las fechas de la LPACAP y de la LSP son de 1 de octubre de 2015.

Cuarenta y siete.- Una incomprensible *exclusión* que refrenda el tenor del artículo 9 EBEP/2015, cuyo apartado 2, al consignar las funciones o atribuciones *reservadas* a los "*funcionarios de carrera*", deja dicho:

> *"2. En todo caso, el ejercicio de las funciones que impliquen la participación directa o indirecta en el ejercicio de las potestades públicas o en la salvaguardia de los intereses generales del Estado y de las Administraciones Públicas corresponden exclusivamente a los funcionarios públicos, en los términos que en la ley de desarrollo de cada Administración Pública se establezca".*

Una más que notoria *disonancia* con la genérica habilitación llevada a cabo por la LPACAP y la LSP en favor de las leyes, generales o sectoriales, estatales y autonómicas, a fin de que éstas puedan proceder al otorgamiento, para con las entidades de derecho privado vinculadas o dependientes de una administración pública *stricto sensu*, del ejercicio de potestades administrativas. Aquella genérica habilitación es, literalmente, inconciliable con el tenor del artículo 9 EBEP/2015, como, en general, desde la perspectiva del control por el orden jurisdiccional contencioso-administrativo, de las *decisiones* adoptadas por aquéllas en ejercicio de las oportunas potestades administrativas cuyo ejercicio haya sido [eventualmente] conferido por las leyes, generales o sectoriales, estatales y autonómicas, a las entidades de los sectores públicos institucionales que no tienen la consideración de administraciones públicas *stricto sensu*; literalmente inconciliable, se dice, de las referidas *decisiones* con el texto del apartado 1 del artículo 1 LJCA.

Cuarenta y ocho.- Dos apuntes para cerrar este renglón del *empleo público*. El primero: más allá del declarado propósito de erigir un *estatuto* [común] *del empleado público*, esto es, un [mínimo] régimen *homogéneo* para todos los empleados públicos, funcionarios stricto sensu y personal laboral o trabajadores, sin duda, el *tema-estrella* del EBEP/2007 fue la signada como "*evaluación del desempeño*", hoy en el artículo 20 EBEP, cuyo texto es el que sigue:

> *"1. Las Administraciones Públicas establecerán sistemas que permitan la evaluación del desempeño de sus empleados.*
> *La evaluación del desempeño es el procedimiento mediante el cual se mide y valora la conducta profesional y el rendimiento o el logro de resultados.*
> *2. Los sistemas de evaluación del desempeño se adecuarán, en todo caso, a criterios de transparencia, objetividad, imparcialidad y no discriminación y se aplicarán sin menoscabo de los derechos de los empleados públicos.*
> *3. Las Administraciones Públicas determinarán los efectos de la evaluación en la carrera profesional horizontal, la formación, la provisión de puestos de trabajo y en la percepción de las retribuciones complementarias previstas en el artículo 24 del presente Estatuto.*
> *4. La continuidad en un puesto de trabajo obtenido por concurso quedará vinculada a la evaluación del desempeño de acuerdo con los sistemas de evaluación que cada Administración Pública determine, dándose audiencia al interesado, y por la correspondiente resolución motivada.*

5. La aplicación de la carrera profesional horizontal, de las retribuciones complementarias derivadas del apartado c) del artículo 24 del presente Estatuto y el cese del puesto de trabajo obtenido por el procedimiento de concurso requerirán la aprobación previa, en cada caso, de sistemas objetivos que permitan evaluar el desempeño de acuerdo con lo establecido en los apartados 1 y 2 de este artículo".

Con independencia de la manifiesta impropiedad de la remisión "*a las administraciones públicas*" [apartados 1 y 3 del artículo 20 EBEP/2015] como sujetos *habilitados* para proceder al establecimiento de "*sistemas que permitan la evaluación del desempeño de sus empleados*" y la determinación de "*los efectos de la evaluación en la carrera profesional horizontal, la formación, la provisión de puestos de trabajo y en la percepción de las retribuciones complementarias previstas en el artículo 24 del presente Estatuto*" [es claro que esa *habilitación* sólo se puede producir en favor de los correspondientes gobiernos, salvo que, obviamente, la tarea pertinente sea articulada por las mismas leyes, estatales y autonómicas]; con independencia de esta circunstancia, se dice, cabe inquirir acerca de la *idoneidad* o *adecuación* de la referida "*evaluación del desempeño*" en el panorama de unas administraciones públicas de corte *burocrático*, en las que, por principio, los "*objetivos*" cuya consecución se erige en el canon o parámetro de aquélla se identifican, sin más, con los "*intereses generales*" a cuya gestión es llamada la correspondiente administración pública. Un óbice u objeción que se acentúa en el caso de los llamados *cuerpos generales*, cuyos componentes sirven las funciones *horizontales* o *transversales comunes* al entero entramado administrativo; a diferencia de lo que, también por principio, ocurre con los llamados *cuerpos especiales*, respecto de los que, al menos en teoría, es más fácil *identificar* los oportunos "*objetivos*" cuya consecución, se insiste, se erige en el canon o parámetro de la "*evaluación por desempeño*". En definitiva, la administración pública *no* es la empresa privada, por más que, naturalmente, no deja de actuar, en algunos de sus niveles o ámbitos, al menos, con [determinados] *criterios empresariales*.

La "*evaluación por desempeño*", y aquí se alude estrictamente a la vertiente "*retributiva*" [apartados 3 y 5 del artículo 20 EBEP/2007] que delinea la configuración de los "*sistemas*" a que se contraiga su concreta ordenación, es un sintagma [pretendidamente] *tecnocrático* [siempre con la vista puesta en el mundo empresarial privado], vale decir *eufemístico*, para eludir la verbalización del componente retributivo [de cariz "*complementario*"] clásico, el complemento de *productividad*, cuyo carácter *singularizado* y, por ende, *discrecional* ha encontrado la "*enemiga*" sindical, siempre reacio, por desconfiado, al [achacado, reprochado, de manera más o menos expresa] presunto uso torticero y, aun, arbitrario en la *dispensa* del referido complemento. Una vez más, la apelación a mecanismos *objetivados* para salir al paso del eventual uso *desviado* en favor de *determinados* empleados públicos; una "*discriminación*" que, obvio es recalcarlo, va en detrimento de la debida "*democratización*" del disfrute de los correspondientes dineros públicos [funcionariales].

La crisis económica desatada a partir de 2008-2009 "*yuguló*" la previsión de las oportunas consignaciones presupuestarias a fin de hacer frente a las "*evaluaciones positivas*" dimanantes de la puesta en acción de los mecanismos [en algún caso, *presuntuosamente* ambiciosos por abstrusos y, aun, incomprensibles o, al menos, de complicadas aplicación y gestión] ordenadores de la construcción de la referida "*evaluación del desempeño*".

Cuarenta y nueve.- Y, sin solución de continuidad, el segundo de los anunciados apuntes, el atinente, en su formulación número, al artículo 84 EBEP/2015, esto es, el precepto rector de la "*movilidad voluntaria entre Administraciones Públicas*". Este es el texto del referido artículo:

> "*1. Con el fin de lograr un mejor aprovechamiento de los recursos humanos, que garantice la eficacia del servicio a los ciudadanos, la Administración General del Estado y las comunidades autónomas y las entidades locales establecerán medidas de movilidad interadministrativa, preferentemente mediante convenio de Conferencia Sectorial u otros instrumentos de colaboración.*
> *2. La Conferencia Sectorial de Administración Pública podrá aprobar los criterios generales a tener en cuenta para llevar a cabo las homologaciones necesarias para hacer posible la movilidad.*

3. Los funcionarios de carrera que obtengan destino en otra Administración Pública a través de los procedimientos de movilidad quedarán respecto de su Administración de origen en la situación administrativa de servicio en otras Administraciones Públicas. en los supuestos de remoción o supresión del puesto de trabajo obtenido por concurso, permanecerán en la Administración de destino, que deberá asignarles un puesto de trabajo conforme a los sistemas de carrera y provisión de puestos vigentes en dicha Administración.
En el supuesto de cese del puesto obtenido por libre designación, la Administración de destino, en el plazo máximo de un mes a contar desde el día siguiente al del cese, podrá acordar la adscripción del funcionario a otro puesto de la misma o le comunicará que no va a hacer efectiva dicha adscripción. En todo caso, durante este período se entenderá que continúa a todos los efectos en servicio activo en dicha Administración.
Transcurrido el plazo citado sin que se hubiera acordado su adscripción a otro puesto, o recibida la comunicación de que la misma no va a hacerse efectiva, el funcionario deberá solicitar en el plazo máximo de un mes el reingreso al servicio activo en su Administración de origen, la cual deberá asignarle un puesto de trabajo conforme a los sistemas de carrera y provisión de puestos vigentes en dicha Administración, con efectos económicos y administrativos desde la fecha en que se hubiera solicitado el reingreso.
De no solicitarse el reingreso al servicio activo en el plazo indicado será declarado de oficio en situación de excedencia voluntaria por interés particular, con efectos desde el día siguiente a que hubiesen cesado en el servicio activo en la Administración de destino".

En pocas palabras: la *integración* del funcionario [de carrera] en la administración pública en la que, en virtud de "*movilidad interadministrativa*", pase a desempeñar, desde su administración de origen o procedencia, un puesto de trabajo, al margen, o como alternativa, por tanto, de los sistemas ordinarios de acceso al cuerpo o escala de que se trate en una determinada administración pública [oposición, concurso-oposición y, excepcionalmente, concurso]. Una *integración*, ciertamente, *provisional*, más que, en el caso de cese en el puesto de trabajo que viniere ocupándose en la administración pública de destino por el procedimiento de concurso, reviste en la práctica carácter *definitivo* [párrafo primero del apartado 3 del artículo 84 EBEP/2015]; no así, por supuesto, para el caso de cese en el puesto de trabajo que viniere ocupándose en el administración pública de destino por el procedimiento de libre designación, en la hipótesis de que, tras el meritado cese, no se haga efectiva por la administración pública de destino la "*adscripción*" a otro puesto de trabajo del organigrama de aquélla.

Cincuenta.- La LJCA/1998, heredera, y continuadora en lo esencial, de la LJCA/1956 incorporó un elenco de *novedades*, saludadas, con carácter general, de modo favorable por los especialistas en la materia [cuestión de ilegalidad; control jurisdiccional de la *inactividad material* y de la *vía de hecho*; previsión del llamado "*caso-testigo*"; extensión de los *efectos* de una sentencia firme a supuestos sustancialmente iguales; nuevas *modalidades* y *potestades* en la ejecución judicial de sentencias; régimen de *medidas cautelares*, en particular, en lo atinente a la disposición de medidas de corte *positivo*; y, tras la correspondiente modificación legislativa, el aseguramiento del cobro de las indemnizaciones debidas por razón de la ejecución de sentencias que comporten la demolición de construcciones y edificaciones contrarias a la legalidad urbanística... garantía asimismo incorporada a la legislación penal; integración, junto al procedimiento "*ordinario*", de un procedimiento *abreviado* a cuyas prescripciones se acomoda la tramitación de determinados recursos contencioso-administrativos, por razón ya de la materia o de la cuantía; amén, por supuesto, de la modificación de la planta del contencioso-administrativo, con la creación de los juzgados, provinciales y centrales, de lo contencioso-administrativo]. Un *hatillo* de novedades, ciertamente, no magro, al hilo del cual pueden verterse, ahora sí, unas magras consideraciones.

Cincuenta y uno.- La *cuestión de ilegalidad* [definida en el artículo 27 LJCA y delineada en su tracto procedimental en los artículos 123 a 126 LJCA] se configura con un carácter *no suspensivo*, esto es, a su planteamiento precede inexcusablemente la tramitación y resolución del oportuno recurso contencioso-administrativo [deducido en relación al acto administrativo dictado en aplicación de la correspondiente norma reglamentaria], así como la del [eventual] recurso de apelación interpuesto frente a la sentencia recaída en la primera instancia. Una configuración que se aparta de la que es propia de la *cuestión de inconstitucionalidad* [y hoy, también, de la *auto-cuestión de inconstitucionalidad ex* apartado 2 del artículo 55 de la Ley Orgánica del Tribunal Constitucional, a la que es inherente la *suspensión* del proceso [judicial o, en el caso del citado artículo 55.2 LOTC, o constitucional de amparo] en que se ha suscitado la oportuna *duda* de constitucionalidad, de suerte que en tanto no haya pronunciamiento constitucional respecto de la cuestión [y auto-cuestión] de inconstitucionalidad, en el proceso *a quo* no puede haber sentencia que le ponga término.

El *modelo-cuestión de ilegalidad*, a saber, su diseño sobre el meritado carácter *no suspensivo*, puede erigirse en referencia *lege ferenda* en pro de la *reconfiguración* de la cuestión [y auto-cuestión] de inconstitucionalidad. Una *reconfiguración* que no pasa por la reforma del artículo 163 del texto constitucional, en la medida en que, interpretación mediante, la índole "*no suspensiva*" de la cuestión de inconstitucionalidad [hasta ahora, de ahí la normación llevada en 1979 a los artículos 35 a 37 LOTC, entendida como alusiva a la "*no suspensión*" de la *vigencia* de la ley cuestionada] se tornaría en dependiente del mismo *proceso* [judicial o, para el caso del artículo 55.2 LOTC, constitucional de amparo] en que se suscite la oportuna duda de constitucionalidad. Una "*reconfiguración*" que, *a fortiori*, permitiría dar respuesta inmediata a las pretensiones deducidas en el correspondiente proceso [judicial o constitucional de amparo], con exclusión, así, del pago de las eventuales indemnizaciones por "*funcionamiento anormal en la tramitación de los recursos de amparo o de las cuestiones de inconstitucionalidad*" *ex* apartado 8 del artículo 32 LSP.

En todo caso, y por venir de nuevo al asunto *cuestión de ilegalidad*, la configuración del recurso de casación instaurada en 2015, si no vacía enteramente de contenido a aquélla [por la potísima razón de la *extensión* o *ámbito* de aquél, esto es, de la *amplitud*, prácticamente universal -una amplitud sólo modulada o matizada por los términos del párrafo segundo del apartado 1 del artículo 86 LJCA; y amplitud, ahora sí, *universal* para el caso del "*recurso de casación autonómica*" *ex* párrafos segundo y tercero del apartado 3 del artículo 86 LJCA, a salvo, naturalmente, de eventuales interpretaciones *restrictivas* por los tribunales superiores de justicia, a la hora de "*integrar*" el *ámbito* del recurso de casación autonómica con la delimitación llevada a cabo, para el recurso de casación *estatal*, por el párrafo segundo del apartado 1 del artículo 86 LJCA-, de las resoluciones judiciales susceptibles de la meritada impugnación; y, como argumento añadido, la consignación de la impugnación "*indirecta*" de una disposición de carácter general -letra g) del apartado 2 del artículo 88 LJCA- en el elenco de "*circunstancias*" que permiten, "*entre otras [circunstancias]*", apreciar el debido "*interés casacional [sic] objetivo*"]; la configuración del recurso de casación instaurada en 2015, decía, constriñe drásticamente los supuestos de entrada en juego de *cuestión de ilegalidad*, reducidos, prácticamente, a aquéllos en que la sentencia de primera instancia no haya sido objeto del oportuno recurso de apelación.

Cincuenta y dos.- Y ya que ha salido a colación, digamos una palabra acerca del recurso de casación, vale decir los *recursos* de casación [la *estatal* y la autonómica], instaurados con la reforma de la LJCA en 2015. Un recurso [*recte* recursos] cuyo viabilidad procesal y procedencia sustantiva se hace dependiente del "*interés casacional [sic] objetivo para la formación de jurisprudencia*" *ex* apartado 1 del artículo 88 LJCA. En concreto, acerca del *recurso de casación autonómica*, respecto del que las únicas previsiones, de corte orgánico, se alojan en los párrafos segundo y tercero del apartado 3 del artículo 86 LJCA; magra regulación que ha propiciado la llamada al Tribunal Constitucional a fin de que se pronunciara acerca, uno, de la compatibilidad de aquélla con la [eventual] exigencia de *ley orgánica* en tanto que [sedicente] cauce normativo diseñador, en sus trazos básicos, de la planta judicial, aquí, del orden jurisdiccional contencioso-administrativo, así como de la adecuación de la expresada "*magra regulación*" a las exigencias de *seguridad jurídica ex* apartado 3 del artículo 9 del texto constitucional; y, dos, [acerca] de la denunciada vulneración del derecho de tutela judicial efectiva *ex* artículo 24.1 de la Constitución por aquellos pronunciamientos de determinados tribunales superiores de justicia que habían declarado la *inadmisión* de los oportunos recursos de casación autonómica ante la *imposibilidad* de constituir adecuadamente el "*órgano*" llamado a su resolución, a la vista de los "*magros*" mimbres con que los párrafos segundo y tercero del apartado 3 del artículo 86 LJCA enhebran la *formación* de aquél.

Controversias que han merecido dispares respuestas del Tribunal Constitucional: así, en relación a la primera, una decisión *desestimatoria* de la cuestión de inconstitucionalidad planteada en relación a los párrafos segundo y tercero del apartado 3 del artículo 86 de la Constitución; por el contrario, el otorgamiento del *amparo* impetrado por conculcación de las exigencias anudadas al derecho de tutela judicial efectiva de resultas de la inadmisión a trámite del recurso de casación autonómica intentado en la ocasión [Sentencias del Tribunal Constitucional, respectivamente, 128/2018, de 29 de noviembre y 98/2020, de 22 de julio; en relación a las mismas, Juan Manuel Alegre Ávila, *El recurso de casación autonómica*: *déficit legislativo, vigencia constitucional e incertidumbre aplicativa* [*A propósito de la Sentencia del Tribunal Constitucional de 29 de noviembre de 2018, con una referencia a la Sentencia del Tribunal Superior de Justicia de Cantabria de 10 de diciembre de 2018*] -Asociación Española de Profesores de Derecho Administrativo: página web, enero de 2019-; y Juan Manuel Alegre Ávila, *El recurso de casación autonómica*: *déficit legislativo, vigencia constitucional y tutela judicial efectiva* [*A propósito de la Sentencia del Pleno del Tribunal Constitucional 98/2020, de 22 de julio*] -Asociación Española de Profesores de Derecho Administrativo: página web, agosto de 2020-].

Cincuenta y tres.- *Inactividad <material>* y *vía de hecho*, se ha dejado dicho, son *novedades* de la LJCA/1998, que incorpora ambas *manifestaciones* del proceder administrativo a la "*actividad administrativa impugnable [en vía contencioso-administrativa*]". La primera de las meritadas, la *inactividad <material>*, ofrece dos vertientes, plasmadas, respectivamente, en los apartados 1 y 2 del artículo 29 LJCA. La segunda de estas vertientes estriba en la inejecución por la administración pública de sus "*actos firmes*", supuesto ante el que "*podrán los afectados solicitar su ejecución, y si ésta no se produce [...], podrán los solicitantes formular recurso contencioso-administrativo, que se tramitará por el procedimiento abreviado regulado en el artículo 78*".

Así pues, la "*ejecución*" de un acto administrativo firme debe interesarse en vía contencioso-administrativa siguiendo las pautas del *procedimiento abreviado ex* artículo 78 LJCA. Un procedimiento, el abreviado, que no deja de ser sino un procedimiento *declarativo*, de suerte que la "*ejecución*" de la sentencia que ponga fin al recurso contencioso-administrativo debe, a su vez, instarse a través del incidente de ejecución *ex* artículo 109 LJCA. En este punto, se pone de relieve una notoria *insuficiencia* o *déficit* de la LJCA/1998, al no haber contemplado un mecanismo [jurisdiccional] específico a través del que impetrar la ejecución [jurisdiccional] de actos administrativos *firmes* [de ordinario, por *consentidos*, "*por no haber sido recurridos en tiempo y forma*", según la dicción del artículo 28 LJCA], pues es inconcusa la inviabilidad de acudir al incidente de ejecución *ex* artículo 109 LJCA, que, obvio es recalcarlo, exige de una previa *resolución judicial* de cuya ejecución se trate.

Más: la *ausencia* en la LJCA de este "*mecanismo [jurisdiccional] específico a través del que impetrar la ejecución [jurisdiccional] de actos administrativos firmes [de ordinario, por consentidos [...]]*" condena al limbo a los actos administrativos *firmes* provenientes, *ad exemplum*, de "*las Corporaciones de Derecho Público, adoptados en el ejercicio de funciones públicas*" *ex* letra b) del artículo 2 LJCA. Unos actos administrativos desprovistos de la nota de "*ejecutoriedad*" [artículos 38 y 98 LPACAP], de suerte que, en relación a los mismos, la corporación de derecho público interesada no puede, *por sí misma*, proceder a su "*ejecución forzosa*" *ex* artículo 99 LPACAP. Una ejecución forzosa que, en su caso, sólo podría [con la inexcusable *incertidumbre* en cuanto a una efectiva consecución del objetivo pretendido, la pertinente "*ejecución forzosa*" de los actos administrativos *firmes* por la misma dictados] ser instada del orden jurisdiccional civil, ante la ausencia de ese "*mecanismo [jurisdiccional] específico*" en la LJCA.

Cincuenta y cuatro.- El control jurisdiccional de la *vía de hecho* plantea una problemática diversa a la suscitada respecto de la *inactividad <material>*, en concreto, como se ha visto, en relación a la inejecución de los actos administrativos firmes, tanto en el orden de la *concepción* como en el de la misma *articulación procesal* del referido control. Reproduzcamos los pertinentes preceptos.

Así, el artículo 30 LJCA prescribe:

"En caso de vía de hecho, el interesado podrá formular requerimiento a la Administración actuante, intimando su cesación. Si dicha intimación no hubiere sido formulada o no fuere atendida dentro de los diez días siguientes a la presentación del requerimiento, podrá deducir directamente recurso contencioso-administrativo".

El apartado 3 del artículo 46 LJCA, por lo que atañe al *plazo* de impugnación en vía contencioso-administrativa de la vía de hecho establece:

"3. Si el recurso contencioso-administrativo se dirigiera contra una actuación en vía de hecho, el plazo para interponer el recurso será de diez días a contar desde el día siguiente a la terminación del plazo establecido en el artículo 30. Si no hubiere requerimiento, el plazo será de veinte días desde el día en que se inició la actuación administrativa en vía de hecho".

De tramitarse el recurso contencioso-administrativo [contra la actuación constitutiva de vía de hecho] de acuerdo al "*procedimiento para la protección de los derechos fundamentales de la persona*" [rótulo del capítulo primero del título quinto LJCA], los plazos para la interposición de aquél son los fijados en el artículo 115 LJCA:

"El plazo para interponer este recurso será de diez días, que se computarán [...] desde el día siguiente al del [...] requerimiento para el cese de la vía de hecho [...]. Cuando la lesión del derecho fundamental tuviera su origen en [...] una actuación en vía de hecho, [si] no se hubiera formulado requerimiento, el plazo de diez días se iniciará transcurridos veinte días desde [...] el inicio de la actuación administrativa en vía de hecho [...]".

La puesta en común de los transcritos preceptos permite anudar a su lectura las siguientes observaciones:

- En puridad, el plazo para la interposición del recurso contencioso-administrativo frente a una actuación administrativa constitutiva de vía de hecho debería permanecer *abierto* en tanto no se haya producido [cuestión *de hecho*, por supuesto] la cesación, efectiva y definitiva, de aquélla.

- De no haberse producido el requerimiento o intimación a que se refiere el artículo 30 LJCA, la fijación del *dies a quo* del plazo de veinte días para la formulación del recurso contencioso-administrativo en el *mismo día* "*en que se inició la actuación administrativa en vía de hecho*", puede colocar al interesado en situación *efectiva* de indefensión, habida cuenta de que, fugacidad del veintenar al margen, no quepa en modo alguno excluir el desconocimiento por aquél del *efectivo* "*inicio [de] la actuación administrativa en vía de hecho*".
- Por supuesto, de haberse producido el requerimiento o intimación previsto en el artículo 30 LJCA, el transcurso del plazo de "*diez días a contar desde el día siguiente a la terminación del plazo establecido en el artículo 30*", esto es, el de "*los diez días siguientes a la presentación del requerimiento*", si la oportuna intimación "*no fuere atendida*", la consecuencia es clara, a saber, la ineluctable caducidad de la acción contencioso-administrativa... aun cuando, naturalmente, persista o se mantenga la "*actuación administrativa en vía de hecho*".
- De tramitarse el recurso contencioso-administrativo contra la actuación administrativa constitutiva de vía de hecho de conformidad al "*procedimiento [especial] para la protección de los derechos fundamentales de la persona*", es literalmente incomprensible, de haber mediado requerimiento o intimación, que el plazo [de diez días] para la formulación de aquél se inicie "*el día siguiente al de [...] requerimiento para el cese de la vía de hecho*". ¿Qué papel, en tal hipótesis, cumple el requerimiento o intimación si, de acuerdo al tenor literal del artículo 115 LJCA, la administración pública requerida o intimada *no* dispone de plazo alguno [ni siquiera el genérico de diez días establecido en el artículo 30 LJCA] para, en su caso, atender el referido requerimiento o intimación?
- Asimismo, para el caso de que entre en juego el "*procedimiento [especial] para la protección de los derechos fundamentales de las personas*", de no haber mediado requerimiento o intimación "*para el cese de la vía de hecho*", al plazo de "*diez días*" para la formulación del recurso contencioso-administrativo contra la

actuación administrativa constitutiva de vía de hecho, cabe hacer idéntico, o mayor aún, reproche que el efectuado en relación al plazo [ordinario] de veinte días para la presentación del recurso contencioso-administrativo *ex* artículos 30 y 46.3 LJCA, a saber, la colocación al interesado en una *efectiva* situación de indefensión, supuesto que no cabe descartar en modo alguno el desconocimiento por aquél del *efectivo* inicio de "*la actuación administrativa en vía de hecho*".

- Control por el orden jurisdiccional contencioso-administrativo de las actuaciones administrativas constitutivas de vía de hecho. Mas, en la medida en que aquéllas se traduzcan en un despojo o desapoderamiento de su posesión, a disposición del interesado/poseedor se mantendrá el ejercicio de las oportunas acciones civiles [reivindicatorias]... siempre y cuando no se haya producido la usucapión o prescripción adquisitiva en favor de la administración pública que *ab initio* ha actuado en vía de hecho, esto es, en el extremo [usucapión extraordinaria], en tanto no hayan transcurrido treinta años desde el inicio de la actuación administrativa constitutiva de vía de hecho.

Cincuenta y cinco.- Particular acogida se dispensó, con ocasión de la promulgación de la LJCA/1998, al etiquetado como *extensión de efectos*, esto es, en los términos, hoy, del apartado 1 del artículo 110 LJCA, la prolongación [en favor de quienes no fueron parte en el proceso contencioso-administrativo de referencia] "*en materia tributaria, de personal al servicio de la Administración pública y de unidad de mercado, [de] los efectos de una sentencia firme que hubiera reconocido una situación jurídica individualizada a favor de una o varios personas [...] en ejecución de la sentencia*"; prolongación o extensión, en todo caso, supeditada a la concurrencia de las "*circunstancias*" recogidas en las letras a), b) y c) del expresado apartado 1 del artículo 110 LJCA.

La rigurosidad de las aludidas "*circunstancias*" ha tornado, en la praxis jurisprudencial habida de entonces acá, en prácticamente inane la bienintencionada previsión legal, pensada para supuestos, *prima facie*, aptos para acoger la pretendida prolongación o extensión de efectos [de los "*declarados*" en forma de "*situación jurídica individualizada*" en la sentencia de cuya prolongación o extensión se trata], esto es, supuestos que, sin dificultad, pueden encontrar cobijo en los tópicos *pleitos-masa* ["*materia tributaria*"; "*personal al servicio de la Administración pública*"; y, actualmente también, "*unidad de mercado*"]. Resultado: un "*hallazgo*" procesal, "*por estrenar*", vale decir *inédito.*

Cincuenta y seis.- Algo parecido, por no decir [casi] idéntico, ha acontecido con el signado, desde la entrada en vigor de la LJCA, como *caso-testigo*. En el enunciado del artículo 37 LJCA.

> *"1. Interpuestos varios recursos Contencioso-Administrativos con ocasión de actos, disposiciones y actuaciones en los que concurra alguna de las circunstancias señaladas en el artículo 34, el órgano jurisdiccional podrá en cualquier momento procesal, previa audiencia de las partes por plazo común de cinco días, acordar la acumulación de oficio o a instancia de alguna de ellas.*
> *2. Cuando ante un Juez o Tribunal estuviera pendiente una pluralidad de recursos con idéntico objeto, el órgano jurisdiccional, si no se hubiesen acumulado, deberá tramitar uno o varios con carácter preferente previa audiencia de las partes por plazo común de cinco días, suspendiendo el curso de los demás hasta que se dicte sentencia en los primeros.*
> *3. Una vez firme, el Secretario judicial llevará testimonio de la sentencia a los recursos suspendidos y la notificará a los recurrentes afectados por la suspensión a fin de que en el plazo de cinco días puedan interesar la extensión de sus efectos en los términos previstos en el artículo 111, la continuación del procedimiento o bien desistir del recurso".*

El presupuesto del precepto transcrito es la "*acumulación*" prevenida en el artículo 34 LJCA; acumulación ya de "*las pretensiones que se deduzcan en relación con un mismo acto, disposición o actuación*" [apartado 1] ya de las pretensiones "*que se refieran a varios actos, disposiciones o actuaciones, cuando unos sea reproducción, confirmación o ejecución de otros o exista entre ellos cualquier otra conexión directa*" [apartado 2]. El *caso-testigo*, en los antedichos términos [apartado 2 del artículo 37 LJCA] se configura como alternativa a la *acumulación stricto sensu*, de manera que, su dinámica procesal, se desenvuelve, de acuerdo a apartado 3 del artículo 37 LJCA, en la "*extensión de sus efectos [de la sentencia recaída en el caso-testigo]*" a los recursos contencioso-administrativos que hubieren quedado en suspenso por mor de la "*preferencia*" otorgada al llamado *caso-testigo*.

La *inanidad*, vale decir su vaciamiento en la praxis jurisdiccional, de la previsión legal *caso-testigo ex* artículos 34 y 111 LJCA obedece, bien se comprende, a motivos diferentes de aquéllos que han conducido a parecido destino a *extensión de efectos*. En este caso, aquella inanidad trae causa de una fuerza motora de índole estrictamente *profesional/retributiva*: ni los jueces y magistrados ni los profesionales del foro [abogados, procuradores] albergan el menor propósito de que la entidad de sus emolumentos profesionales se vea mermada o capitidisminuida por obra y gracia de esa *reducción* de la litigiosidad que comporta ya la acumulación de recursos contencioso-administrativos [apartado 1 del artículo 37 LJCA] ya, estrictamente, la aplicación del mecanismo *caso-testigo* [apartado 2 del artículo 37 LJCA]. Resultado: un "*hallazgo*" procesal, una vez más, "*por estrenar*", vale decir *inédito*.

EL DERECHO ADMINISTRATIVO INTERAMERICANO EN EL SIGLO XXI Y LA POST-PANDEMIA. PERSPECTIVAS DESDE EL DERECHO ADMINISTRATIVO FALLIDO EN VENEZUELA

JOSÉ IGNACIO HERNÁNDEZ G.*

SUMARIO

Resumen. Introducción. I. La fragilidad de las administraciones públicas durante la pandemia y la necesidad del derecho administrativo global. 1. La pandemia de la COVID-19 como una emergencia sanitaria global. 2. La fragilidad de las Administraciones Públicas debido a las fallas del multilateralismo. II. El fortalecimiento del derecho administrativo interamericano frente a la pandemia de la Covid-19. 1. El Derecho Constitucional Común en América Latina y su fragilidad. 2. Introducción al Derecho Administrativo Interamericano y la fragilidad estatal. 3. El fortalecimiento de la capacidad estatal en el contexto del Derecho Administrativo Interamericano. Conclusiones.

RESUMEN

El Derecho Administrativo del siglo XXI en América Latina, y en el marco de la post-pandemia, se enfrentará problemas de fallas de capacidad estatal que limitarán la capacidad de las Administraciones Públicas de promover el desarrollo inclusivo y atender los enormes costos económicos y sociales que la pandemia está dejando detrás de sí. Esas fallas son especialmente graves pues los problemas que la pandemia está causando no pueden ser atendidos solo desde el ámbito doméstico, pues al tratarse de problemas asociados a una emergencia sanitaria global, ellos deben ser atendidos desde el espacio global, en concreto, desde el Derecho Administrativo Interamericano. Con lo cual, uno de

* Profesor de Derecho Administrativo en la Universidad Católica Andrés Bello. Profesor Invitado, Universidad Castilla-La Mancha. Fellow, Harvard Kennedy School.

los retos del Derecho Administrativo en la región, y muy en especial, del Derecho Administrativo venezolano, es fortalecer el Derecho Administrativo Interamericano.

INTRODUCCIÓN

Pocos eventos como la pandemia de la COVID-19 han impactado a América Latina con tanta profundidad. Como lo resume el Informe macroeconómico del Banco Interamericano de Desarrollo correspondiente a 2020, la pandemia está ocasionando la peor recesión en un año en la región desde 1821. Además, la región ha registrado cerca del 25% de las muertes por COVID, pese a tener tan solo cerca del 8% de la población[1]. En la región, Venezuela puede ser considerado como el peor caso, pues la emergencia de la pandemia se ha unido a la creciente emergencia humanitaria compleja en evolución desde 2017[2].

Aun cuando es difícil predecir cuándo y cómo culminará la pandemia, sí puede anticiparse que América Latina -y en especial, Venezuela- emergerá con mayores problemas económicos, sociales y políticos que los enfrentados para marzo de 2020, cuando la pandemia fue declarada. Así, la región se enfrentó a la pandemia con severas limitaciones de espacio fiscal, con niveles de fragilidad institucional importantes en las Administraciones Públicas, y con bajos niveles de confianza. Todos esos problemas han empeorado durante la pandemia, lo que permite anticipar que las Administraciones Públicas de la post-pandemia tendrán mayores niveles de debilidad institucional y de restricciones fiscales[3].

Este artículo aborda el Derecho Administrativo en América Latina desde la perspectiva de la postpandemia y la fragilidad institucional con la cual las Administraciones Públicas en la región, y en Venezuela

---

1 Puede verse el informe macroeconómico de América Latina y el Caribe de 2021 preparado por el Banco Interamericano de Desarrollo, *Oportunidades para un mayor crecimiento sostenible tras la pandemia*, Washington D.C., 2021, pp. IX y ss.

2 Emmanuel Abuelafia, y José Luis Saboin, *Los desafíos para la recuperación de Venezuela y el impacto del COVID-19*, Banco Interamericano de Desarrollo, Washington D.C., 2021.

3 Vid. Victoria Nuguer y Andrew Powell, *Políticas para combatir la pandemia. Informe macroeconómico de América Latina y el Caribe 2020,* Banco Interamericano de Desarrollo, Washington D.C., 2020, pp. 11-14, así como Allen Blackman, *et al.*, *La política pública frente al COVID-19,* Banco Interamericano de Desarrollo, Washington D.C., 2020, pp. 7-8.

en particular, tendrán que asumir las complejas tareas para promover el desarrollo inclusivo. En tal sentido, el artículo propone que la debilidad institucional de las Administraciones Públicas debe ser compensada con el fortalecimiento de acuerdos multilaterales en la región, lo que lleva al fortalecimiento del Derecho Administrativo Interamericano. Para este propósito, el presente ensayo se divide en dos partes. La primera resume, en sus aspectos centrales, los retos que las Administraciones Públicas han afrontado durante la pandemia, en especial, desde la perspectiva del Derecho Administrativo Global. La segunda parte propone aplicar la metodología del Derecho Administrativo Global para la construcción del Derecho Administrativo Interamericano, llamado a coadyuvar al complejo proceso de fortalecimiento de la capacidad de las Administraciones Públicas, muy en especial, en Venezuela.

I. LA FRAGILIDAD DE LAS ADMINISTRACIONES PÚBLICAS DURANTE LA PANDEMIA Y LA NECESIDAD DEL DERECHO ADMINISTRATIVO GLOBAL

El Derecho Administrativo se caracteriza por su peculiar mutabilidad, pues los cambios políticos, económicos y culturales impactan, de manera especial, en las Administraciones Públicas, que son el instrumento del cual se vale el Estado para la realización concreta de sus cometidos públicos[4]. Con lo cual, cabe esperar que la pandemia impactará profundamente en el Derecho Administrativo, en especial en América Latina, que ha sido uno de los epicentros de la pandemia[5].

Uno de los elementos que permiten explicar el impacto de la pandemia sobre el Derecho Administrativo es la debilidad institucional de las Administraciones Públicas. Entendemos por tal las fallas de capacidad que impiden a las Administraciones Públicas atender las complejas

---

4 Estas conclusiones se han afirmado, en Derecho Comparado, desde diversas perspectivas. Entre otros, puede verse a Ernst Forsthoff, *Tratado de Derecho administrativo,* Instituto de Estudios Políticos, Madrid, 1958, pp. 35 y ss.; Enrique Linde Paniagua, *Fundamentos de Derecho administrativo. Del derecho del poder al Derecho de los ciudadanos,* UNED-Colex, Madrid, 2009, p. 92, y Santiago Muñoz Machado, "Las concepciones del Derecho administrativo y la idea de participación en la Administración", en *Revista de Administración Pública N° 84,* Madrid, 1977, pp. 35 y ss.

5 *Oportunidades para un mayor crecimiento sostenible tras la pandemia*, cit.

tareas que derivan del Estado Social de Derecho. Aun cuando las fallas en la capacidad estatal han sido estudiadas en las Ciencias Políticas y Económicas, su estudio no es muy frecuente en el Derecho Administrativo[6]. Empero, se trata de una cuestión de fundamental importancia: las Administraciones Públicas solo pueden servir efectivamente a los ciudadanos si cuentan con capacidad suficiente para la gestión concreta de los cometidos públicos, en términos de recursos financieros, recursos no-financieros (como infraestructuras), personal y organización. Para marzo de 2020 las Administraciones Públicas en la región se enfrentaban a diversos fallos de capacidad estatal, que en el caso de Venezuela eran mucho mayores, debido al colapso del Estado venezolano y la emergencia humanitaria compleja en plena evolución[7].

Con lo cual, el Derecho Administrativo en América Latina se enfrentó a una importante limitación para atender las tareas que, súbitamente, asumió el Estado para hacer frente a la pandemia, a saber, las fallas de capacidad estatal, que marcaron su debilidad o fragilidad institucional. Además de las causas endógenas de esa fragilidad (por las deficiencias de las Administraciones Públicas en términos de recursos, personal y organización) también han incidido razones exógenas, pues la pandemia es una emergencia global que como tal solo puede atenderse desde el espacio global y el multilateralismo. De allí la importancia del Derecho Administrativo Global en la atención de la pandemia.

1. La pandemia de la COVID-19 como una emergencia sanitaria global

La declaratoria de la pandemia de la COVID-19 por la Organización Mundial de la Salud el 11 de marzo de 2020, demostró que el vi-

---

6 En especial, y entre otros, vid. Ernesto Stein, *et al.*, *La política de las políticas públicas. Progreso económico y social en América Latina. Informe 2006*, Banco Interamericano de Desarrollo-David Rockefeller Center for Latin American Studies at Harvard University, Editorial Planeta, México D.F., 2006, pp. 7-17. Véase en general a Robert Rotberg, "Failed States, Collapsed States, Weak States", en *State failure and State Weakness in a Time of Terror*, World Peace Foundation and Brookings Institution Press, Cambridge-Washington DC., 2003, pp. 1 y ss.

7 Organización para la Cooperación y el Desarrollo Económico y Banco Interamericano de Desarrollo, *Panorama de las Administraciones Públicas América Latina y el Caribe 2020*, OECD Publishing, Paris, 2020.

rus SARS-CoV había causado una emergencia sanitaria internacional, o mejor, global, que debía ser atendida por mecanismos globales de gobernanza. Así, la actuación de la Organización Mundial de la Salud puede encuadrarse en el Derecho Administrativo Global. Como hemos explicado en otro lugar, el Derecho Administrativo Global surge ante la necesidad de articular principios generales aplicables a organismos internacionales que participan en tareas administrativas propias del Estado. En tanto esos organismos no tienen origen democrático, resulta necesario asegurar principios que atiendan a ese "*déficit democrático*", tales como la motivación, el debido proceso y la transparencia. Estos principios generales conforman al "*Derecho Administrativo Global*", que es así un Derecho más allá del Estado. La expresión "*global*" se prefiere a la expresión más tradicional de "*Derecho Internacional*", por la autarquía que estas organizaciones tienen, en especial, debido a su capacidad de dictar decisiones vinculantes dentro de su ámbito, surgiendo así un ordenamiento jurídico derivado del Tratado que puede regir, incluso, a relaciones jurídico-administrativas[8].

8 Mientras que el Derecho Internacional tradicional gira en torno al Tratado como acuerdo entre Estados, el Derecho Global comprende también el Derecho derivado dictado por organismos internacionales creados en Tratados. Puede tratarse de organismos que dictan normas jurídicas en ejecución del Tratado, o que resuelven disputas a través de una función parecida a la función jurisdiccional. Con lo cual, lo característico del Derecho Global es que tiene un grado de autarquía respecto de la voluntad de los Estados expresada en Tratados. La expresión "*global*" alude a esa particularidad, y no necesariamente a la vigencia del Derecho en todo el planeta, pues pueden existir ordenamientos jurídicos globales de alcance regional, como es el caso del Sistema Interamericano de Derechos Humanos, como se explica en el texto principal. Véase en general Martín Ortega Carcelén, *Derecho global. Derecho internacional público en la era global,* Tecnos, Madrid, 2014, pp. 21 y ss. Recientemente, vid. Luis Arroyo Jiménez, *et al.*, "Presentación", en *Derecho Público Global. Fundamentos, actores y procesos*, Iustel, Madrid, 2020, p. 13. Sobre la propuesta del Derecho Administrativo Global, por todos, vid.: Benedict Kingsbury, *et al.*, "Global Administrative Law and Deliberative Democracy", en *The Oxford Handbook of the Theory of International Law*, Oxford University Press, Oxford, 2016, pp. 526 y ss., trabajo en el cual se realza la tensa conexión entre el Derecho Administrativo Global y la democracia. En América Latina, entre otros, vid. Carlos E. Delpiazzo, "Perspectiva latinoamericana del Derecho administrativo global", en *Desafíos del Derecho administrativo contemporáneo, Tomo II,* Paredes, Caracas, 2009, pp. 1286 y ss. y José Antonio Muci-Borjas, *El derecho administrativo global y los Tratados Bilaterales de Inversión (BITs),* Editorial Jurídica Venezolana, Caracas, 2007, pp. 51 y ss. Para la posición de América Latina, en general, vid. Jaime Rodríguez-Arana y José Ignacio Hernández G. (coordinadores), *El Derecho Administrativo Global y el arbitraje internacional de inversiones. Una perspectiva*

Uno de los ámbitos en los cuales la teoría del Derecho Administrativo Global aplica es, precisamente, en la Organización Mundial de la Salud, que puede ser considerada como una "*Administración Pública Global*"[9]. En 1957, Robert Berkov analizó a esa Organización como un caso de "*Administración Internacional descentralizada*"[10], tanto por las funciones que ejerce como por el proceso de regionalización -o descentralización- de sus actividades, muestra de lo cual es la Organización Panamericana de la Salud, de especial relevancia en América Latina. La globalización ha realzado este rol, en la medida en que han comenzado a surgir ***riesgos globales a la salud***, lo que llevó a prestar atención a la ***salud global***. De acuerdo con Michael Freeman, la salud global es el área de estudio, investigación y práctica de riesgos a salud más allá de las fronteras nacionales, lo cual no solo abarca a la garantía y protección del ***derecho a salud*** como derecho humano, sino además, las acciones orientadas a prevenir, detectar y atender riesgos a la salud que excedan de las fronteras nacionales[11].

Así, el reconocimiento del derecho a la salud como derecho humano ha llevado a la creación de normas especiales desde el Derecho Internacional[12]. Posteriormente, la formación del ordenamiento jurídico internacional en torno al derecho a la salud se fortaleció en el marco de la globalización, ante la aparición de riesgos globales como las pandemias, todo lo cual ha creado la necesidad de gestionar la atención

---

iberoamericana en el marco del cincuenta aniversario del CIADI, INAP, Madrid, 2016. Recientemente, puede verse a Cassese, Sabino, *Advanced Introduction to Global Administrative Law,* Edward Elgar Publishing Limited, Cheltenham, 2021.

9 En general, vid. Rosario Leñero, "Los sujetos del Derecho Público global", en *Derecho Público Global. Fundamentos, actores y procesos*, cit. pp. 115 y ss. Más en concreto, vid. Eric Mack, "The World Health Organization's New International Health Regulations: Incursion on State Sovereignty and Ill-fated Response to Global Health Issues", en *Chicago Journal of International Law 7, N° 1,* 2006, pp. 365 y ss.

10 Robert Berkov, *The World Health Organization; a Study in Decentralized International Administration*, Etudes D'histoire économique, Politique Et Sociale, 19, Ginebra, 1957, pp. 153 y ss.

11 Michael Freeman, "Global Health", en Michael Freeman, *et al.* (editores), *Law and Global Health: Current Legal Issues*, Oxford University Press, Oxford, 2014, pp. 1 y ss.

12 John Tobin, *The Right to Health in International Law*, Oxford University Press, Oxford, 2012, en especial, pp. 44 y ss.

de esas emergencias en el espacio global, en lo que se conoce como la "*gobernanza global de la salud*"[13].

Este cambio quedó reflejando en el *Reglamento Sanitario Internacional* de 2005. Así, el resurgimiento enfermedades infecciosas a fines de la década de los ochenta y los noventa del pasado siglo, demostró la fragilidad de la regulación sanitaria internacional, lo que llevó a la Organización, en 1995, a proponer una revisión profunda de esa regulación. El brote del síndrome respiratorio agudo severo (SRAS) en 2003 impulsó a la Organización a avanzar más decididamente en el rediseño de la regulación sanitaria internacional, lo que culminó en la aprobación del Reglamento de 2005. Con cual, esa regulación es resultado de la experiencia práctica con riesgos globales a la salud, lo que explica el énfasis puesto en promover la coordinación multilateral para prevenir, detectar y responder a emergencias globales a la salud[14].

Así, basta la lectura del Reglamento Sanitario Internacional para apreciar la existencia de técnicas de intervención comunes a las que existen el Derecho Administrativo, por ejemplo, en cuanto a la información que debe ser recabada. En especial, el artículo 4 del Reglamento establece que cada "*Estado Parte designará o establecerá un Centro Nacional de Enlace para el RSI y a las autoridades responsables, dentro de su respectiva jurisdicción, de la aplicación de medidas sanitarias de conformidad con el presente Reglamento*" (numeral 1), básicamente, para centralizar de manera eficiente información relevante proveída por los "*Puntos de Contacto*" designados por la Organización (numeral 3)[15].

El Reglamento, además, coloca especial énfasis en coordinar acciones para fortalecer la capacidad de los Estados para implementar

---

13 Matthew Sparke, "Globalisation and the Politics of Global Health", en McInnes, Colin y Kelley Lee (coordinadores), *The Oxford Handbook of Global Health Politics*, Oxford University Press, Oxford, 2018, pp. 37 y ss.

14 David Fidler y Lawrence Gostin, "The new international health regulations: An historic development for international law and public health", en *The Journal of Law, Medicine & Ethics, Número 34(1),* 2016, pp. 85 y ss. Asimismo, vid.: Adam Kamradt-Scott, *Managing Global Health Security*, Palgrave Macmillan, Londres, 2015, pp. 79 y ss.

15 Los artículos 6 y 7 desarrollan el deber de notificación de hechos que puedan ser relevantes para la implementación del Reglamento, como brotes de enfermedades. Véase, en general, a Adam Kamradt-Scott, "The International Health Regulations (2005)", en *International Organizations Law Review N° 2,* 2019, pp. 242 y ss.

las medidas frente a riesgos globales. Esta coordinación está presente en ***acciones de prevención,*** de acuerdo con lo previsto en el artículo 5, conforme al cual "*cada Estado Parte desarrollará, reforzará y mantendrá, lo antes posible, pero a más tardar cinco años después de la fecha de entrada en vigor del presente Reglamento para ese Estado Parte, la capacidad de detectar, evaluar y notificar eventos de conformidad con el presente Reglamento, y presentar informes sobre ellos*". El artículo 13 contempla una obligación similar para ***acciones de respuesta***, bajo los principios de prontitud y eficacia frente a "*riesgos para la salud pública y las emergencias de salud público de importancia internacional*". Tal y como se afirma en su Anexo 1, corresponde a los Estados parte utilizar sus "*estructuras y recursos nacionales existentes para cumplir los requisitos de capacidad básica que establece el Reglamento*".

Ahora bien, la implementación del Reglamento solo puede realizarse a través de los Estados, en especial, pues la Organización carece de poder de coacción. Con lo cual, la efectividad de las medidas sanitarias de la Organización, incluyendo aquellas relacionadas con la pandemia, requieren de una adecuada coordinación multilateral. Pero es el caso que tal coordinación presentaba fallas importantes, como lo destacó la *Junta de Vigilancia Mundial de Preparación* en su primer informe, de 2019. La Junta es el organismo independiente de seguimiento de la preparación frente a crisis de salud globales, creado por la Organización Mundial de la Salud y el Banco Mundial. En septiembre de 2019 la Junta presentó su informe *Un mundo en peligro,* en el cual alertó lo siguiente[16]:

> *"nos enfrentamos a la amenaza muy real de una pandemia fulminante, sumamente mortífera, provocada por un patógeno respiratorio que podría matar de 50 a 80 millones de personas y liquidar casi el 5% de la economía mundial. Una pandemia mundial de esa escala sería una catástrofe y desencadenaría caos, inestabilidad e inseguridad generalizadas. El mundo no está preparado"*

---

[16] *Un mundo en peligro: Informe anual sobre preparación mundial para las emergencias sanitarias*, Junta de Vigilancia Mundial de la Preparación, Organización Mundial de la Salud, Ginebra, 2019, pp. 1-16.

La falta de preparación respondía, entre otros elementos, a fallas en la implementación de los mecanismos de coordinación derivados de la Organización Mundial de la Salud. De acuerdo con la Junta[17]:

> *"En 2018, solo un tercio de los países cuentan con las capacidades requeridas en virtud del RSI (2005). Aunque se han logrado avances en numerosos países de ingresos altos, los países de ingresos medianos y bajos tienen dificultades para financiar esas funciones, lo que no solo repercute negativamente en su propia capacidad de respuesta ante los brotes epidémicos, sino que pone en peligro al mundo entero. La gran mayoría de los sistemas nacionales de salud serian incapaces de hacer frente a una afluencia importante de pacientes infectados con un patógeno respiratorio que se transmitiera con facilidad y provocara una elevada mortalidad"*

Una de las razones que podría explicar el rápido avance de la pandemia, en especial en América Latina, es la debilidad del marco jurídico multilateral. Esto presenta riesgos importantes pues, en definitiva, el cese de la pandemia está asociado a la inmunidad colectiva, todo lo cual requiere acciones sanitarias globales que vayan más allá del Estado. De allí, precisamente, que la pandemia de la COVID-19 ha colocado en evidencia la necesidad de procurar mecanismos efectivos de cooperación multilateral, lo que se traduce en la necesidad de fortalecer al Derecho Administrativo Global[18].

2. La fragilidad de las Administraciones Públicas debido a las fallas del multilateralismo

Las Administraciones Públicas llevan a cabo su actividad dentro del territorio de los Estados, lo que explica por qué el Derecho Admi-

---

17 *Un mundo en peligro: Informe anual sobre preparación mundial para las emergencias sanitarias,* cit., p. 20.

18 Luego de la declaratoria de la pandemia de la COVID-19, la Asamblea General de la Organización de Naciones Unidas aprobó la Resolución número A/RES/74/270 de 3 de abril de 2020, sobre "*Solidaridad mundial para luchar contra la enfermedad por coronavirus de 2019*", en la cual se reafirmó la adhesión "*a la cooperación internacional y al multilateralismo y su firme apoyo al papel central del sistema de las Naciones Unidas en la respuesta mundial a la pandemia de la enfermedad por coronavirus de 2019 (COVID-19)*". Este principio fue ratificado en la Resolución A/RES/74/274 de 20 de abril, sobre "*Cooperación internacional para garantizar el acceso mundial a los medicamentos, las vacunas y el equipo médico con los que hacer frente a la COVID-19*".

nistrativo es un Derecho estatal. Empero, la globalización ha promovido el surgimiento de cometidos que van más allá del Estado, todo lo cual exige crear mecanismos globales de gobernanza, como sucede en especial con la Organización Mundial de la Salud. Para describir estos mecanismos globales de gobernanza se ha empleado la expresión "*Derecho Administrativo Global*".

Más allá de las críticas que puedan formularse a esta expresión, lo cierto es que ella describe la necesidad de construir mecanismos de gobernanza en el espacio global que responden a principios cardinales del Derecho Administrativo, como la eficiencia, eficacia, transparencia, rendición de cuenta y participación ciudadana. Por ello, los mecanismos globales de gobernanza, como los derivados de la Organización Mundial de la Salud, deben estar inspirados por los principios generales del Derecho Administrativo[19].

La pandemia de la COVID-19 es un ejemplo de cómo el Estado no cuenta con herramientas suficientes para atender cometidos que van más allá de sus fronteras. Esto limita la capacidad de las Administraciones Públicas (domésticas), pues sin la apropiada cooperación internacional, su proceso de diseño e implementación técnica de intervención podrá quedar reducido. Desde las restricciones a la movilidad de personas, pasando por la información sobre buenas prácticas hasta las políticas asociadas al desarrollo, producción y suministro de vacunas y medicamentos, la pandemia ha puesto en evidencia que emergencias globales requieren acciones administrativas más allá del Estado.

---

[19] Véase sobre esto a Costa, Jean-Paul, "Institutions internationales et Droit administratif comparé", en *Revue internationale de droit comparé. Vol. 41, N°4*, París, 1989, pp. 915-918, y Schmidt-Assmann, Eberhard, "Pluralidad de estructuras y funciones de los procedimientos administrativos en el Derecho alemán, europeo e internacional", en *La transformación del Derecho administrativo,* Global Press, 2008, pp. 103 y ss. En Latinoamérica, vid. Fernández Lamela, Pablo, *Introducción al Derecho administrativo internacional,* Editorial Novum, México D.F., 2012, pp. 30 y ss. En especial, sobre el uso de los principios generales del Derecho Administrativo, vid. Giacinto Della Cananea, "Genesis and Structure of General Principles of Global Public Law", en *Global Administrative Law and EU Administrative Law: Relationships, Legal Issues and Comparison,* Springer, 2011, pp. 89 y ss. Asimismo, vid.: Juli Ponce Solé, "La globalización, el Derecho administrativo y el derecho a una buena administración", en *Derecho Público Global. Fundamentos, actores y procesos,* cit., pp. 53 y ss.

Quizás el mejor ejemplo de la necesidad de articular mecanismos efectivos de gobernanza global es la vacunación. La inmunidad colectiva frente al virus requiere implementar una política global de vacunación, pues de poco servirá que los Estados limiten su acción a planes enteramente domésticos. No obstante, las desigualdades entre los Estados crean limitaciones para programas globales de vacunación basados en el multilateralismo. Para paliar esta falla, la Organización Mundial de la Salud diseñó un mecanismo global de vacunación, denominado COVAX.

Así, la Organización Mundial de la Salud implementó la alianza "*Acelerador del acceso a las herramientas contra la COVID-19*"" (*Access to COVID-19 Tools (ACT) Accelerator*)[20], como una plataforma que promueve la coordinación multilateral entre Estados y sector privado para promover actividades de investigación y desarrollo llamadas a garantizar el acceso a pruebas, tratamientos farmacéuticos y vacunación. En especial, para garantizar el acceso a la vacunación, se creó el programa COVAX, basado en acuerdos multilaterales para coordinar esfuerzos orientados a la investigación, desarrollo, producción y suministro de vacunas.

En términos sencillos[21], el programa funciona como un fondo de aportes financieros destinados a financiar esas actividades, lo que aseguraría el acceso equitativo a vacunas frente al virus SARS-CoV-2. El programa está coordinando por GAVI, una alianza público-privada internacional orientada a mejorar el acceso a vacunas (nuevas o subutilizadas) a la población de países pobres; CEPI, la "*Coalición para las Innovaciones en Preparación para Epidemias*", un asociación público-privada que promueve la vacunación para futuras epidemias, y la Organización Mundial de la Salud. La principal utilidad del programa no es solo que promueve acuerdos multilaterales para coordinar esfuerzos en

20 Véase: https://www.who.int/initiatives/act-accelerator

21 COVAX es parte de las iniciativas para promover soluciones globales a la atención del derecho a la salud frente a la pandemia, en materia de diagnóstico, tratamiento y vacunas. COVAX sirve de plataforma para promover la investigación, desarrollo y manufactura de vacunas, negociando su precio. Todos los Estados que participan en la iniciativa tendrán acceso equitativo a dosis de vacunas, con independencia de su nivel de ingreso. Véase la información general en: https://www.gavi.org/vaccineswork/covax-explained.

torno a la vacunación, sino que además otorga facilidades a Estados de ingresos bajo o mediano-bajos, cuya capacidad financiera supone una barrera de acceso a las vacunas. De los 92 países que al 15 de diciembre de 2020 podían recibir financiamiento bajo esta modalidad, en América Latina, están Bolivia, El Salvador, Honduras y Nicaragua[22].

En este sentido, para América Latina, el COVAX es una importante herramienta pues puede garantizar acceso equitativo a la vacuna más allá de la fragilidad institucional y desigualdad imperante. A tales efectos, resulta de utilidad del Fondo Rotatorio de la Organización Panamericana de la Salud, que puede consolidar la participación de varios Estados en el programa[23].

En todo caso, el programa COVAX depende de capacidades adecuadas en el espacio global, lo que sigue siendo una debilidad, en especial, cuando el avance de los programas de vacunación se enfrenta a potenciales conflictos de derechos de propiedad intelectual y la fragilidad institucional de los Estados más débiles en administrar efectivamente programas de vacunación. Por ello, como la Junta de Vigilancia

---

22 Dos tipos de Estado pueden acceder al programa: los Estados de ingreso altos, con capacidad para autofinanciar el acceso a las vacunas, y Estados con ingresos medio o bajo, que necesitan asistencia financiera. La distinción entre ambos grupos de países se determina de acuerdo con los países que son calificados para recibir asistencia oficial para el desarrollo (*"official development assistance, ODA"*) según la medición del ingreso nacional bruto per cápita del Banco Mundial (aun cuando pude también incluir los "*países menos desarrollados*", así definidos por la Organización de las Naciones Unidas). Véase del Banco Mundial la medición de las economías de ingresos bajos e ingresos medianos-bajo en: https://datahelpdesk.worldbank.org/knowledgebase/articles/906519-world-bank-country-and-lending-groups). Al 15 de diciembre de 2020, la lista de países que pueden calificar para recibir asistencia son 92 (https://www.gavi.org/sites/default/files/covid/pr/COVAX_CA_COIP_List_COVAX_PR_15-12.pdf). Este financiamiento se articula a través del programa "Gavi COVAX Advance Market Commitment (AMC)". Véase en general a Bogdandy, Armin von y Villarreal, Pedro A., "The Role of International Law in Vaccinating Against COVID-19: Appraising the COVAX Initiative", MPIL Research Paper Series No. 2020-46.

23 El Fondo Rotario de la Organización Panamericana de la Salud actúa como un programa integral en materia de vacunación, que brinda asesoría para diagnosticar las necesidades en esa área, consolidando la demanda regional para adquirir vacunas a precios competitivos. Precisamente, el fondo rotatorio permite consolidar la demanda de las vacunas en el marco del programa COVAX, con la meta mínima de lograr las vacunas de al menos el veinte por ciento (20%) de la población. Vid.: https://www.paho.org/es/documentos/hoja-informativa-rol-fondo-rotatorio-iniciativas-globales

Mundial de Preparación ratificó en su informe correspondiente al año 2020[24], es necesario que "*las autoridades nacionales, los fabricantes y las organizaciones internacionales se aseguran de que las vacunas contra la COVID-19 y otras contramedidas se distribuyen de tal manera que se consiga el mayor efecto a fin de detener la pandemia; velan por que el acceso a esos bienes sea justo y equitativo, y que no se base en la capacidad de pago; y procuran que el personal sanitario y las personas más vulnerables tengan acceso prioritario a esas medidas. Cada país debería recibir una asignación inicial de vacuna suficiente para proteger al menos al 2% de su población, a fin de resguardar al personal sanitario de primera línea*".

De esa manera, y en resumen, la pandemia de la COVID-19 ha puesto en evidencia la necesidad de fortalecer mecanismos globales, o si se quiere, multilaterales para la gestión de cometidos asociados al derecho a la salud, que permitan además paliar las debilidades institucionales de los Estados, en especial, por medio de sus Administraciones Públicas. Para el Derecho Administrativo, ello se traduce en la necesidad de fortalecer el Derecho Administrativo Global.

II. EL FORTALECIMIENTO DEL DERECHO ADMINISTRATIVO INTERAMERICANO FRENTE A LA PANDEMIA DE LA COVID-19

La expresión "*Global*" no se emplea como sinónimo de un ordenamiento jurídico con vigencia mundial, sino como sinónimo de un ordenamiento jurídico que va más allá del Estado, incluso, de alcance regional. Es por anterior que se ha aludido al "*Sur Global*", para analizar ordenamientos jurídicos más allá del Estado que se adecuan a las características de ciertas regiones, como sucede con América Latina[25]. Bajo esta concepción, es posible aludir al "*Derecho Administrativo Intera-*

---

24 *Un mundo desorganizado. Resumen de orientación*, Junta de Vigilancia Mundial de la Preparación, Organización Mundial de la Salud, Ginebra, 2020, p. 6.

25 Michael Riegner, *et al.*, "The Southern Turn in Comparative Constitutional Law", en *The Global South and Comparative Constitutional Law*, Oxford University Press, Oxford, 2020, pp. 1 y ss.

mericano", para describir la incipiente formación de un ordenamiento jurídico común en América Latina.

Tal ordenamiento es una condición necesaria para asegurar la gobernanza global de problemas comunes en la región, como sucede precisamente con la pandemia. Ya vimos que una de las causas que permite explicar por qué la pandemia ha tenido un impacto especialmente intenso y regresivo en la región es debido a la fragilidad institucional: las Administraciones Públicas presentaban fallas en su capacidad para marzo de 2020, cuyos efectos se agravaron debido al súbito incremento de tareas derivadas de la pandemia. Junto al necesario proceso de construcción de capacidades estatales, la región también debe avanzar en la construcción de capacidades en el espacio global, pues de nuevo, emergencias sanitarias globales como la pandemia solo pueden atenderse por medio de mecanismos globales de gobernanza. Esta necesidad es mucho más evidente en Venezuela, pues el Derecho Administrativo de ese país es hoy un Derecho Administrativo fallido, debido al colapso progresivo de la capacidad estatal -un colapso que la pandemia ha agravado-.

1. El Derecho Constitucional Común en América Latina y su fragilidad

Desde hace algún tiempo se ha venido estudiando el Derecho Constitucional en América Latina desde la perspectiva comparada, con énfasis en la influencia del Sistema Interamericano de Derechos Humanos (SIDH). Tal es la propuesta conocida como el *Ius Commune Constitutionale en América Latina* (ICCAL), que propende al estudio de los principios constitucionales comunes en la región a través del método comparado y la apertura del Derecho Constitucional al SIDH.

De esa manera, los rasgos distintivos del ICCAL son los siguientes[26]:

---

[26] Dentro de las diversas fuentes existentes, puede consultarse a Paola Bergallo y Roberto Gargarella, "Un constitucionalismo transformador", presentación a la recopilación de trabajos de Armin von Bogdandy *Por un Derecho común para América Latina,* Siglo XXI editores, Buenos Aires, 2020. De igual manera, y entre muchas otras fuentes, vid. Armin Von Bogdandy, "Ius Constitutionale Commune en América Latina: una mirada a un constitucionalismo transformador", en *Revista Derecho del Estado N° 34*, Bogotá, 2015, pp.

.- La propuesta del ICCAL parte de un desafío común en América Latina, cual es abatir la desigualdad. América Latina ha sido considerada la región más desigual del mundo, todo lo cual ha permeado al Derecho Constitucional, que asume como uno de sus objetivos la promoción de condiciones reales de igualdad mediante mandatos positivos derivados de la Constitución y asociados a derechos prestacionales. Estos mandatos se han reforzado en el marco del SIDH que reconoce la vigencia y justiciabilidad directa de los derechos económicos, sociales, culturales y ambientales (DESCA).

.- El ICCAL propende a la integración del Derecho Internacional Público y del Derecho Constitucional, especialmente a través de la apertura de la Constitución al SIDH y la supremacía del *corpus iuris interamericano*.

.-En virtud de lo anterior, el ICCAL propende al estudio del Derecho Comparado en dos dimensiones, a saber, el Derecho Constitucional comparado en América Latina y los principios generales del SIDH. Un componente fundamental de este estudio comparado es el diálogo entre los niveles nacionales y supranacionales, que facilitan la creación de un Derecho Común, que integra principios generales del Derecho Constitucional Comparado y del SIDH.

.- Estos principios generales no son únicos ni distintivos de otros sistemas jurídicos que también han adoptado la protección de derechos prestacionales, como sucede en el Derecho Europeo. Lo distintivo es el contexto en el cual estos principios aplican, pues América Latina es la región más desigual del mundo, lo que refleja un grado importante de esfuerzo necesario para adelantar acciones colectivas que promuevan la igualdad.

.- El interés principal del ICCAL es fomentar a la implementación del marco jurídico nacional e internacional que emplaza a los Estados a

3 y ss.; Armin Von Bogdandy, "Ius Constitutionale Commune in America Latina: Observations on Transformative Constitutionalism", en *Transformative Constitutionalism in Latin America*, Oxford University Press, Oxford, 2017, pp. 27 y ss., y Flávia Piovesan, "Ius Constitutionale Commune Latinoamericano en Derechos Humanos e impacto en el Sistema Interamericano: rasgos, potenciales y desafíos", en *Ius Constitutionale Commune en América Latina. Rasgos, potencialidades y desafíos*, Universal Autónoma Nacional de México- Instituto Max Planck de Derecho Público Comparado y Derecho Constitucional, México D.F., 2014, pp. 61 y ss.

promover el desarrollo inclusivo mediante la garantía de satisfacción de los DESCA, transformando las condiciones de desigualdad imperantes.

.- El marco jurídico nacional e internacional que es analizado a través del ICCAL, parte de la centralidad de los derechos humanos. De nuevo, lo peculiar no es esa centralidad sino el contexto en el cual ésta opera, signado por la exclusión derivada de la desigualdad, la violencia; los regímenes autoritarios que han asumido como política la sistemática violación de derechos humanos, y la especial situación de riesgo de sector vulnerables, como los migrantes, pueblos indígenas y personas afrodescendientes.

.- En relación con lo anterior, otra particularidad del ICCAL es el "*hiperpresidencialismo*", y la concentración de poderes en la Presidencia de la República generando situaciones de riesgo de cara a la democracia constitucional, en especial, como resultado de reformas constitucionales de corte autoritario, como sucede con el emblemático ejemplo de Venezuela, todo lo cual ha dado lugar al estudio de un "*nuevo constitucionalismo*" que debilita las bases del gobierno representativo. El reto del ICCAL, como se resume en la Carta Democrática Interamericana, es compaginar las bases del gobierno representativo con el principio de participación ciudadana y los cometidos del desarrollo inclusivo, a través del "*test democrático interamericano*"[27].

.- Otro elemento a destacar es en relación con las cláusulas económicas del ICCAL, o "*Constitución económica*". América Latina, tradicionalmente, ha defendido cláusulas económicas centradas en la soberanía estatal, especialmente, para la administración de recursos naturales, afirmando la vigencia del principio de no-intervención. Ello dio lugar a la propuesta del "*nuevo orden económico internacional*" y al rechazo de la región a la Convención del Centro Internacional de Arre-

---

27 El "*test democrático interamericano*" es el conjunto de principios comunes y generales que resumen los estándares que deben cumplirse en el SIDH para la protección de la democracia constitucional, con el sentido pluridimensional que ésta tiene. Véase: Mariela Morales, "El test democrático interamericano como instrumento de interamericanización", en Mariela Morales, (coordinadora), *Test democrático interamericano frente al COVID-19,* Instituto de Estudios Constitucionales del Estado de Querétaro-Instituto Max Planck de Derecho Público Comparado y Derecho Internacional Público-Fundación Alemana para la Investigación Científica, Querétaro, 2021, pp. 15 y ss.

glo de Diferencias relativas a Inversiones (CIADI)[28]. La realidad, sin embargo, es que esta concepción estatista del desarrollo -que concebía al Derecho como un obstáculo- no contribuyó a promover el desarrollo inclusivo, como tampoco favoreció a este objetivo la política de liberalización de fines del siglo pasado. Desde el ICCAL es posible articular una visión más balanceada de la Constitución económica a partir de la centralidad de la dignidad humana y del bien común[29].

Desde el punto de vista jurídico, las fuentes del ICCAL son, por ello, el *corpus iuris interamericano* con la supremacía de la Convención Americana sobre Derechos Humanos (CADH), y el Derecho Constitucional comparado. Se incluyen dentro de estas fuentes los principios generales del Derecho Constitucional Comparado y del *corpus iuris*, así como la jurisprudencia, no solo de cortes domésticas -en especial, la jurisdicción constitucional- sino también la Corte Interamericana de Derechos Humanos (Corte IDH). No se trata de un Derecho uniforme, sino más bien de un Derecho Común, o sea, el Derecho de general aplicación a América Latina con el propósito principal de remover los obstáculos que hacen, de América Latina, la región más desigual del mundo dentro de los estándares del "*test democrático interamericano*".

Este Derecho Común, sin embargo, no ha logrado todavía cumplir con el objetivo de promover condiciones materiales de igualdad. Existe en este sentido una importante diferencia entre el ámbito de *iure* -marcado por diversos mandatos positivos en cabeza del Estado para la promoción del desarrollo inclusivo- y el ámbito de *facto* -signado por la desigualdad-. Tal diferencia ha permitido considerar que el ordenamiento jurídico en América Latina es frágil, debido a que los cometidos públicos no logran cumplirse adecuadamente[30]. Una causa que permite

---

28 Véase la obra colectiva coordinada por Jaime Rodríguez-Arana y José Ignacio Hernández G., *El Derecho Administrativo Global y el arbitraje internacional de inversiones,* cit.

29 Armin von Bogdandy, *et al.*, "Ius Constitutionale Commune en América Latina y Derecho Económico Internacional", en Armin von Bogdandy, *et al.* (coordinadores), *El constitucionalismo transformador en América Latina y el Derecho Económico Internacional. De La tensión al diálogo,* Universidad Nacional Autónoma de México, Ciudad de México, 2018, pp. 3 y ss.

30 Daniel Brinks, *et al., Understanding Institutional Weakness. Power and design in Latin American institutions,* Cambridge Elements. Political and Society in Latin America, Cambridge University Press, Cambridge, 2019, pp. 11 y ss.

explicar esa fragilidad es la debilidad de los Estados en la región, que son así "*leviatanes de papel*", o sea, Estados frágiles sin capacidad suficiente como para cumplir, efectivamente, con los cometidos del desarrollo inclusivo en el marco del test democrático[31].

El caso extremo es Venezuela, que puede ser considerado hoy un Estado frágil sin capacidad para cumplir con los diversos mandatos positivos que derivan de la Constitución, y mucho menos, del SIDH[32]. Esta fragilidad es la causa que permite explicar la emergencia humanitaria compleja por la que atraviesa el país, en tanto ni el Estado ni la sociedad civil tienen capacidad para garantizar el acceso equitativo a los DESCA[33].

La pandemia de la COVID-19 ha agravado la fragilidad del Derecho Constitucional Común en América Latina, y en especial, en Venezuela. Así, como ya vimos, una de las razones que permitiría explicar el efecto devastador que la pandemia está dejando tras de sí en la región, es la limitada capacidad de los Estados de cumplir las ambiciosas tareas que la pandemia está generando. De allí la necesidad de procurar mecanismos que permitan reconstruir esa capacidad y lograr implementar mecanismos formales de gobernanza para cubrir los cometidos que los frágiles Estados no pueden cumplir.

---

31 Sobre la expresión "*leviatanes de papel*", vid. Daron Acemoglu y James Robinson, *The narrow corridor. States. Societies and the fate of liberty,* Penguin Press, Nueva York, 2019, pp. 344 y ss.

32 Actualmente se prefiere la expresión "*Estado frágil*" a la expresión "*Estado fallido*", pues las fallas de capacidad estatal admiten diversos grados. El Estado frágil es, así, aquel que presenta fallas de capacidad. Puede verse la medición de la capacidad de Venezuela en el Índice de Estados Frágiles, del *Fund for Peace.* En el Índice de 2021, Venezuela ocupa el puesto 25, debiendo destacarse el colapso gradual de la capacidad desde el 2013. Cfr.: https://fragilestatesindex.org/country-data/

33 En casos graves, esas fallas limitan la debida atención de necesidades esenciales, la que puede afectar a amplios sectores vulnerables de la población, cuyos derechos humanos quedan en riesgo. La emergencia humanitaria compleja, precisamente, es aquella situación presente en Estados frágiles que no cuentan con capacidad para garantizar la satisfacción de esas necesidades. Cfr.: David Keen, *Complex emergencies,* Polity Press, Malden, 2008, pp. 1 y ss., y B. Wisner, y J. Adams, *Environmental health in emergencies and disasters. A practical guide*, Organización Mundial de la Salud, Ginebra, 2002, pp. 4 y ss. Véase igualmente a Jonathan Crowe y Kylie Weston-Scheuber, *Principles of International Humanitarian Law*, Edward Elgar Publishing, Cheltenham, 2013, pp. 24 y ss.

2. Introducción al Derecho Administrativo Interamericano y la fragilidad estatal

Ahora bien, desde una perspectiva más concreta es posible ubicar en el SIDH normas y principios que rigen a relaciones jurídico-administrativas, esto es, aquellas derivadas de la actividad e inactividad de las Administraciones Públicas. Estas normas y principios parten de la CADH como *lex superior* a la actividad e inactividad administrativa de los Estados miembros de la Convención. Para describir estas normas y principios, proponemos hablar del "*Derecho Administrativo Interamericano*"[34].

La propuesta del Derecho Administrativo Interamericano coincide con los fundamentos del ICCAL, pues en suma, el Derecho Constitucional común se concreta a través del Derecho Administrativo. Sin embargo, la propuesta del Derecho Administrativo Interamericano tiene un contenido más práctico, pues se pretende construir un *sistema* de Derecho Administrativo dentro del SIDH. Esto es, no trata tanto de estudiar el proceso de interamericanización del Derecho Administrativo, sino de construir un sistema de Derecho Administrativo Interamericano[35].

Esta propuesta se inspira en la metodología del Derecho Administrativo Global, y también, en la propuesta del Derecho Administrativo como sistema[36]. Como veremos, además de su posible interés académico, esta propuesta facilita la atención de necesidades que los Estados, con su frágil capacidad, no pueden atender, en especial, en el marco de la pandemia de la COVID-19.

---

34 En sentido similar, véase a Ernesto Jinesta, "La construcción de un Derecho Administrativo común interamericano, reformulación de las fuentes del Derecho Administrativo con la constitucionalizarían del Derecho Internacional de los derechos humanos", *Revista Iberoamericana de Derecho Público y Administrativo, Año 11, N° 11*, Costa Rica, 2011, pp. 112 y ss.

35 La interamericanización describe el proceso de interacción entre el SIDH y los Derechos Constitucionales de los Estados parte de la CADH. Vid. "El test democrático interamericano como instrumento de interamericanización", cit.

36 El objetivo final es construir del Derecho Administrativo Interamericano como sistema. A nivel comparado -y con importantes diferencias- es fundamental examinar la experiencia en Europa. Vid.: Luis Arroyo Jiménez, "El Derecho Administrativo europeo como sistema", en *Revista de Derecho Público N° 1,* Marcial Pons, Madrid, 2020, pp. 175 y ss.

El punto de inicio de esta propuesta es la identificación, en el SIDH, de normas y principios que aplican a las Administraciones Públicas domésticas. Hay otra posible visión, esto es, la identificación de formas de la actividad administrativa dentro de los organismos internacionales que actúan en el SIDH[37]. Empero, el interés primario de la propuesta es la identificación de los principios y normas que rigen a relaciones jurídico-administrativas dentro del Estado.

Por ello, el principio conforme al cual las Administraciones Públicas actúan con sometimiento pleno a la Ley y al Derecho, ya no se limita al orden doméstico y a la supremacía de la Constitución, pues es también necesario incorporar al SIDH, y en especial, a la supremacía de la CADH. En tal sentido, el Derecho Administrativo Interamericano, como sucede con el Derecho Administrativo Global, se construye a partir de los principios generales del Derecho Administrativo en la región, incorporados al *corpus iuris interamericano*. Estos principios generales de Derecho Constitucional y Administrativo doméstico son fuentes de Derecho Internacional, de acuerdo con el artículo 38.1 del Estatuto de la Corte Internacional Justicia, y por ello, aplican también al SIDH[38].

Tomando en cuenta el ámbito de aplicación del *corpus iuris interamericano,* es posible identificar cuatro grupos de principios generales de Derecho Administrativo Interamericano, a saber: *(i)* principios relacionados al procedimiento administrativo, y que giran en torno al derecho al debido proceso y al derecho a la democracia; *(ii)* principios de la actividad administrativa de limitación, en dos áreas distintas, a saber, *(a)* los principios de la potestad administrativa sancionadora, como la presunción de inocencia y *(b)* los principios generales de la actividad de limitación como la proporcionalidad. Además, encontramos *(iii)* los principios de la actividad administrativa prestacional, asociados a los

---

37 El Derecho Administrativo Global ha estudiado la existencia de "*Administraciones Globales*", esto es, organismos internacionales que realizan una actividad comparable a la actividad administrativa. Eventualmente, podrían identificarse formas de la actividad administrativa en la Comisión Interamericana de Derechos Humanos (CIDH) y la propia Corte IDH. Este no es, en todo caso, el enfoque que interesa discutir aquí.

38 La fuente normativa de los principios generales en el Derecho Administrativo Global es el citado artículo 38.1. Véase a Giacinto Della Cananea, "Genesis and Structure of General Principles of Global Public Law", cit.

estándares de satisfacción de DESCA y *(iv)* los principios de la jurisdicción contencioso-administrativa, que pivotan en torno al derecho a la tutela judicial efectiva.

Estos cuatro grupos de principios generales pueden sistematizarse a partir de una metodología ascendente (*botton-up*) y descendiente (*top-down*). De esa manera, y en el primer sentido, los principios generales del Derecho Administrativo doméstico en los Estados miembros de la CADH son fuente de Derecho Internacional Público incluso en el ámbito del SIDH, de acuerdo con citado artículo 38.1. Por ello, a través del método comparado, es posible identificar esos principios generales de Derecho Administrativo doméstico que se integran como fuente (supletoria) del SIDH[39]. En el segundo sentido, de la CADH se desprenden principios generales de Derecho Administrativo relacionados con la protección de derechos humanos en el marco de relaciones jurídico-administrativas[40].

Precisamente, de cara a la pandemia, el Derecho Administrativo Interamericano resulta de interés debido a los estándares relacionados con la actividad administrativa prestacional llamada a garantizar el acceso equitativo a los DESCA, y en especial, al derecho a la salud. Como es sabido, el Sistema Interamericano ha evolucionado, desde la tutela indirecta de los DESCA hasta su tutela directa por Corte IDH, partiendo del principio de progresividad. Tal principio mide la capacidad gradual de los Estados, y de sus Administraciones Públicas de dar satisfacción equitativa a los DESCA. Como sea que esa capacidad es variable, e incluso, puede presentar fallas, el Derecho Administrativo Interamericano reconoce que hay estándares que solo serán exigibles en la medida en que los Estados construyan capacidades adecuadas, lo que resulta

---

39 En el Derecho Internacional Público, los principios generales de Derecho son fuente supletoria en tanto procuran solucionar dudas de interpretación que no puedan resolverse con la interpretación del Tratado y con la doctrina y jurisprudencia. Cfr.: Fabián Raimondo, *General Principles of Law in the Decisions of International Criminal Courts and Tribunals*. M. Nijhoff, 2008, pp. 45 y ss.

40 Los derechos humanos reconocidos en el SIDH aplican en relación con todas las funciones del Estado. Sin embargo, es posible identificar normas y principios que de manera especial rigen a la actividad administrativa, o sea, aquella orientada a la realización concreta de los cometidos públicos. Por ello, pueden identificarse principios generales del Derecho Administrativo en el SIDH, que vinculan a las Administraciones Públicas domésticas.

dependiente de la promoción del desarrollo inclusivo, de acuerdo con la teoría de la co-evolución entre capacidad estatal y desarrollo[41]. Esto es, que la relación entre capacidad estatal y desarrollo no es causa-efecto, sino de coevolución: la promoción del desarrollo tenderá a fortalecer la capacidad estatal, y este fortalecimiento tenderá a crear condiciones favorables al desarrollo.

Respecto del derecho a la salud, por ello, el Derecho Administrativo Interamericano fija estándares de protección que de acuerdo con el principio de progresividad, propenden a la plena satisfacción de tal derecho, aun cuando en lo inmediato, solo los estándares más esenciales, acordes con la capacidad estatal, podrán ser exigibles, siempre atendiendo a cada caso concreto. En tal sentido, el Derecho Administrativo Interamericano no se basa en el monopolio de la oferta de bienes y servicios asociados a la salud por el Estado, sino más bien parte del principio de co-iniciativa[42]. Con lo cual, y de acuerdo con la Corte IDH, las Administraciones Públicas asumen dos tipos de técnicas de intervención en relación con el derecho a la salud: *(i)* la actividad de limitación, para ordenar y limitar la oferta de bienes y servicios por la iniciativa privada, y *(ii)* la actividad de prestación, mediante la oferta directa de bienes y servicios por las Administraciones Públicas[43]. Tales

---

41 Miguel Carbonell y Eduardo Ferrer Mac-Gregor, *Los derechos sociales y su justiciabilidad directa,* Instituto de Investigaciones Jurídica de la UNAM, Ciudad de México, 2014, pp. 55 y ss.

42 Eduardo Ferrer Mac-Gregor, "La exigibilidad directa del derecho a la salud y la obligación de progresividad y no regresividad (a propósito del caso Cuscul Pivaral vs. Guatemala)", en *Constitucionalismo transformador, inclusión y derechos sociales,* Editora JusPodium, Salvador, 2019, p. 345.

43 Sentencia de 4 de julio de 2006, Serie C No. 149, caso *Ximenes Lopes vs. Brasil*, especialmente, párrafo 92. En sentido similar, véase el párrafo 312 de la sentencia de 21 de mayo de 2013, caso *Suárez Peralta v. Ecuador*. A tales efectos, la Corte se ha basado en la doctrina del Comité de Derechos Económicos, Sociales y Culturales de las Naciones Unidas, al señalar que el deber de no-regresividad "*no siempre deberá ser entendido como una prohibición de medidas que restrinjan el ejercicio de un derecho*", sino más, como interdicción de las medidas de carácter deliberadamente regresivo (sentencia de 23 de agosto de 2018, Serie C No. 359, caso *Cuscul Pivaral y otros vs. Guatemala*, párrafo 143). Véase a Lucía Belén Araque y Karina Graciela Carpintero, "El fortalecimiento interpretativo de la Corte Interamericana en defensa de los derechos económicos, sociales, culturales y ambientales. Reflexiones a partir del caso Cuscul Pivaral y otros vs. Guatemala", en Mariela Morales, *et al.*, (coordinadora), *Interamericanización de los DESCA en el caso Cuscul Pivaral de la*

técnicas de la actividad administrativa pivotan en torno a la dignidad humana, pues como la Corte ha concluido, la promoción del desarrollo debe basarse en la expansión de las capacidades de la sociedad civil para satisfacer sus propias necesidades[44]. La centralidad de la dignidad humana, por ello, se opone a patologías de la actividad administrativa tales y como el clientelismo y el populismo.

La protección del derecho a la salud y los estándares del Derecho Administrativo Interamericano han sido realzados por la Comisión y la Corte en el marco de la pandemia[45]. En tal sentido, las recomendaciones formuladas giran en torno al acceso equitativo a bienes y servicios esenciales para la atención de la salud, así como a la necesidad de desplegar técnicas de intervención administrativa llamadas a paliar los efectos adversos de la caída de ingresos generados por la pandemia. Estas recomendaciones realzan que el Derecho Administrativo Interamericano parte del Estado garante, en tanto las Administraciones Públicas deben orientar su actividad a garantizar el acceso equitativo a bienes y servicios esenciales a la salud, con independencia de que la oferta de bienes y servicios recaiga en la iniciativa pública o privada[46]. El acceso equitativo, además, alude a la necesidad de transformar la realidad socioeconómica de desigualdad, en la que es considerada la región más desigual del mundo.

No obstante, lo cierto es que la implementación del Derecho Administrativo Interamericano corresponde a las Administraciones Públicas domésticas, con lo cual, su fragilidad -por fallas en la capacidad

---

Corte IDH, Instituto Max Planck de Derecho Público Comparado y Derecho Internacional Público-Instituto de Estudios Constitucionales del Estado de Querétaro- Instituto de Investigaciones Jurídicas- Universidad Nacional Autónoma de México, Ciudad de México, 2020, pp. 275 y ss.

44 De la Corte Interamericana véase la Opinión Consultiva OC-5/85 de 13 de noviembre de 1985, Serie A N° 5, párrafo 66, así como la sentencia de la Corte Interamericana de Derechos Humanos de 22 de noviembre de 2019, caso *Hernández vs. Argentina,* Serie C 395, párrafo 77.

45 Urosa Maggi, Daniela, "Sistema Interamericano de Derechos Humanos y COVID-19: reforzando la protección de los derechos humanos en tiempos de pandemia", en *Estudios jurídicos sobre la pandemia del COVID-19,* Academia de Ciencias Políticas y Sociales, Caracas, 2020, pp. 315 y ss.

46 Luciano Parejo Alfonso, *Estado y Derecho en procesos de cambios,* Tirant Lo Blanch, Valencia, 2016, pp. 45 y ss.

estatal- condiciona adversamente la implementación del Derecho Administrativo Interamericano. El principio de progresividad tiende a solucionar los conflictos que puedan presentarse en este sentido, en tanto fallas en la capacidad estatal pueden reducir el conjunto de cometidos que desde el SIDH deben ser cumplidos. En cualquier caso, lo cierto es que la efectividad del Derecho Administrativo Interamericano depende exclusivamente de las Administraciones Públicas domésticas.

Por ello, la pandemia de la COVID-19 también ha evidenciado la fragilidad del Derecho Administrativo Interamericano, pues los Estados miembros no han podido garantizar efectivamente los DESCA, y en especial, el derecho a la salud, como lo evidencia los efectos devastadores que la pandemia ha tenido.

En resumen, los mecanismos de gobernanza global para la gestión de la pandemia pasan por fortalecer en la región el Derecho Administrativo Interamericano, que a través del principio de progresividad puede crear condiciones propicias para fortalecer las capacidades de las Administraciones Públicas al tiempo que se avanza en las técnicas de intervención administrativas llamadas a promover el desarrollo inclusivo.

3. El fortalecimiento de la capacidad estatal en el contexto del Derecho Administrativo Interamericano

El Derecho Administrativo Interamericano está compuesto por reglas que asignan tareas muy ambiciosas a las Administraciones Públicas, las cuales están llamadas a promover la transformación del orden socioeconómico para promover condiciones reales de igualdad de oportunidades[47]. A pesar de lo ambicioso de ese marco jurídico, América Latina es considerada la región más desigualdad del mundo, lo que refleja una falla del Derecho Administrativo Interamericano[48]. Así,

---

[47] Entendemos que esas tareas son ambiciosas, pues demandan elevadas capacidades de las Administraciones Públicas para impulsar la transformación del orden socioeconómico, desde la desigualdad imperante a la situación deseada de igualdad. Sobre este carácter ambicioso, vid. Daniel Brinks *et al.*, *Understanding Institutional Weakness. Power and design in Latin American institutions,* cit. Recientemente se ha publicado una traducción al español (*La Ley y la trampa en América Latina*, siglo veintiuno editores, Buenos Aires, 2021).

[48] Sobre la desigualdad en la región, vid. Matías Busso y Julián Messina, "Sociedades fracturadas", en Matías Busso y Julián Messina (editores), *La crisis de la desigualdad: América*

esa falla se expresa en la diferencia entre el ámbito *de iure* (las reglas jurídicas o instituciones formales del Derecho Administrativo Interamericano) y el ámbito *de facto* (la aplicación práctica de las instituciones formales). Mientras que el ámbito *de iure* promueve el desarrollo inclusivo, el ámbito *de facto* está marcado por la fragilidad estatal, y los arreglos sociales informales por medio de los cuales se procura satisfacer las necesidades que las Administraciones Públicas, con su limitada capacidad, no pueden atender.

La pandemia de la COVID-19 ha agravado esa brecha, visto su notable impacto regresivo en la región. Así, la pandemia ha afectado en mayor medida a aquellos sectores más vulnerables de la sociedad, todo lo cual agrava la desigualdad y fallas del Derecho Administrativo Interamericano. Con lo cual, el Derecho Administrativo en la post-pandemia debe encargarse de atender esas fallas y así, cerrar la brecha entre las *instituciones de iure* y las *instituciones de facto*. Como sea que la capacidad estatal no puede producirse endógenamente (un Estado frágil no tiene capacidad para reconstruir su propia capacidad), cerrar esta brecha pasa -entre otras medidas- por fortalecer el Derecho Global en la región, a través de instituciones como la Organización de Estados Americanos (OEA) y el Banco Interamericano de Desarrollo (BID)[49].

Así, la reconstrucción de la capacidad estatal supone cerrar las brechas de capacidad, fortaleciendo los recursos financieros, los recursos humanos, la infraestructura y la organización. En sentido estricto, ni la CIDH ni la Corte IDH tienen como propósito coadyuvar a fortalecer esa capacidad, pues su rol es garantizar los derechos humanos violados por la actividad e inactividad de los Estados, en especial, en el ámbito de sus Administraciones Públicas. En otras palabras, la CIDH y la Corte IDH pueden ordenar a los Estados al cumplimiento de determinadas acciones administrativas, en especial, en el marco de la pandemia, pero no pueden fortalecer la capacidad de los Estados para cumplir con esas acciones.

Latina y el Caribe en la encrucijada, Banco Interamericano de Desarrollo, Washington D.C., 2020, pp. 1 y ss.

49 La otra medida, que no abordamos aquí, es promover acuerdos público-privados.

Por ejemplo, la CIDH en Resolución N° N 1/21 de 4 de enero de 2021, otorgó medidas cautelares a favor de los miembros de los Pueblos Indígenas Guajajara y Awá de la Tierra Indígena Araribóia (Brasil)[50]. Entre otras razones, la Comisión evaluó la "*diseminación del COVID-19 entre las personas propuestas beneficiarias en la TI Araribóia en Brasil. En particular, se observa que, según los solicitantes, las personas propuestas beneficiarias estarían expuestas a la diseminación de la COVID-19 debido al contacto forzado con terceros no autorizados presentes en la Tierra Indígena quienes servirían como potenciales vectores del virus dado su constante paso por la zona y el exterior a esa Tierra*" (párrafo 37). En función a ello, la Comisión dictó tres órdenes dirigidas a Brasil (párrafo 52):

> *"a. adopte las medidas necesarias para proteger los derechos a la salud, vida e integridad personal de los miembros de los Pueblos Indígenas Guajajara y Awá de la Tierra Indígena Araribóia, implementando, desde una perspectiva culturalmente adecuada, medidas de prevención frente a la diseminación de la COVID-19, así como proporcionándoles una atención médica adecuada en condiciones de disponibilidad, accesibilidad, aceptabilidad y calidad, conforme a los estándares internacionales aplicables;*
> *b. concierte las medidas a adoptarse con las personas beneficiarias y sus representantes; y*
> *c. informe sobre las acciones implementadas tendentes a investigar los hechos que dieron lugar a la adopción de la presente medida cautelar y así evitar su repetición"*

Estas órdenes deben ser cumplidas por el Estado, en especial, a través de sus Administraciones Públicas, pues solo a éstas corresponde la gestión concreta del interés público, y en especial, la gestión concreta orientada a garantizar el acceso a los DESCA. Luego, la CIDH y la Corte IDH pueden crear obligaciones positivas que los Estados deben cumplir, pero no pueden contribuir al efectivo cumplimiento de esas órdenes de acuerdo con la capacidad estatal disponible. Con lo cual, la fragilidad de las Administraciones Públicas domésticas puede afectar el

---

50 Tomado de: https://www.oas.org/es/cidh/decisiones/mc/2021/res_1-21_mc_754-20_br_es.pdf

efectivo cumplimiento de esas órdenes, lo que precisamente refleja la fragilidad del Derecho Administrativo Interamericano.

Por supuesto, tanto la CIDH como la Corte IDH cumplen un rol importante en la formación de empleados públicos y, por ende, en la creación de capacidades profesionales para el cumplimiento de las obligaciones derivadas del SIDH. Empero, no pueden contribuir directamente a la realización de tareas materiales necesarias para cumplir con esas obligaciones, como, por ejemplo, brindar servicios médicos a poblaciones vulnerables en el marco de la pandemia[51].

En contra, la OEA y el BID sí podrían contribuir al cumplimiento de esas tareas materiales. En especial, el BID puede coadyuvar con proyectos de financiamiento y demás tareas orientadas a construir capacidades domésticas para el cumplimiento de las obligaciones derivadas del desarrollo inclusivo. Nótese que ello obliga a partir de una visión mucho más amplia del SIDH, pues además del ámbito específico de la CADH, también es importante considerar la Carta de la OEA y el Convenio Constitutivo del BID[52].

Con lo cual, el Derecho Administrativo Interamericano, bajo esta visión más amplia, puede lograr la mayor coordinación entre la CIDH, la Corte IDH, la OEA y el BID, a los fines de coordinar acciones desde el espacio global para fortalecer la capacidad de las Administraciones Públicas domésticas, en especial, en el marco de la pandemia de la COVID-19.

---

51 En realidad, y en sentido estricto, la CIDH y la Corte IDH concretan las obligaciones derivadas del SIDH a través de órdenes o condenas, cuyo cumplimiento por parte del Estado requiere de adecuada capacidad, incluso, si el cumplimiento recae en el sector privado.

52 En sentido general, el SIDH abarca el conjunto de principios y normas sobre derechos humanos dictados en el marco de la OEA, y que encuentra como documento primero a la *Declaración Americana de los Derechos y Deberes del Hombre* de 1948, y la propia Carta de la OEA, que crea a la CIDH. Luego, el sistema se amplió con la CADH y la creación de la Corte IDH. En un sentido estricto, el SIDH pivota en torno a la CADH, pero en un sentido amplio, abarca también al sistema de la OEA. Esto explica por qué Estados que no son parte de la CADH sí quedan sometidos a la CIDH. Desde la carta de la OEA, entonces, es posible también considerar al BID, pues son países miembros del Banco los Estados miembros de la OEA (Artículo II). Cabe recordar que, según el Artículo I, el BID tiene como propósito "*acelerar el proceso de desarrollo económico y social, individual y colectivo, de los países miembros regionales en vías de desarrollo*". Esto abarca la creación de condiciones favorables para garantizar el acceso a los DESCA, lo que realza la conexión entre el BID y el SIDH.

El fortalecimiento del Derecho Administrativo Interamericano en este espacio global es especialmente necesario en países que atraviesan emergencias humanitarias, como sucede con Venezuela. Así, de acuerdo con el Derecho Internacional, las emergencias humanitarias responden a circunstancias en las cuales ni el Estado ni la sociedad civil tienen capacidad para garantizar el acceso equitativo a los DESCA, todo lo cual lleva a la desatención de necesidades, o en su caso, su satisfacción por instituciones informales, opacas y poco transparentes, como los mercados negros. Tales emergencias pueden responder a desastres naturales o a conflictos políticos, caso en el cual se alude a emergencias humanitarias complejas.

La pandemia de la COVID-19 constituye una clara situación de riesgo en América Latina, pues la incapacidad de los Estados y de la sociedad civil de asegurar la satisfacción de necesidades esenciales afectadas por la pandemia, puede desembocar en emergencias humanitarias. El mayor riesgo lo representa Venezuela, país que desde el 2017 atraviesa por una creciente emergencia humanitaria compleja como resultado de las políticas autoritario-populistas implementadas desde 2003, y que han llevado al colapso del producto interno bruto en cerca del 80%; el colapso de las importaciones, en especial, en los sectores de alimentación y salud, y el incremento de la pobreza y de la desigualdad, todo lo cual ha forzado al desplazamiento de cientos de miles de venezolanos, en la que es considerada la segunda crisis migratoria del mundo. El Estado venezolano, así, puede ser calificado como un Estado frágil, de lo cual resulta que el Derecho Administrativo en Venezuela es un Derecho Administrativo fallido, en tanto las Administraciones Públicas no tienen capacidad suficiente para asegurar el acceso equitativo a los DESCA, y en especial, al derecho a la salud, de acuerdo con los estándares domésticos e interamericanos[53].

Aun cuando el caso de Venezuela es ciertamente extremo, como hemos explicado, América Latina se enfrentó a la pandemia en condiciones de fragilidad institucional que solo han empeorado con la pande-

---

53 José Ignacio Hernández G., *Bases fundamentales de la transición en Venezuela,* Editorial Jurídica Venezolana, Caracas, 2020, pp. 227 y ss., así como *Aspectos jurídicos de la crisis de migrantes y refugiados en Venezuela,* Editorial Jurídica Venezolana, Caracas, 2021, pp. 12 y ss.

mia. La expresión "*Estado frágil*" ya no se usa solo para describir casos realmente excepcionales de Estados colapsados, sino más bien, para describir la fragilidad de los Estados en atender los cometidos públicos, lo que en buena medida depende de la capacidad de las Administraciones Públicas. Bajo esta perspectiva puede observarse que los Estados en América Latina han tendido a ser Estados frágiles, en especial, como resultado de su peculiar proceso de formación histórica, lo que ha permitido a la doctrina calificar a esos Estados como "*leviatanes de papel*", o sea, Estados frágiles sin capacidad adecuada para gestionar las complejas a su cargo[54].

Estas tareas han aumentado súbitamente con ocasión a la pandemia, lo que ha agravado la fragilidad de los Estados y muy en especial de sus Administraciones Públicas. Por ello hemos aludido al "Derecho Administrativo Fallido", para describir cómo uno de los principales problemas a los cuales se enfrenta el Derecho Administrativo en la región, son las fallas de capacidad que impiden a las Administraciones Públicas gestionar los ambiciosos cometidos públicos derivados del ICCAL, y que la pandemia ha aumentado. Esto es, que la nota distintiva del Derecho Administrativo Fallido no es el colapso del Estado, sino la fragilidad de las Administraciones Públicas que impide cumplir con las tareas relacionadas con la promoción del desarrollo inclusivo[55].

Con lo cual, y en resumen, la fragilidad del Derecho Administrativo Interamericano, agravada en la pandemia, es resultado de la fragilidad de las Administraciones Públicas domésticas, lo que constituye un claro obstáculo para la promoción del desarrollo inclusivo. En tal sentido, la construcción del Derecho Administrativo Interamericano como sistema puede facilitar la coordinación de acciones orientadas a reforzar la capacidad administrativa de los Estados, lo que, entre otros pasos, requiere implementar mecanismos de cooperación con organismos internacionales dentro del SIDH. Para ello, es preciso partir de una visión amplia e integrar, dentro del Derecho Administrativo Interamericano, a

---

54 Recientemente, vid. Sebastián Mazzuca, *Latecomer State Formation,* Yale University Press, Yale, 2021.

55 José Ignacio Hernández G., "Capacidad estatal, emergencias complejas y derechos sociales", en *Constitucionalismo transformador, inclusión y derechos sociales,* cit., p. 681.

la OEA y al BID, quienes pueden contribuir al mejor cumplimiento de las tareas administrativas que derivan de la pandemia.

CONCLUSIONES

La pandemia de la COVID-19 coloca en evidencia la mutabilidad y dinamismo del Derecho Administrativo. En apenas semanas las Administraciones Públicas tuvieron que diseñar e implementar nuevas técnicas de intervención administrativa para hacer frente a una creciente emergencia sanitaria y económica. Más de un año después la pandemia continua, sin que quede claro cuándo podrá salirse del túnel pandémico. Lo que sí puede afirmarse es que el Derecho Administrativo de la postpandemia se enfrentará a tareas igualmente complejas para atender los costos económicos y sociales de la COVID-19.

Esta conclusión es particularmente relevante en América Latina, vista la ferocidad con la cual la pandemia ha atacado a la región. Venezuela puede ser considerado como el peor caso, pues la emergencia de la pandemia se ha unido a la creciente emergencia humanitaria compleja en evolución desde 2017.

Diversas causas podrían explicar por qué la pandemia ha tenido un efecto especialmente grave en América Latina. Una de esas causas es la fragilidad de las Administraciones Públicas, esto es, la limitada capacidad con la cual las Administraciones Públicas tuvieron que asumir las tareas derivadas de la pandemia, capacidad que puede medirse en términos de recursos financieros, recursos no-financieros como infraestructura, recursos humanos y organización. Junto a estas razones endógenas, también la fragilidad de las Administraciones Públicas quedó determinada por la naturaleza global de la pandemia: emergencias sanitarias globales requieren de acciones globales, o sea, acciones en el orden jurídico multilateral. Pero ese orden también presentó importantes fallas, lo que ha sido considerado como una de las causas por las cuales la Organización Mundial de la Salud no pudo prevenir la pandemia.

De esa manera, la pandemia de la COVID-19 ha puesto en evidencia la necesidad de fortalecer mecanismos globales, o si se quiere, multilaterales para la gestión de cometidos asociados al derecho a la salud, que permitan además paliar las debilidades institucionales de los

Estados, en especial, por medio de sus Administraciones Públicas. Para el Derecho Administrativo, ello se traduce en la necesidad de fortalecer el Derecho Administrativo Global. En América Latina, esto justifica avanzar en el estudio del Derecho Administrativo Interamericano, esto es, los principios generales de Derecho Administrativo que, dentro del *corpus iuris interamericano*, promueven el cumplimiento de estándares interamericanos, en especial, relacionados con la satisfacción del derecho a la salud.

Ahora bien, la pandemia de la COVID-19 constituye una clara situación de riesgo en América Latina, pues la incapacidad de los Estados y de la sociedad civil de asegurar la satisfacción de necesidades esenciales afectadas por la pandemia, puede desembocar en emergencias humanitarias. El mayor riesgo lo representa Venezuela. El Estado venezolano, así, puede ser calificado como un Estado fallido, de lo cual resulta que el Derecho Administrativo en Venezuela es un Derecho Administrativo fallido, en tanto las Administraciones Públicas no tienen capacidad suficiente para asegurar el acceso equitativo a los DESCA, y en especial, al derecho a la salud, de acuerdo con los estándares domésticos e interamericanos.

Una de las condiciones necesarias para atender la fragilidad de las Administraciones Públicas en América Latina, y en especial, en Venezuela, es promover la mayor interacción entre el Derecho Administrativo doméstico y el Sistema Interamericano, a través del Derecho Administrativo Interamericano. Adecuados acuerdos multilaterales pueden facilitar la atención de tareas que las Administraciones Públicas, con su limitada capacidad, no pueden atender debidamente. Así se ha reiterado recientemente en la carta encíclica *Fratelli Tutti*[56], que realza la necesidad de avanzar en el fortalecimiento del ordenamiento jurídico multilateral en el marco de la pandemia.

Sin embargo, lo cierto es que, en su sentido tradicional, ni la CIDH ni la Corte IDH tienen como propósito construir capacidades estatales

---

56 Como se afirma en la carta encíclica *Fratelli Tutti*, "*deben ser favorecidos los acuerdos multilaterales entre los Estados, porque garantizan mejor que los acuerdos bilaterales el cuidado de un bien común realmente universal y la protección de los Estados más débiles*" (carta encíclica de 3 de octubre de 2020, párrafo 174).

de los Estados, en especial, a través de sus Administraciones Públicas. Por el contrario, el primer rol de la CIDH y la CADH es declarar violaciones al SIDH e imponer condenas y órdenes que deben ser cumplidas por el Estado, todo lo cual requiere de adecuada capacidad. Luego, la fragilidad de los Estados determina, también, la fragilidad del Derecho Administrativo Interamericano.

Frente a ello, la construcción del Derecho Administrativo Interamericano como sistema puede facilitar la coordinación de acciones orientadas a reforzar la capacidad administrativa de los Estados, lo que, entre otros pasos, requiere implementar mecanismos de cooperación con organismos internacionales dentro del SIDH. Para ello, debe partirse de una visión amplia e integrar, dentro del Derecho Administrativo Interamericano, a la OEA y al BID, quienes pueden contribuir al mejor cumplimiento de las tareas administrativas que derivan de la pandemia.

Con lo cual, el Derecho Administrativo en la post-pandemia deberá basarse en el fortalecimiento del Derecho Administrativo Interamericano para paliar la fragilidad de las Administraciones Públicas, y así promover de manera efectiva el bien común desde la centralidad del ciudadano y su dignidad[57].

Agosto 2021.

---

57 Sobre la relevancia del bien común y la dignidad humana, vid. Jaime Rodríguez-Arana Muñoz, "El derecho a la buena administración en las relaciones entre ciudadano y Administración Pública", *Anuario da Facultade de Dereito da Universidade da Coruña N° 16,* La Coruña, 2012, pp. 247 y ss., y Carlos Delpiazzo, "Bien común, sociedad y estado", *Revista de Derecho, Año 11, N° 21,* Facultad de Derecho de la Universidad de Montevideo, 2012, pp. 81 y ss.

DERECHO ADMINISTRATIVO: DERECHO GARANTIZADOR

JOSÉ ARAUJO-JUÁREZ

SUMARIO

A. Sistema de derechos y de garantías jurídicas. Introducción. I. Estado Constitucional garante. II Sistema de derechos. III. Sistema de garantías jurídicas. B. Garantías jurídicas. Introducción. I. Generales. II. Clasificación. III. Conclusión reflexiva.

A. SISTEMA DE DERECHOS Y DE GARANTÍAS INTRODUCCIÓN

§1. Planteamiento de la cuestión – Uno de los postulados distintivos del Derecho administrativo contemporáneo, en el análisis del ejercicio del llamado en la Teoría política «*Poder público*», y su creciente expansión interventora en todos los campos de la vida social, plantea la lucha incesante entre estos dos factores que explican su funcionalidad, pues no es sólo crear instituciones y prerrogativas de Poder público para la realización de los fines de interés general o público, sino frente a él hay también la necesidad de consolidar la protección –defensa, promoción y servicio– de la posición jurídica de la persona, cuyo núcleo irreductible e indisponible es la dignidad humana que, a su vez, sustenta a todos y cada uno de los demás derechos fundamentales, y de las correlativas garantías jurídicas en los supuestos de su vulneración.

* Universidad Católica Andrés Bello, Abogado. Universidad de París II, Curso de Postgrado en Derecho Administrativo. Profesor de Postgrado de la Universidad Católica Andrés Bello. Miembro del Instituto Internacional de Derecho Administrativo, del Foro Iberoamericano de Derecho Administrativo, de la Asociación Iberoamericana de Profesionales en Derecho Público y Administrativo, y de la Asociación Española e Iberoamericana de Profesores e Investigadores de Derecho Administrativo. jaraujojuarez@gmail.com
Escrito presentado para el Libro Homenaje que se le dedica a la apreciada Prof. Cecilia Sosa Gómez, por su dilatada trayectoria en la actividad académica y profesional, patrocinado por la Academia de Ciencias Políticas y Sociales de Venezuela.

Y es así que con toda lógica, el Derecho administrativo tradicional se fue construyendo y desarrollando en torno a la Administración pública. Ha sido, pues, el «*Derecho del Poder*», como lo calificó F. González Navarro[1]: esto es, un Derecho de organizaciones, potestades, técnicas e instrumentos privilegiados para realizar los fines de interés general.

Frente a esta realidad que hay que reconocer también lo es, como sostiene L. Rodríguez R.[2], que el eje del Derecho administrativo tradicional desde hace tiempo se ha venido desplazando, y el Derecho administrativo contemporáneo ha permitido definir una línea como un cambio de perspectiva que le ha permitido evolucionar, hacia una preocupación mayor respecto de «*la persona*» en sus relaciones con la Administración pública, más que sobre las prerrogativas de la Administración pública –o potestades administrativas–.

En efecto, la actualidad en el escenario del «*Derecho comparado horizontal*», es que la evolución y los cambios trascendentales no solo se registran del lado de la Administración pública, sino sobre todo del lado de la persona, cuya transformación más importante es el decidido protagonismo que asume en el marco de una nueva correlación con el Estado, que como forma de organización de la convivencia social ha evolucionado en lo que es hoy, la última expresión categorizada del Estado Constitucional, esto es, *Estado democrático y social de Derecho y de Justicia*.

Esta última circunstancia ha venido acompañando al reconocimiento de un cuadro de garantías jurídicas reales para la protección de los derechos subjetivos públicos, configurados luego como derechos fundamentales, beneficiados de una especial y enérgica protección. Situados los derechos fundamentales por encima de las leyes y no pendientes para su concreción de lo que las leyes establezcan, se han convertido en una fuente principalísima de inspiración de las normas y actos estales de toda clase.

De acuerdo con lo expuesto, hemos entrado en la «*revolución de los derechos*» –S. Cassese– o la «*era del Estado de los derechos funda-*

---

1 F. González Navarro, *Derecho Administrativo Español*, I, EUNSA, Pamplona, 2007. P. 407.

2 L. Rodríguez R., *Derecho Administrativo. General y colombiano*, Tomo I, Vigésima edición. Editorial Temis. Bogotá, 2017. P. 37.

mentales», en la acertada denominación que ha propuesto P. Häberle. Y los términos del cambio han sido tan intensos, que han influido también en el papel del Derecho administrativo contemporáneo y de la Administración pública y su relación con las personas, según veremos más adelante. Este rasgo fundamental, tan ligado a sus orígenes, no debe pasarse por alto, si es que quiere entenderse el Derecho administrativo contemporáneo.

Esta es una realidad social, y también el Derecho administrativo recepta esa realidad del ejercicio del Poder público, no sólo desde la óptica del principio de juridicidad, sino bajo el paradigma de la democracia constitucional y, como contrapartida, buscando superar la formulación constitucional de los derechos fundamentales de la persona separada de su efectiva realización, desde el firme convencimiento de que la persona humana debe ser el «centro de la acción pública», el auténtico protagonista, rector y receptor de las actividades o funciones estatales (J. González Pérez)[3].

De ahí que cualquier reflexión sobre la importancia de la vigencia del Derecho administrativo contemporáneo, debería tomar en cuenta que la originalidad del método de construcción jurídica del Derecho administrativo radica en el equilibrio –por supuesto, complejo, difícil, pero posible– entre dos de sus aspectos más esenciales: procurar a la Administración pública los medios de acción necesarios de modo de no comprometer los intereses generales que tiene a su cargo ; y, a la vez, dotar al ciudadano de los mecanismos de protección frente al ejercicio del poder público –derechos y garantías jurídicas, sustanciales y adjetivas–, radicados en último extremo en el núcleo irreductible e indisponible de la dignidad humana que, a su vez, sustenta a todos y cada uno de los demás derechos fundamentales en sus relaciones jurídicas con la Administración pública, los cuales van a experimentar una notable evolución, a resultas de la aprobación de las Constituciones modernas en el «Derecho comparado horizontal».

En efecto, el Derecho administrativo no busca solamente asegurar a la acción administrativa los medios –prerrogativas de Poder público– que permitan realizar sus fines de interés general. Persigue también

---

3 J. González Pérez, *El Administrado*, Abella, Madrid, 1966. P. 16.

proteger a la persona –sistema de garantías– de las actividades de un Poder público temible para los derechos y libertades. Históricamente, es esta segunda idea la que ha inspirado principalmente la ciencia del Derecho administrativo. Es ella la que ha hecho posible la existencia notable de este instrumento de liberalismo; gracias a ella, la persona es un ciudadano y no un súbdito.

Y así, el Derecho administrativo busca la protección de la persona en un doble plano. Primero, la acción de la Administración pública no es libre, y por eso se la embrida en una densa red de reglas de Derecho que unas veces dictan cómo tiene que actuar la Administración, y otras prohíben su actuación. Este es el sentido del principio de juridicidad, una de las piezas maestras del Derecho administrativo. Mas esta limitación de la acción administrativa por el Derecho, no es suficiente. Además, es necesario que la persona tenga su disposición los procedimientos jurídicos que aseguren la protección de sus derechos y libertades. Así, en el Derecho administrativo de influencia francesa, la protección del ciudadano se busca a través del control «*a posteriori*» de la actividad de la Administración pública por el Juez –y, especialmente, por el Juez administrativo–. En algunos otros sistemas, se sitúan también en el estadio de elaboración de las decisiones y reglas de Derecho: es obligatorio oír a los interesados, que pueden hacerse entender antes que obedecer (P.Weil)[4].

§2. Fases del Derecho administrativo – En este orden de consideraciones hemos de comenzar, desde luego, afirmando que como todo Derecho, también el Derecho administrativo ha estado sometido a una evolución histórica compleja, aun cuando lo sea bajo fórmulas distintas a las que han regido la formación del Estado Constitucional que, a la vez, ha sido el telón de fondo dentro del cual se han dado los desafíos constantes de los procesos de su transformación, en razón de lo cual debería comprobarse, de tiempo en tiempo, si aún es adecuado a su objeto, lo que parece ser la clave de su gran vitalidad que ha mostrado tener desde sus orígenes en el Derecho comparado.

En tal sentido tenemos que también en la historia del Derecho administrativo podríamos identificar a grandes rasgos, tres fases, así: la

[4] P. Weil, *El Derecho Administrativo*. Ediciones Olejnik, Santiago, 2020. Pp. 69, 70 y 71.

1ª., donde el Derecho administrativo se alza como instrumento del poder y se caracterizaría por la tensión entre el Poder legislativo y el Poder ejecutivo, con una fuerte Administración pública central y local; la 2ª., donde predomina el Poder ejecutivo, y el problema de esta rama del Derecho se centra en el control de este poder, fundamentalmente mediante el desarrollo del sistema de la Justicia administrativa; y la 3ª., en la que actualmente nos encontraríamos, que vendría marcada por el reto del Derecho administrativo garantizador o protector de la posición jurídica de la persona frente a la Administración pública.

En efecto, mientras que en su primera fase histórica el Derecho administrativo se configuró como un Derecho del Poder, E. Linde Paniagua[5] advierte que en las últimas décadas en las últimas décadas se estaría produciendo una transformación del Derecho administrativo para convertirlo en el «*Derecho de los ciudadanos*» –o al servicio de los derechos y obligaciones de los ciudadanos–, que supera la precedente versión del mismo como Derecho del Poder; en definitiva, una perspectiva subjetiva del Derecho administrativo que estaría llamado a consolidarse a lo largo del siglo *xxi*, y de la que hoy día dan cuenta los excelentes manuales universitarios al uso.

En las afirmaciones de que el Estado Constitucional está sometido al Derecho y de que la ley general y abstracta, como expresión del Poder público, ha de tener su origen de la voluntad general, se encuentra condensado todo el principio garantizador que el Estado de Derecho en su versión clásica dispensa a la persona frente al Estado Constitucional. Y es que el principio garantizador se encuentra ya enunciado por Montesquieu[6] en su obra «*El espíritu de las leyes*», y desde entonces no ha hecho sino afianzarse, hasta el punto que no se pueda concebir un Derecho administrativo que no incluya un robusto sistema de derechos y garantías jurídicas de la persona frente a la Administración pública que integran: 1°, una parte general o común a todos los sectores del Ordenamiento jurídico; y 2.°, una parte singular, dependiendo de los sujetos o de la materia concernida.

---

5 E. Linde Paniagua, *Fundamentos de Derecho Administrativo. Del derecho del poder al derecho de los ciudadanos*, 3ª.Edición. Colex Editorial, Madrid, 2011. P. 46.

6 Baron de Montesquieu, Ch. Condorcet, *El espíritu de las Leyes*, Origen, Barcelona. 2011.

Ahora bien, desde un punto de vista formal, las instituciones a través de las cuales se instrumentan las garantías de las personas frente al Poder público no sufren grandes transformaciones. Así, durante la 1.ª fase del Derecho administrativo no existe estrictamente diferenciación entre órganos administrativos y órganos jurisdiccionales, como hoy habitualmente estamos acostumbrados a ver. Desde comienzos del siglo *xviii* este panorama comienza a sufrir una transformación radical con la destrucción política y social del «*Ancien Régime*» y el alumbramiento de una nueva forma de Estado, junto al dogma de la soberanía nacional, con los principios definidores del «*status*» de los ciudadanos que se plasman en la célebre DDHC de 1789, como el fundamento y finalidad misma del orden estatal (Santamaría Pastor)[7].

En tal sentido se puede decir con E. García de Enterría[8], que el Derecho administrativo, ya no es un Derecho privilegiado. Pues junto a los privilegios «*en más*» o «*en menos*», que componen el estatuto singular de la Administración pública, existe todo un cuadro de garantías para las personas, radicada en último extremo en su titularidad de derechos fundamentales, que configuran una situación de equilibrio. En efecto, límite a los privilegios son las garantías: unas de carácter económico; otras de carácter jurídico. Y es que el Derecho administrativo está hecho de un equilibrio –por supuesto complejo, pero posible– entre privilegios y garantías. Y es que en último término, concluye, todos los problemas jurídico-administrativos consisten –y esto conviene tenerlo muy presente– en buscar ese equilibrio, asegurarlo cuando se ha encontrado y reconstruirlo cuando se ha perdido[9].

Ahora, sabemos que de todos los órganos de las ramas que ejercen el Poder Público (Art. 136 de la C), la Administración pública es con quien la persona se encuentra en contacto no sólo a diario, sino desde «*la cuna hasta la tumba*». Por ello resulta casi banal afirmar que la Administración pública es cada vez más y más intervencionista: es una evidencia que conviene examinar con gran atención, antes de hablar cómo la persona puede protegerse frente a ella.

---

[7] Santamaría Pastor, *Fundamentos de Derecho Administrativo* I. Editorial Centro de Estudios Ramón Areces, S.A., Madrid, 1988. P. 131.

[8] E. García de Enterría y T. R. Fernández, *Curso de Derecho Administrativo* T. I, Decimonovena edición. Civitas-Thomson Reuters, Madrid, 2020. P. 86.

[9] E. García de Enterría y T. R. Fernández, Ob. cit., T.I., nota 8, p. 75.

¿Qué hace la Administración pública? La respuesta no es simple, en la medida que las actividades son de lo más diversas. A poco que nos fijemos, observaremos que la Administración pública en nuestros días realiza una intervención conformadora del orden económico y social. Durante el Siglo *xx*, y lo que corre del *xxi*, la Administración pública se ocupa de todo, e interviene todos los sectores de la vida económica, social y cultural: ella se proyecta a todos –o casi todos– los aspectos de la vida de la persona. Pero, también, la persona se queja más seguido –las más de las veces con razón–, y muchas veces también reclama –con confianza y no poca ilusión– de nuevas intervenciones estatales en su favor.

Ahora bien, la constatación a la cual conduce el examen de las modalidades de intervención administrativa nos permite señalar que, en principio, la multiplicación debería contribuir, sin duda, al bienestar social, que la sola iniciativa privada no podría alcanzar. Pero, también, es cierto que la profundización de las políticas públicas sin un plan estructural global, esto es, que culminaría en el denominado «*intervencionismo*» comporta, a la vez, en un crecimiento inorgánico que también representa aspectos negativos –duplicación y dispersión de tareas, ineficiencia, corrupción, clientelismo, etc. –.

Así, se dice que la enorme extensión de la actividad de intervención del Estado Constitucional, contrariamente a lo que se dice de ordinario, es más peligrosa para el propio Estado Constitucional que para la persona, lo que lleva a un sentimiento de desafección de la persona hacia la ley y las instituciones que se viene observando desde hace décadas, que la torna en una sociedad transgresora[10]. En tal sentido, los desafíos que se plantean para garantizar la protección de la persona frente a la Administración pública, son considerables.

I. Estado Constitucional garante

§3. Enunciado – El Estado Constitucional, como recuerda la Declaración del Milenio de la Organización de las Naciones Unidas[11], ha

10 Acosta Y. "El peso de la ley", En *Revista SIC*, N° 763, Ed. Centro Gumilla, Caracas, 2004.

11 Declaración del Milenio de las Naciones Unidas, del 08-09-2000. Disponible en: https://www.un.org/en/sections/about-website/terms-use/

pasado de una función de gestión directa y casi personalizada de servicios y bienes públicos, a asumir un nuevo papel de Estado Constitucional regulador y garantizador. En primer lugar, regulador de numerosos sectores que se han ido liberalizando poco a poco en el tiempo presente, y en los cuales es preciso velar por una competencia razonable que preserve los principios básicos del Estado de Derecho y de Justicia; y en segundo lugar, Estado Constitucional garante de la dignidad humana y de los demás derechos fundamentales de las personas.

Ahora bien, si con toda razón se dice que los derechos valen tanto como las garantías, un sector de la doctrina administrativa destaca que una de las vertientes del Derecho administrativo contemporáneo es la garantizadora[12], que se caracteriza por la evolución encaminada a ofrecer, cada vez más, mayores garantías jurídicas a las personas y a sus derechos. Sostiene Parada[13], el Derecho administrativo es de un parte Derecho sustantivo y público, y de otra *Derecho administrativo garantizador*, porque en él se incluye también el estudio de las normas e instituciones destinadas al Estado Constitucional en garantía de su cumplimiento –recursos, procesos, ejecución forzosa, actividad sancionadora y arbitral de la Administración pública, etc.–.

§4. Principio de centralidad de la persona – Debemos empezar señalando como primera y principal reflexión, como afirma muy bien J. González Pérez[14], que en el Estado constitucional contemporáneo el «centro de la acción pública es la persona», y que desde este punto de vista, la persona no puede ser entendida como un sujeto pasivo, inerme, puro receptor, destinatario inerte de las decisiones públicas.

Para ello se debe partir desde el firme convencimiento de que la persona es el «*centro de gravedad*»: en primer lugar del Derecho, en general, pues este la contempla como el «*eje del sistema*» al cual debe

---

12 Un sector de la doctrina cuando habla acerca del encuadramiento sistemático de las garantías o vías de reacción frente a la actuación del Poder público, hace referencia al bloque que integrarían las garantías en vía administrativa, en vía jurisdiccional y en vía constitucional –y hoy día agregaríamos en vía convencional– bajo la rúbrica de Derecho administrativo garantizador, como una categoría jurídica esencial, carente todavía hoy de una adecuada teorización. Véase González Navarro, F. Ob. cit., nota 1.

13 R. Parada, *Derecho Administrativo* I. *Introducción, Organización administrativa, Empleo público*. 26ª edición revisada y actualizada. Dykinsonn S.L., Madrid, 2019. P. 26.

14 J. González Pérez, Ob. cit., nota 3, p. 16.

servir, en tanto que es su centro y meta (J. Lete del Río)[15], el «*centro del orden jurídico*», pues el Derecho existe por y para ésta (M.C. Domínguez Guillén)[16] o en fin, «*el concepto superior de todo el Derecho*» (H. Hattenhauer)[17]; y en segundo lugar del Derecho público, en concreto, porque en el Estado contemporáneo es el «*centro de la acción pública*», el auténtico protagonista, rector y receptor de sus fines esenciales (J. González Pérez, F. González Navarro y J. Rodríguez-Arana)[18].

Sin embargo, González Pérez[19] en el extraordinario ensayo citado, dice que uno llega a olvidarse que el fundamento y razón de ser de esa ingente actividad administrativa, «*como el fundamento y razón de ser del Estado mismo, no es otro en definitiva, que el hombre, su bienestar, hacer que su paso por la tierra sea más agradable, mejor [...] El administrado, pues, es, o al menos debe ser. El centro del sistema*». Pero que en los textos de Derecho administrativo, aún de la época dorada del liberalismo, se podrá observar que no tiene derecho a un título, ni a un capítulo, ni a una sección, y solo aparece como recurrente, usuario, expropiado, contribuyente, «*pero no en el puesto central que le corresponde*», mientras que la Administración pública y sus prerrogativas han absorbido lo mejor de la producción. Y ello no puede ser más significativo, pues se ha llegado, justamente, al polo opuesto de la situación reinante en el momento de nacer el Derecho administrativo. Por ello, concluye, que se debería de volver, sin exageraciones, a quien forzosamente debería ser el centro de todo sistema de gobierno y de administración, en su aspecto más humilde, pero más realista y eficaz, de persona que está frente a alguien más poderoso y más arbitrario que los viejos poderes absolutos: la Administración pública[20].

---

15 J. Lete del Río, *Derecho de la Persona,* 3ª edic. Tecnos, Madrid, 1996. P. 19 y 20.

16 Domínguez Guillén, M.C. "Primacía de la persona en el orden constitucional". En *El estado constitucional y el Derecho Administrativo en Venezuela. Libro Homenaje a Tomas Polanco Alcántara.* Universidad Central de Venezuela, IDP, Caracas, 2005. Pp. 299-320.

17 H. Hattenhauer, *Conceptos fundamentales del Derecho Civil.* Ariel S. A. Barcelona, 1987. P. 19.

18 J. González Pérez, Ob. cit., nota 3, 16; F. González Navarro, Ob. cit., nota 1, 407. La teoría mencionada ha sido aceptada y difundida muy ampliamente y con profundidad en nuestros días por J. Rodríguez-Arana, *Introducción al Derecho Administrativo Constitucional.* EJV, Caracas, 2007. P. 153.

19 J. González Pérez, Ob. cit., nota 3, pp. 8 y 9.

20 J. González Pérez, Ob. cit., nota 3, p. 10.

Ahora bien, definir a la persona como centro de la acción pública significa no sólo, ni principalmente, calificarla como centro de atención sino, sobre todo, considerarla protagonista por excelencia de la acción del Estado, y que bien pudiera resumirse en un *principio de centralidad de la persona*, por cuanto se entiende que constituye razón de ser, principio y fin del Estado constitucional, que tiene por misión última proteger la persona para que pueda desarrollarse libremente. Por ello, su referencia central será elemento clave para caracterizar al Derecho administrativo y a la Administración pública contemporáneos, que han de tener presente esta realidad y adecuarse, institucionalmente, a los nuevos tiempos.

En efecto, dentro de los postulados distintivos del Derecho administrativo, donde se han producido muchos cambios de paradigmas desde sus orígenes, es que la persona vuelva a ser el centro de la acción del Estado, por lo que el ejercicio del Poder público es sólo instrumento normal de la Administración pública para el cumplimiento de sus fines constitucionales que proclama el Art. 3 de la Constitución que son, entre otros: «*la defensa y el desarrollo de la persona y el respeto a su dignidad*».

En conclusión, no otra puede ser la concepción del Derecho administrativo contemporáneo (Araujo-Juárez)[21], si atendemos a cómo nuestra Constitución dispone y configura a la Administración Pública en el Art. 141 *eiusdem*.

II. Sistema de derechos

§5. Idea general – No decimos nada nuevo al advertir que la Administración pública está formalmente sometida a una serie de exigencias y condicionantes por el modelo *Estado democrático y social de Derecho y de Justicia*, hasta prácticamente sus últimas consecuencias.

---

[21] Vid *in extenso* a J. Araujo-Juárez, *Derecho Administrativo Constitucional*. "Prólogo" de A.R. Brewer-Carías. CIDEP-EJV, Caracas, 2017, pp. 154 a 158; J. Araujo-Juárez, *Derecho Administrativo Constitucional*. "Prólogo" de A. Brewer- Carías. Ediciones Olejnik, Santiago, 2020, pp. 123 a 128; y C. Delpiazzo, "Centralidad del Administrado en el Actual Derecho Administrativo: impactos del Estado Constitucional de Derecho". En *Revista de Investigaçoes Constitucionais*, vol. I, nº 3. Curitiba, 2014.

Ahora bien, este proceso no ha sido fácil, y muchos autores que lo han descrito mucho mejor, hasta el punto de que se haya dicho y compartido que constituye una suerte de milagro que el Estado haya consentido someterse al Derecho que el mismo crea (Weil)[22]. En todo caso, la sujeción al Estado de Derecho y de Justicia supone fijar límites y restricciones a la Administración pública, frente a posibles abusos y arbitrariedades en perjuicio de la dignidad humana y los demás derechos fundamentales.

Pues bien, la existencia del Estado de Derecho y de Justicia muestra una serie de manifestaciones básicas: por un lado, implica la asunción de un modelo de relaciones entre la persona y las distintas ramas que ejercen el Poder público, y que en el caso concreto de la Administración pública reviste una importancia primordial; del otro, y de forma destacada a los efectos de nuestra exposición, la instauración de un Estado de Derecho y de Justicia implica –hemos visto más arriba–, el sometimiento pleno de la Administración pública –y evidentemente de sus funcionarios– a la ley y al Derecho, estableciendo al efecto un sistema de derechos y garantías jurídicas.

Por lo que respecta al sistema constitucional de derechos y garantías jurídicas, el mismo ha sido estudiado con solvencia más que sobrada por nuestra doctrina[23], de modo que no se trata aquí sino de hacer algunas indicaciones que permitan comprender mejor el sistema que instaura la Constitución vigente. En este orden de ideas, el sistema constitucional también se integra por dos vectores: 1.º, la consagración de un sistema de derechos; y 2.º, la consagración de un sistema de garantías jurídicas de los mismos, según abordaremos de seguidas.

§6. Concepto – En un régimen de Estado de Derecho, la Administración pública debe obrar procurando no lesionar de cualquier manera que sea los derechos de las personas –obligación negativa–. Es por ello que el Art. 5 de la LOAP dispone: «*La Administración Pública debe*

---

22 P. Weil, Ob. cit., nota 4, 9.

23 A. R. Brewer-Carías, *Instituciones Políticas y Constitucionales. Derechos y Garantías Constitucionales*, t. IV, UCAT-EJV, Caracas, 1996; y J. M. Casal Hernández, *Los derechos humanos y su protección (Estudio sobre derechos humanos y derechos fundamentales)*, UCAB, Caracas, 2006; y J. M. Casal Hernández, *Los derechos fundamentales y sus restricciones*. Legis. Caracas, 2010.

asegurar a las personas la efectividad de sus derechos cuando se relacionen con ella» –obligación positiva–, en desarrollo de los Art. 19 y 141 de la Constitución.

Pero es una tendencia generalizada que la Administración pública cada día acrecienta más sus prerrogativas de Poder público y, por ende, su campo de acción. Sin duda, por la amplitud de sus actividades y por la cercanía con que su acción diaria se deja sentir en todas las actividades humanas, es la rama del Poder público más proclive a lesionar los derechos de la persona, ya individual o ya colectivamente.

Respecto a la trascendencia de las garantías jurídicas en la técnica constitucional o «*procedimiento para asegurar la libertad*», es harto elocuente la afirmación de M. Esmein[24], cuando sostiene que en las Constituciones modernas, los derechos han sido reconocidos bajo dos formas: en declaración de derechos y como garantías de los mismos. Al respecto conviene advertir que todo el contenido del texto constitucional y, especialmente, los preceptos relacionados concretamente con los derechos y garantías fundamentales, va a producir consecuencias inmediatas a la hora de configurar las relaciones jurídicas entre la persona y la Administración pública.

§7. Enumeración – En primer lugar, la Constitución incluye un *sistema de derechos* –tabla, catálogo o repertorio–, diremos en principio, y lo hace de modo amplio. Ahora bien, la división en capítulos y secciones que efectúa la Constitución no comporta que la densidad del derecho, o su naturaleza, sea diferente en razón del lugar que ocupe; y por otra parte, tampoco que las garantías de los derechos sean diferentes dependiendo del capítulo o sección en que los mismos se ubiquen.

Por su parte, el autor L. Prieto Sanchís[25] ha señalado que cualesquiera que sean los concretos medios de protección previstos por cada Ordenamiento jurídico, cuando el sistema de Derecho no ofrece al titular la posibilidad de obtener su satisfacción frente a los sujetos obligados, no cabe hablar en rigor de una verdadera existencia jurídica

---

24 M. Esmein, *Elements de Droit constitutionnel francais et comparé*, t. I., 7ª. edition, Paris, 1927.

25 L. Prieto Sanchís, "El sistema de protección de los derechos fundamentales: el artículo 53 de la Constitución española". En *Anuario de Derechos Humanos*, No. 2, 1983. P. 370.

de derechos. La resistencia es una de las notas que definen el carácter fundamental de los derechos. Y esa nota de resistencia adquiere sentido desde los de distintos mecanismos de protección de los derechos (G. Peces-Barba Martínez)[26], que constituyen el sistema de garantías jurídicas, que analizaremos a continuación.

III. Sistema de garantías jurídicas

§8. Idea general – El Art. 22 de la C, hemos dicho, consagra el principio de protección de los derechos fundamentales. En este contexto surge la necesidad de que la creación, interpretación y aplicación de las diversas normas del Ordenamiento jurídico, se realice en orden a garantizar la protección –defensa, promoción y servicio– de la persona, cuyo núcleo irreductible e indisponible –se insiste– es la dignidad humana que, a su vez, sustenta a todos y cada uno de los demás derechos fundamentales.

En consecuencia, en la realización del Estado de Derecho no basta la declaración de todo género de derechos –hasta de 5ta. generación–; son también indispensables las garantías jurídicas que conforman la armonía entre el Ordenamiento jurídico y las declaraciones formales. Pero también es cierto, como señala R. Rivero Ortega[27], que la regulación de los nuevos derechos de las personas ante la Administración pública tiende a la enumeración y generalización sin que, a su vez, exista un listado de prestaciones «*debidas*» por parte de la Administración pública como contenido operativo de los derechos que se proclaman, por lo que desde el punto de vista de la concreción, precisión y alcance, se habría de descomponer su contenido en una serie de facultades y de obligaciones concretas de hacer de la Administración pública.

§9. Sistema de garantías jurídicas – Tal y como ha apuntado la doctrina más destacada, la virtualidad de todo derecho se vincula al *sistema de garantías jurídicas* que lo preservan pues, se insiste, los derechos valen tanto como las garantías jurídicas. De nada sirve proclamar

---

[26] G. Peces-Barba Martínez, *Curso de Derechos Fundamentales: Teoría General.* Ed. BOE. Madrid, 1995.

[27] R. Rivero Ortega, *El Estado vigilante. Consideraciones jurídicas sobre la función inspectora de la Administración.* Madrid, Tecnos.

un derecho –reconocimiento– si, a su vez, este no está a cubierto por un sistema de cautelas jurídicas –garantizado– que aseguren su integridad y efectividad o, en su caso, posibiliten el oportuno ejercicio de los denominados derechos subjetivos «reaccionales o impugnatorios», en el supuesto de ser desconocido o vulnerado de cualquier manera que fuere (García De Enterría)[28].

¿Pero qué son las garantías jurídicas? La expresión garantía es una de aquellas que han estado desde siempre indisolublemente unidas al fenómeno jurídico, de manera que su utilización con pretensiones de rigor científico en estos momentos, requiere necesariamente un esfuerzo previo de clarificación.

Para responder debemos empezar señalando que de acuerdo con I. Burgoa[29], parece ser que el término garantía proviene del término anglosajón «*warranty*» o «*warantie*», que significa la acción de asegurar, proteger, defender o salvaguardar –del verbo «*to warrant*»–, por lo que tiene una connotación muy amplia. Garantía equivale, pues, en su sentido lato, a aseguramiento o afianzamiento, pudiendo denotar también protección, defensa, salvaguarda o apoyo. Jurídicamente, el término y el concepto garantía se originaron en el Derecho privado, teniendo en él las acepciones apuntadas.

En el Derecho público, según afirmación de C. Sánchez Viamonte[30], la palabra garantía y el verbo garantizar, son creaciones institucionales de la doctrina francesa, quien las tomó de los demás países en cuya legislación aparece desde mediados del siglo *xix*. Por su parte, el autor argentino G. Bidart Campos[31] señala que son las instituciones de seguridad creadas a favor de las personas, a fin de que dispongan el medio necesario para hacer efectivo el reconocimiento de un derecho. Así, el concepto de garantía en Derecho público ha significado diversos

[28] E. García De Enterría y T. R. Fernández. *Curso de Derecho Administrativo* T. II, Décimosexta edición. Civitas-Thomson Reuters, Madrid, 2020. P. 74.

[29] I. Burgoa, *Las Garantías Individuales*, Décima segunda edición. Editorial Porrúa, S. A., México, 1979. Pp. 160 y ss.

[30] C. Sánchez Viamonte, *Los Derechos del Hombre en la Revolución Francesa*, Ed. de la Facultad de Derecho de México, México, 1956, p. 7.

[31] G. Bidart Campos, *El Derecho de la Constitución y su fuerza normativa*, Ediar, Buenos Aires, 1995. P. 150.

tipos de seguridades o protecciones a favor de la persona dentro de un Estado de Derecho, es decir, dentro de una entidad política estructurada y organizada jurídicamente, en que la actividad del Estado Constitucional está sometida a normas preestablecidas, y que tienen como base de sustentación el Ordenamiento constitucional.

Al efecto hemos sostenido en otra obra[32] que entraña, ontológicamente, cualidad esencial del Estado de Derecho, ser régimen de garantías o seguridades de los derechos fundamentales o no. Las garantías son así, pues, seguridades-institucionales que el propio Ordenamiento jurídico arbitra para posibilitar la vigencia de todos los derechos reconocidos o consagrados a la persona.

En definitiva, la garantía es la institución de seguridad creada a favor de la persona, a fin de que disponga del medio necesario para hacer efectivo el reconocimiento de un derecho (Bidart Campos)[33]. Por tanto, y nos parece de la máxima importancia destacarlo, es el medio de hacer valer el mecanismo mediante el cual se hace efectivo, en su caso, el derecho reconocido o consagrado, es lo que se llama garantía jurídica, la cual ha sido objeto de muy diversas clasificaciones.

B. SISTEMA DE GARANTÍAS JURÍDICAS INTRODUCCIÓN

§10. Planteamiento de la cuestión – Al aumentar la actividad y las relaciones jurídicas entre la persona y la Administración pública, también va creciendo el número de conflictos, los cuales habrán de resolverse por medios jurídicos, pues la Administración pública no puede sustraerse al Estado de Derecho. Ahora bien: ¿Qué garantías jurídicas existen que aseguren a la persona la sumisión de la Administración pública al Estado de Derecho?

A lo largo de su evolución, los sistemas jurídicos han ido estructurando un sistema de garantías jurídicas cuya finalidad es, precisamente, asegurar la validez del Derecho existente. Las garantías jurídicas pre-

---

32 J. Araujo-Juárez, *Derecho Administrativo General*. Vol. V *Procedimiento y Recurso Administrativo*. Ediciones Paredes, Caracas, 2010. Pp. 180 y ss.

33 G. Bidart Campos Ob. cit., nota 31, 150.

tenden, pues, la invulnerabilidad del Ordenamiento jurídico, restableciéndolo cuando ha sido infringido. En ellos encontramos hoy día, a su vez, dos grandes modelos, según tengan por finalidad directa asegurar:

(i) La conservación del derecho objetivo –*garantía de legalidad*–.

(ii) Y, por el contrario, la protección del derecho subjetivo –*garantía de la persona*–.

De allí que al señalarse las características de los modelos de garantías se exprese que, preferentemente, los sistemas jurídicos buscan la protección de uno u otro derecho, o de ambos.

I. Generales

§11. Plan – A efecto de proteger los derechos de la persona y hacer efectiva el restablecimiento de la situación jurídica infringida y, por consiguiente, la responsabilidad por parte de la Administración pública por la lesión que se le cause a la persona, el Derecho público prevé mecanismos de protección o, más propiamente, un sistema de garantías jurídicas.

En el análisis de los diferentes mecanismos de protección se diferencian: 1°, las garantías generales; y 2°, las garantías jurídicas.

Las garantías generales se constituyen básicamente en las garantías de diversa índole necesarias para el mantenimiento de la visión integral de los derechos de la persona. En tal sentido, W. Jellinek[34] clasifica las garantías generales, así: 1°, sociales; 2°, políticas; y 3°, jurídicas.

§11.a Sociales – Consisten en la moralidad, las costumbres, la religión de los pueblos y, en general, los elementos diversos que se dan en la dinámica de la sociedad, que actúan como límite y defensa de los derechos de la persona, porque los funcionarios en el desarrollo de la actividad administrativa están sujetos a tales fuerzas sociales. No son otra cosa que fuerzas culturales que influyen en el desarrollo de la vida nacional, pero que no ofrecen garantía suficiente coercitiva, ya que no pasa de ser sino una fuerza moral.

§11.b Políticas – Serían garantías políticas, las garantías que resultan directamente del funcionamiento de los órganos supremos del

[34] W. Jellinek, cit. por S. Álvarez-Gendin, *Tratado General de Derecho Administrativo*, t. I. Bosch, Barcelona, 1958. Pp. 529 y 530.

Estado –por ej. separación de poderes, control parlamentario, contraposición de los órganos, etc.–. Se residencian en el Poder legislativo, a través de los controles legislativos o parlamentarios que se ejercen sobre la Administración pública mediante los distintos mecanismos consagrados en el Derecho positivo[35].

§11.c Jurídicas – Finalmente, la garantías jurídicas propiamente dichas, son los medios previstos por el Ordenamiento jurídico o Derecho positivo, que tienen por objeto inmediato la protección de los derechos de la persona, y que son puestos en movimiento a instancia de esta, según analizaremos a continuación.

II. Clasificación

Introducción

§12. Idea general – Las *garantías jurídicas* suponen mecanismos de protección jurídica de los derechos y demás situaciones jurídicas subjetivas protegidas, si bien su incidencia real sobre los mismos posee, como veremos, diferente alcance.

En efecto, el sistema de garantías jurídicas que ostenta la persona frente a la Administración pública en la actualidad, es el resultado de un aluvión de normas que algunas veces se solapan, otras se complementan y en ocasiones entran en colisión, sin que la resolución de algunos de los problemas y lagunas del referido sistema vengan determinados en las leyes. Pues bien, a la hora de analizar el sistema de garantías o cautelas jurídicas que se arbitran para la protección de los derechos de la persona frente a la Administración pública, existen diferentes clasificaciones.

También, es cierto, la protección de la persona es tradicionalmente abordada bajo el ángulo jurisdiccional; es el recurso al Juez y, especialmente, al Juez administrativo, que parecería la forma natural de tal protección. Esta apreciación es exagerada. Si bien no se puede negar la gran importancia del control jurisdiccional sobre la legalidad o la juridicidad administrativa, y las correspondientes garantías esenciales que

---

[35] J. Araujo-Juárez, "La Teoría del Control Público de la Administración del Estado. Noción y Clasificación". En *El Control y la Responsabilidad en la Administración Pública,* IV *Congreso Internacional de Derecho Administrativo*. EJV. Caracas, 2012.

el Juez administrativo en el desarrollo de la jurisprudencia ha ofrecido a la persona, también es cierto que las garantías adoptan otras formas además de las jurisdiccionales.

§13. Ámbito – Las garantías jurídicas son de diversa naturaleza. Todas ellas son jurídicas, en la medida que son creadas y reguladas por el Ordenamiento jurídico general, pero teniendo en cuenta sus aspectos sustanciales resulta obvio que son susceptibles distintas clasificaciones.

También debemos observar que las garantías jurídicas no se agotan en el ámbito de cada país cuando se trata de los derechos humanos, sino que tienen continuidad a través de diferentes instancias supranacionales, regionales, continentales o mundiales, que se conoce como el control de convencionalidad[36]. Pero no hay que olvidar que, a pesar de los importantes avances que se han producido en la protección internacional de los derechos humanos, está aún muy lejos de convertirse en un mecanismo jurídico eficaz, capaz de obligar a los poderes soberanos nacionales.

De ese tipo de garantías jurídicas y su relación con la Administración pública nos interesan sólo las previstas en el Derecho positivo, en cuanto destinadas en forma inmediata a la protección plena de los derechos de la persona, lo cual constituye el propósito esencial de este ensayo.

§14. Clasificación – Partiendo, pues, de las premisas enunciadas y dentro del Ordenamiento jurídico positivo existen, sin duda, garantías o seguridades jurídicamente organizadas frente a la Administración pública y sus funcionarios. Si bien resulta difícil clasificar de forma rigurosa las garantías jurídicas, sin embargo, a efectos didácticos conviene estructurar de alguna manera todas y cada una de las garantías jurídicas.

---

[36] A. R. Brewer-Carías, "Sobre el control de convencionalidad ejercido por los Tribunales nacionales y el Derecho Administrativo". En Hernández-Mendible, V. R. y J. L. Villegas Moreno (Dirs.). *Hacia un Derecho Administrativo para retornar a la la democracia. Liber Amicorum al Profesor José R. Araujo- Juárez,* Centro de Estudios de Regulación Económica (CERECO) Universidad Monteávila- Centro para la Integración y el Derecho Público (CIDEP), Caracas, 2018. Pp. 265-284; y V. Hernández-Mendible, "La Convencionalización del Derecho Públicoen América": En V. R. Hernández-Mendible, y J. L. Villegas Moreno (Dirs.). *Hacia un DerechoAdministrativopara retornar a la democracia. Liber Amicorum alProfesor José R. Araujo- Juárez,* Centro de Estudios de Regulación Económica (CERECO) Universidad Monteávila-Centro para la Integración y el Derecho Público (CIDEP). Caracas, 2018, pp. 233-263.

En este sentido, propondremos una clasificación de las garantías jurídicas adoptando los cuatro puntos de vista de su vinculación con: 1°, el ejercicio de la ciudadanía; 2°, la Administración pública; 3°, los órganos específicos de control público; y por último 4°, el principio de juridicidad o de legalidad.

a. Garantías jurídicas vinculadas al ejercicio de la ciudadanía

§15. Planteamiento de la cuestión – Como principal garantía de la persona frente a la Administración pública, se configura la ciudadanía. Este es ciertamente un concepto de difícil definición. En general se puede decir que es la cualidad o condición de ciudadano. Por tanto, la referencia en este caso es a la propia conducta de la persona y de la Administración pública respecto a la calidad de la gestión pública. De nada sirve la formulación de un catálogo de derechos y sus correlativas garantías jurídicas, si quienes han de facilitar su ejercicio proceden de manera inadecuada o impropia.

§16. Ejercicio de la ciudadanía – Comencemos por la posición misma de la persona. Quien «*lucha por su derecho*» defiende con ello el Ordenamiento jurídico y, aún más, cuando ejerce el tipo de los denominados derechos subjetivos «*reaccionales o impugnatorios*», que son los que le permiten imponer a la Administración pública la observancia del Ordenamiento objetivo. Ahora, la realización del Derecho y su plena vigencia depende del «*ejercicio de la ciudadanía*», del grado de compromiso o conducta cívica de las personas con los principios generales y valores superiores, y el consiguiente ejercicio cotidiano de los derechos y demás situaciones jurídicas subjetivas, así como de las correlativas obligaciones y responsabilidades cívicas.

Sin embargo, no hay duda que resulta preocupante descubrir una situación de desinterés o auténtico abandono por parte de las personas que imposibilita la efectividad de las garantías jurídicas favoreciendo, por el contrario, la consolidación de malas prácticas administrativas y el surgimiento de casos de ineficiencia, cuando no de corrupción. La realidad es que el general comportamiento de las personas, es un dato de gran significación en el que los niveles de exigencia y control son muy bajos, despreocupados y hasta cómplices. Pese a ello, la falta de ejercicio de un derecho no justifica su directo quebranto por quien tiene el deber de rango constitucional de darle cumplimiento, como son la propia Administración pública y sus funcionarios.

Por tanto, y nos parece también de la máxima importancia destacarlo, existe un déficit en el compromiso cívico de las propias personas respecto al ejercicio de los derechos y de las garantías jurídicas de que son titulares –déficit de «*vigencia social*»–. Falta que debería ser cubierta con una mejor educación cívica, frente a la más absoluta indiferencia o desafección por la «*calidad en la gestión de los asuntos públicos*».

b. Garantías jurídicas vinculadas a la Administración pública

§17. Planteamiento de la cuestión – Por lo que respecta a la organización y el funcionamiento de la propia Administración pública, debe partirse de un planteamiento muy simple: ella debe cumplir de modo eficaz con las obligaciones impuestas por el Ordenamiento jurídico. En suma, cumplir con el principio de juridicidad o de legalidad. Lo cual puede resultar una verdadera obviedad.

También otra idea igualmente simple, es asegurar el comportamiento de los funcionarios a través de los cuales la Administración pública se conduce y procede en un doble sentido.

§18. Principio de competencia – En primer lugar, garantizando que los funcionarios ejerzan «*conforme a Derecho*», las competencias que le son propias. Es decir, fundamentalmente, ejerciendo las competencias que el Ordenamiento jurídico como título habilitador para actuar les otorga y que además resultan irrenunciables, según el Art. 11 de la LOAP.

Basta pensar que los funcionarios deban: 1.°, resolver siempre en el plazo; 2.°, respetar el debido proceso o derecho a la defensa; 3.°, decidir de manera motivada; 4.°, dejar de resolver de manera mecánica en caso de recursos administrativos; 5.°, no solicitar ningún documento que ya obre en sus archivos; y por último, pero no menos importante 6.°, tratar con respeto y deferencia a la persona (Art. 7, num. 9 de la LOAP); y así como estos, otros tantos ejemplos que están en la mente de los lectores, y que comprende una real «*cultura de servicio*». En efecto, tales ejemplos podrían ampliarse y diversificarse «*ad infinitum*» por materias y sectores.

§19. Principio de idoneidad y de responsabilidad individual funcionarial – En segundo lugar, no sólo es suficiente que los funcionarios desarrollen cumplidamente sus actividades, como que la organización en la que se integran sea idónea y responsable al buen funcionamiento de aquellas, según el principio de buena Administración. A tal fin, es imprescindible una buena política de régimen de personal –selección, medios, carrera y régimen salarial– y, por supuesto, la existencia de un verdadero sistema de responsabilidad funcionarial.

En este último aspecto no podemos desconocer que la Administración pública forma, manifiesta y ejecuta su decisión a través de sus funcionarios. De ahí que el ejercicio de sus funciones impone un especial cuidado respecto a los derechos de la persona, y nos hace recordar la significativa importancia de su condición a los efectos de requerirle un régimen más estricto en su desempeño. Precisión y rigor en el régimen de su proceder expresado en ámbitos como el disciplinario, la rendición de cuentas y, por supuesto, como elemento síntesis de garantía, la exigencia de los *principios de idoneidad y de responsabilidad individual funcionarial*, tanto en términos de reacción y remedio, como por el importante efecto disuasivo que ejerce sobre el funcionario como corresponsable, al fin de cuentas, de la plena juridificación de la actividad administrativa.

c. Garantías jurídicas vinculadas al funcionamiento de los órganos específicos de control público

§20. Enunciado – No creo que alguien pueda cuestionar la importancia y significación de la labor que se les ha encomendado a los órganos del Poder público creados específicamente para intervenir y controlar la actividad de la Administración pública o, de manera más general, del sector público. Es más, sobre ellos recae en buena medida la tarea de examinar y determinar el respeto y ejercicio pleno de los derechos y garantías de la persona, teniendo una responsabilidad propia respecto a la cuestión.

§20.a Superior jerárquico – En primer lugar, todo *superior jerárquico* es un órgano de control interno para los funcionarios subalternos, pues en virtud del principio de jerarquía derivan las funciones de naturaleza supervisora y de control. En tal sentido, le corresponde al superior jerárquico garantizarles a todas las personas «*el goce y ejercicio irrenunciable, indivisible e interdependiente de los derechos humanos*» ante la Administración Pública (Art. 3 de la LOAP). Afirmación que también siendo de una gran simplicidad no siempre se tiene presente, no tanto a nivel de la burocracia, sino de la propia ciudadanía.

§20.b Principio de la buena administración – En segundo lugar, el control del superior jerárquico va mucho más allá del control de la juridicidad o legalidad administrativa, pues también se proyecta con la garantía del *principio de la buena Administración*, que se consustancia con la correcta gestión de los asuntos públicos y en la asignación y utilización de los recursos públicos (Art. 20 de la LOAP), en un marco de conciencia cívica del control o de evaluación de la calidad de la gestión pública (Art. 18 de la LOAP).

§20.c Defensoría del Pueblo – En tercer lugar tenemos la garantía que resulta de las relaciones que se establecen entre diversos sistemas orgánicos que cooperan en la gestión pública. Así tenemos en el Derecho comparado la figura del Ombudsman en sus diferentes versiones, y en nuestro caso la *Defensoría del Pueblo* (Art. 280 de la C), que es una manifestación de control externo sobre la Administración pública.

De manera concreta, y de acuerdo con los Arts. 2 y 4 de la LODP[37], la Defensoría del Pueblo tiene a su cargo «*la promoción, defensa y vigilancia de los derechos, garantías e intereses en relación con los servicios administrativos prestados por el sector público*» (num. 2), y de «*los servicios públicos prestados por las personas públicas o privadas*» (num. 3).

§20.d Autoridades independientes – Finalmente, a raíz de que el modelo de Estado Constitucional gestor mostró ostensiblemente disfunciones, fue cuestionado por causas muy diversas, que lo someten a una severa crítica, o bien se esfuerza en actualizar sus fundamentos y, en tal contexto, surge un proceso de racionalización o modernización que dio origen a partir de la década de los 80s, a una nueva fase de correlación Estado-sociedad, con el retraimiento de Estado en la titu-

---

37 Publicada en GO Nº 37.995, de fecha 5-08-2004.

laridad de bienes y servicios, y todo ello va a tener un impacto en el Derecho administrativo y sus categorías conceptuales.

Sin embargo, frente al retiro planteado, el Estado Constitucional no abandona en absoluto la convicción de que esos bienes y servicios que dejan de estar en mano pública, siguen teniendo incidencia especialmente intensa en la consecución del interés general, lo cual planteó como alternativa un nuevo tipo y concepto de actividad administrativa: la «*actividad de regulación*», que constituirá la novedad más importante que aportará en el plano dogmático y doctrinal, la atención de los marcados intereses generales en juego, y de la protección de los derechos fundamentales y bienes jurídicos relevantes de las personas.

Por último, el desarrollo que aquí venimos de hacer se extiende, más recientemente, en materia de seguridad, tanto a la regulación como a la gestión de riesgos, en razón del progreso del conocimiento científico y su aplicación tecnológica –por ej., seguridad ambiental, alimentaria, energética, farmacológica, y un gran etc.–, que se convierte así en una de las piezas últimas, de cierre, del Derecho administrativo como Derecho garantizador.

Para la atención de esos nuevos objetivos los Estados Constitucionales procedieron: 1ro, a dictar todo un Ordenamiento jurídico sectorial que se aplicaría masivamente sobre la actividad concernida, y en la que no estaría presente Administración pública alguna; y 2do, requirió de la Administración pública una nueva posición independiente y distante, donde emerge un nuevo elemento subjetivo de regulación –las denominadas agencias o autoridades– cuyas notas características son: 1.°, la neutralidad e imparcialidad; 2.°, la ausencia de conflicto de intereses; 3.°, la especialización técnica; 4.°, la delegación de poderes para alcanzar sus cometidos; y por último 5.°, las formas o técnicas de intervención pública son distintas a las tradicionales –servicio universal, la comunicación previa y la declaración responsable, etc.–.

d. Garantías jurídicas vinculadas al principio de juridicidad

§21. Planteamiento de la cuestión –Una vez más, y a fuerza de ser reiterativos, debemos recordar la importancia del principio de juridicidad en la actividad de la Administración pública –o de legalidad administrativa–, lo cual nos lleva a la necesidad de corregir los comportamientos no conformes a Derecho y, por consiguiente, a la protección de la posición jurídica de la persona frente a la Administración pública.

En este sentido, las garantías jurídicas poseen dos dimensiones: 1.ª las garantías formales o jurídicas; y 2.ª las garantías económicas o patrimoniales.

1º) Garantías formales

§22. Concepto – El significado de las garantías jurídicas en su dimensión formal –o jurídica– comprende dos aspectos[38]: 1.º, la exigencia de que se imponga a la Administración pública un régimen jurídico para su actuación, en el que existan tanto garantías en cuanto al contenido del fondo como en cuanto a la forma y al procedimiento administrativo, señalando los requisitos de forma, trámites y debido procedimiento administrativo general o especial, y en los cuales la persona puede hallar protección para sus derechos y demás situaciones jurídicas subjetivas protegidas; y 2.º, el establecimiento de los diversos modos de controlar la juridicidad administrativa y, en definitiva, los de restaurar el derecho de la persona lesionado o evitar el daño público, cuando el Poder administrativo ha sido empleado no conforme al Ordenamiento jurídico que lo otorgó.

Se significan en este momento dos modalidades de *garantías formales* que, pese a ubicarse en poderes públicos diferenciados, la conexión entre ambas es directa, así: 1.ª las garantías administrativas y, agotadas estas; y 2.ª las garantías jurisdiccionales.

a) Garantías administrativas

§23. Concepto – Se denominan *garantías administrativas* –o en sede administrativa–, a los mecanismos de protección que el Ordenamiento jurídico-administrativo integra ante la propia Administración pública.

---

[38] J. Gascón y Marín, *Tratado de Derecho Administrativo, Principios y legislación española*, T. I, 13ª. edición. Madrid, 1955-1956.

Cuando se habla de la etapa avanzada en la configuración de las relaciones jurídicas entre la persona y la Administración pública, sobre la base de una nueva cultura de la calidad de la gestión pública, estos planteamientos han de alcanzar, igualmente, el sistema de garantías administrativas, descargando, y por tanto, favoreciendo el ejercicio de la función jurisdiccional. Una buena Administración pública pasa, también, por modificar o anular aquello que no sea conforme al principio de juridicidad sin necesidad de que, habitualmente, la persona tenga que acudir a la función jurisdiccional, con lo que demanda desde el punto de vista del costo y del tiempo invertido.

§23.a. Procedimiento administrativo debido – A comienzos de este siglo XXI se hubo replanteado la cuestión del procedimiento administrativo. Así, lo que se ha impuesto en la atención de la doctrina y la jurisprudencia de Derecho comparado, no es ya la estructura del procedimiento administrativo, sino la función y utilidad del mismo. La cuestión ya no es ¿Qué es el procedimiento administrativo?, sino ¿Por qué el procedimiento administrativo? ¿Para qué sirve el procedimiento administrativo?.

Al respecto diremos que las pautas de comportamiento de la Administración pública y sus funcionarios encuentran en el procedimiento administrativo, la más genuina y paradigmática expresión, hasta el punto que ha sido categorizado por la doctrina más autorizada como una de las más importantes garantías jurídicas para la plena vigencia del principio de juridicidad y, por tanto, para el óptimo rendimiento del Estado de Derecho.

Lo expuesto genera una serie de regulaciones que se conocen con el nombre de normas procedimentales, vale decir, el conjunto de normas jurídicas a las que debe sujetarse la actuación de la Administración pública. Por ende, la protección en materia procedimental se obtiene a través de un conjunto de garantías o «derechos procedimentales».

En ese orden de ideas, el procedimiento administrativo ordinario o común regula el ejercicio de las garantías formales en las distintas etapas: 1.ª inicio: inhibición, notificación, registro; 2.ª sustanciación: derecho de defensa, acceso a los archivos, suspensión administrativa, pruebas; 3.ª terminación: decisión expresa, cosa decidida administrativa, motivación administrativa, silencio administrativo, plazo; y por último 4.ª ejecución: publicidad, ejecución forzosa, y un gran etc.

Junto al procedimiento administrativo ordinario tenemos los especiales, entre otros: el procedimiento administrativo de consulta pública (Arts. 139 a 141 de la LOAP); el procedimiento administrativo de selección de contratistas (Arts. 36 a 92 de la LCP)[39]; el procedimiento administrativo disciplinario (Arts. 79 a 90 de la LEFP)[40]; el procedimiento administrativo de intervención bancaria (Arts. 239 y ss. de la LISB)[41]; el procedimiento del antejuicio administrativo (Arts. 68 a 74 de la LOPGR)[42], que constituyen otras tantas modalidades de garantías formales de la persona.

El procedimiento administrativo debido es, en suma, un instrumento de garantía jurídica al servicio de los derechos de la persona (Araujo-Juárez)[43] o mejor, como nos enseña García De Enterría[44], el primer círculo de las garantías de su posición jurídica frente a la Administración pública, en tanto supone que la actividad de ésta tiene que canalizarse obligadamente a través de la correcta instrucción del debido procedimiento administrativo, esto es, legalmente establecido, como requisito mínimo para que pueda ser calificada la actividad administrativa de legítima y, por consiguiente, proscribe el ejercicio de las potestades administrativas de plano y las vías de hecho administrativas.

§23.b. Recursos administrativos – El segundo círculo de garantías está constituido por el sistema de «*recursos administrativos*» (García De Enterría)[45] que permiten a la persona reaccionar frente a los actos y normas lesivos a su derechos y demás situaciones jurídicas subjetivas y que son: el recurso de reconsideración (Art. 91 de la LOPA); el recurso jerárquico; el recurso institucional (Arts. 95 96 de la LOAP); y por último el recurso de revisión (Art. 97 de la LOAP).

---

39 Publicada en la G.O. N°39.503, del 6-09-2010.

40 Publicada en la G.O. N°37.482, del 11-07-2002.

41 Publicada en la G.O. N° 39.627 del 2-03-2011.

42 Publicada en la G.O. N° 6.210 Extr., del 1-03-2016.

43 J. Araujo-Juárez, Ob. cit., nota 21, pp. 180 y ss.

44 E. García De Enterria y T. R. Fernández, Ob. cit., nota 28, t. II, 470.

45 E. García De Enterria y T. R. Fernández, Ob. cit., nota 28, t. II, 470.

Además, cabe mencionar la denominada acción de nulidad en sede administrativa (Art. 83 de la LOPA); los reclamos y las quejas (Art. 3 de la LOPA); y por último, las denuncias administrativas que no tienen carácter general, sino sólo algunos textos específicos receptan tal modalidad.

§23.c Arbitraje administrativo – Por último, también cabría mencionar el *arbitraje administrativo* –o la actividad administrativa arbitral–, como sucedáneo de los recursos administrativos y de la justicia administrativa, y consiste en una actividad cuya particularidad es que se crea, modifica y resuelve controversias sobre relaciones entre personas –entendiendo tal actividad en sentido material y no formal procesal, actividad esta última, reservada constitucionalmente a los tribunales–, con todo lo que representa en cuanto a prevenciones que existen en dejar al margen la solemnidad y garantías procesales, así como la disposición sobre los derechos del Estado (R. Parada)[46].

El arbitraje administrativo implica el ejercicio de competencias propiamente administrativas, el cumplimiento del debido procedimiento administrativo y, finalmente, la emisión de un acto administrativo o suscripción de un contrato con estricta sujeción a la ley, según sea el caso, y todo ello supone una función de naturaleza administrativa, que al encontrarse regulada por normas de Derecho administrativo se encuentra sometida, en todo caso, al control de la Justicia administrativa.

En conclusión, se ha de reforzar el sistema de garantías administrativas, con la correlativa continua mejora de los procedimientos, servicios y prestaciones que se particulariza, además, en una específica reorganización de las oficinas y dependencias, idónea para atender a las personas a efectos informativos –por todos los medios tecnológicos, y no solo en circunstancias como la actual de anormalidad institucional– y facilitarles tanto la resolución de calidad en la gestión de sus asuntos –incluida la cumplimentación de documentos administrativos–, así como la formulación de todo tipo de quejas, reclamos y recursos en sede administrativa.

---

[46] R. Parada, R. *Derecho Administrativo* II. *Régimen Jurídico de la Actividad Administrativa*, 24ª edición revisada y actualizada. Madrid, 2019. Pp. 451 y ss.

b) Garantías jurisdiccionales

§24. Concepto – Se consideran *garantías jurisdiccionales* –o en sede jurisdiccional–, a los mecanismos de protección que pueden ejercerse en la función jurisdiccional en sentido estricto, en el contexto del Estado de Derecho. La función jurisdiccional se caracteriza por estar únicamente vinculada al interés del Derecho, que no es otro que la garantía, esto es, la protección o tutela de los derechos y demás situaciones jurídicas subjetivas protegidas.

Pues bien, el tercer círculo de garantías que hacen efectivo y operante el principio de juridicidad y su sanción (García De Enterría)[47], o la piedra angular de la protección de la persona, es la garantía jurisdiccional, denominada con razón, la garantía última o de cierre. Sólo cuando el derecho y demás situaciones jurídicas subjetivas protegidas pueden ser alegados y defendidos de manera efectiva por su titular ante el Poder judicial, es posible hablar realmente y, en un sentido integral, de un verdadero sistema de control y de protección jurisdiccional.

En efecto, la vigencia constitucional de la cláusula Estado de Derecho y «*de Justicia*» –Art. 3 de la Constitución– impone la exigencia de arbitrar un eficaz sistema de garantías jurisdiccionales, que dé solución a los conflictos de derechos y demás situaciones jurídicas protegidas que se plantean entre la persona y la Administración pública, y que hoy día es pieza central del orden democrático sustantivo y de lo que se ha convenido en llamar Estado de Derecho (García De Enterría)[48].

Hablar de la sumisión de la acción administrativa al Juez, sostiene Weil[49], es evocar la excepcional victoria que constituye el control jurisdiccional sobre la Administración pública por la jurisdicción administrativa. Pudo temerse que nacido de la propia Administración pública y permaneciendo cercano a ella, el Consejo de Estado francés fuera poco inclinado a proteger los derechos y libertades del ciudadano. No fue así, y a partir de 1806 cuando se crea en el seno del Consejo de Estado

---

47 E. García De Enterria y T. R. Fernández, Ob. cit., nota 28, t. II, p. 470.

48 E. García De Enterria, *La Transformaciones de la Justicia Administrativa: de la Excepción singular a la Plenitud Jurisdiccional. ? Un Cambio de Paradigma?*. Thomson-Civitas, Madrid, 2007. P. 12.

49 P. Weil, Ob. cit., nota 4, p. 81.

una «*comisión de lo contencioso*», ante el cual las partes planteaban sus reclamaciones según un procedimiento de tipo jurisdiccional, hasta hacer coincidir el Derecho con el hecho, esto es, se pasa de la denominada «*justicia retenida*» a la denomina da «*justicia delegada*», y así se le reconoce el carácter de verdadera jurisdicción. Desde entonces, el excepcional éxito del control jurisdiccional de la Administración por el Juez administrativo se debe, esencialmente, al prestigio del Juez y a los caracteres específicos de la jurisdicción administrativa, que se manifiesta en unas instituciones tan originales como el recurso por exceso de poder y la responsabilidad administrativa.

§25. Constitucionalización de las garantías procesales – Ahora bien, es de todos sabido que durante el Siglo *xx* se produjo un fenómeno de constitucionalización de los derechos fundamentales y, dentro de éstos, una tutela de las garantías mínimas que debe reunir todo proceso judicial. Es así como a diferencia de nuestras Constituciones históricas, en las que encontramos escasas referencias a derechos y garantías fundamentales de contenido procesal, la Constitución vigente si prevé un conjunto de garantías procesales que sintetizan lo que ha de constituir el derecho fundamental a la tutela jurisdiccional efectiva en un Estado de Derecho y de Justicia, dando lugar al denominado Derecho procesal constitucional[50] y al Derecho procesal administrativo[51].

Por otra parte, la jurisprudencia afirma que el Art. 26 de la Constitución es más que un presupuesto lógico del derecho a la tutela jurisdiccional efectiva, pues entraña también una doble perspectiva: 1.°, es un derecho fundamental que abarca además el derecho a los recursos judiciales; y 2.°, es una garantía constitucional[52].

Desde entonces, el derecho fundamental a la tutela jurisdiccional efectiva se reconoce cada vez más como un derecho de carácter subjetivo de importancia primordial ya que, insistimos, la titularidad de

---

50 Vid. *in extenso* a A. R. Brewer-Carías, *Tratado de Derecho Constitucional*. XVII *Justicia constitucional y jurisdicción constitucional*, FDP-EJV, Caracas, 2017; y R. Badell Madrid, *Derecho Procesal Constitucional*. "Prólogo" de C. Sosa Gómez. EJV-ACIENPOL, Serie estudios N° 121. Caracas, 2020.

51 Vid. *in extenso* a J. Araujo-Juárez, *Principios Generales del Derecho ProcesalAdministrativo*, 2ª Reimpresión. Ed. Vadell Hnos. Caracas, 2001.

52 Sent. N° 310 del TSJ/SPA, de fecha 5 de febrero de 2006, RDP N° 105, EJV, 99.

derechos carece de sentido si no existen mecanismos jurisdiccionales para su aplicación efectiva. El derecho fundamental a la tutela jurisdiccional efectiva –denominado también garantía jurisdiccional– se puede considerar, por tanto, como el requisito más básico –el derecho humano más fundamental– en un Ordenamiento jurídico moderno que pretenda garantizar y no solamente proclamar los derechos de la persona.

§25.a Acciones y demandas administrativas – Las garantías en sede jurisdiccional pueden ser clasificadas en contencioso administrativas[53], constitucionales y ordinarias[54]. Entre las garantías contencioso administrativas destacan las correspondientes *acciones y demandas administrativas*, ya sea por vía de acción –impugnación directa y principal– o por vía de excepción –impugnación indirecta o incidental–.

En el primer caso se consagran ante la Jurisdicción Contencioso Administrativa, los módulos procesales siguientes[55]: 1.° contencioso de anulación; 2.° contencioso abstención o de carencia; 3.° contencioso patrimonial; 4.° contencioso de la vía de hecho; 5.° contencioso de los servicios públicos; 6.° contencioso de interpretación administrativa; y por último 7.° contencioso de controversias administrativas entre autoridades públicas.

§25.b Excepción de ilegalidad – En el segundo caso, la garantía jurisdiccional también se alcanza por la vía de la denominada *excepción de ilegalidad*[56], esto es, el derecho de las partes a promover de manera incidental, la cuestión de ilegalidad de un acto administrativo en el curso de un proceso administrativo principal.

---

53 J. Araujo-Juárez, *La justicia administrativa y el contencioso de anulación*. "Prólogo" de L. Rodríguez R. CIDEP, Caracas, 2019, pp. 144 a 161; y J. Araujo- Juárez, *La justicia administrativa y el contencioso de anulación*. "Prólogo" de L. Rodríguez R. Ed. Revisada y actualizada. Ediciones Olejnik, Santiago, 2020; y J. L. Villegas Moreno, "El control del Poder Público por la Justicia administrativa. Una mirada en perspectiva en el contexto de la Constitución venezolana de 1999". En *Principios fundamentales del Derecho Público. Desafíos actuales. Libro conmemorativo de los 20 años de la publicación de la Constitución de 1999* (Coords. A. R. Brewer-Carias, y J. Araujo-Juárez). EJVI. Caracas, 2020.

54 V.R. Hernández-Mendible, "Los principios jurídicos que justifican el control por la Justicia constitucional y ordinaria". En *Principios fundamentales del Derecho Público. Desafíos actuales. Libro conmemorativo de los 20 años de la publicación de la Constitución de 1999* (Coords. A. R. Brewer-Carías, y J. Araujo-Juárez). EJVI. Caracas, 2020.

55 J. Araujo-Juárez, Ob. cit., nota 53, 210.

56 J. Araujo-Juárez, Ob. cit., nota 53, 405 a 434.

§25.c Tutela cautelar – Por último, no hay que dejar de mencionar uno de los «*temas de nuestro tiempo*» en la justicia administrativa[57]: la *tutela cautelar* cuya indiscutible importancia como garantía del derecho a la tutela jurisdiccional efectiva ha sido puesta de manifiesto por la doctrina nacional[58], y cuyo modelo en el extranjero con motivo de un impulso legislativo en Francia[59], pretende hacer más resueltamente operativa las garantías jurisdiccionales para la persona, al superarse las viejas técnicas restrictivas, y que supone una verdadera ruptura del sistema de justicia administrativa histórico.

c) Garantías patrimoniales

§26. Plan – Por lo que respecta a las garantías patrimoniales tenemos dos modalidades: 1.ª, la responsabilidad patrimonial de la Administración Pública; y 2.ª, la expropiación pública.

§26.a. Responsabilidad patrimonial de la Administración Pública – Una de las innovaciones importantes de la Constitución vigente en materia de régimen general del ejercicio del poder público, es la consagración expresa en el Art. 140 *eiusdem* del principio de la garantía patrimonial del Estado, con ocasión de los daños y perjuicios que cause en el ejercicio de sus funciones, el cual es un instituto jurídico consustancial al Estado de Derecho (Ortiz Álvarez)[60].

En este sentido, la correspondiente Exposición de Motivos dice: «*Finalmente, en las disposiciones generales, se establece bajo una perspectiva de derecho público moderno la obligación directa del Estado de responder patrimonialmente por los daños que sufran los particulares en cualquiera de sus bienes y derechos, siempre que la lesión*

---

57 E. García De Enterria, *La batalla por las medidas cautelares*, 3ª. edición, Reimpresión. Civitas. Madrid, 2004.

58 V.R. Hernández-Mendible, *La tutela cautelar en el contencioso administrativo*. Ed. Vadell Hnos. Caracas, 1998.

59 Véase Ley de 30 de junio de 2000, relativa a las medidas cautelares ante las jurisdicciones administrativas.

60 Vid. *in extenso* a L. Ortiz Alvarez, "El principio de la responsabilidad patrimonial de la Administración Pública". En *Principios fundamentales del Derecho Público. Desafíos actuales. Libro conmemorativo de los20 años de la publicación de la Constitución de 1999* (A.R. Brewer-Carias, J. Araujo-Juárez, Coords.). EJVI, Caracas, 2020; y Sent. Nº 1469 del TSJ/SC, de fecha 6 de agosto de 2004.

sea imputable al funcionamiento, normal o anormal, de los servicios públicos y por cualesquiera actividades públicas, administrativas, judiciales, legislativas, ciudadanas o electorales, de los entes públicos o incluso de personas privadas en ejercicio de tales funciones».

Del extracto transcrito se observa, claramente, la amplitud e integralidad en la que formalmente ha quedado reconocida la garantía patrimonial del Estado[61]. Así, se tiene un gran avance en cuanto a la consolidación, al menos constitucionalmente, de uno de los pilares fundamentales de la cláusula Estado de Derecho, como es el sistema de la garantía patrimonial del Estado, y de manera específica bajo la denominación general de la *responsabilidad patrimonial de la Administración Pública* –o responsabilidad administrativa– (González Pérez)[62] que englobaría todas las reparaciones debidas por daños causados por la actividad de la Administración pública, como estructura orgánica, con excepción de la derivada de la figura de la expropiación pública, según analizaremos de seguidas.

§26.b. Expropiación pública – Por último, la *expropiación pública* –o expropiación forzosa– constituye el ejercicio por parte de la Administración pública de la prerrogativa de Poder público que le permite, conforme al procedimiento administrativo debido, la transferencia de determinados bienes de las personas, por motivos de interés público o de interés social[63].

Ahora, mientras que la responsabilidad patrimonial se produce como consecuencia del ejercicio de cualquier función pública, que determina un daño no directamente procurado; en cambio, la expropiación forzosa es una actuación que directamente va ordenada a la producción del despojo o de la privación patrimonial de la propiedad privada.

En la institución expropiatoria, señala García De Enterría[64], la garantía patrimonial no es un efecto anormal, sino normal, en cuanto se configura como «*una actuación que directamente va ordenada a*

---

61 Sents. N° 2818 del TSJ/SC, de fecha 19 de noviembre de 2002, caso *Gladys Josefina Jorge Saad viuda de Carmona*; y N° 403 del TSJ/SC, de fecha 24 de febrero de 2006.

62 J. González Pérez, *Responsabilidad patrimonial de las Administraciones Públicas*, 4ª. Edición. Thomson-Civitas, Madrid, 2004, pp.187-188.

63 Sent. de la CPCA, del 16-6-1982, Expediente N° 80-1264.

64 E. García De Enterría y T. R. Fernández, Ob. cit., nota 28, T. II, 273.

la producción del despojo o de la privación patrimonial –«privación acordada imperativamente»–, a la que por ser legítima se somete a un procedimiento formal previsto en la ley de la materia.

En este orden de ideas, la doctrina nacional[65] sostiene que en la expropiación pública consagrada en el Art. 115 de la C, respetando el debido procedimiento y por causas concretas –de utilidad pública o de interés social–, la declaración de afectación o de expropiación van dirigidos, directamente, al despojo patrimonial –transferencia coactiva de la propiedad–, entrando en juego las cláusulas de indemnización como «*conditio iuris*».

En tal sentido, cuando el Estado expropia «*conforme a Derecho*», ejerce una potestad pública constitucional, pero como su ejercicio supone un sacrificio particular en el derecho del propietario, es preciso que se respete la garantía patrimonial mediante la compensación o indemnización correlativa por la privación de su derecho, y sólo así quedará cumplido el mandato constitucional que ordena pagar una oportuna y justa indemnización (Art. 115 de la C).

III. Conclusión reflexiva

Y llegado el momento de cierre, a manera de reflexión puedo concluir, parafraseando a O. Mayer, que el modelo constitucional *Estado democrático y social de Derecho y de Justicia* es el del buen ordenado Derecho administrativo, que ha sido, es (¡y por ahora seguirá siendo!), el Derecho que tiene de manera más directa y eficaz la misión protectora del hombre (González Navarro)[66], en razón de lo cual configura un sistema de garantías jurídicas mínimas, es decir, un conjunto ordenado de las mismas, concebido justamente para abordar desde los diferentes ámbitos, la garantía de protección de la posición jurídica de la persona frente a la Administración pública y sus funcionarios, que constituye la salvaguarda de la esfera de libertad individual, que es la esencia de un

---

[65] L. Ortiz Alvarez, *La responsabilidad patrimonial de la administración pública*. EJV, Caracas, 1995. P. 32. En el mismo sentido, véase la Sent. de la CSJ/SPA, de fecha 27 de enero de 1994, caso *Promociones Terra Cardón*. En *Jurisprudencia de Responsabilidad Extracontractual*, FUNEDA-EJV, Caracas, 1997, pp. 61-63.

[66] F. González Navarro, Ob. cit., nota 1, p. 407.

Estado Constitucional que, de verdad, sea un Estado de Derecho (González Pérez)[67], y no solo para situaciones de anormalidad institucional como la crisis actual, sino para facilitar la cotidiana resolución de calidad en la gestión de todos los asuntos públicos para la vuelta de lo que se ha dado en llamar la nueva normalidad.

Por ello, como señala T. R. Fernández[68], si bien han aparecido situaciones nuevas y lamentables que todos conocemos, y que se resisten a ser analizadas desde los esquemas tradicionales, ello no justifica sustituir sin más todo el edificio dogmático del Derecho administrativo y, menos aún derribarlo pura y simplemente, sin antes haber construido otro nuevo que ofrezca, cuando menos, igual protección jurídica.

Pero debemos plantearnos, si en cada Derecho administrativo positivo, la protección de la posición jurídica de las personas, el respectivo sistema de garantías jurídicas es suficiente y eficaz. En tal sentido, el reto que se le plantea al Derecho administrativo contemporáneo es considerable, tal vez con nuevas interpretaciones y nuevos desafíos.

√ Cuando se habla de una etapa avanzada en la configuración de las relaciones jurídicas entre la persona y la Administración pública debe ser sobre la base, no sólo de cambios de paradigmas, sino también sobre la necesidad de que exista una mentalidad social novedosa para crear conciencia cívica sobre una nueva cultura de la juridicidad y la calidad de gestión del sector público.

√ Es necesario, también, la presencia de un adecuado y eficaz sistema de responsabilidad individual del funcionario por la gestión pública, modificando el actual sistema generador de una absoluta impunidad y falta de conciencia de responsabilidad por la juridicidad y calidad de la gestión pública que tiene a su cargo, de modo que sepa que tiene anudada una responsabilidad individual –y no difuminada en el conjunto de la organización administrativa de la cual forma parte–, cuando desconozca o vulnere los derechos y demás situaciones jurídicas protegidas de la persona.

---

[67] J. González Pérez, Ob. cit., nota 3, p. 25.

[68] T. R. Fernández, *Derecho Administrativo. Sindicatos y autoadministración*. Madrid, 1972. P. 20.

√ Por lo que se refiere a las garantías jurídicas –formales o patrimoniales–, es necesario recordar que no son eficaces si no cumplen con su finalidad y, por tanto, se convierten en superfluas. Es cierto que existe formalmente un sistema de garantías jurídicas nada despreciables pero, todavía, insuficientes e ineficaces para asegurar el nivel óptimo de protección jurídica que la persona necesita en el contexto social en que hoy día nos desenvolvemos.

√ A todas luces, habida cuenta de la gran transformación de las necesidades de las sociedades actuales, es evidente que las garantías jurídicas vigentes, en especial en sede administrativa, son anticuadas, insuficientes e ineficientes, y lo son en particular para afrontar una de las vertientes que preocupan más: la persona en situación de vulnerabilidad.

√ En suma, el sistema de garantías jurídicas de la posición jurídica de la persona frente a la Administración pública es, en lo formal y en la práctica, en muchos aspectos sumamente deficitario, y falta mucho por hacer; no puede ser corregido con un simple mejoramiento –gatopardiano o lampedusiano– de los mecanismos tradicionales. Y es que, sin duda, ha sido muy notable el progreso de las codificaciones legislativas en el Derecho comparado con las reformas de 2da., y hasta de 3ra. generación; pero para que no terminen en procesos de reforma fallidos, sigue siendo impostergable la creación de nuevos y adicionales órganos y mecanismos de protección de la dignidad humana, de los derechos fundamentales y demás situaciones jurídicas subjetivas protegidas de la persona frente a la Administración pública.

√ Y por último, tal y como sucede en general, el Derecho administrativo referente al sistema de garantías jurídicas está necesitado de una revisión a fondo –que vendría marcada por el reto de la autosuficiencia de la disciplina–, pues en la actualidad no resulta satisfactorio en la concreción, precisión y alcance, lo que cobra mayor gravedad si se trata del sistema de garantías jurídicas de la posición jurídica de la persona frente a la Administración pública y sus funcionarios.

Es por ello que, en esencia, el Derecho administrativo siempre ha sido, es y será una respuesta al deseo de garantía –seguridad y protección– de las personas frente al Estado Constitucional, su Administración pública y los funcionarios. Más comprometido con la garantía del derecho a la dignidad humana y de los demás derechos fundamentales de la persona, no solo en tiempos de situación de normalidad institucional sino, de forma especial, en situaciones de anormalidad institucional –Derecho de excepción constitucional–, frente a la actuación del Estado administrativo cuando se salga de la órbita del modelo jurídico-político Estado democrático y social de Derecho y de Justicia definido por la Constitución –no solo en su «*eficacia normativa*» sino en su «*vigencia social*»–.

En tal sentido, la tarea del Derecho administrativo contemporáneo será, a la vez, ardua y sugestiva: depurar al Derecho administrativo clásico o tradicional –explicado desde una perspectiva demasiado apegada al concepto de prerrogativas o potestades públicas–, a la luz de los principios, valores superiores y reglas constitucionales y, en particular como resultado del Derecho administrativo como Derecho garantizador, afrontar, redescubrir y resolver los importantes problemas que se derivan de su articulación con los Derechos nacionales y convencionales; e innovar en unos casos, reformar en otros y enterrar en no pocos prerrogativas y técnicas jurídicas u organizativas heredadas, de modo que el Derecho administrativo sea acorde con nuestro tiempo.

Por tanto, concluyo, de perfeccionarse el sistema de garantías, se trataría de una manifestación de la nueva vocación del Derecho administrativo contemporáneo. No se trata, pues, de añadir un capítulo más al Derecho administrativo –suponiendo que la sugerencia fuera acertada–, sino de llamar la atención sobre lo que la cláusula Estado democrático y social de Derecho y de Justicia contiene suficientes principios fundamentales y valores superiores para afrontar una profunda revisión del Derecho administrativo contemporáneo que haga posible a su través, el nuevo paradigma del Derecho del poder convertido en el Derecho del servicio a la persona, que evoca la expresión de J. Rivero en cuanto que existe «*junto al Poder público, la servidumbre pública*», garantizada con la provisión de un sistema eficaz, pleno y universal de garantías jurídicas, tanto en sede administrativa como en sede jurisdiccional –nacional o trasnacional–, superando las viejas técnicas restrictivas y que supone, también, una real ruptura del histórico sistema de la

Justicia administrativa «*de revisión*» por la Justicia administrativa «*de protección*» de la persona frente al ejercicio del Poder público.

¡El Derecho administrativo será Derecho garantizador, o no será! Y sin duda la más alta y valiosa expresión del «*monumento jurídico*» que desde la libertad y los principios jurídicos de base ha legado Francia a los sistemas de Derecho público contemporáneo (García de Enterría)[69]. Los esfuerzos que en tal sentido se hagan, con independencia del eco que de forma inmediata puedan tener, seguro que no resultarán baldíos. Baste, aquí, pues, con dejar señalado el camino.

Madrid, junio de 2021.

---

69 E. García De Enterría, *Revolución francesa y Administración contemporánea*. 2ª. edición. Madrid, 1981, p. 67.

DERECHO PROCESAL
Y ADMINISTRACIÓN DE JUSTICIA

La corrupción de la administración de la justicia.
Román J. Duque Corredor

El tránsito de la casación de derecho a la casación de instancia.
Ramón Escovar León

¿Se puede recurrir de la decisión que ordene oficiosamente practicar diligencias probatorias?
Salvador R. Yannuzzi Rodríguez

¿Es inconstitucional lo dispuesto en el Artículo 255 de la Constitución sobre el nombramiento y juramento de los jueces por el Tribunal Supremo de Justicia?
Rodrigo Rivera Morales

Aproximación a la interpretación conforme como técnica de coordinación normativa.
Xabier Arzoz Santisteban

Cecilia Sosa Gómez, la Juez.
María Amparo Grau

Inconsistencias de la Sala Constitucional en materia de principios y valores.
Gonzalo Pérez Salazar

LA CORRUPCIÓN DE LA ADMINISTRACIÓN DE LA JUSTICIA

ROMÁN J. DUQUE CORREDOR*

A la Dra. Cecilia Sosa con la admiración de siempre

SUMARIO

I. El patrón de la gran corrupción y el Sistema de Justicia. II. La Corrupción Judicial y la Judicialización de la Represión. III. La corrupción judicial como mecanismo de fidelidad del Poder Judicial con un régimen dictatorial corrupto. IV. El artificio de la flagrancia como corrupción judicial. V. La corrupción por la legitimación de la violencia política por el sistema de justicia. VI. La desjudicialización del sistema de justicia. VII. La gran corrupción y violaciones de derechos humanos y la impunidad. A. La tesis de la complementariedad del derecho contra la corrupción con el derecho de protección de los derechos humanos. VIII. Bases y principios para la reinstitucionalización del sistema de justicia para combatir la corrupción.

El presente trabajo es un aporte al merecido homenaje a la Dra. Cecilia Sosa, por lo que dada su ingente actividad en favor de la reinstitucionalización del Sistema de Justicia comprende uno de los aspectos fundamentales de esa reinstitucionalización como lo es la eliminación y el control de la corrupción en dicho Sistema. Por lo que, dentro del planteamiento de la reforma judicial y de la sistemática del estudio de la corrupción judicial se parte de su ubicación en la categoría de la llamada gran corrupción y dentro de ella la de la utilización del Sistema de Justicia como parte de una política sistemática de represión. Y com-

* Exmagistrado, profesor universitario. Abogado y Doctor en Derecho por la UCAB. Doctor *Honoris Causa* y Profesor Honorario de la Universidad de Los Andes. Individuo de Numero de la Academia de Ciencias Políticas y Sociales. Nacional del Bloque Constitucional de Venezuela. Expresidente del Colegio de Abogados del Distrito Federal y expresidente de la Asociación Venezolana de Arbitraje.

prende igualmente también los principios y las bases para esa reinstitucionalización del sistema de justicia contra la corrupción.

I. EL PATRÓN DE LA GRAN CORRUPCIÓN Y EL SISTEMA DE JUSTICIA[1]

De los 12 elementos de este Patrón, señalados por Trasparencia Venezuela, uno de ellos es la impunidad garantizada por el Estado y la neutralización de los sistemas de contrapesos, supervisión, justicia y contraloría. Estos elementos aparecen en el Sistema de Justicia en Venezuela agravados por la opacidad, lo que violenta la transparencia que es un principio que rige toda actividad y gestión judicial, según el artículo 26 de la Constitución, pero que, además, es un medio de ponerle frenos a la corrupción y a la impunidad, porque permite el control ciudadano. En suma, como Patrón de la Gran Corrupción en Venezuela existe un Sistema de Justicia lento, congestionado, ignorante, inaccesible, subordinado y corrupto; porque se manejan sobornos, tráfico de influencias y se encuentra politizado y bajo un régimen de terror. Según Trasparencia **Venezuela, según su Informe de 2020,** Venezuela es el país con mayor Índice de Percepción de Corrupción (IPC) en América y el Caribe, y ocupa el quinto lugar de países más corruptos en el mundo en el 2019[2], y en el Barómetro Global de Corrupción de la Organización Trasparencia Internacional, desde el 2013, el 74% de los venezolanos encuestados creen que el Poder Judicial está entre los sectores extremadamente corruptos, junto con los de la administración pública y de los militares. Y, en el "*Encuentro "Venezuela y la Corrupción"*, de noviembre de 2017, Mercedes de Freitas, directora de Trasparencia Venezuela, manifestó que el control sobre el **Poder Judicial** es el más importante indicador de la gravedad de la estructura corrupta y "*que lo largo de estos años se ha ido cambiando la ley, reformando la configuración de*

---

1 En este trabajo reproduzco parcialmente la ponencia que presenté al Evento "*Venezuela: la lucha contra la corrupción y crimen organizado*", Módulo "*El Patrón de Gran Corrupción en Venezuela*". (Caracas 12 y 13 de marzo de 2020).

2 IPC 2019: Venezuela es el país más corrupto en América y el Caribe | Transparencia Venezuela

las estructuras de Poder Judicial, en donde el máximo organismo del Poder Judicial ya tiene mucho tiempo cooptado por personas que han sido miembros del partido de gobierno o que son muy cercanas al gobierno"[3]. **Transparencia Venezuela, por otra parte, el 12 de abril de 2021 señaló que el** sistema de justicia en Venezuela se encuentra fuertemente afectado por la corrupción. Este deterioro general del Poder Judicial y de sus órganos auxiliares debilita el Estado de Derecho, con graves consecuencias para los ciudadanos. De acuerdo con el estudio publicado por la organización *World Justice Project*, que mide el Índice de Estado de Derecho en diversos países del mundo, nuestro país se ubica en el último lugar de 128 naciones en cuanto a adherencia al Estado de Derecho, mientras que en ausencia de corrupción ocupa el puesto 117 del ranking. Dicha organización toma en consideración tres formas de corrupción: soborno, tráfico de influencias y apropiación indebida de fondos públicos u otros recursos, respecto magnitud del problema el año pasado, también es cierto que el mismo es de vieja data y que es una consecuencia directa del debilitamiento de las instituciones[4].

En ese Patrón de Gran Corrupción, lo característico es:

1. La impunidad de la corrupción en el Sistema de Justicia

La corrupción junto con la impunidad ha sido cubierta por la complicidad de un Sistema de Justicia subordinado, lo que coloca a Venezuela entre los países con el más alto nivel de corrupción, en un proceso continuado y hasta organizado de ilícitos contra el patrimonio público, con grave incidencia en la violación en gran escala de derechos humanos, que ubican a Venezuela en el nivel más alto de defraudación y de impunidad y en el más bajo de transparencia administrativa de su historia. La incidencia y lo escandaloso de la corrupción y la violación grave de los derechos humanos, ha sido constatada por organismos independientes internacionales, como la Oficina del Alto Comisionado de Derechos Humanos de la ONU y el Consejo General de Derechos Humanos.

---

3 La estructura de "*la Gran Corrupción*" se instaló en el país | Transparencia Venezuela

4 Dilo Aquí denuncia retardo procesal en tribunales penales del estado Lara | Transparencia Venezuela.

2. La violación de derechos humanos por la impunidad de delitos de corrupción y la complicidad del Sistema de Justicia

Un aspecto importante de la Convención de Palermo es el énfasis que se hace en su aplicación para evitar o corregir los efectos adversos de la delincuencia organizada en la sociedad en general y en el desarrollo sostenible en particular, ello en razón de que los derechos humanos se violan o se limitan cuando los Estados permiten la impunidad de los delitos de corrupción, porque distraen los fondos o recursos necesarios para el desarrollo de los pueblos y la satisfacción de sus necesidades fundamentales. Existen datos e índices significativos de la violación de los derechos fundamentales de la población venezolana, debido, entre otros factores, a la corrupción desenfrenada y descontrolada, de capitales públicos utilizados y aprovechados indebidamente, por actos de corrupción, que evidentemente generan una crisis humanitaria de gravedad. En efecto, por su nivel, grado de penetración y modalidad, la corrupción puede tener repercusiones devastadoras sobre la disponibilidad, calidad y accesibilidad de los bienes y servicios vinculados a los derechos humanos. La Oficina del Alto Comisionado de las Naciones Unidas para los Derechos Humanos (ACNUDH) considera que las personas y los grupos desfavorecidos sufren de manera desproporcionada a causa de la corrupción; puesto que dependen más de los bienes y servicios públicos y sus medios limitados son para procurarse, en su lugar, servicios privados. Y porque tienen menos oportunidades de participar en la elaboración y aplicación de políticas y programas públicos y carecen de recursos para defenderse y reclamar indemnizaciones. Por esta consideración de la afectación de los derechos económicos y sociales de la población, el ACNUDH promueve una estrategia basada en los derechos humanos para luchar contra la corrupción[5].

La directora ejecutiva de Trasparencia de Venezuela, Mercedes de Freitas, considera que el abuso de poder ha ocupado todos los espacios de la función pública y, lo más lamentable, que ha tocado la puerta del Sistema de Justicia. Por lo que son pocas las expectativas para que cese

---

5 https://www.ohchr.org/SP/Issues/CorruptionAndHR/Pages/CorruptionAndHRIndex.aspx, consultado el 13 de noviembre de 2020.

la impunidad. A su juicio, de esa componenda corrupta de la cúpula gubernamental la justicia venezolana ha sido la gran cómplice de la profunda crisis que hoy atraviesan los venezolanos[6]. Por su parte, la Subcomisión de Justicia de la Asamblea Nacional, por intermedio del diputado Rafael Veloz, ha denunciado el colapso y la corrupción del Sistema de Justicia nacional, destacando, entre otros elementos, que Venezuela ocupa el último lugar en el Índice de Estado de Derecho elaborado por el *World Justice Project* debido a la corrupción, señalando que más del 70% de los jueces no son de carrera sino que son puestos directamente a dedo y que el 40% tienen una vinculación o una simpatía con el partido de poder[7]. Y el Bloque Constitucional de Venezuela ha señalado como causas que afectan el logro de la Justicia en nuestro país: la corrupción, la lentitud y la politización. De las cuales, se ha identificado con más precisión que la politización es una de las formas de la corrupción conjuntamente con el soborno y el tráfico de influencias, concluyendo que la corrupción en el Sistema de Justicia es un virus que afecta los cimientos de la democracia[8].

A lo anterior, se agrega el Informe de la Alta Comisionada de Derechos Humanos de la ONU, Michel Bachelet, presentado ante el Consejo de Derechos Humanos, en Ginebra el 16 de julio de 2020, sobre *La Independencia del Sistema de Justicia en Venezuela*, en el cual expresa su gran preocupación por la falta de independencia del Poder Judicial. En dicho Informe se señalan como factores principales que socavan esa independencia: la inseguridad de la titularidad de los jueces, la inexistencia de procedimientos trasparentes para su designación y la presión política sobre los jueces con amenaza de su destitución. Asimismo, se destaca en el referido Informe el control que los magistrados del

---

6 https://transparencia.org.ve/mercedes-freitas-la-justicia-venezolana-complice-la-corrupcion/, consultado el 10 de octubre de 2020.

7 Rafael Veloz denunció el colapso y la corrupción del sistema judicial El Nacional, octubre 2019, disponible en: (https://www.elnacional.com/venezuela/rafael-veloz-denuncio-el-colapso-y-la-corrupcion-del-sistema-judicial/, consultado el 13 de noviembre de 2020

8 María Luisa Acuña López, Primer Foro y Mesa de Trabajo sobre Justicia para el Ciudadano, Maracay 1° de agosto de 2018 (Disponible en:, https://bloqueconstitucional.com/announcement/la-corrupcion-en-el-sistema-de-justicia-un-virus-que-afecta-los-cimientos-de-la-democracia/), consultado el 12 de noviembre de 2020

Tribunal Supremo de Justicia tienen sobre las decisiones de los jueces inferiores y se afirma que de esos magistrados 13 fueron designados en violación de los procedimientos constitucionales y legales, sin atender a las impugnaciones presentadas a sus postulaciones y sin atender a los requisitos exigidos para su designación. Estos factores, según el mencionado Informe, merman la capacidad del Sistema de Justicia para controlar el correcto ejercicio del poder y para velar por el respeto de los derechos humanos. Asimismo, hace notar la politización de dicho Tribunal al dictar, desde diciembre de 2015 a mayo de 2020, 127 sentencias contra la Asamblea Nacional, de índole política que invalidan sus decisiones. Y en el Informe citado se enfatiza sobre la impunidad por parte del Sistema de Justicia respecto de la violación de derechos humanos, en casos de muertes, desapariciones, torturas y de derechos económicos y sociales por el incumplimiento del Estado de sus obligaciones primordiales, por su ineficacia e insuficiencia y por el mal manejo de los recursos públicos[9].

En *La Encuesta 2020 sobre Corrupción en América Latina,* se dice que tal es el caos en Venezuela que impactó la encuesta, porque por la continua inestabilidad se hace difícil obtener datos fiables del país este año. Además que, al contrario de los encuestados de otros países que se cuentan por docenas que participan en indagaciones sociales y que, si bien los venezolanos participaban activamente en encuestas anteriores, sólo ocho personas en total respondieron en 2020. Y que, de ellos, ninguno afirmó la posibilidad de que un infractor sea enjuiciado por corrupción, lo que refleja un ambiente de ilegalidad. Todos los encuestados, según la citada Encuesta 2020, consideraron que en el país existe una corrupción significativa en el Poder Ejecutivo, en el Poder Judicial y en la policía. Y asimismo encuestadoras de otros países clasificaron abrumadoramente a Venezuela como el país más corrupto de la región.

---

9 Documento A/HRC/44/54, Independencia del sistema de justicia y acceso a la justicia, incluyendo violaciones a los derechos económicos y sociales en la República Bolivariana de Venezuela, y situación de los derechos humanos en la región del Arco Minero del Orinoco, Informe de la Alta Comisionada de las Naciones Unidas para los Derechos Humanos. Disponible en: https://www.ohchr.org/EN/HRBodies/HRC/RegularSessions/Session44/Documents/A_HRC_44_54_UnofficialSpanishTranslation., consultado el 13 de noviembre de 2020

Igualmente, en la referida Encuesta se indica que de las economías de tamaño medio (entre 100-500 billones de dólares de PIB), se considera que Venezuela, Guatemala y Ecuador tienen los niveles más altos de corrupción, ya que más del 50% dice que la corrupción es un obstáculo significativo[10]. Finalmente, en *Investigación y Análisis del Crimen Organizado* (*InSIght Crime*), el Nuevo índice que revela que la corrupción empeora en gran parte de Latinoamérica para 2020 y se dice que el último lugar en el que se encuentra Venezuela en el índice no es una sorpresa, pues el puntaje del país bajó otro 11 por ciento desde el año anterior, al punto de que ya no quedan entidades verdaderamente independientes. Y, se cita la sentencia emitida en mayo por la Sala Constitucional del Tribunal Supremo de Justicia, designado por la entonces Asamblea Nacional oficialista en el 2015, por la que se designó oficialmente al diputado Luis Parra, aliado del presidente Maduro, como nuevo presidente de la Asamblea Nacional. Al igual que se afirma que, sin instituciones democráticas y judiciales que la apoyen, la sociedad civil tiene pocos recursos para combatir la corrupción[11].

Por último, en *El Índice para Combatir la Corrupción* (CCC) de 2020, elaborado para evaluar la habilidad para detectar, castigar y prevenir la corrupción en medio del Covid-19, Venezuela en los 15 países evaluados figura en el último lugar con el grado de 1.52 sobre 10 puntos y en el más bajo nivel del sistema legal y judicial por la falta de independencia y eficiencia del Poder Judicial, por el alto nivel de corrupción y dictadura[12]. Un ejemplo notable de corrupción como abuso de

10 2020 Encuesta sobre Corrupción en América Latina, Miller&Chevalier, disponible en: https://www.millerchevalier.com/sites/default/files/publications/LACS/2020-Latin-America-Corruption-Survey-Report_Spanish.pdf), consultado el 11 de noviembre de 2020.

11 *InSIght Crime* (Investigación y Análisis del Crimen Organizado). Nuevo índice que revela que la corrupción empeora en gran parte de Latinoamérica. Análisis. Escrito por Anastasia Austin -Junio 30-2020. Disponible en: https://es.insightcrime.org/noticias/analisis/indice-revela-mayor-corrupcion-latinoamerica/, consultado el 12 de noviembre de 2020.

12 *The Capacity to Combat Corruption (CCC) Index (El Índice para Combatir la Corrupcion (CCC). Assessing Latin America's ability to detect, punish and prevent corruption amid covid-19. Anticorruption Working Group.* By Roberto Simon, *Senior Director of Policy at AS/COA AND GEERT AALBERS, Partner at Control Risks,* disponible en:https://www.as-coa.org/sites/default/files/archive/CCC_Report_2020_Updated.pdf, consultado el 12 de noviembre de 2020.

derecho, lo es la Sentencia No. 81 de la Sala de Casación Civil de fecha 16 de abril de 2021, que desconociendo la prohibición establecida en la Ley Orgánica del Tribunal Supremo de Justicia, en su artículo 25, numeral 16, de avocarse en los juicios donde existan sentencias definitivamente firme, modifico una sentencia con fuerza de cosa juzgada formal y material, que se encontraba en periodo de ejecución, lo que benefició directamente al expresidente de la Asamblea Nacional Constituyente, convocada por Nicolás Maduro, y vicepresidente del partido de gobierno, Diosdado Cabello, al aumentar la condena dictada en el 2018, por supuestos daños morales, sin explicación, de 12.700 dólares, a 13.366.800 dólares. Parte de esa corrupción lo es el procedimiento de ejecución seguido por el juez ejecutor, que representó una toma militar de las instalaciones del referido Diario El Nacional. La Academia de Ciencias Políticas y Sociales, en Pronunciamiento de fecha 19 de abril de 2021, calificó la mencionada Sentencia de grave violación al estado de derecho, al principio del debido proceso, juez natural, derecho a la defensa y cosa juzgada, por parte de la Sala de Casación Civil del Tribunal Supremo de Justicia[13]. Y el Bloque Constitucional de Venezuela en Pronunciamiento de fecha 21 de mayo del mismo año, condeno como actuación ilegitima el proceder de la Sala de Casación Civil del referido Tribunal, al activar ilegítimamente un avocamiento, prohibido por la ley, en un proceso con sentencia definitivamente firme, así como el proceder del juez de ejecución mediante el concurso de fuerzas militares y de grupos de civiles que "*tomaron*" las instalaciones de la C. A. Editora El Nacional. En su Pronunciamiento el mencionado Bloque afirmó, que esos procederes, "*No es otra cosa que* ***la criminalización de la libertad de expresión*** *mediante la aplicación de una modalidad de 'derecho penal del enemigo', que no persigue resarcir un supuesto daño moral, sino, únicamente, neutralizar judicialmente a una institución periodística no alineada con los intereses del régimen político imperante en Venezuela*". E, igualmente, que tales actuaciones "***constituyen claras e inequívocas vías de hecho que menoscaban, aún más, la majestad de***

13 https://www.acienpol.org.ve/pronunciamientos/pronunciamiento-de-la-academia-de-ciencias-politicas-y-sociales-ante-la-sentencia-numero-81-de-la-sala-de-casacion-civil-del-16-de-abril-de-2021-que-violando-el-orden-juridico-modifico-una-sentencia-f/

***la justicia**, lo que queda de estado de derecho, los derechos fundamentales de la parte demandada (en este caso, víctima de un evidente caso* de persecución política), y los derechos de los venezolanos a mantenerse informados por dicho medio[14].

Hoy día, en Venezuela, se reconoce que la corrupción judicial es parte de la Gran Corrupción, puesto que no solo sirve los intereses del gobierno que ejerce el poder, sino que es un factor determinante de la impunidad que, como se expresó, es uno elementos del Patrón que define esa categoría de Gran Corrupción. Dentro de lo que puede calificarse de corrupción sistemática e institucional, de acuerdo con el Índice de Percepción de Corrupción (IPC) de 2020, Venezuela lleva dos décadas de corrupción generalizada, que es uno de los principales factores de la actual crisis humanitaria en **Venezuela**, que sobre 100 se le califica con 15 puntos y con una caída significativa en el IPC, descendiendo cinco puntos desde 2013. Según este IPC, la pandemia de COVID-19 agravó la escasez de medicamentos, suministros médicos y equipos esenciales y deterioró la infraestructura hospitalaria. Y que, durante las últimas dos décadas, el país perdió al menos US$ 5 mil millones debido a la corrupción en el sector de la salud, amenazando la salud y la vida de millones de venezolanos[15].

II. LA CORRUPCIÓN JUDICIAL Y LA JUDICIALIZACIÓN DE LA REPRESIÓN

Según el Barómetro Global de Corrupción de la Organización Trasparencia Internacional, para el 2013, el 74% de los venezolanos encuestados creen que el Poder Judicial está entre los sectores extremadamente corruptos, entre otros, con los de la administración pública y de los militares[16]. Y Latinobarómetro, en su Informe 2018, señala que Venezuela se encuentra entre los 15 países de la región donde menos del tercio de la población confía en el Poder Judicial y que solo 18%

---

14 Bloque Constitucional rechazó el grotesco despojo contra El Nacional

15 Índice de Corrupción 2020: El ranking de América Latina - Mining Press

16 http://prodavinci.com/2013/08/06/actualidad/corrupcion-en-venezuela-indice-de-2013/,consultado el 12 de noviembre de 2020.

confían en este poder y el 58 %%, no le tienen ninguna confianza[17]. Las denuncias de funcionarios del Poder Judicial, como exmagistrados del Tribunal Supremo de Justicia y ex fiscales del Ministerio público, de manipulación de la justicia en contra de dirigentes de la oposición y sobre vínculos con el narcotráfico son casos emblemáticos de la gravedad del nivel de corrupción en Venezuela como podrá verse de seguidas. En el trabajo ***Venezuela tiene el peor sistema judicial del mundo,*** de Francisco Alonso, publicado en El Universal del 19 de enero de 2014, nuestro país es peor evaluado que Zimbabue, Irán o China, en lo que se denomina el Índice de Estado de Derecho 2012-2013, que elaboró la organización no gubernamental estadounidense *The World Justice Project*. Por su parte, **Carlos Tablante y Marcos Tarre** en el libro "*Estado Delincuente*"[18], señalan que los jueces provisorios o contratados ha alcanzado 80%, mientras que titulares son a apenas 15%, más 5% en condición de suspendidos o en espera de juicio, Igualmente afirman que en Venezuela algunos jueces se autocalifican como "milicianos judiciales" y muestran fidelidad política al Gobierno. De ello, un hecho público y notorio fue la instalación protocolar del año judicial en 2006, en donde se escuchó una consigna partidista y electoral, "*Uh, ah, Chávez no se va*", motivada por el presidente del Tribunal Suprema de Justicia con el coro de los jueces presentes[19].

Tablante y Tarre, su libro "*Estado Delincuente*" señalan que el Poder Judicial, a partir de la intromisión sistemática del Ejecutivo, se ha

---

17 Ver, Rafael León, "ESTUDIO 9 de cada 10 consultados afirman que ha aumentado la corrupción" en *El Nacional,* 2 Política, del martes 13 de noviembre de 2018. (Ver también: Latinobarómetro Database (latinobarometro.org)

18 Disponible en: https://estadodelincuente.wordpress.com/2014/01/21/un-poder-judicial-corrompido-no-puede-frenar-la-inseguridad-ni-la-corrupcion/, consultado el 11 de noviembre de 2020.

19 "*El coro del TSJ, bajo la acertada dirección de Omar Mora, cantó a todo gañote: ¡Uh, Ah, ¡Chávez no se va! Muchos quedaron estupefactos. Sorpresa mayor. No concebían que el primer tribunal de este disminuido y desjerarquizado ex-país pudiera dar esta muestra de obsecuencia o jala bolivarianismo, para decirlo con la expresión de Zapata (EN, 01/02/06). Y el remate del presidente del organismo no podía ser más emocionante: manifestamos con nuestro canto la alegría de tener un presidente como él y eso no quiere decir que estemos parcializados (VTV, 31/01/06)*". Analítica, "Uh ah …Chávez no se va", disponible en: https://www.analitica.com/opinion/opinion-nacional/uh-ah-chavez-no-se-va-3/, consultado el 12 de noviembre de 2020.

convertido en un "*gran negocio*" en el que parece que todo está tarifado y las irregularidades, arbitrariedades y abusos ocurren en todas las instancias, hasta el punto de que se utiliza el vocablo "*sicariato judicial*" para calificar su situación. En ese orden de ideas, afirman que han sido designados jueces que no son abogados y que los jueces y fiscales comparten "*territorios*" en los que se manipulan expedientes, tarifan los servicios, se pierden o se siembran pruebas y se altera la distribución de causas. Opinan igualmente que el deterioro del Poder Judicial es tal que no interesa someter a la justicia a un delincuente, sino que el delincuente pague para librarse del proceso judicial. Los bienes incautados no son puestos a la orden de la Fiscalía, sino que son "*negociados*", cambian sorpresivamente de propietarios con el consentimiento de los afectados o sin que estos se atrevan a reclamar. Las mayores extorsiones ocurren en el área penal, en la que está en juego ir o no a una prisión; es decir, un asunto de vida o muerte. Y sobre la descomposición judicial se refieren a las confesiones de los exmagistrados del Tribunal Supremo de Justicia Luis Velásquez Alvaray y Eladio Aponte Aponte, quienes admiten presiones e intimidaciones y forjamiento de la verdad para encausar opositores.

Tablante y Tarre señalan como tipos de corrupción judicial los siguientes:

1) ***La confabulación entre policías, fiscales y jueces***, según la cual los fiscales usualmente actúan en acuerdo con la policía para manipular las pruebas, según les convenga. Y que cuando el caso se eleva a juicio, los jueces, dependiendo del asunto, reciben presiones para que guarden silencio, so pena de ser denunciados disciplinariamente, o entran en el negocio para así evitar que se apliquen las normas de admisibilidad y valoración de las pruebas. Asimismo, que hay ocasiones cuando los mismos jueces se confabulan con los fiscales a efectos de obtener algún beneficio económico o político personal.
2) ***La manipulación de las pruebas***, porque la policía introduce pruebas circunstanciales contradictorias dentro del material justificativo para un auto de procesamiento penal, por ejemplo: si incautan una sustancia prohibida, le cambian la denominación

y características en las actas procesales, si se trata de 1 kg de cocaína, la identifican como 1 kg de heroína, etc.

3) ***El negocio de las medidas alternativas del proceso y de las cautelares**:* Los fiscales dictan autos de procesamiento penal, sin contar con un cuerpo suficiente de elementos probatorios que comprueben la comisión del delito, o la participación de una persona en el mismo, según se contempla en el Código Orgánico Procesal Penal. Sin embargo, la persona apresada, y sin pruebas suficientes, es trasladada a los tribunales a una audiencia preliminar previamente concertada con el juez, en la cual se le ofrece como medida alternativa que admita los hechos, o una medida cautelar sustitutiva de libertad, cuyo valor oscila, dependiendo de la naturaleza del caso y del poder adquisitivo de los involucrados, entre 5 mil y 50 mil dólares.
4) ***La venta de las sentencias en los tribunales**, es* otro de los modos utilizados por jueces corruptos es la venta, a un alto costo, de las sentencias de sus tribunales. En esta modalidad suelen estar involucrados bufetes o abogados influyentes, conectados al poder político, pero también jerarcas militares. Tasan el valor de las sentencias y, dependiendo de las pruebas ofrecidas por el Ministerio Público, compran o atemorizan a los testigos, desnaturalizan las pruebas científicas, para absolver o condenar, si aceptan o no la oferta. En algunos casos, sobre todo en delitos de difamación, la maniobra es utilizar la figura de la extemporaneidad de las pruebas en la apertura a juicio para dejar a una de las partes sin pruebas y lograr su condenatoria. En otros casos, algunos jueces suelen utilizar a familiares o amigos como intermediario que actúan como abogados en los tribunales y venden las decisiones o consejos en los casos ventilados en dichos juzgados.
5) ***El cambiazo de decisiones al no llevar en forma regular el libro diario del juzgado**.* Dentro de los deberes y atribuciones del secretario de cada tribunal está llevar con toda claridad y exactitud los asientos realizados en el mismo, los cuales le corresponde firmar, conjuntamente con el juez, al terminar cada audiencia. Además, es deber del juez firmar el libro, al finalizar la audiencia, autorizando los asientos ocurridos en el tiempo que

dura. Es decir, llevar con regularidad el libro diario constituye una función de los secretarios y es obligación de los jueces supervisar y avalar con su firma esta actividad. Sin embargo, se ha convertido en una modalidad corrupta cambiar decisiones y actos en los asientos vacíos de los libros diarios que los tribunales no llevan al día. Por ejemplo, si una de las partes quiere servirse de un acto procesal a destiempo, por una suma de dinero que oscila entre Bs. 15.000 y 100 mil, dependiendo del acto, pueden cambiar el contenido de decisiones que han sido dictadas en altas horas de la noche; también pueden incluir documentos, recursos, solicitudes o trámites que eran extemporáneos.

A los anteriores tipos de corrupción judicial puede **agregarse el juzgamiento de ciudadanos por tribunales militares en casos de manifestaciones o protestas**, por supuestos delitos de ataque al centinela o de ofensas a las fuerzas armadas, con violación de los artículos 49.4 y 261, de la Constitución vigente, que garantizan el derecho del juez natural, y que no permite que la justicia militar juzgue civiles. Así como el impedir a los detenidos la defensa por defensores privados y la posposición indefinida de las audiencias de presentación y el acceso a las audiencias o la no expedición de copias de los expedientes a los abogados defensores. A lo anterior, después de la Sentencia No. 81 de la Sala de Casación Civil de fecha de fecha 16 de abril de 202, puede agregarse que un tipo de corrupción judicial **la utilización ilegítima del avocamiento en procesos con sentencia definitivamente firme** y en etapa de ejecución, así como del **abuso del derecho por el juez ejecutor en el proceso de ejecución de sentencia, en beneficio de agentes políticos del estado.**[20] También **el artificio de la flagrancia** para detener sin orden judicial y para desconocer la inmunidad parlamentaria es otro tipo de corrupción judicial, como se explica más adelante. Asimismo, la detención bajo libertad condicional de personas o manifestantes contra el gobierno, detenidos por razones políticas, cuyo

---

20 El Bloque Constitucional de Venezuela en su Pronunciamiento de fecha 21 de mayo de 2021, cataloga el proceder de la Sala de Casación Civil y del juez de ejecutor, de actos que comprometen la responsabilidad personal de magistrados y juez, según el artículo 255, de la Constitución (Bloque Constitucional rechazó el grotesco despojo contra El Nacional).

número excede de 600, que convierte tal libertad en una regla general y no la excepción, es otro acto de corrupción judicial[21].

Por mi parte considero como corrupción judicial la designación de jueces digitalmente, sin cumplir con el procedimiento constitucional del concurso público, que coloca en una situación de vulnerabilidad a más del 80% de los jueces. Además, que del resto de los jueces se ignora si se cumplió con tal requisito. El Tribunal Supremo de Justicia eliminó los concursos de oposición para el ingreso a la carrera judicial y para su ascenso. Según la Comisión Internacional de Juristas, desde el año 2003 no se ha llevado a cabo ningún concurso público para nombrar a jueces en Venezuela. Y que, como resultado de esta práctica, solo un 20% de los jueces que actualmente se encuentran en funciones tienen garantizada la estabilidad de sus cargos, mientras el restante 80% no tienen estabilidad, y pueden ser nombrados de manera provisional o temporal, lo que además implica que pueden ser removidos por voluntad de la Comisión Judicial del Tribunal Supremo de Justicia[22]. Esta vulnerabilidad de los jueces lleva a *Human Rights Watch* a calificarlos de "*jueces desechables*", por lo que los observadores internacionales de derechos humanos han criticado reiteradamente la utilización de jueces provisionales en Venezuela. En 2001, el Comité de Derechos Humanos de las Naciones Unidas expresó su preocupación porque, de acuerdo con el sistema actual, los jueces venezolanos podrían ser removidos por limitarse a cumplir sus deberes judiciales. En 2003, la Comisión Interamericana de Derechos Humanos se pronunció sobre esta misma preocupación, observando que "*un alto porcentaje de jueces provisionales afecta seriamente el derecho de la ciudadanía a una adecuada administración de justicia y el derecho del magistrado a la estabilidad en el cargo como garantía de independencia y autonomía en la judicatura*"[23].

---

21 Foro Penal. "Detenciones arbitrarias en Venezuela: Detenidos con libertad bajo fianza siguen presos | Human Rights Watch (hrw.org)

22 "Fortaleciendo el estado de Derecho", Comisión Internacional de Juristas, disponible en: https://www.icj.org/wp-content/uploads/2014/06/VENEZUELA-Informe-A4-elec.pdf, consultado el 13 de noviembre de 2020.

23 "Manipulando el Estado de Derecho: Independencia del Poder Judicial amenazada en Venezuela", *Human Rights Watch,* junio de 2004, Vol. 16. No. 3 (B), disponible en https://www.hrw.org/sites/default/files/reports/venezuela0604sp.pdf, consultado el 13 de noviembre de 2020.

Recientemente la Alta Comisionada de Derechos Humanos de la ONU, en su Informe presentado ante el Consejo de Derechos Humanos, el 15 de julio de 2020, afirmó que entre los factores que socavan la independencia del Poder Judicial uno de ellos es la inseguridad sobre la legitimidad de la titularidad de los jueces, la inexistencia de procedimientos trasparentes para su designación; lo que merma su capacidad para controlar el ejercicio del poder y para velar eficazmente por el respeto de los derechos humanos. Señala también como la Comisión Judicial del Tribunal Supremo de Justicia, ha seguido aplicado el decreto de emergencia judicial de la Asamblea Nacional Constituyente de 1999, publicado en la Gaceta Oficial No 36.805 del 11 de octubre de 1999, que contemplaba la destitución de jueces por corrupción y retraso, pero para aplicarlo por otros motivos. E, igualmente, que los magistrados del referido TSJ tienen control sobre las decisiones de los jueces inferiores. Entre otras razones, la prenombrada Alta Comisionada, sostiene que en Venezuela debe haber un mecanismo independiente, imparcial y trasparente para designar jueces y fiscales por medio de los concursos de oposición[24].

Lo anterior contradice, el Acuerdo de la Sala Plena del TSJ de fecha 6 de julio de 2005 aprobado para la trasparencia de la titularidad de los jueces[25], que establece que el ingreso a la carrera judicial sólo podrá efectuarse por concurso público, fundamentado en principios de honestidad, idoneidad y eficiencia; y que el concurso público incluye la aprobación de los Programas de Formación Inicial, evaluación médica y psicológica, y el examen de conocimientos (artículo 4). Asimismo, califica a la Escuela Nacional de la Magistratura como autoridad competente para la supervisión de todas las actividades relativas a los concursos públicos de oposición para el ingreso, ascenso y permanencia en

---

24 Independencia del sistema de justicia y acceso a la justicia, incluyendo violaciones a los derechos económicos y sociales en la República Bolivariana de Venezuela, y situación de los derechos humanos en la región del Arco Minero del Orinoco Informe de la Alta Comisionada de las Naciones Unidas para los Derechos Humanos, A/HRC/44/54, 15 de julio de 2020. Disponible en https://www.scribd.com/document/469158094/Nuevo-Informe-Bachelet#from_embed?campaign=VigLink&ad_group=xxc1xx&source=hp_affiliate&medium=affiliate, consultado el 13 de noviembre de 2020.

25 Gaceta Oficial No Nº 38.282 del 28 de septiembre de 2005 (http://www.oas.org/juridico/spanish/mesicic2_ven_anexo_46_sp.pdf)

la carrera judicial, así como las relativas a la evaluación de los jueces y demás servidores del Poder Judicial (artículo 2). E, igualmente, que dicha Escuela llevará un expediente de cada juez o aspirante a la carrera judicial que contendrá sus datos personales y toda aquella información que permita evaluar el rendimiento y conducta del juez o aspirante (artículo 3). Sin embargo, mediante las Normas de Evaluación y Concurso de Oposición para el Ingreso y Ascenso a la Función Judicial, publicadas en la Gaceta Oficial No 40.972 del 23 de agosto de 2016, se eliminó la competencia de la Escuela Judicial en materia de concursos de oposición para otorgársela a la Comisión Judicial del TSJ, que no está prevista en la Constitución. Y le eliminó la atribución de llevar el expediente de cada juez. Dichas Normas establecen que el ingreso y el ascenso a la carrera judicial se debe hacer mediante concursos de oposición públicos, sin embargo, eliminaron a la Escuela Judicial de la Magistratura como órgano competente y lo cierto es que desde hace más de 15 años no se realizan estos concursos, por lo que la mayoría de los jueces del país no son titulares. Es decir, que el Poder Judicial país está integrado por jueces que han sido nombrados de espaldas a la Constitución, puesto que los jueces deben ser seleccionados por los jurados de los circuitos judiciales, como lo pauta el artículo 255, de la misma Constitución, y no por una Comisión de Justicia, dentro del TSJ. Y además se convirtió, por otro lado, la referida Escuela Judicial en un ente sin eficacia cuando ha debido ser el pivote del ingreso a la carrera judicial, puesto que según la Ley que rige el TSJ, en su artículo 83, es a quien corresponde la formación de los jueces y sobre todo la función esencial e indelegable de profesionalización de los jueces. Hoy, lamentablemente no pasa de ser sino un adorno dentro del tinglado corrupto del sistema de justicia.

III. LA CORRUPCIÓN JUDICIAL COMO MECANISMO DE FIDELIDAD DEL PODER JUDICIAL CON UN RÉGIMEN DICTATORIAL CORRUPTO.

La corrupción judicial es consecuencia de un régimen político que en su totalidad es corrupto, según expresa **Manuel Villoria**, del Instituto Universitario Ortega y Gasset de la Universidad Rey Juan Carlos.

Porque en el caso de las dictaduras o de ciertas pseudodemocracias, la corrupción de los funcionarios puede estar vinculada precisamente a servir con fidelidad a ese régimen[26]. Al respecto este autor afirma: "*En el ámbito judicial, la corrupción es administrativa, pero puede ser influenciada por la de un nivel político dado que, normalmente, los órganos de gobierno judicial tienen influencia y/o composición política y reciben presión de quienes les nombraron. Por ello, una amplia corrupción política implica que parte de la Magistratura se va a ver envuelta en actividades ilegales o en el apoyo a los políticos corruptos. Cuando existe extendida corrupción política, las redes de políticos corruptos intentan garantizarse la impunidad, para ello, colocan en puestos de responsabilidad en la estructura de gobierno de los jueces a magistrados corruptos o influenciables que pueden presionar sobre los jueces para que sus patrones políticos salgan inmunes de las investigaciones. También utilizan al Ministerio Fiscal y a la policía para evitar la persecución de los delitos que cometen, entorpeciendo las investigaciones judiciales. Es cierto, que una Magistratura honesta puede intentar acabar con las redes de políticos corruptos, por lo que en este caso los funcionarios judiciales -aunque son también poder del Estado- ocupan un papel de extraordinaria importancia en la lucha contra la corrupción. No obstante, si estas redes son muy amplias las dificultades son inmensas. El caso italiano es muy ilustrativo, los fiscales y jueces dieron la batalla contra la corrupción generalizada de la clase política, llegando a realizar informazione di garanzia a 9 expresidentes y a cerca de 200 parlamentarios, pero al final los resultados han sido una mezcla de éxitos y fracasos que ha permitido a Berlusconi llegar al poder. Menos éxito han tenido los jueces franceses que investigaban al presidente Chirac*"[27]. En concreto, que la falta de independencia y la parcialización, por motivos políticos o ideológicos, es corrupción judicial, que es una variante de la corrupción política, propia de los regímenes au-

---

26 La corrupción judicial: razones de su estudio, variables explicativas e instrumentos de combate en España", seminario del Banco Mundial sobre Reforma Legal y Judicial y Control de la Corrupción en América Latina y el Caribe, celebrado en julio del 2002 (Disponible en: .unpan1.un.org/intradoc/groups/public/documents/CLAD/clad0044122.pdf; consultado el 13 de noviembre de 2020).

27 Manuel Villoria Op. Cit., P. 2.

tocráticos. En este orden de ideas, el autor español Manuel Villoria, antes citado, afirma: "*La corrupción judicial no puede ser obviada por ningún Gobierno, pues constituye uno de los elementos fundamentales para el desarrollo de la corrupción sistémica. Cualquier país que quiera enfrentarse al problema de la corrupción debe dar prioridad al análisis y combate de la corrupción judicial. Una dejación de este importantísimo problema puede dar lugar a que países con corrupción media, o incluso baja, descubran a medio plazo que el sistema se ha descompuesto y la impunidad de los criminales se ha generalizado. Circunstancia que pone en peligro la propia razón de ser del Estado, que comienza por garantizar el monopolio de la violencia legítima*"[28].

IV. EL ARTIFICIO DE LA FLAGRANCIA COMO CORRUPCIÓN JUDICIAL

En referencia a los casos de los diputados Freddy Guevara, Juan Requesens y Julio Borges, el Dr. **Alberto Arteaga Sánchez**, ex decano, académico y distinguido penalista, ha calificado de artificio la doctrina que sobre la flagrancia para proceder a la detención inmediata de un presunto culpable de delitos ha elaborado el Tribunal Supremo de Justicia, principalmente su Sala Constitucional, como un mecanismo represivo propio de los sistemas autoritarios. En efecto, dice el Dr. Arteaga Sánchez, que la flagrancia es una excepción a la garantía constitucional de la restricción de la libertad mediante orden judicial, porque en caso de flagrancia cualquier ciudadano o un funcionario policial pueden detener sin dicha orden. Y afirma que no es una categoría o tipo penal, como lo asentó el Fiscal General de la República designado por la Asamblea Nacional Constituyente convocada por Nicolás Maduro, sino una circunstancia fáctica por la que la comisión de un delito aparece a simple vista, por su actualidad y visibilidad, lo que debe acreditarse después ante el tribunal competente. Por tanto, la flagrancia nada tiene que ver con la sospecha de la comisión de un delito o de su apariencia, ni con una supuesta relación o vinculación con un delito que ya ocurrió; y que en el caso de los diputados solo autoriza su detención en el domi-

---

28 Manuel Villoria Op., Cit., P. 21.

cilio y no en instalaciones policiales, mientras el Tribunal Supremo de Justicia conoce de la respectiva solicitud de antejuicio de mérito, que por el hecho haberse cometido el delito en flagrancia no deja de ser un privilegio de los diputados. Por el contrario, el Tribunal Supremo de Justicia, en casos como el del diputado Wilmer Azuaje, y después en los de Juan Requesens y Julio Borges, a quienes calificó de flagrantes, estableció que no procedía el antejuicio de mérito, desconociendo lo consagrado en el artículo 230, de la Constitución. El profesor Arteaga Sánchez califica esta doctrina como "*una descarnada regresión a una modalidad perversa de venganza política*"[29]. Es decir, que constituyen casos de gran corrupción.

V. LA CORRUPCIÓN POR LA LEGITIMACIÓN DE LA VIOLENCIA POLÍTICA POR EL SISTEMA DE JUSTICIA

Cuando los gobiernos fundamentalistas consideran que otros pensamientos o ideologías, de grupos o de personas, no responden a sus sistemas o creencias políticas, que califican como dañinas o peligrosas para sus proyectos ideológicos, instauran como política la del enemigo público o del Estado, para lo cual utilizan la acción política violenta para intimidar a sus poblaciones e inclinarlas a la aquiescencia, para eliminar o acabar con la disidencia y lograr sus objetivos políticos. Tal política constituye una forma de "*violencia política*", que en cierta manera es un terrorismo político y social, que esos gobiernos justifican por razón de Estado, que sobrepasa todos los límites de la legitimidad del Estado. Por lo que para justificarla o darle visos de legitimidad incorporan en su planificación y ejecución a componentes del Sistema de Justicia, como ocurre, en la actualidad en Venezuela, cuando los máximos exponentes del Poder Judicial y del Ministerio Público, que integran dicho Sistema, se declaran al servicio del proyecto ideológico-político del Gobierno y defensores de los ideales del chavismo que lo inspiran. Ciertamente, cuando la coacción o persecución ilegítima por motivos políticos o por

---

[29] *El Nacional*, 21 de agosto de 2018. Disponible en: www.cesarmiguelrondon.com/opinion/el-espacio-de-mis-amigos/el-artificio-de-la-flagrancia-alberto-arteaga/?shared=email&msg=fail, consultado el 13 de noviembre de 2020

el ejercicio de derechos fundamentales procede del Ministerio Público o de los jueces, a instancia de los gobiernos, no hay duda que se trata de actos propios de violencia política o de terrorismo de Estado, con el agravante de que su origen es judicial. Y cuando se comprueba que el Sistema de Justicia, principalmente por su omisión, inactividad o complicidad, forma parte de esa violencia política, se aparta flagrantemente de sus fines superiores de garantizar la integridad y supremacía de la Constitución y de asegurar la efectividad de sus normas y principios, de amparar a los ciudadanos en sus derechos y garantías constitucionales, de garantizar el debido proceso y de que en los procesos judiciales se respeten estos derechos. En los casos en que el Ministerio Público y los tribunales se utilizan como medios de coacción o de persecución ilegítima, por inconstitucionales, desnaturalizan su carácter jurisdiccional y se convierten en órganos de intimidación, o lo que es más grave, vienen a ser los verdugos de decisiones políticas de condenas anticipadas. El Sistema de Justicia, en estos casos, es un instrumento de los gobiernos que emplean el uso sistemático de la violencia y las amenazas de violencia contra la ciudadanía, como parte de la violencia política o de terrorismo de Estado.

VI. LA DESJUDICIALIZACIÓN DEL SISTEMA DE JUSTICIA

La violencia política o terrorismo de Estado, dentro de lo que podría llamarse "*la globalización policial de la institución del Estado*", es institucionalizar un sistema judicial radicalmente político e ideológico, totalmente dominado por el Gobierno, para inculpar y condenar a "*los desestabilizadores del Estado*" y para amordazar y acorralar a los grupos políticos más activos. En esa violencia política participa el Sistema de Justicia como ejecutor de decisiones políticas de acoso a los disidentes, mediante falacias fiscales y judiciales, para eliminar la protesta social. A ello contribuye, como factor la "*desjudialización*" de su Sistema de Justicia·, fundamentalmente porque la independencia del Poder Judicial venezolano no solo está amenazada sino intervenida, desestabilizando la carrera judicial a través de "*jueces desechables*", porque su estabilidad no está garantizada, ya que su inmensa mayoría la componen jueces temporales o provisionales. Y además por cuanto el Poder Judicial está totalmente intervenido por los poderes controlados por el gobierno y por las autoridades superiores del propio Poder Judicial, que impiden la libre apreciación del Derecho por los jueces. La Intervención externa e interna en el Poder Judicial según el Informe "*Fortaleciendo el Estado de Derecho en Venezuela*", de la Comisión Internacional de Juristas, de mayo de 2014, en la actualidad no es un hecho aislado sino "*sistemático*" y un hecho "*arraigado*" y "un *modus operandi*" en el Estado venezolano. Por ejemplo, el caso de la Jueza María Lourdes Affiuni, perseguida por el desempeño independiente de sus funciones, según el Informe mencionado, que *"ha generado impactos negativos sobre la independencia de otros jueces, que ahora temen represalias similares en caso de emitir sentencias desfavorables para el Gobierno*".

Lo señalado de la existencia de presos de conciencia, al igual que el caso de la Jueza María Lourdes Affiuni, son ejemplos paradigmáticos de la desjudialización del Sistema de Justicia en Venezuela, debido a la indebida actuación del Ministerio Público y de la dependencia del Poder Judicial del resto de los Poderes Públicos dominados por el gobierno. Esa indebida actuación de la Fiscalía General de la República y la falta de independencia del Sistema de Justicia, son la causa de su defenestración como Poderes Públicos y como componentes del Sistema de Justicia, que como se dijo tienen como sus fines superiores garantizar la integridad y supremacía de la Constitución y de asegurar la efectividad de sus normas y principios, de amparar a los ciudadanos en sus derechos y garantías constitucionales, de garantizar el debido proceso y de que en los procesos judiciales se respeten estos derechos. En efecto, la referida Comisión Internacional de Juristas da cuenta de esa falta de independencia de la Justicia en Venezuela, confirmando que el Ministerio Público, cuya función constitucional además de proteger los derechos es la de dirigir la investigación penal y ejercer la acción penal, sin embargo, ha incumplido la normativa que lo rige "*al actuar sin garantías algunas de independencia e imparcialidad de los demás poderes públicos y de los actores políticos, con el agravante que los fiscales en casi su totalidad son de libre nombramiento y remoción y por tanto, vulnerables a presiones externas y sujetos a órdenes superiores*" .

Igualmente, en el Informe en cuestión de la Comisión Internacional de Juristas se confirma que en la designación del Poder Judicial y del Tribunal Supremo de Justicia (TSJ) han privado criterios predominantemente políticos. Como que también la mayoría de los jueces son provisionales y vulnerables a presiones externas y que tienen una marca tendencia partidista y que son suspendidos o destituidos, aun siendo titulares, sin acusación o procedimiento alguno. No es extraño, pues, que se diga que a pesar que Venezuela tiene una de las más altas tasas de homicidio, sin embargo, la impunidad llega a niveles cercanos al 95%, y que en los casos de violaciones a derechos humanos es cercana al 98%. Asimismo, la desjudialización del Poder Judicial por su falta de independencia es patente cuando en el Informe, en comento, se dice "*que el Poder Judicial, precisamente por estar sujeto a presiones externas, no cumple su función de proteger a las personas frente a los abusos del poder sino que por el contrario, en no pocos casos es utilizado como mecanismo de persecución contra opositores y disidentes o simples críticos del proceso político, incluidos dirigentes de partidos, defensores de derechos humanos, dirigentes campesinos y sindicales, y estudiantes*"[30].

Lo expresado en el Informe mencionado, respecto de la violencia política como política de Estado, para reprimir las protestas por el profundo malestar social existente en Venezuela, es significativo de la denuncia grave que allí se contiene sobre la participación del Poder Judicial como brazo ejecutor de dicha violencia política gubernamental, al prestarse para criminalizar la protesta ciudadana al enjuiciar a 1.200 personas detenidas, sin que hayan cometido actos tipificados como delitos, y sin que haya avanzado significativamente en el castigo a los responsables de las violaciones a los derechos humanos en las que han incurrido los cuerpos de seguridad y los grupos armados civiles protegidos por éstos, en la represión de las recientes protestas, y en los casos de tortura y de tratos crueles y en el uso desproporcionado de la fuerza pública.

---

[30] Disponible en: http://www.icj.org/wp-content/uploads/2014/06/VENEZUELA-Informe-A4-elec.pdf, consultado el 13 de noviembre de 2020.

Del análisis de diferentes casos de presos de conciencia, documentados en diferentes informes de la Oficina del Alto Comisionado de Derechos Humanos de la ONU, de la Comisión Internacional de Justicia y de *Human Watch Rights*, entre otros, se puede concluir, que, como parte de la violencia política, o de terrorismo de Estado, en el presente régimen:

1) El proceso penal se utiliza para criminalizar reclamos y protestas sociales y no como instrumento para administrar la Justicia.
2) En el proceso penal ni el Ministerio Público, ni el Poder Judicial, cumplen con las garantías constitucionales del debido proceso y de protección de la libertad y de la integridad de las personas.
3) El proceso penal, en base al diferimiento de audiencias, se convierte en un castigo por la duración indefinida de las medidas de coacción.
4) El proceso penal se emplea para perseguir sectores políticos.

En el proceso penal por una supuesta razón de Estado se prescinde de las garantías propias del Estado democrático de Derecho.

6) En el proceso penal contra dirigentes políticos de oposición se les confina en centros de reclusión militares.
7) En el proceso penal en contra de dirigentes políticos de oposición se violan las Reglas Mínimas de las Naciones Unidas para el tratamiento de los Reclusos, imponiéndole restricciones propias de un confinamiento que causan dolor y sufrimiento a los procesados y a sus familiares.

VII. GRAN CORRUPCIÓN Y VIOLACIONES DE DERECHOS HUMANOS Y LA IMPUNIDAD

A. La tesis de la complementariedad del derecho contra la corrupción con el derecho de protección de los derechos humanos

La Agenda 2030 de la ONU para el desarrollo sostenible, pide a los estados una sustancial reducción de la corrupción y del soborno en todas las formas, y el retorno de los bienes robados. Dentro de las investigaciones para la Agenda los tratados de derechos humanos han identificado la mala gestión de los recursos y la corrupción como obstáculos para la asignación de recursos para promover la igualdad de derechos. De hecho, los estados con un alto grado de corrupción son los que presentan los peores récords en el respeto a los derechos humanos. Por ejemplo, en el Índice de 2017 de Trasparencia Internacional sobre Percepción de la Corrupción Siria, Sudán y Somalia son países con violaciones masivas de derechos humanos, junto con Venezuela, que aparece, en América y el Caribe, como el país con mayor corrupción, en el Índice de Percepción de Corrupción (IPC) y que ocupa el quinto lugar en el mundo en 2019. Y en el Informe del Alto Comisionado de Derechos Humanos de la ONU de 2018 sobre Venezuela se dice que las violaciones de los derechos humanos es un espiral que parece no tener fin. Y según el Informe de la Alta Comisionada de Derechos Humanos también sobre Venezuela, de 2019, existen motivos razonables para creer que se han cometido graves violaciones de los derechos económicos y sociales, incluidos los derechos a la alimentación y la salud, en Venezuela; que confirma en su actualización oral sobre la situación de los derechos humanos en la República Bolivariana de Venezuela, de marzo de este año.

En la teoría del derecho internacional surge la tesis de, enmarcar los derechos humanos dentro de la política anticorrupción, incluso dentro de los principios de su interpretación. Viene a ser un cambio en el sistema de protección de los derechos humanos y en el del derecho penal universal. Consiste en un método discursivo en la teoría interpretativa de ambos derechos, es decir, la conexión entre las leyes anticorrupción y los instrumentos de protección de los derechos humanos. Se trata, pues, de una integración sistemática de dos materias del derecho internacional: el aproximamiento de los derechos humanos a los instrumentos sobre anticorrupción, sobre todo después de la internacionalización y la constitucionalización de la política anti corrupción, de la obligación de investigar la violación de estos derechos y de la obligación de reparar integrablemente los daños causados por esas violaciones. En efecto, la corrupción como una materia constitucional hace que la anticorrupción sea una preocupación aún más legítima para la comunidad internacional.

Para los tradicionalistas de derecho internacional esto sería un "*human rightisim*"[31]. O, el de una preponderancia de los derechos humanos internacionales. De hecho, hay un riesgo de usar excesivamente el lenguaje legal, a veces vago o abstracto, de derechos humanos. Sin embargo, se señala que esta aproximación de la corrupción basada en los derechos humanos no debe emplearse como una panacea. Los críticos de este enfoque de la corrupción dicen que, el lenguaje legal, particularmente el de los derechos, es un lenguaje delimitado, que puede a su vez limitar el de la lucha contra la corrupción. En verdad, un análisis de los derechos humanos, no puede responder la pregunta del "*por qué*" y el "*cómo*" de la corrupción, ya que no es su propósito. Puesto que su criterio no es la de identificar las causas y políticas, económicas o psicológicas y los patrones de la corrupción o de cualquier otro daño social. Pero, la investigación sobre derechos humanos distingue entre conductas lícitas e ilícitas, para articular los reclamos judiciales para hacer posible el uso del aparato legal para rectificar y eliminar situaciones de ilegalidad y de sancionar personalmente los agentes de las violaciones. Y en esa investigación pueden evidenciarse actos de gran corrupción. Por otra parte, respecto a la corrupción, el enfoque puramente de derecho criminal no ha funcionado muy bien, y esto sugiere probar estrategias complementarias, en la articulación de las conductas ilícitas mediante órganos de investigación, de juzgamiento y de reparación con competencias en ambas materias. No se trata de cambiar las reglas anticorrupción sino de su mejor implementación. La investigación de las violaciones de los derechos humanos puede contribuir para cerrar esta brecha de implementación. Sobre todo, cuando se concluye que el total reconocimiento que la corrupción es la causa de las violaciones graves de los derechos humanos o de delitos de lesa humanidad.

Ello puede ser del monitoreo universal, legítimo y en detalle de la corrupción sin sobrepasarse a su mandato, en el sentido de no judicializar sus conclusiones. Pero si la corrupción puede constituir una violación a los derechos humanos para la complementación de la lucha

---

31 Anne Peters, "Corruption as a Violation of International Human Rights", *The European Journal of International Law* Vol. 29 no. 4 (Max Planck Institute for Comparative Public Law and International Law. MPIL RESEARCH PAPER SERIES | No. 2016-18).

contra la corrupción, es necesaria que pueda ser invocada en un procedimiento de demanda individual o de reclamo por delitos relativos a los derechos humanos. Es verdad, que la demostración de una violación real de derechos humanos por actos de corrupción es difícil en términos tanto de argumentos legales y de prueba, pero no es imposible. Esta orientación de enmarcar los derechos humanos dentro de la política anticorrupción, abre nuevas opciones para el monitoreo de la corrupción, puesto que la perspectiva desde los derechos humanos puede complementar el enfoque del derecho penal a la corrupción y, por lo tanto, contribuir al cumplimiento de las metas de desarrollo de la Agenda 2030.

Por lo expuesto, comparto la tesis de complementar la política anticorrupción con la de la investigación de las graves violaciones de los derechos humanos por la gran corrupción, mediante un sistema integral de justicia transicional de esclarecimiento de los hechos y de reconocimiento del derecho de reclamo de las víctimas del deber del estado de investigar y de reparar los daños de causados por la gran corrupción. Comparto, pues, la propuesta de Trasparencia Venezuela[32], de la creación de un mecanismo que permita lograr un proceso transicional para Venezuela en el cual esté presente la combinación virtuosa de verdad, justicia, reparación y reconciliación, que comprenda las materias de gran corrupción y violaciones graves de derechos humanos. La diferencia es que yo lo llamaría "*sistema integral*" y no mecanismo, porque sus componentes serían de diferente naturaleza, extrajudicial, judicial y de apoyo internacional.

VIII. BASES Y PRINCIPIOS PARA LA REINSTITUCIONALIZACIÓN DEL SISTEMA DE JUSTICIA PARA COMBATIR LA CORRUPCIÓN

I Criterios y Propuestas

En esta parte del presente trabajo se toman algunas ideas del excelente ensayo "*La corrupción judicial: razones de su estudio, varia-*

32 "Demandas de Justicia ante un Proceso Transicional en Venezuela", *Trasparencia Venezuela,* mayo 2019, disponible en: (https://coalicionanticorrupcion.com/images/informes/Demandas_de_justicia_ante_un_proceso_transicional_en_Venezuela.pdf), consultado el 13 de noviembre de 2020.

bles explicativas e instrumentos de combate en España", de Manuel Villoria, anteriormente citado, en lo referente a algunas propuestas para combatir este flagelo institucional[33], que evidentemente habrán de formar parte de un Plan Integral de la Reforma del Sistema de Justicia en Venezuela en el proceso de transición hacia la democracia. Primeramente, una propuesta en este orden de ideas ha de tener como finalidad la de garantizar como elementos determinantes del Sistema de Justicia: la independencia, la imparcialidad, la selección por mérito y la inamovilidad de los jueces y fiscales, la debida y justa remuneración a los funcionarios judiciales, la veeduría ciudadana, el acceso ciudadano a la información, la trasparencia y la rendición de cuentas, la no cooptación de los cargos judiciales y un gobierno y administración del Poder Judicial, colegiado y plural, con participación de jueces y ciudadanos. Y, en segundo lugar, respecto de las propuestas, su planificación debe partir de un análisis sistémico, para definir las prioridades y modos idóneos.

Lo anterior, según el estudio citado, ha de partir de un análisis sistémico, para definir las prioridades y medios idóneos y para garantizar la consolidación de algunos de los avances alcanzados, como la de normativa sobre ética judicial y la jurisdicción disciplinaria y la organización holística del Sistema de Justicia. Igualmente, la definición de tipos penales en los casos de corrupción judicial atinentes al abuso de la función jurisdiccional y de violación de derechos humanos fundamentales, al igual que configurar penalmente la injerencia externa de funcionarios y particulares en la administración de justicia, con el gravante de la motivación política y delito especial de la persecución judicial por razones políticas. Un tema particular ha de atender a los modelos de órganos de la Magistratura, siguiendo los estándares enunciados por la Relatoría de la Independencia del Poder Judicial de la ONU, que garanticen la presencia de jueces en estos órganos y la profesionalidad y legitimidad judiciales. Otro aspecto, es el del asociacionismo judicial, como mecanismo de autoayuda frente a las redes externas de corrupción, así como la participación de la sociedad civil en el control de la independencia judicial y en su defensa. En cuanto a la información, el publicitar los

---

33 Disponible en: unpan1.un.org/intradoc/groups/public/documents/CLAD/clad0044122.pdf (PP. 12-15), consultado el 13 de noviembre de 2020.

casos de corrupción ya juzgados y mostrar a la ciudadanía que la impunidad no existe, tiene un efecto moralizador. Fortalecer la imagen de los jueces y fiscales honestos, crear campeones morales. Noveno, romper las redes de abogados corruptos y potenciar la deontología en los Colegios de Abogados. Otro tema, es el de internacionalizar la lucha contra la corrupción judicial, mediante la ayuda en organismos multilaterales y Estados colaboradores, y denunciando a los Estados donde el dinero encuentra paraísos que facilitan su opacidad. Y, por último, garantizar un control eficaz del rendimiento de los jueces y asegurar políticas de personal justas. Y, potenciar la justicia de proximidad, que involucra a la ciudadanía en la impartición de justicia y desbloquea una gran parte del colapso judicial.

El Relator Especial de la ONU sobre magistrados y abogados, Diego García Sayán, en su Informe a la Asamblea General de las Naciones Unidas del 16 de julio de 2019, ha destacado la importancia vital de la Convención de las Naciones Unidas contra la Corrupción y se ha referido al desafío que la corrupción grave representa para las sociedades, el estado de derecho y la independencia del sistema judicial.[34] E igualmente, en este Informe advirtió, que "*El interés en utilizar el poder político para controlar el poder judicial, o influir en él en particular, y el aparato estatal en general, constituye un problema apremiante. Redunda en desmedro de la independencia judicial y afecta a la imparcialidad de las instituciones que es necesaria para que actúen cuando afrontan poderosas estructuras de corrupción y delincuencia. En la mayoría de los casos, las organizaciones delictivas han establecido una red de contactos que trabajan en colusión con el poder político. Es importante recordar que esas situaciones pueden tener lugar en cualquier país, cualquiera que sea su situación económica o su grado de consolidación democrática*". Y, en su Informe a la misma Asamblea del 25 de julio de 2017, señaló, que, "*La delincuencia organizada, a través de sus vínculos con políticos, trata de ocultar sus actividades ilícitas para poder llevarlas a cabo sin tener que afrontar consecuencia alguna. Desde su posición de poder, los políticos corruptos pueden actuar como intermediarios y, de esa manera, ocultar actividades ilícitas. Las*

[34] A/74/176 - S - A/74/176 -Desktop (undocs.org)

autoridades públicas y los políticos se han convertido en un instrumento esencial para que los grupos delictivos puedan llevar a cabo sus actividades en forma efectiva. En esos casos, la corrupción constituye el nexo entre los dos grupos. Esta forma de actuar permite a los grupos de la delincuencia organizada penetrar en el poder judicial"[35]. E, igualmente, en este informe de 2017, el citado Relator Especial, a la referida Asamblea General, destacó que la corrupción y la delincuencia organizada dañaban el Estado de derecho y la capacidad que tenían los Estados para promover sistemas de gobierno que respetasen las normas de derechos humanos y fuesen compatibles con ellas. La corrupción debilita, además, la capacidad del poder judicial de garantizar la protección de los derechos humanos e impide, directa o indirectamente, que jueces, fiscales, abogados y otros profesionales del derecho cumplan sus funciones profesionales. Además, la corrupción tiene un efecto devastador sobre el sistema judicial en su totalidad, ya que reduce la confianza pública en la administración de justicia[36].

Creemos que para los propósitos de elaboración de una política y una estructura anticorrupción, constituyen un precedente valioso la propuesta del Seminario Internacional "*Hacia una efectiva recuperación de bienes producto de la corrupción en el marco de una sociedad democrática*", celebrado en Caracas, por la Universidad Católica Andrés Bello, en el ITER-CER, el día 6 de julio de 2016, del establecimiento de mecanismos fortalecimiento democrático e institucional para la recuperación de activos producto de la corrupción, de decomiso en el proceso penal y de decomiso sin condena; y el juzgamiento de la corrupción judicial y los delitos financieros y el enjuiciamiento de personas políticas involucradas. E, igualmente serían antecedentes de propuestas en lo relativo a la lucha contra la corrupción y la impunidad del Foro Internacional "*Una Ley para la Recuperación de Bienes Productos de la Corrupción: Lineamientos y Desafíos*", realizado por la Asamblea Nacional, el 8 del mes y año señalados, y sobre los lineamientos postulados de un Proyecto de Ley para la recuperación de bienes producto de la corrupción, bajo los estándares del constitucionalismo transformador

---

35 (A/72/140, párr. 21).

36 (A/72/140, párr. 21).

y de los estándares internacionales en materia de debida diligencia en el sector financiero, de precisión de las personas políticamente expuestas al riesgo de corrupción y de la localización de bienes y recuperación, al igual que la asistencia legal mutua. Al igual que el estudio de experiencias comparadas en la lucha contra la impunidad de recuperación de activos de la corrupción, como en el Caso Fujimori-Montesinos,

Por su parte, el Bloque Constitucional de Venezuela comparte el criterio de la organización Trasparencia Internacional, en cuanto a la corrupción judicial, que son factores esenciales para su control los siguientes[37]:

1) El no reconocimiento de inmunidades a los titulares de los órganos constitucionales o jurisdiccionales en los casos en que estos hayan incurrido en actos de corrupción.
2) Los procedimientos disciplinarios con aplicación de estándares estrictos en los casos de violación de la ética judicial, entre ellos, los de abuso de la función jurisdiccional para favorecer intereses particulares o políticos.
3) Un sistema seguro y confidencial para las denuncias en contra de funcionarios judiciales.
4) Sistemas de mediación del comportamiento de los jueces y de desempeño como miembros del Poder Judicial.
5) La consagración especial del nepotismo como falta a la ética judicial. Y;
6) La promoción de asociaciones de jueces que velen por la ética judicial.

En este orden de ideas, según el Área de Rendición de Cuentas y Transparencia Judicial (*Judicial Accountability and Transparency Program*) de la Fundación Debido Proceso Legal (*Due Process of Law-DPL*), la corrupción debe ser abordada como un asunto de urgencia, de una manera integral y transparente. Lo cual requiere de mecanismos de transparencia en la designación de jueces y en los procedimientos

---

37 Ver mi trabajo presentado al Evento "Venezuela: la lucha contra la corrupción y crimen organizado", Modulo "El Patrón de Gran Corrupción en Venezuela", Caracas 12 y 13 de marzo de 2020. Y, https://www.clubensayos.com/Ciencia/Propuestas-Para-Mejorar-Al-Poder-Judicial/724328.html.

disciplinarios, salarios justos en relación con las responsabilidades de quienes ejercen la función judicial y garantías de inamovilidad, como medidas para reducir la brecha entre las obligaciones asumidas de garantizar, respetar y proteger los derechos humanos de los habitantes de las Américas y su efectivo cumplimiento y así evitar la impunidad[38].

A los anteriores planteamientos, en mi criterio, considero conveniente, a nivel interno, la creación de una Comisión Anticorrupción y Antimpunidad, con autonomía funcional, conforme a los modelos de misiones internacionales como las de Guatemala y Honduras[39]. Al igual que la promulgación del Código de Derecho Penal Internacional, cuyo anteproyecto fue elaborado y presentado a la Asamblea Nacional democrática por el Dr. Fernando Fernández, el 10 de agosto de 2016; y de la Ley de Recuperación de Activos, cuyo proyecto fue objeto de discusión en dicha Asamblea Nacional, así como el estudio del anteproyecto de Ley sobre Prevención y Represión de la Corrupción, Blanqueo de Capitales y del Financiamiento del Terrorismo presentado por Franklin Hoet en representación de la Asociación Mundial de Juristas , en abril de 2018, ante la Comisión de Contraloría de dicha Asamblea, que complementa y amplia el proyecto que había sido presentado a la referida Asamblea. Y a nivel internacional, a mi juicio la creación de una Corte o Tribunal Internacional contra La Corrupción, como la propuesta del profesor del Juez Mark L. Wolf[40], vendría a ser un instrumento contra la corrupción dada la naturaleza transnacional que ha adquirido.

---

38 "El combate a la corrupción judicial", Aportes DPL. Número 1, Año 1, marzo 2007, disponible en: http://dplf.org/sites/default/files/1187278790.pdf, consultado el 14 de noviembre de 2020

39 apoyo_internacional_para_enfrentar_la_corrupcion_y_la_impunidad_en_guatemala_y_honduras_0.pdf (icefi.org)

40 Mark Lawrence, es un Juez del Distrito para el Distrito de Massachusetts de los Estados Unidos. el Juez Mark L. Wolf, en 2014, propuso la creación de una Corte Internacional Anticorrupción (CIAC), siguiendo el modelo de la Corte Penal Internacional (CPI), para castigar "*la gran corrupción*". Wolf ha dicho, que esta Corte "*es necesaria debido a que el costo de la corrupción es muy grande, los regímenes corruptos proveen paraísos seguros para terroristas, traficantes de drogas y, sin duda, está íntimamente relacionada con los abusos de derechos humanos atroces* "y señaló como uno de los casos que podría conocer la Corte mencionada, "*el Caso de Marcelo Odebrecht*". Dicha Corte se crearía con el fin de juzgar a los depredadores de riqueza y violadores de los derechos humanos por estos delitos; prohibir y castigar de forma ejemplar la gran corrupción; hacer respetar los compromisos internacionales que los estados han adquirido con las organizaciones internacionales y

Desde otro orden de ideas, uno de los factores determinantes del alto grado de corrupción en Venezuela ha sido la ineficiencia y complacencia e impunidad de las instituciones encargadas del control, prevención y sanción de la corrupción. Concretamente del llamado Poder Ciudadano que se ejerce por el Consejo Moral Republicano, integrado por el Defensor del Pueblo, el Fiscal General de la República y el Contralor General de la República, cuyas atribuciones son, entre otras principalmente, las de prevenir, investigar y sancionar los hechos que atenten contra la ética pública y la moral administrativa; velar por la buena gestión y la legalidad en el uso del patrimonio público (artículos 273 y 274, de la Constitución). La realidad ha demostrado que, durante los 20 años de creación de esta rama del Poder Público, no solo han aumentado los casos más graves de corrupción, sino que se ha alcanzado el mayor índice de impunidad en esta materia. De modo que, si ciertamente, este Poder Ciudadano fuera en verdad un Poder y además ciudadano, y, no al servicio de los otros poderes, que no estaríamos presenciando en nuestro país los índices que exhiben al Estado venezolano Venezuela como uno de los más corruptos. Por otro lado, no cabe duda que el control interno es, además del control externo, un instrumento de prevención de la disciplina y de la ética fiscal. Ello depende no solo de la elaboración del Plan Estratégico del Sistema Nacional de Control Fiscal, o de la promulgación de la Ley Orgánica de la Administración Financiera del Sector Público, de la Ley Orgánica de la Contraloría General de la República y del Sistema Nacional de Control Fiscal; sino también principalmente de la aplicación estricta y del respeto del gobierno, entre otras, de las normas constitucionales relativas al control parlamentario presupuestario, financiero y de contrataciones públicas de interés público nacional (artículos 150 , 187.3, 6, 7, 9; 311, 312, 313, 314, y 319, de la Constitución); de las Normas Generales del Control Interno, con base en los lineamientos de la Organización Internacional de las Entidades Fiscalizadoras Superiores (INTOSAI); de las Normas Generales de la Auditoria del Estado; de las Normas Generales para

contribuir a la consolidación del Estado de Derecho y al respeto de los derechos humanos, al igual que el refuerzo de los valores y objetivos principales de la democracia. Disponible en: https://m.prensa.com/impresa/panorama/corte-internacional-casos-gran-corrupcion- 0 46360036486.html, consultado el 13 de noviembre de 2020.

el Funcionamiento Coordinado de los Sistemas de Control Externo e Interno; y del Reglamento Interno de Unidades de Auditoría Interna y de Normas para la Verificación de la Declaración Jurada de Patrimonio.

Por otra parte, ante la ineficacia de los organismos contralores, la veeduría ciudadana es un modo de ejercicio del derecho de participación de los ciudadanos en los asuntos públicos, concretamente en el control de la gestión pública, a que hace referencia el artículo 62, de la vigente Constitución. En este orden de ideas, el Proyecto del Plan Nacional Compromiso Educativo Anti-Corrupción, que fue contemplado por el entonces Ministerio de Educación, en Resolución Nº 115 del 15 de enero de 1997, uno de cuyos objetivos específicos fue el de fortalecer y hacer operante el control social, a través de los Programas de Sistema de Acción Correctiva de Participación Ciudadana y de Gestión de Acciones Punitivas, para crear un sistema de participación ciudadana en la lucha contra la corrupción, o "*Voluntariado Público contra la Corrupción*", es un precedente a tener en cuenta en la reinstauración del Sistema de Justicia para combatir la corrupción[41].

Por lo anterior, a nivel interno, considero pertinente la creación de un Sistema Integral de Prevención y Control de la Corrupción, que contemple la unificación y sistematización de las normas y creación de las normas, principios, procedimientos y delitos que mitiguen, prevengan y repriman eficazmente los delitos de gran corrupción y delincuencia organizada en todas las instituciones y empresas del Estado. E igualmente la designación una autoridad central, según las normas de la Convención de la ONU contra la Corrupción, para activar los mecanismos de asistencia judicial recíproca e intentar las acciones pertinentes en los demás Estados partes, a los fines de realizar todas las acciones legales y gestiones con objeto identificar y conseguir la recuperación de los capitales y demás activos sustraídos al Estado venezolano y sus empresas u obtenidos con el robo al país. Y, también, dentro del control preventivo, considero conveniente, una Oficina de Asesoría Anticorrupción en la Asamblea Nacional, para evaluar los riesgos de infiltración de sobor-

[41] Ver, Presidencia de la República Oficina del Comisionado para la Vigilancia de la Administración Pública, Plan Nacional Compromiso Educativo Anti-Corrupción, Caracas enero de 1997.

nos, de la delincuencia organizada y el lavado de activos o legitimación de capitales en la elaboración de proyectos de Ley y las investigaciones que se realizan en las distintas Comisiones Parlamentarias y para asesorar al presidente de la Asamblea Nacional y su Junta Directiva, a los Presidentes de las Comisiones, especialmente de la Comisión de Contraloría, y a la Consultoría Jurídica, en estas materias.

Por último, coincidimos con lo señalado por la embajadora Milagros Betancourt, en su trabajo "***Corrupción y Crimen Internacional***"[42], que los casos de corrupción graves en Venezuela, de los cuales se han derivado daños a la población, "*están dados los elementos para poder iniciar una investigación sobre la actuación de las autoridades y funcionarios encargados de las áreas de salud y Alimentación en el país, y probablemente a los superiores inmediatos de estos*". Será necesario un análisis a fondo y un trabajo minucioso para poder conectar la política del Estado y definir sin son generalizadas o sistemáticas, o se acumulan ambas condiciones; si se estima que con esas políticas se ha producido un ataque a la población civil, y si las decisiones de los funcionarios responsables de corrupción se han tomado con la finalidad de causar daños a las víctimas. Corresponderá a la Corte Penal Internacional, de ser presentada una solicitud de investigación sobre la situación en Venezuela bajo las premisas aquí expuestas. Y determinar si en efecto los actos de corrupción realizados en Venezuela constituyen crímenes de lesa humanidad y determinar la responsabilidad penal internacional individual de los perpetradores de los actos delictivos que se denuncien, en razón de que según el Informe de la misión internacional independiente de determinación de los hechos sobre la República Bolivariana de Venezuela, presentado al Consejo de Derechos Humanos Cuadragésimo quinto período de sesiones 14 de septiembre-2 de octubre de 2020, existen "*motivos razonables para creer que en Venezuela se cometieron los siguientes crímenes de lesa humanidad en el período que se examina: asesinato, encarcelamiento y otras privaciones graves de la libertad física, tortura, violación y otras formas de violencia sexual, desaparición forzada de personas en el caso Barlovento y otros actos*

[42] Milagros Betancourt C. "Corrupción y Crimen Internacional", Grupo Ávila, diciembre de 2017 (en prensa), facilitado por su autora mimeografiado.

inhumanos de carácter similar que causen intencionalmente grandes sufrimientos o graves daños al cuerpo o a la salud mental o física. Algunas de las mismas conductas pueden constituir también el crimen de lesa humanidad de persecución, tal como se define en el Estatuto de Roma."[43]

Finalmente, en este orden de ideas, debe destacarse el interés de la Asamblea Nacional democrática en esta materia anticorrupción. En efecto, el 14 de diciembre de 2018 dicha Asamblea aprobó, en sesión ordinaria, el proyecto de Ley de Recuperación de Activos Producto de la Corrupción que se ha venido produciendo en el país[44]. En fecha 8 de enero de 2019 aprobó un acuerdo sobre la creación del Fondo de Recuperación de Activos Provenientes de la Corrupción Destinados a la Recuperación Económica del País[45]. En fecha **9 de enero de 2019 se** instaló, conforme este Acuerdo, la Comisión Especial para hacerle seguimiento a los Procesos Judiciales sobre corrupción y el defalco que se tramitan en el exterior, con la intención de investigar e informar sobre el daño patrimonial a la nación y el proceder de la justicia internacional[46]. Y, en fecha 15 de enero de 2019, la Asamblea Nacional, aprobó el Acuerdo de Solicitud de Protección de Activos del Estado Venezolano, en cuyos puntos sexto y séptimo, respectivamente, se acordó solicitar a los países de Argentina, Brasil, Canadá, Chile, Colombia, Costa Rica, Guatemala, Guyana, Honduras, Panamá, Paraguay, Perú, Estados Unidos, Bulgaria, Rusia, China, Turquía, Emiratos Árabes y la Unión Europea, que instruyan a los organismos regulatorios de las entidades financieras la prohibición expresa de cualquier manejo de activos líquidos del Estado venezolano en las cuentas acreditadas en ese país con

---

43 Informe de la misión internacional independiente de determinación de los hechos sobre la República Bolivariana de Venezuela, presentado al Consejo de Derechos Humanos Cuadragésimo quinto período de sesiones 14 de septiembre-2 de octubre de 2020 (Disponible en: https://www.ohchr.org/Documents/HRBodies/HRCouncil/FFMV/A_HRC_45_33_UnofficialSpanishVersion.pdf, consultado el 13 de noviembre de 2020.

44 http://www.asambleanacional.gob.ve/noticias/_an-aprobo-en-primera-discusion-proyecto-de-ley-de-recuperacion-de-activos.

45 http://www.asambleanacional.gob.ve/actos/_acuerdo-de-creacion-del-fondo-de-recuperacionde-activos-producto-de-la-corrupcion

46 http://www.asambleanacional.gob.ve/noticias/_comision-especial-de-la-an-hara-seguimiento

el fin de garantizar la protección de los activos del Estado venezolano por no contar el Estado venezolano con representación legal ante los entes regulatorios. Solicitar a la banca privada acreditada en los países de Argentina, Brasil, Canadá, Chile, Colombia, Costa Rica, Guatemala, Guyana, Honduras, Panamá, Paraguay, Perú, Estados Unidos, Bulgaria, Rusia, China, Turquía, Emiratos Árabes y la Unión Europea la prohibición del manejo de fondos, cuentas y activos del Estado venezolano en sus entidades financieras en virtud de proteger el patrimonio del Estado venezolano ante la usurpación del Poder Ejecutivo Nacional por parte del ciudadano Nicolás Maduro Moros[47].

[47] Disponible en: www.asambleanacional.gob.ve/actos/_acuerdo-en-solicitud-de-proteccion-de-activos-del-estado-venezolano-ante-los-paises-de-argentina-brasil-canada-chile).

EL TRÁNSITO DE LA CASACIÓN DE DERECHO A LA CASACIÓN DE INSTANCIA*

RAMÓN ESCOVAR LEÓN**

SUMARIO

Introducción. 1. La sentencia N° 510 de la Sala de Casación Civil. 2. La sentencia N° 362 de la Sala Constitucional. 3. El origen de la casación sin reenvío venezolana. 3.1. La casación sin reenvío en Francia. 3.2 Examen del artículo 627 del Código de Procedimiento civil francés. 3.2.1. Primer supuesto de casación sin reenvío. 3.2.2. Segundo supuesto de casación sin reenvío. 4. La casación de instancia y la casación sin reenvío. 5. En la casación de instancia no hay casación múltiple. 6. Consideraciones sobre el vicio de inmotivación en la nueva casación. 6.1. Relación entre la motivación y el fondo de la controversia. 6.2. Casación parcial y casación total. 7. La casación de oficio. 8. Las técnicas de casación. 9. El silencio de prueba. 10. Propuesta para la casación sobre los hechos. 11. Reflexiones sobre la justicia digital. Conclusiones.

INTRODUCCIÓN

La casación venezolana ha transitado de la casación de derecho de inspiración francesa a la casación de instancia de estirpe española. La primera produce como consecuencia el reenvío; la segunda habilita al tribunal de casación a decidir el fondo de la controversia cuando declara con lugar una denuncia. La casación de derecho solo juzga sobre la interpretación y aplicación de la norma jurídica; la casación de instancia juzga sobre el derecho y sobre los hechos.

En Francia la casación ha producido una jurisprudencia relevante en materia de derecho sustantivo. En Venezuela, al contrario, las líneas

---

* Este trabajo forma parte de una línea de investigación que he desarrollado durante años. Ahora lo pongo al día con ampliaciones y añadidos como contribución a este homenaje a la académica y amiga, Dra. Cecilia Sosa Gómez. La versión anterior fue publicada en número 158 del Boletín de la Academia de Ciencias Políticas y Sociales, pp. 738 y siguientes.

** Abogado *suma cum laude* UCAB (1974). Licenciado en Letras *magna cum laude* UCV (2016). Doctor en Derecho UCV (1990). Profesor Titular jubilado Universidad Central de Venezuela y Católica Andrés Bello.

jurisprudenciales han estado dominadas por los aspectos formales y procesales, y se ha dado mucha importancia a las denominadas "*técnicas*" de casación.

El debate sobre lo procesal y el peso de los formalismos, ha permitido perpetuar, las más de las veces, inútilmente el juicio casacional debido a la multiplicidad recursos. Es lo que se llama la "*casación múltiple*".

La casación francesa ha creado un cuerpo jurisprudencial sólido en materia de derecho sustantivo que luego se proyectó en la reforma del Código Civil de 2016. Las líneas jurisprudenciales, junto a la doctrina, permitieron desarrollar conceptos sobre teoría de la imprevisión, teoría de la causa, interpretación de los contratos, contratos de adhesión y cláusulas abusivas, materias que se convirtieron en normas jurídicas por medio de la reforma legislativa recogida en la ordenanza N° 2016-131 del 10 de febrero de 2016, que reformó el legendario Código Napoleón.

La eliminación del reenvío ha sido una necesidad deseada en la casación civil. Es lo que ha hecho la sentencia número 510 del 28.7.2017 de la Sala de Casación Civil (SCC), ratificada con la sentencia número 362 del 11.5.2018 de la Sala Constitucional (SC). Es a estas dos decisiones a las que me voy a referir en este trabajo.

La Sala Constitucional se ha atribuido facultades legislativas al amparo de la inconstitucional y dictatorial "*jurisprudencia normativa*", creada desde los primeros años de vida de la revolución bolivariana, por los magistrados de la época, para iniciar el recorrido judicial que nos ha traído a esta situación. La misión de la SC es interpretar las normas y principios constitucionales, pero no puede legislar, y mucho menos legislar mal, como lo hizo con la sentencia 362, que declaró la nulidad parcial de tres normas y anuló el artículo 323 del CPC, como si fuese el legislador.

El Tribunal Supremo de Justicia (TSJ) en sus distintas salas puede desarrollar líneas jurisprudenciales que sirvan de apoyo al avance del derecho, pero no puede legislar porque eso compete a la Asamblea Nacional. Al hacerlo, invade sus competencias y hace lucir su garra totalitaria, al no respetar el principio de separación de poderes.

Este conflicto generado por la sentencia 362 de la Sala Constitucional es sobre lo que voy a reflexionar en este trabajo. Para hacerlo voy a referirme, en primer lugar, a las sentencias 510/2017 de la Sala de Casación Civil y 362/2018 de la Sala Constitucional. En segundo lugar, expongo el origen de la casación sin reenvío y su diferencia con la casación de instancia, para lo cual examinaré el artículo 627 del Código de Procedimiento Civil en sus dos supuestos. En tercer lugar, expongo las razones por las cuales en la casación de instancia no hay casación múltiple. En cuarto lugar, trato el vicio de inmotivación en la nueva regulación y la relación con el fondo de la controversia. A partir de la noción de motivación presento mi punto de vista sobre la casación total y parcial. En quinto lugar, consigno mis críticas a las "*técnicas*" de casación, para, en sexto lugar ofrecer una manera distinta de ver el silencio de prueba. En séptimo lugar, presento mi propuesta sobre la manera de reconducir la suposición falsa. Y en último lugar consigno una ristra de conclusiones.

1. LA SENTENCIA Nº 510 DE LA SALA DE CASACIÓN CIVIL

La sentencia 510 SCC elimina el reenvío, salvo en los casos del quebrantamiento de las formas procesales que produzcan indefensión. Asimismo, se establece la casación de instancia y, en este sentido, sigue el modelo de la casación laboral establecido en la Ley Orgánica Procesal del Trabajo del año 2002.

Es conveniente advertir, que la Sentencia 510 SC no eliminó el sistema de casación sobre los hechos en sus distintas modalidades, tal como se evidencia de su motivación.

El reenvío inútil, así como la posibilidad de proponer sucesivos recursos de casación en un mismo asunto como lo permite la casación múltiple, solo perpetúan la causa y afectan el principio de economía procesal. De lo que se trata es unificar la interpretación del Derecho en un proceso sin formalismos innecesarios.

Las decisiones 510 SCC y la 362 SC plantean el tema de los límites de la interpretación constitucional en una sociedad democrática. Es una discusión inagotable que enfrenta dos criterios: quienes entienden que las reformas legales solo pueden ser hechas por el legislador; y quienes creen en la labor creadora de la jurisprudencia. Esta última no puede extenderse a las facultades legislativas de los jueces, como lo ha hecho la sentencia 362 de la SC.

En el caso que nos ocupa, creo que deben distinguirse la eliminación del reenvío de la manera como fue hecha por la Sala Civil de lo que hizo la Sala Constitucional. La primera interpretó el recurso de casación a la luz de la Constitución, atendiendo el principio de economía procesal; y la segunda fue más allá al declarar la nulidad de varias disposiciones del Código de Procedimiento Civil y sustituirlas por otras normas elaboradas por la Sala Constitucional, invadiendo las competencias de la Asamblea Nacional.

Es conveniente destacar lo señalado por el voto concurrente[1] de la sentencia 510 SCC que expone este asunto del límite de la jurisprudencia, al señalar que la SCC no podía declarar la nulidad de los artículos 320, 322 y 522 del CPC, porque el control difuso no contempla esa facultad. Lo que debía haberse hecho, como lo hizo la jurisprudencia francesa con la interpretación de conceptos jurídicos que cristalizaron con la reforma del Código Civil, es interpretar las normas y darle un sentido de utilidad en armonía con la Constitución.

La SCC no podía declarar la nulidad de ningún artículo sino interpretarlos para definir un cuerpo de jurisprudencia que permitiera acumular experiencia para la reforma legislativa. Esta reforma es competencia de la Asamblea Nacional, pero por razones políticas se escogió el camino equivocado. Mucho menos podía la SC acometer la tarea de redactar unos artículos y darles valor como si fuese el Poder Legislativo. En este aspecto, la SC excedió los límites que la Constitución y la democracia le imponen.

---

1 Así lo expone el voto concurrente: "*En este contexto, considero que antes de recurrir a declaratorias de nulidad del supra indicado articulado del Código de Procedimiento Civil, las cuales desbordan la facultad de desaplicación por control difuso que tiene esta Sala de Casación Civil, se debió mediante la interpretación darle a las normas inteligencia útil, justa y lógica, adaptándolas a la realidad constitucional y dejar de aplicar aquellas cuyo uso resulte un menoscabo de la integridad de la Constitución de la República Bolivariana de Venezuela, puesto que los esfuerzos de esta Sala han de estar dirigidos a crear los fundamentos de una futura actualización normativa, ofreciendo interpretaciones que sean compatibles con el Texto Fundamental, siendo la desaplicación la última opción*".

2. LA SENTENCIA Nº 362 DE LA SALA CONSTITUCIONAL

La decisión 362 de la SC, luego de la declaratoria de nulidad parcial, reescribió los artículos 320, 322 y 522 del Código de Procedimiento Civil (CPC) con una gramática enrevesada, contradictoria y que confunde conceptos incompatibles como la casación sin reenvío y la casación de instancia. Hay un uso abusivo del argumento de autoridad que impide la reflexión original, que es lo que interesa a los justiciables. El aporte de la sentencia de la SCC fue pronto aniquilado por la SC con su decisión.

Es conveniente advertir que la sentencia 362 SC declaró la nulidad parcial del artículo 320 del CPC que es el que regula la casación sobre los hechos y de inmediato presenta un nuevo artículo, redactándolo de manera confusa y sin regular la mencionada casación sobre los hechos. En este aspecto, contradice la sentencia 510 de la SCC, la cual no eliminó la mencionada casación sobre los hechos.

Al mismo tiempo, la sentencia la sentencia 362 de la SC al redactar inconstitucionalmente el artículo 322 del CPC, confunde la casación de instancia con la casación sin reenvío, que son dos modalidades de casación diferentes.

La Sala Constitucional, por una parte, declaró la nulidad total del artículo 323 del CPC; y por la otra declaró la nulidad (se entiende que parcial, aunque no lo dice) de los artículos 320, 322 y 522 sino que los reescribió y con ello asumió las facultades del legislador.

Esta decisión utiliza una metodología repudiada por la buena metodología jurídica. En efecto, con la herramienta "*copiar y pegar*" reproduce literalmente la sentencia número 510 de la Sala de Casación Civil sometida a consulta. Esto ocupa 22 páginas, para de inmediato copiar el voto concurrente de la magistrada Marisela Godoy, lo cual requirió de casi 4 páginas. Luego reproduce su formato de todas sus decisiones y examina su competencia para a continuación plasmar la "*motivación*". Se trata de sentencias que siguen un molde burocrático, y así sacrifican la reflexión jurídica.

Esta motivación está asimismo cargada de interminables citas y las presenta dentro del texto con letra itálica; incluso resalta párrafos en mayúsculas y negritas al mismo tiempo, para cambiar de estilo e incorporar otras citas en recuadro, es decir, citas en letra itálica y otras en recuadro, lo que crea dificultad en el lector.

Posteriormente, la Sala Constitucional hace explicaciones sobre lo que es el control difuso y señala lugares comunes, como, por ejemplo, cuando afirma que en nuestro sistema constitucional es esa Sala la única que puede ejercer el control concentrado de la constitucionalidad. Todo esto es innecesario y son consideraciones que nada tienen que hacer con la materia a decidir.

Más adelante copia textualmente los artículos 320, 322, 323 y 522 del Código de Procedimiento Civil, hace una explicación exegética de dichos artículos. Luego se refiere a una sentencia de la misma Sala (N° 1235 del 14.8.12) para destacar que el recurso de casación debe ser un instrumento útil a la justicia, lo cual no pasa de ser un lugar común. Así llega a la nueva redacción de los artículos 320, 322 y 522 del Código de Procedimiento Civil, pensando que están facultados constitucionalmente para redactar normas jurídicas. La invasión de las facultades de la Asamblea Nacional es palmaria en este aspecto.

El artículo 320 redactado por la SC estable la casación de instancia como una facultad y no como una obligación, al decir que la Sala "*se pronunciará sobre las infracciones denunciadas, pudiendo extenderse al fondo de la controversia*". Es decir, no lo hace de manera tajante sino lo deja como una facultad, lo que atenta contra la esencia de la casación de instancia. Esto se debe a la confusa redacción del artículo "*rescrito*"[2] y a las contradicciones entre el dispositivo y la motiva de la decisión número 510.

También el artículo 322 del CPC de la SC es defectuoso al confundir la casación de instancia con la casación sin reenvío. La sentencia trata la casación de instancia como casación sin reenvío, pese a que son dos figuras distintas. En vista de esto, me voy a referir brevemente a la casación sin reenvío a los fines de aclarar lo que pretendo demostrar.

---

2 La redacción aparte *in fine* es la siguiente: "*La Sala de Casación Civil del Tribunal Supremo de Justicia podrá casar el fallo sin reenvío y ponerle fin al juicio. En este caso, hará pronunciamiento expreso sobre las costas, de acuerdo con las disposiciones del Título VI, Libro Primero de este Código. El fallo dictado se remitirá directamente al Tribunal al cual corresponda la ejecución, junto con el expediente respectivo*".

3. EL ORIGEN DE LA CASACIÓN SIN REENVÍO VENEZOLANA[3]

La casación sin reenvío venezolana[4] tiene su antecedente directo en el artículo 627 del Código de Procedimiento Civil francés[5], incorporado a dicho Código según la ley Nº 79-9 del 3 de enero de 1979, y reformado por decreto nº 2012-66 del 20 de enero de 2012[6]. En este trabajo me voy a referir al texto del Código de 1979 que es el que sirve de fundamento a nuestro sistema de casación sin reenvío.

Según esta norma del mencionado artículo 627 la Corte de Casación puede casar sin reenvío cuando (i) su decisión no deja nada por juzgar; (ii) cuando a los hechos soberanamente establecidos por los jueces del fondo, le permiten aplicar la apropiada regla de derecho. En ninguno de estos casos, puede la Corte de Casación modificar la cuestión de hecho. Y en este fundamental rasgo se diferencia de la casación de instancia.

Por su parte, el artículo 322 del CPC[7] venezolano señala los dos motivos regulados por la norma francesa. La SCC puede casar sin

---

3 Esta sección está tomada con cambios y añadidos de mi libro *La Casación sin reenvío*. Caracas, Edit. Vadell hermanos editores, 1988.

4 Para un estudio sobre la casación sin reenvío por la doctrina venezolana véase: Leopoldo Márquez Añez, *El Nuevo Código de Procedimiento Civil,* Fondo de publicaciones UCAB-Fundación Polar, Caracas, 1987, pp. 81-92; *Poderes y Funciones de la Casación en el Nuevo Código de Procedimiento Civil,* Biblioteca de la Academia de Ciencias Políticas y Sociales, Caracas, 1986, pp. 86-102.

5 Dicho artículo 627 del CPC francés postula lo siguiente: "*La Corte de Casación puede casar sin reenvío cuando la casación no implique que sea de nuevo estatuido sobre el fondo. Ella puede, también, al casar sin reenvío, poner fin al litigio cuando los hechos que han sido soberanamente constatados y apreciados por los jueces de fondo, le permiten aplicar la apropiada regla de derecho. En estos casos, ella se pronuncia sobre las costas atinentes a la instancia. La decisión conlleva ejecución forzada*".

6 La reforma está contenida en el artículo L411-3 del Código de la Organización Judicial al que me voy a referir más adelante en el texto.

7 Señala la norma lo siguiente: "*La Corte Suprema de Justicia podrá casar un fallo sin reenvío, cuando su decisión sobre el recurso haga innecesario un nuevo pronunciamiento sobre el fondo. Podrá también la Corte Suprema de Justicia prescindir del reenvío, y poner término al litigio, cada vez que los hechos que han sido soberanamente establecidos y apreciados por los jueces del fondo, le permitan aplicar la apropiada regla de derecho. En estos casos, la Corte Suprema de Justicia hará pronunciamiento expreso sobre las costas del juicio, de acuerdo con las disposiciones del Título VI, Libro Primero de este Código.*

reenvío si su decisión no deja nada por juzgar, como ocurre con una declaratoria de caducidad. También cuando a los hechos que han sido establecidos por los jueces del mérito se les puede aplicar la apropiada regla de derecho:

La casación sin reenvío fue traída, entonces, directamente de la moderna institución francesa, por lo que es obligatorio hacer referencia a la evolución que tuvo en Francia, así como a la doctrina y a la jurisprudencia de aquel país.

3.1. La casación sin reenvío en Francia

El embrión de la casación sin reenvío francesa se encuentra en un fallo de la Cámara Criminal[8]. En este sentido, el autor francés Ernest Faye sostiene que "*hay casos en los cuales la Cámara Criminal puede casar sin reenvío; esta excepción no existe para la Cámara Civil...*"[9].

Es en la Cámara de Casación Criminal donde se inicia el desarrollo jurisprudencial de esta institución. Esto se explica por la búsqueda de la celeridad procesal en materias que atañen a la libertad de los detenidos. En este sentido, si la Cámara ha declarado que los hechos que se le imputan al reo no revisten carácter penal, ¿para qué someter al reo a un juicio de reenvío, con todo lo que esto entraña en tiempo y espera?. La supresión del reenvío se justifica por la preocupación evidente de acelerar la solución del proceso[10]. Encontramos, de esta manera, una serie de casos en que el fallo casacional *por no dejar nada por juzgar*, hace inútil un nuevo debate sobre los hechos [11] y, por tanto, se prescinde del reenvío, acelerando ciertamente la solución definitiva de la controversia.

El fallo dictado por la Corte Suprema de Justicia que no requiriese decisión de reenvío, se remitirá directamente al Tribunal al cual corresponda la ejecución, junto con el expediente respectivo".

8 Ernest Faye, *La Cour de Cassation.* Librairie Marescq Aine, núm. 232, Paris, 1903, p. 265. Cfr. igualmente E Garsonnet, *Traité Théorique et Pratique de Procedure*. París Libraire de la Société du Recueil Général des Lois & Des Arréts, segunda edición, T. VI, núm. 2427, 1902, p. 564.

9 *Ibíd.*

10 Jacques Boré, *La Casación en Matiére Pénal*, Librairie Générale de Droit de Jurisprudence, núm. 1067, Paris,1985, p. 328.

11 Sentencia del 10 de marzo de 1953 cit. en ibid., núm. 1072, p. 330.

Igualmente, será inútil el reenvío en supuestos de prescripción[12], cosa juzgada[13] y en otros casos semejantes que han sido desarrollados por la jurisprudencia de la Cámara de Casación Criminal[14].

El desarrollo experimentado por dicha Cámara comienza a influir en las Cámaras Civiles y es así como la posibilidad de casar sin reenvío se prevé, para el campo civil, en el artículo 16 de la ley Nº 67-253 del 3 de julio de 1967 relativa a la Corte de Casación[15].

3.2. Examen del artículo 627 del Código de Procedimiento civil francés

Como puede apreciarse de lo antes señalado, el artículo 322 del Código de Procedimiento Civil venezolano tiene su antecedente inmediato y directo en el artículo 627 del Código francés, el cual, a su vez, es la culminación de una evolución jurisprudencial y doctrinaria vivida en aquel país. Por tal razón, se impone examinar los comentarios hechos por la doctrina francesa en torno a esta novísima institución casacional. Para ello, vamos a dividir el artículo 627 del Código de Procedimiento Civil francés (artículo 322, tercer aparte del Código de Procedimiento Civil Venezolano) en sus dos supuestos: (1) cuando la decisión de la Sala de Casación no deja nada por juzgar; y (2) cuando a los hechos constatados y apreciados soberanamente por los jueces de fondo, le permitan aplicar la apropiada regla de derecho.

3.2.1. Primer supuesto de casación sin reenvío:

Cuando la decisión de la Corte de Casación haga innecesario un nuevo pronunciamiento sobre el fondo.

Estos son los casos en los cuales la decisión de la Corte no deja por juzgar, tal como lo sostiene la doctrina francesa[16]. Estos supuestos fue-

---

12 Sentencias del 10 de setiembre de 1846; 3 de abril de 1930; 10 de febrero de 1953; 23 de enero y 31 de octubre de 1963; 5 de mayo de 1964; 5 de abril de 1965 y 14 de noviembre de 1972, en ibid., núm. 1073, p. 330.

13 Sentencias del 21 de noviembre de 1889, 8 de julio de 1915; 3 de noviembre de 1923; 25 de marzo de 1947; 7 de agosto de 1951 y 28 de octubre de 1975, en *Ibíd.*

14 Véase *Ibíd.*, núms. 1074 a 1095, pp. 331-338

15 Véase, Evelyne Prieur, *La Substitution de Motifs par la Cour de Cassation*, Económica, núm. 2, Paris,1986, p. 2.

16 Jacques Boré. *La Cassation en Matiére Civile*. Dalloz, París, 1997, núm. 3265, p. 821.

ron desarrollados básicamente por la Cámara Criminal francesa, como señalamos antes.

Los ejemplos clásicos de este primer supuesto son los siguientes:

a) Cuando la solución legal se aplica de pleno derecho, como sería el caso de una decisión que adopta un sistema de indexación incompatible con un texto legal, así, por ejemplo, cuando la revalorización es aplicable de pleno derecho[17].
b) Cuando se declara que existe cosa juzgada, por cuanto una decisión de esta naturaleza no dejaría nada por juzgar. Este supuesto ha tenido amplio desarrollo en la jurisprudencia de la Cámara Criminal[18]; y también ha sido aplicado por la Casación civil[19].
c) Cuando la casación es en *interés de la ley*, o cuando es por exceso de poder, no hay necesidad del reenvío. Aunque debe señalarse que la sentencia que se casa en interés de la ley conserva sus efectos entre las partes. La sentencia casada por exceso de poder, por el contrario, produce efectos *erga omnes*[20]. Cabe notar, sin embargo, que estos ejemplos no son trasladables a nuestro sistema. Incluso, la casación en interés de la ley fue eliminada y se transformó en el poder contenido en el antepenúltimo aparte del artículo 320 del Código de Procedimiento Civil que permite casar el fallo sobre la base de las infracciones de orden público y constitucionales, aunque no hubieren sido denunciadas[21].
d) Cuando la acción esté prescrita, o cuando el actor no tenga capacidad de obrar[22].

En la doctrina nacional, el profesor Leopoldo Márquez Añez expone una ristra de ejemplos[23] del primer supuesto de Casación sin reenvío:

---

17 *Ibíd.*, núm. 3268, p. 822. El ejemplo citado en el texto se refiere a un caso de aplicación de un sistema de indexación incompatible con el fijado por el artículo 455 del Código de Seguridad Social francés.

18 *Ibíd.*, núm. 3271, p. 822.

19 *Ibíd.* Véase igualmente núm. 3272, p.822.

20 Vincent y Guinchard, ob. cit., núm. 1084, pp. 957 y 958.

21 Véase Márquez Añez: *El Nuevo Código de Procedimiento Civil ..., pp. 65-72; Poderes y Funciones_...*, pp. 65-75.

22 Boré *La Cassation en Matiére Civile ...*, núm. 3273, p. 823.

23 Márquez Añez, *El Nuevo Código de Procedimiento Civil ...*, pp. 90 y 91*; Poderes y Funciones ...*, pp. 98 y 99.

a) Cuando el fallo de casación "*Ordena tomar en cuenta la prescripción del crédito reclamado*";
b) Cuando casación anula el fallo recurrido por haberse fundado en una causal no prevista en la Ley Venezolana[24];
c) Cuando la sentencia de casación declara que hay cosa juzgada;
d) Cuando se casa el fallo recurrido, porque su dispositivo se refiere "*a un objeto ilícito, o imposible, o contrario al orden público o a las buenas costumbres*";
e) Si la sentencia de casación declara la caducidad;
f) Cuando en los términos del fallo recurrido se desprende la falta de cualidad e interés en uno cualquiera de los litigantes;
g) Si el fallo de casación declara la no reparabilidad del daño moral en materia contractual, no habrá necesidad de reenvío, por cuanto dicha decisión no dejaría nada por juzgar[25].

Este primer supuesto de casación sin reenvío no ofrece mayores problemas en la doctrina y la jurisprudencia francesa[26]. Donde hay más discusión y dificultades es en el segundo supuesto; y por eso se anda con prudencia.

3.2.2. Segundo supuesto de casación sin reenvío

Cuando permitan al Tribunal Supremo de Justicia aplicar la apropiada regla de derecho a los hechos soberanamente establecidos y apreciados por los jueces de fondo.

Este segundo supuesto de la casación sin reenvío fue criticado por el casacionista francés Jacques Bore[27], por permitir al juez rectificar

---

24 Este ejemplo no tendrá ningún futuro en nuestro sistema, habida cuenta de la posibilidad que tiene el Juez de inadmitir la demanda (art. 341 CPC) cuando la misma sea contraria al orden público, a las buenas costumbres o a alguna disposición expresa de la ley. Lógicamente, una demanda de divorcio fundada en una causal no prevista en la ley atenta contra el orden público.
Véase sentencia de fecha 25 de junio de 1981, en *Gaceta Forense*, Tercera Etapa, N° 112, Vol. II, pp. 1758-1775.

25 Véase sentencia de fecha 25 de junio de 1981, en *Gaceta Forense*, Tercera Etapa, N° 112, Vol. II, pp. 1758-1775.

26 *Cfr.* Boré, *La Cassation en Matiére Civile* ..., núm. 3265-3273, pp. 821-823; André Perdriau: "Aspects actuels de la cassation sans renvoi". En: *La Semaine Juridique*. Editions Techniques, 6 de marzo de 1985, N° 10, ss., núm. 14-18. París, 1985.

27 Boré, *La Cassation en Matiére Civile* ..., núm. 3276, p. 823.

los errores de derecho sin posibilidad de rectificar los errores de hecho. Esto colocaría a las partes en desigualdad, ya que una de ellas se beneficiaría de un nuevo juzgamiento del derecho sin que la otra pueda invocar nuevos hechos, nuevas pruebas, ni la apreciación de esos hechos[28]. Por tal razón Boré pedía una aplicación prudente de esta facultad.

En relación con la aplicación del segundo supuesto del artículo 627 del CPC francés, Boré criticaba los ejemplos invocados por Charretier en la Asamblea Nacional para justificar esta posibilidad de casar sin reenvío. Los ejemplos dados por Charretier son los siguientes:

2.1. Como consecuencia de un accidente de caballos en un centro de doma, el Tribunal Superior (*Cour d'appel*) confirma la responsabilidad delictual del propietario, evalúa el perjuicio contra la víctima en 20.000 francos y condena al propietario a pagar dicha cantidad a la misma. La Corte de Casación estima que el Tribunal Superior estableció erradamente la *responsabilidad delictual*, pero, sobre la base de los elementos de hecho constatados por el Superior, admite la *responsabilidad contractual* y ratifica el pago de los 20.000 francos a favor de la víctima. No hay necesidad del reenvío, por cuanto el propietario del centro de doma debe, de todas maneras, cancelar los 20.000 francos a la víctima[29].

2.2. El segundo ejemplo trata sobre la existencia de un crédito. El Tribunal Superior constata la existencia del crédito, establece que el mismo es de X francos y condena al deudor a pagarlo con los intereses legales. La Corte de Casación estima que el Superior ha debido aplicar a la deuda una tasa de interés convencional más elevada (la tasa prevista por las partes). En este caso no hay necesidad de reenvío[30].

2.3. El tercer ejemplo consiste en que el Tribunal Superior condena a dos personas a pagar una cantidad dineraria en forma solidaria (donde el monto no fue rechazado). La Corte de

28 *Ibíd.* Véase igualmente, Márquez Añez, *El Nuevo Código de Procedimiento Civil*..., pp. 91 y 92; *Poderes y Funciones*..., p. 100.

29 Branlard, Ob. cit., p. 196.

30 *Ibid*, pp. 196 y 197.

> Casación estima que en el caso concreto no hay solidaridad y que una de las dos personas no está obligada al pago de la deuda. Aquí no hay necesidad de reenvío[31].

Estos ejemplos han sido calificados como poco convincentes por Boré[32]. Así, el segundo ejemplo, es decir, la sustitución de un interés legal por un interés convencional, puede -según la crítica de Bore- obligar eventualmente a sacar del contrato elementos de hecho extraños al fallo atacado[33]. Sin embargo, como veremos, posteriormente la jurisprudencia francesa desarrolló este segundo supuesto de casación sin reenvío.

En varias sentencias dictadas con posterioridad a la publicación de los comentarios de Boré, la Casación francesa ha hecho uso de las dos facultades del artículo 627 del Código de Procedimiento Civil[34].

La aplicación del primer supuesto de casación sin reenvío había sido desarrollada (se insiste) por la Cámara Criminal, y no ofrecía dudas a la doctrina francesa. El segundo supuesto, fue el que más críticas mereció. Pero también ha sido objeto de desarrollo jurisprudencial. Hay numerosos ejemplos, veamos uno:

> *"El Tribunal Superior ha condenado al comprador de un inmueble a pagar una comisión a un corredor inmobiliario, aunque no había mandato escrito entre el comprador y el corredor. En efecto, la ausencia de mandato escrito, soberanamente constatada por los jueces de fondo, permite a la Corte de Casación aplicar la apropiada regla de derecho".*

La reforma de esta norma contenida en el antes mencionado decreto nº 2012-66 del 20 de enero de 2012 señala que la Corte de Casación puede casar sin reenvío en los casos previstos en el artículo L. 411-3 del código de la organización judicial. Esta redacción mantiene la hipótesis de la eliminación del reenvío cuando la decisión de casación no implique un nuevo pronunciamiento sobre el fondo; pero, y en relación con

---

31 *Ibíd.*, p. 197.

32 Bore, *La Cassation en Matiére Civile*_..., núm. 3276, p. 823.

33 *Ibíd.*

34 Véase Perdriau, ob. cit., núm. 14 a 39.

el segundo supuesto, autoriza la casación sin reenvío "*cuando el interés de una buena administración de justicia lo justifique*". De esta manera se aumenta la facultad de casar sin reenvío, siempre dentro del sistema de casación de derecho.

En la doctrina nacional, el profesor Leopoldo Márquez Añez nos da el ejemplo siguiente sobre este segundo supuesto de casación sin reenvío: cuando la sentencia recurrida califica como venta lo que es un mandato, la Sala puede casar sin reenvío[35].

Sobre la base del ejemplo anterior, la Sala de Casación Civil podrá -en nuestra opinión- hacer uso del segundo supuesto del artículo 322 del Código de Procedimiento Civil y eliminar, en estos casos, la etapa inútil del reenvío. Es decir, frente a una calificación errada de un contrato, la Sala podrá, con base en los hechos soberanamente constatados, aplicar la regla de derecho correcta. Así, en una operación de compraventa de divisas, el Tribunal Superior declara que se trata de un contrato de permuta de divisas, y ordena dividir los gastos de la operación entre las dos partes; la Casación puede calificar el contrato como "*compra – venta de divisas*" y declarar que los gastos corren por cuenta del comprador y evitar así un reenvío innecesario.

De la misma manera, sería encuadrable dentro del segundo supuesto del artículo 322 del CPC aplicable por la jurisprudencia nacional el ejemplo de la casación francesa citado anteriormente; esto es, si el juez de alzada condena a pagar al propietario de un inmueble una comisión a un corredor inmobiliario sobre la base de un supuesto contrato entre ellos; y casación, ante los hechos constatados por los jueces de fondo, determina que no existía ningún contrato entre el propietario y el corredor, casa el fallo y prescinde del reenvío.

Lo anterior representa sucintamente la posibilidad de casar sin reenvío en el sistema recogido en el "*derogado*" o reescrito artículo 322 del CPC, el cual es distinto a la casación de instancia.

---

35 Leopoldo Márquez Añez, *El Nuevo Código de Procedimiento Civil ...*, p. 92; *Poderes y Funciones ...*, p. 101.

4. LA CASACIÓN DE INSTANCIA Y LA CASACIÓN SIN REENVÍO

Conviene ahora señalar las diferencias entre la casación sin reenvío y la casación de instancia[36]. En esta última, la Sala de Casación conoce de los hechos y del derecho; en la casación sin reenvío, en cambio, sólo se puede modificar la calificación jurídica a los hechos soberanamente constatados por los jueces de fondo.

Adicionalmente, en la casación de instancia el Tribunal de Casación entra a conocer de los hechos; mientras que en la casación sin reenvío no se tocan en absoluto los hechos, en ninguno de sus dos supuestos.

En la casación sin reenvío, una vez declarada con lugar una denuncia, se sentencia el fondo; en la casación sin reenvío, la posibilidad de sentenciar el fondo es siempre excepcional.

La casación de instancia tuvo una vida efímera en nuestro país. Primero en las Leyes del 7 de marzo de 19881 (artículo 15) y 18 de mayo de 1882 (artículo 16)[37]. Luego adquirió rango constitucional en la Constitución de 1947 que la consagró en su artículo 220, ordinal 3[38], y de esa manera la casación de instancia tuvo rango constitucional.

---

36 Sobre esta casación de instancia, Humberto Cuenca señalaba lo siguiente: "*Esta fecunda innovación, si fuera recogida en la futura ley orgánica de la Corte, evitaría el juicio de reenvío que tantos retardos y demoras ocasiona a las partes. Indudablemente que hace más fatigosa la tarea de los jueces de la casación, pero redunda en evidente rapidez y economía procesal. Es la llamada casación de instancia, sistema español de excelentes resultados*" (ob. cit., núm. 34, p. 94).

37 El artículo de la Ley del 7 de marzo de 1881 indicaba lo siguiente: "*Declarado con lugar el recurso, por ser la sentencia definitiva o interlocutoria contraria a la Ley expresa, la Corte decidirá en el mismo fallo sobre el punto discutido, y si la sentencia casada hubiere sido en juicio de invalidación y negado ésta, la Corte de Casación abrazará en su fallo el pleito o juicio principal, si a ello hubiere lugar*".
El artículo 16 de la Ley del 18 de mayo de 1882, por su parte, era el tenor siguiente: "*Declarado con lugar el recurso, por ser la sentencia definitiva o interlocutoria contraria a la Ley expresa, la Corte decidirá en el mismo fallo corrigiendo la ilegalidad, y si la sentencia casada hubiere sido dada en juicio de invalidación y negado ésta, la Corte de Casación abrazará en su fallo el pleito o juicio principal si ello hubiere lugar*".

38 Dicha norma rezaba: "*Conocer del recurso de casación y de los demás cuya decisión le atribuya la ley. Al declarar con lugar el recurso de casación por infracción de ley, la Corte decidirá sobre el fondo de la sentencia casada*".

Posteriormente, la casación de instancia fue establecida en el artículo 168 de la Ley Orgánica Procesal del Trabajo, en cuya primera etapa de su aplicación rindió buenos frutos[39].

Estos son los antecedentes venezolanos de la casación de instancia. La casación sin reenvío tiene su antecedente, como ha quedado señalado, en el sistema francés, y hasta el Código de Procedimiento Civil de 1986 era desconocida en Venezuela.

En relación con la casación sin reenvío y con la casación de instancia cabe observar lo siguiente:

(i) La casación de instancia tiene su origen en el sistema de casación español (sistema impuro). La casación sin reenvío es una evolución vivida dentro del sistema francés (casación pura);

(ii) La casación de instancia conoce de los hechos y del derecho, o sea, del fondo de la controversia. La casación sin reenvío conoce sólo del derecho;

(iii) La casación sin reenvío es facultativa. La casación de instancia no lo es;

(iv) En la casación de instancia no hay reenvío. En la novísima facultad consagrada en el artículo 322 del Código de Procedimiento Civil vigente, puede establecerse el siguiente principio: El reenvío es la regla; ausencia de reenvío es la excepción[40].

5. EN LA CASACIÓN DE INSTANCIA NO HAY CASACIÓN MÚLTIPLE

La casación múltiple es aquella nefasta figura que permite que una misma causa pueda ir en sucesivas oportunidades al conocimiento del tribunal de casación. Desde luego que esta posibilidad repugna a un sistema regido por el principio de la tutela judicial efectiva, plasmado en los artículos 26 y 257 de la Constitución.

Este principio de la tutela judicial efectiva que predica la obtención de una sentencia fundada en derecho, en un plazo razonable, que sea

---

39 De ello doy cuenta en mi libro *Reflexiones sobre el razonamiento jurídico en el sistema de casación venezolano (La casación civil vs la casación social)*. Editorial Legis, Caracas, 2012.

40 Véase Georges Picca y Liane Cobert: *La Cour de Cassation* (Que sais-je?). Presses universitaires de France, París, 1986, p. 120.

ejecutable, obtenida sin formalismos inútiles y que sea dictada por un juez imparcial, independiente y autónomo (juez natural). A esto se debe agregar el derecho a un juicio oral y a un proceso sencillo. Ciertamente, que nada de esto es atendido por los defensores de la casación múltiple. Por esta razón, la casación múltiple repugna a la filosofía que respalda a los artículos 26 y 257 de la Constitución.

La decisión 510 de la SCC tiene el mérito de eliminar el reenvío y con ello elimina la casación múltiple. Asimismo, la casación de forma por el vicio de nulidad de la sentencia es fundamento de casación cuando el vicio tiene trascendencia sobre el fondo de la controversia. Esto evita la casación inútil que es producto de la declaratoria de vicios irrelevantes.

Cuando se trata de un error en la ordenación procesal que genera indefensión, hay reposición a la etapa en que el vicio sea corregido. Pero solo cuando afecta al derecho a la defensa. Los demás vicios, de ser declarados procedentes, habilitan a la Sala para decidir el fondo, como corresponde a la casación de instancia.

Es conveniente señalar que la SCC solo decide el fondo cuando declara con lugar el recurso de casación; y no en el caso contrario. Por eso, no es un tribunal de instancia sino un tribunal de casación que está facultado para juzgar sobre el fondo cuando encuentra un vicio con suficiente entidad para casar el fallo.

La sentencia de la SCC no eliminó la casación sobre los hechos, como podría pensarse por el dispositivo de la sentencia número 362 de la SC y por la "*nueva*" redacción del artículo 320 del CPC. En este sentido marcha la decisión de la SCC del 29.5.18 que regula la casación civil[41].

6. CONSIDERACIONES SOBRE EL VICIO DE INMOTIVACIÓN EN LA NUEVA CASACIÓN

Un sistema de casación de instancia requiere relacionar los vicios de forma de la sentencia con el fondo de la controversia. Solo hay casación cuando el vicio es trascendente sobre el dispositivo.

La motivación de la sentencia plantea la necesidad de distinguir el lindero que la separa la de la inmotivación. En este sentido, hay que

41 Esta decisión ratifica los criterios de la decisión 510 del 28.7.2017.

tener presente que de acuerdo con la tradicional posición de la casación venezolana la motivación escasa no vicia el fallo. Entonces, ¿cuál es el lindero que separa la motivación y la inmotivación? ¿cuál es el límite que existe entre la motivación escasa y la falta absoluta de fundamentos?

Si el juez expone un argumento en el sentido de una cadena de juicios en donde uno es consecuencia del otro, o, simplemente construye un silogismo, entonces es posible sostener que en ambos casos no hay inmotivación, porque el razonamiento permite abordar los vicios de fondo. Pero, cuando en lugar de un motivo se expone una opinión que no permite controlar la labor de juzgar, sí hay inmotivación.

En esta materia, la jurisprudencia entiende que los motivos exiguos, precarios o escasos no vician el fallo de inmotivado; posición acertada desde un punto de vista conceptual. No obstante, el problema surge cuando se trata de establecer el límite entre el motivo escaso y la falta de motivación, porque al intentar hacerlo nos encontraríamos con las mismas interrogantes que surgen cuando se desea determinar la diferencia entre un hombre bajo y un hombre alto, es decir, ¿cuál es el límite?

En cuanto a la interrogante sobre el límite entre la motivación y la inmotivación, la respuesta es difícil de encontrar, al menos desde un punto de vista práctico. En efecto, la manera de saber si un fallo está motivado, independientemente del grado amplio o escaso de esa motivación, es conociendo cuál ha sido la aplicación del derecho al caso concreto, a partir del enunciado contenido en la premisa mayor del silogismo. En otras palabras: hay motivación cada vez que es posible conocer el criterio utilizado por el juez para abordar el fondo del asunto jurídico debatido. Esta afirmación encuentra apoyo en una decisión de la Sala de Casación Civil de fecha 20 de diciembre 2001[42], que rechazó una denuncia por inmotivación, por cuanto el formalizante había combatido el supuesto pronunciamiento inmotivado con el recurso de fondo[43].

---

42 Sentencia de la Sala de Casación Civil de fecha 20 de diciembre de 2001, N° 451, en el caso de *Foreign Credit Inssurance Association contra Naviera Rassi* y otros.

43 Así lo expone esta decisión: "*En adición, observa la Sala que en la tercera denuncia de fondo el recurrente cuestiona la motivación dada por la recurrida para desechar el alegato relativo a la remisión de la deuda, combatiendo, precisamente, el pronunciamiento*

Siendo así el asunto, si el recurrente es capaz de combatir el fondo del asunto, es porque el fallo ofrece los motivos suficientes para realizar esta tarea. Entonces, no hay inmotivación cuando se plantean denuncias sobre un aspecto combatido con denuncias de infracción de ley.

Lo anterior autoriza a sostener que cuando se habla de motivación escasa, se hace para calificar un asunto semántico de poca utilidad. Sin embargo, esto resulta intrascendente puesto que el hecho de que sea escasa o excesiva resultará irrelevante en la medida en que sea posible abordar el fondo. Por consiguiente, la distinción entre motivación escasa y falta de motivación, no tiene mayor sentido práctico si se aplica el método antes señalado.

Así las cosas, poca importancia tiene, desde el punto de vista de la sentencia, lo referente a la cantidad de los motivos. En efecto, la motivación no tiene porqué ser exhaustiva ni detallada, basta que sea concisa y precisa, para que se conozcan los argumentos y los enlaces lógicos que conducen a la conclusión. Esto es así porque la motivación no busca explicar procesos mentales, sino justificar adecuadamente la decisión desde un punto de vista lógico, jurídico y argumentativo.

Se puede concluir que, si el recurrente plantea denuncias de fondo, entonces las denuncias de forma deben desecharse si giran sobre el mismo aspecto combatido con las denuncias de errores de juzgamiento. De esta manera se atiende el mandato constitucional consagrado en el artículo 26 de la Constitución.

6.1. Relación entre la motivación y el fondo de la controversia

Para la doctrina latinoamericana, la motivación "*constituye un elemento intelectual de contenido crítico, valorativo y lógico, que consiste en el conjunto de razonamientos de hecho y de derecho en que el juez apoya su decisión*"[44] y se refiere, al fundamento o soporte intelectual del dispositivo que permite a las partes en particular, y a la sociedad en general, conocer el razonamiento seguido por el juez para llegar a su

del Juez Superior respecto a la ausencia de novación. Por consiguiente, mal podría la Sala anular el presente fallo por falta de motivos cuando hasta el propio formalizante ha utilizado su motivación para plantear denuncias por infracción de ley".

44 Fernando de la Rúa: *Teoría General del Proceso*, Depalma, Buenos Aires, 1991, p. 146.

conclusión. De acuerdo con lo señalado, se puede afirmar que, en términos generales, motivar una decisión significa expresar sus razones.

En sentido similar al anotado, marcha la doctrina nacional y expresa que "*la motivación es un conjunto metódico y organizado de razonamientos que comprende los alegatos de hecho y de derecho expuestos por las partes, su análisis a la luz de las pruebas y* de los preceptos legales y el criterio del juez sobre el núcleo de la controversia"[45]. Como se puede observar, en ambas definiciones de motivación está presente un elemento esencial: la labor intelectual del sentenciador y el método seguido para llegar al dispositivo.

En este orden de ideas, el Código de Procedimiento Civil dispone que la sentencia debe contener "*los motivos de hecho y de derecho*" (artículo 243, Ord. 4º); y ello significa que debe atender el requisito de la motivación, y así está previsto como motivo de la casación l en el ordinal 1° del artículo 313 del CPC. Asimismo, la motivación es un principio que integra el concepto del debido proceso[46].

El requisito de la motivación se relaciona con el concepto de la justificación externa de la sentencia, el cual se diferencia de la justificación interna que se refiere a la tarea de juzgar. Ahora bien, como quedo señalado, en la nueva casación debe relacionarse el defecto en la motivación con su trascendencia; por eso la justificación externa tiene una estrecha vecindad con la justificación interna, aunque no llegan a solaparse.

Así definido el asunto, debe señalarse que cuando se trata de la justificación de una sentencia, cabe preguntar: ¿Qué quiere decir que el juez debe realizar la justificación externa e interna de su decisión?. Esto significa que cuando se trata de la justificación de un caso sencillo o de uno cuya solución está en la norma, el método del silogismo judicial

---

45 Humberto Cuenca, *Curso de Casación Civil*. Caracas, Universidad Central de Venezuela, Ediciones de la Biblioteca, 1980, p.132.

46 Es la misma formulación del CPC. En efecto, la actuación del juez está claramente reglamentada. El ordinal 4º del artículo 243 del Código de Procedimiento Civil Venezolano impone al sentenciador el deber de exponer en su fallo, las razones de hecho y de derecho que sirven de soporte al dispositivo. Una sentencia clara exige que las razones que le sirven de fundamento sean expresadas sin sobreentendidos, sin ambigüedad y sin vaguedad. Para alcanzar ese cometido, es necesario que el juez manifieste en su decisión, la labor intelectual que le sirvió de soporte a sus argumentos para cumplir con la justificación, externa e interna, de la decisión.

es suficiente; pero cuando se trata de casos complejos, el mencionado método no lo es y debe ser complementado con la teoría de la argumentación y la ponderación.

Para la solución de los casos complejos, la distinción entre justificación externa e interna de la sentencia, juega un papel importante[47]. La primera alude al mecanismo intelectual seguido por el juez para establecer las premisas del silogismo. En esta labor, el juez debe acudir al método deductivo y a la analogía. La justificación interna, en cambio, "*es ajena a la corrección material del razonamiento, mientras que la justificación externa es dependiente de ella*"[48]. En esta faena es determinante que las premisas sean válidas, en atención a que podríamos estar ante razonamientos válidos, pero con conclusiones erradas; y conclusiones correctas que son consecuencia de proposiciones falsas. Para obviar este tipo de inconvenientes se apela al concepto de "*razonamiento sólido*" que se refiere a aquel razonamiento "*cuyas premisas son todas verdaderas y, por consiguiente, su conclusión es necesariamente verdadera*"[49].

La justificación de la sentencia, en sus manifestaciones externa e interna ha sido igualmente estudiada y expuesta por Alexi[50], quien advierte que la justificación interna ha sido conectada con el tema del silogismo judicial; y que la justificación externa consiste en "*la fundamentación de las premisas usadas en la justificación interna*"[51].

Entonces, cuanto se trata de asuntos sencillos y el juez decide utilizar el silogismo, tiene que subsumir el hecho específico, real y concreto en el hecho abstracto legal. Cuando el juez no cumple con estos principios, el fallo será inmotivado. Y si se trata de un asunto más complejo, en el cual utiliza la teoría de la argumentación, entonces la justificación

47 Véase Jerzy Wrolblewaki: "Motivation de la Decision Judiciaire". En: *Les Motivation de la Decision de Justice*, Établissements Émile Bruylant, Bruxelles, 1978, pp.119-130; y del mismo autor: *Constitución y teoría general de la interpretación Jurídica*. tr. Arantza Azurza, Civitas, Madrid, 1985, pp. 57-68. Véase igualmente.

48 Daniel Mendonca: *Interpretación y aplicación del derecho*, Universidad de Almería, 1997, p. 56.

49 Mendonca *Ob. cit*. p. 57.

50 Robert Alexi, *Teoría de la Argumentación jurídica,* Centro de Estudios Constitucionales, Madrid, 1997, pp. 214-240.

51 *Ídem*, p. 222.

externa alude a la cadena de argumentos utilizados en la fundamentación de la decisión y corresponde a la motivación. Mientras que la justificación interna se refiere a la bondad y calidad de los argumentos y su conexión con el tema a decidir[52].

En relación con la motivación, el autor italiano Taruffo[53] la considera "*un discurso*", entendido como un conjunto de proposiciones definidas dentro de un mismo contexto e identificables de manera autónoma. En este sentido señala que dichos conjuntos de proposiciones varían según el caso concreto. En efecto, se debe entender que la motivación estará viciada si la cadena argumentativa seguida por el juez contiene errores o impropiedades de orden lógico. Así, por ejemplo, si el dispositivo afirma A y la motivación afirma lo contrario de A[54].

Según lo señalado por Taruffo, el control sobre la motivación no es sólo sobre el silogismo, sino que distingue entre el control sobre la justificación del discurso, que constituye la motivación, y el control lógico del procedimiento decisorio[55]. Del mismo modo, también sostiene que los argumentos utilizados por el juzgador deben constituir la base racional del dispositivo (*decisione*), es decir, la motivación debe exponer las razones por las cuales se establecen las premisas de la decisión sobre el mérito. El control de la motivación va más allá del silogismo y se extiende a los argumentos.

Las reflexiones anteriores son igualmente aplicables a los restantes requisitos de la sentencia. De esta manera, la indeterminación, incongruencia y contradicción constituyen fundamento de la casación cuando tienen trascendencia sobre el dispositivo.

En relación con la indeterminación, es posible que dichos vicios se corrijan con una solicitud de aclaratoria o ampliación. Por ejemplo, si la identificación de los linderos de un fundo es errada, es posible corregirlo, aún de oficio por casación. Si la indeterminación es sobre un aspecto superfluo, como la falta de identificación de un lindero de un

---

52 Véase, Ramón Escovar León: *La Motivación de la Sentencia y su Relación con la Argumentación Jurídica.* Academia de Ciencias Políticas y Sociales, Serie Estudios N° 57, Caracas, 2001, capítulo 1, p. 24.

53 Michelle Taruffo: *La Motivazione della Sentenza Civile*. Cedam, Padova, 1975, p. 30.

54 Taruffo: *Ob. cit.*, p. 561.

55 *Ibidem,* p. 581.

apartamento, y el mismo se puede conocer del cuerpo de la sentencia, entonces no habrá necesidad de casar el fallo, pues basta una aclaratoria o ampliación. No veo razones para negar la posibilidad de casación de corregir el vicio con una aclaratoria de oficio. Esto simplifica el trámite procesal y evita tardanzas innecesarias.

Además, en nuestro caso debe tenerse en cuenta el mandato constitucional que predica una justicia: "*expedita, sin reposiciones indebidas*" (artículo 26 de la Constitución) y que "*no se sacrificará la justicia por la omisión de formalidades no esenciales*" (artículo 257 de la Constitución). Queda claro así, que no se puede privilegiar lo adjetivo sobre lo sustantivo, así como también debe suprimirse la manera burocrática con la cual, las más de las veces, se resuelven los asuntos judiciales.

6.2. Casación parcial y casación total

No hay casación parcial, pese a que la SCC lo entiende de otra manera. Los ejemplos que expone la Sala se refieren a inmotivaciones en determinados aspectos de la sentencia recurrida.

Sin embargo, mi opinión es distinta y la fundamento en lo siguiente: el vicio de forma para que justifique la casación debe tener influencia sobre el dispositivo. Por ejemplo, si el dispositivo se sustenta en 2 razones, y el vicio de forma afecta solo una de ellas, ese vicio de forma jamás tendrá influencia en el dispositivo. Por eso, la casación en estos casos es total, como enseña la doctrina nacional.[56]

En todo caso, de acuerdo con la nueva regulación, sí hay casación parcial y la Sala puede casar sobre la inmotivación en un aspecto y deja firma "*el resto de las motivaciones no casadas*".[57] Pienso que no se puede asumir una posición dogmática porque hay que ponderar la influencia, como dije antes, de la falta de motivación sobre el dispositivo.

7. CASACIÓN DE OFICIO

La SCC entiende que puede usar la facultad de casar de oficio si encuentras errores de juzgamiento que no han sido denunciados. No

56 José Román Duque Sánchez: *Manual de Casación Civil*. UCAB, Caracas, 1984, p. 279 y ss.

57 Sentencia número 138 del 10.09.2020.

estoy de acuerdo con esa auto atribuida facultad por las razones que presento a continuación,

Si la Sala encuentra un error de fondo no alegado y lo declarar de oficio, está rompiendo el equilibrio procesal porque el afectado por esa casación no tuvo la oportunidad de defenderse ni presentar alegatos sobre ese supuesto vicio detectado por la Sala. Asimismo, uno de los principios rectores de nuestro proceso es el dispositivo. Los vicios por errores de juzgamiento no interesan al orden público porque son del interés privado.

Permitir la posibilidad de que la Sala case de oficio por violaciones de derecho sustantivo, es introducir un elemento autoritario a nuestro sistema casacional.

La posibilidad de usar la casación de oficio debe ser revisada para evitar el uso abusivo de la misma.

8. LAS TÉCNICAS DE CASACIÓN

La decisión de la SCC del 29.5.18 consigna algunos párrafos para justificar las técnicas de casación. Critica las formalizaciones mal redactas y a partir del artículo 317 del CPC exige el cumplimiento de una técnica que ha interpretado jurisprudencialmente.

Los requisitos del artículo 317 del CPC son una guía para el formalizante que señala requisitos obvios, como señalar la sentencia contra la cual se recurre, el motivo de casación de forma o fondo, en este último caso se debe señalar si la infracción denunciada es "*por falsa aplicación o aplicación errónea*", y la especificación de las normas aplicables para resolver la controversia.

Es conveniente señalar que los requisitos del artículo 317 del CPC contradicen los tres motivos de casación de fondo a que se refiere el ordinal 2° del artículo 313 del mismo Código. Este último señala la errónea interpretación, la falsa aplicación y la falta de aplicación. Mientras que el artículo 317 mencionado indica la falsa aplicación y la "*aplicación errónea*", lo cual evidencia que se trata de motivos de casación que hasta el mismo legislador alude de manera imprecisa.

Sin embargo, la jurisprudencia se ha encargado de definir los tres motivos de casación de fondo, falta de aplicación, falsa aplicación y errónea interpretación. Para fundamentar la denuncia bastaría que se explique el error y que del alegato se entiende cuál es el vicio que se le imputa a la recurrida. Sin embargo, la aludida sentencia de la SCC del 29.5.18 exige unas técnicas que no encuentran asidero en la norma jurídica. Así dice que cada vez que se alegue una infracción de ley se debe "*explicar de forma clara y precisa cómo, cuándo y en qué sentido se produjo la infracción, la cual debe ser determinante de lo dispositivo del fallo*"[58]. Esto luce exagerado si se entiende que los formalismos están prohibidos por la Constitución (artículos 26 y 257).

Los motivos de casación de fondo regulados en el artículo 313, ordinal 2do, del CPC son la errónea interpretación, la falsa aplicación y la falta de aplicación.

La errónea interpretación se refiere a darle al supuesto abstracto de la norma un contenido y alcance que no tiene; la falsa de aplicación es un error en la subsunción del hecho concreto con el hecho abstracto; es un error en la premisa mayor del silogismo. La falta de aplicación se refiere a la no aplicación de una norma vigente o aplicar una que no lo esté. No se puede complicar la demostración de uno de esto vicios y convertirlo en materia para expertos o iniciados. Basta que el formalizante presente con argumentos el error cometido para que la Sala pueda decidirlo.

En adición a lo señalado, la Sala Constitucional, bajo ponencia de Pedro Rondón Haaz[59] en sentencia número 1163 declaró la inconstitucionalidad de las técnicas de casación.[60] Si bien la decisión se refiere

---

58 La sentencia citada en el texto reitera exigencias técnicas así: "*a) encuadrar la denuncia en el ordinal 2° del artículo 313 del Código de Procedimiento Civil; b) especificar qué normas jurídicas resultaron infringidas y cuál de las hipótesis previstas en el mentado ordinal 2° del artículo 313, es la que se pretende denunciar por errónea interpretación, falsa aplicación, falta de aplicación o violación de una máxima de experiencia; c) expresar las razones que demuestren la existencia de la infracción, esto es, explicar de forma clara y precisa cómo, cuándo y en qué sentido se produjo la infracción, la cual debe ser determinante de lo dispositivo del fallo, de conformidad con lo previsto en el único aparte del artículo 313 eiusdem; y d)especificar las normas jurídicas que el tribunal de última instancia debió aplicar y no aplicó para resolver la controversia, e indicar las razones que demuestren la aplicabilidad de dichas normas*".

59 Reconozco a Pedro Rondón Haaz como un jurista que ejerció la magistratura judicial con probidad e independencia.

60 Lo declaró de la manera siguiente: "*Conforme a la doctrina que fue citada supra y que hoy se reitera, esta Sala Constitucional considera que la exigencia del cumplimiento de una*

a las técnicas de casación social, su doctrina es aplicable también a los demás sistemas de casación: la civil y la penal.

9. EL SILENCIO DE PRUEBA

Las doctrinas de las Salas de Casación Social y Civil abordan el tema del silencio de prueba de manera distinta. Para la primera el vicio es de forma; y para la segunda lo es de fondo. Aunque parezca que las posiciones están encontradas, sin embargo, para ambas Salas el vicio tiene que ser trascendente y así se evita la casación inútil y su efecto directo: la casación múltiple.

Pese a que la visión de la Sala de Casación Civil, al reconducir el vicio por la vía del recurso de fondo (sentencia nº 204 de 21.06.00), dio un paso en contra de la casación inútil, sin embargo, posteriormente, en la sentencia número 62 del 5 de abril de 2001, la Sala buscó una solución más compleja a este asunto y se inclinó a favor de formalismos casacionales[61]. En esta última decisión, la Sala de Casación Civil resolvió el asunto diseñando una nueva "*técnica*" y consideró que la denuncia debe obedecer a una técnica de casación sobre los hechos. En verdad, la casación civil ha tenido una tendencia a recargar de "*técnicas*" la solución de los asuntos jurídicos.

La Sala SCS, al contrario, resuelve el asunto de manera sencilla: el silencio de prueba es error de forma, como ha sido la posición tradicional, pero debe ser trascendente. En el caso de que se imponga la tesis que considere al silencio de prueba como defecto de actividad, debe articularse con el principio finalista *ex* artículo 26 de la Constitución. Solo hay casación cuando el vicio es trascendente sobre el dispositivo.

"técnica" para la formalización del recurso de casación social como carga procesal que se impone al recurrente para el conocimiento del mismo por parte de la Sala de Casación Social obedece a una jurisprudencia formalista que está en conflicto con el espíritu y razón de la Constitución de la República Bolivariana de Venezuela y de la Ley Orgánica Procesal del Trabajo y que, por tanto, excede de los requerimientos básicos que disponen las normas que regulan la casación laboral".

61 En otro trabajo, me inclinaba por la solución que recogió la Sala Civil en su sentencia de fecha 21 de junio de 2000 (Véase, *Estudios de Casación Civil.* Caracas, TSJ, 2da Edición, 2003, capítulo IV, pp. 218-236).

Para la SCS, entonces, el vicio de silencio de pruebas es una modalidad de la inmotivación pero para que sirva de sustento a la casación del fallo, el mismo debe ser determinante sobre la suerte de la controversia, lo cual se amolda al principio finalista en casación.

Esta relación entre el silencio de prueba[62] y el principio finalista atiende a la relevancia de la probanza sobre el tema que se discute. Así, en el caso de una reivindicatoria en la cual el juez fundamenta su decisión en la valoración de una prueba documental, si el Juez no valora unos testigos, la conclusión a la que se arribe, luego de esta valoración, no puede ir contra la documental. Este ejemplo evidencia la importancia de obligar al recurrente a demostrar la trascendencia del vicio para que su denuncia pueda ser declarada procedente.

La motivación sobre la cuestión de hecho hace el fallo invulnerable[63]. Consecuencia de ello es que la casación se restringe cuando el Poder Judicial está integrado por jueces idóneos, que motivan adecuadamente sus fallos.

Además, siempre la determinación de la relevancia de la prueba sobre la suerte del proceso compete al recurrente en casación y, por lo tanto, es él quien debe demostrar la influencia de la prueba sobre el dispositivo, y no es asunto del juez de casación. Desde luego, el formalizante no podrá plantear su denuncia si no puede demostrar que la prueba en cuestión tiene influencia sobre el dispositivo. Por consiguiente, si pretende plantear como silenciada una prueba que sólo demuestra un hecho periférico, su denuncia jamás podrá prosperar y, en consecuencia, se suprimiría la tendencia de casar fallos por la omisión de valoración de pruebas irrelevantes[64].

---

62 Entendido el vicio como defecto de actividad (SCS) o como error de juzgamiento (SCC).

63 Véase, Jacques Boré, *La Cassation en Matière Civile*. Dalloz, num. 1893, Paris, 1997, p. 454.

64 Esta posición fue la acogida por la SCC en sentencia número 204 de fecha 21 de junio de 2001. Luego, como se señaló en el texto, esta posición fue reconducida por la vía de la casación sobre los hechos, y ratificada y ampliada en sentencia de fecha 5 de abril de 2001 (Nº 62) la cual señaló lo que se copia a continuación:

"*Las precedentes consideraciones permiten concluir que el artículo 509 del Código de Procedimiento Civil, constituye una obligación para el jurisdicente necesaria para establecer su criterio valorativo de las pruebas incorporadas en el expediente con relación a los hechos. Esta es una de las modalidades previstas en el artículo 320 del Código de Procedimiento Civil, que permite a la Sala examinar las actas procesales y extenderse al*

El silencio de prueba debe ser considerado como un vicio en la motivación y no como un caso de casación sobre los hechos, como lo ha señalado la Sala de Casación Civil.

10. PROPUESTA PARA LA CASACIÓN SOBRE LOS HECHOS

Los casos de casación sobre los hechos regulados en el "*reescrito*" artículo 320 del CPC es una excepción a la regla de la casación de derecho, según la cual el juez de casación no tiene a los hechos como materia de su conocimiento, salvo en los excepcionales casos previstos en la norma citada.

La casación de instancia permite al juez, una vez declarada con lugar una denuncia, juzgar sobre el fondo. Siendo así, entonces los supuestos excepcionales a que se refiere el CPC pasan a estar comprendidos dentro de los casos de la casación sobre los hechos.

Pienso que los casos de casación sobre los hechos se deben reducir a la suposición falsa o falso supuesto, como pretendo demostrar más adelante.

El error en el establecimiento y valoración de los hechos, así como el establecimiento y valoración de las pruebas deben ser vistos como errores de juzgamiento a secas. No es necesario alegarlos como errores de hecho sino de derecho. En cambio, el falso supuesto, en sus cuatro modalidades, sí constituyen supuesto de hechos en casación.

Ante todo una precisión terminológica en relación con el concepto de suposición falsa o falso supuesto[65]. El Código de Procedimiento Civil de 1916 llamaba a este motivo de casación sobre los hechos, falso

---

establecimiento y apreciación de los hechos y de las pruebas. En consecuencia, la falta de valoración de algún medio probatorio comporta la infracción por falta de aplicación del artículo 509 del Código de Procedimiento Civil, el cual contiene la obligación reseñada anteriormente, constituyendo su conducta uno de los motivos de excepción previstos en el artículo 320 eiusdem, estableciéndose una de las modalidades del error de juzgamiento contempladas en el ordinal 2° del artículo 313 del mismo Código".

Esta última decisión conecta el tema del silencio de prueba con el tema de los hechos en casación, y exige "*técnicas*" que hacen complicado un asunto sencillo. Y la solución sencilla es lo que predica la Constitución en sus artículos 26 y 257.

65 Este comentario está tomado de mi libro *La Casación sobre los hechos*. Editorial Alva, Caracas, 1990, pp. 73-75.

supuesto (artículo 435); el Código vigente lo llama suposición falsa. Pero, a nuestro parecer, es el mismo concepto, por lo que la doctrina del viejo Código de 1916 es aplicable al vigente[66]. Se trata simplemente del mismo concepto y, por eso, la jurisprudencia ha repetido sus reglas de vieja data, con inclusión de la técnica de su denuncia[67].

Pese a lo señalado en el párrafo anterior, la mejor doctrina (Fuenmayor)[68] consignó su opinión en relación con la pretendida diferencia entre la suposición falsa y el falso supuesto, al señalar que (i) hay falso supuesto cuando el juez parte de una premisa falsa; y (ii) estamos ante la suposición falsa: cuando el juez inventa una premisa.

El profesor Fuenmayor lo expone así: "*Cuando el juez incurre en "falso supuesto" parte de una premisa falsa, cuando el juez incurre en "suposición falsa" parte de una idea que ha forjado en su mente sin que haya habido error de apreciación de una situación fáctica existente*"[69]. Luego añade: "*Cuando yo doy por ocurrido un hecho sin haber una prueba que lo respalde estoy incurriendo en "falso supuesto", cuando yo doy por ocurrido un hecho imaginándome que la prueba existe o que dicha prueba tiene unos determinados efectos que realmente no tiene, incurro en "suposición falsa*"[70].

Pese a la autoridad del profesor Fuenmayor, debemos separarnos de su criterio, puesto que (i) partir de una premisa falsa (falso supuesto) o inventar la premisa produce los mismos efectos en el establecimiento de los hechos; (ii) una premisa falsa puede ser consecuencia de una invención, y (iii) el ejemplo que nos da como de falso supuesto ("*Cuando doy por ocurrido un hecho sin haber una prueba que lo respalde*"), es el segundo caso de suposición falsa previsto en el encabezamiento

66 Casación ha tenido oportunidad de establecer la equivalencia entre la suposición falsa y el falso supuesto. Ver sentencia de fecha 30-9-87 en Pierre Tapia, agosto-septiembre 1987, p. 163.

67 Vamos a referirnos indistintamente al falso supuesto o suposición falsa, porque en nuestra opinión se trata del mismo concepto.

68 José Andrés Fuenmayor: "Recurso de Casación en el Nuevo Código de Procedimiento Civil". En: *Derecho Procesal Civil, XIV Jornadas J.M. Domínguez Escovar,* Colegio de Abogados del Estado Lara, Barquisimeto, 1989, p. 119.

69 *Ibíd.*

70 *Ídem.*

del artículo 320 del CPC, o sea, cuando al juez da "*por demostrado un hecho con pruebas que no aparecen de autos*". Este segundo caso de suposición falsa permite, por lo demás, la denuncia aislada del artículo 12 del CPC.[71] De manera que aún con apoyo en la explicación del profesor Fuenmayor, se observa que no hay diferencia entre falso supuesto y suposición falsa.

De manera que todos los casos de suposición falsa implican una invención del sentenciador; y en esto último sí compartimos la opinión de Fuenmayor.

Siendo así el asunto, conviene remembrar[72] las características y modalidades de la suposición falsa prevista en el artículo 320 del Código de Procedimiento Civil, norma que resulta aplicable supletoriamente en esta materia. En este sentido tenemos tres casos de este vicio, así: (i) cuando el juez atribuye "*la existencia en un instrumento o acta del expediente de menciones que no contenga*"; (ii) cuando el juez da "*por demostrado un hecho con pruebas que no aparezcan de autos*"; (iii) cuando el juez da por probado un hecho con pruebas "*cuya inexactitud resulte de actas o instrumentos del expediente no mencionados en la sentencia*".

En relación con estos tres casos de falso supuesto, cabe observar lo siguiente:

(i) El primero ocurre cuando el sentenciador imputa a un instrumento un significado que éste no expresa. Así, por ejemplo, si un juez afirma que un documento dice "*venta*" cuando en realidad dice "*donación*". También se da esa falsa atribución de menciones si el sentenciador pone en boca del testigo lo que éste no ha dicho. Por ejemplo, el juez afirma que el testigo declara que no vio el accidente, cuando lo cierto es que declaró todo lo contrario[73].

---

71 El profesor Márquez Añez había señalado que ese segundo caso de falso supuesto correspondía a una "*invención del juzgador*" (*La casación sobre los hechos*... cit., p. 61).

72 Esta sección la tomo, con algunas modificaciones y añadidos, de mi citado libro *La Casación sobre los hechos*, pp. 43-49.

73 Ver José Román Duque Sánchez, *Manual de Casación Civil*. Caracas, UCAB, 3era Edic., 1984, p. 272.

Por otra parte, la jurisprudencia consagró, a partir de la sentencia del 23 de diciembre de 1939, el *falso supuesto intelectual* o falso supuesto por desviación ideológica o desnaturalización, cuando declaró *in verbis*:

> *"Equivale a atribuir la existencia en un instrumento, de menciones que no contiene, el hecho de desnaturalizar la mención que sí contenga, al punto de hacerle producir efectos distintos de los en ella previstos, o al punto de que produzca los efectos que hubiera producido otra mención que el instrumento no contiene"*[74].

Lo anterior dio acogida en nuestro sistema -como lo señaló la doctrina nacional- al llamado "*travisamento*" italiano[75]. Este ocurre cuando el juez altera, disfraza o desfigura el contenido de un acta del expediente, lo cual es verificable mediante una simple contrastación[76]. En Italia esta figura era un motivo de invalidación y no de casación[77]. De manera que el falso supuesto intelectual es equivalente: al "*travisamento*" italiano, al "*mal jugé*" francés, y a la desviación ideológica o desnaturalización.

En la suposición falsa (falso supuesto) intelectual implica una desnaturalización de un hecho, mas no "*la deducción por vía de interpretación de un concepto que se crea implicado en el texto, aunque no lo contenga en forma literal*"[78]. Aunque conviene señalar que la consecuencia del establecimiento de un hecho falso por efecto de una desviación ideológica será la infracción, por vía refleja, de una norma jurídica.

(ii) El segundo caso de suposición falsa acontece cuando el juez daba por demostrado un hecho con pruebas inexistentes. Aquí la falsedad del hecho se demuestra con una simple revisión del expediente, para verificar así que la misma es invención del sentenciador.

---

74 Sentencia de fecha 23-12-39 en Duque Sánchez: *Ob. cit.*, p. 273.

75 Duque Sánchez: *Ob. Cit.*, p. 273.

76 *Cfr.* Arminio Borjas: *Comentarios al Código de Procedimiento Civil.* T. IV, Librería Piñango, Caracas, 1973, p. 218, Márquez Añez: *La Casación sobre los Hechos ... cit.*, p. 60; Duque Sánchez: Ob. cit., p. 268; Luis Mattirolo: *Tratado de Derecho Judicial.* T. IV, Editorial Reus, núm. 1046, Madrid, 1936, p. 922.

77 Borjas: *Ibíd.* Además, el "*travisamento*" equivale al "*mal jugé*" francés (Duque Sánchez: *Loc. últ. cit.*) Ver igualmente a Cuenca: *Ob. cit.*, núm. 122, p. 299.

78 Sentencia de fecha 4-8-58 citada por José Núñez Aristimuño: *Aspectos de la Técnica de la Formalización del Recurso de Casación.* Caracas, Edit. Sucre, 1983, p. 158.

Según la jurisprudencia de vieja data, existe este segundo caso de falso supuesto cuando el juez da por demostrado un hecho con pruebas que no cursan en autos; por ejemplo, mediante una experticia que nunca fue evacuada. Pero no es falso supuesto cuando el sentenciador no da por demostrado un hecho con pruebas que sí existen en el expediente[79].

En este último caso, el sentenciador no se atiene a lo alegado y probado en autos y, por tanto, es necesaria la denuncia del artículo 12 del Código de Procedimiento Civil[80] por ser el fallo incongruente.

Ejemplos de este segundo caso de suposición falsa serían (a) si se da por demostrado un hecho con la confesión de una de las partes, pero esa prueba nunca se evacuó; (b) si se da por demostrado un hecho con la declaración del testigo Pedro Pérez que nunca declaró; (c) si se da por demostrada la interrupción de la prescripción con la demanda registrada, pero dicho documento no está en el expediente y, (d) si se da por demostrado un hecho con una inspección no promovida o no evacuada.

(iii) El tercer caso de falso supuesto es cuando el sentenciador da por demostrado un hecho con pruebas "*cuya inexactitud resulte de actas o instrumentos del expediente mismo no mencionados en la sentencia*". En relación con este tercer tipo de suposición falsa, la doctrina nacional[81] señala dos situaciones:

---

79 Sentencia de fecha 18-10-73 citada por José Gabriel Sarmiento Núñez: *Condiciones Sustanciales del Recurso de Casación.* en *Ob. cit.*, p. 71. Sólo es falso supuesto "*el positivo de dar los jueces por demostrado los hechos con pruebas que no existen en el expediente y nunca el negativo de no darlos por demostrados con pruebas que sí existen en él*".

80 En este segundo caso de falso supuesto es posible la denuncia aislada del artículo 12 del CPC, ya que "*contiene virtualmente todos los principios legales que pueden quebrantarse cuando los jueces incurren en falso supuesto*" (Duque Sánchez, *Ob. Cit*, p. 276. En igual sentido ver Núñez Aristimuño: *Ob. cit.*, p. 169). Los otros casos de denuncia aislada de dicha norma eran, bajo el imperio del viejo Código: a) el caso de silencio de prueba; criterio que cambió con el nuevo Código. En efecto, ahora, de acuerdo con la sentencia del 10-03-88, el silencio de prueba puede denunciarse como de forma o de fondo; en ambos casos el artículo 12 puede incluirse para colorear la denuncia (ver *Pierre Tapia*, marzo 1988, pp. 98-99); b) cuando se achaca a la sentencia "*haber incurrido en sutilezas o puntos de mera forma*" (ver Núñez Aristimuño: *Ibíd*, pp. 89-90).

Por tanto, con el nuevo sistema, la posibilidad de denuncia aislada del artículo 12 del CPC queda reducida a una situación: el segundo caso de falso supuesto (suposición falsa) previsto en el encabezamiento del artículo 320 del CPC, ya que cuando se le imputa a la recurrida sutileza o puntos de mera forma se infringe el artículo 254 del CPC.

81 Márquez Añez: *La Casación sobre los Hechos... cit.*, p. 62.

a. Estamos en presencia de la primera cuando la inexactitud de las pruebas se evidencia a través de su confrontación con **otras pruebas** que están en el expediente y que el juzgador no menciona. "*Así por ejemplo, cuando el hecho establecido por el sentenciador con apoyo en una prueba testimonial, resulta desvirtuado al confrontarse la respectiva declaración con documentos presentados por el mismo promovente de la testimonial, que el juez se abstuvo de mencionar en la sentencia*".[82]
b. La segunda situación se presenta cuando la inexactitud de la prueba resulta, no ya de su contrastación con **otras pruebas,** sino de la confrontación con la **misma prueba**[83]**.** Ejemplo de esta segunda hipótesis lo tenemos en la sentencia de fecha 28 de agosto de 1962. En dicho fallo la Sala señaló que constituye falso supuesto cuando el juez ordena "*el pago de prestaciones sociales sobre la base de un salario mencionado en el contrato, pero omitiendo el sentenciador la referencia que acerca de utilidades en relación con ese mismo salario hace el citado contrato y sin que éstas hubieran sido rechazadas como tales por el juzgador, pues indudablemente que con ello afirmó un hecho cuya inexactitud resultaría de las cláusulas contenidas en el aludido contrato no mencionadas en la sentencia*"[84].

Tampoco parece conveniente justificar las técnicas exigidas tradicionalmente por la doctrina y jurisprudencia para plantear una denuncia de suposición falsa o falso supuesto. Si el juez comete este vicio, bastaría que la denuncia aluda al establecimiento de un hecho jurídico falso y que el mismo sea transcendente sobre el fondo de la controversia. Solución sencilla que se amolda a las exigencias de los artículos 26 y 257 de la Constitución.

Pese a lo señalado, en la casación civil las técnicas para formular una denuncia de suposición falsa son de tal magnitud que hacen prácti-

---

82 *Ibíd.*

83 *Ibíd.*

84 Sentencia de fecha 28-9-62 en Duque Sánchez: *Ob. cit.*, p. 275, y Márquez Añez: *Ibíd.*

camente inviable una denuncia de esta especie. El requisito más socorrido es aquél que señala que con la suposición falsa no se combate una conclusión, sino el establecimiento de un hecho falso. De esta manera, al exigir la imposibilidad de combatir una conclusión del juez, aunque se trate de un hecho, la denuncia es de casi imposible procedencia. Sin embargo, la SCC le dio entrada a la posibilidad de combatir una conclusión cuando se plantea una denuncia de suposición falsa por desviación ideológica. Así ocurrió con la sentencia número 187 del 26 de mayo de 2010[85], cuando la SCC admitió que cuando se trata de desviación ideológica sí es posible combatir una conclusión; para las demás modalidades si se exige que se combata el establecimiento del hecho y no las conclusiones. Sin embargo, pienso que la Sala de Casación debe examinar las denuncias independientemente de que se combatan hechos concretos o conclusiones sobre esos hechos, porque el establecimiento errado de un hecho es siempre consecuencia de un razonamiento.

11. REFLEXIONES SOBRE LA JUSTICIA DIGITAL[86]

Reflexión adicional merece el impacto que ha producido el covid-19 sobre el sistema de administración de justicia en general y sobre el proceso en particular. El deterioro y la politización es evidente y una de sus expresiones es la lentitud y burocratización de los asuntos judiciales. La decisión es seguir así o avanzar por medio de la tecnología, mirando la sustancia y teniendo en cuenta las garantías procesales.

En este contexto debe verse la reciente sentencia número 125 del 27 de agosto de 2020, dictada por la Sala de Casación Civil del Tribunal Supremo de Justicia, que permite la presentación del recurso de casación por correo electrónico, tal como es posible hacerlo con los amparos y solicitudes de revisión ante la Sala Constitucional. Más allá de los justificados reparos a la justicia de la revolución bolivariana, hay que pensar en que los medios electrónicos y virtuales son necesarios para sacar a la jurisdicción ordinaria de la paralización en la que se en-

---

85 Criterio ratificado en sentencia de la SCC Nº 456 del 3.10.11.

86 Los criterios aquí expresados fueron expuestos en mi artículo "La justicia digital y el covid-19" publicado en *El Nacional digital* el 1.09.2020.

cuentra. La lentitud de la justicia ha aumentado con el covid-19 y nadie sabe hasta cuándo estaremos en cuarentena. A esto se suma la falta de combustible, lo que hace aún más compleja y difícil la situación para la administración de justicia.

La decisión de la Sala de Casación Civil que permite la presentación del recurso de casación por medio de correos electrónicos ha recibido tanto críticas como reconocimientos por parte de abogados litigantes. Los reparos se refieren a sostener que este tipo de reformas solo puede hacerse por vía legislativa. Quienes la respaldan afirman que la justicia debe adaptarse a los cambios tecnológicos para apoyarse en ellos y facilitar el ejercicio del derecho a la defensa y el acceso a la justicia.

Los cambios procesales corresponden al Poder Legislativo, lo que no impide que, a través de la interpretación progresiva de la norma jurídica se puedan hacer los ajustes que los avances tecnológicos recomienden. En todo caso, de lo que se trata es de adaptar el proceso vigente a las nuevas tecnologías, como ocurrió cuando las máquinas de escribir fueron sustituidas por computadoras.

La reforma legal de gran calado es casi imposible en un ambiente como el que vivimos hoy. Más todavía, en el año 2016 en la Asamblea Nacional trabajó un equipo técnico calificado y, pese a que preparó un proyecto de Código de Procedimiento Civil, la dirigencia política no le prestó la debida atención y el mismo quedó olvidado en algún archivo. Eso demuestra la falta de voluntad política para legislar en este tipo de asuntos, más allá de las dificultades del presente.

Este cuadro impone actualizar tecnológicamente el Poder Judicial para amoldar el proceso civil a las circunstancias del presente. La plataforma de los tribunales debe ofrecer garantías de buen funcionamiento; las computadoras deben ser actualizadas. Solo en un sistema con apoyos técnicos confiables es posible que la declaración de la sentencia número 125 de la Sala de Casación Civil tenga sentido.

Por otra parte, la sentencia autoriza la presentación del escrito por vía electrónica, pero, al mismo tiempo, exige que sea presentado en original "*en la primera oportunidad que pueda trasladarse a la sede de este Máximo Tribunal*". Esta exigencia es vaga porque no se sabe qué se entiende por "*primera oportunidad*", al tiempo que no es posible cumplirla mientras dure la política de semanas flexibles y radicales con ocasión del covid-19, a lo que se suma la escasez de combustible. Basta pensar en los abogados que viven en el estado Táchira o en Nueva Esparta o en cualquier otro lugar distante de la capital. Por eso basta que se envíe el escrito en formato PDF con la firma digital de quien lo presente.

La sentencia que comento no tuvo en cuenta la Ley sobre Mensajes de Datos y Firmas Electrónicas ni la posibilidad de admitir el escrito usando la firma digital certificada. El sistema jurídico funciona como un todo, es pleno (como diría Carlos Cossio), por lo que las decisiones no pueden dejar por fuera la legislación aplicable al caso que le toca decidir. La rectoría da cada estado debe disponer de una unidad tecnológica que permita el registro descentralizado de las firmas digitales de los abogados de la región, por medio de una alianza con alguna empresa de certificación de firmas electrónicas.

Lo que no se puede hacer por medios electrónicos es la citación, la cual debe ser personal para garantizar el derecho a la defensa de las partes (los modelos de Italia y Chile de justicia digital nos pueden servir de referencia).

En una resolución del 21 de noviembre del 2018 (N° 0014) se creó el expediente judicial electrónico para los tribunales con competencia en materia de delitos contra la mujer y tribunales del sistema penal de responsabilidad del adolescente (que fue publicada en la Gaceta Oficial N° 41.620 del 25.4.2019). Este tipo de expediente debe extenderse gradualmente a todo el sistema judicial para ir creando la cultura digital[87].

Asimismo, mediante Resolución 02-2020 la Sala de Casación Civil estableció el "*despacho virtual*" como plan piloto para los estados Aragua, Anzoátegui y Nueva Esparta, con vigencia a partir del 29 de julio pasado. En este sentido, las videoconferencias se pueden usar para los actos procesales que requieren la presencia de las partes. Igualmente, el Poder Judicial puede apoyarse en los mecanismos que brinda la inteligencia artificial para el análisis de pruebas y el manejo de los recursos financieros.

---

87 Para abordar estos temas los profesores María Auxiliadora Gutiérrez y Román José Duque Corredor escribieron un valioso trabajo titulado *Los despachos virtuales en la jurisdicción civil. Primer intento de la justicia para enfrentar el covid-19 en Venezuela.*

Avanzar en la digitalización de la justicia requiere la participación de todos: jueces, abogados, gremios, universidades y academias. Es una materia de interés nacional que trasciende los dogmas ideológicos y los intereses políticos circunstanciales.

CONCLUSIONES

A continuación, presento el compendio de conclusiones siguientes:

1. El sistema de casación de derecho ha fracasado en Venezuela por la forma como se ha privilegiado lo adjetivo sobre lo sustantivo. En cambio, en Francia ha sido un factor de impulso en la evolución jurídica, a través de una enriquecedora jurisprudencia en materia de derecho sustantivo.
2. Nuestra casación, al contrario de la francesa, no ha sido un mecanismo para interpretar el derecho sustantivo sino para discutir formalidades y técnicas procesales. La culpa de esto la tienen, en primer lugar, los litigantes y, en segundo lugar, la jurisprudencia de la Sala de Casación Civil de décadas, que ha potenciado el valor de las técnicas de casación.
3. La falla del sistema de casación de derecho, de la manera señalada, ha llevado a buscar respuesta en la casación de instancia. Fue lo que ocurrió con la casación laboral, cuya buena experiencia inicial ha estimulado a la Sala de Casación Civil a establecer la casación de instancia. Así lo hizo en su sentencia número 510 de julio de 2017 que comenté en la primera parte de este trabajo.
4. El Tribunal Supremo de Justicia, en ninguna de sus salas, puede declarar la nulidad de normas en abstracto, sino limitarse a generar líneas jurisprudenciales sobre materias específicas. Por eso, la Sala de Casación Civil no está habilitada para declarar la nulidad de los artículos 320, 322, 323 y 522 del Código de Procedimiento Civil. En cambio, sí puede introducir con prudencia mejoras el modelo de casación por medio del trabajo jurisprudencial.
5. La Sala Constitucional se ha atribuido facultades legislativas al amparo de la inconstitucional y dictatorial "*jurisprudencia*

normativa", creada desde los primeros años de vida de la revolución bolivariana, para iniciar el recorrido judicial que ha convertido a la Sala Constitucional en un tribunal autoritario que lo ha llevado a establecer una dictadura judicial.

6. Sobre la base de esa dictatorial "*jurisprudencia normativa*", la Sala Constitucional al revisar la sentencia número 510 de la Sala de Casación Civil, anuló el artículo 323 del Código de Procedimiento Civil y parcialmente los artículos 320, 322 y 522 del mismo Código. Estos últimos los reescribió de una manera confusa y contradictoria. Al mismo tiempo, declaró la nulidad total del artículo 323 del Código de Procedimiento Civil. De esta manera invadió las facultades constitucionales de la Asamblea Nacional que es la institución constitucionalmente facultada para legislar.
7. La Sala de Casación Civil en su sentencia número 510 se atribuyó la facultad de casar de oficio en relación con errores de juzgamiento. Esta facultad es excesiva y viola el principio dispositivo e igualdad de las partes, al introducir un riesgo que significa una ventaja para uno de litigantes en perjudico de su contrario. En efecto, la Sala puede suplir los alegatos de la parte beneficiada por la casación de oficio, al tiempo que le viola el derecho a la defensa al perjudicado por esa declaratoria, al no disponer de oportunidad de combatir el vicio que ahora oficiosamente declara la Sala.
8. Según la decisión 510 del 28.07.2017 hay casación parcial cuando existen inmotivaciones sobre aspectos de la recurrida. Pero no es así porque en la casación de instancia, al declarar procedente una denuncia, anula totalmente el fallo para decidir el fondo. Ello porque la denuncia de forma o fondo debe ser trascendente en el dispositivo. Los ejemplos que expone la Sala se refieren a inmotivaciones en determinados aspectos de la sentencia recurrida. Sin embargo, mi opinión es distinta y la fundamento en lo siguiente: el vicio de forma para que justifique la casación debe tener influencia sobre el dispositivo. Por ejemplo, si el dispositivo se sustenta en 2 razones, y el vicio por defecto de actividad afecta solo una de ellas, jamás tendrá

influencia en el dispositivo, porque este se puede sostener con el otro y valido motivo.

9. La Casación sin reenvío y la casación de instancia son dos modalidades distintas que las sentencias de las Sala Constitucional y de Casación Civil refieren como equivalentes. La primera es una facultad del juez de casación para prescindir del reenvío cuando su decisión nada deja por juzgar; o cuando a los hechos soberanamente establecidos por los jueces del fondo, le es posible aplicar la apropiada regla de derecho. Los hechos no se tocan en ninguno de los dos casos. En la segunda, al declarar con lugar una denuncia, la sala decide el fondo y para ello puede juzgar sobre los hechos y sobre el derecho.
10. La casación sobre los hechos debe limitarse a la suposición falsa (o falso supuesto). Los otros motivos, es decir, el error en el establecimiento y valoración de los hechos y el error en el establecimiento y valoración de las pruebas debe reconducirse a supuestos de infracción de ley a secas, sin necesidad de exigir una "*técnica*" para su alegación, ni tampoco considerarlos como errores de hecho. En esta materia hay que ir a la simplificación de la casación y deslastrarnos de las engorrosas e inconstitucionales "*técnicas*".
11. El covid-19 y sus efectos impone un cambio de paradigma en nuestra vida judicial y nos obliga a ir a la digitalización de la justicia. Ello tiene una importancia en la casación porque se impone la simplificación de su tramitación.
12. Los criterios que ha impuesto el Tribunal Supremo de Justicia tienen un peso formalista que dificulta el ejercicio del derecho a la defensa. Ejemplo de ello lo representa la manera que se ha exigido para presentar los recursos de casación. Por una parte, se permite la presentación electrónica de los escritos en formato PDF, y, al mismo tiempo, se exige su presentación en físico. Esto último es innecesario y afecta a quienes no viven en Caracas. Hay que permitir la presentación electrónica de los escritos judiciales sin más requerimientos burocráticos.
13. Con la sentencia número 510 del 28.7.2017 de la Sala de Casación Civil, luego ratificada con la sentencia número 362 del

11.5.2018 de la Sala Constitucional, se eliminó el reenvío. De esa manera se inició el tránsito de la casación pura o de derecho -según el modelo francés- a la casación de instancia de estirpe española.

14. La evolución del derecho venezolano está estrechamente vinculada a su sistema político. En estos últimos veintiún años de autoritarismo chavista se ha desarrollado una jurisprudencia autoritaria que entraña limitación a los derechos ciudadanos. Un rasgo de este sistema ha sido los vacilantes cambios de jurisprudencia cada vez que hay un interés político involucrado, que interese a algún miembro de la *nomenklatura*.
15. Para disponer de un sistema de casación confiable, y de una jurisprudencia predecible, es necesario un cambio político basado en la democracia y en la libertad.

¿SE PUEDE RECURRIR DE LA DECISIÓN QUE ORDENE OFICIOSAMENTE PRACTICAR DILIGENCIAS PROBATORIAS?

SALVADOR R. YANNUZZI RODRÍGUEZ*

SUMARIO

Introducción. 1. ¿Cuáles son las iniciativas probatorias del juez en Venezuela? 2. ¿Es natural que el juez proceda a realizar una actividad probatoria en el proceso? 3. ¿El juez debe justificar la decisión de la orden de realizar las diligencias? 4. ¿Por qué la restricción para interponer recursos en contra de las providencias que dicte el juez ordenando la práctica de alguna diligencia probatoria? 5. De la prohibición de recurrir las determinaciones del juez previstas en los artículos 401 y 514 del Código de Procedimiento Civil. 6. Conclusiones. 7. Bibliografía.

Al revisar el Código de Procedimiento Civil, encontramos dos normas fundamentales que le atribuyen al juez potestades para que oficiosamente pueda realizar u ordenar efectuar diligencias de carácter probatorio, aunque existen otras disposiciones que también le atribuyen esa facultad, son más generales, ya que están incluidos los litigantes, para que estos puedan utilizarlas. En las primeras normas se niega a las partes del juicio la posibilidad de interponer algún recurso, por lo que la intención es revisar si ante ese enunciado, con vista de situaciones concretas, realmente no sería posible interponer algún recurso.

INTRODUCCIÓN

Es indiscutible que el sistema judicial va a constituir un reflejo del sistema político y social que impere en un país, por lo que su estructura y funcionamiento estará determinado por el producto de políticas legis-

* Profesor de la UCAB - UCV. Ex Decano de la Facultad de Derecho de la Universidad Católica Andrés Bello. Individuo de Número de la Academia de Ciencias Políticas y Sociales.

lativas que fijarán el alcance de las potestades que se le otorguen a la autoridad encargada de dirimir las controversias que surjan entre particulares, o entre estos y el Estado, es decir, los conflictos intersubjetivos de intereses; o puede estar orientada a la satisfacción de las necesidades de quienes deban utilizar los órganos de administración de justicia.

En Venezuela se ha venido tendiendo a otorgarle una mayor injerencia dentro del proceso civil al operador de justicia que, si bien de acuerdo con la ley procesal le corresponde la dirección del proceso,[1] y de acuerdo al enunciado del artículo 12 del Código de Procedimiento Civil, el juez debe tener por norte de sus actos la verdad, la que procurará conocer en los límites de su oficio,[2] ¿hasta qué punto puede llegar esa influencia del juez en el desarrollo del proceso y en la actividad probatoria, cuando esto último es una carga subjetiva que le corresponde al litigante?[3].

No puede perderse de vista que la Carta Magna venezolana consagra -a todas las personas- el derecho a la prueba,[4] lo que implica que el litigante tiene la posibilidad de utilizar los medios de prueba que considere convenientes para demostrar sus afirmaciones de hecho, que se sustancien de manera oportuna dichos medios para obtener la prueba del hecho, y que sea analizada por el juez a fin de que le otorgue o no eficacia probatoria, todo lo cual se canaliza a través de un proceso que es el instrumento idóneo para hacer efectivos los reclamos a otros particulares o al Estado.[5]

Al hacer una revisión, en Venezuela, del procedimiento ordinario y de los procedimientos contenidos en leyes especiales, en materia civil, encontramos que a los jueces se les han ido incrementando sus facultades en el ámbito probatorio, lo que significa que obtienen más poder para conocer la verdad del planteamiento que deben resolver, lo que se consustancia con el activismo judicial, no obstante que mandatoriamen-

---

1 Ver artículo 14 del Código de Procedimiento Civil.

2 Ver artículo 12 del Código de Procedimiento Civil.

3 Ver artículo 506 del Código de Procedimiento Civil y artículo 1354 del Código Civil.

4 Ver artículo 49.1 de la Constitución de la República Bolivariana de Venezuela,

5 Sobre este aspecto, puede revisarse a Salvador Yannuzzi Rodríguez, "El Derecho a la Prueba en la Constitución de la República Bolivariana de Venezuela", en *Constitución, Proceso, Pruebas y Reforma Procesal. Jornadas Domínguez Escobar. Barquisimeto.* Venezuela.

te deben mantener el equilibrio y la igualdad procesal de los litigantes;[6] sin embargo, paradójicamente, encontramos que constitucionalmente se garantiza el derecho de defensa y la tutela judicial efectiva, con lo cual el proceso se convierte en el mecanismo idóneo para la protección de los derechos del individuo, y la ley procesal le impone a los litigantes, la carga de probar sus afirmaciones de hecho, como se ha indicado precedentemente, por lo que es necesario establecer por qué se han aumentado las facultades al juez, en materia probatoria.

Por ello, pareciera que el garantismo procesal pudiera ser el dispositivo idóneo para resolver los conflictos que se presentaren entre las personas, en el campo civil, porque permite mantener el equilibrio y la igualdad de las condiciones a los litigantes, con unas regulaciones claras, a fin de que el operador de justicia pueda decidir de forma imparcial, lo que garantiza la paz social, debido a que los litigantes pueden resolver sus divergencias de manera pacífica.

No obstante, lo expuesto, veremos, como se afirmó anteriormente que los poderes o facultades del juez se han incrementado en el proceso civil, y en algunos casos de manera expresa restringen la posibilidad de alzarse en contra de la decisión del magistrado, al hacer uso de las potestades que se le han conferido. Ahora bien, con vista de ello, analizaremos el alcance de dichas normas para determinar si existe o no el derecho de interponer algún recurso ante la determinación del juez de ordenar la realización de alguna diligencia de carácter probatorio.

1. ¿CUÁLES SON LAS INICIATIVAS PROBATORIAS DEL JUEZ EN VENEZUELA?

Al revisar tanto el Código de Procedimiento Civil, como leyes especiales, encontramos que al juez se le autoriza para ordenar diligencias que en algunos casos tendrán como propósito aclarar hechos que se encuentren dudosos u oscuros, pero en otros casos la normativa está orien-

---

6 Ver artículo 15 del Código de Procedimiento Civil. No obstante que, en leyes especiales, de corte social, como lo es la Ley Orgánica Procesal del Trabajo, la que dispone en sus artículos 9 y 10 que, en caso de duda en la aplicación o interpretación de una norma jurídica o colisión entre varias, se aplicará la más favorable al trabajador; la misma regla aplica en la apreciación de las pruebas.

tada para que el juez directamente verifique o compruebe los hechos, a fin de establecerlos en la sentencia de mérito, lo que ha sido reconocido y aceptado por la jurisprudencia.

Esta tendencia que en nuestro país se ha acentuado, y ha tendido eco en el ámbito jurisprudencial, y en ese sentido, se puede traer a colación lo sentado por la Sala Constitucional del Tribunal Supremo de Justicia, la que hace suya la opinión del tratadista Hernando Devis Echandía, y al referirse a las facultades que la ley concede al juez dictaminó lo siguiente:

> *"[...] la doctrina ha sido pacifica en afirmar la conveniencia de otorgar al juez poderes probatorios, a fin de verificar las afirmaciones controvertidas de las partes, pues el proceso debe propender a la búsqueda de la verdad. En este sentido, el tratadista colombiano Hernando Devis Echandía, en su obra "Teoría General de la Prueba", Tomo I, señala: "Refutado el viejo concepto privatista del proceso civil, caen por su base los argumentos de quienes desean mantener maniatado al juez ante el debate probatorio. Porque si hay un interés público en que el resultado del proceso sea justo y legal, el Estado debe dotar al juez de poderes para investigar la verdad de los hechos que las partes afirman en oposición, y nadie puede alegar un derecho a ocultar la verdad o a engañar al juez con pruebas aparentes u omisiones de otras; la imparcialidad del funcionario consiste en aplicar la ley al dictar la sentencia, sin que en su criterio pesen otras razones que sus conocimientos jurídicos y a las conclusiones que llegue después del examen de los hechos y las pruebas". La Sala comparte la noción expuesta por el mencionado tratadista [...] En este sentido, debe afirmarse, sin lugar a dudas que el juez debe buscar la verdad en el proceso y es por ello, que la actividad probatoria no ha sido consagrada como exclusiva de las partes, siendo obligación del juez, en su función de administrar justicia, verificar las afirmaciones de las partes, haciendo uso, de ser necesario, de su facultad de ordenar la evacuación de determinadas pruebas, facultad que expresamente le otorgó el legislador y que, en principio no menoscaba los derechos de las partes [...]"*[7]

---

7 Sentencia número 4585, proferida por la Sala Constitucional del Tribunal Supremo de Justicia, el 13 de diciembre de 2005, en el caso de Carlos Julio Ramírez Sánchez. Ramírez y Garay. Jurisprudencia Venezolana. Tomo 228. Págs. 250 - 252.

La Sala de Casación Civil del Tribunal Supremo de Justicia, sostiene el mismo criterio, y en sentencia proferida el 27 de agosto de 2004,[8] expresó lo siguiente:

> *"Considera la Sala, que a pesar de que son las partes quienes tienen la carga de demostrar las alegaciones y los hechos fundamentales de la demanda, el juez, de conformidad con los artículos 12 y 23 del Código de Procedimiento Civil, también está obligado a encontrar la verdad de los hechos; por tal motivo, la ley lo faculta para dictar providencias a su prudente arbitrio, si fuera el caso".*

Por ello, en Venezuela no existe duda alguna de que las potestades que le han sido conferidas al juez para aportar pruebas en el proceso tienen tanto la función verificadora como aclarativa, de acuerdo a la norma que las establezca, y al decir de la doctora Mercedes Fernández, quien al referirse a las diligencias oficiosas que el juez en el proceso civil puede ordenar, afirma que "*con el reconocimiento de estas facultades probatorias al juez civil se pretende una aproximación al denominado modelo ideal de justicia, ya que se produce un acercamiento a la verdad mayor del que se produce cuando los hechos controvertidos no han sido suficientemente probados y el juez ha de dictar su resolución atendiendo, exclusivamente, a los criterios legales que le indican cuál de las partes ha de resultar perjudicada por falta de prueba*".[9] Es decir, que en criterio de la citada autora, aplicado a nuestra legislación, es conveniente que el juez civil goce de la prerrogativa verificadora, a fin de aproximarse a la verdad.[10] Por su parte, De Los Santos, siguiendo a Jorge Peyrano, al referirse a las facultades de los jueces en Argentina, expresa que ante la confusión que pueda existir en el resultado de los medios de pruebas sustanciados en un juicio, "*queda el recurso de disponer medidas para mejor proveer, las que no importan convertir al*

---

8 Sentencia dictada en el juicio seguido por María De Las Mercedes Sánchez contra Manuel Escobar Mora y otros. Tomada de la página web http://historico.tsj.gob.ve/decisiones/scc/Agosto/RC-00966-270804-03609.htm, consulta realizada el 18 de abril de 2021.

9 M. Fernández López, *La carga de la prueba en la práctica judicial civil.* Gráficas Muriel, S.A. Madrid. 2006. Pág. 75.

10 Esta afirmación tiene su base en el dispositivo del artículo 12 del Código de Procedimiento Civil, el cual mandatoriamente establece que "*los jueces tendrán por norte de sus actos la verdad, que procurarán conocer en los límites de su oficio*".

juez civil en un "investigador" de los hechos -no olvidemos que el juez civil "comprueba" no "investiga"-, sino simplemente se trata de que los magistrados puedan sentenciar con más acierto, y a tal efecto es que los códigos procesales los facultan a disponer estas medidas para esclarecer los hechos".[11] Coincidimos con esta última aseveración, que es la que inspira en nuestro Código de Procedimiento Civil la naturaleza del auto para mejor proveer, es decir, que dicha medidas tienen el propósito de esclarecer hechos importantes del juicio sobre los que el juez tenga dudas.

En nuestro trabajo de incorporación a la Academia de Ciencias Políticas y Sociales,[12] se hizo referencia a la profusión de normas que habilitan al juez para llevar a cabo actividad probatoria en el juicio ordinario, y en ese sentido indicamos lo siguiente: "*En Venezuela existe una abundancia de normas que permiten al Juez realizar diligencias que pueden tener concreciones probatorias. Así vemos, que, en el Código de Procedimiento Civil, el juez cuenta con los artículos 96, 401, 451, 472, 502, 503, 504, 514*",[13] normativa que al proyectarla en el proceso, consideramos -en el aludido trabajo- que, "*encontramos tres momentos*

---

11 M. De Los Santos, "El Juez frente a la prueba". En *La Prueba. Libro en memoria del profesor Santiago Sentis Melendo*. Coordinador Augusto Morello. Librería Editora Platense. La Plata. 1996. Pág. 246.

12 *El principio de incorporación de la prueba en el procedimiento civil venezolano*. No está publicado.

13 Adicionalmente a las normas citadas contenidas en el Código Adjetivo, en leyes especiales también existen disposiciones mediante las cuales se faculta al juez a realizar diligencias probatorias, que son las siguientes: Ley Orgánica Protección del Niño, Niña y Adolescente: artículos 450 y 484. Ley Orgánica Procesal del Trabajo: artículos 71 y 156. Código Orgánico Tributario: artículo 276. Ley Orgánica de Amparo y Garantía Constitucionales: artículos 17 y 48. Ley de Tierras y Desarrollo Agrario: artículos 186, 203, 206, 207, 240 y 244. Ley Orgánica del Tribunal Supremo de Justicia: artículo 21.13. Código de Comercio: artículo 1104. También debe acotarse que de conformidad con la sentencia número 98 del 15 de marzo de 2000, proferida por la Sala Constitucional del Tribunal Supremo de Justicia, cuando admite la existencia del hecho notorio comunicacional o publicitado, el cual por las características que lo particularizan, que establecen una impresión de su veracidad, la Sala hace una excepción a fin de que en ese supuesto se desaplique el artículo 12 del Código de Procedimiento Civil, en el sentido de que el juez puede hacer uso de ese hecho para decidir, en virtud de que el mismo se revela como del conocimiento general, por lo que el juez está habilitado para incorporar ese elemento al proceso. Si bien esta iniciativa no está prevista legislativamente, por medio de la doctrina jurisprudencial, el juez puede hacer uso de esta facultad.

que distingue la ley, al regular el juicio ordinario, para que el juez pueda ordenar la práctica de diligencias aclarativas o probatorias, a saber: a) Durante el lapso probatorio; b) Una vez concluido el lapso probatorio; c) Después de la oportunidad para presentar informes".

Sin embargo, aquellas diligencias que el juez puede llevar a cabo durante el lapso de instrucción de la causa, en la ley no se hace mención alguna sobre la restricción del litigante para recurrir de la decisión del juez, ni le impone limitación alguna -a aquel- a los fines de intervenir en la sustanciación de la medida ordenada por el juez, por lo que evidentemente existe una absoluta libertad para que las partes pueden llevar a cabo el control de la prueba ordenada evacuar oficiosamente. Por ello, para los fines del presente trabajo solamente nos vamos a referir a los artículos 401 y 514 del Código de Procedimiento Civil, debido a que en dichas normas es donde encontramos la disposición de no oír recurso de apelación en contra del auto que dicte el juez, de conformidad con lo dispuesto en el citado artículo 401, mientras que, en el 514, se indica que no se oirá recurso alguno contra el auto que dicte el juez, con fundamento a dicha norma.

2. ¿ES NATURAL QUE EL JUEZ PROCEDA A REALIZAR UNA ACTIVIDAD PROBATORIA EN EL PROCESO?

No obstante, lo manifestado precedentemente en cuanto a la potestad conferida al juez para que pueda llevar a cabo oficiosamente la actividad probatoria en el juicio que esté conociendo, la que en Venezuela se ha incrementado, como se ha afirmado; la doctrina no ha sido unánime en considerar conveniente la intervención del juez en materia probatoria en el proceso civil, por lo que existen severas críticas a la intrusión del operador de justicia de inmiscuirse en las diligencias de prueba en el juicio.

Para ello, se han esbozado diversos argumentos a fin de justificar los motivos por los cuales el juez no debe ser proactivo en materia probatoria en el juicio, los que procederemos a revisar de seguidas.

a) Una primera tesis, para demostrar lo inconveniente de que el juez -oficiosamente- realice diligencias probatorias, se sustenta en que constitucionalmente se les garantiza a los litigantes el derecho de acceso a las pruebas,[14] por lo que al permitirse que el juez proceda a realizar una actividad probatoria en el juicio, podría afectar dicho derecho.

Si bien es cierto, que los litigantes tienen garantizado constitucionalmente el derecho a la prueba, estimamos que las prerrogativas otorgadas al juez, en modo alguno, limitan, obstruyen o restringen el derecho de los litigantes a utilizar los medio de prueba previstos en la ley, o las pruebas libres, a fin de comprobar las afirmaciones de hecho que hayan realizado; es decir, las partes tienen el derecho de aportar las pruebas que estimen convenientes o necesarias al juicio, en las oportunidades que están previstas para ello, en el diseño del proceso.

El derecho a la prueba comporta que el litigante pueda promover los medios nominados en la ley o las pruebas libres,[15] y el juez debe admitirlas, siempre y cuando sean pertinentes, legales, conducentes y lícitas y hayan ingresado de manera regular en el juicio;[16] así mismo, tiene el derecho a que se practiquen en las oportunidades previstas en la ley, siempre y cuando el interesado inste su evacuación; igualmente, tiene el derecho a que el juez en la sentencia de mérito analice las pruebas producidas,[17] y con vista de ello se pronuncie sobre su eficacia o ineficacia, es decir, expresar su criterio.

Por tanto, realizar diligencias probatorias oficiosamente no conculca en forma alguna el derecho de las partes para utilizar los medios de prueba que estimen beneficioso. En ese sentido Taruffo -citado por Picó i Junoy- manifestaba que el derecho a la prueba no implica suprimir las iniciativas que se le confieren al juez para verificar hechos, por lo que no se trata de que las partes monopolicen la aportación del material probatorio en el

---

14 En Venezuela está consagrada esa garantía en el artículo 49.1 de la Constitución de la República.

15 Ver artículo 395 del Código de Procedimiento Civil.

16 Ver artículo 398 del Código de Procedimiento Civil.

17 Ver artículo 509 del Código de Procedimiento Civil.

proceso;[18] por el contrario, contar con mayor material probatorio permitiría que el juez decidiera más atinadamente, porque conlleva a que pueda establecer con mayor precisión como ocurrieron los hechos que se discuten en el proceso.

Por otro lado, no puede perderse de vista que el proceso descansa, entre otros, en el principio de la necesidad de la prueba, por lo que no es relevante cuál de los sujetos procesales sea el aportador de ella, porque al contar con mayor evidencia en el expediente, se consigue establecer, con mayor certeza, la verdad, fin último del proceso.

Adicionalmente, desde el punto de vista de nuestra realidad, si se hace un arqueo en los expedientes que han cursado o cursan en los tribunales, el uso de las iniciativas por parte de los jueces es prácticamente inexistente, por lo que no habría interferencia alguna, y sin que pueda exigírsele al operador de justicia que ordene la realización de las medidas probatorias para lo cual está facultado.[19]

b) Desde otro ángulo, un sector de la doctrina destaca que, en materia civil, el interés que se discute es absolutamente privado, por lo que es de la incumbencia de las partes aportar el material probatorio para demostrar sus asertos, en virtud de que el procedimiento está regido por el principio dispositivo.

Actualmente se ha superado la tesis de que el proceso civil tiene como finalidad tutelar intereses particulares, por lo que solo concierne a las partes y no al colectivo. En ese sentido, es conveniente revisar el artículo 257 constitucional que dispone que

---

18 J. Pico I Junoy, *El derecho a la prueba en el proceso civil.* J. M. Bosch editor S.A. Primera Edición. Barcelona. España. 1996. Pág. 233

19 La única excepción prevista en nuestra legislación está contemplada en el artículo 160 de la Ley Orgánica Procesal del Trabajo, que permite al litigante solicitarle al juez de juicio la evacuación de algún medio de prueba que pueda considerarse necesario para el establecimiento de los hechos. Iniciativa que también esta otorgada al juez, pero es facultativo para el juez acordarla o no. El texto del artículo citado, es del tenor siguiente: "*Artículo 160. El juez de juicio podrá ordenar, a petición de parte o de oficio, la evacuación de cualquier otra prueba que considere necesaria para el mejor esclarecimiento de la verdad; también podrá dar por terminados los actos de examen de testigos, cuando lo considere inoficioso o impertinente*".

"*el proceso constituye un instrumento fundamental para la realización de la justicia*" y al correlacionarlo con el artículo 253 *eiusdem*, que establece que "*la potestad de administrar justicia emana de los ciudadanos y ciudadanas y se imparte en nombre de la Republica y por autoridad de la ley*", refuerza que la justicia que se imparte por medio del proceso, es de interés general, en el sentido de mantener la paz social, lo que justificaría no solo otorgarle las iniciativas probatorias al juez, sino que este las utilice en el establecimiento de la verdad.[20]

Lo precedentemente afirmado no implica que los terceros puedan injerirse en un proceso, lo que es absolutamente inconveniente, salvo en los casos en que la ley autoriza la intervención de estos.[21] El interés general es que se imparta justicia a quienes son parte de un litigio.

La función del juez es garantizarles a las partes el ejercicio de sus derechos, sin perder de vista que nuestra ley procesal establece el principio de igualdad, que obviamente es aplicable en materia probatoria, por lo que los litigantes en ejercicio de ese derecho pueden realizar las actividades que de seguidas se indican, si así lo desean o si lo consideran conveniente a los intereses que defienden, y eso es lo que el juez debe proteger. Es decir, dicho derecho comporta lo siguiente:

1) Que, salvo alguna disposición especial de la ley,[22] las partes tienen el mismo lapso para promover y evacuar los medios

---

20 Ver artículo 12 del Código de Procedimiento Civil.

21 Ver artículos 370 al 386 del Código de Procedimiento Civil. También en materia laboral existe una previsión en ese sentido, ver artículos 55 al 59 de la Ley Orgánica Procesal del Trabajo.

22 El demandante de conformidad con lo establecido en el artículo 340.6 del Código de Procedimiento Civil deben aportar con el libelo de la demanda, los instrumentos en los que fundamente su pretensión, o indicar la oficina en que se encuentren (Arts. 434 y 435 *eiusdem*); sin embargo, la intención de ello es garantizar el derecho de defensa al demandado, a fin de que pueda preparar adecuadamente su defensa. También, puede el demandante promover con el libelo las posiciones juradas (Art. 405 *eiusdem*), pero en este caso debe comprometerse a absolverlas recíprocamente al demandado, lo que establece la igualdad entre las partes. También podría promover el juramento decisorio (de acuerdo con los artículos 420 y 426 *eiusdem*), sin embargo, en este caso creo que no podría evacuarse sino después de la contestación de la demanda, por su naturaleza.

de prueba que estimen convenientes o necesarios para la demostración de los hechos afirmados.

2) En virtud del principio de publicidad de la prueba, a las partes debe otorgársele el derecho de conocer los medios de prueba promovidos, por el contrario.[23]
3) Consecuencia de lo anterior, las partes tienen el derecho a oponerse o impugnar los medios de prueba promovidos por el contrario.[24]
4) Como parte del ejercicio del derecho a la defensa, los litigantes tienen el derecho a controlar las pruebas del contrario, de la manera y forma establecida en la ley; así como a efectuar las observaciones que estimen conveniente a la sustanciación de dichas pruebas.

   Sin embargo, ello no obsta para que el juez pueda coadyuvar en la búsqueda de la verdad, de conformidad con las previsiones de ley, utilizando las iniciativas previstas en la legislación.

   Es oportuno señalar lo manifestado por Calamandrei,[25] quien consideraba que la jurisdicción en materia civil tiene una función pública, razón por la cual aboga en que al juez se le deben otorgar todas las facultades que sean necesarias para satisfacer el interés público que se deriva de la actividad en el proceso civil. Pensamos, de acuerdo con lo expresado con anterioridad, que con la expresión "*función pública*", Calamandrei se refiere a la tranquilidad de los ciudadanos, de saber que cuentan con un sistema que les garantice la justicia.

c) Otro sector de la doctrina, estima que la intervención oficiosa del juez en materia probatoria es absolutamente inconveniente,

---

23 En Venezuela, de acuerdo con lo dispuesto en el artículo 110 del Código de Procedimiento Civil, el secretario del tribunal debe reservar los escritos de prueba durante el lapso de promoción de pruebas, pero hasta el día siguiente a aquel en que venza dicho lapso, oportunidad en que debe agregarlos al expediente.

24 Ver artículo 397 del Código de Procedimiento Civil.

25 P. Calamandrei, *Instituciones de Derecho Procesal Civil según el nuevo Código* (Traducción, Santiago Sentis Melendo). Ediciones EJEA. Buenos Aires. 1986. Vol. I. Pág. 395.

en virtud de que la ley distribuye la carga de la prueba en cabeza de los litigantes, de acuerdo a las afirmaciones fácticas que hayan realizado en las oportunidades previstas en el ordenamiento jurídico.[26] Por lo que corresponde a las partes probar sus alegaciones y no al órgano jurisdiccional, y al otorgarle dichas iniciativas al juez se deroga la distribución de la carga de la prueba prevista legalmente.

En todo proceso, el juez va a determinar a quién corresponde la carga de la prueba, en la oportunidad de dictar la sentencia de mérito, por lo que si el operador de justicia, al momento de decidir, encontrare que en el juicio no existe ningún elemento probatorio, simplemente tendrá que determinar a quién correspondía la carga de la prueba, y al no haber cumplido con ello el interesado, deberá declarar procedente o improcedente la reclamación por esa razón, dependiendo de la posición que tenga en el juicio la parte que debía cumplir con la aportación de la prueba. Lo anteriormente expresado no significa que las partes no hayan hecho uso del derecho de promover los medios de prueba que consideraren convenientes, lo que sucede es que no se practicaron por diversas razones, por lo que no existen pruebas en la causa, razón por la cual el juez debe desfavorecer al que debía probar y no lo hizo, porque existe la prohibición de absolver de la instancia.[27]

Sin embargo, paralelamente a que las partes hagan uso de su derecho de promover los medios de prueba que consideren convenientes, el juez puede ordenar la evacuación de los medios que le autoriza la ley, bien sea en el lapso de instrucción de la causa, o en las oportunidades previstas para dictar el auto complementario de pruebas,[28] o el auto para mejor proveer, por lo que po-

26 En Venezuela, en el artículo 506 del Código de Procedimiento Civil, se indica que "*las partes tienen la carga de probar sus respectivas afirmaciones de hecho*", el cual debe concordarse con el artículo 1354 del Código Civil.

27 Ver artículo 254 del Código de Procedimiento Civil.

28 Veremos que el auto complementario el juez puede dictarlo, una vez concluido el lapso de evacuación de pruebas, y las partes podrán hacer sus observaciones en los informes. Debe recordarse que, en esta etapa del proceso, las partes pueden seguir aportando elementos de prueba, o evacuar las que permite la ley.

dría darse el supuesto que si bien todos los sujetos procesales hicieron uso del derecho previsto en la legislación, solamente el operador de justicia fue el que impulsó la sustanciación de las diligencias ordenadas por él, y en consecuencia solamente obrarían en autos las resultas de aquellos medios que el juez oficiosamente dispuso se llevaran a cabo, con las que debe pronunciar el fallo. Sin embargo, es conveniente acotar, que en la casi totalidad de los casos no se puede establecer apriorísticamente el resultado que arroje la evacuación de la diligencia ordenada, porque no es posible determinar a quién puede beneficiar o perjudicar el medio que oficiosamente el juez ordenó realizar.

Por ello, consideramos que en el supuesto de que el juez ejerciera la prerrogativa de ordenar la realización de las diligencias probatorias que estime necesarias o convenientes, de conformidad con lo establecido en la legislación, no estaría despojando a los litigantes de las cargas que les impone su posición en el juicio. Sobre este particular se pronunció la Sala de Casación Civil del Tribunal Supremo de Justicia, en la sentencia dictada el 27 de agosto de 2004,[29] en la que expresó el criterio siguiente:

"Considera la Sala, que a pesar de que son las partes quienes tienen la carga de demostrar las alegaciones y los hechos fundamentales de la demanda, el juez, de conformidad con los artículos 12 y 23 del Código de Procedimiento Civil, también está obligado a encontrar la verdad de los hechos; por tal motivo, la ley lo faculta para dictar providencias a su prudente arbitrio, si fuera el caso".

Es decir, la Sala de Casación Civil determinó que, si bien la carga de probar sus respectivas afirmaciones fácticas corresponde a los litigantes, ello no obsta para que el juez, si lo considera conveniente, busque la verdad en virtud del mandato legal.

d) Otro fundamento para expresar la inconveniencia de que el juez tenga facultades probatorias oficiosas está relacionado con un

---

29 Sentencia proferida en el juicio seguido por María De Las Mercedes Sánchez contra Manuel Escobar Mora y otros. Tomada de la página web http://historico.tsj.gob.ve/decisiones/scc/Agosto/RC-00966-270804-03609.htm, consulta realizada el 18 de abril de 2021.

aspecto totalmente práctico, en el sentido de que los litigantes son los que pueden conocer los medios de prueba que pueden utilizar a fin de demostrar las afirmaciones de hecho que hayan realizado en defensa de sus intereses, mientras que el juez tendría mayor dificultad para ello.

Es indiscutible que las partes son las que pueden tener conocimiento específico de los medios de que pueden valerse para la verificación de sus alegatos, porque deben haber estudiado con detenimiento el asunto que se ventila en el juicio y haber realizado las investigaciones propias, a fin de poder preparar su defensa; sin embargo, ello no obsta para que el juez en cumplimiento del mandato legal de procurar conocer la verdad en los límites de su oficio,[30] active las potestades que la ley le ha otorgado para establecer los hechos,[31] ya que el juez puede inferir con vista de lo alegado por los litigantes, y el material probatorio aportado por ellos, la necesidad de sustanciar otras pruebas. Por otro lado, consideramos que al juez le puede parecer extraño o dudoso lo que se está ventilando en el juicio, por lo que pudiera utilizar sus iniciativas para prevenir o sancionar las faltas a la lealtad y probidad en el proceso, las contrarias a la ética profesional, la colusión y el fraude procesal, lo que debe hacer de oficio,[32] aunque también debe hacerlo a petición de parte.

Puede haber circunstancias, derivadas del material existente en el juicio, que le permitan al juez inferir la necesidad de ordenar la práctica de una diligencia determinada, la que pudiera aportar elementos de convicción o aclarativos relativo a lo que se discute en el juicio, lo que serviría para que el juez pueda establecer los hechos con mayor precisión.

e) Finalmente, otro sector de la doctrina, para justificar la inconveniencia de que el juez oficiosamente proceda a realizar dili-

30 Ver artículo 12 del Código de Procedimiento Civil.

31 En los casos de familia, por ejemplo, especialmente cuando se discute un régimen de visita o de pensión de alimentos, usualmente las dos partes no son absolutamente sinceras y manipulan los hechos, por lo que el órgano jurisdiccional debe dictar las medidas que considere convenientes para establecer la verdad, en beneficio del niño o del adolescente.

32 Ver artículo 17 del Código de Procedimiento Civil.

gencias probatorias en el proceso, señalan que ello puede comprometer la imparcialidad de juez, ya que al realizar la actividad puede estar favoreciendo a alguna de las partes en el juicio.

Ante esta afirmación, debemos indicar que consideramos que ingresamos al mundo de lo casuístico. Es probable que en algún caso se pueda encontrar a un juez que tenga simpatía por alguno de los litigantes, o que tenga interés en las resultas del juicio, por lo que su actividad estaría dirigida a beneficiar a alguno de los litigantes;[33] pero, en otros casos, solamente puede guiar al juez el ánimo de impartir justicia y establecer los hechos lo más cercano a la verdad. Como indicamos precedentemente, es bastante improbable el conocer anticipadamente el resultado que va a arrojar la evacuación de un medio de prueba y a quien va a beneficiar; por ejemplo, si el juez decidiera que de conformidad con lo dispuesto en el artículo 401.3 del Código de Procedimiento Civil, un testigo promovido por alguna de las partes, que no haya sido apostillado,[34] y que no haya depuesto en el juicio, preste declaración, no podría conocerse anticipadamente lo que va a narrar el testigo, por lo que pudiera favorecer la posición de cualquiera de las partes en el juicio, y no de aquel que lo promovió, o podría suceder que no aportase nada relevante para la decisión de la controversia.

De acuerdo con esta línea de pensamiento, tenemos que tampoco el juez podría utilizar las facultades que le confiere la ley para controlar los medios de pruebas que se estén evacuando a solicitud de los litigantes, porque podría considerarse que en estos casos también compromete su imparcialidad, debido a que su actuación puede beneficiar o perjudicar a alguno de los liti-

---

33 Ante esta circunstancia, la parte perjudicada puede recusar al juez por las causales establecidas en el artículo 82 del Código de Procedimiento Civil.

34 Sobre el apostillamiento de los medios de prueba la doctrina jurisprudencial ha sido muy vacilante y cambiante. En este momento podemos afirmar (con lo cual no estoy de acuerdo), que de conformidad con lo que han decidido la Sala Constitucional y la Sala de Casación Civil del Tribunal Supremo de Justica, la prueba de testigo y la confesión provocada (posiciones juradas) no es necesario apostillarlas. Por tanto, no se podría saber lo que se aspiraba comprobar con el testigo promovido que no declaró; y de haberlo apostillado, no se puede tener certeza sobre lo que efectivamente declarará el testigo.

gantes, cuando, por ejemplo, el artículo 487 del Código de Procedimiento Civil, autoriza al juez para formular a un testigo las preguntas que crea conveniente para ilustrar su propio juicio, y ello no puede estimarse como una actuación que comprometa la integridad o imparcialidad del juez.

Por ello, estimamos positivo que, al juez, en materia civil, se le concedan iniciativas probatorias, a fin de que la utilice con mesura, con lo cual podrá impartir justicia con mayor precisión; y, en caso, de incurrir en algún exceso o abuso, creo que se podrían utilizar los correctivos a los que se alude infra.

3. ¿EL JUEZ DEBE JUSTIFICAR LA DECISIÓN DE LA ORDEN DE REALIZAR LAS DILIGENCIAS?

Aunque toda la normativa que regula el otorgamiento de facultades probatorias al juez no le impone la obligación de razonar el motivo del decreto, lo que se deduce al revisar las reglas respectivas; por ello, el conferimiento de esas potestades, contempladas en la legislación, es absolutamente genérico, porque cuando las normas las establecen, se refieren a que el juez puede hacer uso de esas facultades cuando lo juzgue conveniente u oportuno, lo decida oficiosamente, etc. Por tanto, no es necesario que el juez deba justificar el motivo o la razón del por qué considera que se deba practicar alguna o algunas diligencias probatorias o aclarativas, porque la normativa dispone que el juez tiene absoluta libertad para ello.

Sin embargo, en algunos de los supuestos necesariamente se va a revelar la razón o motivo de la decisión del juez, ya que debe indicar los aspectos relativos a la práctica de la o las diligencias ordenadas. En efecto, si el juez considera que debe evacuarse una experticia o una inspección judicial o una pericia experimental, necesariamente debe indicar los puntos de hecho a los que se refiere para sustanciar el respectivo medio de prueba. Así mismo, en el supuesto de que la orden esté referida a la reconstrucción de un hecho, debe precisarlo, al igual si la disposición se refiere a efectuar planos o calcos, por lo que las partes podrán conocer lo que el juez aspira probar o aclarar; sin embargo, esto no podría saberse en el caso del interrogatorio a las partes o a terceros (testigo), lo que se develaría en la oportunidad en que se lleve a cabo la actividad.

Es necesario acotar que las diligencias que ordene el juez, deben referirse a hechos alegados por los litigantes, en las oportunidades previstas para ello en la ley, que correspondan a hechos controvertidos, ya que si las partes admitieron o convinieron en el hecho, no habría necesidad de comprobarlo, salvo que se trate de aclarar algún aspecto que se encuentre dudoso u obscuro.[35] Tampoco sería admisible que el juez ordenara practicar una diligencia tendente a comprobar un hecho notorio, el que de acuerdo con nuestra legislación está relevado de prueba.[36] Sin embargo, hemos sostenido que el juez puede valerse de esas iniciativas para comprobar hechos, atinentes al litigio, conocidos por él, que desvirtúen lo aducido por las partes, a fin de establecer la verdad de los hechos, o comprobar la colusión o fraude procesal.

Por tanto, de ser alguna de estas probanzas impertinentes, ilegales, inconducentes o ilegítimas, las partes podrían observarlo, a fin de que se deje sin efecto, y de persistir el juez en su sustanciación, podrían interponer el recurso que más adelante se indica.

4. ¿POR QUÉ LA RESTRICCIÓN PARA INTERPONER RECURSOS EN CONTRA DE LAS PROVIDENCIAS QUE DICTE EL JUEZ ORDENANDO LA PRÁCTICA DE ALGUNA DILIGENCIA PROBATORIA?

Picó al referirse a las iniciativas que establece la legislación para que los jueces civiles puedan realizar oficiosamente actividades de carácter probatorio, señala que la justificación -en su opinión- corresponde a que "*la formulación atenuada del principio de aportación de parte tiene una base constitucional en la que sostenerse: el carácter Social del Estado de Derecho consagrado en nuestra Constitución,*[37] *así como en el deber del juez de velar por la efectividad en la tutela de los intere-*

---

[35] El juez podría usar sus facultades para tratar de comprobar la intención de las partes o de los otorgantes a fin de interpretar contratos o actos que presenten oscuridad o ambigüedad, tal como lo dispone el artículo 12 del Código de Procedimiento Civil.

[36] Ver artículo 506 del Código de Procedimiento Civil.

[37] Obviamente, se refiere a la Constitución española.

ses discutidos en el proceso para lograr, de este modo, lo que el artículo primero del citado Texto Fundamental proclama como valor superior del ordenamiento jurídico: la <<justicia>>, que constituye, sin duda alguna, el objetivo final de la función jurisdiccional".[38]

La transcrita opinión de Picó es absolutamente compatible con nuestro ordenamiento constitucional, ya que en la primera norma de la Carta Magna, se establece como uno de los pilares de la República "*la justicia*", lo que se reafirma en el artículo siguiente de su sistematización al estipular la Constitución que "*Venezuela se constituye en un Estado Social de Derecho y de Justicia que propugna como valores superiores de su ordenamiento jurídico*", y en la misma norma reitera a la justicia como columna fundamental de su actuación. Para el cumplimiento de ese fin, la propia Constitución instituye la garantía que incumbe a toda persona de acceder a los órganos de administración de justicia para hacer valer sus derechos e intereses, al objeto de que sean tutelados efectivamente de manera oportuna,[39] por medio del proceso como instrumento fundamental para realizar la justicia, la que no debe sacrificarse por la omisión de formalidades no esenciales,[40] tal y como reza la Constitución.

Como se observa la Carta Magna hace reiterada referencia al valor justicia, y Picó se plantea como problema "*dotar de contenido o significado el valor <<justicia>>, pues su ambigüedad y falta de concreción pueden propiciar cierto decisionismo judicial*",[41] por lo que cita a Kelsen, quien afirma que la justicia "*se da en aquel orden social bajo cuya protección puede progresar la búsqueda de la verdad*".[42] Por ello, Picó justifica la iniciativa probatoria que la ley le concede al juez, en la búsqueda de la verdad dentro del proceso, la que considera mediatizada debido a los principios dispositivo y de aportación de parte,[43] por las

---

38 J. Pico I Junoy, *El juez y la prueba. Estudio de la errónea acepción del brocardo iudex iudicare debet secundum allegata et probata, non secundum conscientiam y su repercusión actual*. J. M. Bosch Editor. Barcelona. España. Pág. 119.

39 Ver artículo 26 de la Constitución de la República Bolivariana de Venezuela.

40 Ver artículo 257 de la Constitución de la República Bolivariana de Venezuela.

41 J. Pico I Junoi, Ob. Cit. Pág. 119.

42 Ibidem.

43 El artículo 12 del Código de Procedimiento Civil dispone que los jueces, en sus decisiones, "*deben atenerse a lo alegado y probado en autos, sin poder sacar elementos de convicción*

afirmaciones de hecho de los litigantes y el respeto a los derechos y garantías constitucionales.[44]

En el mismo sentido se pronuncia Gozaíni, quien afirma que "*las medidas para mejor proveer responden al principio de autoridad en el proceso desde que entroniza la figura del juez como rector del instituto.*[45] *Pero también estas medidas proponen esclarecer hechos, en controversia, de modo tal que, en principio, no puede suprimir la contradicción inicial en base a investigar contingencias o aportar medios que no fuesen ofrecidos por los litigantes. El principio de igualdad quedaría indefenso si el juez obrara abusando de la discrecionalidad que obtiene, llegando a ser parcial y sin la debida distancia que caracteriza su gestión desinteresada*".[46]

A lo que se refiere el citado autor, es que el juez puede verificar hechos, independientemente de que el litigante a quien incumbe la carga de la prueba, no haya desplegado una actividad probatoria en el proceso, porque el juez no puede evadir el compromiso hacia la verdad y la justicia y agrega que "*aún ante la ausencia de prueba ofrecida, puede el juez convocarla y produciría, si considera que, mediante ella, reportaría un elemento decisivo para solucionar el conflicto*".[47] Es de observar que la doctrina mayoritaria, no comparte esta opinión, y se inclina por indicar que la iniciativa del juez solamente podría activarse en la medida en que la parte a quien corresponda probar haya realizado o tratado de realizar su actividad probatoria, ya que de otra manera seria suplir su negligencia.

Es decir, de acuerdo a la doctrina generalizada, el auto para mejor proveer busca no solo esclarecer sino verificar hechos, para establecer

---

fuera de estos, ni suplir excepciones o argumentos de hecho no alegados ni probados". Por tanto, necesariamente, los argumentos de hecho deben señalarlos las partes, quienes por mandato del artículo 506 *eiusdem*, deben probar sus afirmaciones de hecho, no obstante, la potestad verificadora concedida a los jueces, quienes están conminados a buscar la verdad.

44 J. Pico I junoy, J. Obr. Cit. Pág. 119.

45 En el diseño de nuestro procedimiento, al juez se le asigna la misma función. Ver el artículo 14 del Código de Procedimiento Civil.

46 O. Gozaíni, "La prueba en el Código General del Proceso frente a la experiencia jurisprudencial argentina". En *Revista de Derecho Probatorio* 4. Editorial Jurídica Alva S.R.L. Caracas. 1994. Pág. 201.

47 Ídem. Pág. 202.

la verdad, es por ello que Clemente Diaz, citado por Arazi, "*distingue entre las medidas ordenadas de oficio durante el periodo probatorio y las requeridas después del llamamiento de autos para la sentencia*".[48] Estamos absolutamente de acuerdo con esta postura, ya que si el juez utiliza los medios de prueba para los que está facultado, distintos a los previstos en el auto complementario de pruebas o en el auto para mejor proveer, necesariamente debe usarlos en el lapso de evacuación de pruebas, y en esta situación se está comportando como un litigante,[49] por lo que las partes tienen la posibilidad de ejercer los recursos que estimen conveniente en contra del decreto emitido por el juez y controlar la evacuación del medio.[50]

En el mismo sentido se pronuncia Clemente Diaz, citado por Arazi, quien, al referirse a las medidas oficiosas ordenadas durante el periodo probatorio, afirma que "*hacen del juez un tercer sujeto que debe ir formando el material de conocimiento de los hechos controvertidos*".[51] Arazi, mantiene una opinión opuesta e indica que de los textos legales no surge la distinción señalada por Diaz.[52]

Si bien es cierto que tampoco en nuestra legislación aparece de manera expresa la diferenciación a la que se hace referencia, debe advertirse que en el caso del auto complementario de pruebas como en el supuesto del auto para mejor proveer, la ley fija la oportunidad en que el juez puede valerse de ellos y el momento en que deben llevarse a cabo las diligencias que ordene. En los otros supuestos, en los que la normativa faculta al juez para proveer acerca de las medidas probatorias no hay revelación alguna de la etapa del proceso en que se puedan decretar,

---

48 R. Arazi, *La prueba en el proceso civil.* Ediciones La Roca. Buenos Aires 2001. Págs. 41-42.

49 La intención al usar esta expresión no es la de indicar de que el juez pueda tener algún interés distinto a la búsqueda de la verdad, sino que por la índole de la actividad en la que los litigantes pueden intervenir, la relación entre todos los sujetos procesales se equipara.

50 Los litigantes no podrían ejercer el contradictorio previo, porque se enterarán de la orden del juez una vez se estampe el auto en el expediente; sin embargo, consideramos que pueden los litigantes apelar de la decisión, si estiman que la diligencia es impertinente, ilegal, inconducente o por cualquier otro motivo que consideren procedente. Así mismo, podrían realizar un contradictorio en informes, a fin de que el juez desestime el resultado de la prueba, si fuese procedente la oposición.

51 R. Arazi, Ob. Cit. Pág. 42.

52 Ibidem.

sino que la indicación es genérica, a saber: "*cuando lo determine el tribunal de oficio*",[53] "*cuando lo juzgue oportuno*",[54] "*aun de oficio*",[55] "*podrá también ordenarse*",[56] "*puede también disponerse*";[57] por tanto, sería ilógico que el juez con fundamento en esas disposiciones decretara llevar a cabo las mismas diligencias que se contemplan en los autos de referencia, en la fase procesal establecida en la legislación para que dichos autos se dicten. Por ello, en nuestro criterio, la única oportunidad en que el juez pudiera hacer uso de las facultades a que se contraen esas normas, es durante la instrucción de la causa.

Aunque en la exposición de motivos del Código de Procedimiento Civil no encontramos ningún comentario que pueda revelar la intención del legislador, estimamos que al estar habilitado el juez para ordenar la práctica de las diligencias, así como para lo que implique la sustanciación de ellas, lo interpretamos como una disposición que tiene por objeto impedir que las partes, o algún tercero que participe en el proceso, obstruyan la labor del juez en la búsqueda de la verdad; por ello, señala el artículo 401, que en contra del auto que ordene las diligencias no se oirá recurso de apelación, mientras que el artículo 514 establece -más ampliamente- que en contra del auto para mejor proveer no se oirá ningún recurso, a lo que haremos referencia, más adelante, en este mismo trabajo.

Sin embargo, insistimos, si contrastamos las normas comentadas, podemos aseverar que en los supuestos contemplados en los citados artículos 451, 472, 502, 503 y 504 del Código de Procedimiento Civil, el juez podrá ordenar esas diligencias durante el lapso de sustanciación de pruebas, pero si bien -como se afirmó precedentemente- las partes no podrían oponerse, habida cuenta de que cuando se enteren de lo dispuesto por el juez, es porque ya fue publicado el auto que ordena la eva-

---

53 Para ordenar evacuar una experticia. Artículo 451 del Código de Procedimiento Civil.

54 Para ordenar instruir una inspección judicial. Artículo 472 del Código de Procedimiento Civil.

55 Para ordenar efectuar planos, calcos y copias. Artículo 502 del Código de Procedimiento Civil.

56 Para ordenar la reconstrucción de un hecho. Artículo 503 del Código de Procedimiento Civil.

57 Para ordenar una pericia experimental. Artículo 504 del Código de Procedimiento Civil.

cuación de la prueba,[58] estimamos que sí podrían interponer el recurso de apelación en contra de dicha decisión y argumentar en el superior las razones por las que estimen improcedente la práctica de la diligencia ordenada realizar oficiosamente; adicionalmente, los litigantes, podrán efectuar las actividades de control propias de esos medios de pruebas (salvo designar peritos),[59] en virtud de que no existe ninguna limitación o impedimento establecido en la ley para ello.[60] Si el medio fuere pertinente y conducente, el juez puede afincarse en él para sustentar el fallo, sin que estuviera desequilibrando el proceso, en virtud de la facultad que le concede la ley, por el contrario –como reiteraremos– el juez estaría dando cumplimiento al mandato contenido en el artículo 12 del Código de Procedimiento Civil, al tener por norte "*la verdad*", la que procurará conocer en los límites de su oficio.[61]

Por tanto, al establecerse una restricción a los litigantes para interponer recursos en relación con las medidas que puede tomar el juez para verificar hechos o aclararlos, denota la intención del legislador de evitar crear incidencias en esas etapas procesales e impedir que la actividad de las partes pueda obstruir el desempeño del juez para tratar de fijar los hechos, en busca de la verdad.

---

58 No obstante, consideramos que las partes podrían realizar un contradictorio a posteriori, en el sentido de argumentar en informes, los motivos por los que la diligencia ordenada por el juez no debió llevarse a cabo.

59 Ver artículo 459 de Código de Procedimiento Civil.

60 Montero Aroca, al referirse a la intervención de los litigantes en las diligencias ordenadas sustanciar por el juez mediante un auto para mejor proveer, aboga por que deben "*practicarse con contradicción plena y asumiendo las partes todas las facultades inherentes al derecho de defensa*" (J. Montero, *La prueba en el proceso civil*. Editorial Civitas S.A. España. Primera Edición. 1996. Pág. 328).

61 Sobre este punto encontramos en la doctrina posiciones contrastantes. En ese aspecto el profesor Robert Wyness Millar cita diversos autores que se refieren a lo imperioso para el juez de buscar la verdad. En ese sentido señala que Heilfron y Pick, afirman que "*El principio de investigación judicial ... es el que obliga al juez a averiguar de oficio (inquirere) la verdad material o absoluta; le impone así el deber de escudriñar y de considerar hechos que no le han presentado las partes. ...*". Esto es inadmisible en el procedimiento civil venezolano, ya que el juez debe atenerse a los "*alegatos de las partes*", quienes imponen el tema a decidir. También cita a Kleinfeller, quien opina que "*El principio de investigación judicial atribuye al juez el deber de reunir, por su propia actividad, el material del litigio*". En Venezuela es potestativo, más no es un mandato al juez. Para Engelmann, también citado por Wyness Millar, "*El principio de investigación judicial tienen como punto de partida la idea de que sobre y por encima de las partes existe un bien jurídico, al que ambas*

5. DE LA PROHIBICIÓN DE RECURRIR LAS DETERMINACIONES DEL JUEZ PREVISTAS EN LOS ARTÍCULO 401 Y 514 DEL CÓDIGO DE PROCEDIMIENTO CIVIL.

El artículo 401 del Código de Procedimiento Civil, en su parte pertinente, dispone lo siguiente:

a) Concluido el lapso probatorio, el juez podrá de oficio ordenar la práctica de las siguientes diligencias; y, de seguidas, procede a listar cinco actividades que el juez puede efectuar u ordenar que se realicen.
b) En su último aparte dicha norma dispone lo siguiente: El auto en que se ordenen estas diligencias, fijará el término para cumplirlas y contra él no se oirá recurso de apelación. Cumplidas las diligencias, se oirán las observaciones de las partes en el acto de informes.

Del párrafo transcrito, podemos sacar las siguientes conclusiones, a saber:

b.1) Se debe fijar un plazo para la sustanciación de la diligencia o diligencias ordenadas. Si son varias, pueden fijarse plazos distintos para ello, de acuerdo con la naturaleza de la medida que el juez haya acordado.

b.2) Las partes no pueden intervenir en la sustanciación de las diligencias, aunque tienen el derecho de estar presentes cuando se esté instruyendo la actividad acordada. Si bien, la norma no es explícita en ese sentido, esto se deduce que se les concede a las partes la posibilidad de expresar las observaciones que tengan a bien efectuar sobre las diligencias practicadas, en la oportunidad de presentar sus informes.[62]

---

partes quedan subordinadas…" (R. Millar, *Los principios formativos del procedimiento civil.* Ediar Editores. Buenos Aires. 1945. Págs. 63 y 64). Si contrastamos esas opiniones con el artículo 12 del Código de Procedimiento Civil, podemos concluir que en nuestro procedimiento existe un sistema mixto, el juez debe atenerse a lo alegado por las partes, pero puede escudriñar la verdad, de acuerdo con las potestades que le han sido conferidas.

62 Aunque la norma se refiere al acto de informes, realmente no existe acto alguno para ello. En efecto, el artículo 511 del Código de Procedimiento Civil, establece que "*los informes*

b.3) Contra el auto que ordene practicar las diligencias no se oirá recurso de apelación.

De acuerdo con la citada norma, el juez soberanamente podría:

1) Una vez concluido el lapso probatorio, dictar el auto complementario de pruebas, cuya finalidad es la de verificar hechos discutidos en el proceso. Es oportuno recalcar, que en la etapa prevista para que el juez ordene las medidas que estime conveniente, mediante el auto de referencia, no ha concluido la actividad probatoria de las partes, ya que, si bien ha terminado el lapso de evacuación de pruebas, las partes previamente a la presentación de informes pueden evacuar posiciones juradas,[63] el juramento decisorio[64] y aportar documentos públicos que no sea obligatorio presentar con la demanda.[65]
2) Determinar cuál o cuáles diligencias se van a practicar, de las que están señaladas, de manera taxativa, en la norma, sin que deba justificar la razón o motivo del decreto de las diligencias ordenadas.
3) Fijar el plazo para su realización, el que no puede exceder de trece días de despacho, habida cuenta de que las partes deben expresar sus observaciones en la oportunidad de presentar informes y si lo dictara el primer día siguiente a la conclusión del lapso de evacuación (*dies a quo*), este no se computaría, lapso que implícitamente precluye el día previo a la presentación de informes (*dies ad quem*), habida cuenta que es en dicha oportunidad, es decir en la fijada en la ley para que las partes presenten sus informes, los que pueden consignar al inicio del despacho por parte del tribunal, y en dichos informes las partes tienen el derecho a expresar las observaciones que consideren pertinentes a las diligencias practicadas, de conformidad con lo previsto en el artículo 401 del Código de Procedimiento Civil.

de las partes se presentarán en el décimo quinto día siguiente al vencimiento del lapso probatorio a cualquier hora de las fijadas en la tablilla a que se refiere el artículo 192". En consecuencia, no debe abrirse acto alguno para que las partes procedan a informar.

63 Ver artículo 405 del Código de Procedimiento Civil.

64 Ver artículo 426 del Código de Procedimiento Civil.

65 Ver artículo 435 del Código de Procedimiento Civil.

Consideramos que, de cumplirse de manera rigurosa con los aspectos indicados, es cuando se aplica la restricción de interponer el recurso de apelación, con lo cual el juez está en libertad de realizar las diligencias que haya ordenado, en busca de la verdad, sin trabas de especie alguna. Es muy probable que, ante la decisión del juez, alguna de las partes se sienta lesionada porque considere que con esa decisión se está favoreciendo la posición del contrario, por lo que trataría de entorpecer el desarrollo de la actividad, con la interposición de recursos que de antemano se tiene conciencia de que no prosperarían; por otra parte, dado lo reducido del plazo para sustanciar las diligencias, tramitar un recurso no sería posible; de allí, es que estimamos que la intención del legislador fue precisamente evitar que se obstaculizara la labor del juez, a fin de que tuviese la libertad necesaria para tratar de establecer los hechos con las diligencias que ha ordenado practicar.

Sin embargo, podría suceder que el juez se excediera de las potestades que le concede la norma, y decidiera, por ejemplo, que alguna de las partes absolviera posiciones juradas o prestara el juramento decisorio, o que se evacuara una prueba libre, entre otras; diligencias que no están contempladas en la norma en comento, por lo que el juez estaría incurriendo en un abuso de autoridad, lo que pudiera conllevar un desequilibrio en el proceso, caso en el cual apreciamos que el interesado o afectado podría intentar el correspondiente recurso, a fin de anular la excesiva orden del juez, en virtud de que la ley no le otorga competencia para decretar que se lleven a cabo determinadas medidas, o que la actuación puede conllevar a un desequilibrio para alguno de los litigantes, lo que se traduciría, en todo caso, en una conducta judicial indebida; por ello, pensamos que el afectado pudiera proponer una acción de amparo, en razón de la vulneración de las garantías constitucionales, expresamente consagradas en la Carta Magna, como los son: a) el valor justicia,[66] b) la imparcialidad de la justicia,[67] c) el debido

66 Ver artículos 1 y 2 de la Constitución de la República Bolivariana de Venezuela. Obviamente, que cuando el juez se exceda en las atribuciones que le confiere la ley, es una vulneración al valor justicia, al desequilibrar el proceso, utilizando medios de los cuales no tiene la disponibilidad.

67 Ver artículo 26 de la Constitución de la República Bolivariana de Venezuela, que garantiza la imparcialidad de la justicia. La circunstancia de que el juez utilice medios que no le han sido concedidos, compromete su imparcialidad.

proceso,[68] d) el error judicial;[69] dicha acción de amparo constituye el mecanismo expedito para restablecer inmediatamente la situación jurídica infringida,[70] y anular el decreto del juez de que se practiquen diligencias no contempladas en la norma.

Por su parte, el artículo 514 del Código de Procedimiento Civil, en su parte pertinente, dispone lo siguiente:

a) Después de presentados los informes,[71] dentro del lapso perentorio de quince días,[72] podrá el tribunal, si lo juzgare procedente, dictar auto para mejor proveer; y, de seguidas, procede a listar cuatro actividades que el tribunal puede efectuar u ordenar que se realicen.

b) En su penúltimo aparte dicha norma dispone lo siguiente: "*En el auto para mejor proveer, se señalará término suficiente para cumplirlo. Contra este auto no se oirá recurso alguno; cumplido que sea, la partes podrán hacer al tribunal, antes del fallo, las observaciones que crean pertinentes respecto de las actuaciones practicadas*".

Del párrafo transcrito, podemos sacar las siguientes conclusiones, a saber:

b.1) Se debe fijar un término para la práctica de la diligencia o diligencias ordenadas. Si son varias, estas deben llevarse a cabo dentro del término fijado por el tribunal, para lo cual pueden fijarse oportunidades distintas dentro del plazo establecido.

---

68 Ver encabezamiento del artículo 49 de la Constitución de la República Bolivariana de Venezuela, que dispone que el debido proceso se aplicará a todas las actuaciones judiciales.

69 Ver ordinal 8vo. del artículo 49 de la Constitución de la República Bolivariana de Venezuela, que estatuye el derecho al restablecimiento o reparación de la situación jurídica lesionada por error judicial.

70 Ver artículo 27 de la Constitución de la República Bolivariana de Venezuela.

71 Consideramos que la redacción no es la más adecuada, ya que pareciera que la posibilidad para que el tribunal dicte el auto para mejor proveer, dependerá del hecho de que las partes, o al menos una de ellas, haya presentado informes. Por ello, estimamos que debe entenderse que el auto se dictará después de la oportunidad para presentar informes.

72 Debe recordarse que las partes tienen el derecho de observar los informes que presente el contrario, para lo cual el artículo 513 del Código de Procedimiento Civil, les concede un lapso de ocho días siguientes a la presentación oportuna de los informes. Por tanto, debería computarse el lapso para dictar el auto para mejor proveer, una vez concluya ese plazo de ocho días para observar.

b.2) Las partes no pueden intervenir en la sustanciación de las diligencias, aunque tienen derecho a estar presentes cuando se esté instruyendo la actividad acordada. En este caso, tampoco la norma es explícita en ese sentido, pero ello se concluye porque la disposición de referencia les otorga el derecho a los litigantes de formular al tribunal, antes del fallo, las observaciones que estimen pertinentes. Aunque no hay una oportunidad predeterminada para ello, lo lógico es que el interesado proceda a hacer las observaciones inmediatamente a la conclusión de la diligencia o diligencias practicadas, o a la conclusión del término fijado por el tribunal para ese fin, ya que después de finalizado el lapso establecido por el tribunal para la instrucción de las diligencias ordenadas, puede dictar sentencia.

b.3) Contra el auto para mejor proveer no se oirá recurso alguno. Es más contundente que lo que dispone la ley en el auto complementario de pruebas; es decir, que este auto es absolutamente irrecurrible, en los términos de lo expresado en la disposición.

De acuerdo con la citada norma, el juez soberanamente podría:

1) Dictar el auto para mejor proveer, en la oportunidad prevista en el artículo de referencia, cuya finalidad es la de aclarar hechos importantes del proceso que aparezcan dudosos u obscuros. Es oportuno recordar, que, en esta etapa, prevista para que el juez dicte el auto para mejor proveer, ha concluido la actividad probatoria de las partes, ya que, hasta informes las partes pueden evacuar algunos medios de prueba, y en la oportunidad de presentar informes tienen la posibilidad de aportar documentos públicos que no sea obligatorio presentar con la demanda.[73]
2) Determinar cuál o cuáles diligencias se van a practicar, de las que están señaladas, de manera taxativa, en la norma, sin que deba justificar la razón o motivo del decreto de las diligencias ordenadas.

[73] Ver artículo 435 del Código de Procedimiento Civil.

3) Fijar el término para su realización, que, si bien no está establecido en la norma, esta indica que debe ser "*suficiente para cumplirlo*", lo que queda a la soberanía del juez, de acuerdo con la diligencia o diligencias que haya ordenado.

Estimamos que, de cumplirse de manera rigurosa con los aspectos indicados, es cuando se aplica la restricción de la irrecurribilidad del auto para mejor proveer, con lo cual el juez está en libertad de realizar las diligencias que haya ordenado, con la finalidad de aclarar el punto importante dudoso u obscuro sobre el que tenga incertidumbre, sin trabas de especie alguna. Pierre Tapia al referirse a este aspecto, es decir a la prohibición de recurrir del auto para mejor proveer, expresa que es "*lógico que así sea porque no puede darse pie a las partes para que demoren el juicio cuando se busca solamente que el juez aclare sus dudas*";[74] más aún cuando el juicio está por entrar en la fase decisoria. Es muy probable que, ante la determinación del tribunal, alguna de las partes se sienta lesionada porque considere que con ello se está favoreciendo la posición del contrario, por lo que trataría de entorpecer el desarrollo de la actividad, con la interposición de recursos improcedentes; de allí, es que estimamos que la intención del legislador fue precisamente evitar que se obstaculizara la acción del juez, a fin de que tuviese la libertad necesaria para tratar de establecer los hechos, sin indecisiones de especie alguna, con las diligencias que ha ordenado practicar, si el resultado de estas le aclaran al juez las dudas.

Sin embargo, podría suceder que el juez se excediera de las potestades que le concede la norma, y decidiera, por ejemplo, dictar el auto para mejor proveer fuera del lapso previsto en el artículo 514 del Código de Procedimiento Civil; llamar a un tercero para que testifique, diligencia que no está prevista en la norma de referencia, por lo que el juez estaría incurriendo en un abuso de autoridad, lo que pudiera conllevar a un desequilibrio en el proceso o a una desigualdad, caso en el cual estimamos, similar a lo expresado en relación con el exceso, al aplicar el 401 del Código de Rito, que el interesado o afectado podría intentar

---

74 O. Pierre Tapia, *La Prueba en el Proceso Venezolano*. Producciones Editoriales. Tercera Edición. Barcelona. España. 1979. Tomo I. Pág. 335.

la correspondiente acción de amparo, a fin de anular la excesiva orden del juez, en virtud de que la ley no le otorga competencia para decretar que se lleven a cabo determinadas medidas, o que la actuación puede conllevar a un desequilibrio en perjuicio de alguno de los litigantes, lo que se traduciría, en todo caso, en una conducta judicial indebida, o que incurriera en abuso al señalar un término excesivo para cumplirlo; por ello, creemos que también para este supuesto, el afectado pudiera proponer -como se indicó - una acción de amparo, en razón de la vulneración de las garantías constitucionales que citamos precedentemente.

En Argentina, ante una norma con un contenido similar a las disposiciones venezolanas, en el sentido de negar recurso de apelación a las medidas oficiosas que pueda decretar el juez, el autor Jorge A. Elías, expresa lo siguiente: "*Existe una cuestión que resaltamos anteriormente y que es preciso reiterar por la vinculación expresa que tiene con el tema que tratamos, que es la irrecurribilidad de la decisión judicial que instruye las medidas, pero concretamente se plantea la excepción a la mencionada irrecurribilidad cuando el dictado de la medida por parte del juez quebrante la igualdad entre las partes o el derecho de defensa, o en su caso, cuando impliquen dichas providencias el impedimento necesario para solventar o resolver las deficiencias probatorias de alguna de las partes*".[75]

Ante dicha situación, el citado autor agrega: "*Concordante con lo explicitado supra, la jurisprudencia dispone que, si bien, en principio las providencias dictadas como consecuencia de las facultades instructoras y ordenatorias otorgadas a los jueces (cfr. art. 35 del Cód. Proc. Civ. Com. y Minería San Juan), son inapelables; en determinados casos pueden ser recurridas, cuando lesionen la garantía constitucional del debido proceso, impidiendo el derecho de defensa en juicio (sumario de fallo 30 de mayo de 2006-Id SAIJ: SU50006958)*".[76]

Es decir, que, de acuerdo con la doctrina autoral y jurisprudencial aludidas, ante la violación de garantías de orden constitucional, debido

---

[75] Jorge A. Elías, "Las medidas para mejor proveer y su obligada vinculación al debido proceso". Tomado de la página web https://aldiaargentina.microjuris.com/2020/07/30/las-medidas-para-mejor-proveer-y-su-obligada-vinculacion-al-debido-proceso/ Consulta efectuada el 15 de abril de 2021.

[76] Ibidem.

al abuso por parte del juez, el decreto mediante el cual se ordena practicar las diligencias puede ser recurrido, lo que es cónsono con mantener el derecho de defensa que incumbe a los litigantes.

Sobre este aspecto es oportuno traer a colación la sentencia número 388, proferida por la Sala de Casación Civil del Tribunal Supremo de Justicia, en fecha 3 de julio de 2015;[77] porque la doctrina jurisprudencial venezolana, apunta hacia otros derroteros, por lo que en el aludido fallo la Sala expresó lo siguiente:

a) "*De los distintos eventos procesales, la Sala pudo constatar lo siguiente: a) el a quo dictó un auto para mejor proveer, luego de transcurrido el lapso establecido en el artículo 514 del Código de Procedimiento Civil, b) el mismo tuvo como finalidad que el juez pudiera completar su ilustración y conocimientos sobre los hechos, ante la indeterminación de cuáles serían los verdaderos linderos objeto de la demanda, c) una vez dictado el auto, la parte demandada acudió al proceso sin objetar el mismo, y d) las pruebas ordenadas en dicho auto fueron evacuadas con la presencia de ambas partes, quienes tuvieron el control de las mismas*".

Aunque, como veremos, la Sala reconoce que el auto para mejor proveer fue dictado extemporáneamente,[78] en la sentencia se señala que ello fue convalidado porque ambas partes concurrieron a la práctica

---

[77] Tomada de la página web https://vlexvenezuela.com/vid/promotora-samanes-c-fundacion-593326698, consulta realizada el 18 de abril de 2021.

[78] Consideramos que efectivamente el auto para mejor proveer debe dictarse dentro del término previsto en el artículo 514 del Código de Procedimiento Civil, sino seria extemporáneo; sin embargo, la misma Sala de Casación Civil, en sentencia proferida el 27 de agosto de 2004, en el juicio seguido por María De Las Mercedes Sánchez contra Manuel Escobar Mora y otros, expresó lo siguiente: "*La doctrina patria sobre el auto para mejor proveer, ha establecido que puede ser dictado después de la oportunidad de los informes, es decir, una vez que el tribunal disponga del plazo para dictar sentencia, sin que deba considerarse dicho plazo preclusivo*". Tomado de la página web http://historico.tsj.gob.ve/decisiones/scc/Agosto/RC-00966-270804-03609.htm, consulta realizada el 18 de abril de 2021.
Es evidente la contradicción entre ambas decisiones, pero, aunque no se indica que se cambia de criterio, estimamos que no puede convalidarse la extemporaneidad del decreto del juez, porque las partes hayan concurrido a la sustanciación de las diligencias ordenadas, y más inaceptable es que se afirme que las partes tuvieron el control de las pruebas, cuando no pueden intervenir en la sustanciación, sino realizar observaciones.

de las diligencias ordenadas (inspección judicial y experticia), sin que hicieran objeción alguna, por lo que de esa conducta se desprende la aquiescencia de los litigantes para que se sustanciara, particularmente, la experticia. En efecto, la referida sentencia indicó lo siguiente:

b) "*En tal sentido, si bien es cierto el mencionado auto de proveer (sic) fue dictado fuera del lapso establecido en el artículo 514 del Código de Procedimiento Civil, no es menos cierto, que tal error no le generó indefensión a las partes, ni fue advertido por estas en la primera oportunidad, al contrario, ambas acudieron a la evacuación tanto de la inspección judicial como de la experticia, sin presentar ningún tipo de objeción al respecto en tal momento, incluso la demandada hasta propuso un experto por su parte, para la práctica de la experticia, lo cual denota que ambas partes estaban conformes con la realización de la misma*".[79]

Es decir, se infiere de lo sostenido por la Sala, que si el interesado -alguno de los litigantes- objeta la decisión del juez al ordenar que se realice alguna o algunas de las diligencias previstas en el auto para mejor proveer, en virtud de la extemporaneidad, el tribunal debería retractarse, lo cual pudiera hacer revocando el auto por contrario imperio,[80] habida cuenta que la norma expresamente niega algún tipo de recurso en contra del auto para mejor proveer; pero de no hacerlo, deben tenerse por válidas las actuaciones, por no haber causado indefensión a las partes y la participación de estas, es una convalidación de las actuaciones, de acuerdo con el criterio de la Sala. Lo importante es que la Sala acepta la posibilidad de que la actuación extemporánea del tribunal puede causar indefensión a alguno de los litigantes, por lo que, ante la protesta, la objeción o el desacuerdo del interesado, el tribunal debería dejar sin efecto la actuación y de no hacerlo, ¿podría interponerse algún recuso? Nuestra respuesta es afirmativa, tal como lo precisamos precedentemente, no solo para el supuesto de la extemporaneidad del auto para mejor proveer, sino en el caso de que el tribunal incurra en cualquier exceso.

---

[79] Reiteramos lo expuesto en la nota precedente.

[80] Ver encabezamiento del artículo 252 del Código de Procedimiento Civil.

En el caso tratado en el aludido fallo, el juez de primer grado se apoyó en las resultas de las diligencias practicadas para fundamentar la decisión de mérito, la que fue revocada por el superior, quien dejó sin efecto las resultas del auto para mejor proveer, al haberse dictado este extemporáneamente. Por ello, la sentencia en comento le arroga al superior haber menoscabado el derecho de defensa, al debido proceso y el derecho a la prueba, porque el resultado arrojado por las diligencias ordenadas practicar por el *a quo* fueron determinantes para dictar la decisión. En efecto, la Sala manifestó lo siguiente:

c) *"De modo que el juez de la recurrida con tal proceder menoscabó el derecho a la defensa, al debido proceso y el derecho probatorio, al desechar las pruebas acordadas por el a quo mediante el auto para mejor proveer a fin de despejar cualquier duda o insuficiencia que le permitiera formarse una clara convicción de los hechos de la causa, las cuales fueron controladas por las partes, son determinantes en la controversia, y, por tanto, no debieron ser desechadas por el ad quem".*

Creemos que es erróneo lo manifestado por la Sala, y una distorsión de la esencia del auto para mejor proveer, cuando expresa que las diligencias ordenadas practicar mediante el auto para mejor proveer, fueron controladas por las partes; estas no tienen injerencia en la sustanciación de ellas, solamente pueden hacer observaciones antes de que se dicte la sentencia, de acuerdo a lo previsto en el penúltimo aparte del artículo 514 del Código de Procedimiento Civil, por lo que son invitadas de piedra a la práctica de las diligencias.[81] Por otra parte, la naturaleza del auto para mejor proveer es aclarativo, aunque puedan desprenderse de las resultas de las diligencias realizadas, elementos que permitan al juez establecer los hechos, pero en el caso de marras, la apariencia es que la intención de haber dictado el auto para mejor proveer fue con una finalidad probatoria y no aclaratoria, ya que esta es su naturaleza, por lo que constituye un error del tribunal.

---

[81] A la sustanciación de las diligencias ordenadas oficiosamente por el tribunal, como a cualquier actividad o acto del proceso, puede concurrir cualquier persona, tomando en consideración la capacidad del local en que se desarrolle, en virtud del principio de publicidad del proceso, el cual está recogido en el artículo 24 del Código de Procedimiento Civil.

Continúa la exposición en la sentencia dictada por la Sala de Casación Civil, y textualmente indica lo siguiente:

d) *"En consecuencia, es evidente que el juzgador de alzada al negarle valoración a la prueba de inspección judicial y la experticia cercenó el derecho a la defensa y a la prueba, al no permitir a las partes la demostración de los hechos alegados, razón suficiente para declarar la procedencia de la presente denuncia. Así se decide".*

Consideramos incorrecto el criterio sustentado por la Sala de Casación Civil, cuando expresa el supuesto cercenamiento que se les hizo a las partes de no permitir comprobar los hechos alegados, por lo que, con base a ello, declaró procedente la denuncia y casó la sentencia recurrida. Obviamente, que es un craso error de la Sala expresar que a los litigantes no se les permitió demostrar los hechos discutidos en el juicio; las partes, obviamente, tuvieron la oportunidad para probar sus alegatos, tal y como lo ordena el artículo 506 del Código de Procedimiento Civil concatenado con el 1354 del Código Civil, en virtud de que en el diseño del proceso existe un lapso probatorio suficiente para que las partes promuevan y evacuen las pruebas que estimen convenientes para comprobar sus afirmaciones fácticas, con un elenco de pruebas ilimitados, al consagrar el artículo 395 *eiusdem* el uso de las pruebas libres. El auto para mejor proveer es para aclarar las posibles dudas que tenga el juez sobre hechos importantes del proceso (problema subjetivo del juez), pero no está dirigido para que las partes demuestren hechos que debieron comprobar en la etapa procesal prevista para ello.

En consecuencia, pensamos, que la Sala de Casación Civil, distorsionó el alcance y naturaleza del auto para mejor proveer, al admitir su validez no obstante la extemporaneidad, y al convalidar la participación de los litigantes en la práctica de las diligencias, cuando el único derecho que les otorga la ley -a las partes- es el de presentar observaciones antes del fallo; y, más grave aún, por su puesto, haber establecido que las partes, por medio del auto para mejor proveer tienen derecho a comprobar los hechos debatidos, cuando su naturaleza es aclarativa y no probatoria y no es una norma dirigida a las partes sino al juez.

6. CONCLUSIONES

Con vista de lo expuesto, considero que podemos establecer las conclusiones siguientes:

a) En las leyes adjetivas venezolanas se contemplan abundantes facultades que pueden utilizar los jueces para comprobar o aclarar los hechos litigiosos.

b) Adicionalmente, de conformidad con la sentencia 98 del 15 de marzo de 2000, proferida por la Sala Constitucional del Tribunal Supremo de Justicia, se faculta a los jueces para que puedan incorporar el hecho notorio comunicacional o publicitado, creando una excepción a lo dispuesto en el artículo 12 del Código de Procedimiento Civil, en el sentido de que el juez debe atenerse a lo alegado y probado en autos.

c) Por mandato de la ley, el juez tiene por norte de sus actos la verdad, la que procurarán conocer en los límites de su oficio. Una de las formas de hacerlo es utilizando sus iniciativas probatorias, por lo que podemos considerar natural que el juez realice estas actividades, no solo para verificar hechos sino para aclararlos cuando lo juzgue conveniente.

d) El juez no debe justificar la razón o motivo por el cual decide ordenar que se practique alguna o algunas diligencias.

e) En el caso de las diligencias contempladas en el auto complementario de pruebas (ex artículo 401 del Código de Procedimiento Civil) y en el auto para mejor proveer (ex artículo 514 del Código de Procedimiento Civil), no son recurribles, por mandato de dichas normas, siempre y cuando el juez se ajuste al presupuesto normativo.

f) La intención de que la decisión no sea recurrible, por una parte; y, por la otra, que los litigantes no intervengan en su sustanciación es para evitar interferencias en la sustanciación de las diligencias.

g) Si el juez incurriere en abuso de autoridad al emitir el decreto, el interesado podría interponer un recurso de amparo, en virtud de la violación de garantías constitucionales.

h) El juez solamente puede usar sus iniciativas para corroborar los alegatos de las partes, o aclarar un hecho dudoso u obscuro, pero podría demostrar la falsedad de lo alegado.

i) Las iniciativas probatorias no podrían utilizarse para comprobar hechos admitidos o hechos notorios.
j) Las resultas de las diligencias ordenadas pueden servir para aclarar o para establecer hechos.
k) El juez puede utilizar sus iniciativas probatorias para prevenir la colusión o el fraude procesal.

7. BIBLIOGRAFÍA

ARAZI, Roland. *La prueba en el proceso civil.* Ediciones La Roca. Buenos Aires 2001.

CALAMANDREI, Piero. *Instituciones de Derecho Procesal Civil según el nuevo Código* (Traducción, Santiago Sentis Melendo). Vol. I. Ediciones EJEA. Buenos Aires. 1986.

DE LOS SANTOS, Mabel. "El Juez frente a la prueba". En *La Prueba. Libro en memoria del profesor Santiago Sentis Melendo.* Coordinador Augusto Morello. Librería Editora Platense. La Plata. 1996.

ELIAS, Jorge A. "Las medidas para mejor proveer y su obligada vinculación al debido proceso". Tomado de la página web https://aldiaargentina.microjuris.com/2020/07/30/las-medidas-para-mejor-proveer-y-su-obligada-vinculacion-al-debido-proceso/

FERNÁNDEZ LÓPEZ, Mercedes. *La carga de la prueba en la práctica judicial civil.* Gráficas Muriel, S.A. Madrid. 2006.

GOZAINI, Oscar. "La prueba en el Código General del Proceso frente a la experiencia jurisprudencial argentina". En *Revista de Derecho Probatorio* 4. Editorial Jurídica Alva S.R.L. Caracas. 1994.

MIILLAR, Robert. *Los principios formativos del procedimiento civil.* Ediar Editores. Buenos Aires. 1945.

PICO I JUNOY, Joan, *El juez y la prueba. Estudio de la errónea acepción del brocardo iudex iudicare debet secundum allegata et probata, non secundum conscientiam y su repercusión actual.* J. M. Bosch Editor S.A. Barcelona. España.

______________, *El derecho a la prueba en el proceso civil.* J. M. Bosch Editor S.A. Primera Edición. Barcelona. España. 1996.

PIERRE TAPIA, Oscar. *La Prueba en el Proceso Venezolano.* Tomo I. Tercera Edición. Producciones Editoriales. Barcelona. España. 1979.

RAMÍREZ y GARAY. *Jurisprudencia Venezolana.* Tomo 228.

YANNUZZI RODRÍGUEZ, Salvador, "El Derecho a la Prueba en la Constitución de la República Bolivariana de Venezuela", en *Constitución, Proceso, Pruebas y Reforma Procesal.* Jornadas Domínguez Escobar. Barquisimeto. Venezuela.

______________, *El principio de adquisicion procesal* (Trabajo de incorporación a la Academia de Ciencias Políticas y Sociales).

Páginas web consultadas

https://vlexvenezuela.com/vid/promotora-samanes-c-fundacion-593326698

http://historico.tsj.gob.ve/decisiones/scc/Agosto/RC-00966-270804-03609.htm

https://aldiaargentina.microjuris.com/2020/07/30/las-medidas-para-mejor-proveer-y-su-obligada-vinculacion-al-debido-proceso/

http://historico.tsj.gob.ve/decisiones/scc/Agosto/RC-00966-270804-03609.htm

¿ES INCONSTITUCIONAL LO DISPUESTO EN EL ARTÍCULO 255 DE LA CONSTITUCIÓN SOBRE EL NOMBRAMIENTO Y JURAMENTO DE LOS JUECES POR EL TRIBUNAL SUPREMO DE JUSTICIA?

RODRIGO RIVERA MORALES*

SUMARIO

Introducción. 1. ¿Qué es una Constitución? 2. Supremacía constitucional. 3. Independencia e imparcialidad judicial. 4. La inconstitucionalidad de la jerarquía judicial establecida en el artículo 255.

INTRODUCCIÓN

He tenido la oportunidad de intercambiar ideas sobre temas de derecho con Cecilia Sosa. Hemos estado integrando el Bloque Constitucional de Venezuela y se han hecho diversos pronunciamientos, desde el punto de vista jurídico, sobre acontecimientos de interés nacional. Me parece muy merecido este homenaje, para mí es un honor participar.

Uno de los temas que se han tratado es sobre el Poder Judicial. Específicamente, junto con Román José Duque Corredor ha escrito diversos trabajos sobre el tema judicial venezolano en los tiempos actuales, de igual manera Cecilia Sosa ha emitido opiniones sobre la inmensa tragedia que agobia al sistema judicial venezolano, ha participado en diversos foros y liderizado varias iniciativas. Cecilia Sosa en entrevista a pregunta "*¿Cómo calificaría el sistema de justicia venezolano actual y qué es lo más grave que, a su criterio, ha ocurrido en el Poder Judicial?*, contestó: "*En Venezuela no hay justicia. No existe Poder Judicial, perdió el sentido republicano. Fue implantada una estructura que*

* Doctor en Derecho Procesal y Derecho Constitucional. Profesor Titular Universidad Católica del Táchira. Profesor invitado de diversas universidades Iberoamericanas. Miembro de diversas asociaciones de Derecho. Autor de varias obras jurídicas.

tiene ese nombre, pero actúa bajo órdenes políticas y criterios ajenos a lo consagrado en la Constitución. La justicia socialista se dejó de lado precisamente porque se instauró un sistema paralelo que fue haciendo desaparecer el anterior."

Recordando cuando Cecilia renunció a la Presidencia de la Corte Suprema de Justicia, en declaraciones públicas señaló "*se violó el Estado de derecho y avaló la injerencia de la Asamblea Nacional Constituyente en la independencia del poder judicial*" y agregó "*Con la actuación de la Asamblea Nacional Constituyente y la sumisión de la Corte a sus designios desaparece el último control de constitucionalidad y legalidad que había en Venezuela*". Dibujó con claridad lo que se venía encima, su talante de jurista y demócrata le permitía prever que un poder sin control se desboca y comete arbitrariedades.

El régimen que se instalaba tenía un objetivo muy claro: perpetuarse en el poder, para alcanzar este objetivo debía hacer desaparecer los controles y concentrar el poder en el ejecutivo. Para ello, en un ese momento, estado constitucional, era fundamental someter al poder judicial en tanto realiza control constitucional y de legalidad. Bien, la catástrofe de concentración de poder y arbitrariedad la vivimos.

Cuando estudié Derecho constitucional en Salamanca, investigando sobre el tema de la jurisdicción constitucional, el profesor José J. Gomes Canutilho, me facilitó un trabajo de Otto Bachof, "*¿Normas constitucionais inconstitucionais?*". Sobre este tema tuve la oportunidad de leer otros. Posteriormente, dejé a un lado el derecho constitucional y me dediqué con mayor ahínco al procesal. Ahora, tratando de hacer un artículo para el homenaje de Cecilia Sosa, me vino a la mente su predicción sobre el poder judicial y decidí desempolvar el tema de *normas constitucionales inconstitucionales* y formalizar un artículo planteando una visión sobre algunas incongruencias inconstitucionales en la Constitución venezolana de 1999.

1. ¿QUÉ ES UNA CONSTITUCIÓN?

Partimos de enunciar lo que consideramos una Constitución con la idea de fundamentar la posibilidad de que en ella se encuentren normas inconstitucionales. Revisando la literatura constitucional observamos que el concepto de constitución es uno de los que nos dan una gran pluralidad de formulaciones, es además un concepto polémico, pues, tiene contenido político al tratar sobre la determinación de un pueblo o comunidad organizada que se da una forma de existencia política, organiza el gobierno y un proyecto de organización social. Mostramos que el concepto *Constitución* "*es usado en el lenguaje jurídico (y político) con una multiplicidad de significados (cada uno de los cuales presenta muy diversos matices)*"[1].

Toda constitución parte de la preexistencia de una comunidad política dotada de poder soberano, organizada en instituciones cuyo papel predominante corresponde al estado. La Constitución no es otra cosa que la constitución de un pueblo en estado dotándole de un ordenamiento funcionando como sistema. La norma fundamental contiene las normas básicas de producción jurídica, la organización política, el límite al poder y el desarrollo social, no tienen normas reales como se ha constituido, pero si las referencias históricas constitución del Estado.

Escribe García Pelayo[2] que "*Se concibe la constitución como un complejo normativo establecido de una sola vez y en el que de una manera total, exhaustiva y sistemática se establecen las funciones fundamentales del Estado y se regulan los órganos, el ámbito de sus competencias y las relaciones entre ellos. La constitución es, pues, un sistema de normas.*" Percibimos en lo expuesto por García Pelayo, que el Estado se constituye de una sola vez y responde a una realidad histórica, esto no niega que el sistema normativo avance, tome nuevas dimensiones, cambios normativos, pero siempre será el mismo estado en el sentido material.

Esto no excluye que en una reforma constitucional se plantee refundar el Estado, pero esto será desde el punto de vista orgánico, pues, deberá respetarse los valores históricos del pueblo. En cuanto que cada pueblo es una individualidad, es claro que la ordenación constitucional ha de responder al espíritu o al carácter nacional.

---

1 Riccardo Guastini, *Sobre el concepto de Constitución.* Traducción del italiano por Miguel Carbonell (IIJ-UNAM). Cuestiones Constitucionales · *January* 1999 núm 1, julio-diciembre 1999, p. 162.

2 Manuel García Pelayo, *Derecho constitucional comparado.* Alianza Editorial. Madrid, 1999. p. 86.

Desde esta visión se podría afirmar que la Constitución es un documento político con intrínsecas contradicciones regladas. La Constitución comprende un conjunto de valores, principios y normas que concretan la convivencia política y garantizan la unidad y coherencia del ordenamiento jurídico del Estado. Por lo que vale afirmar que se establece un sistema constitucional. Entendiendo este como un sistema social político autopoiético que produce sus propias formas y elementos, reproduciendo los valores y creencias originarias.

La Constitución es norma de normas, es fuente suprema, pero también fuente ordenadora de las fuentes. Determina la forma de producción jurídica y el control sobre esa producción. Sustentamos que el control es un concepto clave en el sistema constitucional, pues toda actuación debe referirse (conforme) a ella (art. 7 CRBV), autorizado por ella, en caso de contradicción con sus principios, valores y normas, los actos serán nulos (art. 25 *eiusdem*.

Voy a expresar que la Constitución es un punto de encuentro de una comunidad, una historia y unos valores en un momento determinado. Esa comunidad política decide darse una Constitución en cuanto participa mayoritariamente de ciertos valores y acuerdos implícitos sobre las relaciones del individuo y su libertad.

Desde hace unos años he venido asumiendo la tesis de Häberle y de Verdú en España, que el Derecho Constitucional hay que redimensionarlo en planos distintas del estrictamente jurídico y vincularlo con un concepto más antropológico y filosófico: lo cultural, como desarrollo histórico. Así, Häberle[3] sostiene que: "*Toda comprensión que se efectúe a nivel constitucional necesita una ampliación que incluya también a la cultura en su dimensión científica, dimensión que completa los conceptos jurídicos hasta ahora existentes pero sin llegar a sustituirlos, todo ello mediante el refuerzo de la normativa y de la normalidad del propio Estado constitucional, bajo la rúbrica: "Teoría de la Constitución como ciencia de la cultura*"."

---

3 Peter Häberle. *Teoría de la constitución como ciencia de la cultura*; trad. del original alemán de Emilio Mikunda. Tecnos, Madrid, 2000, pp. 33 Y ss.

2. SUPREMACÍA CONSTITUCIONAL

En el constitucionalismo moderno se entiende que la Constitución es la norma suprema del ordenamiento jurídico. La idea de Estado constitucional está sólidamente unida a la idea de la Constitución como norma suprema, que debe prevalecer sobre toda norma o acto estatal. A partir de ella se organizan los poderes públicos, se limita su actuación y se protegen a los ciudadanos[4]. En esta concepción es lógico que se organice y delimite el poder formal, lo cual se hace a través del derecho. De ello, resulta que la Constitución como norma superior determina límites al contenido normativo y regula el procedimiento de producción jurídica. Esto determina los criterios de validez de la norma jurídica. Es claro que el Estado Constitucional se fundamenta, en el aspecto jurídico, en el principio de la supremacía constitucional[5].

Se define como norma superior a partir de su posición de supremacía jerárquica respecto de las restantes normas que con ella integran el ordenamiento. Esta superioridad jerárquica supone que la Constitución no es simplemente un conjunto de prescripciones dirigidas al legislador y que sólo con la intervención de éste pueden trascender a ámbitos jurídicos inferiores, sino que se configura como una norma a aplicar por todos los operadores jurídicos[6]. Existe, pues, una atribución a las

4 Eduardo García de Enterría, *La Constitución como norma y el Tribunal Constitucional.* p.49, escribe: "*La Constitución, por una parte, configura y ordena los poderes del Estado por ella construidos; por otra, establece los límites del ejercicio del poder y el ámbito de libertades y derechos fundamentales...*". Manuel García Pelayo, "El status del Tribunal Constitucional". *REDC*, Nº 1, p. 18. Dice: "*la Constitución, en tanto que norma fundamental positiva, vincula a todos los poderes públicos incluido el Parlamento y que, por tanto, la ley no puede ser contraria a los preceptos constitucionales, a los principios de que éstos arrancan o que se infieren de ellos, y a los valores a cuya realización aspira*".

5 Véase. Pedro De Vega García, *La reforma constitucional y la problemática del poder constituyente.* p. 15. Remedio Sánchez Ferris, *El estado Constitucional y su sistema de fuentes*. Pp. 356-357. La autora expresa que la supremacía constitucional es susceptible de ser entendida con un doble enfoque: formal y material. Manuel García Pelayo. *Derecho Constitucional.* pp. 101-102. Ignacio de Otto. *La Constitución y el sistema de fuentes del derecho.* pp. 88-89. TRIBUNAL CONSTITUCIONAL: STC 16/1982: "*La Constitución es la norma superior del ordenamiento a la que están sujetos los ciudadanos y los poderes públicos*".

6 Francisco Bastida y J. L. Requejo, *Cuestionario comentado de Derecho Constitucional (El sistema de fuentes y la jurisdicción constitucional).* 2ª. Edición. p. 73. M. Aragón Reyes,

normas constitucionales de eficacia directa, lo que no es más que una expresión de su posición jerárquica[7]. Así, En la Constitución española en el artículo 9.1 dispone: "*Los ciudadanos y los poderes públicos están sujetos a la Constitución y al resto del ordenamiento jurídico*" y en la Constitución venezolana en el artículo 19 se pauta: "*La Constitución es la norma suprema y el fundamento del ordenamiento jurídico. Todas las personas y los órganos que ejercen el Poder Público están sujetos a la Constitución*". Ambas constituciones contienen cláusulas derogatorias de las normas preconstitucionales contrarias a la Constitución.

En la concepción clásica con base al modelo piramidal, privaba fundamentalmente el principio de jerarquía, por lo que a partir de la "*disposición jerárquica de los distintos planos del ordenamiento, todo plano es ejecutivo respecto al anterior (superior) y productivo respecto al inferior (posterior)*"[8]. Por ello, no se podía entender que existiesen diversos planos, no relacionados jerárquicamente, que no siguieran el modelo de construcción piramidal de normas, en el sentido, que pudieran crear normas de igual rango que el poder central. Todo esto nos indica un sistema complejo de fuentes. De donde se pueden derivar normas, en diversos niveles, que sean contrarias a la Constitución.

La Constitución es, por tanto, y de manera simultánea, fuente de derecho y norma que regula las fuentes del derecho, esto es, la producción jurídica. Así tenemos, que la Constitución no sólo determina directa o indirectamente las fuentes del derecho, sino que se configura como la primera de las fuentes, al incorporar al ordenamiento normas, de diferente naturaleza, cuya aplicación está garantizada jurisdiccionalmente[9].

Temas Básicos de Derecho Constitucional. Tomo I, pp. 231-239. Sostiene que la Constitución no es en rigor una norma, sino más bien un conjunto de ellas.

7 España TRIBUNAL CONSTITUCIONAL. Véase también STC 75/1982. "*...produce una vinculación inmediata –al menos en un nivel esencial o mínimo- incluso cuando no haya tenido lugar desarrollo legislativo alguno de sus preceptos, pues la dilación en el cumplimiento de la obligación que la Constitución impone al legislador no puede lesionar el derecho reconocido en ella*".

8 José Luis Serrano, "De las fuentes del sistema al sistema de fuentes". *Revista de la Facultad de Derecho de la Universidad de Granada.* Nº 6, 2003.p. 198. (Lo escrito en paréntesis en la cita es nuestro).

9 Francisco Balaguer Callejón, "Fuentes de Derecho, Espacios Constitucionales y Ordenamientos Jurídicos". *Revista Española de Derecho Constitucional* (REDC). Nº 69, Año 23. Sep-Dic. 2003. Centro de Estudios Políticos y Constitucionales. Madrid. p. 200.

Vamos a afirmar que la Constitución en sí tiene una jerarquía, en la cúspide están los valores y principios que protege, en intermedio las disposiciones de protección tanto de los valores y principios fundantes reconocidos como a ella misma (amparo, control de constitucionalidad, reforma constitucional) e incluso establece órgano de jurisdicción constitucional, y en la base final de la jerarquía, las normas que organizan los poderes, los cuales están sometidos a ella, su desarrollo normativo y funcionamiento está supeditados a los principios y valores que fundan la Constitución[10].

Partimos en señalar que la República de Venezuela se funda con la Constitución de 1811. Allí se plasma la idea republicana sobre la base de la división de poderes. La primera Constitución de Venezuela, de 1811, proclamó el principio de separación de poderes como una de las bases del pacto federativo, al consagrar que "*el ejercicio de la autoridad no podrá jamás hallarse reunido en sus diversas funciones. El poder supremo debe estar divido en legislativo, ejecutivo y judicial y confiados a distintos cuerpos independientes entre sí en sus respectivas finalidades*"[11]. Desde entonces se ha mantenido la idea de estado federal distribución de poderes en los niveles nacional, estatal y municipal, separando claramente las funciones del poder público.

La concepción ideológica de Bolívar era liberal, por ello, sustentaba que el régimen de gobierno republicano es y debe seguir siendo el que debe adoptarse. Este se fundamenta en la soberanía popular, en la división de poderes, en la libertad civil, en la proscripción de la esclavitud, en la abolición de la monarquía. Bolívar sugiere además la constitución de un cuarto poder, llamado el poder moral. Este se encargaría de la educación y de la instrucción de la juventud. Dos aspectos vertientes se planteaban para este poder: El moral y la educación de la juventud[12].

---

10 Rodrigo Rivera Morales, "La defensa de la supremacía constitucional en el proceso español y venezolano". *Revista Tachirense de Derecho*, ISSN 1316-6883, N°. 20, 2009, págs. 127-156,

11 Rafael Badell Madrid, "Crisis de la separación de poderes". Conferencia leída el 9 de enero de 2003, en la Universidad de San Pablo-CEU de Madrid, en los V Cursos de Enero.

12 Simón Bolívar, *Discurso de Angostura de 1819*. Se exigía la actualización de la Constitución de1811, a las nuevas condiciones imperantes y al sistema federal adaptado para el país. imperantes y un sistema federal adaptado para el país.

Este ideario fundante de atribuir al Estado el carácter de federal y mantener el principio de separación de poderes, constituyen un principio histórico que se ha respetado a lo largo de la historia republicaba de Venezuela, salvo la distorsión histórica que se ha venido desarrollando subrepticiamente en contra de la Constitución y la historia republicana e incluso contra el ideario de Bolívar, a partir de 1999, por el ascenso del poder de un grupo con una ideología contraria a la República, a la democracia y ambición desmedida de poder.

Asumo la tesis que la ideología de concentración de poder y la minimización del estado federal es contraria a la tradición constitucional venezolana, rompe con el pacto de fundación de la República y se erige en elemento inconstitucional, lógicamente, normas presentes en la Constitución que contradigan las bases de la República, de separación de poderes y control del poder, son contrarias a su espíritu fundante.

Nuestra experiencia histórica venezolana, también de otros países, nos ha mostrado que los gobiernos totalitarios o dictatoriales, tienen en común, que impiden la intervención de otros, concentran el poder en sí o su gripo o partido y controlan todos los aspectos de la vida del estado. Las luchas que se han librado, son justamente, para restablecer el estado liberal, en cuanto a principio político (resguardo de libertades, separación de poderes, límites y control al poder), pues desde 1945 se planteó la idea del Estado social constitucional democrático, en el sentido de exigir a los órganos una finalidad activa prestacional con la finalidad de garantizar la igualdad y la libertad.

En la Constitución de 1999 se estructuró conforme a la tradición de las luchas históricas por la libertad y el ideal democrático de la sociedad venezolana. Desde el punto de vista de la teoría constitucional se integra en dos 2 partes: la dogmática que nuclea el reconocimiento de los derechos humanos, de los principios constitucionales que inspiran el nuevo orden político del Estado (Preámbulo, Principios fundamentales y los Derechos, Garantían y deberes), la parte orgánica que estructura los poderes públicos, regulando la organización política y jurídica, asignando sus competencias y el ejercicio de la titularidad. Un elemento importante que se reconoce en la parte orgánica es la responsabilidad en el ejercicio del poder y la necesidad de control de ese ejercicio.

Asumo la tesis que la parte dogmática tiene una superioridad sobre la parte orgánica. En unos comentarios de Domingo García Belaunde y Francisco Javier Díaz Revorio, refiriéndose a la Ley de Bonn, sustentan "*lo cierto es que en la misma es apreciable la importancia dada a esos principios y valores fundamentales, que en alguna medida y en cierto sentido parecen considerarse como de mayor valor que el resto de los preceptos constitucionales*". Así, pues, en la Constitución venezolana de 1999, en el preámbulo se reconoce el carácter fundante del pueblo venezolano lo cual se desarrolla normativamente en el artículo 5°. Esto tiene un gran significado, pues se reconoce que la soberanía radica en el pueblo y que los órganos del Estado emanan de esa soberanía. En lógica elemental si "*A*" depende de "*B*", es evidente que "*A es dominante, es la condición sine que non para existencia de "B"*. En el artículo 2 se reconoce "*la preeminencia de los derechos humanos*" y en el artículo 3 se señala que "*El Estado tiene como sus fines esenciales la defensa y el desarrollo de la persona y el respeto a su dignidad*". Debe considerarse la tesis de que ciertos valores podrían constituirse en parámetros para la validez de los propios preceptos constitucionales. Desde una lectura de intérpretes constitucionales, no hay duda que se afirma esta superioridad de la dignidad de la persona y los derechos humanos frente al mismo Estado, de igual forma consideramos que los principios fundantes del Estado tienen supremacía ante otros que estructuran las funciones del Estado, serán parámetros para interpretar la validez de las mismas disposiciones constitucionales.

La supremacía constitucional, en la que juega papel protagónico la superioridad dogmática, se manifiesta en cuanto a que la Constitución asume el rol, en materia jurídica, de fuente del derecho y fuente de fuentes. Ello se da sobre la base de tres rasgos distintivos: a) La unidad: el ordenamiento jurídico requiere que haya una norma o un conjunto normativo en torno al cual se construye la unidad del ordenamiento porque en él se definen las condiciones de producción (y, por tanto, de validez) del resto de las normas, b) la coherencia: el ordenamiento tiene que dar respuesta jurídica a los problemas jurídicos y lo que tiene que hacer en congruencia con esas condiciones de producción definidas sobre la base del principio de la unidad, c) la plenitud: el ordenamiento tiene que dar respuesta a todos los problemas jurídicos y por tanto, aunque no tenga todas las respuestas, sí tiene que tener los medios para determinar esas respuestas cuando sean necesarias (lo que también debe hacerse de acuerdo con las condiciones de producción e integración definidas sobre la base del principio de unidad)[13]. Estos aspectos son importantes, pues, el ordenamiento tiene que verse como una unidad dirigida por los principios constitucionales. Además, los principios constitucionales son legitimadores dado que deben prevalecer ante cualquier otra norma.

Gomes Canotilho señala que "*si la constitución tiene legitimidad se comprende que ella misma tenga una función de legitimidad*"[14]. Por sí misma, ella apoya su aceptación en la medida que se ejercitan los principios y valores que ella consagra. Kriele[15] citando a Luhmann (Legitimación mediante procedimientos) expone que el procedimiento judicial, el legislativo y el electoral contribuyen esencialmente a la legitimidad del poder estatal[16]. Es indudable que esos procedimientos deben defenderse para mantener la legitimidad del poder estatal, por ende, el orden constitucional.

No tenemos ninguna duda, como lo han señalado notables constitucionalistas, entre ellos Cascajo Castro[17], la jurisdicción constitucional es una garantía de libertad. Esto implica, lo que se ha recogido en tratados y acuerdos internacionales y en las constituciones nacionales, la independencia, autonomía e imparcialidad judicial.

---

13 F. Balaguer Callejón, *Fuentes de Derecho, Espacios Constitucionales y Ordenamientos Jurídicos*. pp. 187-188.

14 José J. Gomes Canutilho, *Teoría de la Constitución*. Editorial Dykinson, Madrid. 2003, p. 18.

15 Martin Kriele, *Introducción a la teoría del Estado: Fundamentos históricos de la legitimidad del Estado constitucional democrático*. Depalma, Buenos Aires, 1980, p. 41.

16 La ciencia política ha elaborado los conceptos de "*legitimidad de origen*" y "*legitimidad funcional*". El primero, referido a la adecuación y sintonía con la comunidad y haberse establecido según los procedimientos que respeten el principio democrático; el segundo, que, en su funcionamiento, ejecute los contenidos que fueron aceptados en su origen y se vaya adecuando a la cambiante realidad. En mi criterio, creo que una constitución de orden abierto y con carácter marco, podría configurar una legitimidad permanente y contribuir a lo que llama Gomes Canotilho un "*consenso fáctico o aceptación fáctica o sociológica*". Tal vez, así, se pueda concretar la idea que la constitución es un espíritu vivo de un pueblo.

17 José Cascajo Castro. "La jurisdicción constitucional de la libertad". *RDEP*. N° 199, 1978.

3. INDEPENDENCIA E IMPARCIALIDAD JUDICIAL

El Estado liberal y su renovada forma de Estado social para controlar el poder tiene como principio la división de poderes. Se distinguen las funciones ejecutivas, legislativas y judiciales, justificándose que deben ser confiados a órganos separados y mutuamente independientes si se quiere impedir el naufragio de la libertad, pues la experiencia histórica enseña que todo hombre que tiene poder tiende a abusar de él: llega hasta donde encuentra límites. Teóricamente se dividió el poder estadal, en sus funciones, en poderes separados. Se partía de una idea simple *el poder frena el poder*, de suerte que poderes distintos se frenarían.

El poder legislativo ha de estar separado del ejecutivo: a) por el carácter general y abstracto de la ley, independiente de casos concretos, y b) porque el ejecutivo debe estar ligado u obligado por la ley y, en consecuencia, ésta ha de quedar fuera de su alcance. El poder judicial ha de estar separado del legislativo por la misma razón: si ha de aplicar la ley, ésta ha de quedar fuera de su alcance. La unión del poder judicial y el ejecutivo alteraría asimismo el significado y la observancia de la ley o se detiene sobre una variedad de puntos teóricos.

El objetivo que se plantea en la demarcación y control de competencias es evitar que los titulares de los órganos del Estado abusen de las competencias conferidas a ellos. Esto implica que debe ejercerse un control, con el cual se busca que los órganos, una vez separadas por funciones y especialidades, se equilibren.

Ya en su tiempo, en Estados Unidos, se advirtió en el momento de la elaboración de la Constitución norteamericana, Thomas Jefferson lo señalaba diáfanamente:

> *"El despotismo electivo no fue el gobierno por el que nosotros luchamos; nosotros luchamos por un gobierno que no estuviese fundado sólo en los principios de la libertad, sino por uno en el que los poderes gubernamentales estuviesen de tal manera divididos y equilibrados entre las diferentes autoridades, que ningún poder pudiese traspasar sus límites legales sin ser eficazmente controlado y restringido por otros".*[18]

---

18 Karl Loewenstein, *Teoría de la constitución*, 2a ed. Editorial Ariel, Barcelona, 1976, pp. 131-132.

El Estado democrático constitucional ha ido generando mecanismos de control, desde lo intra-orgánico como inter-órgánico, para interdictar la arbitrariedad. Hoy tenemos la presencia en los Estados democráticos constitucionales de un conjunto de mecanismos jurídicos y políticos (control de constitucionalidad, recurso de nulidad, comisiones parlamentarias, contralorías, reglamento disciplinario, etc.) para impedir la arbitrariedad, fiscalizar el cumplimiento correcto de la legalidad, responsabilizar y, en su caso, sancionar todo acto y al titular que lo cometa, quebrantando las atribuciones constitucionales, abuso de poder y vía de hecho, todo esto con la finalidad de preservar la supremacía constitucional y salvaguardar los derechos de los ciudadanos.

El objetivo que se plantea en la demarcación y control de competencias es evitar que los titulares de los órganos del Estado abusen de las competencias conferidas a ellos. Esto implica que debe ejercerse un control, con el cual se busca que los órganos, una vez separadas por funciones y especialidades, se equilibren.

Ya en su tiempo, en Estados Unidos, se advirtió en el momento de la elaboración de la Constitución norteamericana, Thomas Jefferson lo señalaba diáfanamente:

> *"El despotismo electivo no fue el gobierno por el que nosotros luchamos; nosotros luchamos por un gobierno que no estuviese fundado sólo en los principios de la libertad, sino por uno en el que los poderes gubernamentales estuviesen de tal manera divididos y equilibrados entre las diferentes autoridades, que ningún poder pudiese traspasar sus límites legales sin ser eficazmente controlado y restringido por otros".*[19]

Ahora bien, la existencia de poderes separados independientes no agota la independencia en el seno judicial. Este concepto debe ser trasladado al órgano jurisdiccional y al titular o persona investida de jurisdicción.

La independencia jurisdiccional tiene sustento en el sistema universal en el Art. 10 de la Declaración Universal de los Derechos Humanos del 10 de diciembre de 1948, en el Art. 14 del Pacto Internacional

---

19 *Idem.*

de Derechos Civiles y Políticos del 16 de diciembre de 1966, así como en los arts. 45, 64 y 67, numeral 1°, del Estatuto de Roma de la Corte Penal Internacional. En el sistema interamericano, se tiene la Declaración Americana de Derechos y Deberes del Hombre, en sus artículos 18 y 26, y la Convención Americana sobre Derechos Humanos, en el Artículo 8°.

Sobre la independencia del juez, Taruffo[20], hace hincapié en dos dimensiones principales. La primera, la que define como independencia inicial, que guarda correspondencia con la selección y nombramiento del juez. La segunda, supone un seguimiento de las condiciones de independencia en forma continua.

En la primera, visualizamos dos aspectos: a) con relación al ingreso a la carrera judicial, que haya un sistema real de evaluación sobre sus capacidades, su formación y su integridad. Esto permitiría que el juez considerase que su ingreso ha sido por sus méritos y realizará una función independiente conforme a la ley, b) el conocimiento del caso concreto, además, de las reglas de competencia, se prevea un sistema transparente de distribución de causas, nos luce que puede ser un buen instrumento el auxilio de la inteligencia artificial (IA).

No hay duda que el juez dependiente, en muchos casos sumiso al poder dominante, no podrá defender los valores superiores de la dignidad humana, libertad y justicia, tal como sucede en la Venezuela actual, que a través del poder judicial se cometen atropellos o se avala la constante violación de derechos humanos que cometen los cuerpos policiales y los órganos represivos del estado venezolano. Es público, documentado por las Naciones Unidas, que el régimen utiliza el proceso penal y civil como instrumentos de persecución política, bien para encarcelar o privar de los bienes a los ciudadanos opositores. Carnelutti[21] conociendo lo nefasto de la sumisión de los jueces al poder dictatorial, en su época, reflexionaba expresando que "*el Juez debe ser libre, ya que sin el libre juego de su inteligencia y de su experiencia, no puede llevar*

---

20 Michele Taruffo, "Consideraciones generales sobre la independencia de los jueces" en Obra colectiva *La independencia judicial: un constante asedio.* Marcial Pons Madrid- Barcelona, 2019, pp. 13 y ss.

21 F. Carnelutti, *Las Miserias del Proceso Penal,* tr. de S. Sentís Melendo, Temis, Bogotá, 1997, pp. 31-36.

al litigio una solución justa. Es. en definitiva. el Juez como una balanza que tiene que moverse libremente".

Manifiesta Andrés Ibañez[22] que "*el valor imparcialidad aparece formando parte de un todo (relativamente) indiferenciado con el de independencia. Y en la consideración común acaba por ser un cierto va de soi, pues, implícitamente, se entiende que, existiendo ésta, aquélla se daría como por añadidura*". Sin negar, que es evidente que la independencia asegura en cierto sentido la imparcialidad, aprecio que la independencia es más un asunto político, mientras que la imparcialidad es un actitud intelectual y ética del juzgador. Acogemos lo que señala Andrés Ibañez[23] "*juzgar correctamente requiere la presencia en el juez de hábitos intelectuales, pero también de hábitos morales, sobre los que es preciso discurrir*".

La independencia del juez se garantiza con la ausencia de jerarquías de mando, de ingreso y control dentro de la misma organización jurisdiccional. La jerarquización impone al juez un carácter de funcionario público al estar subordinado. Esto le confiere cierta racionalidad burocrática, asumiendo en su actuación una racionalidad formal de tal naturaleza. Cuestión que de alguna manera es reforzada por los jerarcas del poder judicial, al imponer en la práctica un sistema de jerarquías. A manera de ejemplo, cuando les ponen metas de productividad. Dice Glen Martin[24] "*Tal mentalidad burocrática permanece como una amenaza ante nuestra contemporánea esperanza de libertad, democracia y sociedad justa*". Pues, el juez que se comporta como burócrata, en su interior tiene sesgo estatal y minimiza su independencia. Necesariamente, el poder judicial debe ser ajeno a cualquier jerarquía de mando en su interior, lo cual no debe ser confundido con la competencia funcional relativa a las distintas fases de tramitación de los procedimientos[25].

---

22 Perfecto Andrés Ibáñez, "Imparcialidad Judicial e Independencia Judicial" en obra colectiva *Ética Judicial: Reflexiones desde Jueces para la Democracia.* Edita: Fundación Antonio Carretero, Madrid. 2009, p.18.

23 *Ibidem*, p. 23

24 Glen Martin, Prólogo de la obra de David P. Salsavilca, *El Deber de Independencia e Imparcialidad Su relación con la debida motivación y el factor tiempo en la actividad jurisdiccional.* Fondo Editorial Academia de la Magistratura, Perú. 2016, p. 31.

25 La competencia funcional determina el conocimiento de las diferentes funciones entre órganos jurisdiccionales dotados de competencia objetiva y territorial (ej. Apelación). Las

En la Constitución de 1999 se establece esta jerarquía burocrática intra judicial. En el artículo 255 que entre otras cuestiones dispone "*El nombramiento y juramento de los jueces corresponde al Tribunal Supremo de Justicia.*" Esta disposición la consideramos contraria a los principios de la Constitución de independencia de los poderes y los establecidos en el artículo 26 constitucional sobre la justicia. Recordemos que, en la Constitución de 1961, con el fin de garantizar la independencia de los jueces, se ordenaba crear el Consejo de la Judicatura, órgano diferente a los órganos jurisdiccionales[26].

4. LA INCONSTITUCIONALIDAD DE LA JERARQUÍA JUDICIAL ESTABLECIDA EN EL ARTÍCULO 255

Tomando lo dicho por Tomás y Valiente[27] que las "*valores y principios constitucionales son normas positivas, apoyándose en sentencia TC 186/1987 en la cual se argumenta "como regla general los valores y principios superiores del ordenamiento y los principios constitucionales pueden bastar para promover recursos o plantear cuestiones de inconstitucionalidad*", defiendo la idea que con base a los valores y principios constitucionales fundantes de la República, la jerarquía burocrática judicial impuesta en el artículo 255 es inconstitucional. En otras palabras, la disposición constitucional señalada es inconstitucional. Ob-

normas de competencia funcional son útiles para determinar qué Tribunal debe conocer de las incidencias que se produzcan en relación con un proceso pendiente o que acaba finalizar, también abarcan cuestiones más amplias, como la determinación del conocimiento de la primera y segunda instancia. Pero esto no significa jerarquía de mando, en el cual el juez de menor escala tenga que obedecer en su actuación al superior. Por ejemplo, en España, en LOPJ artículo 12.1 "*En el ejercicio de la potestad jurisdiccional, los Jueces y Magistrados son independientes respecto a todos los órganos judiciales y de gobierno del Poder Judicial*". Esto es, los juzgados y tribunales son independientes de toda autoridad o persona en el ejercicio de su potestad jurisdiccional, incluso respecto de tribunales superiores y de los órganos de gobierno del poder judicial.

26 El constituyente de 1998 eliminó el artículo 217 de la Constitución de 1961, que disponía "*La Ley Orgánica respectiva creará el Consejo de la Judicatura, cuya organización y atribuciones fijará con el objeto de asegurar* la independencia, eficacia, disciplina y decoro de los Tribunales y de garantizar a los jueces los beneficios de la carrera judicial. En él deberá darse adecuada representación a las otras ramas del Poder Público."

27 Francisco Tomás Y Valente, *La resistencia constitucional y los valores.* DOXA, 15-16, Madrid, 1994, pp. 635-650.

viamente, esto plantea diversos problemas entre ellos: a) se cuestiona al poder constituyente, b) qué órgano tiene la facultad para declarar la inconstitucionalidad de normas contenidas en la Constitución. Además, como advierten Pilar Mellado Prado y Yolanda Gómez Sánchez[28] que supone abrir un camino de cuestionamiento a la Constitución, mediante mecanismos no previstos en la propia Constitución.

Sustentamos la idea que el constituyente tiene unos límites, pues se parte de un Estado fundado en el cual existe un pueblo, quien es el soberano, que posee unos valores y unas tradiciones en la fundación de esa comunidad política. El constituyente en un Estado fundado no parte de cero, hay una Constitución con todo a una axiología e ideario, tan es así que para aprobar la nueva Constitución debe someterse a lo pautado (a consulta soberana) en la Constitución que se reforma. El constituyente tiene autonomía en el marco de los mandatos metapositivos, constituidos por valores transcendentes que dieron pie al Estado fundado (libertad, dignidad humana, democracia, división de poderes, independencia de poderes, control de poderes y colaboración entre los poderes).

En la Constitución no está previsto el supuesto de normas constitucionales inconstitucionales, por tanto, en las facultades que se asignan al Tribunal Supremo de Justicia (art. 266 CRBV) como máximo intérprete de la Constitución (art. 335 *eiusdem*) y a la Sala Constitucional (art. 336), no existe disposición que autorice para censurar la adecuación o no de normas constitucionales a los principios básicos del ordenamiento jurídico establecidos en la Constitución. Expresa Lucas Verdú[29]: "*La posibilidad teórica de normas fundamentales inválidas ensancha el ámbito del examen de inconstitucionalidad en la medida en que los órganos encargados de dicho examen no sólo contrastan, la concordancia de las leyes ordinarias con los preceptos constitucionales, sino que también controlan la constitucionalidad de los mismos preceptos fundamentales*." Pensamos que tendría que ampliarse la competencia de la Sala Constitucional en el sentido de poder conocer de los

---

28 P. Mellado Prado, y Y. Gómez Sánchez, *En torno a la posible inconstitucionalidad del apartado primero del art. 57 de la constitución española de 1978.* UNED-Departamento de Derecho Público, Madrid, 1984, p. 177.

29 Pablo Lucas Verdu, *Curso de Derecho Político*, vol. II, Madrid, 1977, p. 708.

potenciales conflictos entre normas integradas en el texto constitucional con los principios fundamentales de la propia Constitución.

Bachof[30] plantea algunas hipótesis, de ellas consideraremos solo las siguientes: 1) Inconstitucionalidad de las leyes de reforma constitucional, 2) Inconstitucionalidad de normas constitucionales por contradicción de normas constitucionales de rango superior. Examinamos estas hipótesis porque son las más ajustadas a lo que ha sucedido en Venezuela.

Por las razones expuestas consideramos que el constituyente de 1998 tuvo como encomienda la reforma de la Constitución de 1961, con la finalidad de mejorar y adaptarla a los nuevos tiempos. No se trataba de fundar un Estado, este estaba constituido con un pueblo y un territorio determinado, erigido en comunidad política con unos valores y tradiciones históricos. El constituyente estaba limitado, podía mejorar, pero nunca retroceder ni negar los valores sobre los cuales se fundó el Estado venezolano, tampoco derogar normas constitucionales consideradas intangibles (art. 3 de la Constitución de 1961), o desconocer principios básicos en la constitución del Estado, como la división e independencia de poderes.

Hemos manifestado que la parte dogmática de la Constitución tiene una superioridad sobre las disposiciones constitucionales formales, especialmente, las relacionados con la organización de los poderes y la orientación para las normas de desarrollo de estos, que indudablemente están subordinadas a los principios básicos constitucionales. Apoyamos la idea que en el aspecto metapositivo constitucional subyace el principio que el Estado se construye como un instrumento al servicio de la sociedad, no siendo el Estado un fin en sí mismo, bajo esta concepción sustentamos la tesis que las normas constitucionales de organización del Estado son secundarias a las normas que configuran la parte dogmática constitucional. Expone Bachof[31] que, "*pudiera suceder que una norma constitucional de carácter secundario, en particular, una norma constitucional exclusivamente formal, contravenga una disposición*

30 Otto Bachof. *¿Normas Constitucionales Inconstitucionales?* Lima, Segunda edición revisada y corregida: mayo de 2010. Palestra Editores S.A.C. pp. 70-75.

31 *Ibidem* p.76.

constitucional fundamental de carácter material, lo que ha recibido, de hecho, la atención de reconocidos teóricos de la Constitución como Krüger y Giese, que han reconocido la posibilidad de que una norma constitucional de rango inferior por una contradicción tal sea inconstitucional e inválida".

Apreciamos que lo dispuesto en el artículo 255 CRBV de atribuir al Tribunal Supremo de Justicia el nombramiento de los jueces, es contrario a principios básicos constitucionales, concretamente al principio democrático (art. 3 CRBV) y al principio histórico de separación e independencia de poderes como forma de frenar y controlar el poder. A mi juicio, esa disposición ha sido el caballo de troya para someter al poder judicial al mandato de la tiranía y destruir el Estado constitucional de derecho.

Estamos totalmente convencidos que el plan de hegemonía, que una vez enunció Delgado Ocando en su época de magistrado, se ha ido llevando sistemáticamente a cabo. El actual poder judicial, sin excepciones en la cúpula del TSJ, está sumiso al poder dictatorial, además se hacen los ciegos a los exabruptos que se comenten, que ha llevado al distinguido magistrado emérito Duque Corredor a exclamar "*Después de leer e informe de la Comisión Internacional de Justicia se tiene la impresión que el sistema de justicia de Venezuela es una delincuencia organizada*".

Finalmente, estoy convencido que la Doctora Cecilia Sosa comparte el criterio de la independencia del Poder Judicial y que no deben existir jerarquías en la organización jurisdiccional. Estamos seguros que en el momento que se derrumbe el gobierno usurpador, será urgente una reforma constitucional que, entre otros aspectos fundamentales, requieren revisión, garantice una auténtica independencia judicial como garantía de imparcialidad.

Madrid, junio de 2021.

APROXIMACIÓN A LA INTERPRETACIÓN CONFORME COMO TÉCNICA DE COORDINACIÓN NORMATIVA*

XABIER ARZOZ SANTISTEBAN**

SUMARIO

I. Introducción. II. La interpretación conforme a los derechos humanos reconocidos en el ámbito internacional como técnica de coordinación entre ordenamientos. III. Teoría general de la interpretación conforme. 1. Concepto, naturaleza y fundamento. 2. Función. 3. Modalidades. 4. Límites. IV. La interpretación conforme en el marco de los controles sobre la ley. 1. De la teoría a la realidad: la asimétrica práctica de la interpretación conforme a la Constitución. 2. La conexión entre el poder de inaplicación de la ley y la práctica de la interpretación conforme. V. Conclusión. Bibliografía.

I. INTRODUCCIÓN

Este trabajo pretende contribuir al estudio de un fenómeno en expansión: la configuración normativa o jurisprudencial de modalidades de interpretación conforme como forma de coordinar ordenamientos jurídicos plena o parcialmente autónomos entre sí. Sin duda la modalidad primigenia y más destacada en el derecho comparado es el principio

---

* Abreviaturas utilizadas: Ar. – Repertorio Aranzadi de Jurisprudencia; ATC – Auto del Tribunal Constitucional (España); CC – Código Civil (España); CE – Constitución Española; CEDH – Convenio Europeo de Derechos Humanos; FJ – Fundamento Jurídico; LOPJ – Ley Orgánica del Poder Judicial (España); LOTC – Ley Orgánica del Tribunal Constitucional (España); STC – Sentencia del Tribunal Constitucional (España); SSTC – Sentencias del Tribunal Constitucional (España); STS – Sentencia del Tribunal Supremo (España); SSTS – Sentencias del Tribunal Supremo (España); TEDH – Tribunal Europeo de Derechos Humanos; TFUE – Tratado de Funcionamiento de la Unión Europea.

** Catedrático de Derecho Administrativo, Universidad Nacional de Educación a Distancia (UNED), Madrid (España). Anteriormente profesor titular de Derecho Administrativo en la Universidad del País Vasco (2001-2020), profesor visitante en el St. Antony's College, Universidad de Oxford (2004-2005) y Letrado del Tribunal Constitucional de adscripción temporal (2011-2020).

de interpretación conforme a la Constitución del entero ordenamiento estatal. Junto a ella, emergen nuevas modalidades más complejas y ambiciosas. Por lo que respecta al ordenamiento jurídico español, que es la perspectiva desde la que se reflexionará en el presente estudio, existen al menos otras dos modalidades o subprincipios de interpretación conforme: a los tratados internacionales sobre derechos humanos y al derecho de la Unión Europea. Todas esas modalidades tienen en común la posibilidad que ofrecen de reducir las fricciones y compatibilizar el contenido de normas pertenecientes a distintos ordenamientos o subsistemas jurídicos, atendiendo a una norma prioritaria.

En el limitado espacio disponible no es posible realizar un análisis detallado del principio general de interpretación conforme o de los tres subprincipios señalados. Por ello, la atención debe centrarse en un número reducido de cuestiones.

Se comenzará con una panorámica de la consolidación del principio de interpretación conforme con el derecho internacional de los derechos humanos en el continente europeo, que dé cuenta de su creciente protagonismo en el derecho comparado como técnica ordinaria de coordinación entre el ordenamiento estatal y el internacional.

Las modalidades de interpretación conforme presentan al mismo tiempo rasgos comunes y específicos. Algunos autores han explorado en alguna medida las concomitancias con otras obligaciones de interpretación conforme, más con el objetivo de mejor entender la concreta modalidad analizada que para ofrecer una visión general de la técnica.[1] Por ello, en un segundo apartado, partiendo de los rasgos comunes de los tres subprincipios de interpretación conforme reconocidos en el ordenamiento jurídico español, se intentará elaborar por vía inductiva lo

---

1 Compárese Gerrit Betlem, "The doctrine of consistent interpretation – Managing legal uncertainty", *Oxford Journal of Legal Studies*, vol. 22, Nro. 3, 2002, pp. 397-418, que relaciona la obligación de interpretación conforme a las directivas europeas y la obligación de interpretación conforme prevista en la *UK Human Rights Act 1998*. Por su parte, Héctor López Bofill, *Decisiones interpretativas en el control de constitucionalidad de la ley*, IVAP-Tirant lo Blanch, Valencia, 2004, aunque atiende sobre todo al principio de interpretación conforme a la Constitución en sede constitucional, su investigación analiza también la práctica británica derivada de la *UK Human Rights Act* así como, brevemente, las obligaciones de interpretación conforme derivadas del art. 10.2 CE y de la jurisprudencia del Tribunal de Justicia.

que podría denominarse una "*teoría general de la interpretación conforme*". A tal fin se analizarán el concepto y el fundamento, la función, las modalidades y los límites de la interpretación conforme.

En tercer lugar, el estudio vuelve al punto de partida, que es sin duda el principio de interpretación conforme a la Constitución, que rige de forma aparentemente indiscutida para todos los operadores jurídicos, para examinar una cierta anemia de la aplicación del principio en la jurisdicción contencioso-administrativa española, e indagar las posibles causas de la asimetría entre el valor dogmático atribuido al principio de interpretación conforme a la Constitución en el plano discursivo y su uso limitado en la práctica de los jueces ordinarios. A partir de ese análisis se reflexionará sobre la relación entre el reconocimiento de un poder de inaplicación de la ley y la práctica efectiva de la interpretación conforme y se formularán algunas hipótesis. Finalmente, una conclusión cerrará el trabajo.

II. LA INTERPRETACIÓN CONFORME A LOS DERECHOS HUMANOS RECONOCIDOS EN EL ÁMBITO INTERNACIONAL COMO TÉCNICA DE COORDINACIÓN ENTRE ORDENAMIENTOS

El derecho constitucional comparado conoce tres formas básicas para procurar la armonización entre el derecho constitucional material y el derecho internacional de los derechos humanos: la inclusión de reservas en los tratados internacionales sobre derechos humanos, la previsión expresa de la utilización de los tratados internacionales como criterios de interpretación de los derechos constitucionales y la constitucionalización directa de los derechos humanos reconocidos en el ámbito internacional.[2] El objetivo de este apartado es examinar la exten-

2 Al respecto puede verse, con ejemplos, Karl-Peter Sommermann, "Völkerrechtlich garantierte Menschenrechte als Maßstab der Verfassungskonkretisierung – Die Menschenrechtsfreundlichkeit des Grundgesetzes", *Archiv des öffentlichen Rechts*, vol. 114, 1989, pp. 391-422, especialmente 395 y sigs. Lo cual no impide que, al mismo tiempo, el derecho constitucional también pueda prever técnicas para *garantizar la supremacía de la Constitución* y los mecanismos de producción normativa que esta consagra en relación con los tratados internacionales, como el control preventivo o represivo de constitucionalidad de

sión de la interpretación conforme a los tratados internacionales sobre derechos humanos como técnica de coordinación normativa utilizada de forma prevalente en el ámbito europeo.

Mientras la inclusión de reservas en los tratados internacionales representa una forma de coordinación puramente *defensiva* del ordenamiento constitucional, las otras modalidades mencionadas constituyen formas de coordinación más o menos "*amistosas*" o "*abiertas*" en relación con el ámbito supraestatal. Desde la perspectiva de la indicada clasificación, la Constitución española consagra, mediante el art. 10.2 CE, una vía intermedia de coordinación moderadamente abierta. Ahora bien, ello dista de ser la pauta o el término medio en el derecho comparado europeo: las constituciones de la mayoría de los Estados europeos no han optado explícitamente por instrumentos "*amistosos*" de coordinación con el derecho internacional de los derechos humanos (la segunda y la tercera de las tres modalidades antes señaladas), aunque, como veremos, la segunda modalidad está conociendo un protagonismo cada vez mayor.

Solo tres Estados europeos, Austria, Países Bajos y la República Checa han adoptado una forma de la más intensa modalidad de coordinación. En 1964 se reconoció en Austria rango constitucional al Convenio Europeo de Derechos Humanos y a todos sus Protocolos (salvo al Nro. 12); y, en consecuencia, los derechos reconocidos en esos instrumentos normativos pueden ser invocados tanto ante los tribunales ordinarios como ante el Tribunal Constitucional.[3] En los Países Bajos, el Convenio tiene rango superior al conjunto del ordenamiento jurídico, incluida la Constitución.[4] En la República Checa el Convenio tiene rango constitucional de forma indirecta: constituye parámetro legal de

los tratados; véase en este sentido, para el ordenamiento constitucional español, el art. 95.2 CE y los arts. 27.2.c) y 78 LOTC.

3 Christoph Grabenwarter, *Europäische Menschenrechtskonvention*, cuarta edición, C.H. Beck/Helbing Lichtenhahn/Manz, Múnich/Basilea/Viena, 2009, p. 16.

4 El art. 93 de la Constitución de los Países Bajos dispone que "*las normas de los tratados y las resoluciones de las organizaciones de derecho internacional público con efectos vinculantes generales por su contenido, tendrán fuerza obligatoria a partir de su publicación*". El art. 94 señala que "*las disposiciones legales en vigor en el Reino no serán aplicadas si su aplicación no fuese compatible con las normas de los tratados, o las resoluciones de derecho internacional público, con efectos vinculantes generales*".

control en el examen de los recursos de amparo, junto a los derechos fundamentales reconocidos en el ámbito interno.[5]

La segunda modalidad de coordinación antes mencionada es, originalmente, una fórmula desarrollada por las Constituciones portuguesa y española de 1976 y 1978, respectivamente. Estas dos Constituciones, bajo la impresión viva de la experiencia histórica de sendos regímenes dictatoriales, fueron pioneras en consagrar mediante disposiciones constitucionales la vinculación del intérprete de los derechos fundamentales con garantías internacionales de los derechos humanos. Lo que pudo quedarse en una declaración de intenciones y en un compromiso político con el acervo internacional en materia de derechos humanos se ha convertido en una técnica jurídica innovadora de adaptación y coordinación del ordenamiento jurídico con las obligaciones contraídas por el Estado en el plano internacional.[6]

El art. 10.2 CE realiza dos funciones: la actualización permanente del contenido de los derechos fundamentales constitucionales y la coordinación de la interpretación más o menos introvertida de los derechos fundamentales con el estándar internacional de protección de los derechos humanos, de forma que ambos marcos de protección evolucionen concertadamente; coordinación que no se quiere garantizar únicamente en el plano de la legalidad (lo que ya garantiza, para el caso español, el art. 96 CE) sino en el plano más elevado del ordenamiento interno, el de la constitucionalidad. Con su inclusión en las declaraciones y acuerdos internacionales y su posterior ratificación por los Estados, una parte de los derechos fundamentales ha dejado de ser solo límites internos (estatales) a los poderes públicos para convertirse también en límites externos (supraestatales). Ello da paso al Estado internacional-

---

5 Vid. Martje de Visser, *Constitutional Review in Europe. A Constitutional Analysis*, Hart, Oxford, 2015, pp. 235-236.

6 Diego J. Liñán Nogueras, "El proyecto constitucional europeo y la interpretación de derechos y libertades en la Constitución española: ¿una nueva dimensión del art. 10.2 CE?", en *Pacis artes. Obra homenaje al Profesor Julio D. González Campo*, vol. 1, Universidad Autónoma de Madrid, Madrid, 2005, p. 933, señala que constituye "*el más innovador y el que mayor sustancia normativa*" contiene de los tres preceptos constitucionales que regulan el modelo de vinculación del sistema constitucional español con el sistema jurídico internacional (arts. 10.2, 93 y 96 CE) y "*uno de los instrumentos de política jurídica más útiles y exitosos de la CE*".

mente limitado por el derecho internacional de los derechos humanos.[7] Sin duda ello no es más que una de las facetas de la incipiente apertura internacional del Estado constitucional clásico (introvertido). El proceso interno de positivización de los derechos fundamentales como límites y vínculos sustanciales para el legislador se coordina, a través de cláusulas con el contenido y el alcance del art. 10.2, con el proceso externo de positivización de los derechos fundamentales como límites y vínculos sustanciales para los Estados. Mediante la cláusula de interpretación conforme el Estado constitucional de derecho exterioriza su voluntad de coordinación con el Estado internacionalmente limitado por el derecho internacional de los derechos humanos. Desde el inicio de su jurisprudencia, el Tribunal Constitucional español ha subrayado la importante función coordinadora que despliega el art. 10.2 CE.[8]

En la década de los años noventa del siglo pasado, la segunda modalidad de coordinación antes mencionada se extendió a nuevas Constituciones, con la oleada de constitucionalismo en el Centro y el Este de Europa a partir de 1989. Aunque esos Estados europeos se han caracterizado, en el marco de procesos intensos de reforma constitucional, por ratificar e incorporar inmediatamente el Convenio al ordenamiento interno y por reconocer constitucionalmente la primacía de los tratados internacionales de derechos humanos sobre la legislación interna,[9] solo dos Estados parecen haber adoptado una cláusula expresa de coordinación con el derecho internacional de los derechos huma-

---

7 Vid. el concepto y la puesta en relación con el art. 10.2 en Alejandro Sáiz Arnáiz, *La apertura constitucional al derecho internacional y europeo de los derechos humanos. El artículo 10.2 de la Constitución española*, CGPJ, Madrid, 1999, p. 52 y ss. Para este autor, el art. 10.2 expresaría "*la radical alteración que se ha producido en el terreno de los derechos de la persona en relación con el derecho internacional y el derecho nacional, al pasar éste de influir a ser influido; de condicionar, en aras de la defensa de la soberanía estatal en un sector particularmente sensible para la misma como son las relaciones entre los ciudadanos y sus autoridades públicas, a ser condicionado*" (p. 54).

8 Para el Tribunal Constitucional español, España asume en virtud del art. 10.2 "*un sistema de valores y principios de alcance universal*" (STC 21/1982, FJ 10); "*la Constitución se inserta en un contexto internacional en materia de derechos fundamentales y libertades públicas, por lo hay que interpretar sus normas en esta materia de conformidad con la Declaración Universal de derechos Humanos y los tratados y acuerdos internacionales que menciona el precepto (art. 10.2 CE)*" (STC 78/1982, FJ 4).

nos. En cualquier caso, el modelo de inspiración para esa adopción es inequívoco. El art. 10.2 CE ha sido reproducido casi textualmente en las Constituciones de Rumania y de la República Moldava (un curioso caso de afinidad latina de un extremo a otro del continente europeo).[10] También recuerda intensamente al art. 10.2 CE el art. 52.3 de la Carta de Derechos Fundamentales de la Unión Europea.[11] Indirectamente el precepto obliga a coordinarse con la jurisprudencia del Tribunal Europeo de derechos Humanos, pues de otra forma no se podrá garantizar que el "*sentido y alcance*" de los derechos de la Carta sean "*iguales a los que les confiere dicho Convenio*".[12]

Una variante del segundo modelo de coordinación con el derecho internacional de los derechos humanos ofrece la disposición prevista en la *Human Rights Act* del Reino Unido de 1998, según la cual debe *procurarse* una interpretación conforme al CEDH. Literalmente dice así la Sección 3, apartado 1: "*So far as it is possible to do so, primary legislation and subordinate legislation must be read and given effect in a way which is compatible with the Convention rights*". De este precepto destaca el reconocimiento explícito de que no siempre será "*posible*" alcanzar una interpretación de las leyes británicas conforme al Convenio.[13] La preocupación por la garantía de la coordinación interpretativa

---

9 Jörg Polakiewicz, "The Status of the Convention in National Law", en R. Blackburn y J. Polakiewicz (eds.), *Fundamental Rights in Europe. The ECHR and its Member States, 1950-2000*, Oxford, Oxford University Press, 2001, pp. 40-41.

10 Disposiciones similares al art. 10.2 CE se encuentra también en varias Constituciones latinoamericanas: Perú (disposición final y transitoria cuarta), Bolivia (art. 13.III), Colombia (art. 93.2), Ecuadór (art. 424), etc. Otras constituciones, como la de la República Bolivariana de Venezuela (art. 23), incluyen una técnica de coordinación más intensa, al reconocer la prevalencia de los tratados internacionales sobre derechos humanos en la medida que contengan normas más favorables a las establecidas en la Constitución y en las leyes.

11 "*En la medida en que la presente Carta contenga derechos que correspondan a derechos garantizados por el Convenio europeo para la Protección de los Derechos Humanos y de las Libertades Fundamentales, su sentido y alcance serán iguales a los que les confiere dicho Convenio. Esta disposición no obstará a que el derecho de la Unión conceda una protección más extensa.*".

12 Sobre la influencia del CEDH sobre el nivel de protección de la Carta vid. Gero Ziegenhorn, *Der Einfluss der EMRK im Recht der EU-Grundrechtecharta*, Duncker & Humblot, Berlín, 2009.

13 Sobre los problemas de dicha interpretación conforme vid. Gerrit Betlem, ob.cit.

en materia de derechos fundamentales es una de las características del moderno Estado constitucional que no se limita a Europa.[14]

Por otra parte, con independencia de la difusión de la cláusula del art. 10.2 CE en algunas modernas Constituciones, se constata la creciente constitucionalización en el derecho comparado de la idea de primacía del nivel de protección internacional siempre que sea superior al nivel interno. En este sentido, el art. 11 de la Constitución de Eslovaquia dispone que "*international instruments on human rights and freedoms ratified by the Slovak Republic and promulgated under statutory requirements shall take precedence over national laws provided that the international treaties and agreements guarantee greater constitutional rights and freedoms*".[15] Una cláusula, de efectos similares, de vinculación al nivel de protección internacional superior rige en Bosnia-Herzegovina.[16] Normas constitucionales con este contenido han servido en otros Estados europeos para crear jurisprudencialmente la posibilidad de que los jueces internos controlen la compatibilidad de las *leyes* nacionales con los tratados internacionales, esto es, para consagrar un *contrôle de conventionnalité* de la legislación interna. Generalmente se trata de ordenamientos constitucionales en los que no existe un catálogo constitucional de derechos fundamentales, por lo que la coordinación con el derecho internacional de los derechos humanos no tiene lugar en el plano constitucional (mediante la interpretación conforme de los derechos fundamentales incluidos en el catálogo constitucional), sino en el plano legislativo (mediante por la adecuación de las leyes internas a los tratados internacionales ratificados por el Estado).

---

[14] Vid. la Constitución de Sudáfrica: "*Cuando interpreta la Declaración de derechos, una corte, tribunal o foro: (a) debe fomentar los valores que subyacen a una sociedad abierta y democrática basada en la dignidad humana, la igualdad y libertad; (b) debe considerar el derecho internacional; y (c) puede considerar el derecho extranjero*" (sección 39, apartado 1).

[15] Vid. la versión inglesa en Jörg Polakiewicz, ob.cit., p. 41.

[16] De acuerdo con el art. 2 de la Constitución para Bosnia-Herzegovina derivada del Acuerdo Marco General o Acuerdo de Paz de Dayton, las diversas entidades que conforman Bosnia-Herzegovina garantizarán a todas las personas bajo su jurisdicción "*the highest level of internationally recognized human rights and fundamental freedoms*", de acuerdo con una lista de tratados internacionales enumerados en el anexo 6. La lista incluye, además del Convenio Europeo y sus Protocolos, los dos Pactos Internacionales y otros doce instrumentos internacionales o europeos.

Así, en Francia, el Consejo de Estado se pronunció en el *arrêt Nicolo* (1989) en el sentido de que el art. 55 de la Constitución incluía necesariamente la habilitación implícita de los jueces ordinarios para examinar la conformidad de la legislación interna con respecto a los tratados internacionales. Esta sentencia ha sido comparada con *Marbury contra Madison*, lo que da idea de su importancia en el contexto del ordenamiento jurídico francés.[17]

En los Países Bajos, la posibilidad de controlar la compatibilidad de la legislación interna con los tratados internacionales y de, en su caso, inaplicarla está explícitamente prevista en el art. 94 de la Constitución de 1983 (aunque se introdujo a mediados del siglo XX).[18] Esta expresa habilitación constitucional es muy significativa, si se tiene en cuenta que la Constitución prohíbe expresamente a los jueces la declaración de inconstitucionalidad de la ley: solo se exceptúa la supremacía del Parlamento en beneficio del derecho internacional. Tanto en el caso francés como en el holandés, esto supone que, en la práctica, el CEDH (y otros tratados internacionales relevantes sobre derechos humanos) viene a funcionar como el *Bill of rights* interno, con independencia de que exista o no un listado constitucional de derechos, porque la única forma disponible para proteger los derechos humanos frente a una ley en vigor pasa por suscitar el control judicial de esa ley de conformidad con aquel Convenio (o con otros tratados internacionales sobre derechos humanos).[19]

La coordinación en la interpretación de los derechos fundamentales no solo tiene lugar, ni tiene lugar principalmente, cuando esa coordinación ha sido dispuesta expresamente por una norma jurídica, constitucional o no. La falta de una referencia expresa no impide a las

---

17 Para los pormenores de esa consolidación y los problemas que plantea la dualidad de controles (*constitutionnalité* y *conventionnalité*) en materia de derechos fundamentales véase Joël Andriantsimbazovina, "L'enrichissement mutuel de la protection des droits fondamentaux au niveau européen et au niveau national. Vers un contrôle de «fondamentalité»", *Revue française de droit administrative*, 2002, pp. 124-138 ; y Cécile Castaing, "L'extension du contrôle de conventionalité aux principes généraux du droit communautaire", *Revue trimestrielle de droit européen*, Nro. 39, 2003, pp. 197-228.

18 Vid. *supra*, nota 5.

19 Monica Claes, *The national courts' mandate in the European constitution*, Hart, Oxford, 2006, p. 705.

jurisdicciones internas tomar en cuenta, por su propia iniciativa, los elementos extraídos de los tratados internacionales y de la doctrina de los órganos de supervisión de esos tratados. De hecho, aun careciendo de un fundamento constitucional explícito como el art. 10.2 CE, las jurisdicciones de los Estados europeos –en especial, las de naturaleza constitucional– suelen procurar en la práctica, y con efectos parecidos, la coordinación de la interpretación de los derechos fundamentales y de las normas del ordenamiento interno de conformidad con las garantías internacionales.

La utilización del derecho internacional de los derechos humanos para interpretar los derechos constitucionales o para orientar la legislación interna tiene lugar en grados diferentes y viene condicionada por circunstancias diversas (como la existencia de un catálogo constitucional de derechos o la existencia de una jurisdicción constitucional especializada para su tutela), pero es una tendencia que se puede constatar en el ámbito europeo, sobre todo en relación con el Convenio Europeo, sus Protocolos y la doctrina del TEDH.[20]

Así, el Tribunal Constitucional Federal alemán ha señalado que la jurisprudencia del TEDH sirve como "*instrumento interpretativo*" para definir el contenido y el alcance de los derechos y principios de la Ley Fundamental de Bonn. El Tribunal alemán señala que el Convenio proporciona "*una máxima para la interpretación de la Ley Fundamental*" y pone de manifiesto que los derechos fundamentales se deben entender como acuñación de los derechos humanos y que aquellos incorporan a estos como estándar mínimo. En la medida en que existen varias interpretaciones posibles, debe darse la preferencia a la interpretación conforme al Convenio y a la jurisprudencia del TEDH. El límite está en la limitación o reducción del nivel de protección resultante de la Ley Fundamental. Los efectos internos de las decisiones del TEDH no se

---

20 Referencias para una treintena de Estados en relación con el CEDH pueden verse en Robert Blackburn y Jörg Polakiewicz (eds.), *Fundamental Rights in Europe. The ECHR and its Member States, 1950-2000*, Oxford University Press, Oxford, 2001; el capítulo de Jörg Polakiewicz, ob.cit., pp. 46-49 sintetiza las más importantes. Un estudio para Suiza, Alemania y Canadá en relación con los Pactos Internacionales de 1966, en Jeanine de Vries Reilingh, *L'application des Pactes des Nations Unies relatifs aux droits de l'homme de 1966*, Basilea, 1998.

limitan al concreto supuesto de hecho sobre el que versan, pues la Ley Fundamental desea evitar conflictos entre las obligaciones internacionales de Alemania y el derecho nacional.[21]

Otros tribunales constitucionales o supremos europeos han adoptado posturas similares y se sirven igualmente del Convenio y de la jurisprudencia del TEDH para interpretar los derechos fundamentales constitucionales, o avanzan progresivamente en esa dirección.[22] La interpretación constitucional o legal *secundum Conventionem* no es, en definitiva, más que una consecuencia objetiva de la necesidad de cumplir plenamente con las obligaciones internacionales.[23] Así pues, con o sin art. 10.2 CE, la tendencia de los ordenamientos constitucionales camina en dirección a la formación de una Carta jurisprudencial de derechos que no está limitada a los derechos fundamentales derivados de las disposiciones constitucionales, sino que incluye también los derechos garantizados por el derecho internacional y europeo.

La influencia creciente de la jurisprudencia del TEDH en las jurisdicciones de los Estados parte se basa en circunstancias inexistentes en

---

21 Vid. sentencias de la Sala Segunda de 14 octubre de 2004, 2 BvR 1481/04, apartados 32, 62-63, y de 4 de mayo de 2011, 2 BvR 2365/09, apartados 87-94. Doctrina que no pasó inadvertida al TEDH, el cual en sentencia posterior a la última citada constató con satisfacción el criterio del Tribunal Constitucional Federal de interpretar las disposiciones de la Ley Fundamental con arreglo al Convenio y a la doctrina del TEDH: vid. sentencia del TEDH de 9 de junio de 2011, *Schmitz c. Alemania*, § 41.

22 Es el caso de Italia (sentencias 348/2007 y 349/2007, ambas de 22 de octubre, y 49/2015, de 14 de enero, del Tribunal Constitucional italiano) y de Hungría (sentencia 36/2013, de 5 de diciembre, del Tribunal Constitucional húngaro). Para Joël Andriantsimbazovina, ob.cit., p. 136, el *Conseil constitutionnel* francés haría ya implícitamente una interpretación en este sentido; lo que faltaría es que abandonara la forma "*clandestina*" en la que lleva a cabo la interpretación de los principios constitucionales a la luz de los derechos fundamentales internacionales y comunitarios.

23 Para Javier García Roca, "El diálogo entre el Tribunal Europeo de derechos Humanos y los tribunales constitucionales en la construcción de un orden público europeo", *Teoría y Realidad Constitucional*, Nro. 30, 2012, pp. 183-224, se trata de "*una consecuencia lógica de la imposibilidad de contradicción entre las obligaciones internacionales y las normas internas de un mismo ordenamiento. En definitiva, puede ser conveniente introducir tales cláusulas constitucionales [similares al art. 10.2 CE], básicamente destinadas a orientar a los intérpretes judiciales ordinarios o inferiores, pero es razonable pensar que el intérprete constitucional supremo deba llegar al mismo resultado allí donde esa recomendación no exista, pues está en la naturaleza de las cosas*" (p. 205); "*donde no existe ese mandato expreso, está implícito o inmanente en la urdimbre que entraña el sistema europeo de garantía y se deriva de las obligaciones internacionales*" (p. 221).

las primeras décadas de actividad de ese órgano judicial: la ratificación del Convenio y el reconocimiento de su jurisdicción para conocer de las demandas presentadas por los particulares por los Estados miembros del Consejo de Europa; la institucionalización y profesionalización del TEDH a finales del siglo XX; la interpretación evolutiva del Convenio y sus Protocolos; y el crecimiento exponencial, en cuanto a su número y variedad, de los casos resueltos desde finales del siglo XX. Ello ha contribuido a transformar la inicial naturaleza internacionalista del sistema del Convenio en una naturaleza constitucional o cuasi constitucional en el ámbito europeo.[24] Aunque la autoridad de cosa interpretada de la jurisprudencia del TEDH va convirtiéndose con el tiempo en un elemento determinante para las jurisdicciones internas del conjunto de Estados europeos, la garantía normativa de dicha autoridad permanecerá presumiblemente un fenómeno limitado a una minoría de Estados. El art. 10.2 CE y las cláusulas equivalentes en otras Constituciones seguirán sobresaliendo en el panorama del derecho constitucional comparado por juridificar al más alto nivel la vinculación al derecho internacional de los derechos humanos del intérprete de los derechos fundamentales.[25]

III. TEORÍA GENERAL DE LA INTERPRETACIÓN CONFORME

1. Concepto, naturaleza y fundamento

El principio de interpretación conforme requiere como *prius* lógico la existencia de dos disposiciones jurídicas: por un lado, la disposi-

---

[24] Vid., entre otros, Christian Walter, "Die Europäische Menschenrechtskonvention als Konstitutionalisierungsprozess", *Zeitschrift für ausländisches öffentliches Recht und Völkerrecht*, vol. 59, 1999, pp. 961-983; y Christina M. Akrivopoulou, "The Jurisprudence of the ECtHR as a Common European Constitution", *European Review of Public Law/Revue européenne de droit public*, vol. 22, Nro. 2, 2010, pp. 395-412. En castellano, Javier García Roca, *La transformación constitucional del Convenio Europeo de Derechos Humanos*, Civitas-Thomson Reuters, Cizur Menor, 2019.

[25] En un momento importante para los procesos constitucionales de los Estados del Este y del Centro de Europa, Häberle abogaba por la incorporación, expresa o pretoriana, en todos los Estados constitucionales, del principio de interpretación supranacionalmente conforme de los derechos fundamentales. Vid. Peter Häberle, "Theorieelemente eines allgemeinen juristischen Rezeptionsmodells", *Juristenzeitung*, 1992, pp. 1033-1043, especialmente 1039 y 1041.

ción que es objeto de la interpretación conforme ("*disposición interpretada*") y, por otro, la disposición que debe orientar la interpretación de aquélla ("*disposición de interpretación*"). Entre el contenido de ambas disposiciones se establece, mediante el principio de interpretación conforme, una relación de naturaleza hermenéutica: de contraste, primero, y de acomodación, después, del programa normativo de la "*disposición de interpretación*". En suma, el principio de interpretación conforme es un criterio hermenéutico por el cual, de entre los varios sentidos posibles atribuidos a una disposición jurídica ("*disposición interpretada*"), el intérprete ha de excluir aquel o aquellos que no se acomoden a otra disposición jurídica ("*disposición de interpretación*").

La interpretación conforme debe ser diferenciada de las interpretaciones declarativa e integradora. La interpretación declarativa persigue determinar el sentido de una disposición jurídica, y se sirve de los cánones tradicionales de interpretación. Uno de dichos cánones es el criterio sistemático: en el marco de la interpretación declarativa, el conjunto de las disposiciones jurídicas que integran el ordenamiento —y en especial la norma suprema— proporcionan el contexto y conforman el sistema que hay que atender para obtener el sentido de la disposición interpretada. Por su parte, la interpretación integradora se dirige a colmar las lagunas de la ley; los dos procedimientos de la interpretación integradora son la aplicación analógica de la ley y la obtención y aplicación de principios generales del derecho.[26] La interpretación integradora es una actividad creadora de una nueva regla de derecho, mientras que la interpretación conforme conduce a reducir parte del programa normativo de una disposición jurídica: si no reduce su programa normativo, significa

---

[26] Sobre la diferencia entre interpretación conforme a la Constitución y analogía de acuerdo con la Constitución, vid. Javier Jiménez Campo, "Analogía *secundum constitutionem*", *Revista del Centro de Estudios Constitucionales*, Nro. 13, 1992, pp. 9-30. El autor señala que "*el criterio hermenéutico de la interpretación conforme a la Constitución ... se ve así prolongado en esta exigencia de la analogía secundum constitutionem*" (p. 12). Un supuesto de positivización expresa de la analogía *iuris* se encuentra en el art. 1 de la Compilación del derecho civil de Cataluña (Decreto Legislativo 1/1984, de 19 de julio): "*Para interpretar e integrar esta Compilación y las restantes normas se tomarán en consideración las leyes, las costumbres, la jurisprudencia y la doctrina que constituyen la tradición jurídica catalana, de acuerdo con los principios generales que inspiran el ordenamiento jurídico de Cataluña.*"

que la disposición jurídica interpretada no necesita o no es susceptible de una interpretación conforme.

La disposición de interpretación de la interpretación conforme (p. ej., la Constitución, el tratado internacional sobre derechos humanos o el derecho de la Unión Europea) no deja de ser una disposición jurídica que también puede o debe ser utilizada en las interpretaciones declarativa e integradora. En la medida en que recurren a la Constitución, tanto la interpretación declarativa como la integradora pueden ser consideradas de alguna forma interpretaciones "*conforme a la Constitución*" en un sentido lato.[27] Sin embargo, la consideración de la Constitución desempeña en cada caso una función distinta: determinar el sentido de una disposición legal (interpretación declarativa), integrar las lagunas de la ley (interpretación integradora) o excluir aquellos sentidos posibles de una disposición legal pero incompatibles con la disposición de interpretación (interpretación conforme). La interpretación conforme a la Constitución comparte con la interpretación integradora conforme a la Constitución (en particular al art. 14 CE) de lagunas discriminatorias *ex silentio* el de ser "*instrumentos que el ordenamiento ofrece a fin de acomodar a la Constitución los dictados de la ley*".[28]

---

[27] Vid. SSTC 167/1991, FJ 3; y 103/1990, FJ 2. Sobre la utilización de la Constitución en las tres interpretaciones (declarativa, integradora y conforme) ya Eduardo García de Enterría, *La Constitución como norma y el Tribunal Constitucional*, tercera edición, Civitas, Madrid, 1983 (reimpresión 2001), p. 102.

[28] Javier Jiménez Campo, "Analogía...", cit., p. 27. La cercanía entre la interpretación conforme y la interpretación integradora conforme a la Constitución se pone de manifiesto en los supuestos de disposiciones legales que, de forma discriminatoria, excluyen a una categoría de personas o a ciertos casos del disfrute de una ventaja o derecho. Hay dos posibles entendimientos del problema. Uno consiste en apreciar que la disposición tiene una laguna que se debe integrar con la aplicación directa de la Constitución. También puede entenderse que la disposición aparentemente discriminatoria *ex silentio* tiene dos posibles significados, el literal y aparentemente querido por el legislador (sólo reconocer la ventaja o derecho a ciertas personas), y el sentido, acorde con la Constitución, de que la disposición contiene una laguna o vacío respecto al disfrute o reconocimiento de la ventaja o derecho por otras personas. Ante el segundo entendimiento existen dos soluciones. De entre los dos sentidos posibles de la disposición aparentemente discriminatoria, el sentido literal quedaría descartado en virtud de la interpretación conforme a la Constitución; posteriormente, la laguna existente se colmaría con la aplicación directa del art. 14 CE. La otra opción consistiría en que el juez ordinario planteara la cuestión de inconstitucionalidad contra la disposición que contiene una exclusión aparentemente discriminatoria. Javier Jiménez Campo aboga por la primera solución cuando se trata de una diferenciación tácita

En la interpretación conforme, la disposición de interpretación presenta dos características: determinación y supralegalidad.

- En primer lugar, la disposición de interpretación ha de ser una disposición jurídica cierta y preexistente a la disposición interpretada. La interpretación conforme debe ser diferenciada de aquellos criterios hermenéuticos que, aunque formulados en términos aparentemente imperativos, su parámetro de interpretación conforme no está suficientemente precisado o determinado y, por tanto, no consiste en una disposición jurídica previsible y cierta.[29]

- En segundo lugar, la disposición de interpretación se caracteriza por su supralegalidad, en virtud de la cual el ordenamiento jurídico le atribuye expresa o implícitamente una especial relevancia en la interpretación y aplicación de las disposiciones legales o infralegales. La supralegalidad no consiste necesariamente en la cualidad de norma de rango jerárquico superior: basta la indisponibilidad de la disposición de interpretación para los órganos constitucionalmente habilitados para adoptar o interpretar la norma interpretada. La emergencia de disposiciones jurídicas vinculantes "*supralegales*" es un fenómeno relativamente reciente en los sistemas jurídicos; por eso, la interpretación conforme se ha configurado con posterioridad a las interpretaciones declarativa e integradora, que están más arraigadas en la teoría general del derecho. La característica de supralegalidad implica que no existe un principio de interpretación conforme en sentido estricto cuando una disposición de rango legal impone la obligación de interpretar una disposición de rango legal de conformidad con otra disposición de rango legal, normalmente posterior a aquélla: la inaplicación de aquella se sancionará y se combatirá como las demás infracciones del ordenamiento.

La interpretación declarativa precede a la interpretación conforme. El sentido tanto de la disposición de interpretación como de la disposi-

relacionada con un caso o situación típica y por la segunda solución cuando la diferenciación tácita afecta a categorías de personas.

29 Así, el apartado 4 del art. 52 de la Carta de derechos Fundamentales de la Unión Europea establece que "*en la medida en que la presente Carta reconozca derechos fundamentales resultantes de las tradiciones constitucionales comunes a los Estados miembros, dichos derechos se interpretarán en armonía con las citadas tradiciones*". Es dudoso que se trate de un criterio de interpretación conforme en sentido estricto.

ción objeto de la interpretación conforme tiene que ser establecido de forma preliminar, con arreglo a los cánones tradicionales de la interpretación, atendiendo en su caso a las especialidades propias de la disposición o del subsistema normativo al que pertenece.[30] Así, por ejemplo, si la disposición procede del ordenamiento de la Unión Europea, la interpretación debe atender no a reglas hermenéuticas divergentes, pero sí a los matices apreciados por el Tribunal de Justicia de la Unión Europea, en especial al énfasis que se pone en el criterio teleológico.[31] Si la disposición procede de un tratado internacional que cuenta con una jurisdicción que vele por su aplicación e interpretación, como es el caso de las normas del Convenio Europeo de derechos Humanos, el intérprete interno ha de atender en su caso a la interpretación que de la disposición ha efectuado la jurisdicción internacional.[32] Los sentidos posibles, incluido el sentido o sentidos que se estimarán conformes a la disposición de interpretación, son producto de la interpretación declarativa, utilizando los cánones tradicionales de interpretación. Una vez que se obtienen distintos entendimientos posibles de una disposición o una entendimiento con una determinado alcance, la segunda fase —propiamente la interpretación conforme— consiste en contrastar con la disposición de interpretación los sentidos posibles o el alcance posible anteriormente obtenidos de la interpretación "*ordinaria*": los sentidos posibles que no se acomoden a la disposición de interpretación deben ser descartados y excluidos del programa normativo de la disposición interpretada. En definitiva, el principio de interpretación conforme vincula dos procesos, la interpretación propiamente dicha y el control sobre el programa normativo resultante de esa interpretación.[33]

---

30 En este sentido Friedrich Müller y Ralf Christensen, *Juristische Methodik, Band I: Grundlagen – Öffentliches Recht*, octava edición, Duncker & Humblot, Berlín, 2002, pp. 104-105.

31 Vid. Michael Potacs, "Effet utile als Auslegungsgrundsatz", *Europarecht*, 2009, pp. 465-487; también Giulio Itzcovich, "The interpretation of Community Law by the European Court of Justice", *German Law Journal*, vol. 10, Nro. 5, 2009, pp. 537-559.

32 Vid. George Letsas, *A Theory of Interpretation of the European Convention on Human Rights*, Oxford University Press, Oxford, 2007. Sobre el contenido de los derechos del Convenio de acuerdo con la jurisprudencia del Tribunal Europeo de Derechos Humanos, vid. Iñaki Lasagabaster Herrarte (dir.), *Convenio Europeo de Derechos Humanos. Comentario sistemático*, cuarta edición, Civitas, Madrid, 2021.

33 En este sentido Konrad Hesse, *Grundzüge des Verfassungsrechts*, XX edición (última), C.F. Müller, Heidelberg, 1999, p. 31: "Im Rahmen verfassungskonformer Auslegung sind

Existe cierta controversia sobre la relación entre el principio de interpretación conforme (a la Constitución) y los criterios tradicionales de interpretación, recogidos en el ordenamiento español en el art. 3.1 CC. Algunos autores, tanto españoles como extranjeros, suelen relacionar el principio de interpretación conforme a la Constitución con el criterio sistemático de interpretación:[34] concebido el ordenamiento jurídico como sistema, es lógico que la Constitución ejerza una eficacia orientadora y hermenéutica de primer orden sobre cada elemento del sistema; de esta forma, la interpretación conforme a la Constitución se confundiría con el principio de unidad del ordenamiento.

La caracterización de la interpretación conforme como subespecie del criterio sistemático de interpretación se enfrenta, no obstante, a dos objeciones. Por un lado, la interpretación conforme conduce a desechar uno o varios sentidos posibles como inconciliables con la disposición de interpretación y, por tanto, parte del programa normativo posible de la disposición interpretada es en último término repudiado como inconstitucional, incompatible con la disposición de derecho de la Unión Europea o contradictoria con la disposición internacional de derechos humanos (según la naturaleza de la disposición de interpretación a la que se acuda en cada caso); ello equivale a una declaración parcial de nulidad de su programa normativo, sin que al mismo tiempo se recorte el texto de la disposición. En otros términos, la Constitución o la disposición de interpretación correspondiente cumplen dos funciones diferentes: en el marco de la interpretación sistemática contribuye como el resto del ordenamiento a fijar los sentidos posibles de la disposición en cuestión; en el marco de la interpretación conforme ejerce una función de control sobre esos sentidos posibles.[35]

Por otro lado, la referida caracterización de la interpretación conforme como subespecie del criterio sistemático de interpretación se ex-

Verfassungsnormen also nicht nur, Prüfungsnormen', sondern auch, Sachnormen' zur Inhaltsbestimmung einfacher Gesetze"; igualmente Friedrich Müller y Ralf Christensen, ob.cit., p. 104: "Der Grundsatz verbindet somit Normtextauslegung mit Normenkontrolle".

34 Vid., p. ej., Manuel Calvo García (ed.), *Interpretación y argumentación jurídica. Trabajos del Seminario de Metodología Jurídica (volumen 1)*, PUZ, Zaragoza, 1995, pp. 42, 168.

35 Andreas Voßkuhle, "Theorie und Praxis der verfassungskonformen Auslegung von Gesetzen durch Fachgerichte – Kritische Bestandaufnahme und Versuch einer Neubestimmung", *Archiv des öffentlichen Rechts*, vol. 125, 2000, pp. 177-201, esp. 181-182.

trae de una de sus variantes, sin duda la más importante y conocida en el derecho comparado, pero variante al fin y al cabo, el principio de interpretación conforme a la Constitución, y no se puede extender a aquellas otras variantes de interpretación conforme que recurren a disposiciones —como la disposición europea o las disposiciones de los tratados internacionales sobre derechos humanos— que no disponen de supremacía (*Geltungsvorrang*) sobre la disposición interpretada, sino que solo gozan de aplicación preferente (*Anwendungsvorrang*).[36]

Para otros autores, en cambio, el principio de interpretación conforme (a la Constitución) no es un criterio *de* interpretación (como el literal, el lógico, el sistemático, el histórico, etc.), sino un criterio *sobre* la interpretación,[37] o mejor, una "*directriz de preferencia*"[38] o una "*re-*

---

36 Esta distinción (supremacía-jerarquía vs. primacía-aplicación) desempeñó en la Declaración 1/2004 del Tribunal Constitucional (FJ 4) un papel crucial para fundamentar la compatibilidad del principio de primacía del derecho de la Unión Europea con la (supremacía de la) Constitución española. La distinción entre *Geltungsvorrang* y *Anwendungsvorrang* procede la dogmática alemana: vid., por todas, BVerfGE 73, 339 (375), *Solange II*. Como señala Canaris, la interpretación conforme a la Constitución se fundamenta en último término en la cualidad de la Constitución como *lex superior*, mientras que la interpretación conforme a las directivas no se puede basar en ese fundamento, cuando menos no de forma inmediata; con todo, después atenúa las diferencias y reconoce que la directiva aunque no sea *lex* (lo será cuando sea traspuesta), sí es en cierto sentido *superior* a la norma interna, ya que participa de la primacía del derecho de la Unión Europea. Vid. Claus-Wilhelm Canaris, "Die richtlinienkonforme Auslegung und Rechtsfortbildung im System der juristischen Methodenlehre", en H. Koziol y P. Rummel (eds.), *Im Dienste der Gerechtigkeit – Festschrift für Franz Bydlinski*, Springer, Viena/Nueva York, 2002, pp. 47-103, esp. 53, 66 y 69.

37 Javier Jiménez Campo, "Interpretación conforme...", cit., p. 61.

38 Wróblewski distingue entre directivas interpretativas de primer grado (determinan cómo el intérprete debe atribuir significado a una disposición jurídica, teniendo en cuenta los contextos relevantes, p. ej., lingüístico, sistemático y funcional) y directivas interpretativas de preferencia (determinan cómo el intérprete debe elegir entre los diferentes resultados de la aplicación de las directivas de primer grado). Vid. Jerzy Wróblewski, "An outline of a general theory of legal interpretation and constitutional interpretation", *Acta Universitatis Lodziensis*, Folia Iuridica 32, 1987, pp. 33-89, esp. 42 y sigs. El autor señala que las directivas de preferencia, por lo general, no han sido tan ampliamente analizadas en la bibliografía jurídica como las directivas de primer grado, y a menudo no son explícitamente diferenciadas con respecto a las primeras (p. 53). En su trabajo, la interpretación conforme a la Constitución (o a otro principio jurídico extrasistémico) se corresponde con una directiva interpretativa de primer grado (DI^1-10). Debe subrayarse que Wróblewski analiza la interpretación constitucional desde la perspectiva de la teoría general de la interpretación y no desde el punto de vista del derecho constitucional. También acoge la distinción entre

gla interpretativa prioritaria" (*interpretatorische Vorrangsregel*)[39]. La consideración de la interpretación conforme como "*regla interpretativa prioritaria*" es la que, a nuestro juicio, parece más correcta.

La doctrina sobre la interpretación jurídica concibe los cánones tradicionales de interpretación como criterios no excluyentes que no conforman un sistema jerarquizado, lo cual no impide la elaboración jurisprudencial y doctrinal de reglas específicas de preferencia, que determinan que un criterio o punto de vista prevalezca de forma general en una determinada situación.[40] La regulación legal de los criterios y reglas interpretativas llevada a cabo en algunos ordenamientos (Suiza, Austria, España, etc.) tiene como finalidad conseguir cierta uniformidad en la práctica jurisdiccional. Así, para la doctrina civilista española, el art. 3.1 CC es vinculante,[41] no en cuanto elenco excluyente o inexcusable de cánones interpretativos, sino por la *prioridad* otorgada, en la labor hermenéutica, al espíritu y finalidad de las normas; los cánones mencionados tendrían a este respecto carácter auxiliar.[42]

La interpretación conforme no se confunde con los criterios tradicionales de interpretación, sino que, por su carácter de regla preferente se impone al juego ordinario y ponderado de dichos criterios.[43] La in-

---

directivas de primer y segundo grado: Juan Igartua Salaberria, *Teoría Analítica del derecho (La interpretación de la Ley)*, Oñate, IVAP, 1994, pp. 83-84.

39 Claus-Wilhelm Canaris, ob.cit., pp. 66-79; sobre la autonomía de la interpretación conforme dentro del sistema de la metodología jurídica, *ibid.*, pp. 79-81. Este autor distingue entre criterios de interpretación y reglas de precedencia interpretativa. Concibe a los primeros como "*principios*" y a las segundas como "*reglas*" en el sentido de la teoría de Alexy. En el mismo sentido Friedrich Müller y Ralf Christensen, ob.cit., p. 105, hablan de una regla de preferencia (*Vorzugsregel*) y rechazan que el principio de interpretación conforme pertenezca a los criterios tradicionales de interpretación, incluido el criterio sistemático.

40 Claus-Wilhelm Canaris, ob.cit. pp. 58, 65, 79. Vid. también Karl Larenz, *Methodenlehre der Rechtswissenschaft*, 2.ª ed., Springer, Berlín, 1992 (*verkürzte Studienausgabe* de la 6.ª y última edición de su obra, 1991), p. 228: "*Die Auslegungsmethoden unterliegen ... keiner starren Rangfolge*".

41 España. *Código Civil*, publicado por el Real Decreto de 24 de julio de 1889, publicado en Gaceta de Madrid No. 206, de 25 de julio de 1889. Texto consolidado (Permalink ELI) en https://www.boe.es/eli/es/rd/1889/07/24/(1)/con

42 Miguel Ángel Pérez Álvarez, *Interpretación y jurisprudencia. Estudio del artículo 3.1 del Código Civil*, Aranzadi, Pamplona, 1994, pp. 130 y sigs.

43 Claus-Wilhelm Canaris, ob.cit. pp. 70, 79. En el mismo sentido Ricardo Alonso García, "La interpretación del Derecho de los Estados conforme al Derecho Comunitario: las exigencias y límites de un nuevo criterio hermenéutico", *Revista Española de Derecho Europeo*, Nro. 28, 2008, pp. 397-399.

terpretación conforme proporciona una indicación normativa vinculante: obliga a *descartar*, de entre los sentidos posibles de la disposición jurídica obtenidos de la aplicación de los cánones interpretativos, aquel sentido o sentidos que no se acomoden a las disposiciones de interpretación conforme establecidas (la Constitución, los tratados internacionales sobre derechos humanos o el derecho de la Unión Europea).

En suma, al igual que las reglas de interpretación, la interpretación conforme contribuye a determinar el sentido de la disposición jurídica aplicable, esto es, a construir la norma aplicable. Por esta razón, la doctrina mayoritaria ha situado la interpretación conforme en una zona cercana a las reglas de interpretación; para algunos autores, incluso, la interpretación conforme es una regla de interpretación más. No obstante, la interpretación conforme es una regla vinculante y opera de forma disyuntiva, como las reglas de aplicación: un sentido posible de la disposición jurídica es disconforme o no, de la misma forma que una disposición jurídica es o no aplicable. En cierto sentido podría decirse que la interpretación conforme es una regla de inaplicación (o de aplicación negativa): no dice qué hay que aplicar sino qué no hay que aplicar. Pero es una regla de (in-) aplicación sin autonomía propia y, como se verá cuando se analicen los límites de la interpretación conforme, requiere que exista una disposición jurídica aplicable susceptible de una interpretación conforme: en ausencia de disposición jurídica aplicable al caso, no puede resolverse un supuesto fáctico con una regla negativa.

En cada modalidad de interpretación conforme el ordenamiento jurídico asume una regla interpretativa prioritaria. Dada la pluralidad de reglas de preferencia, cabe la posibilidad de una colisión entre ellas. La interpretación conforme al derecho de la Unión Europea prevalece en principio sobre la interpretación conforme a la Constitución. No obstante, antes de optar sin más por aquella es necesario procurar interpretar la Constitución de conformidad con el derecho de la Unión, para de esta forma intentar obtener una interpretación de la disposición interpretada compatible al mismo tiempo con las dos disposiciones de interpretación existentes. Si no es posible interpretar la Constitución de conformidad con el derecho de la Unión Europea, el poder de reforma debe intervenir para modificar la Constitución.[44]

---

[44] Claus-Wilhelm Canaris, ob.cit., p. 80.

2. Función

El principio de interpretación conforme cumple dos funciones: la máxima realización de la disposición de interpretación, así como la reorientación y la armonización de las disposiciones jurídicas quizá susceptibles de un entendimiento distinto e inconciliable con la norma de interpretación. Ambas funciones se muestran en los procesos de aplicación y de enjuiciamiento o de apreciación de la validez de disposiciones jurídicas.

Por un lado, el principio de interpretación conforme es justamente una de las técnicas mediante la cual los modernos ordenamientos jurídicos procuran la máxima realización de la Constitución, o bien la máxima coordinación con el derecho internacional de los derechos humanos, o bien la máxima realización de las normas de una organización supranacional como la Unión Europea. Como señaló el Tribunal Supremo español, "*la naturaleza normativa y no meramente programática de la Constitución reclama una interpretación de sus preceptos que aspire a lograr el máximo reconocimiento de su fuerza vinculante*".[45]

Por otro lado, el principio de interpretación conforme cumple también una función armonizadora y reorientadora de disposiciones jurídicas y, al mismo tiempo, integradora de vacíos normativos, de la falta o insuficiencia de un cuerpo de doctrina constitucional sobre el ámbito de protección de las disposiciones iusfundamentales o de déficits de trasposición. El principio de interpretación conforme a la Constitución hizo posible la reorientación de las disposiciones jurídicas preexistentes en sentido constitucional y propició tanto la continuidad del ordenamiento como la evitación de los vacíos normativos que se hubieran seguido de la eventual declaración de inconstitucionalidad de disposiciones susceptibles de un entendimiento acomodado a la Constitución.[46] El principio de interpretación conforme a los tratados internacionales sobre derechos humanos (art. 10.2 CE) propició un llenado y un anclaje

---

[45] STS 4/12/1990, Ar. 9721.

[46] Javier Jiménez Campo, "Analogía…", cit., p. 62. La idea está también presente en la obra de Konrad Hesse, ob.cit., p. 31, pese al tiempo transcurrido desde la aprobación de la Ley Fundamental de Bonn.

mínimos del ámbito de protección de los derechos fundamentales constitucionales.[47]

La función integradora del principio de interpretación conforme alcanza una nueva dimensión cuando se predica respecto a las directivas de la Unión Europea. El principio de interpretación conforme a las directivas de la Unión Europea no solo propicia la unidad y la máxima realización del derecho de la Unión, a través de la *compatibilización* del programa normativo de las disposiciones jurídicas internas con los fines perseguidos por las directivas.[48] También *suple* los vacíos, carencias y defectos detectados en la transposición de las directivas al ordenamiento interno de una directiva.[49] Esa intensa función correctora del principio de interpretación conforme a las directivas europeas se fundamenta en el principio de cooperación leal del art. 4.3 del Tratado de la Unión Europea. El Tribunal de Justicia de la Unión Europea se apoya en este

---

47 La temprana utilización queda atestiguada en la jurisprudencia constitucional: SSTC 42/1982, FJ 3; y 62/1982, FJ 2.

48 Debe tenerse en cuenta que, en no pocas ocasiones, las normas europeas provocan "*rupturas sistémicas*" en los sectores afectados. Para una reflexión, más bien defensiva, sobre los desafíos para la "*unidad del ordenamiento*" desde la perspectiva de la legislación civil nacional penetrada por normas europeas puede consultarse Jens Koch, "Die Einheit der nationalen Rechtsordnung und die europäische Privatrechtsangleichung", *Juristen-Zeitung*, Nro. 6, 2006, pp. 277-284: sostiene que las "*rupturas sistémicas*" originadas por el derecho de la Unión confieren nueva relevancia dogmática al postulado de la "*unidad del ordenamiento*". La cuestión es si esa unidad debe reconstituirse desde la tradición estatal o a partir del derecho de la Unión. Justamente, el principio de interpretación conforme a las directivas contribuye a compatibilizar el contenido de regulaciones estatales preexistentes con las lógicas procedentes del derecho de la Unión.

49 Ricardo Alonso García, "La interpretación…", cit., pp. 385 y sigs., subraya las diferencias de la interpretación del derecho de los Estados conforme al derecho comunitario respecto a la interpretación del derecho interno conforme a la Constitución. En particular sostiene que el principio de conservación del ordenamiento jurídico "*es un principio ajeno a la aplicación del principio de interpretación de los derechos nacionales conforme al derecho comunitario*" (p. 390, pero reconoce que la interpretación conforme, al operar en ausencia de normas europeas con eficacia directa, es "*la única vía que permitiría la «armonización» europea de la legislación nacional*" (p. 394). A mi modo de ver, la función consiste en la reorientación y armonización de normas preexistentes e integración de vacíos e insuficiencias normativos, y la consecuencia es la conservación de las normas preexistentes, con un contenido armonizado a la norma de interpretación conforme. Sin duda la idea de conservación y de continuidad del ordenamiento es jurídica y políticamente muy importante en los supuestos de ruptura o cambio del orden constitucional, y por eso se la considera como "*función*" de la interpretación conforme a la Constitución.

principio para exigir a las autoridades estatales, tanto judiciales como administrativas, que hagan "*todo lo posible*" y movilicen todos los recursos y mecanismos jurídicos disponibles en el ordenamiento interno, al servicio de la efectividad del derecho de la Unión y del cumplimiento de los fines perseguidos por las directivas. Además, el mandato de interpretación conforme al derecho de la Unión no se limita a las disposiciones internas adoptadas específicamente para transponer o aplicar ese derecho: requiere que "*la jurisdicción nacional tome en consideración el conjunto del derecho nacional para apreciar en qué medida éste puede recibir una aplicación tal que no conduzca a un resultado contrario al contemplado por el derecho comunitario*".[50]

A diferencia de las disposiciones preconstitucionales, la conservación de las disposiciones jurídicas postconstitucionales no tiene como finalidad inmediata garantizar la continuidad del ordenamiento como tal, sino garantizar la prioridad del legislador en la concretización de la Constitución. El principio de interpretación conforme expresa así circunspección hacia el legislador democrático.[51] Ahora bien, este planteamiento es correcto cuando el juicio de constitucionalidad versa sobre la constitucionalidad sustancial de la ley, pero no cuando se dilucida si ha existido o no invasión competencial: en este supuesto existen dos legisladores democráticos, y no puede haber circunspección hacia uno en detrimento del otro.[52]

Las diversas variantes de interpretación conforme cumplen funciones equivalentes. La diferencia estriba en quién tiene la última palabra sobre la adecuación de la interpretación conforme, que, en principio, corresponde a cualquier órgano jurisdiccional y administrativo.[53] Así, en el ordenamiento jurídico español el Tribunal Constitucional tiene la última palabra en relación con dos de las variantes, la interpretación

50 Sentencia del Tribunal de Justicia de 5 de octubre de 2004, as. C-397/01, *Bernhard Pfeiffer y otros/Deutsches Rotes Kreuz*, p. I-8835, apdo. 116.

51 Konrad Hesse, ob.cit. p. 32; Friedrich Müller y Ralf Christensen, ob.cit., p. 105.

52 El tema ha sido abordado por Héctor López Bofill, ob.cit., pp. 353-381.

53 Para las tres modalidades de interpretación conforme diferenciadas en este trabajo y su asunción por la Administración española, puede verse José María Rodríguez de Santiago, *Metodología del Derecho administrativo. Reglas de racionalidad para la adopción y el control de la decisión administrativa*, Marcial Pons, Madrid, 2016, pp. 77-92.

del ordenamiento jurídico conforme a la Constitución y de los derechos fundamentales conforme a los tratados internacionales sobre derechos humanos; pues, o bien la disposición interpretada o bien la disposición de interpretación coinciden con la Constitución. La tercera variante, en cambio, discurre fuera del plano de la constitucionalidad, y las funciones se reparten de la siguiente forma: el Tribunal de Justicia tiene la última palabra respecto a la interpretación definitiva del derecho de la Unión Europea, y el Tribunal Supremo la tiene en cuanto a la correcta utilización de los criterios y las reglas de interpretación previstos en el ordenamiento jurídico interno, incluida la aplicación de la regla prioritaria de la interpretación conforme al derecho de la Unión Europea.

La función constitucional del sujeto que acude a la interpretación conforme condiciona su significado. Así, mientras sobre el juez constitucional pende el mandato constitucional dirigido a evitar la declaración de inconstitucionalidad de la ley, para el juez ordinario puede constituir una obligación o bien una alternativa al planteamiento de la cuestión de inconstitucionalidad. El grado efectivo de realización de la interpretación conforme por los órganos judiciales dependerá del nivel de exigencia y rigor aplicado por la jurisdicción constitucional a la hora de admitir o inadmitir la cuestión de inconstitucionalidad.[54] La situación es parecida en el ámbito del derecho de la Unión Europea. Si bien el Tribunal de Justicia tiene el monopolio de la declaración de invalidez de las disposiciones de derecho de la Unión, los jueces nacionales como jueces ordinarios de la Unión Europea disponen de la cuestión prejudicial del art. 267 TFUE, que sirve tanto para el control de validez como para la interpretación de los actos jurídicos europeos. Los jueces ordinarios cuentan, en suma, con un mecanismo de reenvío específico para las dudas de interpretación del derecho de la Unión Europea que se suscitan en los litigios sometidos a su conocimiento, sin que la posibilidad de una interpretación conforme de la disposición europea les impida el reenvío al Tribunal de Justicia o sea un obstáculo para la admisión a trámite de la cuestión prejudicial promovida.

---

[54] Héctor López Bofill, ob.cit., pp. 116-117 en referencia al ordenamiento constitucional alemán.

3. Modalidades

El ordenamiento jurídico español conoce al menos tres modalidades de interpretación conforme: la interpretación conforme a la Constitución (art. 5 LOPJ)[55], la interpretación conforme a los tratados internacionales sobre derechos humanos (art. 10.2 CE),[56] y la interpretación conforme al derecho de la Unión Europea, especialmente conforme a las directivas. Esta última modalidad de interpretación conforme, creada por el Tribunal de Justicia, [57] no fue mencionada expresamente por el derecho interno hasta 2015.[58]

Característica básica del principio de interpretación conforme es su imperatividad. El principio de interpretación conforme no es un mero punto de vista a considerar en el marco de la interpretación de las disposiciones jurídicas, sino un *mandato* jurídico dirigido en principio a todos los aplicadores del derecho.[59] Recientemente, la jurisprudencia

---

[55] España. *Ley Orgánica 6/1985, de 1 de julio, del Poder Judicial*, publicado en Boletín Oficial del Estado No. 157, de 2 de julio de 1985. Texto consolidado (Permalink ELI) en https://www.boe.es/eli/es/lo/1985/07/01/6/con

[56] Sobre la interpretación conforme a los tratados internacionales sobre derechos humanos en España (*ex* art. 10.2 CE) vid., por todos, Alejandro Sáiz Arnáiz, ob.cit.; Argelia Queralt Jiménez, *La interpretación de los derechos: del Tribunal de Estrasburgo al Tribunal Constitucional*, Centro de Estudios Políticos y Constitucionales, Madrid, 2008; y Xabier Arzoz Santisteban, *La concretización y actualización de los derechos fundamentales*, Centro de Estudios Políticos y Constitucionales, Madrid, 2014, pp. 159-262.

[57] Sentencia del Tribunal de Justicia de 13 de noviembre de 1990, *Marleasing SA*, p. I-4156, apartado 8. Al respecto vid. Winfried Brechmann, *Die richtlinienkonforme Auslegung*, Beck, Múnich, 1994; Georg Ress, "Die richtlinienkonforme 'Interpretation' innerstaatlichen Rechts", *Die Öffentlive Verwaltung*, Nro. 12, vol. 47, 1994, pp. 489-497; Sacha Prechal, *Directives in EC Law*, segunda edición, Oxford, Oxford University Press, 2005, pp. 180-215; Ricardo Alonso García, "La interpretación...", cit.; Xabier Arzoz Santisteban, "Interpretación conforme", en J. A. Santamaría Pastor (dir.), *Los principios jurídicos del Derecho administrativo*, La Ley, Madrid, 2010, pp. 647-658; Ricardo Alonso García, "La interpretación del Derecho nacional en función de la entrada en vigor de las Directivas y de su fecha límite de transposición (o su trasposición anticipada)", *Revista Española de Derecho Europeo*, Nro. 64, 2017, pp. 13-24.

[58] El art. 4 bis LOPJ, añadido por el art. único.2 de la Ley Orgánica 7/2015, de 21 de julio, establece lo siguiente: "*1. Los Jueces y Tribunales aplicarán el derecho de la Unión Europea de conformidad con la jurisprudencia del Tribunal de Justicia de la Unión Europea.- 2. Cuando los Tribunales decidan plantear una cuestión* prejudicial europea lo harán de conformidad con la jurisprudencia del Tribunal de Justicia de la Unión Europea y, en todo caso, mediante auto, previa audiencia de las partes."

[59] Javier Jiménez Campo, "Interpretación conforme a la Constitución", en M. Aragón Reyes (coord.), *Temas básicos de Derecho Constitucional*, tomo I, Civitas, Madrid, 2001, p. 61

constitucional española ha calificado el criterio hermenéutico del art. 10.2 CE como "*pauta interpretativa indisponible*".[60] En consecuencia, el principio de interpretación conforme debe ser distinguido de aquellas indicaciones, recomendaciones o pautas interpretativas desprovistas de obligatoriedad, propuestas doctrinalmente o utilizadas jurisprudencialmente.

El carácter imperativo de la interpretación conforme como criterio hermenéutico es, naturalmente, consecuencia de una disposición jurídica. Toda manifestación del principio se ha de fundamentar en una norma expresa o implícita de rango constitucional.[61] Ello no obsta para que disposiciones jurídicas subconstitucionales reconozcan con eficacia declarativa el principio de interpretación conforme deducido de la Constitución.

El número de subprincipios de interpretación conforme puede aumentar en el futuro, y es posible que lo haga, como expresión de la interacción creciente entre los sistemas jurídicos. En cualquier caso, siempre requerirá una fundamentación jurídica adecuada.

La interpretación conforme a los tratados internacionales ratificados por España, los cuales, debidamente celebrados y publicados en el Boletín Oficial del Estado, forman parte del ordenamiento interno (art. 96 CE), puede ser una variante adicional.[62] Su relevancia reside, claro

---

("*un imperativo jurídico-constitucional para todos los aplicadores del derecho, siempre y cuando ... resulte factible*"). Según la doctrina dominante, la interpretación integradora es así mismo obligatoria para los órganos judiciales: vid. art. 4.1 CC. La interpretación declarativa es también obligada, no solo desde el punto de vista jurídico, sino desde una perspectiva puramente lógica, con independencia de que esté o no regulada: es necesario determinar el sentido de la norma para apreciar si es o no aplicable al caso. El problema de la interpretación declarativa estriba en el carácter vinculante o no, y tasado o no, de los criterios de interpretación previstos legalmente.

60 STC 23/2020, FJ 6.

61 Así, con anterioridad a la aprobación del art. 5 LOPJ, Eduardo García de Enterría, ob.cit., p. 102, escribía que la interpretación conforme a la Constitución se fundamentaba en una norma implícita.

62 En España no hay una disposición constitucional que determine si el derecho internacional general forma parte del ordenamiento español. Sobre la posibilidad de un principio de interpretación *de la Constitución* conforme al derecho internacional vid. Rudolf Bernhardt, "Völkerrechtliche Auslegung der Verfassung? Verfassungskonforme Auslegung völkerrechtlicher Verträge", en H.-J. Cremer, T. Giegerich, D. Richter y A. Zimmermann (eds.), *Tradition und Weltoffentheit des Rechts – Festschrift für Helmut Steinberger*, tomo I, Springer, Berlín, 2002, pp. 391-400. Vid. también Gerrit Betlem y André Nollkamper,

está, en aquellos tratados internacionales que no se refieren a los derechos humanos, que ya están incluidos en el mandato de interpretación conforme consagrado por el art. 10.2 CE.

En el ordenamiento español, la Carta Europea de la Autonomía Local, tratado internacional elaborado bajo los auspicios del Consejo de Europa, ha merecido una apreciación y valoración doctrinal y jurisprudencial crecientemente positiva a efectos de la interpretación del ordenamiento interno de régimen local. La jurisprudencia del Tribunal Supremo expresamente ha señalado que la Carta constituye *"un importante instrumento de interpretación del principio de la autonomía local que consagra la Constitución"*.[63] Por lo general, el Tribunal Supremo sitúa dicha interpretación metodológicamente en el marco del art. 3.1 CC y la conecta al postulado de que la interpretación se llevará a cabo "*de acuerdo con la realidad social de los tiempos en que las normas deban aplicarse*".[64] No obstante, en ocasiones no duda en interpretar las propias disposiciones constitucionales de la forma más compatible con lo establecido en la Carta Europea de la Autonomía Local.[65]

En la actualidad, existen elementos para construir un principio de interpretación conforme a los tratados internacionales ratificados por España. Una tímida codificación del principio de interpretación conforme a los tratados internacionales se acoge en el art. 35.4 de la Ley 25/2014, de 27 de noviembre, de Tratados y otros Acuerdos Internacionales, que dispone de que "*las disposiciones dictadas en ejecución de*

"Giving effect to public international law and European Community law before domestic courts. A comparative analysis of the practice of consistent interpretation", *European Journal of International Law*, vol. 14, Nro. 3, 2003, pp. 569-589.

63 SSTS 29/09/2003, Ar. 6487; 25/05/2004, Ar. 4036; 20/12/2007, Ar. 4887/2008; 30/01/2008, Ar. 1934. Vid. al respecto José Manuel Bandrés Sánchez-Cruzat, "La Carta Europea de la Autonomía Local en la jurisprudencia del Tribunal Supremo", *Quaderns de Dret Local*, Nro. 20, junio 2009, pp. 7-22.

64 Vid. SSTS 29/09/2003, Ar. 6487, y 30/01/2008, Ar. 1934. En el fundamento quinto de esta última se dice al respecto: "*Una interpretación de este tipo no hace sino cumplir la finalidad que atribuye a la jurisprudencia de este Tribunal Supremo el Título Preliminar del Código Civil, cuando en su artículo 1.6 dispone que completará el ordenamiento jurídico y en el artículo 3.1 que la interpretación a realizar se llevará a cabo de acuerdo con los antecedentes legislativos y la realidad social de los tiempos en que las normas deban aplicarse*".

65 Vid., por ejemplo, las SSTS 29/09/2003, Ar. 6487, 25/0/2004, Ar. 4036, 20/12/2007, Ar. 4887/2008, y 9/12/2009, JUR 2010\16387.

tratados internacionales en los que España sea parte se interpretarán de conformidad con el tratado que desarrollan". El tenor literal del precepto parece excluir la interpretación conforme cuando no se hubieran aprobado disposiciones específicas para la ejecución del tratado internacional: este sería el caso de la citada Carta Europea de la Autonomía Local. No obstante, esa exclusión no sería lógica si la razón de la inexistencia de disposiciones específicas de ejecución es que el legislador consideró que la legislación interna garantizaba un cumplimiento suficiente del tratado internacional. El límite estribaría únicamente en si existen disposiciones internas que puedan compatibilizarse con lo establecido en el tratado internacional.

En cualquier caso, un principio general de interpretación conforme a los tratados internacionales se puede deducir de las reglas que rigen las relaciones entre normas internas e internacionales en el sistema de fuentes. Aunque las relaciones entre ley y tratado internacional no han sido suficientemente aclaradas y se han defendido diversas soluciones basadas en los principios de jerarquía o de competencia o en otras consideraciones, la doctrina mayoritaria abogaba por que la contradicción entre un tratado internacional que forma parte del ordenamiento interno (arts. 96 CE y art. 1.5 CC) y una ley adoptada posteriormente fuera resuelta en la jurisdicción ordinaria con la inaplicabilidad de la segunda.[66] En 2018 el Tribunal Constitucional sancionó formalmente esa interpretación, en consonancia con pronunciamientos anteriores.[67] Pues bien,

---

66 Vid., por todos, Ignacio de Otto, *Derecho constitucional. Sistema de fuentes*, 2.ª ed. (y última), 1988, 4.ª reimpresión de 1995, Ariel, Barcelona, 1987, p. 126: la relación entre el tratado y las leyes posteriores se articula mediante reglas de aplicación: la ley contraria a un tratado en vigor no es nula, pero el tratado prevalece sobre ella. En esencia, la diferenciación entre validez (superior) y aplicación (prioritaria) ha sido asumido por el Tribunal Constitucional en su Declaración 1/2004, relativa al Tratado por el que se establece una Constitución para Europa.

67 "*[…] en aplicación de la prescripción contenida en el artículo 96 CE, cualquier juez ordinario puede desplazar la aplicación de una norma interna con rango de ley para aplicar de modo preferente la disposición contenida en un tratado internacional, sin que de tal desplazamiento derive la expulsión de la norma interna del ordenamiento, como resulta obvio, sino su mera inaplicación al caso concreto*" (STC 140/2018, FJ 6). Al respecto puede verse Ricardo Alonso García, "El control de convencionalidad: cinco interrogantes", *Revista Española de Derecho Constitucional*, Nro. 119, 2020, pp. 13-51. En cuanto a las resoluciones previas pueden contrastarse las SSTC 28/1991, FJ 5; 207/2013, FJ 4; y 270/2015, FJ 6.

la contrapartida de ese poder de inaplicación debe ser la obligación de interpretación conforme, pues quien está facultado para inaplicar una disposición de rango legal por incompatibilidad con una disposición superior debe estar *a fortiori* obligado a procurar su conservación, siempre que ello sea posible.

4. Límites

La interpretación conforme tiene el mismo límite infranqueable que la aplicación, interpretación e integración creadora de lagunas por los órganos jurisdiccionales: el texto y la finalidad de la disposición legal que se interpreta. Por un lado, el juez no puede interpretar *contra legem*. La interpretación conforme debe detenerse allí donde exista una contradicción insalvable entre la disposición interpretada y la disposición de interpretación. Supuesta la supremacía, primacía o mayor rango de la disposición de interpretación y una vez apreciada esa contradicción insalvable, solo puede ser resuelta mediante la declaración de inconstitucionalidad o incompatibilidad de la disposición interpretada por quien tenga competencia para esa declaración y mediante la aplicación de las consecuencias correspondientes, la expulsión del ordenamiento jurídico o bien su inaplicación.

En otros términos, la interpretación conforme no tiene carácter autónomo ni absoluto: no arrincona las reglas tradicionales de interpretación.[68] Por otro lado, la disposición interpretada o la laguna de regulación debe ser susceptible de una interpretación conforme.[69] La disposición interpretada debe dejar espacio para la interpretación conforme, bien porque contenga una cláusula general o un concepto jurídico indeterminado bien porque, aunque cuente con un supuesto de

---

68 Vid. para una crítica en este sentido respecto a cierta jurisprudencia del Tribunal Supremo Contencioso-Administrativo Federal alemán en materia de funcionarios: Reinhard H. Rieger, "Grenzen verfassungskonformer Auslegung", *Neue Zeitschrift für Verwaltungsrecht*, 2003, pp. 17-22. El voto particular del magistrado Pérez Tremps a la STC 17/2013, invocó dicha sentencia y su criterio.

69 El problema específico de la integración de lagunas y la interpretación conforme no puede ser abordado en este trabajo. Para un análisis de la relevancia de la interpretación conforme para la integración de lagunas en el ordenamiento (p. ej., las surgidas por la falta de transposición de una directiva) desde la perspectiva de la metodología jurídica alemana vid. Claus-Wilhelm Canaris, ob.cit., pp. 81-90.

hecho preciso, los criterios tradicionales de interpretación apuntan en direcciones opuestas. En caso contrario, no le corresponde al órgano jurisdiccional completar o corregir el programa normativo de la disposición, sino que debe ser el legislador quien subsane la incompatibilidad de la regulación legal o su inexistencia. La interpretación conforme no faculta para remediar cualesquiera deficiencias o déficits de la disposición interpretada y, por tanto, no puede reemplazar la intervención del legislador, cuando esta sea necesaria.[70] Esto no es tanto un límite específico impuesto por la metodología jurídica cuanto un límite derivado del propio derecho positivo que impone el respeto de las funciones y de las competencias atribuidas a cada poder del Estado.[71]

IV. LA INTERPRETACIÓN CONFORME EN EL MARCO DE LOS CONTROLES SOBRE LA LEY

1. De la teoría a la realidad: la asimétrica práctica de la interpretación conforme a la Constitución

La relevancia del principio de interpretación conforme a la Constitución, en el momento de la aprobación de esta, en 1978, constituye un lugar común en la doctrina española.[72] El Tribunal Constitucional afirmó tempranamente el principio, señalando que la interpretación conforme era una "*consecuencia obligada de su doble carácter de Ley posterior y de Ley superior, y responde además a un criterio de prudencia que aconseja evitar que se produzcan lagunas en el ordenamiento*".[73] La doctrina mayoritaria fundamenta el principio de interpretación con-

---

70 El Tribunal Constitucional Federal alemán ha señalado que la interpretación conforme no puede conducir a colmar la indeterminación de una ley que regula una medida restrictiva de derechos fundamentales. De lo contrario, el principio de interpretación conforme vaciaría de contenido el principio de reserva legal. Vid. sentencia de la Sala Primera de 11 de marzo de 2008, 1 BvR 2074/05, apartado 153.

71 Friedrich Müller y Ralf Christensen, ob.cit., p. 106.

72 Vid., por todos, Eduardo García de Enterría, ob.cit., pp. 95-103. Para una temprana utilización de la doctrina de la interpretación conforme respecto a una ley postconstitucional vid. Tomás de la Quadra-Salcedo Fernández del Castillo, "Posible inconstitucionalidad de la Ley de Impuestos Especiales (Inconstitucionalidad y principio de interpretación conforme a la Constitución)", *Revista Española de Derecho Administrativo*, Nro. 28, 1981, pp. 41-62.

73 STC 4/1981, FJ 4.

forme a la Constitución bien en el carácter de *lex superior* de la Constitución o principio de constitucionalidad *ex* art. 9.1 CE,[74] bien en el principio de unidad del ordenamiento.[75] Si aceptamos con Hans Kelsen que "*todas las normas cuya validez puede ser referida a una y la misma norma fundamental constituyen un orden o sistema normativo*" y que dicha norma fundamental "*representa, como fuente común, el vínculo entre todas las diversas normas que integran un determinado orden*",[76] se puede considerar que se trata, en realidad, del mismo fundamento.

El principio de interpretación conforme a la Constitución tuvo una importante función a la hora de garantizar la continuidad del ordenamiento, es decir, la conservación formal de la legalidad preconstitucional, salvo incompatibilidad insalvable con el texto constitucional. La disposición derogatoria de la Constitución española de 1978 derogó expresamente diversas leyes anteriores, así como cuantas disposiciones se opusieran a lo establecido en el texto constitucionalmente. No obstante, el Tribunal Constitucional español precisó que la derogación por motivos materiales de las disposiciones jurídicas preconstitucionales solo procedía declararla "*en aquellos casos en que las normas preconstitucionales –aun en el supuesto de que respondan a principios diversos— no pu*[diera]*n interpretarse de acuerdo con la Constitución por ser de un contenido incompatible con la misma*".[77]

Ambas tareas, la apreciación de la fuerza derogatoria de la Constitución y la adaptación del contenido de las disposiciones jurídicas preconstitucionales formalmente no derogadas a los valores y principios de aquella, en virtud del principio de interpretación conforme, fueron encomendadas al juez ordinario.[78] La interpretación conforme era el instrumento que garantizaba la continuidad del ordenamiento salvaguardando la supremacía de la Constitución: así se descartaban las soluciones extremas, tanto la conservación intacta de la legalidad ordinaria

74 Claus-Wilhelm Canaris, ob.cit., p. 66; Javier Jiménez Campo, "Interpretación conforme...", cit., p. 61.

75 Konrad Hesse, ob.cit., p. 31; Ignacio de Otto, ob.cit., p. 80.

76 Hans Kelsen, *Teoría general del Derecho y del Estado*, 2.ª ed. 1958, 5.ª reimpresión 1995, UNAM, México, pp. 130-131. Vid. a este respecto Norberto Bobbio, *Teoría general del derecho*, 1.ª ed. 1991, 4.ª reimpresión 1996, Debate, Madrid, pp. 181-182.

77 STC 4/1981, FJ 5.

78 SSTC 62/1982, FJ 3; y 19/1983, FJ 3.

preconstitucional como el vacío normativo resultante de una ruptura abrupta con el pasado.[79]

Debido a la rápida consolidación de la jurisdicción constitucional a partir de 1980, la doctrina jurídica ha prestado más atención a la práctica de la interpretación conforme a la Constitución por esa jurisdicción que por la jurisdicción ordinaria.[80] Dos de los ámbitos en los que más se sintió la fuerza de irradiación de la Constitución fueron el derecho administrativo y el derecho penal. La tarea de replantear, depurar y ajustar a la Constitución un amplio conjunto de instituciones jurídicas y categorías dogmáticas de derecho administrativo largo tiempo utilizadas, como la relación de sujeción especial, las formas de autotutela administrativa y, en general, la posición jurídica peculiar de la Administración pública, fue tarea de décadas.[81] Como ámbito paradigmático, la plena constitucionalización del derecho administrativo sancionador es un proceso que ha ocupado a la jurisdicción constitucional, a la jurisdicción ordinaria y al legislador durante varias décadas, hasta que el alcance de cada uno de los principios del derecho penal en el ámbito administrativo ha sido debidamente apreciado en el plano dogmático y las consecuencias resultantes incorporadas a la regulación de los múltiples regímenes sancionadores sectoriales existentes.

Ahora bien, la interpretación conforme a la Constitución no es un fenómeno transitorio, circunscrito o centrado en las leyes preconstitucionales. La complejidad del sistema de fuentes y la actual legislación motorizada (que en España incluye diecisiete asambleas legislativas autonómicas y otros tantos legisladores de urgencia, además de los es-

---

79 Ello se puso de manifiesto en diversas sentencias del Tribunal Constitucional: "*en tanto no se dicten las leyes orgánicas que desarrollen el derecho constitucional subsistirá la legislación preconstitucional siempre que permita una interpretación conforme a la Constitución*" (STC 47/1983, FJ 3). El criterio fue reiterado en la STS 10/12/1985, Ar. 6239.

80 El mejor estudio sobre la técnica de la interpretación conforme en sede constitucional es el de Héctor López Bofill, ob.cit.; vid. también Francisco Javier Díez Revorio, *Las sentencias interpretativas del Tribunal Constitucional*, Lex Nova, Valladolid, 2001.

81 Vid. a este respecto, con ejemplos ilustrativos, Silvia del Saz, "La crisis de la autotutela en los actos administrativos y su auge en los actos privados", *Revista de Administración Pública*, Nro. 129, 1992, pp. 241-267; Fernando López Ramón, "Límites constitucionales de la autotutela ejecutiva", *Revista de Administración Pública*, Nro. 115, 1988, pp. 57-97; y Rafael Gómez-Ferrer Morant, "Incidencia de la Constitución sobre el Derecho administrativo", *Revista de Administración Pública*, Nro. 150, 1999, pp. 159-208.

tatales) reclaman un uso constante de la técnica de la interpretación conforme a la Constitución también en relación con las leyes postconstitucionales, en todos los ámbitos, incluida la distribución constitucional de competencias entre los poderes territoriales: baste recordar las numerosas interpretaciones conformes que jalonan la STC 31/2010, de 28 de junio.[82] En la jurisdicción constitucional las interpretaciones conformes no solo son explícitas, sino que se llevan a menudo al fallo de la sentencia, en aras de la seguridad jurídica, lo que incrementa su visibilidad.

En cambio, la interpretación conforme por el Tribunal Supremo español es una práctica que apenas ha sido cartografiada o valorada doctrinalmente. Pese a todo, su estatus jurídico y dogmático es incontrovertido. Los Jueces y Tribunales están obligados a interpretar y aplicar las leyes y los reglamentos "*según los preceptos y principios constitucionales, conforme a la interpretación de los mismos que resulte de las resoluciones dictadas por el Tribunal Constitucional en todo tipo de procesos*" (art. 5.1 LOPJ). Además, solo pueden plantear la cuestión de inconstitucionalidad "*cuando por vía interpretativa no sea posible la acomodación de la norma al ordenamiento constitucional*" (art. 5.3 LOPJ). Existe, en suma, un claro mandato legal de interpretación conforme. También el Tribunal Supremo reitera el principio de interpretación de la legalidad ordinaria de conformidad con la Constitución.[83]

Determinar en qué grado y de qué forma los Jueces y Tribunales de la jurisdicción contencioso-administrativa, y sobre todo su cúspide, el Tribunal Supremo, aplican el principio de interpretación conforme no es una cuestión metodológicamente sencilla; entre otras razones, puede

---

[82] Por poner dos ejemplos adicionales, la STC 50/1999 declaró que los arts. 36.2 y 36.3 de la Ley 30/1992 de Régimen Jurídico y de Procedimiento Administrativo Común "*son constitucionales interpretados en el sentido de que la obligación de traducir al castellano que en los mismos se contienen no se extiende a los documentos, expedientes o partes de los mismos que vayan a surtir efectos en otra Comunidad Autónoma en la que la lengua en la que dichos documentos hayan sido redactados tenga también carácter cooficial*". Para otro ejemplo con relevancia para el derecho administrativo analizado doctrinalmente, vid. Francisco Javier Fernández González, "La comunicación previa a la interposición del recurso contencioso-administrativo: su interpretación conforme a la Constitución (Comentario a la Sentencia del Tribunal Constitucional 76/1996, de 30 de abril)", *Revista de Estudios de la Administración Local y Autonómica*, Nro. 271-272, 1996, pp. 889-902.

[83] STS 10/12/1985, Ar. 6239.

haber interpretación conforme a la Constitución inconsciente u oculta bajo otros cánones de interpretación, como el criterio sistemático. Con esas limitaciones, un rastreo, seguramente incompleto y fragmentario, efectuado hace una década en el seno de la jurisprudencia de la Sala de lo Contencioso-Administrativo del Tribunal Supremo español, sugiere una cierta desconexión entre la teoría y la realidad.[84] Y eso pese a que la práctica de la interpretación conforme a la Constitución tendría que sobresalir en la jurisdicción contencioso-administrativa y sobre todo en su cúspide: se trata de la jurisdicción que maneja un mayor número de normas, de muy diversos autores y aprobadas en momentos muy distintos, y todas ellas inciden directamente en las relaciones entre los ciudadanos y los poderes públicos, que son ámbitos sensibles a los derechos fundamentales y al resto de valores y principios reconocidos en la Constitución.

La transformación del recurso de casación contencioso-administrativo introducida en 2015[85] podría quizá modificar esa realidad para el futuro, o cuando menos facilitar la tarea de cartografiado de la interpretación conforme en la jurisprudencia del Tribunal Supremo.[86] Por una parte, la sentencia que resuelve el recurso de casación admitido a trámite por tener interés casacional objetivo debe contener un fundamento en el que se fije expresamente la doctrina que se formula: por ejemplo, la interpretación de la ley que considere adecuada. Por otra parte, las partes podrían impulsar directa o indirectamente la práctica de la interpretación conforme. No obstante, las posibilidades son limitadas. Ninguno de los supuestos legales de interés casacional objetivo está relacionado directamente con la realización de una interpretación con-

---

84 Vid. Xabier Arzoz Santisteban, "Interpretación conforme", cit., pp. 638-643. Unos resultados también modestos en Alemania resultan del estudio de Andreas Voßkuhle, ob.cit., p. 194. Su trabajo se centra en la jurisprudencia del *Bundesgerichtshof*, el Tribunal Supremo Federal alemán competente en materia civil y penal. En España, puede haber una utilización más amplia de la interpretación conforme en el contencioso-electoral, jurisprudencia específica que no he estudiado.

85 En España, el recurso de casación contencioso-administrativo es ahora un instrumento para la formación de jurisprudencia. Ya no basta con la alegación de una infracción del ordenamiento jurídico, ahora también hay que acreditar un interés casacional objetivo y el Tribunal Supremo debe así apreciarlo y motivarlo expresamente en el auto de admisión.

86 Agradezco esta reflexión a Miguel Azpitarte Sánchez (Universidad de Granada, España).

forme. Dos previsiones de posible interés casacional objetivo podrían permitir la solicitud directa o indirecta de interpretaciones conformes a la Constitución, aunque en condiciones limitadas: cuando la resolución impugnada resuelva un debate que haya versado sobre la validez constitucional de una norma con rango de ley, sin que la improcedencia de plantear la pertinente cuestión de inconstitucionalidad aparezca suficientemente esclarecida, y cuando la resolución impugnada interprete y aplique aparentemente con error y como fundamento de su decisión una doctrina constitucional.[87]

Por tanto, si, como hipótesis de trabajo y al menos para el pasado, se da por buena la antes referida desconexión entre teoría y realidad, la pretendida centralidad del principio de interpretación conforme a la Constitución no se corrobora en la práctica jurisdiccional de la Sala de lo Contencioso-Administrativo del Tribunal Supremo español. ¿Cómo se explica esa aparente contención?

Una posible explicación es la estratégica: los Jueces y Tribunales no se sentirían cómodos con la operación, quizá por su complejidad y porque sus decisiones corren con ello un riesgo mayor de ser impugnadas y revisadas por instancias superiores (o, en última instancia, por el Tribunal Constitucional); y optan en consecuencia por dos estrategias minimizadoras de la interpretación conforme: ceñirse a aplicar directamente la interpretación que de los preceptos constitucionales "*resulte de las resoluciones dictadas por el Tribunal Constitucional*" o bien plantear la cuestión de inconstitucionalidad siempre que tengan dudas sobre la constitucionalidad de una disposición legal.

Otra posible explicación es la institucional: la interpretación conforme a la Constitución se introduce en el terreno constitucionalmente reservado a otros poderes, en el terreno del autor de la norma (el legislador) o bien en el terreno de quien tiene el monopolio de su control (el Tribunal Constitucional). Esa modalidad de interpretación conforme les permite sobre el papel ampliar el alcance de sus poderes ordinarios, pero no es necesariamente una vía del agrado de los jueces y tribunales. Sea por estrategia o por convencimiento sobre su función en el sistema jurídico, los órganos judiciales no están siempre deseosos de agotar sus

87 Art. 88.2, letras d) y e), de la Ley de la Jurisdicción Contencioso-Administrativa.

poderes, si ello implica corregir o interferir con la función constitucional de otros órganos del Estado.

Además, la posición de los jueces y tribunales con respecto a las leyes preconstitucionales es distinta de la posición que ostentan con respecto a las leyes postconstitucionales. El mandato de conservación de las leyes preconstitucionales por miedo a un vacío normativo, repudiando solo los sentidos incompatibles con la Constitución, justificaba la práctica de la interpretación conforme, tanto por el Tribunal Constitucional como por los órganos judiciales. Ese tipo de decisiones no creaba generalmente oposición en los operadores jurídicos. Por lo demás, la alternativa era considerarlas derogadas o bien promover la declaración de su incompatibilidad por el Tribunal Constitucional, mediante una cuestión de inconstitucionalidad. Si el órgano judicial era competente para inaplicar la ley preconstitucional por considerarla (plenamente) incompatible con la Constitución, no planteaba objeciones que también pudiera inaplicarla solo parcialmente, restringiendo o adaptando su programa normativo.

En cambio, la naturaleza de las leyes postconstitucionales es distinta y ello tiene que reflejarse en su régimen jurídico y en la actitud de jueces y tribunales. Las leyes postconstitucionales son expresión de la voluntad popular y se presumen legítimas, mientras el Tribunal Constitucional no diga lo contrario, y eso debería ser a todos los efectos, no solo a los efectos de su validez, sino también a los de su eficacia. Cuando un órgano judicial interpreta una disposición legal de conformidad con la Constitución, con la consecuencia de que se restringe el programa normativo adoptado por el legislador democrático, equivale a una declaración parcial de nulidad del contenido de la ley. El juez se convierte así en "*dominus de la ley, so pretexto de la Constitución*".[88] Si la opción del constituyente por mantener concentrado el juicio de constitucionalidad de las normas de rango legal se basa, según la jurisprudencia constitucional, en el principio de seguridad jurídica y en el respeto a la obra del legislador, esas consideraciones no deberían ol-

[88] Expresión que utiliza Javier Jiménez Campo, "Analogía...", cit., p. 12 a propósito de la analogía *secundum constitutionem*, pero, a nuestro juicio, nada impide extrapolar la misma reflexión a la interpretación conforme.

vidarse cuando un órgano judicial pretende realizar una interpretación conforme a la Constitución.

En el modelo europeo el control de constitucionalidad es concentrado y no se admiten otro tipo de controles (difusos) por los mismos motivos. Si "*el constituyente quiso sustraer al Juez ordinario la posibilidad de inaplicar una ley ante un eventual juicio de incompatibilidad con la Constitución [...], por corresponder de forma exclusiva la depuración del ordenamiento leal, vigente la Constitución, al Tribunal Constitucional*";[89] si "*el juicio adverso a que tal examen pueda eventualmente conducirlos no los faculta para dejar sin más de aplicarlas, sino sólo para cuestionarlas ante este Tribunal*",[90] entonces la utilización de la técnica de la interpretación conforme a la Constitución no parece casar bien con el control concentrado: a fin de cuentas la interpretación conforme equivale a una declaración parcial de inconstitucionalidad, con la consiguiente inaplicación parcial del contenido normativo de disposiciones legales. La interpretación conforme a la Constitución de las disposiciones de rango legal comparte con el control de constitucionalidad reservado al Tribunal Constitucional varios elementos: el parámetro y el objeto, solo cambia el sujeto que realiza el control. No extraña, pues, que el

89 STC 58/2004, FJ 7.

90 Véase la caracterización que hizo la STC 17/1981, FJ 1: "*La estricta aplicación del principio de jerarquía permitiría al juez resolver el dilema en que lo situaría la eventual contradicción entre la Constitución y la ley con la simple inaplicación de ésta, pero ello hubiera implicado someter la obra del legislador al criterio tal vez diverso de un elevado número de órganos judiciales, de donde podría resultar, entre otras cosas, un alto grado de inseguridad jurídica. El constituyente ha preferido, para evitarlo, sustraer al juez ordinario la posibilidad de inaplicar la ley que emana del legislador constituido, aunque no la de cuestionar su constitucionalidad ante este Tribunal que, en cierto sentido, es así, no sólo defensor de la Constitución, sino defensor también de la ley. La defensa de la Constitución frente a las eventuales extralimitaciones de los órganos dotados de poder para crear normas de carácter general corresponde, en primer lugar, a los Jueces y Tribunales, que han de negar validez, a las normas reglamentarias que sean contrarias a la Constitución, inaplicándolas, y están facultados para inaplicar también incluso las normas legales que adolezcan del mismo defecto, cuando sean anteriores a la Constitución. La supremacía de ésta obliga también a los jueces y tribunales a examinar, de oficio o a instancia de parte, la posible inconstitucionalidad de las leyes en las que, en cada caso concreto, hayan de apoyar sus fallos, pero, en defensa, como antes se dice, de la dignidad de la ley emanada de la representación popular, el juicio adverso a que tal examen pueda eventualmente conducirlos no los faculta para dejar sin más de aplicarlas, sino sólo para cuestionarlas ante este Tribunal.*"

Tribunal Constitucional haya asumido con especial celo la "*defensa de la dignidad de la ley*" frente a la inaplicación judicial de leyes estatales o autonómicas, protegiendo por la vía del recurso de amparo a los particulares (e incluso a las personas jurídico-públicas) que vieron que la ley en la que fundamentaban su pretensión era inaplicada por un órgano judicial.[91] La aplicación judicial de una ley por motivos de inconstitucionalidad, sean estos más o menos contenidos o manifiestos, es siempre una interferencia con el control concentrado de constitucionalidad.[92]

En Alemania, de cuyo ordenamiento tanta inspiración constitucional se ha recibido en España y cuya doctrina de la interpretación conforme se importó al inicio de la etapa constitucional española, existe una corriente crítica sobre la práctica de la interpretación conforme por los jueces y tribunales ordinarios. Examinemos brevemente algunos de los problemas que allí se señalan.

Un primer problema son las dudas sobre el fundamento dogmático de la interpretación conforme por los jueces y tribunales ordinarios. Se cuestiona que el postulado de la unidad del ordenamiento y su estructura jerárquica fundamenten que un juez o tribunal ordinario proceda a la interpretación conforme. El postulado de la unidad del ordenamiento prohíbe una interpretación *incompatible* con la Constitución, pero no obligaría a una interpretación conforme. La otra idea que los defensores de la interpretación conforme aducen a este respecto, el principio de conservación de las leyes (*favor legis*), no sería concluyente. Aunque se arguya que es preferible una interpretación conforme para evitar un vacío normativo y para evitar sobrecargar al legislador con pequeñas y numerosas correcciones de detalle, la deferencia hacia el legislador puede convertirse rápidamente en lo contrario, si lo posible constitucionalmente es declarado por el juez como lo querido realmente, esto

---

91 SSTC 17/1981, FJ 1; 23/1988, FJ 1; 173/2002, FJ 4; 187/2012, FJ 2; y 195/2015, FJ 3.

92 Por ello, no parece congruente con el control concentrado de constitucionalidad que la Constitución configuró el poder de inaplicación que en la STC 102/2016 el Tribunal Constitucional reconoció a los Jueces y Tribunales con respecto a las leyes autonómicas que no se acompasen a la modificación de las leyes básicas estatales. El argumento de la prevalencia del derecho estatal y la consecuencia del desplazamiento de la ley autonómica por una ley integrada en el bloque de constitucionalidad tampoco resulta convincente: el entero texto constitucional goza de supremacía y eso no fundamenta un poder judicial de inaplicación de las leyes incompatibles, p. ej., con los derechos fundamentales.

es, crea derecho, en lugar de invalidar por inconstitucional lo querido por el legislador. Del principio de conservación de las leyes no se puede deducir un mandato de interpretación conforme en todo caso, siempre que haya dudas al respecto. Más bien el principio obliga a considerar, teniendo en cuenta todas las circunstancias del caso concreto, si la norma debe ser "*salvada*" en interés de un ordenamiento jurídico que pueda funcionar correctamente o debe ser devuelta al legislador para que elabore una ley que no sea incompatible con la Constitución.[93]

En segundo lugar, se aprecian diversos peligros en la interpretación conforme por jueces y tribunales ordinarios. Un peligro es la acumulación de funciones. A los jueces y tribunales ordinarios no solo les competiría la función de colaborar en la realización de la ley mediante la creación de derecho, sino, también, la función de velar por la conformidad con la Constitución de la interpretación de las normas aprobadas por el legislador reduciendo en su caso el programa normativo decidido por éste, esto es, "*descreando*" derecho. Ambas funciones se fundirían en una especie de "*supercompetencia*", con la cual, sin más, se puede socavar la intención reguladora del legislador democrático. Un segundo peligro es la pérdida de autoridad debido a las interpretaciones divergentes de los distintos jueces y tribunales ordinarios. La operación de interpretación conforme es compleja y los resultados no son siempre previsibles, por lo que, siendo los intérpretes numerosos, el riesgo de decisiones divergentes es claro. Otro peligro es que la interpretación conforme no permite disciplinar al legislador. El legislador teme más una sentencia de inconstitucionalidad e, incluso, una sentencia interpretativa del Tribunal Constitucional que atraen la atención de la opinión política y pública, que una interpretación conforme de un juez o tribunal ordinario que salva la constitucionalidad de la ley y que solo es conocida por un círculo pequeño de operadores jurídicos. Sin sentencias del más alto Tribunal que aprecien vulneraciones de la Constitución o constaten la insuficiente precisión o cuidado de la técnica legislativa, el legislador no recibe estímulo para legislar con más cuidado y atención a la Constitución.[94]

---

93 Andreas Voßkuhle, ob.cit., pp. 182-184.

94 Andreas Voßkuhle, ob.cit. pp. 184-190.

Algunos autores alemanes van más allá y a partir de las dudas o los peligros mencionados construyen objeciones dogmáticas a la interpretación conforme. Así, Ulrike Lembke niega la posibilidad de una interpretación conforme de la ley como método de compatibilización de las normas jurídicas mediante la interpretación, pues cuestiona cada uno de los "*títulos*" legitimadores aducidos en favor de dicha técnica: la presunción de constitucionalidad de las leyes, el respeto de las decisiones legislativas mediante la conservación de la norma, la unidad del ordenamiento jurídico, la primacía de la Constitución, la protección de los derechos fundamentales, etc.[95]

Esta discusión crítica sobre el fundamento último de la interpretación conforme, alentada por un sector de la doctrina alemana, puede servirnos de antesala a una reflexión más general sobre los tipos de controles sobre la ley y la práctica de las distintas modalidades de interpretación conforme.

2. La conexión entre el poder de inaplicación de la ley y la práctica de la interpretación conforme

Llegados a este punto, podemos explorar la relación entre las modalidades de interpretación conforme y los distintos controles sobre la ley que existen en el ordenamiento jurídico. A partir de algunas de las consideraciones realizadas anteriormente se puede formular la hipótesis de que hay una relación, o una conexión, entre la disposición de un poder de control sobre la ley y la predisposición a la práctica de la interpretación conforme. Aunque en el ordenamiento jurídico español los órganos judiciales estén *de lege data* legitimados para practicar la interpretación conforme a la Constitución de las disposiciones de rango legal, su incompetencia para inaplicar esas disposiciones por motivos de constitucionalidad les inhibe en la práctica de un uso proactivo de la interpretación conforme como técnica de coordinación normativa. En cambio, la jurisdicción constitucional, que por definición debe resolver de manera continua pretensiones impugnatorias directas contra

95 Ulrike Lembke, *Einheit aus Erkenntnis? Zur Unzulässigkeit der verfassungskonformen Gesetzesauslegung als Methode der Normenkompatibilisierung durch Interpretation*, Duncker & Humblot, Berlín, 2009.

disposiciones de rango legal fundamentadas en motivos de inconstitucionalidad no ve obstáculo normativo o institucional alguno en utilizar la interpretación conforme: es más, es la técnica que idealmente le permite conciliar la supremacía de la Constitución y la deferencia hacia el legislador democrático.[96]

Esas consideraciones pueden explicar también por qué el Tribunal Constitucional español no atendió a la exigencia explícita que en este sentido se contiene, todavía hoy, en el art. 5.3 LOPJ, antes citado, liberando a los Jueces y Tribunales de la necesidad de acreditar la imposibilidad de superar la duda de inconstitucionalidad por vía interpretativa.[97] Aunque esa exigencia no estaba recogido entre los requisitos de admisión de la cuestión de inconstitucionalidad contenidos en el art. 35 LOTC,[98] única ley –junto a la Constitución– a la que el Tribunal Constitucional está sometido (art. 1 LOTC), no parece que solo esa fuera la razón determinante. Tampoco que aquella flexibilización fuera motivada simplemente por una especie de principio *pro actione* o por un afán de facilitar el control incidental de normas: el Tribunal Constitucional no ha tenido reparo alguno hasta la fecha en mantener un escrutinio estricto sobre el cumplimiento de los requisitos de admisión de las cuestiones de inconstitucionalidad, desde los lógico-materiales propios del control incidental (indicación de la duda de constitucionalidad y justificación de su relevancia para la resolución del litigio) a los estrictamente procedimentales (conclusión del procedimiento *a quo* y audiencia a las partes).

---

96 Y en el plano estratégico y actitudinal también ofrece ventajas: favorece soluciones de consenso a*d intra*, en la jurisdicción constitucional, y *ad extra*, con respecto a mayoría y minoría parlamentaria.

97 Vid., entre otros, SSTC 222/1992, FJ 2; y 126/1997, FJ 3. Curiosamente, el legislador de la LOPJ, aprobada en 1985, tomó la exigencia de la justificación de la imposibilidad de una interpretación conforme (art. 5.3) de una temprana sentencia del Tribunal Constitucional que así lo había insinuado (STC 14/1981, de 29 de abril, FJ 1: como reza su numeral, era la decimocuarta sentencia de la historia de la jurisdicción constitucional española). Al respecto puede verse Manuel Medina Guerrero, "Art. 35", en J. L. Requejo Pagés (coord.), *Comentarios a la Ley Orgánica del Tribunal Constitucional*, Tribunal Constitucional-Boletín Oficial del Estado, Madrid, 2001, pp. 522-523.

98 España. *Ley Orgánica 2/1979, de 3 de octubre, del Tribunal Constitucional*, publicada en Boletín Oficial del Estado No. núm. 239, de 5 de octubre de 1979. Texto consolidado (Permalink ELI) en https://www.boe.es/eli/es/lo/1979/10/03/2/con

Si la sujeción a la Constitución fuera un simple problema técnico-jurídico de aplicación e interpretación de normas legales, el Tribunal Constitucional podría haber exigido que el órgano judicial promotor de una cuestión de inconstitucionalidad acreditara con mayor o menor intensidad por qué la duda de inconstitucionalidad planteada no podía superarse por vía interpretativa y/o mediante una interpretación conforme, como habitualmente hace con otros problemas técnico-jurídicos que pueden condicionar el juicio de relevancia de la cuestión de inconstitucionalidad (problemas procesales o de derecho temporal), de forma que quedara razonablemente justificado que la intervención de la jurisdicción constitucional es imprescindible. Pero la conformación de una interpretación conforme verosímil está estrechamente ligada al fondo de la duda de constitucionalidad que el órgano judicial abriga. Y si la sujeción a la Constitución fuera un simple problema técnico de aplicación e interpretación de normas o si pudiera considerase a cualquier órgano judicial suficientemente avezado en la interpretación de la Constitución, no se habría creado una jurisdicción constitucional especializada.

En cambio, las otras modalidades de interpretación conforme que, en principio, solo pueden practicar los órganos judiciales se corresponden con controles difusos expresamente reconocidos a los órganos judiciales. En España, los órganos judiciales están facultados para inaplicar las disposiciones internas, incluso de rango legal, que sean incompatibles con el derecho de la Unión Europea[99] o bien con lo establecido en un tratado internacional válidamente celebrado por España.[100] A la jurisdicción constitucional le pueden quizá no agradar esos controles difusos en cuanto recaen sobre la ley y rivalizan por tanto con su control de constitucionalidad; pero en la medida en que no utilizan el mismo parámetro y no excluyen su propio control, no debería albergar especiales prevenciones contra su ejercicio, siempre, claro está, que por su frecuencia y anticipación temporal mermen sus posibilidades de inter-

---

99 Se trata de la llamada "doctrina *Simmenthal*" del Tribunal de Justicia: vid. sentencia de 9 de marzo de 1978, as. 106/77, *Simmenthal*, apartado 24; en el mismo sentido, entre muchas, la sentencia de 18 de julio de 2007, *Lucchini*, as. C-119/05, apartado 61.

100 Vid. *supra* nota 66.

vención y con ello su relevancia, sobre todo en los supuestos de "*doble vicio*" (o "*doble prejudicialidad*").[101] No obstante, eso no significa que le resulte indiferente el correcto ejercicio del poder de inaplicación de la ley por motivos distintos de los de constitucionalidad.[102] En cualquier caso, las suspicacias siempre serán menores cuando el órgano judicial opte por la técnica de la interpretación conforme (al derecho de la Unión Europea o al tratado internacional), que a fin de cuentas evita la inaplicación de la ley y procura por tanto su conservación; dejando la vía expedita a un control adicional de constitucionalidad.

V. CONCLUSIÓN

La pluralidad de principios de interpretación conforme que existen en el ordenamiento jurídico español, así como en otros ordenamientos de su entorno, es expresión de la creciente interacción entre sistemas jurídicos. En particular es consecuencia de tres procesos que convergen en la segunda mitad del siglo XX en el Estado de derecho: la constitucionalización del ordenamiento jurídico, la vinculación del Estado constitucional al derecho internacional de los derechos humanos y la europeización del ordenamiento jurídico estatal.

La variedad existente de modalidades de interpretación conforme es crucial para el entendimiento de las funciones y las competencias de

---

101 A la jurisdicción constitucional española no le ha preocupado hasta la fecha (vid. en cambio la sentencia 269/2017 de la *Corte Costituzionale*) que, en los supuestos de "*doble vicio*" (vicios de constitucionalidad y europeidad), el planteamiento de cuestiones prejudiciales ante el Tribunal de Justicia merme en la práctica las posibilidades de intervención de la jurisdicción constitucional. La regla en el ordenamiento constitucional español es la prioridad, basada en argumentos lógico-normativos, de la cuestión prejudicial europea sobre la cuestión de inconstitucionalidad pues esta solo se puede promover sobre normas aplicables al litigio (ATC 168/2016, FJ 4).

102 En varias ocasiones ha declarado la nulidad de decisiones judiciales que habían dejado de aplicar disposiciones legales por considerarlas incompatibles con el derecho de la Unión, sin haber seguido, en opinión del Tribunal Constitucional, los mecanismos que dispone el derecho de la Unión para establecer la interpretación definitiva de las disposiciones de ese derecho, básicamente la solicitud de una decisión prejudicial del Tribunal de Justicia (art. 267 TFUE). Aunque su control recae las condiciones de ejercicio del poder judicial de inaplicación, que son independientes de la naturaleza o rango de la norma interna inaplicada, lo justifica en la "*defensa de la dignidad de la ley*". Vid. SSTC 58/2004 y 37/2019.

los órganos jurisdiccionales, así como para la teoría del método jurídico. Las reflexiones realizadas en este trabajo han pretendido, por un lado, resaltar el desafío que para la labor jurisdiccional y la dogmática jurídica constituye la pluralidad de tareas de interpretación conforme que caracterizan al sistema jurídico propio de un Estado constitucional, abierto al derecho internacional de los derechos humanos e integrado en una organización supranacional como la Unión Europea; y, por otro lado, apuntar los elementos comunes de una teoría general de la interpretación conforme.

El principio de interpretación conforme a la Constitución es el modelo a partir del cual se configuraron otras modalidades de interpretación conforme que existen en la actualidad. Aunque conserva la enorme relevancia dogmática que tradicionalmente le ha atribuido la doctrina jurídica, en cuanto responde al paradigma de la constitucionalización del ordenamiento jurídico, en los ordenamientos jurídicos que cuentan con un control concentrado de constitucionalidad su ejercicio se residencia preferentemente en la jurisdicción constitucional. Ese mayor protagonismo de la jurisdicción constitucional en la práctica de la interpretación conforme, en detrimento de la del poder judicial, a quien le corresponde la aplicación e interpretación cotidiana de la "*legalidad ordinaria*", podría explicar la aparente contradicción existente entre la tajante exclusión de la posibilidad judicial de inaplicar la ley propia de los modelos de control concentrado de constitucionalidad, por un lado, y la paralela e incondicional aceptación de la práctica judicial de la interpretación conforme a la Constitución, por otro lado: a fin de cuentas, al amparo de la técnica de la interpretación conforme el órgano judicial puede inaplicar o modular parte del programa normativo de una disposición de rango legal. Si la razón aducida para esa compatibilización es la supremacía de la Constitución, se incurre en cierta interferencia con el control concentrado de constitucionalidad cuando la disposición compatibilizada tiene rango legal.

En cambio, la interpretación conforme al derecho de la Unión Europea y, en su caso, a los tratados internacionales se sitúa en una encrucijada diferente a la de la interpretación conforme a la Constitución. En la actualidad el sistema concentrado de constitucionalidad de la ley convive con otros controles difusos sobre la ley, en garantía de una supralegalidad que ya no solo incluye la de rango constitucional. Paradójicamente, la interpretación conforme como técnica de coordinación normativa encaja mejor con los controles difusos de la ley por motivos distintos de la constitucionalidad, allí donde existen, pues esas modalidades de interpretación conforme modulan el poder que tiene el juez ordinario de inaplicar la ley por motivos distintos de la constitucionalidad y contribuyen al principio de conservación de la ley.

En cualquiera de sus modalidades, con independencia de que esté al servicio de la garantía de la supremacía de la Constitución, la primacía y efectividad del derecho de la Unión Europea o el cumplimiento de las obligaciones internacionales, el principio de interpretación conforme expresa en último término circunspección respecto al legislador democrático y reconocimiento de su prioridad en la concretización de la Constitución y en la ejecución de los compromisos internacionales del Estado. Cuando sea posible conferirle a la ley un sentido conforme a lo establecido en la "*supralegalidad*" definida como canon prioritario de interpretación, puede evitar soluciones más traumáticas como son la inaplicación de una ley o bien su cuestionamiento ante la instancia competente para su control.

BIBLIOGRAFÍA

AKRIVOPOULOU, Christina M., "The Jurisprudence of the ECtHR as a Common European Constitution", *European Review of Public Law/ Revue européenne de droit public*, vol. 22, Nro. 2, 2010, pp. 395-412.

ALONSO GARCÍA, Ricardo, "La interpretación del Derecho de los Estados conforme al Derecho Comunitario: las exigencias y límites de un nuevo criterio hermenéutico", *Revista Española de Derecho Europeo*, Nro. 28, 2008, pp. 385-410.

____________, "La interpretación del Derecho nacional en función de la entrada en vigor de las Directivas y de su fecha límite de transposición (o su trasposición anticipada)", *Revista Española de Derecho Europeo*, Nro. 64, 2017, pp. 13-24.

____________, "El control de convencionalidad: cinco interrogantes", *Revista Española de Derecho Constitucional*, Nro. 119, 2020, pp. 13-51.

ANDRIANTSIMBAZOVINA, Joël, “L’enrichissement mutuel de la protection des droits fondamentaux au niveau européen et au niveau national. Vers un contrôle de «fondamentalité»”, *Revue française de droit administrative*, 2002, pp. 124-138.

ARZOZ SANTISTEBAN, Xabier, “Interpretación conforme”, en J. A. Santamaría Pastor (dir.), *Los principios jurídicos del Derecho administrativo*, La Ley, Madrid, 2010, pp. 619-662.

_____________, *La concretización y actualización de los derechos fundamentales*, Centro de Estudios Políticos y Constitucionales, Madrid, 2014.

BANDRÉS SÁNCHEZ-CRUZAT, José Manuel, “La Carta Europea de la Autonomía Local en la jurisprudencia del Tribunal Supremo”, *Quaderns de Dret Local*, Nro. 20, 2009, pp. 7-22.

BERNHARDT, Rudolf, “Völkerrechtliche Auslegung der Verfassung? Verfassungskonforme Auslegung völkerrechtlicher Verträge”, en H.-J. Cremer, T. Giegerich, D. Richter y A. Zimmermann (eds.), *Tradition und Weltoffentheit des Rechts – Festschrift für Helmut Steinberger*, tomo I, Springer, Berlín, 2002, pp. 391-400.

BETLEM, Gerrit, “The doctrine of consistent interpretation – Managing legal uncertainty”, *Oxford Journal of Legal Studies*, vol. 22, Nro. 3, 2002, pp. 397-418.

BETLEM, Gerrit y NOLLKAEMPER, André, “Giving effect to public international law and European Community law before domestic courts. A comparative analysis of the practice of consistent interpretation”, *European Journal of International Law*, vol. 14, Nro. 3, 2003, pp. 569-589.

BLACKBURN, Robert y POLAKIEWICZ, Jörg (eds.), *Fundamental Rights in Europe. The ECHR and its Member States, 1950-2000*, Oxford University Press, Oxford, 2001.

BOBBIO, Norberto, *Teoría general del derecho*, primera edición 1991, cuarta reimpresión 1996, Debate, Madrid.

BRECHMANN, Winfried, *Die richtlinienkonforme Auslegung*, Beck, Múnich, 1994.

CANARIS, Claus-Wilhelm, “Die richtlinienkonforme Auslegung und Rechtsfortbildung im System der juristischen Methodenlehre”, en KOZIOL, H. y RUMMEL, P. (eds.), *Im Dienste der Gerechtigkeit – Festschrift für Franz Bydlinski*, Springer, Viena/Nueva York, 2002, pp. 47-103.

CALVO GARCÍA, Manuel (ed.), *Interpretación y argumentación jurídica. Trabajos del Seminario de Metodología Jurídica (volumen 1)*, PUZ, Zaragoza, 1995.

CASTAING, Cécile, "L'extension du contrôle de conventionalité aux principes généraux du droit communautaire", *Revue trimestrielle de droit européen*, Nro. 39, 2003, pp. 197-228.

CLAES, Mónica, *The national courts' mandate in the European constitution*, Hart, Oxford, 2006.

DEL SAZ, Silvia, "La crisis de la autotutela en los actos administrativos y su auge en los actos privados", *Revista de Administración Pública*, Nro. 129, 1992, pp. 241-267.

DE OTTO, Ignacio, *Derecho constitucional. Sistema de fuentes*, segunda edición (última) 1988, Ariel, Barcelona, 1988 (reimpresión 1995).

DE VISSER, Martje, *Constitutional Review in Europe. A Constitutional Analysis*, Hart, Oxford, 2015,

DE VRIES REILINGH, Jeanine, *L'application des Pactes des Nations Unies relatifs aux droits de l'homme de 1966*, Basilea, 1998.

DÍEZ REVORIO, Francisco Javier, *Las sentencias interpretativas del Tribunal Constitucional*, Lex Nova, Valladolid, 2001.

FERNÁNDEZ GONZÁLEZ, Francisco Javier, "La comunicación previa a la interposición del recurso contencioso-administrativo: su interpretación conforme a la constitución (Comentario a la Sentencia del Tribunal Constitucional 76/1996, de 30 de abril)", *Revista de Estudios de la Administración Local y Autonómica*, Nro. 271-272, 1996, pp. 889-902.

GARCÍA DE ENTERRÍA, Eduardo, *La Constitución como norma y el Tribunal Constitucional*, tercera edición, Civitas, Madrid, 1983 (reimpresión 2001).

GARCÍA ROCA, Javier, "El diálogo entre el Tribunal Europeo de derechos Humanos y los tribunales constitucionales en la construcción de un orden público europeo", *Teoría y Realidad Constitucional*, Nro. 30, 2012, pp. 183-224.

_____________, *La transformación constitucional del Convenio Europeo de Derechos Humanos*, Civitas-Thomson Reuters, Cizur Menor, 2019.

GÓMEZ-FERRER MORANT, Rafael, "Incidencia de la Constitución sobre el Derecho administrativo", *Revista de Administración Pública*, Nro. 150, 1999, pp. 159-208.

GRABENWARTER, Christoph, *Europäische Menschenrechtskonvention*, cuarta edición, C.H. Beck/Helbing Lichtenhahn/Manz, Múnich/Basilea/Viena, 2009.

HÄBERLE, Peter, "Theorieelemente eines allgemeinen juristischen Rezeptionsmodells", *Juristenzeitung*, 1992, pp. 1033-1043.

HESSE, Konrad, *Grundzüge des Verfassungsrechts*, XX edición (última), C.F. Müller, Heidelberg, 1999.

IGARTUA SALABERRIA, Juan, *Teoría Analítica del derecho (La interpretación de la Ley)*, Oñate, IVAP, 1994.

ITZCOVICH, Giulio, "The interpretation of Community Law by the European Court of Justice", *German Law Journal*, vol. 10, Nro. 5, 2009, pp. 537-559.

JIMÉNEZ CAMPO, Javier: "Analogía *secundum constitutionem*", *Revista del Centro de Estudios Constitucionales*, Nro. 13, 1992, pp. 9-30.

_____, "Interpretación conforme a la Constitución", en ARAGÓN REYES, M. (coord.), *Temas básicos de Derecho Constitucional*, tomo I, Civitas, Madrid, 2001.

KELSEN, Hans, *Teoría general del Derecho y del Estado*, 2.ª ed. 1958, 5.ª reimpresión 1995, UNAM, México.

KOCH, Jens, "Die Einheit der nationalen Rechtsordnung und die europäische Privatrechtsangleichung", *Juristen-Zeitung*, Nro. 6, 2006, pp. 277-284.

LARENZ, Karl, *Methodenlehre der Rechtswissenschaft*, segunda edición, Springer, Berlín, 1992 (edición abreviada de la sexta y última edición de su obra, 1991).

LASAGABASTER HERRARTE, Iñaki (dir.), *Convenio Europeo de Derechos Humanos. Comentario sistemático*, cuarta edición, Civitas, Madrid, 2021.

LEMBKE, Ulrike, *Einheit aus Erkenntnis? Zur Unzulässigkeit der verfassungskonformen Gesetzesauslegung als Methode der Normenkompatibilisierung durch Interpretation*, Duncker & Humblot, Berlín, 2009.

LETSAS, George, *A Theory of Interpretation of the European Convention on Human Rights*, Oxford, Oxford University Press, 2007.

LIÑÁN NOGUERAS, Diego J., "El proyecto constitucional europeo y la interpretación de derechos y libertades en la Constitución española: ¿una nueva dimensión del art. 10.2 CE?", en *Pacis artes. Obra homenaje al Profesor Julio D. González Campo*, vol. 1, Universidad Autónoma de Madrid, Madrid, 2005, pp. 933-946.

LÓPEZ BOFILL, Héctor, *Decisiones interpretativas en el control de constitucionalidad de la ley*, IVAP-Tirant lo Blanch, Valencia, 2004.

LÓPEZ RAMÓN, Fernando, "Límites constitucionales de la autotutela ejecutiva", *Revista de Administración Pública*, Nro. 115, 1988, pp. 57-97.

MEDINA GUERRERO, Manuel, "Art. 35", en J. L. Requejo Pagés (coord.), *Comentarios a la Ley Orgánica del Tribunal Constitucional*, Tribunal Constitucional-Boletín Oficial del Estado, Madrid, 2001, pp. 511-531.

MÜLLER, Friedrich y CHRISTENSEN, Ralf, *Juristische Methodik, Band I: Grundlagen – Öffentliches Recht*, 8.ª ed., Duncker & Humblot, Berlín, 2002.

PÉREZ ÁLVAREZ, Miguel Á., *Interpretación y jurisprudencia. Estudio del artículo 3.1 del Código Civil*, Aranzadi, Pamplona, 1994.

POLAKIEWICZ, Jörg, "The Status of the Convention in National Law", en R. Blackburn y J. Polakiewicz (eds.), *Fundamental Rights in Europe. The ECHR and its Member States, 1950-2000*, Oxford, Oxford University Press, 2001, pp. 31-53.

POTACS, Michael, "Effet utile als Auslegungsgrundsatz", *Europarecht*, 2009, pp. 465-487.

PRECHAL, Sacha, *Directives in EC Law*, segunda edición, Oxford, Oxford University Press, 2005.

QUADRA-SALCEDO FERNÁNDEZ DEL CASTILLO, Tomás, "Posible inconstitucionalidad de la Ley de Impuestos Especiales (Inconstitucionalidad y principio de interpretación conforme a la Constitución)", *Revista Española de Derecho Administrativo*, Nro. 28, 1981, pp. 41-62.

QUERALT JIMÉNEZ, Argelia, *La interpretación de los derechos: del Tribunal de Estrasburgo al Tribunal Constitucional*, Centro de Estudios Políticos y Constitucionales, Madrid, 2008.

RESS, Georg, "Die richtlinienkonforme 'Interpretation' innerstaatlichen Rechts", *Die Öffentlive Verwaltung*, Nro. 12, vol. 47, 1994, pp. 489-497.

RIEGER, Reihardt H., "Grenzen verfassungskonformer Auslegung", *Neue Zeitschrift für Verwaltungsrecht*, 2003, pp. 17-22.

RODRÍGUEZ DE SANTIAGO, José María, *Metodología del Derecho administrativo. Reglas de racionalidad para la adopción y el control de la decisión administrativa*, Marcial Pons, Madrid, 2016.

SÁIZ ARNÁIZ, Alejandro, *La apertura constitucional al derecho internacional y europeo de los derechos humanos. El artículo 10.2 de la Constitución española*, CGPJ, Madrid, 1999.

SOMMERMANN, Karl-Peter, "Völkerrechtlich garantierte Menschenrechte als Maßstab der Verfassungskonkretisierung – Die Menschenrechtsfreundlichkeit des Grundgesetzes", *Archiv des öffentlichen Rechts*, vol. 114, 1989, pp. 391-422.

VOSSKUHLE, Andreas, "Theorie und Praxis der verfassungskonformen Auslegung von Gesetzen durch Fachgerichte – Kritische Bestandaufnahme und Versuch einer Neubestimmung", *Archiv des öffentlichen Rechts*, vol. 125, 2000, pp. 177-201.

WALTER, Christian, "Die Europäische Menschenrechtskonvention als Konstitutionalisierungsprozess", *Zeitschrift für ausländisches öffentliches Recht und Völkerrecht*, vol. 59, 1999, pp. 961-983.

WRÓBLEWSKI, Jerzy, "An outline of a general theory of legal interpretation and constitutional interpretation", *Acta Universitatis Lodziensis*, Folia Iuridica 32, 1987, pp. 33-89.

ZIEGENHORN, Gero, *Der Einfluss der EMRK im Recht der EU-Grundrechtecharta*, Duncker & Humblot, Berlín, 2009.

CECILIA SOSA GÓMEZ, LA JUEZ

MARÍA AMPARO GRAU*

SUMARIO

1. Introducción. 2. Definición del acto administrativo y la sentencia de la Sala Político Administrativa de la Corte Suprema de Justicia de fecha 6 de mayo de 1993, caso Liga de Beisbol Profesional, con ponencia de la Magistrado Cecilia Sosa Gómez. 2.1. Criterios para definir el acto administrativo. 2.2. Sentencia de la Sala Político Administrativa de la Corte Suprema de Justicia de fecha 6 de mayo de 1993 que contiene una definición integral del acto administrativo. 3. Doctrina de los actos de autoridad y la sentencia de la Corte Primera de lo Contencioso Administrativo de fecha 24 de marzo de 1988, caso Marino Recio vs Bolsa de Valores de Caracas, con ponencia de la Magistrado Cecilia Sosa Gómez. 3.1. Actos de autoridad. 3.2. Sentencia de la Corte Primera de lo Contencioso Administrativo de fecha 24 de marzo de 1988 que precisa la naturaleza jurídica de los actos de autoridad. 4. Expropiación por causa de utilidad pública o interés social y la sentencia de la Sala Político Administrativa de la Corte Suprema de Justicia de fecha 3 de octubre de 1990, caso Inmobiliaria Cumboto, con ponencia de la Magistrado Cecilia Sosa Gómez. 4.1. Definición de la expropiación por causa de utilidad pública o social. 4.2. Garantía del procedimiento expropiatorio. 4.3. Sentencia de la Sala Político Administrativa de la Corte Suprema de Justicia de fecha 3 de octubre de 1990 referida a la responsabilidad del Estado por omisión de la garantía del procedimiento expropiatorio. 5. Nulidad absoluta del acto administrativo como impedimento para la producción de sus efectos y la sentencia de la Sala Político Administrativa de la Corte Suprema de Justicia de fecha 6 de abril de 1994, caso E. Contramaestre, con ponencia de la Magistrado Cecilia Sosa Gómez. 5.1. Vicios del acto administrativo. 5.2. Nulidad absoluta y sus consecuencias. 5.3. Sentencia de la Sala Político Administrativa de la Corte Suprema de Justicia de fecha 6 de abril de 1994 referida a la nulidad absoluta del acto administrativo y su reconocimiento en cualquier tiempo. 6. Poder cautelar del juez contencioso administrativo en el juicio de nulidad contra actos administrativos y la sentencia de la Sala Político

* Abogada egresada de la Universidad Católica Andrés Bello, mención cum laude. Master Derecho Administrativo, Universidad Central de Venezuela. Doctora en Derecho de la Universidad CEU-San Pablo. Madrid-España. Profesora de Derecho Administrativo de la Universidad Católica Andrés Bello. Fue Magistrada de la Corte Primera de lo Contencioso Administrativa, Directora General de la Procuraduría General de la República. Ocupó la Cátedra Andrés Bello en la Universidad de Oxford durante el año académico 2006-2007. Socia del Despacho de Abogados Badell & Grau.

Administrativa de la Corte Suprema de Justicia de fecha 16 de noviembre de 1989, Caso Parque Nacional Mochima, con ponencia de la Magistrado Cecilia Sosa Gómez. 6.1. Medidas cautelares en el contencioso administrativo. 6.2. Suspensión de efectos del acto administrativo. 6.3. Sentencia de la Sala Político Administrativa de la Corte Suprema de Justicia de fecha 16 de noviembre de 1989 referida a los poderes del juez contencioso administrativo en materia cautelar, en el juicio de nulidad contra acto administrativo. 7. Bibliografía.

1. INTRODUCCIÓN

Para rendir homenaje a la Dra. Cecilia Sosa Gómez voy a referirme a una de sus más importantes facetas, la de la Juez, en la cual desarrolló una muy fructífera obra que se expresa a través de algunas de las sentencias que bajo su ponencia resolvieron temas trascendentales del derecho administrativo. La Dra. Cecilia Sosa Gómez ocupó el cargo de Magistrado de la Corte Primera de lo Contencioso Administrativo entre los años 1986 hasta 1989, llegando a ser presidente de dicho tribunal. De allí ascendió a Magistrado de la Sala Político-Administrativa de la Corte Suprema de Justicia, cargo que ocupó entre los años 1989 y 2000, desempeñándose igualmente como presidente de esa Sala y presidente de la Corte por cuatro períodos consecutivos, y convirtiéndose además en la primera mujer presidente de un tribunal supremo de justicia en Iberoamérica.

La importancia de la jurisprudencia del contencioso administrativo había sido reconocida como fundamental en el desarrollo y construcción del derecho administrativo en Venezuela, siendo éste mayormente de creación pretoriana, paradójicamente esa misma jurisprudencia, bajo el régimen autoritario que impera en Venezuela desde 1999, se reconoce hoy por la doctrina como causante del efecto contrario, el desmontaje de las instituciones, principios y garantías que a esta rama del derecho ha de caracterizar en un estado de derecho.

Hoy la tarea de destacar aquellos avances tiene particular importancia; serán herramienta para la reconstrucción del derecho administrativo en Venezuela cuando el Estado, de nuevo, se someta a derecho, y la interdicción de la arbitrariedad sea en efecto posible con jueces independientes y apegados a la supremacía de la Constitución y la ley, causa a la cual ha dedicado su vida la Dra. Cecilia Sosa Gómez en los últimos años.

Hemos escogido las siguientes sentencias de las cuales ella fue ponente para comentar los avances que las mismas representaron en su oportunidad, y que siguen siendo paradigma en algunos de los temas más importantes del derecho administrativo, a saber: 1) Caso Liga Venezolana de Beisbol Profesional (Sala Político-Administrativa, de fecha 6 de mayo de 1993), la cual contiene una definición integral del acto administrativo; 2) Caso Marino Recio vs Bolsa de Valores de Caracas (Corte Primera de lo Contencioso Administrativo, de fecha 24 de marzo de 1988), donde se califica como descentralización por colaboración la asignación por ley de competencias administrativas a particulares (Doctrina de los Actos de Autoridad); 3) Caso E. Contramaestre (Sala Político-Administrativa, de fecha 6 de abril de 1994), referida a la nulidad absoluta del acto administrativo y su reconocimiento en cualquier tiempo; 4) Caso Inmobiliaria Cumboto, Sala Político-Administrativa, de fecha 3 de octubre de 1990), referida a la responsabilidad del Estado por la omisión del procedimiento expropiatorio; y 5) Caso Parque Nacional Mochima, Sala Político-Administrativa, de fecha 16 de noviembre de 1989), en cuanto al poder cautelar del juez contencioso administrativo en el juicio de nulidad del acto administrativo.

2. DEFINICIÓN DEL ACTO ADMINISTRATIVO Y LA SENTENCIA DE LA SALA POLÍTICO ADMINISTRATIVA DE LA CORTE SUPREMA DE JUSTICIA DE FECHA 6 DE MAYO DE 1993, CASO LIGA DE BEISBOL PROFESIONAL, CON PONENCIA DE LA MAGISTRADO CECILIA SOSA GÓMEZ

2.1. Criterios para definir el acto administrativo

La sujeción de la actividad administrativa a derecho es uno de los postulados fundamentales del derecho administrativo. El principio de que no existe acto o actuación excluidos del control del juez ha sido piedra angular de la responsabilidad del Estado como base constitucional del Estado de Derecho. En este sentido, la definición del acto administrativo es asunto cardinal, puesto que de la mayor o menor extensión del concepto dependerá la mayor o menor amplitud del ámbito de competencia material de la jurisdicción contencioso administrativa para el control de la legalidad, el restablecimiento de las situaciones jurídicos subjetivas lesionadas y la indemnización de los daños que se hayan causado en los administrados incididos por la actuación calificada como actividad administrativa.

La definición doctrinal del acto administrativo ha sido complicada y disímil. Como bien indica el profesor Cassagne "*La teoría del acto administrativo exhibe un catálogo inagotable de criterios para definir su noción central cuya diversidad resiente la unidad de su construcción dogmática.*[1] *Se le ha abordado principalmente desde los ámbitos subjetivo, objetivo y formal.*"

La concepción subjetiva del acto administrativo es la que lo vincula a un órgano de la administración pública, entendida como aquella que se inserta dentro de la rama ejecutiva en los distintos niveles territoriales, así como la de los respectivos entes descentralizados y otras administraciones constitucionales con autonomía funcional, que constituirían una tercera categoría de la Administración Pública Nacional junto a la centralizada y la descentralizada: así lo explicó la jurisprudencia al analizar este tipo de órganos constitucionales que bajo la Constitución de 1961 no pertenecían a ninguna de las ramas del poder público, vg. la Contraloría General de la República, el Consejo de la Judicatura, el Ministerio Público y el Consejo Supremo Electoral).[2]

En este sentido, para definir a estos órganos constitucionales autónomos, como parte de la Administración Pública Nacional, sostuvo la Corte que la interpretación concatenada de las normas constitucionales "*...revela que la noción de "Administración Pública Nacional" comprende el conjunto de órganos que se constituyen en instrumento de la acción político-administrativa del Estado, que, en el sistema de separación orgánica de poderes que la Constitución prevé, no forman*

1 Juan Carlos Cassagne. *Curso de Derecho Administrativo*, Tomo I, 12a edición, Editorial La Ley, Buenos Aires, 2018, pág. 592.

2 Así las denomina la Corte Suprema de Justicia de su Sala Plena de fecha 22 de mayo de 1990, caso demanda de nulidad del numeral 5 del artículo 2 de la Ley del Estatuto sobre Jubilaciones y pensiones de la Administración Pública Nacional de los Estados y de los Municipios.

parte ni del Congreso Nacional ni del Poder Judicial (la Corte Suprema de Justicia y demás Tribunales de la República)". Luego al analizar el conjunto orgánico que conforma la Administración Pública Nacional concluye la jurisprudencia que se menciona, que el mismo está integrado por tres conjuntos orgánicos: la Administración Central (poder ejecutivo), la Administración Descentralizada (entes con personalidad jurídica propia), y las Administraciones con autonomía funcional establecidas en la Constitución o que tienen su fundamento en ella (vg. el Consejo Supremo Electoral).

En consecuencia, toda actuación de rango sublegal de estas administraciones públicas calificarían como actos administrativos sujetos al control de la jurisdicción contencioso administrativa, atendiendo al criterio subjetivo de definición de esta categoría jurídica.

Por otra parte, está la concepción objetiva o material referida al ejercicio de la función administrativa como elemento caracterizador de la actividad como de naturaleza administrativa, con independencia del sujeto que la ejecute y la cual presupone también el rango sub-legal de la misma. Si bien el principio de la separación de los poderes impone la asignación de manera típica y propia de las funciones estatales a estructuras organizativas independientes (las distintas ramas del poder público), ello no comporta un ejercicio exclusivo de las mismas, en el sentido de que de forma eventual o excepcional éstas pueden desarrollar las otras, en la medida en que le sean asignadas por la norma y con el objeto del cabal cumplimiento de sus objetivos.

En este sentido, la función administrativa es la razón de ser de la rama ejecutiva, y de allí que es su ámbito de actuación natural, en tanto que legislación y justicia corresponden a las ramas legislativa y judicial, respectivamente[3]. Sin embargo, es lo cierto que eventual o ex-

---

3 Nos referimos a la división clásica del poder en tres ramas: ejecutiva, legislativa y judicial, pero los criterios son igualmente aplicables a la nueva concepción de la división del poder de la Constitución de 1999 que incorpora dos nuevas ramas, la ciudadana, para agrupar los órganos constitucionales autónomos de control (Ministerio Público, Contraloría General de la República y Defensoría del Pueblo) y la electoral, compuesta por los órganos electorales y bajo la tesis de una función electoral que daría lugar a actos electorales y no actos administrativos como era considerado con anterioridad, y sobre lo cual no nos pronunciaremos en esta oportunidad.

cepcionalmente las ramas legislativa y judicial además de sus funciones propias (legislación y justicia) ejercen función administrativa, (vg. en materia de organización, disciplinaria, de contratación) y en estos casos producirán actos administrativos, sujetos al control de la jurisdicción contencioso administrativa.

Bajo esta óptica objetiva o material también se han incluido los llamados actos de autoridad, actos administrativos dictados por particulares habilitados de forma excepcional por la ley para ejercer una función administrativa, teoría desarrollada por la jurisprudencia del contencioso administrativo en múltiples decisiones (vg. las sentencias de la Corte Primera de lo Contencioso Administrativo en los casos: Sociedad de Autores y Compositores, del 18 de febrero de 1986, María Josefina Bustamante vs. Universidad Católica Andrés Bello, del 24 de noviembre de 1986, Ramón Escovar León vs. Universidad Católica Andrés Bello, del 19 de enero de 1988, y Marino Recio vs Bolsa de Valores de Caracas del 24 de marzo de 1988, esta última con ponencia de la Magistrado Cecilia Sosa Gómez y la cual comentaremos con posterioridad; doctrina ratificada por la Sala Político Administrativa de la Corte Suprema de Justicia en sentencias dictadas en los casos: Universidad Santa María, del 19 de mayo de 1988 y Liga Venezolana de Beisbol Profesional, del 6 de mayo de 1993, esta última también bajo la ponencia de la Magistrado Cecilia Sosa Gómez y la cual comentamos en este trabajo por estimar que se ofrece en ella la mejor de las definiciones del acto administrativo, en cuenta a los diversos criterios doctrinales y jurisprudenciales desarrollado en Venezuela).

Finalmente, el criterio formal, siendo un acto de rango sublegal, el acto administrativo debe producirse de acuerdo con la ley, con sus requisitos y siguiendo el iter procedimental. Como bien apuntara el maestro Luis Henrique Farías Mata, el criterio formal (junto con el orgánico y material) se evidencia en la definición contemplada en el artículo 7 de la Ley Orgánica de Procedimientos Administrativos cuando se afirma que el mismo debe ser emitido "*... de acuerdo con las formalidades y requisitos establecidos en la...*". Señala el maestro Farías Mata que este criterio formal distingue la naturaleza sublegal del acto y el aspecto procedimental.

En lo relativo a lo formal, por su carácter sublegal, afirma el profesor Farías Mata habrá que entenderlo *"...dentro de la teoría Kelseniana -desarrollada por el Derecho Administrativo por la Escuela Vienesa, con Adolfo MERKL a la cabeza- en el sentido de que dentro de la formación del derecho por grados, un primer grado de ejecución directa de la norma (constitucional) daría lugar a la Ley (actividad legislativa); y, a su vez, de la ejecución directa de ésta -segundo grado de ejecución-, surgirían dos otras actividades del Estado, justicia y administración, la primera a cargo de órganos independientes y autónomos en la interpretación de la Ley, y la segunda realizada por órganos jerarquizados, dependientes en la interpretación de la ley de las órdenes e instrucciones emanadas del superior jerárquico (auxilio del criterio orgánico para diferenciar estas dos últimas funciones).*[4]

La Ley Orgánica de Procedimientos Administrativos no sólo contempló este criterio formal, sino que trató en efecto de dar una definición comprehensiva incluyendo los tres criterios, al disponer: "*Se entiende por acto administrativo, a los fines de esta ley, toda declaración de carácter general o particular emitida de acuerdo con las formalidades y requisitos establecidos en la Ley, por los órganos de la administración pública.*"

Lamentablemente al definir el ámbito subjetivo, la Ley Orgánica de Procedimientos Administrativos incurrió en el grave desacierto de contraponer a la Administración Pública Nacional con la Administración Pública Descentralizada. El artículo 1, en efecto, dispone:

> *"La Administración Pública Nacional y la Administración Pública Descentralizada, integradas en la forma prevista en sus respectivas leyes orgánicas, ajustarán su actividad a las prescripciones de la presente ley.*
> *Las Administraciones estadales y municipales, la Contraloría General de la República y la Fiscalía General de la República, ajustarán igualmente sus actividades a la presente ley, en cuanto les sea aplicable."*

---

4 Luis Henrique Farías Mata, "Presentación. Introducción General. Avances Jurisprudenciales del Contencioso Administrativo en Venezuela". *Jornadas "J.M. Domínguez Escobar"*. Instituto de Estudios Jurídicos del Estado Lara, Tomo I, Diario de Tribunales Editores, Barquisimeto, 1993, pág. 35.

La Ley Orgánica de Procedimientos Administrativos ha debido referirse a la Administración Pública Nacional sin distingo para que quedarán incluidas las tres categorías, la central, la descentralizada y la constitucional con autonomía funcional, o utilizar esta última denominación para excluirla de la aplicación directa como pretendió hacerlo respecto del Ministerio Público (que no Fiscalía) y la Contraloría General de la República, órganos que no agotaban, como se ha visto, dicha categoría.

Esta definición del ámbito subjetivo de la Ley (artículo 1) y el criterio subjetivo para definir el acto administrativo (artículo 7, en cuanto se define el acto administrativo a toda declaración de carácter general o particular emitida *"por los órganos de la administración pública"*)[5] tampoco incluye a todos los sujetos competentes para producir eventualmente actos administrativos, esto es, los órganos de los otros poderes del Estado (a la época, Poder Legislativo y Judicial), ni los llamados actos de autoridad, casos en los que un particular excepcionalmente habilitado por ley dicta actos administrativos.

2.2. Sentencia de la Sala Político Administrativa de la Corte Suprema de Justicia de fecha 6 de mayo de 1993 que contiene una definición integral del acto administrativo

Vista la complejidad de la definición del acto administrativo, al extenderse éste no sólo respecto de aquéllos que dictan los órganos de la Administración Pública Centralizada o Descentralizada, sino también respecto a cualquier órgano o ente, público o privado, en el ejercicio normal, eventual u ocasional de la función administrativa, destacamos la sentencia de la Sala Político- Administrativa de la Corte Suprema de Justicia de fecha 6 de mayo de 1993, caso Liga de Beisbol profesional, con ponencia de la Magistrado Cecilia Sosa Gómez, en la cual se expone, en nuestra opinión, una de las mejores y más precisas definiciones

---

5 El artículo 7 de la Ley Orgánica de Procedimientos Administrativos a la letra dispone: "*Se entiende por acto administrativo, a los fines de esta ley, toda declaración de carácter general o particular emitida de acuerdo con las formalidades y requisitos establecidos por la ley, por los órganos de la administración pública.*"

del acto administrativo, al señalarse que la noción del acto administrativo define el ámbito de control de la jurisdicción contencioso administrativa sobre su legalidad y que en este sentido puede "*sostenerse ahora con razón, que el control jurisdiccional ejercido por los Tribunales de lo Contencioso Administrativo se extiende no sólo sobre los actos dictados por los órganos de la Administración Pública Nacional, Estadal o Municipal, Centralizada o Descentralizada, sino también respecto de los que provengan de cualquier organismo público o privado, que haya sido válidamente facultado por la Ley o por el órgano competente para proveer a la satisfacción de los intereses colectivos, o lo que es lo mismo para ejercer funciones administrativas.*"

En consecuencia, con base a la sentencia comentada podemos formular la definición del acto administrativo, "*abandonando*", como allí se indica, los "*criterios unívocos*", y en tal sentido afirmar que el acto administrativo comprende, la actividad sublegal de la administración pública en sentido orgánico, con independencia de la naturaleza de la función ejercida, más la actividad sublegal que supone el ejercicio de la función administrativa por cualquier otro organismo público (los otros poderes del Estado y los órganos constitucionales autónomos), así como los particulares excepcionalmente habilitados por ley para ello (actos de autoridad), a lo cual agregaríamos, para complementarla con el criterio formal, de acuerdo a los requisitos y procedimientos previstos en la ley y demás normas aplicables.

3. DOCTRINA DE LOS ACTOS DE AUTORIDAD Y LA SENTENCIA DE LA CORTE PRIMERA DE LO CONTENCIOSO ADMINISTRATIVO, DE FECHA 24 DE MARZO DE 1988, CASO MARINO RECIO VS BOLSA DE VALORES DE CARACAS, CON PONENCIA DE LA MAGISTRADO CECILIA SOSA GÓMEZ

3.1. Actos de autoridad

La doctrina de los actos de autoridad se fue construyendo a partir de la competencia residual que el artículo 185 de la Ley Orgánica de la Corte Suprema de Justicia confería a la Corte Primera de lo Contencioso Administrativo[6], por tanto, si bien la misma está contenida fundamentalmente en fallos de este tribunal (vg. las sentencias de la Corte Primera de lo Contencioso Administrativo en los casos: Sociedad de Autores y Compositores (Sacven), del 18 de febrero de 1986; María Josefina Bustamante vs. Universidad Católica Andrés Bello, del 24 de noviembre de 1986; Ramón Escovar León vs. Universidad Católica Andrés Bello, del 19 de enero de 1988 y Marino Recio vs Bolsa de Valores de Caracas del 24 de marzo de 1988), la misma, sin embargo, fue igualmente acogida por decisiones de la Sala Político-Administrativa de la Corte Suprema de Justicia (Universidad Santa María, del 19 de mayo de 1988 y Liga Venezolana de Beisbol Profesional, del 6 de mayo de 1993).

Es interesante destacar que en todos los casos mencionados, la atribución de competencia al particular (Sacven, Universidad Católica Andrés Bello, Bolsa de Valores de Caracas) derivaba de una norma legal, sin embargo, en la definición integral del acto administrativo de la sentencia Liga de Beisbol Profesional antes comentada se distingue aquellos dictados por "*... cualquier organismo público o privado, que haya sido válidamente facultado por la Ley o por el órgano competente para proveer a la satisfacción de los intereses colectivos, o lo que es lo mismo para ejercer funciones administrativas*." Contempla así el fallo comentado hasta la posibilidad de que la ley que atribuya la competencia a un organismo público permita a su vez la delegación a un particular, por lo que podría entonces hablarse de dos tipos de actos de autoridad, aquellos cuya competencia deriva directamente de la ley, y aquellos en los que la competencia es delegada mediante un acto dictado por la autoridad competente, previa autorización de la ley y cumpliendo los requisitos aplicables.

6 La Ley Orgánica de la Corte Suprema de Justicia disponía: "*La Corte Primera de lo Contencioso-Administrativo será competente para conocer: (...) 3.- De las acciones o recursos de nulidad que puedan intentarse por razones de ilegalidad contra los actos administrativos emanados de autoridades diferentes a las señaladas en los ordinales 9°, 10, 11 y 12 del artículo 42 de esta Ley, si su conocimiento no estuviere atribuido a otro Tribunal;...*".

3.2. Sentencia de la Corte Primera de lo Contencioso Administrativo de fecha 24 de marzo de 1988 que precisa la naturaleza jurídica de los actos de autoridad

La sentencia comentada anteriormente de la Sala Político-Administrativa de la Corte Suprema de Justicia, en el caso Liga Venezolana de Beisbol Profesional, se refería a un acto administrativo emitido por un ente privado, es decir, sobre la doctrina de los actos de autoridad de la creación jurisprudencial de la Corte Primera de lo Contencioso Administrativo.

En dicho fallo la Sala Político-Administrativa indica que "*Es requisito indispensable para que un acto emanado de un particular pueda ser calificado de "administrativo", que el mismo -a más de atender a la satisfacción de intereses colectivos- haya sido dictado en ejecución de un texto legal o por virtud de un acto delegatorio anterior a él. No basta la sujeción ordinaria del particular a la Ley, antes bien, se precisó que el Legislador o la propia Administración...* -habilitada por la ley agregaríamos- *... le atribuya a aquél, en forma específica, el ejercicio de la función administrativa.*".

En la construcción de la doctrina de los actos de autoridad, la jurisprudencia la calificó inicialmente como delegaciones legislativas,[7] sin embargo, la sentencia de la Corte Primera de lo Contencioso Administrativo, de fecha 24 de marzo de 1988, con ponencia de la Magistrado Cecilia Sosa Gómez, precisó que en los casos en que la competencia para ejercer la función administrativa viene asignada por ley al particular, la naturaleza jurídica de los actos de autoridad correspondía al de una "*descentralización por colaboración*" y no al de una "*delegación*". A tales efectos, en dicho fallo se afirma: "*Por lo demás, la autorización de la Ley a organizaciones privadas para el ejercicio de funciones públicas no es un concepto extraño en derecho administrativo. En efecto, la participación de particulares en el ejercicio de funciones administrativas constituye un tipo especial de descentralización, denominada en doctrina "descentralización por colaboración", donde la ley prevé el ejercicio de funciones públicas por parte de organizaciones privadas,*

---

7 Sentencia de la Corte Primera de lo Contencioso Administrativo en el caso Sociedad de Autores y Compositores, de fecha 18 de febrero de 1986.

exigiendo como elemento esencial la expresa voluntad de la Ley de que órganos del Estado señalen las instituciones llamadas a colaborar y la reserva de dichos órganos de la facultad de controlarlas...".

Consideramos que el concepto de la "*descentralización por colaboración*" luce adecuado y permite distinguir dos tipos de actos de autoridad. La descentralización por colaboración comprendería las asignaciones de competencias a particulares de forma directa por la ley. Sería una especie de descentralización en cuanto se estaría transfiriendo por ley la competencia a una organización con personalidad jurídica propia, pues en lugar de atribuirse a una Administración, se haría a una persona jurídica de derecho privado. El segundo tipo de actos de autoridad, podría verificarse mediante una "*delegación*", en este caso de naturaleza intersubjetiva, y aplicaría a los supuestos en los cuales la ley asigna la competencia a una administración pública, pero contempla la posibilidad de que ésta la delegue a un particular.

En el caso de la Bolsa de Valores, se trataba claramente de una transferencia del primer tipo, desde que la Ley atribuía a estas organizaciones privadas, en determinados supuestos, la facultad ordinaria de la Comisión Nacional de Valores de aplicar sanciones de suspensión o revocatoria del acto administrativo de autorización de los corredores otorgado originalmente por la misma Comisión Nacional de Valores. Por lo cual, concluye la sentencia que no existen dudas en cuanto a que la naturaleza de esta actividad es "*...el ejercicio de función administrativa por parte de las Bolsas de Valores, desde que la misma actividad disciplinaria se halla atribuida -como antes se indicó- en forma general a la Comisión Nacional de Valores, y ella se concreta en la suspensión o revocación de un acto administrativo dictado por ese órgano de la Administración Pública Nacional.*"

Que se trate de descentralización o delegación tiene importancia pues se aplicarían, según el caso, los principios, características y limitaciones propias de cada una de estas instituciones jurídicas. Así, por ejemplo, en el caso de la delegación, la transferencia de la competencia dependerá de la voluntad del órgano administrativo competente según la ley, expresada formalmente en un acto de delegación y la validez del acto dictado por el particular delegatario siempre estará supeditada a la validez del acto de delegación.

4. EXPROPIACIÓN POR CAUSA DE UTILIDAD PÚBLICA O INTERÉS SOCIAL Y SENTENCIA DE LA SALA POLÍTICO ADMINISTRATIVA DE LA CORTE SUPREMA DE JUSTICIA DE FECHA 3 DE OCTUBRE DE 1990, CASO INMOBILIARIA CUMBOTO, CON PONENCIA DE LA MAGISTRADO CECILIA SOSA GÓMEZ

4.1. Definición de la expropiación por causa de utilidad pública o social

El acto expropiatorio es una de las manifestaciones del poder de policía de la administración más importantes desde que conlleva la eliminación del derecho de propiedad privada. Produce la transferencia forzosa de la propiedad de un bien al Estado para el cumplimiento de un fin de utilidad pública o de interés social.

La expropiación es una institución jurídica del derecho público a través de la cual el Estado adquiere coactivamente el derecho de propiedad sobre determinado bien, independientemente de su naturaleza, siguiendo el procedimiento legalmente establecido y previo el pago de una justa indemnización, y siempre para la satisfacción de fines de utilidad pública o de interés social.

La expropiación es una de las materias de la reserva legal nacional (artículo 156, numeral 32 de la Constitución)[8] y tiene rango constitucional en cuanto constituye una garantía que protege al propietario del abuso y la arbitrariedad del poder, y en este sentido en el propio texto constitucional se regulan los elementos indispensables para su concreción. Así, el artículo 115 de la Constitución establece: "*Se garantiza el*

---

[8] El artículo 156, numeral 32, de la Constitución dispone: "*Es de la competencia del Poder Nacional: (...) 32. La legislación en materia de derechos, deberes y garantías constitucionales; la civil, mercantil, penal, penitenciaria, de procedimientos y de derecho internacional privado; la de elecciones;* ***la de expropiación por causa de utilidad pública o social****; la de crédito público; la de propiedad intelectual, artística e industrial; la del patrimonio cultural y arqueológico; la agraria; la de inmigración y poblamiento; la de pueblos indígenas y territorios ocupados por ellos; la del trabajo, previsión y seguridad sociales; la de sanidad animal y vegetal; la de notarías y registro público; la de bancos y la de seguros; la de loterías, hipódromos y apuestas en general; la de organización y funcionamiento de los órganos del Poder Público Nacional y demás órganos e instituciones nacionales del Estado; y la relativa a todas las materias de la competencia nacional.*" (Negrillas nuestras).

derecho de propiedad. Toda persona tiene derecho al uso, goce, disfrute y disposición de sus bienes. La propiedad estará sometida a las contribuciones, restricciones y obligaciones que establezca la ley con fines de utilidad pública o de interés general. Sólo por causa de utilidad pública o interés social, mediante sentencia firme y pago oportuno de justa indemnización, podrá ser declarada la expropiación de cualquier clase de bienes.".

En consecuencia tres requisitos son sus elementos indispensables, a saber, la declaratoria de utilidad pública o de interés social de la "*causa expropiandi*" que al mismo tiempo se convierte en el fin de obligado cumplimiento por parte del ente expropiante; el pago de la justa y oportuna indemnización; y la sentencia firme que la decida cuando ésta deba concretarse sin el avenimiento del expropiado, el cual, debe decirse, no resta a la expropiación el carácter forzoso de la transferencia de la propiedad, sino que sólo evita la necesidad de juicio para lograrla.

4.2. Garantía del procedimiento expropiatorio

La expropiación es parte de uno de los contenidos de la actividad administrativa, por ende, se requiere de una norma de competencia que atribuya la facultad a un órgano concreto de la administración pública y se precisa de un acto administrativo expreso que la ordene, así como de un procedimiento previo que garantice los derechos de los particulares afectados por el ejercicio de esta potestad expropiatoria.

Adicionalmente, la ejecución del acto expropiatorio tiene un procedimiento especial tendente a garantizar de forma previa a la transferencia de la propiedad, el pago de la justa y oportuna indemnización, así como el control judicial de su legalidad en caso de que el propietario la cuestione, e incluso la determinación de la afectación de la propiedad por una expropiación parcial, en cuyo caso el juez puede obligar a la Administración a que lo haga de forma total, indemnizando así de forma completa al propietario por la pérdida del valor de la propiedad y no sólo una parte de ella.

Doctrina y jurisprudencia han entendido que el procedimiento expropiatorio constituye la garantía principal de esta exorbitante potestad de la Administración. Sólo podrá llevarse adelante la expropiación siguiendo los trámites formales establecidos. El cumplimiento de dicho procedimiento tiende a proteger, por un lado, los intereses de los particulares afectados y, por el otro, los intereses del ente público expropiante, que tendrá la seguridad de que el bien expropiado estará libre de todo vicio, riesgo o gravamen.

Como procedimiento, la expropiación constituye una garantía constitucional, un instrumento o cauce por el que se logra la tutela de los derechos y garantías individuales frente a la actividad administrativa de intervención que ejerce la Administración. La expropiación es un procedimiento de naturaleza compleja en el cual deben intervenir los tres órganos del poder público a objeto de garantizar el respeto del interés individual que va a ser sacrificado en beneficio del interés colectivo: el legislativo, mediante la ley que declara la utilidad pública o el interés social de la obra o fin a cumplir con la expropiación y define los órganos de la Administración competentes para llevarla a cabo; el ejecutivo, mediante la emisión del acto de afectación del bien, es la concreción de los bienes a ser expropiados para el cumplimiento del fin de la norma; y finalmente, el poder judicial, en el caso de que su intervención sea requerida para garantizar la legalidad de expropiación y el pago de la justa y oportuna indemnización, esta intervención del juez, ordenada por el artículo 115 del Constitución, se concreta en un contencioso administrativo especial, en aquellos tribunales a los cuales la ley atribuye la competencia para conocer especialmente de la acción expropiatoria.

De manera que la expropiación, la vía de hecho comprende tanto el caso de apropiación del Estado de la propiedad particular con la ausencia del acto expropiatorio, como la que se realice aun existiendo dicho acto, pero sin cumplir con el procedimiento especial para la ejecución del mismo, pues este procedimiento se contempla como la principal garantía de la expropiación.

Si en ausencia del acto expropiatorio, o del cumplimiento del procedimiento garantista que a estos efectos se establece, la Administración ocupa y dispone de la propiedad particular, esta será una vía de hecho que generará la responsabilidad del Estado por los daños causados y que será materia del contencioso administrativo general, el cual será competente para conocer de la demanda de responsabilidad extracontractual que los particulares afectados puedan intentar.

En estos tiempos en Venezuela, signados por un total y absoluto irrespeto estatal a la propiedad privada, a pesar de su consagración constitucional, y del abuso de las vías de hecho y distorsión de la institución expropiatoria como garantía constitucional del texto fundamental vigente, mediante el uso abusivo y distorsionado del presupuesto de la declaratoria de utilidad pública o interés social, la apropiación de bienes (especialmente inmuebles y empresas) por parte del Estado sin procedimiento y sin pago de la justa indemnización, cobran mayor relevancia los antecedentes jurisprudenciales que en un Estado de Derecho se produjeron con rigor científico y sentido de una justicia verdadera, en la que se sancionaban los procederes arbitrarios e ilegales y sobre todo este caso más notorio de la vía de hecho en la materia expropiatoria que ha sido característica del régimen político imperante en el país desde el año 1999, como es la de "*...un apoderamiento puramente fáctico de los bienes privados por la Administración, sin mediar declaración expresa ni procedimiento expropiatorio alguno.*"[9]

4.3. Sentencia de la Sala Político Administrativa de la Corte Suprema de Justicia de fecha 3 de octubre de 1990 referida a la responsabilidad del Estado por omisión de la garantía del procedimiento expropiatorio

En el caso Inmobiliaria Cumboto se trató de una demanda contra la República para obtener la indemnización del valor de una extensión de terreno propiedad de la demandante ocupada por el Ministerio de Obras Públicas para la construcción de un hospital, sin que se hubiere dado cumplimiento al procedimiento expropiatorio. La Corte consideró que la Administración había, por esta circunstancia, incurrido en una vía de hecho, "*...en un ataque a la propiedad, implicando en su contenido una verdadera expropiación que no se ajusta a los límites establecidos en la Ley, pues desborda el tratamiento procedimental que para ello se ha contemplado.*".

Así mismo estimó que en efecto la demanda es la vía idónea para obtener la reparación de los daños y perjuicios ocasionados y obtener el valor del inmueble del bien expropiado de hecho, considerando, sin embargo, que los elementos garantistas de la propiedad previstos en la

---

9 Eduardo García de Enterría y Tomás Ramón Fernández. *Curso de Derecho Administrativo*, Tomo II, Editorial Civitas, Madrid, 1996, pág. 268.

institución expropiatoria contemplada en la Constitución le eran igualmente aplicables, especialmente en lo atinente a la justa y oportuna indemnización.

La sentencia indica que "*Por ello, lo que la Constitución establece respecto a la indemnización en materia de expropiación, implica un principio aplicable a todas las hipótesis en que un derecho patrimonial cede por razones de interés público, y se deriva de ello, un deber de compensar también en estos casos, mediante indemnización pecuniaria, el patrimonio particular del interesado, cuando como en el presente caso se traspasaron de hecho derechos individuales al dominio de la Administración Pública.*"

Se verifica entonces -dice el fallo comentado- lo que la doctrina ha denominado la fuerza expansiva de la expropiación, conforme a la cual el "agravio *a la propiedad*", aún para "*satisfacer exigencias del interés general, debe ser resarcido*" y ese resarcimiento debe efectuarse en los mismos términos garantistas previstos en la Constitución para la institución expropiatoria, en cuanto a que el propietario afectado debe recibir una justa indemnización.

Sobre la sentencia que se comenta, Rafael Badell Madrid ha opinado que la misma "*...al aplicar los supuestos generales de la justa indemnización, extiende la responsabilidad de la Administración no sólo al valor del bien, sino a todos los daños y perjuicios ocasionados por la vía de hecho ejercida. Precisamente, la aplicación del régimen expropiatorio a las denominadas expropiaciones de facto, propende al establecimiento de una noción sustantiva de la expropiación, lo que apareja la ampliación del régimen de la justa indemnización a distintos supuestos tanto de derecho como de hecho, y que procuran la reparación de los daños y perjuicios derivados de la responsabilidad de la Administración, en consonancia con el artículo 259 de la Constitución.*"[10].

El caso Inmobiliaria Cumboto tiene la importancia además de responder al camino que se fue forjando en las decisiones de la Sala Político-Administrativa para la construcción de una teoría de la responsa-

---

10 Rafael Badell Madrid, *Régimen Jurídico de la Expropiación en Venezuela*. Editorial Paredes, Caracas, 2014. pág. 65.

bilidad extracontractual del Estado integral y autónoma no supeditada a las normas, regulaciones ni limitaciones de las disposiciones del Código Civil, cuya aplicación supletoria, no debía impedir la concepción moderna de un Estado responsable total y absolutamente por los daños causados, de acuerdo al principio constitucional de la responsabilidad del Estado, base constitucional del derecho administrativo y del Estado de Derecho.

5. NULIDAD ABSOLUTA DEL ACTO ADMINISTRATIVO COMO IMPEDIMENTO PARA LA PRODUCCIÓN DE SUS EFECTOS Y LA SENTENCIA DE LA SALA POLÍTICO ADMINISTRATIVA DE LA CORTE SUPREMA DE JUSTICIA DE FECHA 6 DE ABRIL DE 1994, CASO E. CONTRAMAESTRE, CON PONENCIA DE LA MAGISTRADO CECILIA SOSA GÓMEZ

5.1. Vicios del acto administrativo

El tema de los vicios del acto administrativo atañe a la sujeción de la Administración a la legalidad y al control de la arbitrariedad, así como a la responsabilidad del Estado, quien en este caso ha de reparar los daños y perjuicios derivados de su actuación ilegal. La Ley Orgánica de Procedimientos Administrativo intentó distinguir entre los vicios de nulidad absoluta y los de nulidad relativa, mediante la consagración de un listado de los primeros (artículo 19)[11] y una norma residual para los segundos (artículo 20)[12]. La lista de los vicios de nulidad absoluta, aparte de la previsión de norma legal o constitucional y la cosa juzgada administrativa (los dos primeros de ese listado), se hizo teniendo en cuenta los elementos del acto administrativo. Así, la incompetencia

---

[11] Artículo 19 de la Ley Orgánica de Procedimientos Administrativos: "*Los actos de la administración serán absolutamente nulos en los siguientes casos: 1. Cuando así esté expresamente determinado por una norma constitucional o legal. 2. Cuando resuelvan un caso precedentemente decidido con carácter definitivo y que haya creado derechos particulares, salvo autorización expresa de la ley. 3. Cuando su contenido sea de imposible o ilegal ejecución. 4. Cuando hubieren sido dictados por autoridades manifiestamente incompetentes, o con prescindencia total y absoluta del procedimiento legalmente establecido*".

[12] Artículo 20 de la Ley Orgánica de Procedimientos Administrativos: "*Los vicios de los actos administrativos que no llegaren a producir la nulidad de conformidad con el artículo anterior, los harán anulables.*"

manifiesta, el objeto ilegal o de imposible ejecución, y la prescindencia total y absoluta del procedimiento.

La omisión de la ausencia de causa o los graves vicios que a tal elemento podrían afectar, como la distorsión de los hechos, el falso supuesto de derecho, entre otros, así como, la omisión de la desviación de poder (afectación del elemento fin del acto), vicios de extrema gravedad y de imposible subsanación y, como tales, con la entidad propia de aquellos que afectan al acto de nulidad absoluta, llevó a la doctrina y jurisprudencia a tratar de resolver esta falla desde la consideración meramente enunciativa del listado del artículo 19, contraria sin duda a la letra expresa del artículo 20, hasta la reinterpretación de dichos vicios y subsunción en las categorías existentes. Así por ejemplo, la desviación de poder que supondría en todo caso una incompetencia manifiesta porque la autoridad se habría apartado del fin de la norma que la contempla sólo a esos efectos o el del falso supuesto de derecho que en definitiva podría dar lugar a un acto cuyo objeto sería ilegal al no corresponderse con lo permitido en una norma legal previa[13].

5.2. Nulidad absoluta y sus consecuencias

La importancia de la calificación del vicio como de nulidad absoluta o relativa no era un ejercicio meramente teórico, no sólo conceptualmente, sino legalmente existen importantes diferencias. Así lo precisó la sentencia de la Corte Primera de lo Contencioso Administrativo de fecha 22 de abril de 1985 al indicar:

> *"1. La nulidad absoluta no puede ser convalidada (art. 81 de la Ley Orgánica de Procedimientos Administrativos), en cuanto que la nulidad relativa sí puede serlo.*
> *2. Alegada la nulidad absoluta en el procedimiento administrativo, puede solicitarse en base a ello la suspensión de los efectos del acto (art. 87 de la Ley Orgánica de Procedimientos Administrativos).*

---

13. En este sentido la sentencia de la Sala Político-Administrativa de fecha 26 de julio de 1984, caso Despacho Los Teques, en la cual se había denunciado el vicio en la causa por la ausencia de base legal, y la Corte concluyó en su nulidad absoluta sosteniendo que al autorizarse un actividad distinta a las previstas en la norma se estaba autorizando una actividad prohibida y por tanto ilegal, es decir, que el acto contendría un objeto ilegal.

3. La nulidad absoluta afecta la totalidad del acto, en cuanto que la nulidad relativa puede ser tanto parcial como total (art. 21 de la Ley Orgánica de Procedimientos Administrativos).
4. La nulidad absoluta puede ser 'reconocida' por la Administración en cualquier tiempo (art. 83 de la Ley Orgánica de Procedimientos Administrativos), en cuanto que el vicio de nulidad relativa no."

El vicio de nulidad absoluta afecta al acto administrativo de manera que el mismo llega incluso a considerarse inexistente. "*Se habla de nulidad de un acto cuando, en virtud de sus deficiencias jurídicas, hay que considerarlo como no existente, como jurídicamente irrelevante.*"[14]

5.3. Sentencia de la Sala Político-Administrativa de la Corte Suprema de Justicia de fecha 6 de abril de 1994 referida a la nulidad absoluta del acto administrativo y su reconocimiento en cualquier tiempo

La sentencia que ahora se comenta recayó en un caso de destitución de funcionarios fiscales del Ministerio de Sanidad y Asistencia Social, cuya revisión llegó a la Sala Político-Administrativa por virtud del silencio administrativo ante un recurso extraordinario de revisión ejercido por ante el Ministro, conforme lo contempla el artículo 97 de la Ley Orgánica de Procedimientos Administrativos,[15] e invocando el artículo 83 *eiusdem* de acuerdo al cual "*La Administración puede en cualquier tiempo reconocer la nulidad absoluta de los actos dictados por ella.*"

Sobre la nulidad absoluta, ya la Sala Político-Administrativa de la Corte Suprema de Justicia había establecido[16] -como se comenta en

---

14 Adolfo Merkl, *Teoría General del Derecho Administrativo*, Edición al cuidado del catedrático José Luis Monereo Pérez, editorial Comares, Granada, 2004, pág. 284.

15 El artículo 97 de la Ley Orgánica de Procedimientos Administrativos dispone: "*El recurso de revisión contra los actos administrativos firmes podrá intentarse ante el Ministro respectivo en los siguientes casos: 1. Cuando hubieren aparecido pruebas esenciales para la resolución del asunto, no disponibles para la época de la tramitación del expediente. 2. Cuando en la resolución hubieren influido, en forma decisiva, documentos o testimonios declarados falsos por sentencia judicial definitivamente firme. 3. Cuando la resolución hubiese sido adoptada por cohecho, violencia, soborno u otra manifestación fraudulenta y ello hubiere quedado establecido en sentencia judicial definitivamente firme.*"

16 Se refiere a la antes citada sentencia de la Sala Político-Administrativa de la Corte Suprema de Justicia de fecha 26 de julio de 1984, caso Despacho Los Teques) que se invoca en la motivación del fallo que se comenta.

la sentencia del caso Contramaestre- que ésta constituye un vicio de tal gravedad que "*el acto no puede en forma alguna producir efectos, ya que el acto nulo de nulidad absoluta, se tiene como nunca dictado: por ello, no podría ni puede producir efectos, de allí que se hable, en estos casos, dada la entidad de la irregularidad que afecta la validez de la decisión administrativa, de vicios de orden público,, que permiten al órgano jurisdiccional en casos de solicitud de anulación de un acto administrativo, entrar a conocer de ellos de oficio...*".

En el supuesto de la Administración, se invoca por su parte el precedente de la sentencia de la misma Sala Político-Administrativa de fecha 14 de agosto de 1991, caso Armando F Melo, en el sentido de que cuando se ha incurrido en un vicio de nulidad absoluta del acto, aparece para ésta la potestad ilimitada que le asigna el artículo 83 de la Ley Orgánica de Procedimientos Administrativos de reconocerla en cualquier momento. Esta facultad operará al mismo tiempo como garantía para el administrado, y en base a ello, éste puede en cualquier momento solicitar a la Administración el reconocimiento de la nulidad absoluta, y contra la decisión que se tome, o aún ante el silencio podría éste además acudir al contencioso administrativo.

La sentencia del caso Contramaestre, con ponencia de la Magistrada Cecilia Sosa Gómez, trata sobre un asunto en el cual había recaído una sentencia judicial del Tribunal de la Carrera Administrativa declarando sin lugar la impugnación del acto de destitución, la cual además había quedado firme por falta de apelación.

La sentencia resolvió entonces el tema de la cosa juzgada con base precisamente al precedente jurisprudencial indicado, al señalar que el nuevo recurso jurisdiccional no versaba "*propiamente sobre el acto de destitución original, sino sobre la negativa de la Administración de pronunciarse sobre la petición del interesado de que se revisara el acto viciado de nulidad absoluta*", con base a la facultad que le otorgaba a la Administración el mencionado artículo 83 de la Ley Orgánica de Procedimientos Administrativos y ante la aparición de nuevos elementos probatorios, de acuerdo al artículo 97 *eiusdem* sobre el recurso extraordinario de revisión.

Añade que la cosa juzgada opera en el ámbito administrativo para impedir a la Administración volver sobre un asunto previamente decidido por ella con carácter definitivo y que haya generado derechos e intereses subjetivos, personales y directos, pero en ningún caso para evitar el reconocimiento de la nulidad absoluta de un acto que, así viciado, no es susceptible de producir efecto alguno.

Concluye el fallo que no podía la Administración negar al administrado su derecho a solicitar el reconocimiento de dicha nulidad absoluta, al constatarse "*la existencia del documento administrativo que eliminaba el soporte de la decisión de sancionarlo disciplinariamente*" y, en consecuencia, verificado dicho vicio de nulidad absoluta, la Corte dejó sin efecto la sanción de destitución, y de conformidad con lo previsto en el artículo 131 de la Ley Orgánica de la Corte Suprema de Justicia,[17] declaró que dicha nulidad retrotrae la situación al momento mismo en que se dictó la sanción de destitución, ordenando la reincorporación del funcionario a su cargo.

6. PODER CAUTELAR DEL JUEZ CONTENCIOSO ADMINISTRATIVO EN EL JUICIO DE NULIDAD CONTRA ACTOS ADMINISTRATIVOS Y LA SENTENCIA DE LA SALA POLÍTICO ADMINISTRATIVA DE LA CORTE SUPREMA DE JUSTICIA DE FECHA 16 DE NOVIEMBRE DE 1989, CASO PARQUE NACIONAL MOCHIMA, CON PONENCIA DE LA MAGISTRADO CECILIA SOSA GÓMEZ

6.1. Medidas cautelares en el contencioso administrativo

La tutela judicial efectiva en el derecho administrativo supone, tanto el poder del juez de juzgar y hacer cumplir lo juzgado, como el de dictar las medidas provisionales necesarias para asegurar la eficacia del fallo. De manera que el poder cautelar del juez contencioso administrativo se adminicula directamente con el derecho a una tutela judicial

---

17 Artículo 131 de la Ley Orgánica de la Corte Suprema de Justicia: "*En su fallo definitivo la Corte declarará si procede o no la nulidad del acto impugnado y determinará los efectos de su decisión en el tiempo. Igualmente, la Corte podrá de acuerdo con los términos de la respectiva solicitud, condenar el pago de sumas de dinero y a la reparación de daños y perjuicios originados en responsabilidad de la administración, así como disponer lo necesario para el restablecimiento de las situaciones jurídicas subjetivas lesionadas por la actividad administrativa.*"

efectiva que, en este caso, permite proteger la invariabilidad de las situaciones preexistentes y evitar daños de difícil o imposible reparación por la definitiva.

6.2. Suspensión de efectos del acto administrativo

La medida de suspensión de efectos del acto administrativo es una protección cautelar propia del contencioso administrativo; se prevé tanto en la sede administrativa como en la etapa judicial, pero limitada al caso de la impugnación de actos administrativos de efectos particulares. En el caso de la sede administrativa, la suspensión de los efectos se encuentra regulada en el artículo 87 de la Ley Orgánica de Procedimientos Administrativos, conforme al cual:

> *"La interposición de cualquier recurso no suspenderá la ejecución del acto impugnado, salvo previsión legal en contrario.*
> *El órgano ante el cual se recurra podrá, de oficio o a petición de parte, acordar la suspensión de los efectos del acto recurrido en el caso de que su ejecución pudiera causar grave perjuicio al interesado, o si la impugnación se fundamentare en la nulidad absoluta del acto. En estos casos, el órgano respectivo deberá exigir la constitución previa de la caución que considere suficiente. El funcionario será responsable por la insuficiencia de la caución aceptada."*

La disposición transcrita, contenida en la sección primera (Disposiciones Generales) del capítulo II (De los Recursos Administrativos) de la Ley Orgánica de Procedimientos Administrativos, se refiere a la impugnación de los actos de carácter particular, así se deriva del artículo 85 de esa ley (los recursos son procedentes "*contra todo acto administrativo que ponga fin a un procedimiento, imposibilite su continuación, cause indefensión o lo prejuzgue como definitivo, cuando dicho acto lesione sus derechos subjetivos o intereses legítimos, personales y directos*"), y del artículo 94 que regula el primero de los recursos administrativos procedentes de acuerdo con dicha ley, el cual puede intentarse contra "*el acto de carácter particular*".

En el mismo sentido de limitar la medida cautelar de suspensión de los efectos del acto administrativo al caso de la impugnación de actos administrativos de carácter particular, esta vez en la sede judicial, se pronunció originalmente el artículo 136 de la Ley Orgánica de la Corte Suprema de Justicia[18], conforme al cual: "*A instancia de parte, la Corte podrá suspender los efectos de un acto administrativo de efectos particulares, cuya nulidad haya sido solicitada, cuando así lo permita la Ley o la suspensión sea indispensable para evitar perjuicios irreparables o de difícil reparación por la definitiva, teniendo en cuenta las circunstancias del caso. Al tomar su decisión, la Corte podrá exigir que el solicitante preste caución suficiente para garantizar las resultas del juicio.*"

En base a esta norma se desenvolvió la jurisprudencia limitando la medida de suspensión de los efectos a los actos de carácter particular, sin embargo, la evolución jurisprudencial fue construyendo el camino para la ampliación de los poderes cautelares del juez contencioso administrativo más allá de la mera suspensión de los efectos del acto de carácter particular e incluso llegando finalmente a admitirla también para el caso de los actos de carácter general, cumplidas obviamente las circunstancias y requisitos que hacen procedente la protección cautelar.

6.3. Sentencia de la Sala Político-Administrativa de la Corte Suprema de Justicia de fecha 16 de noviembre de 1989 referida a los poderes del juez contencioso administrativo en materia cautelar, en el juicio de nulidad contra acto administrativo

La sentencia en referencia se pronunció sobre la medida cautelar de amparo intentada conjuntamente con el recurso de nulidad por ilegalidad contra el Decreto Nro 270 de fecha 7 de junio de 1989, mediante el cual el Presidente de la República ordenó la "*demolición de las construcciones existentes sobre agua, manglares o superficies que anteriormente lo fueron, así como sobre cayos, islas o sobre cualquier área de terreno ubicada dentro de los linderos del Parque en un plazo de noventa (90) días a partir de la fecha de publicación de este Decreto, en caso contrario el Ejecutivo Nacional procederá a su demolición inmediata.*"

---

18 Gaceta Oficial N° 1.893 Extraordinario de 30 de julio de 1976.

Cabe destacar que los recurrentes habían planteado la solicitud de amparo con el objeto de obtener la suspensión de los efectos del acto de demolición, y no pidieron la medida cautelar de suspensión de efectos del acto administrativo por estar ésta limitada a los actos administrativos de efectos particulares.

La sentencia desestimó la solicitud de amparo cautelar por considerar que las afectaciones alegadas implicaban el análisis de normas legales y no constituían violaciones directas de los derechos constitucionales, como exigía la institución del amparo constitucional para la procedencia de la protección cautelar.

Lo interesante de esta decisión es que el juez contencioso administrativo no se sintió limitado por el aspecto formal de la calificación que había hecho la parte recurrente de la naturaleza del acto impugnado (acto de efectos generales) ni de la medida solicitada (amparo cautelar). Desechada la medida solicitada por las razones expuestas, la Sala Político-Administrativa procedió a ejercer su potestad cautelar en base a los efectos que con la cautela pretendían los accionantes y su expresa voluntad de obtener de la Corte la suspensión de los efectos del acto.

Entendió la Sala Político-Administrativa que el planteamiento de la suspensión vía amparo, y no mediante la solicitud de la medida cautelar, obedeció a la imposibilidad de obtener la suspensión de los efectos de un acto administrativo general, de acuerdo a lo previsto en la Ley Orgánica de la Corte Suprema de Justicia, en su artículo 136, que la limitaba a los actos de efectos particulares. Conforme al artículo 136: "*A instancia de parte, la Corte podrá suspender los efectos de un acto administrativo de efectos particulares, cuya nulidad haya sido solicitada, cuando así lo permita la Ley o la suspensión sea indispensable para evitar perjuicios irreparables o de difícil reparación por la definitiva, teniendo en cuenta las circunstancias del caso. (...).*"[19]

Esta norma, indica Brewer Carías, respondía a la jurisprudencia precedente en la que "... *la Corte Suprema había negado sistemáticamente la posibilidad de suspender los efectos de los actos normativos,*

[19] Es el texto del artículo 136 de la antigua Ley Orgánica de la Corte Suprema de Justicia del 30 de junio de 1976 (Gaceta Oficial de la República Nro. 1.893 Extraordinario) vigente para el momento en que se dictó la sentencia del caso Parque Nacional Mochima.

habiendo reducido su potestad de suspender los efectos en juicio, respecto de los actos administrativos de efectos particulares, lo cual fue luego recogido en su Ley Orgánica (Art. 136)."[20]

Y es que el Decreto 270 en efecto era un acto contentivo de una "*orden*" como se indica en su título, según consta en el sumario de la Gaceta Oficial de su publicación, una orden "*para proceder de inmediato a ejercer las acciones y aplicar las medidas necesarias para el saneamiento del Parque Nacional Mochima y la recuperación de los ecosistemas dañados*" y la misma se dicta con fundamento, entre otros, en el acto de creación del Parque[21] y las normas de su reglamento de uso contenido en el Decreto Nº 1.305 del 26 de noviembre de 1.981 y en consideración a que "*se han generado actividades y ocupaciones contrarias a los fines de su creación e incluso a las normas que restringían su uso, ocasionándose con ello graves perjuicios al ambiente, a los recursos naturales renovables y a la colectividad.*"

El Decreto 270 contiene en su artículo 2 una orden de remoción para los propietarios u ocupantes de las "*construcciones existentes sobre agua, manglares o superficies que anteriormente lo fueron, así como sobre cayos, islas o sobre cualquier área de terreno ubicada dentro de los linderos del Parque, (...) en un plazo de noventa (90) días a partir de la fecha de publicación de este Decreto...*", previéndose además que en caso contrario el Ejecutivo Nacional procedería a su demolición inmediata.

En este sentido, la Sala Político-Administrativa observó que en el mismo auto de admisión del recurso de nulidad se había pronunciado sobre la circunstancia de que el acto impugnado afectaba a personas específicas, perfectamente identificables, lo cual equivalía a la caracterización de un acto administrativo de efectos particulares, no generales, puesto que en el segundo, los sujetos destinatarios deben ser indeterminados. Ello así, verificados los extremos requeridos para el otorgamiento de tal medida cautelar de suspensión de los efectos del acto, valorada

20 Allan R. Brewer Carías, "La Acción de Amparo contra Leyes y demás Actos Normativos en el Derecho Venezolano", en: *Liber Amicorum Héctor Fix-Zamudio*. Secretaría de la Corte Interamericana de Derechos Humanos, San José de Costa Rica, 1998, pág. 486.

21 Decreto 1.534 de fecha 19 de diciembre de 1973, publicado en la Gaceta Oficial de la República de Venezuela Nº 30.285 del 20 de diciembre de 1973.

la dimensión de los posibles daños así como la irreparabilidad o dificultad de reparación por la definitiva, procedió a concederla.

Del error del recurrente en la calificación surge el tema de la posibilidad de suspender los efectos de un acto normativo o de un acto de efectos generales que la jurisprudencia en efecto negaba reiteradamente. Incluso, la siguió negando respecto del acto normativo cuando la Ley Orgánica de Amparo sobre Derechos y Garantías Constitucionales consagró el amparo contra norma y su inaplicación,[22] señalando la jurisprudencia que tal medida sólo podía ejercerse contra los actos de ejecución de la norma. Sobre esta tendencia restrictiva de la jurisprudencia, Brewer Carías indicó: "*...a pesar de la claridad del artículo 3º de la Ley Orgánica de Amparo, la jurisprudencia reciente de la Sala Político Administrativa de la Corte Suprema ha venido imponiendo el criterio de que no procede la acción de amparo directamente contra normas, y que lo que procede, realmente, es la acción de amparo contra los actos de ejecución de la norma, que serían los lesivos.*"[23].

Lo cierto es que esta limitación de la Ley Orgánica de la Corte Suprema de Justicia pronto fue superada por la jurisprudencia, asistida de la norma del Código de Procedimiento Civil que fue modificada en la reforma de 1986 para incluir en el poder cautelar del juez, al lado de las medidas cautelares nominadas propias del derecho privado, la posibilidad de dictar medidas cautelares innominadas.[24]

En el mismo caso Mochima, el Ejecutivo pretendió mediante nuevo Decreto con orden de demolición (1.030) desconocer la suspensión

---

22 El artículo 3 de la Ley Orgánica de Amparo Sobre Derechos y Garantías Constitucionales (Gaceta Oficial No 34.060 del 27 de septiembre de 1988) dispone: "*También es procedente la acción de amparo, cuando la violación o amenaza de violación deriven de una norma que colida con la Constitución. En este caso, la providencia judicial que resuelva la acción interpuesta deberá apreciar la inaplicación de la norma impugnada y el Juez informará a la Corte Suprema de Justicia acerca de la respectiva decisión.*
La acción de amparo también podrá ejercerse conjuntamente con la acción popular de inconstitucionalidad de las leyes y demás actos estatales normativos, en cuyo caso, la Corte Suprema de Justicia, si lo estima procedente para la protección constitucional, podrá suspender la aplicación de la norma respecto de la situación jurídica concreta cuya violación se alega, mientras dure el juicio de nulidad."

23 Allan R. Brewer Carías, Ob. cit. Pág. 487.

24 El artículo 585 del Código de Procedimiento Civil.

de los efectos acordada en la sentencia cautelar comentada en contra de la orden contenida en el Decreto 270.

La Sala Político-Administrativa, esta vez con ponencia del Magistrado Román José Duque Corredor, decidió suspender los efectos del acto reeditado, invocando la potestad del juez de dictar providencias para hacer cumplir sus decisiones cautelares prevista en el artículo 588 del Código del Procedimiento Civil. En este sentido señaló que la potestad de ejecución de las sentencias corresponde también respecto del fallo cautelar e invocó precisamente a estos efectos la aplicación del artículo 588 del Código de Procedimiento Civil, en su primer aparte, que en referencia a las medidas provisionales que dictan los jueces, dispone: "*Podrá también el Juez acordar cualesquiera disposiciones complementarias para asegurar la efectividad y resultado de la medida que hubiere decretado.*"

La sentencia del caso Parque Nacional Mochima II entonces señala que estos principios del Código de Procedimiento Civil son "*...también aplicables al procedimiento contencioso administrativo por vía de la remisión que el artículo 88 de la Ley Orgánica de la Corte Suprema de Justicia hace a los principios generales contenidos en el Código de Procedimiento Civil*".

De manera que estas sentencias del caso Parque Nacional Mochima I y II abrieron la puerta a la ampliación del poder cautelar del juez contencioso administrativo, al considerarse posteriormente que en base a las normas que regulan las medidas cautelares en el Código de Procedimiento Civil, el juez de esta especial jurisdicción podía mediante una medida cautelar innominada suspender los efectos del acto administrativo de carácter general, a pesar de la limitación contenida en el artículo 136 de la Ley Orgánica de la Corte Suprema de Justicia.

La sentencia de fecha 17 de diciembre de 1991, caso Mirna Salas[25] en efecto tomó este criterio en un caso referido a la solicitud de suspensión de un concurso para proveer un cargo de juez, en razón de lo cual acudió al artículo 587 del Código de Procedimiento Civil, conforme al

---

[25] Ratificada posteriormente en varias decisiones, entre ellas, las sentencias de fechas 12 de mayo de 1992 (caso Jesús Soto), 15 de febrero de 1993 (caso Gastón Navarro Dona), 15 de noviembre de 1995 (caso Lucía Hernández).

cual además de las medidas preventivas enumeradas en el artículo 588, y cumplidos los extremos del artículo 585, el juez puede dictar las medidas cautelares que estime necesarias para evitar los daños graves o de difícil o imposible reparación. La sentencia en este sentido afirma: "*El Tribunal podrá acordar las providencias cautelares que considere adecuadas, cuando hubiere fundado tenor de que una de las partes pueda causar lesiones graves o de difícil reparación en el derecho de la otras. En estos casos para evitar el daño, el Tribunal podrá autorizar o prohibir la ejecución de determinados actos, ya adoptar las providencias que tengan por objeto hacer cesar la continuidad de la lesión.*

Estos principios son aplicables al procedimiento contencioso administrativo por vía de remisión que el artículo 88 de la Ley Orgánica de la Corte Suprema de Justicia hace a los principios generales contenidos en el Código de Procedimiento Civil, como bien lo estableció esta Sala en la decisión interlocutoria de 22 de noviembre de 1990 (caso recurso de nulidad de Decreto Nº 270 ante nueva orden de demolición contenido en el Decreto Nº 1.030...)" (Este es el caso Parque Mochima II antes comentado).

Con base a esta norma del Código de Procedimiento Civil se amplió entonces el poder cautelar del juez contencioso administrativo, quien podía en efecto dictar, por su aplicación supletoria, todas las medidas cautelares necesarias para garantizar la eficacia de sus fallos y no estar limitado, únicamente, en el juicio de nulidad, a la medida nominada de suspensión de efectos del acto administrativo de carácter particular, llegándose incluso a admitir, como antes se explicó y a partir de la sentencia de fecha 17 de diciembre de 1991, caso Mirna Salas, la procedencia, como medida innominada, de la suspensión de los efectos de un acto de carácter general, siempre que, claro está, "*hubiere fundado tenor de que una de las partes pueda causar lesiones graves o de difícil reparación en el derecho de la otras*" y se cumplan los requisitos del Código de Procedimiento Civil.

La medida cautelar innominada de suspensión de efectos del acto general, por ende, debía cumplir los siguientes requisitos: 1) El *periculum in mora*: la amenaza de un daño irreparable o de difícil reparación por la definitiva, 2) El *fumus boni iuris*: la prueba de la apariencia del derecho alegado, y 3) la ponderación de los intereses en juego: que la suspensión de efectos no constituyese una medida más allá de la protección cautelar para evitar el perjuicio, y sin que ello pusiere en peligro el interés general al que tiende o debe tender en todo momento la actuación de la Administración.

Finalmente, toda esta preocupación y evolución del alcance del poder cautelar del juez contencioso administrativo que se plasma en la sentencia de la Sala Político-Administrativa de la Corte Suprema de Justicia de fecha 16 de noviembre de 1989, Caso Parque Nacional Mochima, con ponencia de la Magistrado Cecilia Sosa Gómez y la limitación que imponía el artículo 136 de la Ley Orgánica de la Corte Suprema de Justicia en vista al carácter particular o general de los efectos del acto, culmina definitivamente cuando se dicta la Ley Orgánica de la Jurisdicción Contencioso Administrativa y el artículo 4 le otorga al juez de lo contencioso administrativo un poder cautelar amplio, no limitado en cuanto a la naturaleza del acto recurrido, ni el alcance de la cautela a una mera suspensión de efectos del acto, sino que puede dictar aquélla que considere adecuada a la situación fáctica concreta.

El artículo 4 de la Ley de la Jurisdicción Contencioso Administrativa[26] dispone: "*El Juez Contencioso Administrativo está investido de las más amplias potestades cautelares. A tales efectos podrá dictar, aún de oficio, las medidas preventivas que resulten adecuadas a la situación fáctica concreta, imponiendo órdenes de hacer o no hacer a los particulares, así como a los órganos y entes de la Administración Pública, según el caso concreto, en protección y continuidad sobre la prestación de los servicios públicos y en su correcta actividad administrativa.*"

No se requiere entonces hoy del auxilio del Código de Procedimiento Civil para dar base legal a un amplio poder cautelar del Juez Contencioso Administrativo en Venezuela. Como muchos otros temas del derecho administrativo, también en esta materia en la que inicialmente el derecho privado la asistía en su desarrollo, se ha logrado una regulación y una fundamentación jurídica autónoma.

---

[26] Gaceta Oficial N° 39.447 del 16 de junio de 2010.

BIBLIOGRAFÍA

BADELL MADRID, Rafael, *Régimen Jurídico de la Expropiación en Venezuela*. Switt Print, Caracas, 2014.

BREWER CARÍAS, Allan R., "La Acción de Amparo contra Leyes y demás Actos Normativos en el Derecho Venezolano", en: *Liber Amicorum Héctor Fix-Zamudio*. Secretaría de la Corte Interamericana de Derechos Humanos, San José de Costa Rica, 1998.

CASSAGNE, Juan C., *Curso de Derecho Administrativo*, Tomo I, 12a edición, Editorial La Ley, Buenos Aires, 2018.

FARÍAS MATA, Luis H., "Presentación. Introducción General. Avances Jurisprudenciales del Contencioso Administrativo en Venezuela". *Jornadas "J.M. Domínguez Escobar"*. Instituto de Estudios Jurídicos del Estado Lara, Tomo I, Diario de Tribunales Editores, Barquisimeto, 1993.

GARCÍA DE ENTERRÍA, Eduardo y FERNÁNDEZ, Ramón. *Curso de Derecho Administrativo*, Tomo II, Editorial Civitas, Madrid, 1996.

MERKL, Adolfo, *Teoría General del Derecho Administrativo*, Edición al cuidado del catedrático José Luis Monereo Pérez, editorial Comares, Granada, 2004.

INCONSISTENCIAS DE LA SALA CONSTITUCIONAL EN MATERIA DE PRINCIPIOS Y VALORES

GONZALO PÉREZ SALAZAR*

SUMARIO

1. Introducción. 2. Algunas disquisiciones teóricas sobre los valores y los principios constitucionales. 3. El ascenso y descenso de los principios y valores en la jurisprudencia de la Sala Constitucional. 3.1. Restrictiva. 3.2. Ideológico. 3.3. Axiológico. 3.4. Irrazonabilidad principalista. 4. Conclusiones.

1. INTRODUCCIÓN

El objeto del presente trabajo es presentar algunas inconsistencias que hemos encontrado en el tratamiento que le ha dado la jurisprudencia de la Sala Constitucional del Tribunal Supremo de Justicia al tema de la violación de los principios y valores constitucionales como argumentos para el ejercicio del control constitucional.

Para ello, comenzaré por hacer unas consideraciones generales sobre la importancia del tema de los principios y valores para el derecho procesal constitucional contemporáneo. Seguidamente, analizaré y criticaré 4 sentencias de la Sala Constitucional del Tribunal Supremo de Justicia que evidencian las distintas etapas en el tratamiento de los principios y valores.

Considero indispensable partir de la premisa de que la Constitución de la República Bolivariana de Venezuela de 1999, incidió notablemente en el rol activista que han asumido los jueces como entes transformadores de la realidad social a través de la jurisprudencia, lo

* Abogado. Especialista en Derecho Administrativo. Doctor en Derecho. Coordinador y profesor de la Especialización en Derecho Procesal Constitucional y Derecho de la Economía en la Universidad Monteávila. Director del Centro de Estudios de Derecho Procesal Constitucional de la Universidad Monteávila. Profesor de la Universidad Central de Venezuela. Conferencista nacional e internacional.

que es consecuencia de la configuración del estado social de derecho y de justicia, la creación de la Sala Constitucional, el reconocimiento expreso del principio de supremacía constitucional, el carácter normativo de la Constitución, del sistema mixto de control constitucional y del carácter vinculante de las interpretaciones sobre normas y principios constitucionales por parte de la Sala Constitucional.

La Constitución de la República Bolivariana de Venezuela se enmarca dentro de la tendencia latinoamericana, que partiendo de la Constitución del Brasil, Colombia, Argentina, Bolivia y Ecuador, incluyeron un catálogo mayor de derechos y obligaciones al Estado, excediendo las típicas Constituciones donde se limitaban a organizar el Poder Público y establecer límites al poder mediante cláusulas que se repetían y que servían de carta de presentación frente a los demás Estados, sin importar su materialización y restando un rol al Estado en la consecución de esos fines. Obviamente, esa tendencia latinoamericana tuvo su influencia directa en las Constituciones de Italia, Alemania y España de la segunda postguerra mundial, las cuales le dieron preponderancia a los DD.HH como respuesta a las aberraciones cometidas durante esa triste etapa.

Entre otros problemas derivados del carácter axiológico de las Constituciones modernas está en que algunos valores han sido positivizados, como por ejemplo sucede con los artículos 1 y 2 de la Constitución de la República Bolivariana de Venezuela[1] y otros son inmanentes a las raíces histórico-culturales del pueblo venezolano. No obstante la positivitización de los valores en la Carta Magna, existe una jerarquización no explicada entre ellos, por ejemplo, el artículo 1 alude a los

---

1 Los citados artículos de la Constitución de 1999, prevén: Artículo 1. "*La República Bolivariana de Venezuela es irrevocablemente libre e independiente y fundamenta su patrimonio moral y sus* ***valores*** *de libertad, igualdad, justicia y paz internacional en la doctrina de Simón Bolívar, el Libertador.*

Son derechos irrenunciables de la Nación la independencia, la libertad, la soberanía, la inmunidad, la integridad territorial y la autodeterminación nacional.

Artículo 2. *Venezuela se constituye en un Estado democrático y social de Derecho y de Justicia, que propugna como* ***valores superiores*** *de su ordenamiento jurídico y de su actuación, la vida, la libertad, la justicia, la igualdad, la solidaridad, la democracia, la responsabilidad social y en general, la preeminencia de los derechos humanos, la ética y el pluralismo político*". (Resaltado mío)

valores y el artículo 2 a los valores superiores, con lo cual pareciera que existen unos que están por encima de otros. Además, esos valores positivizados están incluidos en el Título I de la Constitución denominado "*Principios Fundamentales*", con lo cual, parece que su tratamiento es más de sinónimos que de categorías diferenciadas.

A pesar de esa clara carga axiológica de la Constitución, la legislación restaba valor normativo a los principios y valores, tal como se puede leer en su parágrafo 19 del artículo 21, de la Ley Orgánica del Tribunal Supremo de Justicia, que expresamente prohíbe la invocación directa de la violación del principio de legalidad como motivo único de nulidad de un acto general o particular[2]. Sin embargo, como veremos, la Sala Constitucional ha superado esa retrograda tesis de la inexigibilidad de los principios y valores como motivos para invocar el control constitucional.

Tal como hemos dicho, otro factor que ha incidido notablemente en el tema de la interpretación constitucional ha sido la implementación de órganos especializados, como son los tribunales, cortes o salas constitucionales, los cuales han tenido un rol protagónico en la resolución de asuntos que antes eran considerados cuestiones políticas ajenas al control judicial, para dar el paso a un juez que no es simplemente la voz del legislador, sino que funge de agente transformador de la realidad por intermedio de la jurisprudencia[3]. En el caso venezolano, la Sala Constitucional ha sido configurada como un órgano especializado al que se le ha encargado la trascendental tarea de ejercer el control concentrado de la Constitución y el de ser el último intérprete de la misma, por ser sus

---

2 Publicada en la Gaceta Oficial N° 37.942 de 20 de mayo de 2004, que a la letra establece: artículo 21: "*La infracción del artículo 137 de la Constitución de la República Bolivariana de Venezuela, no podrá invocarse como fundamento de la acción o del recurso a que se refieren los procedimientos contenidos en las nulidades de los actos de efectos generales y particulares, sino cuando otra disposición de aquélla haya sido directamente infringida por el acto cuya nulidad se solicita*".

3 Arturo Hoyos; *La Interpretación Constitucional*; Temis; Bogotá; Colombia; 1998, pág. 37. Para Hoyos, "*el juez constitucional no puede alterar la forma de gobierno ni la estructura económica prevista en la Constitución. Tampoco puede desconocer la norma contenida en un texto más o menos claro. Pero la interpretación constitucional sí permite actualizar el ordenamiento constitucional sin que sean necesarias reformas frecuentes al mismo*".

interpretaciones vinculantes, aun para sus pares de las demás Salas que conforman ese Tribunal Supremo de Justicia.

Pero además, la sociedad exige respuestas a los problemas generados por el desfase que produce el acelerado cambio por el uso de la tecnología, la existencia de pactos internacionales sobre protección de derechos humanos (existencia de nuevos derechos como el uso de internet o ambientales) y la integración (comunitario o no), de allí que ante la lentitud del parlamento sean los jueces los llamados a ser los primeros en transformar esa realidad. Claro está, que se invierta la ecuación tradicional de que el parlamento era el primer intérprete de la Constitucional y se traslade a los tribunales constitucionales supone otra discusión, cuyo génesis es la legitimidad democrática de unos jueces que no son electos popularmente frente a unos funcionarios que si lo fueron.

Por si fuera poco, las Constituciones modernas están repletas de cláusulas abiertas, de textura abierta o conceptos jurídicos indeterminados, que amplían el margen discrecionalidad del juez en su interpretación, debiendo utilizar la razonabilidad y la proporcionalidad como límites a esa arbitrariedad a la que pudieran incurrir al interpretar y aplicar esas disposiciones.

Finalmente, el carácter axiológico de la Constitución irrumpe en todo el ordenamiento jurídico, de allí que, frente a la existencia de contradicción entre reglas, principios y valores en la solución de casos concretos se hace necesario buscar la solución en métodos distintos a los clásicos como el de subsunción, para dar paso a la ponderación o la utilización de los principios generales del derecho, imprimiendo una gran carga moral a ese tipo de decisiones, que podría encontrar su motivación en el *ius cogens* más que en el derecho objetivo.

2. ALGUNAS DISQUISICIONES TEÓRICAS SOBRE LOS VALORES Y LOS PRINCIPIOS CONSTITUCIONALES

La doctrina más reciente destaca 3 momentos en el debate de los principios, todos a partir de las discusiones entre Dworkin-Hart a mediados de los años 60 del siglo pasado. El primer momento es el reconocimiento de la normatividad de los principios, que viene por la necesidad de que ese llamado juez "*Hércules*" consiga una solución única, a pesar de que en los conflictos existan problemas éticos o morales que hagan presente mayor discrecionalidad en el juzgador. En el segundo momento, se destaca la identidad de los principios, presente en algunas situaciones en las que la norma y el principio se pueden confundir en su rol y es muy difícil diferenciarlos, por lo que aplicando las tesis de Alexy, esos principios serían "*mandatos de optimización*" mediante el método de ponderación y la reglas exigirían "*cumplimiento pleno*" mediante el mecanismo de clásica subsunción. El tercer momento, se representaría en el ascenso de los principios en el orden constitucional, lo que viene de la mano del constitucionalismo moderno, donde lo trascendental es la materialización de los derechos fundamentales, por lo que la doctrina ha tenido que ubicar su estudio desde las bases ontológicas que moldean todo sistema constitucional y concretizarla mediante mecanismos idóneos de interpretación y argumentación constitucional, por lo que el derecho se ha modificado de tal manera que hay una necesidad de identificar los principios que lo gobiernan[4].

Es común observar cómo al abordar el tema de los límites de la interpretación constitucional se reitera, casi sin mayor justificación, que estos están en la propia Constitución y que en caso de dudas en los valores y principios que la inspiran[5]. Sin embargo, al momento de trazar esa frontera axiológica es que se presentan los mayores contratiempos, lo que ha supuesto abandonar las tesis clásicas, de la interpretación gramatical u autentica, para dar paso a otras que permitan romper ese desfase entre la norma y la realidad, bajo el argumento de que las disposiciones constitucionales tienen vocación de perdurar en el tiempo.

En un extraordinario trabajo, el profesor Díaz Revorio resalta el carácter ambivalente de los principios y valores en la interpretación constitucional, pues "*amplían las opciones interpretativas, y señalan el*

---

4 Pedro P- Grández, *El ascenso de los principios en la práctica constitucional*, Editorial Palestra, Lima, Perú, 2016, pp. 22-36.

5 Desirée J. Ríos; *La Acción de Interpretación Constitucional*; Revista del Tribunal Supremo de Justicia N° 13; Caracas; Venezuela; 2004; pág. 177. Para esta autora el límite del juez constitucional está "*en el propio Texto normativo Fundamental, en los valores y en los principios, que pueden alcanzarse a través de la interpretación como mecanismo regulador de la labor jurisdiccional*".

marguen o límite de las mismas". Respecto de esos límites a la discrecionalidad del intérprete, el autor propone cuatro "*cautelas*" que, a su vez, constituirían una fuente de legitimidad de las decisiones[6]:

a) Nunca puede perderse la conexión con el texto constitucional, "*de forma que la decisión final mantenga una clara relación con los valores constitucionales, esto es, pueda reconocerse como fundamentada en una concepción o definición de los mismos*".
b) Como consecuencia de la anterior, "*el Tribunal no puede crear nuevos valores sustantivos no explícitamente mencionados en el texto constitucional*".
c) Cuando se trate de valorar la constitucionalidad de una decisión del legislador, ésta debe considerarse acorde con el texto fundamental siempre que esté entre las varias soluciones que el mismo permite. (carácter político y natural)
d) La decisión debe ser motivada, ya que a través del proceso lógico-jurídico, razonado, es que deriva su legitimidad, lo que en propias palabras del autor la motivación "*permite el control de la decisión por el pueblo*".

A pesar del enorme esfuerzo que hace el profesor Díaz Revorio de presentarnos unas "*cautelas*" a la hora de tener que interpretar valores o principios, se presentan problemas hasta ahora irresolubles, ya que no hay siquiera unanimidad en la definición, diferencia e interpretación de éstos. Sin embargo, debo remarcar ese notable aporte, con el cual comulgo en su mayoría.

El profesor Guastini, al exponer los argumentos que explican la tesis de la especificidad de la interpretación constitucional, resalta que si bien "*los textos constitucionales son diferentes de cualquier otro texto jurídico por su contenido normativo, ya que no se limitan a formular reglas, sino que establecen principios y/o proclaman valores*",[7] estos valores y principios pueden estar expresados indistintamente en leyes ordinaria o en el Texto Fundamental. En tal sentido, de una lectura de

6 Francisco Javier Díaz Revorio; *Valores Superiores e Interpretación Constitucional*; Centro de Estudios Políticos y Constitucionales; Madrid; 1997; pp. 364-370.

7 Riccardo Guastini; *Teoría e Ideología de la Interpretación Constitucional*; Mínima Trotta; 2da Edición; Madrid; 2010; pp. 55-56.

las leyes que han sido dictadas estos últimos años en Venezuela, se evidencian artículos que se encargan de enunciar los valores o principios que se pretenden proteger en ellos, por ejemplo, los principios enunciados en el artículo 2 de la Ley Orgánica de la Jurisdicción Contencioso Administrativa.

Otro límite en la interpretación de los valores está dado por el valor normativo del preámbulo de la Constitución, sobre lo cual el profesor Guastini nos enseña, que existen posturas distintas. La primera de ellas está referida a un problema dogmático más que interpretativo del preámbulo, por su carácter axiológico y no jurídico. La segunda apunta más al valor normativo de todo el texto constitucional, en que lógicamente se encuentra el preámbulo. Concluye el autor que ese remarcado carácter axiológico conduce a un problema más dogmático que interpretativo[8].

De otro lado, Márquez sostiene que los valores, principios y cláusulas abstractas "*sí encauzan al intérprete constitucional -como sujeto abstracto dígase juez y legislador- a determinar la mejor interpretación del texto, aunque, en los juicios de constitucionalidad, es decir, en el caso del juez, estás no bastan por sí solas para vetar de inconstitucionalidad una disposición o texto normativo*"[9].

Acerca de la discrecionalidad que genera en el intérprete la valorización de la Constitución, el profesor Ferrajoli señala que esos valores fungen como "*esfera de lo decidible*", es decir, limitan la discrecionalidad de los poderes y su interpretación debe ser coherente con la Constitución[10].

No es tarea sencilla establecer límites a la discrecionalidad del intérprete al momento de resolver casos difíciles, bien por conflicto entre principios y valores, por lagunas del ordenamiento jurídico, de presencia de cláusulas abiertas o conceptos indeterminados del derecho. Para ello, la doctrina moderna ha incluido a la ponderación como un método

---

8 Riccardo Guastini; ob. cit; pp. 95-96. Puede ampliarse el carácter axiológico del preámbulo de la Constitución, en la sentencia de la Sala Constitucional del Tribunal Supremo de Justicia, N° 85 del 24 de enero de 2002, caso: *Asodeprivilara*.

9 Carmen María Márquez Luzardo; *Interpretación Evolutiva de la Constitución y teorías de la interpretación constitucional*; Konrad Adenauer Stifung; Caracas; 2014; Pág. 118.

10 Luigi Ferragoli; *Garantismo*; Trotta, 2009, 2da. Edición, Trotta, 2009; Pág. 66.

de solución de esos problemas, que permiten para algunos dar prevalencia de un principio frente a otro cuando se esté en pugna e incluso tratar de que para futuros casos se apliquen para lograr mediante un conjunto de "*reglas de prevalencia condicionada*" que se logre uniformidad, aunque es indispensable advertir, que en casos difíciles la casuística es la nota imperante.

En mi criterio, frente al dilema de mayor discrecionalidad mayor arbitrariedad, el límite de la ponderación u otros métodos para combatir los problemas que se generan por la discrecionalidad del órgano decisor, se encuentra en la formación ética del juez, en el *self restraint* como práctica de la prudencia que impone tan alta responsabilidad y en la correcta argumentación de la sentencia.

3. EL ASCENSO Y DESCENSO DE LOS PRINCIPIOS Y VALORES EN LA JURISPRUDENCIA DE LA SALA CONSTITUCIONAL

He diferenciado 4 posiciones distintas de la Sala Constitucional en el tratamiento de los principios y valores constitucionales.

3.1. Restrictiva

La primera fase que debo mencionar es la originada por la sentencia de la Sala Constitucional Nº 833 del 25 de mayo 2001, caso: *Instituto Autónomo Policía de Chacao*, que resolvió la acción de amparo constitucional ejercida contra la sentencia dictada el 8 de junio de 2000, por la Corte Primera de lo Contencioso Administrativo, bajo un errado argumento de imposibilidad del juez ordinario de desaplicar normas fundadas en principios constitucionales o interpretaciones efectuadas por éstos, que a la letra expresa:

> *"Fuera de la Sala Constitucional, debido a las facultades que le otorga el artículo 335 de la Constitución vigente, con su carácter de máximo y última intérprete de la Constitución y unificador de su interpretación y aplicación,* ***no pueden los jueces desaplicar o inaplicar normas, fundándose en principios constitucionales o interpretaciones motu proprio que de ellas hagan, ya que el***

> ***artículo 334 comentado no expresa que según los principios constitucionales, se adelante tal control difuso****. Esta es función de los jueces que ejercen el control concentrado, con una modalidad para el derecho venezolano, cual es que sólo la interpretación constitucional que jurisdiccionalmente haga esta Sala, es vinculante para cualquier juez, así esté autorizado para realizar control concentrado". (Resaltado mío)*

Considero que la aludida sentencia es limitativa e inconstitucional -y con ello rememoro aquel extraordinario libro titulado *¿Normas constitucionales inconstitucionales*? de Otto Bachof- pues el artículo 334 de la Constitución de la República Bolivariana de Venezuela es claro al establecer un mandato al juez ordinario de asegurar su integridad, mediante el ejercicio del control difuso de la constitucionalidad, lo que supone aplicar preferentemente la Carta Magna en caso de incompatibilidad con la ley. Ahora bien, ¿cómo puede cumplir ese mandato el juez ordinario si no puede interpretar principios constitucionales?, es que acaso ¿existe alguna norma que expresamente se lo impida?. Para mí las dos respuestas son obvias, pues se extraen la de la simple lectura de la Constitución, es un mandato claro, que en mi criterio no genera duda, por lo no existe restricción alguna para que el juez cumpla con su obligación de interpretar la Constitución, y en esta operación por supuesto están las normas, reglas, valores y principios en ella contenidos. Por ejemplo, si utilizamos esa tesis, cómo resolvería el juez tributario la incompatibilidad de una norma que cree un tributo reservado al Poder Nacional, si no puede interpretar el principio de reserva legal y de legalidad tributaria.

Es limitativa, ya que impone una restricción de los sujetos que pueden interpretar la Constitución, abrogándose la propia Sala Constitucional un monopolio interpretativo que no detenta. Si bien, es cierto que es innegable el efecto vinculante de las sentencia dictadas por la Sala Constitucional en materia de interpretación de principio y valores constitucionales, ello no excluye que otros sujetos puedan interpretarla, por lo que este órgano especializado no es el único custodio de la Constitución, ni puede funcionar como órgano de inicio y cierre de esa actividad interpretativa.

Pero además, la sentencia anterior es contradictoria, pues confunde la labor interpretativa de todos los jueces con los controles de constitucionalidad. En efecto, si tenemos en cuenta que el sistema de control constitucional venezolano es mixto, es decir, coexisten el control concentrado en cabeza de un órgano especializado (aunque no es el único) y el control difuso en cabeza de todos los jueces de la República incluyendo a ese órgano especializado en materia de justicia constitucional, podemos llegar a la conclusión de que sería materialmente imposible que los jueces puedan ejercer esa obligación de salvaguardar la integridad constitucional si se les impide ejercer interpretaciones propias, ello atentaría contra uno de los valores superiores del estado, a saber, dictar un fallo justo y atentaría de forma directa con el principio de supremacía constitucional, sobre el cual se ha gestado toda esta nueva tendencia de que la labor interpretativa debe partir de la norma fundamental.

El efecto de esa sentencia ha sido el de generar una camisa de fuerza al juez ordinario cuando se tope con una incompatibilidad entre una norma de rango legal o sub legal y una de rango constitucional, lo que le impediría por efecto disuasivo ejercer el debido control difuso de constitucionalidad para resolver ese caso en concreto y por ende dictar un fallo justo.

3.2. Ideológico

La segunda fase que he identificado es la que surge a raíz de una de la sentencia líder de la Sala Constitucional, identificada con el Nº 1.309 del 19 de julio de 2001, caso: *Hermann Escarrá*, con ponencia del Magistrado José Manuel Delgado Ocando, en la cual, resolvió la "*Acción de Interpretación Constitucional, respecto al alcance, interpretación uniforme y aplicación de las normas contenidas en los artículos 57 y 58 de la Carta Magna, referidos a los derechos a la libre expresión, a la información, de réplica y de rectificación*", haciendo referencia la Constitución y la teoría de interpretación jurídica, en los términos siguientes:

> *"La interpretación constitucional hace girar el proceso hermenéutico alrededor de las normas y principios básicos que la Constitución de la República Bolivariana de Venezuela ha previsto. Ello significa que la protección de la Constitución y la jurisdicción*

constitucional que la garantiza exigen que la interpretación de todo el ordenamiento jurídico ha de hacerse conforme a la Constitución (ver- fassungskonfome Auslegung von Gesetze). Pero esta conformidad requiere el cumplimiento de varias condiciones, unas formales, como la técnica fundamental (división del poder, reserva legal, no retroactividad de las leyes, generalidad y permanencia de las normas, soberanía del orden jurídico, etc.) [Ripert. Les Forces créatrices du droit, Paris, LGDJ, 1955, pp. 307 y ss.]; y otras axiológicas (Estado social de derecho y de justicia, pluralismo político y preeminencia de los derechos fundamentales, soberanía y autodeterminación nacional), pues el carácter dominante de la Constitución en el proceso interpretativo no puede servir de pretexto para vulnerar los principios axiológicos en que descansa el Estado constitucional venezolano. ***Interpretar el ordenamiento jurídico conforme a la Constitución significa, por tanto, salvaguardar a la Constitución misma de toda desviación de principios y de todo apartamiento del proyecto político que ella encarna por voluntad del pueblo.***

Esto quiere decir, por tanto, que no puede ponerse un sistema de principios, supuestamente absoluto y suprahistórico, por encima de la Constitución, ni que la interpretación de ésta llegue a contrariar la teoría política propia que la sustenta. Desde este punto de vista habrá que negar cualquier teoría que postule derechos o fines absolutos y, aunque no se excluyen las antinomias intraconstitucionales entre normas y entre éstas y los principios jurídicos (verfassungswidrige Ver- fassungsnormen) [normas constitucionales inconstitucionales] la interpretación o integración debe hacerse ohne Naturrecht (sin derecho natural), según la tradición de cultura viva cuyos sentido y alcance dependan del análisis concreto e histórico de los valores compartidos por el pueblo venezolano. Parte de la protección y garantía de la Constitución de la República Bolivariana de Venezuela radica, pues, en una perspectiva política in fieri, reacia a la vinculación ideológica con teorías que puedan limitar, so pretexto de valideces universales, la soberanía y la autodeterminación nacional, como lo exige el artículo 1° eiusdem". (negritas propias).

Considero que esta sentencia lapida de manera fulminante los métodos de interpretación constitucional y es restrictiva, al limitar la labor interpretativa del juez únicamente al ideológico. A partir de esa sentencia queda restringida la utilización del método gramatical, histórico, funcional y sistémico, para dar prevalencia a la "*ideología imperante*" la cual es determinada por un grupo de siete Magistrados que no son electos por el pueblo, que interpretan la Constitución sin límites expresos o tácitos.

Lo antes dicho puede perfectamente ser comprobado con cualquiera de las sentencias de la Sala Constitucional en materia de interpretación constitucional, en las que no se alude jamás a elementos socioculturales o históricos venezolanos para justificar el pronunciamiento, salvo citas fuera de contexto como argumentos de autoridad de algún prócer de la independencia, de la biblia o hasta del papa mismo. Ante ello, quienes pensamos que es importante utilizar el método histórico u originalista como mecanismo de interpretar las normas como pensaban los precursores de la misma y bajo los valores y principios que la inspiraron, simplemente no tendríamos cabida. Pero además, el método gramatical, que es generalmente el primero al que se enfrenta el intérprete, por cumplimiento del viejo adagio de que en norma clara no se admite interpretación, no podría utilizarse, pues cede lo que el texto consagra frente a la realidad que se desee imponer con su reinterpretación, bajo una suerte de *over living constitution.* Finalmente, qué importa el método sistémico, que trataría de interpretar la norma dentro del sistema o buscar su funcionamiento en el contexto en el que fue dictada, pues de lo que se trata es de complacer a la "*mejor doctrina política imperante*", la cual, como vemos depende de la tendencia política, que no jurídica, de los intérpretes de turno.

3.3. Axiológico

En tercer lugar, destacó la fase axiológica, que se afianzó a raíz de la sentencia Nº 2152 del 14 de noviembre de 2007, caso: *Antonio Ledezma*, mediante la cual, la Sala Constitucional declaró sin lugar el recurso de nulidad intentado contra el artículo 192 de la Ley Orgánica de Telecomunicaciones, que regula "*la transmisión gratuita de mensajes o alocuciones oficiales*", partiendo del siguiente análisis axiológico de la interpretación constitucional:

"Así, la Constitución como expresión de la intención fundacional y configuradora de un sistema entero que delimita y configura las bases jurídico-socio-políticas de los Estados, adquiere valor normativo y se constituye en lex superior, lo cual imposibilita la distinción entre artículos de aplicación directa y otros meramente programáticos, pues todos los preceptos constituyen normas jurídicas directamente operativas, que obligan a las leyes que se dictan a la luz de sus principios a respetar su contenido esencial.
Con ello, la eficacia organizatoria inmediata de la Constitución, sobre la cual se configuró tradicionalmente el valor normativo de la Constitución, da paso a una supremacía sustentada en el hecho de que ***la interpretación normativa debe realizarse a la luz de los principios y reglas constitucionales, lo cual ha dado lugar al denominado proceso de constitucionalización de las leyes donde la tarea interpretativa debe guardar concordancia con la Constitución.***
(...omissis...)
De tal manera, que el intérprete debe armonizar la expresión jurídica legal o sub legal con el Texto Fundamental. Este planteamiento no es sólo una máxima aceptada por la mayoría de la doctrina constitucional, sino que se encuentra recogida en los artículos 7, 25, 131, 137 y 335, del Texto Fundamental, en donde se desarrolla el carácter normativo de la Constitución, a tenor del cual, sus disposiciones se incluyen en el ordenamiento jurídico como preceptos de directa aplicación que vinculan tanto a los ciudadanos como especialmente al Estado, en el desarrollo de los principios rectores que le sirven de base al sistema jurídico-político.
(...omissis...)
Así, de acuerdo al principio de supremacía constitucional que como vemos, se encuentra vigente en nuestro ordenamiento jurídico, toda manifestación de autoridad del Poder Público debe seguir los imperativos o coordenadas trazadas en la norma normarum, como un efecto del principio de interpretación conforme a la Constitución y de la funcionalización del Estado a los valores que lo inspiran". (Resaltado mío)

La anterior jurisprudencia remarca el contenido axiológico de la Constitución, al reconocer la positivización de los principios y valores constitucionales, los cuales no solo actuarían como principios de optimización del ordenamiento jurídico (Alexy), sino que por su exigibilidad y normatividad, justificarían la inconstitucionalidad de actos contrarios a aquellos.

Esto que podríamos calificar como el "*ascenso de los principios constitucionales*", introduce nuevas herramientas al esquema interpretativo, ya que ante la existencia de norma de textura abierta o choques entre principios, no puede utilizarse como método único el de la clásica subsunción, sino incluir a la ponderación y a la proporcionalidad, como límites a la gran discrecionalidad que produce en el intérprete.

Pienso por ello, que no debe limitarse la interpretación a los métodos tradicionales, sino incluir a la ponderación como fórmula de resolución de casos difíciles, trágicos o complicados que son sometidos a su conocimiento y en los cuales está presente una colisión de principios que no puede convertirse en una excusa para no decidir, pues insisto, un valor superior del Estado es la justicia y sólo se logra impartiéndola. Esto no quiere decir que deba dejarse a un lado los elementos gramatical, histórico, lógico o evolutivo, sino que, para lograr concretizar ese valor justicia, debe acudirse a cualquier método -aunque sea metajurídico- y reconocer que la sociedad exige respuestas concretas y los cambios no pueden sobrepasar a quienes en sus manos tienen esa responsabilidad, es ente caso el juez ordinario o el juez constitucional como intérpretes de la Constitución.

Ahora bien, el carácter axiológico de la interpretación constitucional (ante la existencia de disposiciones de textura abierta), no puede conducir a una patente de corso al intérprete para elegir un significado cualquiera de una disposición constitucional, por el contrario, no puede en ningún momento vaciarla de contenido, ni mucho menos interpretarla aisladamente del resto de la Constitución o de otras disposiciones legales, de allí que deba hacerse *in totum*.

En mi criterio, existe una crisis del parlamento, expresada en la tardanza de dar respuestas a las exigencias de la sociedad (en el caso venezolano, la legislación del ejecutivo vía ley habilitante, estado de emergencia, estado de alarma o por intermedio de la Asamblea Nacional Constituyente que, finalmente no concluyó con el mandato de redactar una nueva Constitución), producto quizás de la propia dinámica parlamentaria o falta de consensos necesarios, lo que ha contribuido a que el juez adquiera un rol activo en la creación de derecho a través de sus decisiones, las cuales, en la mayoría de las veces son generadores de cambios que luego son positivizados en leyes o incluidos en el catálogo de sentencias vinculantes de la Sala Constitucional. No obstante, ese rol activista del juez, no puede convertirse en una discrecionalidad absoluta. Para evitar esa discrecionalidad, el juez debe argumentar su decisión, debe superar un test mínimo de constitucionalidad, debe solucionar ese caso concreto, por lo que debe ser ponderado, coherente y prudente en su decisión.

3.4. Irrazonabilidad principalista

En cuarto lugar, destaco la sentencia Nº 264, de 11 de abril de 2016, mediante la cual la Sala Constitucional resolvió el control previo de la constitucionalidad de la Ley de Amnistía y Reconciliación Nacional, sancionada por la Asamblea Nacional el 29 de marzo de 2016, únicamente por violación a principios constitucionales.

Esa sentencia, comienza en el punto 2 de la motivación para decidir titulado "*Principios y garantías constitucionales*", por hacer disquisiciones acerca de la jurisdicción normativa por integración de la norma al ordenamiento jurídico utilizando esquemas entre moral y derecho, al señalar que:

> *"No obstante, en el examen y aplicación de tales normas, el juez se encontrará con obscuridades y ambigüedades, debiendo aclarar correctamente los términos de la ley a la luz, de la Constitución, de su texto y su contexto; pero de igual modo, existen casos en los que el juez puede no conseguir una norma en la cual subsumir la controversia planteada, correspondiéndole, entonces, elaborar la norma para dar una solución pacífica al conflicto, situación en la cual, la comunión de funciones y las coincidencias históricas, harán de las normas morales un recurso más que apropiado para elaborar la norma con la cual integrar el derecho (vid. Sentencia de esta Sala número 1.806/2008), como parte de los instrumentos de los que dispone la técnica jurídica en la búsqueda de otros medios adecuados a la satisfacción de la necesidad de hacer justicia".*

Esa jurisprudencia parece que descubrió el agua tibia al incorporar la moral para la resolución de los casos difíciles, claro está 40 años después de que se diera el debate en la doctrina. Pero, los argumentos que utiliza la Sala Constitucional son para justificar la existencia de conflictos entre principios y valores que se antagonizan en algunos casos difíciles. El fallo, en este punto expresa:

> *"Ahora bien, frente al conflicto entre los referidos valores y principios constitucionales, tanto la propia Constitución como la experiencia legislativa y jurisprudencial han optado por tutelar la justicia y la preeminencia de los derechos humanos como valor preponderante".*

Finalmente, en esas primeras líneas de sustentación teórica de la sentencia, incluye a la ponderación como método para solucionar los conflictos entre principios y valores, así como a la proporcionalidad y la razonabilidad como límites a la discrecionalidad del legislador. El fallo señala al respecto:

> *"Es así como, aún en el marco de la ponderación que se realice tratando de satisfacer fines constitucionalmente legítimos y de similar o mayor importancia que los bienes jurídicos penales cuya responsabilidad se pretende olvidar, la amnistía ha de cumplir con los principios de proporcionalidad y razonabilidad a los que debe someterse todo acto del poder público que incida en la vigencia de los derechos fundamentales, y, en esa medida, visto el propósito de la menor afectación posible al contenido de los derechos humanos, una ley de amnistía no podría consagrar el perdón de hechos encuadrados en delitos que expresen un manifiesto desprecio por la vida, la integridad y la dignidad de las personas, ya que ello supondría desconocer la vigencia de tales derechos, utilizando la amnistía para sustraer de la acción de la justicia a determinadas personas, y afectando el derecho de acceso a la justicia de los perjudicados por los actos amnistiados".*

Ya en la parte resolutoria del fallo, la Sala Constitucional sustenta la inconstitucionalidad de la Ley de Amnistía y Reconciliación Nacional, en la violación de los principios de legalidad y tipicidad (artículo 49.6 CRBV), de los principios de justicia y responsabilidad (insólitamente cita el artículo 3 de la Constitución Española y los artículos 2 y 3 de la CRBV), que no se parecen ni en su contenido ni en sus efectos prácticos y el principio de soberanía (que no es más sino una violación a las sentencias que han declarado inejecutables algunas sentencias de organizamos internacionales).

Debo reconocer que mi rechazo frente al argumento de violación del principio de soberanía hubiese sido casi automática hace algunos meses, pues la doctrina contemporánea ha venido debilitando a la soberanía como un elemento fundamental del Estado, ello a partir de la incorporación de los organizamos multilaterales en materia de DD.HH, económicos y penales, así como por efecto de la propia integración regional y la globalización.

Ahora bien, hay 4 temas que me hacen repensar mi respuesta automática y ponerle un paréntesis para un análisis más profundo, a saber: 1) La falta deliberada de apoyo presupuestario a la Corte IDH, que ha incidido en que tuvo que despedir el 40% de su personal en 2016, lo que obviamente es una política de los Estados miembros de la CADH para que sea inoperativa; 2) La salida de Gran Bretaña de la CEE, por obra del Brexit este mismo 2021, bajo argumentos de soberanía; 3) La decisión de la Corte Suprema de los Estados Unidos de Norteamérica en el caso Medellín vs Texas donde por intermedio de un *certioriari* declaró inejecutable una sentencia de la Corte Penal Internacional sobre la violación de los derechos humanos a ciudadanos extranjeros detenidos a los que se les condenó sin notificar a sus embajadas y; 4) El desconocimiento de los efectos de las sentencias dictadas por la Corte IDH por parte de las Altas Cortes de Justicia en Venezuela (Casos Leopoldo López, RCTV y Apitz, Rocha y Ruggieri), República Dominicana (caso Yean Bosico) y Argentina (caso Fontevecchia y D'Amico), bajo argumentos de violación de su soberanía.

Esa sentencia además, incluye en un error al citar como precedente la jurisprudencia de la CIDH en el caso Gelman vs Uruguay, en invocar otras 5 sentencias, que precisamente han servido de génesis del denominado control de convencionalidad, para llegar a una conclusión absolutamente distinta a la que pregonan.

Cerrar la vía de la amnistía es cerrar el proceso que seguramente beneficiaría a los que dictaron ese fallo, lo que va en contra del desarrollo armonioso de la sociedad, que busca diálogo y entendimientos, frente a la aplicación de tesis retrogradas de desconocimiento del adversario y de aplicación del derecho penal del enemigo.

4. CONCLUSIONES

La Constitución de Venezuela tiene una gran carga axiológica, por la positivización de principios y valores que expresamente son reconocidos, por lo que son de exigibilidad inmediata y son más que principios de optimización del ordenamiento jurídico. Incluso, pudiera pensarse que en algunos casos esos principios tienen una carga normativa similar a las de las reglas.

No existe distinción entre valores y principios constitucionales, pues los mismos son tratados como sinónimos por el texto Fundamental, ya que el Título I denominado Principios Fundamentales, regula en su articulado los valores y valores superiores sin distingo entre su jerarquía axiológica o prevalencia.

Las 4 fases que se identifican en el tratamiento de los principios y valores constitucionales por la Sala Constitucional del Tribunal Supremo de Justicia, pasan de un monopolio exclusivo de ese órgano especializado para su interpretación, a un marcado carácter ideológico para su protección, para luego dar paso a una fase de ascenso a los principios y valores y finalmente enterrarlos con interpretaciones contrarias a todo sentido común y a la ética republicana.

TEMAS VARIOS

La adiaphora.
Julio Rodríguez Berrizbeitia

Ilegitimidad de la *dolarización* de las sanciones tributarias.
Humberto Romero-Muci

El Leviatán portacontenedores "*Ever Given*":
Un compendio de Derecho Marítimo.
Luis Cova Arria

Carabobo: La Batalla que no termina *a cien años del homenaje y a doscientos de la epopeya.*
Enrique Urdaneta Fontiveros

La legislación del agua en Venezuela.
Jorge Luis Lozada González

El emprendimiento social y su protección
por la legislación de propiedad intelectual.
Franklin Hoet-Linares

Individualización de las sanciones en el Sistema Penal
de responsabilidad del adolescente.
Nelly Del Valle Mata

LA ADIAPHORA

JULIO RODRÍGUEZ BERRIZBEITIA*

SUMARIO

• Introducción: ¿Cómo poder interpretar la adiaphora en el mundo de hoy? • Primera parte: • La historia de la adiaphora (momentos determinantes en el desarrollo de la misma). • 1.a. La Stoa. • 1.b Los escolásticos (Santo Tomás de Aquino). • 1.c Las guerras religiosas y la consideración de la adiaphora como instrumento para lograr cierto grado de conciliación. • 1.d. Kant y las adiaphoras. • Segunda parte: • La adiaphora en la consideración de John Finnis en especial referencia a William Blackstone. • Tercera parte: • La adiaphora frente a problemas actuales. • a. ¿Tiene la adiaphora algún rol en los desacuerdos jurídicos? • Algunos comentarios finales. Referencias bibliográficas.

INTRODUCCIÓN
¿CÓMO PODER INTERPRETAR LA ADIAPHORA EN EL MUNDO DE HOY?

Tal como señala Manfred Svensson del Instituto de Filosofía de la Universidad de los Andes:

> *"La noción de cosas indiferentes (adiaphora) ha desempeñado un importante papel a lo largo de la historia del pensamiento y constituye un caso significativo de cómo un concepto de tradición filosófica antiguo es adoptado por los cristianos para usos radicalmente distintos de los originales".*[1]

En realidad, la noción de lo indiferente puede requerir un análisis detallado de lo que es indiferente para una sociedad en un momento determinado, lo cual no puede ser asimilado a la indiferencia estoica re-

* Individuo de Número de la Academia de Ciencias Políticas y Sociales.

1 Manfred Svensson, "Adiaphora en la reforma protestante ¿minimalismo doctrinal y neutralidad moral". *Teología y Vida, Teo, vida*, vol. 53, nº 4, Instituto de Filosofía de la Universidad de los Andes, Santiago, 2012, http//dx.doi.org/104067/S0049-344 92012000300006.

lacionada con un cierto determinismo natural y que sirvió de base a un escepticismo –con algo de pasividad– del actuar humano. De cualquier forma, la utilización del concepto en sus variantes históricas da pie a una reflexión que todavía no se agota en el mundo de hoy, particularmente en el Derecho, que es lo que nos interesa en el presente trabajo. Pensemos solo en algunos de los temas generados a lo largo del tiempo y que ciertamente no agotan la reflexión. Por ejemplo, ¿lo indiferente moral se extiende a lo jurídico? Lo cual siempre va a incidir entre la relación del Derecho con la moral que tanto ocupó la reflexión de Kant, así como la de la filosofía analítica de corte positivista.

En el fondo pareciera que siempre está presente la pregunta con respecto al alcance del Derecho y la determinación de sus limitaciones. Lo anterior va a tocar en profundidad al contenido del concepto de Derecho. En otro orden de ideas, tal como ocurrió con Santo Tomás y los neotomistas contemporáneos como John Finnis, no va a dejar de estar presente, a pesar de los embates positivistas, el tema relativo a la "*determinación*" del Derecho natural a través del positivo.

En un debate más reciente, al mejor estilo de Hart, se nos va a plantear el asunto referente a la indeterminación del Derecho y al alcance de la discrecionalidad judicial que tanto espacio ha ocupado a la hora de profundizar la naturaleza de las discrepancias entre Hart y Dworkin con respecto a este tema. Lo innegable, de alguna forma, es que existen acciones difíciles de explicar a la luz del enfoque del jurista. Nos encontramos frente a una imposibilidad de hecho de aplicar el Derecho lo cual puede requerir recurrir al concepto que venimos estudiando o al recurso que la doctrina ha venido utilizando como, por ejemplo, el "*espacio libre de Derecho*" de Arthur Kaufmann.

Algunos hablarán de que las adiaphoras no pueden ignorarse ya que presentan una "*relevancia periférica*". De cualquier forma, creemos, con Radbruch, que el Derecho "*no puede llegar a una regulación parcial*". Bajo otra óptica de análisis en la prosecución de una utilidad del concepto en cuestión, podemos trasladarnos a la época de las guerras de religión, para pensar con los erasmistas que era posible llegar a puntos de encuentro entre, por ejemplo, católicos y protestantes si el análisis se centraba en lo básico del culto religioso, y se dejaba de lado las adiaphoras. Todo ello, combinado con el concepto de Locke de tolerancia, da pie a una discusión en el mundo de hoy que puede traducirse en un apoyo importante a cualquier negociación política y jurídica, en la cual las desavenencias con respecto a las cosas declaradas como indiferentes, pueden dejarse de lado para llegar a un cierto nivel de acuerdo.

En el desarrollo del concepto en análisis, los juristas podemos plantearnos la necesidad de analizar, con gran detenimiento, las formas jurídicas o no, de regular a una sociedad. Tal como señala Waldron:

> *"Es un terreno común que no todos los aspectos del gobierno en un estado moderno son gobernanza a través del Derecho. Algunos implican gobernanza legal, otros se refieren a una gobernanza no legal (por ejemplo, gobernanza a través de órdenes directas o instrucciones gerenciales oficiales). La teoría de la regla de Derecho (rule of law) atribuye una tremenda importancia a esta distinción. Mismo dándole un alcance limitado a este asunto, muchos juristas creen que la diferenciación a lo largo de estas líneas de actuación estatal, tienen algún grado de importancia para una teoría normativa de gobierno".*[2]

La utilización, en sentido actual, de un concepto de larga data nos plantea temas vivos de interpretación. Todo ello a la luz de esta nueva sociedad de riesgo que nos ha tocado vivir, en la cual al Derecho se le exige una posición dinámica que a veces no cuenta con los tiempos suficientes para actuar de forma eficiente. Tal como señala Raz:

> *"La interpretación, sin embargo, es un sujeto grande perteneciente a la teoría del entendimiento de la acción de las culturas, y de sus productos. No es un tópico que la filosofía del lenguaje, por sí misma, pueda explicar. Pero la interpretación levanta problemas para los cuales la filosofía del lenguaje puede ayudar, especialmente los problemas levantados por la vaguedad".*[3]

---

2 Jeremy Waldron, "Normative (or Ethical) Positivism" en *Essays on the Postscript to The Concept of Law*, Edited by Jules Coleman, Oxford University Press, New York, 2001, edición de Amazon Kindle, pos 8175 a 8178.

3 Joseph Raz, "Two Views of The Nature of The Theory of Law a Partial Comparaisson" en *Essays on the Postscript to The Concept of Law*, ob. cit., pos 202 a 205.

PRIMERA PARTE
LA HISTORIA DE LA ADIAPHORA (MOMENTOS DETERMINANTES EN EL DESARROLLO DE LA MISMA)

1.a. La Stoa

Según señala Anthony Kenny:

> *"Vivir de acuerdo con la naturaleza, es, para los Estoicos equivalente a vivir de acuerdo con la virtud. Al final, la virtud es necesaria para la felicidad. La virtud no es solo el final del supremo bien: es además el único bien real. Entre las cosas que son, algunas son buenas, otras malas y algunas no son ni unas ni otras. Las cosas que son buenas son las virtudes: sabiduría, justicia, fortaleza, moderación y algunas más. Las cosas que son malas son las contrarias: locura, injusticia y otras, las que no son ni unas ni otras son las que no ayudan y tampoco dañan: por ejemplo, vida, salud, placer, belleza, fortaleza, forma, buen nacimiento, y las opuestas, muerte, enfermedades, dolor, fealdad, debilidad, pobreza, desamor, etc.*
> *Los temas en la larga lista de las cosas que no ayudan ni dañan son llamados por los estoicos "cuestiones indiferentes" (adiaphora).*[4]

La filosofía estoica jugó un rol esencial en la edad media, probablemente mucho del influjo que hemos tenido de ella obedece a esta época de la historia. Su insistencia en el conocimiento humano que se relaciona con la percepción sensible va a determinar muchas formas futuras de conocer al mundo. Al final el hombre es una tabula rasa el cual es el sujeto de las percepciones sensibles que vienen de afuera. Ello va a marcar en el devenir, toda una forma de aproximación a la realidad. La ética estoica plantea una manera de aproximación al deber en la cual se nos presenta una subordinación al mismo que no vamos a tener, con la misma insistencia, hasta Kant. A fin de cuentas, hay que lograr un absoluto control con respecto a las pasiones y a los accidentes externos. Desde la perspectiva del Derecho el Derecho natural recibió un cierto influjo de la manera estoica de ver la vida lo cual generó una importante

4 Anthony Kenny, *Western Philosophy*, Clarendon Press, Oxford, 2010. pp. 223 y 224.

presencia en la ética y la filosofía del Derecho de los tiempos modernos.[5] Lo anterior se patentiza con autores como Cicerón y Ulpiano. No obstante, la influencia señalada ha sido objeto de discusión. Por ejemplo, Emile Bréhier señala:

> *"El estoicismo, tan extendido ¿dejó alguna huella en el Derecho romano? La característica histórica del Derecho romano es indudablemente su indiferencia casi absoluta de la religión y de la moral, y también una concepción de la soberanía del Estado verdaderamente extraña a Grecia. Por ello, aunque los tratados teóricos, como las Leyes de Cicerón, sean de inspiración estoica y aunque se pueda encontrar en Ulpiano una definición estoica de la justicia como "voluntad constante y perpetua de atribuir a cada uno lo suyo", el estoicismo solo desempeñó un papel oscuro; los historiadores del Derecho ni siquiera están de acuerdo en remontar hasta el estoicismo la noción del Derecho natural y muchos le atribuyen un origen puramente romano".*[6]

Por su parte Hirschberger nos aporta una óptica diferente a la de Bréhier, en tal sentido señala:

> *"Desde el momento en que el estoicismo se aclimata al mundo romano, las ideas jurídicas evolucionan lentamente en este sentido juristas como Gayo, Ulpiano y Marciano introducen las normas del Derecho natural en sus doctrinas jurídicas y consideran justamente a aquellas como las líneas ideales orientadoras para la interpretación del Derecho y de la ley positiva. Particularmente es proclamado el Derecho natural fundamento del Derecho de gentes. Y una serie de emperadores imbuidos del sentido estoico sacarán de las concepciones estoicas del Derecho numerosas consecuencias concretas (por ejemplo, Marco Aurelio prohíbe la lucha de gladiadores)".*[7]

Lo cierto es que la evolución de las ideas griegas en el Derecho romano es bastante más complicada. Aldo Schiavone en una obra ya

---

5 Johannes Hirschberger, *Breve historia de la filosofía*, Herder, Barcelona, 1964. pp. 72 y ss.

6 Emile Bréhier, *Historia de la filosofía,* Tomo I, Desde la antigüedad hasta el siglo XVII, Editorial Tecnos, 1988. p. 341.

7 Johannes Hirschberger, *Historia de la Filosofía,* Tomo I, Biblioteca Herder, Editorial Herder, Barcelona 1976. pp. 230 y 231.

clásica en la historia del Derecho nos aporta ideas centrales con respecto a "*legitimidad y potencia: el iusnaturalismo*" en tal sentido tomemos algunos de sus señalamientos para explicar el proceso que queremos mostrar. Empecemos el relato de lo que ve Schiavone desde el comienzo en Grecia:

> *"Cuando en Atenas se cristalizó la corrección entre physis y nomos –digamos entre los siglos V y IV a.C.–, esta no tenía al frente ... ninguna especialización jurídica ni ninguna auténtica experiencia del Derecho, sino solo, por un lado, la ley como dominio político (forma absolutamente predominante de regulación social –un auténtico modelo de soberanía–, por entero inmersa en la cultura de los oradores que la interpretaban) y por el otro la reflexión ética y metafísica, de los sofistas (y de Heráclito) a Aristóteles, que se ocupaban con fervor de la moral en el horizonte civil de la polis. Por lo tanto, solo retórica y filosofía. Esto condujo a plantear la discusión en los términos de una relación entre leyes (escritas) de la ciudad y leyes (no escritas, sino naturales) de la moral; y en consecuencia, a plantear precozmente el problema de la "justicia" en su relación con el orden político, y de la conformidad de la ley política con el orden natural: un gran tema que había atravesado el pensamiento griego desde los sofistas hasta el medioestoicismo, y provocado la escritura de textos extraordinarios, desde Antígona hasta la Apología de Sócrates."*[8]

Determinado el lugar donde se empieza a pensar en la justicia como una virtud (la virtud por excelencia en la *Ética Nicomaquea* de Aristóteles) Schiavone nos lleva a Roma:

> *"Cuando llegó la nueva ola imigratoria griega, ellos –en el auge de la transformación de su saber, que advenía también gracias a la asimilación de aquella misma filosofía extranjera que había producido el debate sobre la ley y sobre lo justo– no la rechazaron por completo, sino que buscaron más bien integrarla al cuadro conceptual que tenían a su disposición y que estaban reelaborando... No renunciaron a nada de su estructura formal –esta era ya su identidad–, sino que buscaron conciliarla con una visión del ius en la*

---

8 Aldo Schiavone, *Ius. La invención del Derecho en Occidente,* Adriana Hidalgo editora, Buenos Aires, 2009. pp. 340 y 341.

que tuviesen espacio también otros elementos, digámoslo así, más sustantivos. La vieja idea de equidad se prestaba a este objetivo, si se lograba sobreponerle otra imagen, con un trasfondo teórico más robusto y actualizado a sus espaldas. Y fue exactamente eso lo que hicieron: el resultado fue el nacimiento del iusnaturalismo".[9]

Luego de una detallada descripción de como entran en el Derecho romano los conceptos griegos en general y los estoicos en particular, Schiavone arriba a la siguiente conclusión:

"Con Servio y Labeón nos encontramos entonces en el punto de conjunción entre la tradición retórica-filosófica y el trabajo de los juristas: el paradigma iusnaturalista, con frecuencia filtrado a través de la idea de equidad, y en todo caso siempre reducido a un horizonte de operatividad prescriptiva, se había convertido de allí en más –incluso sin haber sido teorizado nunca por ellos– en uno de los hilos de la trama de su reflexión, hasta la definitiva consagración ulpiana, y en uno de los elementos fundadores de aquella perspectiva universalista que, durante el principado, la jurisprudencia había seguido cada vez más con mayor coherencia, como definitiva legitimación de las propias decisiones y del propio obrar".[10]

Pocas veces, en mi opinión, hemos visto un diálogo tan fructífero, en sus resultados entre la filosofía y el Derecho. Se iniciaba una discusión presente hasta nuestros días acerca de la naturaleza del Derecho.

1.b. Los escolásticos (Santo Tomás de Aquino)

Naucke y Harzer hablan, en el caso de Tomás de Aquino, de "*tres planos de la filosofía del Derecho*". Ellos son los siguientes: La ley eterna (el ser inmutable de la idea; la voluntad divina). La ley natural (el reconocimiento de lo eterno por parte del hombre; traducción del ser eterno a la esfera del ser humano conforme a su principio). La ley humana (la traducción de la ley natural a la actualidad).[11]

---

9 Aldo Schiavone, ob. cit., pp. 342 y 343.

10 Aldo Schiavone, ob. cit., pp. 354 y 355.

11 Wolfgang Naucke y Regina Harzer, *Filosofía del Derecho. Conceptos básicos*, Editorial Astrea, Buenos Aires, 2008. p. 58.

En realidad, lo señalado por los autores citados dará pie a un conjunto de relaciones entre los planos señalados que, a los efectos de este trabajo, tendrá importancia sobre lo que la doctrina (entre ellos Finnis) ha denominado "*la indeterminación del Derecho natural*". Sebastián Contreras se refiere a la situación señalada en los siguientes términos:

> *"Para Santo Tomás, la determinación es uno de los modos de derivación de la ley humana desde la ley natural, y particularmente la manera en que se deriva el Derecho positivo o civil. Los escolásticos retoman la reflexión de Santo Tomás sobre este problema, y la enriquecen con ideas y conceptos nuevos, especialmente Fray Luis de León y Domingo de Soto... La existencia de un ámbito de indeterminación en el Derecho es algo probado no sólo por los autores contemporáneos, como Endicott o Hart."*

También ha sido ampliamente demostrado no solo por los pensadores clásicos. Aristóteles o Santo Tomás, por ejemplo, para quienes respecto de aquellas materias que no pertenecen al Derecho natural, y que, por tanto, no son esencialmente ni justas ni injustas, la definición de una conducta como buena o mala ha sido entregada a la prudencia de la autoridad. Más adelante el autor que comentamos trata de perfilar el concepto de justo legal mencionando:

> *"Lo justo legal es un ordenamiento de la razón que especifica aquello que está indeterminado por lo justo natural (pero que concuerda con este); que está orientado o dirigido hacia el bien de una comunidad política particular y que solo surge una vez que el legislador ha llevado a cabo una actividad intelectual consistente en medir la realidad con el fin de establecer una norma o regla capaz de dirigirla".*[12]

Como quiera que sea, el concepto adiaphora se ha relacionado en su evolución, con el de *deliberatio* en Santo Tomás, Finnis se ha ocu-

---

[12] Sebastián Contreras, "Adiaphora e indeterminación en el Derecho sobre la doctrina tomista de la *determinatio* y su función completiva y constructiva entre los escolásticos", *Pensamiento revista de investigación e información filosófica*, vol. 68, num. 255 (2012), enero-abril, pp. 51, 52 y 54. Revistas.comillas.edu>pensamiento>article>view. Javier Hervada desarrolla con particular agudeza "*las relaciones entre lo justo natural y lo justo positivo*". Ver Javier Hervada, *Introducción crítica al Derecho natural*, Editorial Ábaco de Rodolfo Depalma, Buenos Aires, 2008, pp. 131 y ss.

pado de desarrollarlo en la filosofía jurídica actual. En su obra *Ley natural y derechos naturales* destaca el tema de "*La derivación de la ley positiva a partir de la ley natural*". Finnis partiendo de la razonabilidad práctica aristotélica y tomista construye un puente entre el Derecho natural y el positivo. En tal sentido señala:

> *"En toda ley positiva bien hecha hay alguna cosa de la ley de la razón...; y discernir... la ley de la razón de la ley positiva es muy arduo. Mas, aunque sea arduo es muy necesario en toda doctrina moral y en todas las leyes hechas para el cuerpo positivo. Estas palabras del jurista inglés del siglo XVI Cristhopher St. German expresan la preocupación fundamental de toda teoría iusnaturalista sensata: comprender la relación (las relaciones) entre las leyes particulares de sociedades particulares y los principios permanentemente relevantes de la razonabilidad práctica."*[13]

Ahora bien, qué constituye la esencia del concepto determinativo en el aquinense:

> *"...según la concepción de Tomás de Aquino, el Derecho está constituido por reglas que se derivan de la ley natural como conclusiones deducidas de principios generales, y por el resto de reglas que se derivan de la ley natural como determinaciones (determinationes) de directivas generales. Él explica esta noción de determinatio por analogía con la arquitectura (o cualquier otro arte práctico), en la cual una idea general o forma (como casa, puerta, manija) tiene que concretarse en esta casa, puerta, manija, particular, con especificaciones que ciertamente se derivan de y están informadas por la idea general, pero que podrían haber sido más o menos diferentes o muchos aspectos y dimensiones particulares (incluso en todos), y que por lo tanto exigen del artífice una multitud de elecciones".*[14]

A la pregunta acerca de si ¿todos los derechos humanos se derivan del Derecho natural? Santo Tomás da una respuesta que constituye el núcleo de una reflexión que no ha cesado a lo largo de la filosofía:

---

[13] John Finnis, *Ley natural y derechos naturales*, Abeledo-Perrot, Buenos Aires, 1992, p. 308.

[14] John Finnis, ob. cit., p. 311.

"Debe notarse que hay dos maneras en que algo se deriva del Derecho natural, primero, como conclusión desde sus principios, y segundo, como aplicación específica de lo que fue expresado en términos generales. La primera manera es similar al método de las ciencias que deriva pruebas concluyentes de los primeros principios. La segunda es la de las artes en las cuales una aplicación específica se hace de una forma general."[15]

Para Paul Sigmund:

"El proceso de derivación no es estrictamente lógico o deductivo sino uno que envuelve el uso de la sindéresis o la intuición para llegar a los principios básicos y al ejercicio de la razón práctica para aplicarlos a las circunstancias cambiantes y contingentes".[16]

Para Finnis el "*acto de poner el Derecho (sea judicial o legislativamente o de cualquier otra forma) es un acto que puede y debería ser guiado por reglas y principios morales; que esas normas morales son una cuestión de razonabilidad objetiva, no de capricho, convención o mera decisión; y que esas mismas normas morales justifican (a) la misma institución del Derecho positivo, (b) las principales instituciones técnicas, y modalidades dentro de esa institución (e.g. la separación de poderes), y (c) las principales instituciones reguladas y sostenidas por el Derecho (e.g. el gobierno, los contratos, la propiedad, el matrimonio, y la responsabilidad penal). Lo que verdaderamente caracteriza a*

---

15 St. Thomas Aquinas, en *St. Thomas Aquinas on Politics and Ethics*. Traslated and Edited by Paul E. Sigmund. A Norton Critical Edition, New York, 1988. p. 53.

16 Paul E. Sigmund, "Thomistic Natural Law and Social Theory" en *St. Thomas Aquinas on Politics and Ethics,* ob. cit., p. 180. Maritain describe con gran lucidez dos elementos en el Derecho natural: ontológico y gnoseológico. Para el profesor francés "*es en virtud del Derecho natural que el Derecho de las naciones y el Derecho positivo toma la fuerza de Derecho, y se impone sobre las conciencias. Ellos son una prolongación o extensión del Derecho natural, que se adentra en zonas objetivas que cada vez más van a ser suficientemente determinados por la inclinación esencial de la naturaleza humana. Es el Derecho natural en sí mismo que requiere que lo que él ha dejado indeterminado sea determinado, ya sea como Derecho u obligación existente para todos los hombres, y del cual ellos toman conciencia, no a través de un conocimiento por inclinación, sino por razones –a través del jus gentium– o –del Derecho positivo– como Derecho u obligación existente para algunos hombres en razón de regulaciones humanas y contingentes propios del grupo social del cual son parte*". Ver Jacques Maritain, "Natural Law" en *St. Thomas Aquinas on Politics and Ethics,* ob. cit., pp. 204 y ss.

la tradición es que no se satisface con simplemente observar el hecho histórico o sociológico de que la moral afecta de tal modo al Derecho, sino que en lugar de eso procura determinar cuáles son realmente las exigencias de la razonabilidad práctica, para ofrecer de este modo una base racional para las actividades de los legisladores, los jueces, y los ciudadanos".[17]

El tema de la positivización del Derecho natural, tal como se plantea desde Aquino en adelante, sigue vigente en la discusión contemporánea. La constitucionalización del Derecho natural no es un tema a ignorar en la consideración del jurista de hoy.

Aprovechando el nombramiento de Joseph Biden como presidente de los Estados Unidos de América, podemos recordar una opinión del mismo relatada en la conclusión de la obra de Owen Anderson. En efecto, Biden durante el tiempo en que fue *chairman* del Comité Judicial del Senado tuvo que presidir la audiencia de confirmación de los jueces Robert Bork y el Justice Clarence Thomas. Bork fue criticado (y no confirmado como juez de la Corte Suprema) por no considerar seriamente el background de los derechos de la gente otorgados por la Novena Enmienda de la Constitución americana. Bork había comparado esa enmienda con una mancha de tinta (*ink blot*). Thomas fue criticado por confiar en el Derecho natural en la interpretación de la Constitución. Biden explicó que lo criticó no por compartir igual que él la prioridad del Derecho natural en la interpretación de la Constitución, sino más bien por no haber explicado suficientemente qué versión del Derecho natural él había adoptado. Para Owen el problema (el debate real) no era por el Derecho Natural sino más bien acerca de qué Derecho y cuál era la naturaleza de las cosas.[18]

---

17 John Finnis, ob. cit., p. 317. En otra obra suya Finnis se pronuncia con respecto a "*las leyes justas e injustas: autoridad y obligación*". Al respecto afirma: "*Muchas leyes humanas, incluso las justas, simplemente no reproducen los requerimientos de la moral (por ejemplo, del Derecho natural moral). Pero las leyes humanas justas tienen autoridad moral, e implican obligación moral. Ellas tienen esa autoridad porque tienen una relación inteligible con los principios y preceptos permanentes de la moralidad, relación que Aquino fue el primero en clarificar y nombrar*". Ver John Finnis, *Aquinas. Moral, Political and Legal Theory*, Oxford University Press, Oxford, 1998. p. 266.

18 Owen Anderson, *The Natural Moral Law. The Good After Modernity,* Cambridge University Press, Cambridge, 2012. p. 276.

1.c. Las guerras religiosas y la consideración de la adiaphora como instrumento para lograr cierto grado de conciliación

Paul Johnson en su *Historia del cristianismo*, desarrolla con detalle, la evolución de los encuentros realizados entre católicos y protestantes con el objeto de preservar la unidad del cristianismo. Los planteamientos se desarrollaron alrededor de la idea de acordar sobre lo que era esencial en materia de fe y dejar de lado las llamadas adiaphoras que al final no afectaban los puntos centrales de las creencias cristianas. En tal sentido, señala el autor *in comento,* un grupo de pastores luteranos acudió a Erasmo para solicitarle jugara el papel de *"el ser el futuro Salomón, cuyo juicio privará de algo a cada parte, y así acabara con la discordia*". Del lado protestante, son representativos de este esfuerzo Melanchton y Bucer. En el ánimo, tanto de católicos como de protestantes, estaba la idea de si ¿la escisión de la Reforma era evitable? De parte de los católicos jugó un papel preponderante el Cardenal Gasparo Contarini el cual era partidario del concepto de la justificación planteado en 1538 por el Cardenal Johann Gropper, el cual en su obra *Enchiridion Christianae Institutionis* defendió tal tesis que según esperaba reconciliara a católicos y protestantes. Los cardenales señalados se guiaban por el esfuerzo erasmista de conciliación entre las religiones cristianas. A los efectos de lograr la tan deseada reunificación religiosa, se celebró un coloquio auspiciado por el propio emperador Carlos V en el cual se pretendía lograr un compromiso mediador entre la tesis luterana de la salvación por la fe y la católica por las buenas obras. Tal como señala Johnson:

> *"...Contarini y Gropper presentaron su compromiso mediador (que ya había sido elaborado) de la doble justificación, es decir, la justificación imputada y la inherente, la fe y el amor. El hombre cristiano es justo en un doble sentido, por la fe y la gracia, y porque ejecuta las obras de amor; lo primero es más seguro dado que el hombre es imperfecto".*

Lamentablemente el diálogo fracasó frente a otros problemas más difíciles de conciliar y debido, también, a la multiplicidad de variantes del protestantismo. Al final cada lado se pretendió reforzar provocando largos enfrentamientos que produjeron enormes pérdidas humanas y destrucción física.[19] Tal como nos indica Anderson:

> *"Aplicando las ideas de la paz de Westfalia, Thomasius argumentaba que muchos de los temas que dividían a las personas religiosas (calvinistas, luteranos, y católicos) no eran esenciales para la buena vida (Good life). Añadía que muchas diferencias religiosas que resultaban en tensiones eran para ese momento adiaphoras, es decir, no comprometían materias de naturaleza moral sino más bien cuestiones de elección personal".*[20]

Lamentablemente el tema religioso continuó y aún continúa como fuente de diferencias entre los seres humanos. A pesar de esfuerzos como el de Locke en el siglo XVI y, Habermas y Dworkin, en el siglo XX y XXI. En Locke el tema se relaciona con la tolerancia en tal sentido señala Migliore:

> *"Los primeros escritos de Locke que se preocupaban por el tema de la tolerancia son los Two Tracts on Goverment. Aparentemente ellos habían sido redactados entre 1660 y 1662, es decir, inmediatamente después de que Carlos II asumiera el trono tras el interregno de Cromwell. El objetivo que nuestro autor tuvo en vista al escribirlos fue el de contestar a la pregunta sobre "si el magistrado civil puede legítimamente imponer y determinar el uso de cuestiones indiferentes en referencia a la creencia religiosa". Como señala Mark Goldie: "Los Two Tracts abordan un crucial y no resuelto aspecto del proceso de restauración. La monarquía había retornado, pero el carácter de la reestablecida iglesia de Inglaterra no estaba todavía determinado. Los episcopelianos y los presbiterianos disputaban acerca de si había sido la voluntad de Cristo que su iglesia fuera gobernada por obispos. Algunos pensaban que los ritos establecidos por el Libro de plegarias comunes eran supersticiones papistas. Las nuevas sectas tales como los cuáqueros y los baptistas, reclamaban la libertad de conciencia... Locke respondió con los Two Tracts. Toda la obra está dedicada al problema de las*

19 Paul Johnson, *Historia del cristianismo*, Editorial Vergara, Buenos Aires, 1999. pp. 384 y ss.
20 Owen Anderson, ob. cit., p. 111.

cuestiones indiferentes o adiaphora, tema de intenso debate en el pensamiento inglés reformista. Cuestiones indiferentes eran aquellos aspectos de la creencia o fe que se sostenía, no habían sido directamente prescriptos por Dios en la Escritura (temas atinentes al culto y al gobierno de la Iglesia) y que, por lo tanto, podían variar legítimamente. A ellas se contraponían aquellas normas que, por haber sido directamente establecidas por Dios eran consideradas indispensables para la salvación. El debate giraba en torno de si el rey estaba o no legitimado para legislar en aquellas materias religiosas que fueran indiferentes. Lo que los puritanos negaban es que la corona tuviese semejantes poderes. Se objetaba, por ejemplo, que la monarquía hubiese establecido el Libro común de oraciones, o la obligación de arrodillarse ante el sacramento eucarístico, prácticas que eran consideradas papistas. En contra de las posiciones puritanas (que habían de ser las suyas propias en obras más tardías), la solución que Locke da en sus Two Tracts on Gobernment a este debate, será la de admitir la intervención monárquica en aquellas cuestiones que puedan ser consideradas indiferentes siguiendo en esto la respuesta de ... Richard Hooker en su Of The Laws of Ecclesiastical Polity, cuyos primeros cuatro libros se editaron entre 1592 y 1594... La línea de pensamiento de Locke era una pieza convencional de anglicano (y moderado presbiteriano) adiaphorismo".[21]

---

[21] Joaquin Migliore, "John Locke y el problema de la tolerancia. Un aporte a la historia del surgimiento de los derechos humanos". *Anuario de la Asociación Argentina de Filosofía del Derecho* (www.aafder.org). *Ideas y Derecho* Nº 3, 2003, Rubinzal Culzoni, Buenos Aires, pp. 237 a 239.

En opinión de Bréhier: "*En Inglaterra no se trataba de impedir, como en el papismo, que un poder espiritual distinto del poder temporal se apoderase de este en nombre de la salvación eterna de los hombres; al contrario, en un país donde, desde los tiempos de Isabel, «la religión del súbdito estaba establecida por una ley discutida en un parlamento, compuesto en su mayoría por laicos, hombres de Estado y hombres de negocio», la cuestión estriba en saber si el poder civil, nacido del pacto, podía regular la vida espiritual. En tales condiciones, lo que admitía Locke no era una tolerancia absoluta; el soberano era indiferente a las creencias de los súbditos, salvo que tales creencias se manifestasen mediante actos contrarios al fin de la sociedad política...*". Ver Emile Bréhier, ob. cit., p. 845.

Para Anderson: "*Locke proporciona una solución civil a los problemas de las guerras religiosas, pero también una solución personal a lo que él considera los peligros del entusiasmo*". Ver Owen Anderson, ob. cit., p. 113.

Paul Johnson hace un exhaustivo análisis del pensamiento religioso (cristiano) de Locke en el cual señala que: "*Locke estaba diciendo que el cristianismo debía someterse a las*

Las guerras de religión, que resucitan en el mundo de hoy con los fundamentalismos religiosos, marcaron el pensamiento del hombre moderno. Tal como nos indica Anderson:

"Los pensadores modernos responsabilizaron a las guerras de religión de discusiones insolubles relativas a la próxima vida, dificultades interpretativas complejas relacionadas con antiguos textos y opiniones personales camufladas como una especial visión con respecto a la voluntad de Dios. En lugar de esto, los pensadores modernos se veían a sí mismos como alejados de las pasiones, las supersticiones, lo personal y lo sesgado en favor de una racionalidad fría y calculada que buscaba arribar a conclusiones alejadas de consideraciones y sentimientos personales".[22]

1.d. Kant y las adiaphoras

Kant en la "*Introducción*" a la *Metafísica de las Costumbres* dedica la parte cuarta a los "*conceptos preliminares de la metafísica de las costumbres (philosophia practica universalis)*" en dicha parte hace referencia al concepto que venimos analizando:

"El imperativo categórico, puesto que enuncia una obligación con respecto a determinadas acciones, es una ley práctico-moral. Con todo, ya que la obligación no solo implica necesidad práctica (como la que enuncia una ley en general), sino también coerción, el imperativo pensado es o bien una ley preceptiva o bien una ley prohibitiva, según se represente como un deber el cumplimiento o la omisión. Una acción que no está ordenada ni prohibida, está simplemente permitida, porque con respecto a ella no hay ley alguna que limite la libertad (permisión) ni, por tanto, deber alguno. Una acción semejante se llama moralmente indiferente (indifferens, adiaphora, res moral facultatis). Podemos preguntarnos si hay acciones semejantes y si, en el caso de que las haya, es necesaria

---

mismas pruebas rigurosas que una proposición científica y es lo que en general intentó hacer en La razonabilidad del cristianismo (1695)". Ver Paul Johnson, ob. cit., p. 451.

22 Owen Anderson, ob. cit., p. 89. Para Anderson se puede fechar el comienzo de la modernidad en la segunda mitad del siglo XVII. Comienza con el colapso de la manera medieval de lidiar con los desafíos internos, a través de la fuerza como mecanismo para lograr el consenso religioso. Ver Owen Anderson, ob. cit., p. 67.

todavía una ley permisiva (lex permisiva) para que a alguien le esté permitido hacer u omitir a su gusto, además de la ley preceptiva (lex praeceptiva, lex mandati) y de la ley prohibitiva (lex prohibitiva, lex vetiti). Si así fuera, el permiso no se referiría en todo caso a una acción indiferente (adiaphoron); porque para una acción semejante no se precisaría ley especial alguna, si la consideramos desde la perspectiva de las leyes morales".[23]

El texto anterior que incorporamos al presente estudio nos plantea el uso de la adiaphora en su sentido más tradicional. Sin embargo, con las limitaciones impuestas por el presente trabajo, hagamos algunos comentarios, tomando lo señalado por Hösle acerca de la obra moral (la cual incluye la metafísica del Derecho y de la virtud) de Kant. En efecto, el corazón del pensamiento ético de Kant se centraba en la adopción de una forma moderna de pensamiento jurídico. Desde esta perspectiva, no debe sorprendernos que nos ofrezca una legitimación moral del Derecho. Kant continúa con la larga tradición del Derecho natural que él logra separar de todo tipo de consideración teológica o cosmológica para centrarse en el imperativo categórico tal como menciona en el texto que citamos. En otro orden de ideas la libertad se constituye en uno de los pilares centrales de la teoría moral kantiana, aunque a veces puede llamarnos la atención de la convivencia de la misma con las obligaciones derivadas de los imperativos.

De cualquier forma, todo ser humano tiene un derecho original a la libertad lo cual quiere decir, que al tener los demás uno igual al de él, debe respetarlo. Desde el punto de vista del Derecho podemos señalar que el mismo se caracteriza por su autoridad para coaccionar. En tal sentido Kant nos aporta una definición que armoniza mi libertad con la de los demás. En virtud de lo anterior señala: "*El Derecho es, entonces, el conjunto de condiciones por medio de las cuales el arbitrio de uno puede armonizar con el de otro, según una ley general de libertad*". Debemos enfatizar que para Kant el Derecho se refiere solo a los actos externos, no a las actitudes internas; a la legalidad no a la moralidad; y

23 Inmanuel Kant, *La metafísica de las costumbres*. Estudio preliminar de Adela Cortina Orts. Traducción y notas de Adela Cortina Orts y Jesus Conill Sancho, Editorial Tecnos, Madrid, 2008. p. 29.

está orientado a la regulación de la libertad no a la satisfacción de necesidades, para ello algunos autores señalan que Kant no justificaba el "*estado de bienestar (welfare state)*".[24]

Volviendo al texto contentivo de la adiaphora, el mismo está en los "*Conceptos preliminares*" de la "*Metafísica de las costumbres*" que son previos a la consideración del Derecho y de la virtud.[25] En el texto en

---

[24] Vittorio Hösle, *A Short History of German Philosophy*, Princeton University Press, Princeton and Oxford, 2013, p. 77.
En la Introducción a la doctrina del Derecho contenida en *La Metafísica de las costumbres* de Kant, el mismo enfatiza aspectos centrales de su pensamiento jurídico. En tal sentido señala: "*Una acción es conforme a Derecho (recht) cuando permite, o cuya máxima permite a la libertad del arbitrio de cada uno coexistir con la libertad de todos según una ley universal*". Cuando se refiere a que el Derecho está ligado a la facultad de coaccionar, concluye: "*...al Derecho está unida a la vez la facultad de coaccionar a quien lo viola, según el principio de contradicción*". En lo referente a las acciones señala: "*Así como el Derecho en general sólo tiene por objeto lo que es exterior en las acciones, el Derecho estricto, es decir, aquel que no está mezclado con nada ético, es el que no exige sino fundamentos externos de determinación del arbitrio; porque entonces es puro y no está mezclado con prescripciones referidas a la virtud. Por tanto, solo puede llamarse Derecho estricto (restringido) al Derecho completamente externo. Sin duda, este se fundamenta en la conciencia de la obligación de cada uno según la ley; pero para determinar al arbitrio conforme a ella, ni le es lícito ni puede, si es que debe ser puro, recurrir a esta conciencia como móvil, sino que se apoya por tanto en el principio de la posibilidad de una coacción exterior, que puede coexistir con la libertad de cada uno según leyes universales*". Ver Immanuel Kant, *La metafísica de las costumbres*, ob. cit., pp. 39 a 41.

[25] En realidad, la *Metafísica de las costumbres* (1797) debe ser revisada en concordancia con la *Fundamentación de la metafísica de las costumbres* (1785) de la cual escribió el neokantiano Cassirer: "*...la Fundamentación de la metafísica de las costumbres, al ver luz en 1785, resultó ser como la Crítica de la razón pura el producto de más de doce años de estudios y meditaciones. Pero esta lentitud de gestación no perjudicó en lo más mínimo a la vivacidad, la elasticidad y el brío de la exposición. En ninguna de sus obras críticas maestras se halla tan directamente presente como en esta la personalidad de Kant, en ninguna brilla tanto como en esta el rigor de la deducción, combinado con una libertad tan grande de pensamiento, en ninguna encontramos tanto vigor y tanta grandeza morales, hermanados a un sentido tan grande del detalle psicológico, tanta agudeza en la determinación de los conceptos unida a la noble objetividad de un lenguaje popular, rico en felices imágenes y ejemplos*". Ver Ernst Cassirer, *Kant, vida y doctrina*, Fondo de Cultura Económica, México, 1974. pp. 280 y 281.
Sobre la otra obra moral de Kant la *Metafísica de las costumbres* ha opinado la profesora Adela Cortina: "*En principio la Metafísica de las costumbres es una obra de difícil lectura e intelección, dado lo seco y desmañado del estilo, de largas frases que en ocasiones quedan interrumpidas y en ocasiones están mal construidas. En otras ocasiones el autor escribe telegráficamente lo que parece haberse desarrollado con mayor amplitud en otros lugares y, por otra parte, no faltan corrupciones del texto y anacolutos. Naturalmente,*

cuestión se mencionan conceptos básicos para Kant. Cuando nos habla de imperativo categórico se refiere, en sus propias palabras a

> *"...todos los imperativos mandan ya hipotética, ya categóricamente. Aquellos representan la necesidad práctica de una acción posible, como medio de conseguir otra cosa que se quiere (o que es posible que se quiera). El imperativo categórico sería el que representase una acción por sí misma, sin referencia a ningún otro fin, como objetivamente necesaria. Toda ley práctica representa una acción posible como buena y, por tanto, como necesaria para un sujeto capaz de determinarse prácticamente por la razón. Resulta, pues, que todos los imperativos son fórmulas de la determinación de la acción que es necesaria según el principio de una voluntad buena en algún modo. Ahora bien; si la acción es buena solo como medio para alguna otra cosa, entonces es el imperativo hipotético; pero si la acción es representada como buena en sí, esto es, como necesaria en una voluntad conforme en sí con la razón, como un principio de tal voluntad, entonces es el imperativo categórico"*[26]

El otro término, que aparece en el texto analizado, y que cobra especial significación para Kant es el de "*deber*". En efecto para él "*asegurar la felicidad propia es un deber (al menos indirecto) pues el que no está contento con su estado, el que se ve apremiado por muchos cuidados, pudiera fácilmente ser víctima de la tentación de infringir sus deberes*".[27] Por otro lado, para el autor en estudio:

> *"Una acción hecha por deber tiene su valor moral, no es el propósito que por medio de ella se quiere alcanzar, sino en la máxima por la cual ha sido resuelta; no depende, pues, de la realidad del objeto de la acción, sino meramente del principio del querer, según*

este estilo impenetrable ha dificultado la traducción de la obra y su difusión en medios no germanoparlantes, pero también ha sido un obstáculo para su estudio en Alemania". Ver Adela Cortina Orts, "Estudio preliminar" en la *Metafísica de las costumbres*, ob. cit., pp. XX y XXI.

26 Immanuel Kant, *Fundamentación de la metafísica de las costumbres*. Con los comentarios de H.J. Paton, Edición de Manuel Garrido. Traducción de Manuel García Morente (texto de Kant) y Carmen García Trevijano (texto de Paton), Editorial Tecnos, Madrid, 2005. pp. 97 y 98.

27 Immanuel Kant, *Fundamentación de la metafísica de las costumbres*, ob. cit., p. 77.

el cual ha sucedido la acción, prescindiendo de todos los objetos de la facultad de desear".[28]

Adicionalmente, para Kant

"...el deber es la necesidad de una acción por respeto a la ley. Por el objeto, como efecto de la acción que me propongo realizar, puedo, sí, tener inclinación, más nunca respeto, justamente porque es un efecto y no una actividad de una voluntad. De igual modo, por una inclinación en general, ora sea mía, ora sea de cualquier otro, no puedo tener respeto: a lo sumo, puedo, en el primer caso, aprobarla y, en el segundo, a veces incluso amarla, es decir, considerarla favorable a mi propio provecho. Pero objeto del respeto, y por ende mandato, solo puede serlo aquello que se relacione con mi voluntad como simple fundamento y nunca como efecto, aquello que no esté al servicio de mi inclinación, sino que la domine, al menos la descarte por completo en el cómputo de la elección, esto es la simple ley en sí misma".[29]

El texto anterior reafirma la revolución moral adelantada por Kant en la cual se pretende alcanzar, como un todo, la unidad de la razón. Tal como señala Cassirer:

"Solo la crítica de la razón teórica y de la razón moral... puede precavernos contra la tendencia a reducir a fuerzas fundamentales del espíritu y a inteligencias motrices el curso de los otros, en vez de explicarlo mecánicamente y matemáticamente, y contra la aberración de pretender describir como estampas sensibles las leyes

---

[28] Immanuel Kant, ob. cit., p. 78.
Para Cassirer "*Claro está que la verdadera razón del formalismo de Kant debe buscarse en una capa aún más profunda de sus pensamientos, pues radica en aquel concepto genera trascendental de la forma que sirve también de base y de premisa a la ciencia matemática*". El siguiente texto del autor que citamos pone sobre el tapete la necesidad de llevar "*el formalismo mencionado*" al campo ético. En tal sentido señala: "*Lo mismo que antes para la idea pura, de lo que se trata ahora en el terreno práctico, el terreno de los apetitos los actos, es de encontrar el factor que le imprime carácter de vigencia objetiva. Solo descubriendo este factor pasaremos con él de la esfera del capricho a la esfera de la voluntad. Voluntad y conocimiento aparecen hermanados aquí: más para ello es necesario que se descubra una regla duradera y permanente que sirva de base a su unidad e identidad*". Ver Ernst Cassirer, ob. cit., pp. 282 y 283.

[29] Immanuel Kant, ob. cit., p. 79.

> *puras del deber y el orden inteligible que se revelan dentro de nosotros mismos. Esclarecer esta distinción, este dualismo entre la idea y la experiencia, entre el ser y el deber, y afirmar precisamente en él, y a través de él, la unidad de la razón: tal es, ahora, el problema más general que el sistema crítico se plantea".*[30]

Volviendo al texto kantiano contentivo de "*la acción indiferente*", la cual lo es por serlo moralmente tal, no se requeriría ninguna ley especial. Lo anterior plantea la duda de si la indiferencia moral puede ser suficiente para que el Derecho positivo no regule tales situaciones. Si en estricto sentido kantiano tenemos una obligación para con el Derecho que es moral y jurídica en este caso solo tendríamos la jurídica, el punto es que siempre tendríamos que someternos al criterio moral para lograr hacer tal determinación. Sin ahondar en lo que pudiéramos declarar para utilizar la expresión de Kaufmann de "*espacio libre de Derecho*", en este caso más amplio que el planteado por el profesor alemán, siempre tocaríamos aspectos que afectarían a la fundamentación del Derecho basada en su fuerza moral. En el fondo, el criterio de moralidad, pudiera ser útil para determinar los límites posibles en una sociedad del ámbito de lo desregulable.

Ciertamente que lo anterior requeriría definir el objeto de lo jurídico, es, por ejemplo, una sociedad de riesgo como la que vivimos en el mundo de hoy. Pero, también, la ampliación de lo indiferente, cuando

---

30 Ernst Cassirer, ob. cit., p. 315. Egusquiza citando al Wilhelm Windelband fundador de la llamada Escuela de Baden del neokantismo señala: "*La moral, como calidad humana, es intención conforme al deber*" y añade a lo anterior: "*Ahora bien a aquellas acciones cumplidas por deber en las cuales la voluntad es digna de ser estimada por sí misma, tenemos las acciones que exteriormente son conformes al deber y que pueden cumplirse por deber, pero que también pueden cumplirse siguiendo una inclinación de la naturaleza. De estas acciones, conformes externamente al deber, deriva el concepto kantiano del Derecho. Las leyes prácticas, en tanto que no se refieran sino a actos exteriores y a su legitimidad, son llamadas por Kant jurídicas, y en esto se distinguen de las leyes morales, pues en estas últimas se exige, además, que ellas sean los principios determinantes de las acciones. La libertad, con la cual se vinculan las leyes jurídicas, es el ejercicio exterior de la libertad; la libertad con la cual se vinculan las leyes morales, es el ejercicio a la vez exterior e interior del árbitro, en tanto que es determinado por leyes racionales. Esta diferencia entre la moralidad de la intención y la legalidad del obrar, que sirve para distinguir lo ético y lo jurídico, la extiende Kant a los móviles de las acciones*". Ver Alfredo Egusquiza, *Kant su filosofía crítica y el Derecho*, Emecé Editores, 1949. pp. 80 y 81.

ello sea posible, podría servir para lograr acuerdos sobre lo realmente importante que reduzcan la conflictividad de una sociedad.

En todo, caso para terminar de perfilar el aporte de Kant en este asunto, sería conveniente referirnos a lo señalado por la profesora Cortina acerca de esa, a veces complicada, relación que Kant plantea entre moralidad y Derecho, sobre todo porque el principio que estudiamos de "*las acciones indiferentes*" tiene su origen en las leyes morales. En tal sentido señala la autora que comentamos:

> *"Identificar la legalidad con la legislación jurídica y la moralidad con la legislación moral ha sido un uso común y, sin embargo, tal identificación resulta difícilmente justificable. Porque, nuestra legalidad y moralidad son actitudes del hombre ante la ley, moral y Derecho se presentan como formas distintas de legislación que plantean diferentes exigencias a los hombres, dependiendo de que la razón práctica se introduzca en el interior del hombre o funcione solo como jurídicamente legisladora.*
>
> *Ciertamente, la legislación jurídica solo puede exigir al agente legalidad y la legislación moral exige moralidad. Pero la no identificación entre ambos pares de términos posibilita dos géneros intermedios: una conducta legal ante un mandato moral (legalidad moral) y una conducta moral al cumplir una ley jurídica (moralidad jurídica). En este último caso se encontraría el ciudadano que se siente moralmente impelido a obedecer a su constitución: por una parte, se vería externamente coaccionado, pero, por otra, estaría coaccionado moralmente desde su propia voluntad legisladora. De estos dos conceptos mediadores entre la moralidad ética y la legalidad jurídica, el concepto de legalidad moral resulta, a mi juicio, contradictorio, ya que solo tendría sentido si existieran deberes específicamente morales por la materia, a cuyo cumplimiento pudiera coaccionarnos un móvil distinto a la ley misma.*
>
> *En la moralidad jurídica, por su parte, cumplirían dos modos de coacción –el moral y el jurídico– y se entendería como aquel conjunto de deberes indirectos que componen la obligación de obedecer al Derecho. Como sabemos, la posición kantiana en el tema clásico de la obediencia al Derecho es rica en matices: el cumplimiento de las leyes jurídicas es también una obligación moral porque solo el estado civil pone fin al estado de naturaleza, en el*

que cada cual obra a su antojo, e inicia el camino hacia una situación de paz duradera, en la que nadie se verá obligado a defender su Derecho mediante violencia... Solo hay razones morales para ilustrar al pueblo y a los gobernantes sobre lo justo utilizando el poder de la pluma".[31]

SEGUNDA PARTE
LA ADIAPHORA EN LA CONSIDERACIÓN DE JOHN FINNIS CON ESPECIAL REFERENCIA A WILLIAM BLACKSTONE

Finnis en la nota X7 perteneciente al capítulo X (El Derecho) de su obra *Ley natural y derechos naturales* se refiere al tema de la adiaphora. Finnis comienza su explicación con una pregunta que delimita el campo de su análisis. En efecto señala: "*¿Se refieren muchas leyes a materias indiferentes en sí mismas?*". Su pregunta realizada en el contexto de la relación entre el Derecho natural y la ley positiva sirve de base para reflexionar acerca de la presencia de las adiaphoras en el paso entre lo natural (en el contexto aristotélico y tomista) a lo positivo como determinación de lo natural. En tal sentido se refiere: a que Aristóteles lanzó la idea de que las determinaciones se refieren a materias indiferentes en sí mismas, en su pasaje central sobre el derecho natural:

> *"El Derecho político es de dos clases, uno natural, el otro convencional [nómikon]. El Derecho natural tiene la misma validez en todas partes, y no depende de nosotros lo aceptemos o no. El Derecho convencional es aquel que en principio puede ser establecido de una forma o de otra indiferentemente [authen diapherei], pero que una vez establecido no es indiferente: e.g. que el rescate de un prisionero será una mina, o que un sacrificio consistirá en una cabra y no en dos ovejas. El Derecho basado en la convención y en la utilidad es como los patrones de medida –las medidas para el trigo y el vino no son las mismas en todas partes, sino que son más grandes donde se vende al por mayor y más pequeñas en los mercados al por menor."*[32]

---

31 Adela Cortina Orts, ob. cit., pp. XLI y XLII.

32 Ver John Finnis, *Ley natural y derechos naturales*, ob. cit., pp. 322 y 323. En realidad, en el texto citado por Finnis se refiere en la cita de Aristóteles (al menos en la traducción en español de su obra) a la *Ética a Nicómaco*, V, 7: 113 4b 18-24. Vale la pena mencionar

Más adelante y antes de entrar en la consideración de Blackstone Finnis señala:

"La noción de adiaphora, "cosas naturalmente indiferentes", llegó a ser, pasando por los estoicos, un lugar común en la escolástica... Es importante observar que el problema es mucho más complejo que lo que sugiere la terminología aristotélica y escolástica".[33]

Entrando Finnis en la consideración de Blackstone[34] nos aporta un resumen que por su importancia vale la pena reproducir:

"...en los Commentaries de Blackstone la categoría de "cosas indiferentes en sí mismas" cambia inquietamente de significado entre (i) materias tan "indiferentes que no se justifica legislar sobre ellas... (ii) materias tan indiferentes" que un legislador debería contentarse con el cumplimiento o con el pago de una pena... (iii) materias "indiferentes" en cuanto que, aunque de considerable importancia en una sociedad dada, no son de importancia en todas las sociedades concebibles...; y (iv) materias "indiferentes" solamente en el sentido de que, aunque de gran importancia para la vida so-

---

que el texto aristotélico citado por Finnis coincide con el libro V, 7 de la *Ética a Nicómaco* en la traducción de José Luis Calvo Martínez. Ver Aristóteles, *Ética a Nicómaco*, Alianza Editorial, Madrid, 2011. pp. 168 y 169.

En la Introducción a la obra recién citada, José Luis Calvo Martínez señala los problemas suscitados en la relación entre la *Ética a Nicómaco* y la *Ética eudemia*. Llegando a la conclusión de que la *Ética eudemia* es anterior a la *Ética a Nicómaco* por lo tanto los libros comunes a ambas (V, VI y VII) son anteriores como lo es la obra total. Ver José Luis Calvo Martínez, "Introducción" en Aristóteles, *Ética a Nicómaco*, ob. cit., p. 10.

Para Carlos Megino Rodríguez en su "Introducción" a la *Ética Eudemia* señala que, citando a Kenny: "*los libros comunes a ambas éticas concuerdan con el contexto de la eudemia en mucha mayor medida que con la nicomáquea*". Ver Carlos Megino Rodríguez, "Introducción" en Aristóteles, *Ética eudemia*, Alianza Editorial, Madrid, 2009. p. 29. En efecto, las éticas Aristotélicas revisadas, editadas con introducción de Barnes y Kenny ubican el libro V citado por Finnis en la *Ética eudemia*. Ver Aristóteles, *Ethics Writing from The Complete Works*, revised, edited and with an introduction by Jonathan Barnes and Anthony Kenny, Princeton University Press, Princeton and Oxford, 2014. p. 105.

33 John Finnis, ob. cit., p. 323.

34 Sir William Blackstone (1723-1780) fue un jurista británico. Profesor de Oxford en Derecho civil y político. Sus comentarios sobre las leyes de Inglaterra tuvieron durante más de cien años una gran importancia para los estudiantes de Derecho en Inglaterra y luego en Estados Unidos. Ver William C. Sprague, en *Blackstone's Commentaries Abridged*, Ninth edition, Chicago Collaghan Company, Chicago, 1915, pos 40 y ss. Edición de Amazon Kindle.

cial, no serían de gran importancia en el estado de naturaleza" que postula Blackstone (apartándose completamente, con Locke, de la tradición aristotélica y de la alta escolástica). Además, Blackstone deja claro que las materias de la categoría (iii) y iv) incluyen materias que es de gran importancia regular, pero que podrían ser reguladas en una variedad de formas alternativas, pero más o menos igualmente razonables (e.g. que la propiedad se trasmita en la sucesión intestada al hijo mayor en lugar de al menor)".[35]

Sin lugar a dudas que Blackstone, como señala Finnis, da un giro importante a la adiaphora. De pasar de una posición que tuvo su origen en lo "*naturalmente indiferente*" a una calificación de lo legalmente indiferente, lo cual plantea para el legislador una discusión interesante sobre cuándo se debe regular jurídicamente una situación y cuando no. En tal sentido el siguiente texto de Blackstone no da lugar a dudas: "*Nosotros hemos visto que, en cosas naturalmente indiferentes, la verdadera esencia de lo correcto y lo incorrecto depende de la dirección del Derecho de considerarlo u omitirlo*".[36]

TERCERA PARTE
LA ADIAPHORA FRENTE A PROBLEMAS ACTUALES

a. ¿Tiene la adiaphora algún rol en los desacuerdos jurídicos?

Para introducir el tema nos serviremos del artículo de Pau Luque relativo a "*Los desacuerdos jurídicos desde la filosofía*".[37] Luque aborda desde la perspectiva de los desacuerdos intachables (*faultless disagreements*) la cuestión relativa a los desacuerdos jurídicos.[38]

---

35 Ver John Finnis, ob. cit., p. 323.

36 William Blackstone, *Commentaries Abridged*, ob. cit., pos 255 a 257.

37 Pau Luque, "Los desacuerdos jurídicos desde la filosofía", *Doxa, Cuadernos de Filosofía del derecho*, Nº 36, 2013, pp. 439-460.

38 Pau Luque, ob. cit., p. 440. Sabemos como muestra el trabajo de Luque que muchos de los desacuerdos en esta materia están relacionados con la interpretación del Derecho. En este sentido señala Roger Cotterrell en lo que él llama "*El mundo cerrado de la interpretación*": "*Una neta reconciliación de concepciones organicistas e instrumentalistas del Derecho, y desafortunadamente inestable e ilusoria, porque Dworkin, al igual que Pound, deben decidir entre dos puntos de vista diferente. ¿Puede el Derecho controlar su propio destino con sus propios recursos?, ¿es moral y políticamente autónomo en ese sentido, o es*

Luque, quien reconstruye el debate a partir de la filosofía analítica contemporánea, parte de los "*desacuerdos intachables*" que pueden darse en ámbitos tan variados como la estética, la filosofía del lenguaje, el gusto o los valores morales. Tratando de explicarlos recurre al realismo y al relativismo. En tal sentido señala que para el primero los desacuerdos intachables (DI) son en realidad desacuerdos puesto que siempre habrá un error cometido por parte de uno de los hablantes. Para el relativismo indexical los DI son en realidad situaciones meramente intachables ya que no se trata de desacuerdos reales entre las partes.[39]

Para el autor *in comento*, el realismo semántico sostiene que los DI solo son intachables en apariencia, ya que todos los desacuerdos involucran algún tipo de error por parte de alguno de los agentes. Para el relativismo (indexical) los DI son únicamente intachables (en la realidad) ya que los desacuerdos solo lo son en apariencia, puesto que no tienen el mismo objeto. Para el autor señalado cuando expresamos juicios de valor no los formulamos, por así decir, de manera completa; pero hacemos referencia a nuestros propios criterios (él aporta un ejemplo relacionado con materia de gusto). A lo anterior añade que dentro de los desacuerdos que involucran error hay, en su opinión, diferentes grados del mismo que deben ser puestos de relieve.[40]

Para ilustrar los desacuerdos jurídicos el autor, cuyo trabajo comentamos, se refiere al "*Segundo acto del debate Hart-Dworkin y los desacuerdos interpretativos*". Ubicando el contexto histórico del célebre debate, Luque hace una referencia, interesante, con respecto a otros autores que en otros términos ponían sobre el tapete temas debatibles, como por ejemplo: Ross (ideología dominante en las fuentes); Kelsen (marco interpretativo) y Tarello (escepticismo interpretativo). En todos los casos anteriores al igual que en el debate Hart-Dworkin estaban presentes (implícita o explícitamente) los desacuerdos jurídicos.[41] No

---

esencialmente un instrumento del poder político, sujeto al control y dirección desde algo que está más allá de sus propios recursos doctrinales?". Ver Roger Cotterrell, *The Politics of Jurisprudence. A Critical Introduction to Legal Philosophy*, University of Pennsylvania Press, Philadelphia, 1994. pp. 172 y 173.

39 Pau Luque, ob. cit., pp. 440 y 441.

40 Pau Luque, ob. cit., pp. 441 y 442.

41 Pau Luque, ob. cit., p. 443.

podemos referirnos a los términos del debate que han sido ampliamente reportados por la bibliografía existente. No obstante, vale la pena recordar, como lo hace Luque, que para Dworkin el positivismo jurídico-hartiano no puede dar cuenta de las disputas que los jueces tienen acerca de qué cuenta como una base de Derecho (*ground of law*). Tal como reporta el autor que comentamos, en el lenguaje utilizado por Dworkin una base de Derecho tiene que ver con los criterios de validez jurídica.[42]

En la metodología dworkiniana, para el autor *in comento*, los desacuerdos con respecto a si han tenido lugar las bases del Derecho, son desacuerdos empíricos (en realidad son poco comunes). Mientras que los desacuerdos acerca de qué cuenta como base del Derecho y cómo lo identificamos son desacuerdos de naturaleza teóricos. Estos últimos son los más comunes para Dworkin.[43] Los desacuerdos entre los jueces por las razones señaladas, da pie a que Dworkin critique la posición del positivismo jurídico para el cual, al igual que Hart, no hay espacio para los desacuerdos que no versen sobre hechos (cuestiones empíricas). Para Cotterrell "*Hart instituyó un nuevo tipo de empirismo, en lugar del viejo, fundado en la filosofía del lenguaje asociada especialmente con Ludwig Wittgenstein y J.L. Austin*".[44]

En todo caso señala Luque:

> *"Cuando se habla de desacuerdos acerca de las bases del Derecho, para usar el léxico que Dworkin puso de moda, no queda muy claro si se está hablando de desacuerdo acerca de cuáles son las fuentes del Derecho o bien los desacuerdos acerca de cuál es el significado de las fuentes. Los desacuerdos acerca de cuál es el significado de las fuentes pueden ser denominados desacuerdos interpretativos, ya que la interpretación jurídica es la actividad en que el intérprete –el juez o el oficial de turno– atribuye, o descubre, según cuál sea la teoría de la interpretación que suscriba, un determinado significado a la teoría."*[45]

En el desarrollo de su artículo el autor bajo revisión se vale de la teoría del irenismo y el escepticismo para ilustrar cuál puede ser la

---

42 Pau Luque, ob. cit., p. 444.
43 Pau Luque, ob. cit., p. 444.
44 Roger Cotterrell, ob. cit., p. 89.
45 Pau Luque, ob. cit., p. 445.

naturaleza de los desacuerdos jurídicos interpretativos. Tal como señala Luque:

> *"El irenismo sostiene que el Derecho está globalmente determinado, puesto que todo caso tiene una única respuesta jurídica correcta, y a la vez es armónico, esto es, es posible ordenar y jerarquizar todos los valores o bienes jurídicos de forma tal que nunca haya pérdida para ninguna de las partes... Para esta concepción los desacuerdos jurídicos interpretativos serán solamente aparentes. Siempre habrá alguna de las partes que habrá cometido algún tipo de error. Se tratará entonces de desenmascarar ese error y por lo tanto quedará con la respuesta correcta".*[46]

De acuerdo con lo señalado el irenismo no puede proporcionar una explicación razonable para los DI en el Derecho. Es decir, en tal posición, no hay cabida para ellos. Por su parte el escepticismo plantea que el Derecho es conflictualista y que para todo caso jurídico hay un abanico de respuestas jurídicas. Igualmente, no hay forma racional de conocer cuál es la respuesta jurídica correcta. De acuerdo con Guastini, citado por Luque, para esta posición a toda o a casi toda disposición normativa se le puede atribuir una pluralidad de significados, de esta forma el Derecho estaría globalmente indeterminado, y la respuesta a los casos planteados dependería del intérprete, sobre la base de las tesis dogmáticas que han influido su pensamiento, y de sus preferencias ideológicas. La suma de lo anterior determina la escogencia de su opción.[47]

Como consecuencia de lo anterior para el escepticismo, en el Derecho, no habría casos de DI. Lo que se presenta es casos de conflicto de intereses o de acuerdo aparente. Tal como señala Luque: "*Los casos jurídicos podrían ser reconstruidos como casos sencillamente intachables, puesto que el escepticismo sostiene una posición anti-cognitiva en materia práctica, por lo que no tendría sentido predicar error de la elección de preferencias o intereses*".[48]

Ciertamente que teorías como el irenismo no pueden explicar cómo existiendo criterios independientes de la opinión de los jueces,

---

46 Pau Luque, ob. cit., pp. 445 y 446.

47 Pau Luque, ob. cit., p. 447.

48 Pau Luque, ob. cit., p. 448.

estos pueden interpretar diversamente un mismo término, a saber, casos de desacuerdos interpretativos. Tal como nos señala el autor que comentamos: "*El irenista podría entonces sacar a colación su leit motiv: uno de los jueces estará necesariamente en un error. Pero parece difícil sostener que están en un error cuando la disputa es permanente y nunca queda zanjada*".[49]

Para el relativismo indexical los casos de DI no son en realidad de desacuerdos, sino más bien situaciones intachables ya que ninguna de las partes, han cometido error alguno ya que ellos se refieren a estándares diferentes y siendo su elección relativa a los mismos no es posible que haya contradicción entre una y otra posición.[50] Igualmente, para el escepticismo no habría ningún tipo de contradicción entre las respuestas que los diversos intérpretes darían a la interpretación de una disposición normativa a un mismo supuesto de hecho, ya que depende de cada intérprete su respuesta de acuerdo con sus propios criterios de interpretación.[51]

Frente a las dificultades producidas (limitaciones) de los binomios realismo-irenismo y relativismo-escepticismo el autor que venimos comentando, basado en consideraciones realizadas por Isaías Berlín con respecto a la moral, propone una solución que él denomina "*pluralismo dilemático*".[52]

En este tema propone las siguientes tesis:

1. Los casos prácticos tienen, en algunas circunstancias, una pluralidad de respuestas, todas ellas correctas, debido a que los seres humanos no somos monistas acerca de los valores (estéticos, morales, jurídicos, etc.) sino que sostenemos una concepción pluralista acerca de lo que consideramos bueno.
2. En otras circunstancias el caso práctico que confrontamos tendrá una única respuesta, ya sea porque en realidad hay un único valor aplicable o porque, aun habiendo varios, pueden ser ordenados y jerarquizados sin perdida.

---

[49] Pau Luque, ob. cit., p. 450.

[50] Pau Luque, ob. cit., p. 450.

[51] Pau Luque, ob. cit., p. 450.

[52] Pau Luque, ob. cit., p. 453.

3. Cuando un caso práctico tenga una pluralidad de respuestas, y estas no pueden ser ordenadas jerárquicamente nos encontramos ante un caso de dilema trágico, esto es, un caso en el que se elija lo que se elija tendremos algún tipo de pérdida. En otras palabras: en los casos de dilema trágico será imposible satisfacer todos los bienes (o intereses o valores, sean estos morales, jurídicos o estéticos).
4. Las respuestas no podrán ser ordenadas jerárquicamente por dos motivos diversos: o bien porque carecemos de un criterio estándar común de valoración entre los diferentes ítems, y se dirá entonces que nos encontramos frente a casos de inconmensurabilidad; o bien, porque aun teniendo un criterio común que nos permita establecer tal valoración, esta dará una situación de empate entre los ítems. Para el autor que venimos comentando el modelo propuesto, con las características ya señaladas, es una alternativa tanto al realismo como al relativismo indexical, en materia semántica, como el irenismo y el escepticismo en materia jurídica.[53]

El autor *in comento* tomando la taxonomía adelantada por Bernard Williams señala que los conflictos prácticos pueden ser, al menos de tres tipos: intrasubjetivos, intersubjetivos e interculturales. Los del primer tipo se dan entre valores sostenidos por un mismo individuo. Los del segundo tipo se dan entre valores sostenidos por diferentes individuos. Mientras que, los del último tipo, se dan entre valores pertenecientes a diferentes épocas, culturas o lugares. Para el autor *in comento* … "*los dilemas trágicos son conflictos intrasubjetivos mientras que los DI son conflictos intersubjetivos*".[54]

En resumen, Luque señala las ventajas de la teoría propuesta por él en los siguientes términos: En el pluralismo dilemático hay cabida para los casos de acuerdo o de desacuerdo de conflicto; en segundo lugar, el pluralismo dilemático puede superar las dificultades que plantea el realismo/irenismo, puesto que permite conservar la intuición según la cual

53 Pau Luque, ob. cit., pp. 453 y 454.

54 Pau Luque, ob. cit., p. 454.

existen algunos casos de DI en el Derecho. Estamos refiriéndonos a los casos de conflicto o dilema trágico (estos son los casos en que o bien no hay un baremo común entre dos opciones que nos permita elegir racionalmente entre ambas opciones como los casos de inconmensurabilidad o bien hay un baremo pero los valores o consideraciones tienen el mismo peso); en tercer lugar el pluralismo dilemático también está en condiciones de superar la adversidad planteada al irenismo según el cual este último no proveía criterio alguno que permitiera distinguir entre aquellos casos en los que estamos inclinados por decir que se trata de DI y aquellos casos en que más bien somos partidarios de decir que no hay conflicto (esto es, en que en realidad o bien solo hay un valor aplicable al caso o bien se pueden armonizar de tal manera que no implique pérdida alguna); en cuarto lugar el pluralismo dilemático está en condiciones de proveer una respuesta a las dificultades con las que el relativismo indexical se encontraba en materia de gusto (a saber un caso en el que ninguno de los dos ha cometido un error y en el que el desacuerdo es aparente, puesto que cada uno de ellos apela al propio estándar de gusto.[55]

Para el autor que venimos mencionando, el pluralismo dilemático presenta cierta afinidad con la posición hartiana relativa a la interpretación del Derecho. En tal sentido, comenta las dos posiciones ius-filosóficas extrema de Hart: el noble sueño y la pesadilla[56]. La primera estaba caracterizada por la esperanza de que los jueces nunca fueran creadores de Derecho ya que el mismo tendría siempre una respuesta correcta frente a los casos planteados. La segunda, a diferencia de la primera, estaba atravesada por una buena dosis de realismo-cinismo, dirían algunos, y afirmaba que los jueces siempre crean Derecho debido a que los casos jurídicos no tienen una respuesta objetivamente correcta. Frente a lo anterior Hart asumió que había un núcleo de casos claros que tenían una respuesta correcta; mientras que, en otros casos, debido entre otras razones a la "textura abierta del lenguaje", se podía presentar

55 Pau Luque, ob. cit., pp. 456, 457 y 458.

56 Tal es el nombre de la excelente biografía de Nicola Lacey acerca de Hart: *A Life of H.L.A. Hart. The Nightmare and The Noble Dream* (2004).

una pluralidad de respuestas y el juez tenía discrecionalidad para elegir entre ellos. Para Luque:

> *"El pluralismo dilemático es... afín a la teoría intermedia (planteada por Hart). Pero pone énfasis en algo que no fue destacado por Hart y que sin embargo su teoría poseía: una posición intermedia explica más que sus teorías rivales. La razón por la que preferimos una teoría intermedia, como el pluralismo dilemático, descansa en que es más consiliente, tiene más capacidad explicativa; consigue dar cuenta de la práctica que estudia de manera más amplia porque admite, en su marco teórico, dos tipos de supuestos o fenómenos (situaciones de desacuerdos intachables y situaciones armónicas)".*[57]

En realidad, el lucido estudio del profesor Pau Luque nos recuerda el esfuerzo de Hart (mencionado por él) de acercar el Derecho a la filosofía. Lo que Lacey, en la obra ya señalada menciona como "*vender filosofía a los abogados*". De cualquier manera, ¿qué relación tiene lo mencionado por Luque con la adiaphora de lo cual nos ocupamos en este trabajo? Ciertamente, si volvemos a las posiciones planteadas por Blackstone, que para Finnis "*cambia inquietantemente de significado de acuerdo a su aplicación*", debemos concentrarnos en aquel aspecto relacionado con "*indiferencias*" sujetas a cambios dependientes de: una sociedad determinada; de que puedan ser reguladas por otra vía (entendemos no estrictamente jurídica) y que no sean importantes en el estado de naturaleza que plantea Blackstone coincidente con Locke y distante de la tradición aristotélica y la alta escolástica. En definitiva, no deja de ser atrayente el pensar que los juristas se podrían poner de acuerdo con algo que les sea común a todos y dejar de lado lo que no es. En esta

---

57 Pau Luque, ob. cit., pp. 458 y 459.
Con respecto a la textura abierta del Derecho ver: H.L.A. Hart, *El concepto de Derecho*, traducción de Genaro Carrió, Abeledo Perrot, Buenos Aires, 2004, pp. 155 y ss.
Como dato que vale la pena destacar de Hart podemos mencionar que en su lección titulada "*Definition and Theory in Jurisprudence*" dictada en 1953, como profesor de jurisprudencia de University College, se trazaba como objetivo "*definir el terreno autónomo de la jurisprudencia informada por la filosofía analítica*".
Ver Nicola Lacey, *A Life of H.L.A. Hart. The Nightmare and The Noble Dream*, Oxford University Press, Oxford, 2012. p. 156.

perspectiva, el concepto de bien común vuelve a tocar nuestra puerta como lo hacen en política autores como Robert Reich y en el Derecho John Finnis.

De alguna manera, la interpretación jurídica no puede concentrarse en lo formal, de tal manera que nuble la visión que debemos tener acerca de lo social (entendiéndolo como el contexto más amplio en el cual deben moverse las teorías jurídicas). Lo anterior es una exigencia que ha repercutido sobre el terreno amplio adoptado por otros campos intelectuales. Tal como indica Cotterrell:

> *"Un escritor de teoría social reciente afirma el valor de enfatizar las condiciones no teóricas de existencia de una teoría y la necesidad de examinar la historia externa e interna de una teoría. Esto es no solo los patrones de un desarrollo intelectual sino también los patrones de los eventos y condiciones que han proporcionado el ambiente y los estímulos para dicho desarrollo".*[58]

De alguna manera la rigidez en la solución de los problemas interpretativos parece buscar una base de solución la cual sin lugar a dudas pasa por entender las necesidades actuales en su más compleja realidad combinados con fórmulas que construyan acuerdos alrededor de lo que es esencial para la convivencia social. Empezar por la definición de lo que hoy es indiferente (que no coincide con lo de ayer) pudiera ser un buen punto de partida. El inicio estoico refuerza la relación de lo que la naturaleza nos propone como esencial a lo humano, lo demás es indiferente. En la evolución del concepto, el atribuir lo indiferente al Derecho comercial para diferenciarlo del natural que tiene validez en todas partes, era una fórmula que pretendía reforzar un Derecho proveniente de un modelo determinado por la divinidad o la naturaleza. En las guerras religiosas fue una fórmula de establecer lo mínimo aceptable por todos para evitar los conflictos religiosos. En el Derecho de hoy pudiera ser una manera de volver a hacer la pregunta con respecto a lo que una comunidad espera de lo jurídico como medio de coordinación social capaz de responder a los valores permanentes y a los cambios exigidos.

---

[58] Roger Cotterrell, ob. cit., p. 17.

Tal como señala Cotterrell llevando al Derecho la teoría de Quentin Skinner:

> *"Igualmente, si la palabra "legal" es substituida por "política", la influyente respuesta interpretativa en teoría política de Quentin Skinner tiene mucha relevancia para entender la teoría normativa legal: la vida determina los problemas principales para los teóricos legales, causado un rango de temas que aparecen problemáticos, con sus correspondientes rangos de cuestiones que se transforman en los sujetos que liderizan el debate."*[59]

Reich, analizando la sociedad norteamericana proporciona algunos elementos, no tan extraños para nosotros, que definen el rol del Derecho, si estamos convencidos como sociedad, que tiene uno importante que jugar. En tal sentido señala:

> *"El bien común, tal como yo lo he enfatizado, es un conjunto de compromisos compartidos con respecto: al Derecho y a su espíritu, así como a la letra del mismo; igualmente relativo en lo referente a nuestras instituciones democráticas de gobierno; a la verdad; a la tolerancia de las diferencias; a la igualdad de los derechos políticos y a las oportunidades; a la participación en la vida civil y a los sacrificios que haya que hacer por los ideales que tenemos en común. Debemos compartir esos compromisos si queremos funcionar como sociedad. Ellos informan nuestros juicios acerca de lo que es correcto e incorrecto porque constituyen nuestro bien común. Sin ellos no tenemos un nosotros".*[60]

El texto de Reich plantea una fórmula de compromiso social en el cual el Derecho es un elemento más. Pretender entenderlo de forma aislada, prescindiendo del resto de los elementos involucrados, produce un aislamiento de lo jurídico que atenta de forma grave contra la justificación del mismo en la sociedad. Tratar de enfatizar lo formal del mismo con la utilización de una lógica tradicional de verdadero-falso, cuando el mundo de hoy comienza a pensar en términos de lógica trivalente, es menospreciar la capacidad creadora del Derecho como entre social

---

59 Ibíd.

60 Robert B. Reich, *The Common Good*, Vintage Books, New York, 2019. pp. 182 y 183.

capaz de adaptar su actuar a los requerimientos del grupo sin perder su identidad.[61]

A fin de cuentas, pareciera que la adiaphora podría tener un papel que jugar en la determinación del acuerdo requerido para poner todas las piezas sociales juntas. No parece posible que el Derecho quede aparte en esa dinámica de conjunto.

ALGUNOS COMENTARIOS FINALES

Pocas veces en la historia del pensamiento filosófico-jurídico podemos observar, con algún grado de claridad, cómo los conceptos del pasado evolucionan para responder a las inquietudes de hoy. Que lo hagan para establecer lo que no es importante en la vida moral (como en los estoicos); o más bien, para preservar el Derecho natural a través de la determinación que del mismo haga el Derecho positivo (como en Aristóteles y Santo Tomás); o se use para lograr un acuerdo religioso para restablecer la paz social (como vimos en las guerras religiosas anteriores a la llamada paz de Westfalia); o más bien para lograr la tan perseguida tolerancia propuesta por Locke o los cambios en el Derecho planteados por Sir William Blackstone, lo cierto es que observamos una idea con fuerte raigambre en nuestra manera, no solo de asumir la moral y el Derecho, sino también la manera de vivir. Con realidad los conceptos parecieran tener una vida propia que escapa al marco de utilización para el cual fueron concebidos. Ello los dota de una dinámica propia al servicio, en este caso, del filósofo del Derecho. La adiaphora nos ha permitido entender procesos relacionados con la moral, el Derecho natural y el positivo, la paz social, la tolerancia y los cambios en el Derecho. Ha sido una llave que ha permitido abrir distintas puertas

---

[61] Tal como señala Cotterrell: "*Kelsen está claro que la teoría pura del Derecho no tiene que ver con conductas, como la actividad judicial de decidir casos, sino solamente con la lógica de las normas, la separación de la teoría normativa legal de la teoría empírica en esta forma, luce largamente alcanzable. Lo que Kelsen ofrece es una ciencia pura de lógica normativa. A través de la separación explícita y firme de esta ciencia con las otras que pudiera ayudar a entender el Derecho, él marca un camino diferente para la teoría normativa. Aunque el alcance es estrecho y su integridad es defendida excluyendo mucho de la vida práctica del Derecho... es el precio que debemos pagar por el rigor analítico*". Ver Roger Cotterrell, ob. cit., p. 233.

a lo largo del pensamiento filosófico jurídico. Pudiéramos descubrir a través de lo que ayer fue "*indiferente*", una forma de abordar al Derecho como institución de coordinación social que se debate entre los requerimientos de cambio necesarios para la evolución social y los de permanencia indispensables para construir una idea fuerte acerca de lo que es la esencia del Derecho.

REFERENCIAS BIBLIOGRÁFICAS

ANDERSON, Owen, *The Natural Moral Law. The Good After Modernity,* Cambridge University Press, Cambridge, 2012.

AQUINAS, St. Thomas, en *St. Thomas Aquinas on Politics and Ethics*. Traslated and Edited by Paul E. Sigmund. A Norton Critical Edition, New York, 1988.

ARISTÓTELES, *Ethics Writing from The Complete Works*, revised, edited and with an introduction by Jonathan Barnes and Anthony Kenny, Princeton University Press, Princeton and Oxford, 2014.

______________, *Ética a Nicómaco*, Alianza Editorial, Madrid, 2011.

BLACKSTONE, William, *Blackstone's Commentaries Abridged*, Ninth edition, Chicago Collaghan Company, Edición de Amazon Kindle. Chicago, 1915.

BRÉHIER, Emile, *Historia de la filosofía,* Tomo I, Desde la antigüedad hasta el siglo XVII, Editorial Tecnos, 1988.

CALVO MARTÍNEZ, José L., "Introducción" en ARISTÓTELES, *Ética a Nicómaco*, Alianza Editorial, Madrid, 2011.

CASSIRER, Ernst, *Kant, vida y doctrina*, Fondo de Cultura Económica, México, 1974.

COLEMAN, Jules (editor), *Essays on the Postscript to The Concept of Law*, Oxford University Press, edición de Amazon Kindle, New York, 2001.

CONTRERAS, Sebastián, "Adiaphora e indeterminación en el Derecho sobre la doctrina tomista de la *determinatio* y su función completiva y constructiva entre los escolásticos", *Pensamiento revista de investigación e información filosófica*, vol. 68, num. 255 (2012), enero-abril, Revistas. comillas.edu>pensamiento>article>view.

CORTINA ORTS, Adela, "Estudio preliminar" en KANT, Inmanuel, *La metafísica de las costumbres*. Traducción y notas de Adela Cortina Orts y Jesus Conill Sancho, Editorial Tecnos, Madrid, 2008.

COTTERRELL, Roger, *The Politics of Jurisprudence. A Critical Introduction to Legal Philosophy*, University of Pennsylvania Press, Philadelphia, 1994.

EGUSQUIZA, Alfredo, *Kant su filosofía crítica y el Derecho*, Emecé Editores, 1949.

FINNIS, John, *Aquinas. Moral, Political and Legal Theory*, Oxford University Press, Oxford, 1998.

______________, *Ley natural y derechos naturales*, Abeledo-Perrot, Buenos Aires, 1992.

HART, H.L.A., *El concepto de Derecho*, traducción de Genaro Carrió, Abeledo Perrot, Buenos Aires, 2004.

HERVADA, Javier, *Introducción crítica al Derecho natural*, Editorial Ábaco de Rodolfo Depalma, Buenos Aires, 2008.

HIRSCHBERGER, Johannes, *Historia de la Filosofía,* Tomo I, Biblioteca Herder, Editorial Herder, Barcelona, 1976.

HIRSCHBERGER, Johannes, *Breve historia de la filosofía*, Herder, Barcelona, 1964.

HÖSLE, Vittorio, *A Short History of German Philosophy*, Princeton University Press, Princeton and Oxford, 2013.

JOHNSON, Paul, *Historia del cristianismo*, Editorial Vergara, Buenos Aires, 1999.

KANT, Inmanuel, *La metafísica de las costumbres*. Estudio preliminar de Adela Cortina Orts. Traducción y notas de Adela Cortina Orts y Jesus Conill Sancho, Editorial Tecnos, Madrid, 2008.

______________, *Fundamentación de la metafísica de las costumbres*. Con los comentarios de H.J. Paton, edición de Manuel Garrido. Traducción de Manuel García Morente (texto de Kant) y Carmen García Trevijano (texto de Paton), Editorial Tecnos, Madrid, 2005.

KENNY, Anthony, *Western Philosophy*, Clarendon Press, Oxford, 2010.

LACEY, Nicola, *A Life of H.L.A. Hart. The Nightmare and The Noble Dream*, Oxford University Press, Oxford, 2012.

LUQUE Pau, "Los desacuerdos jurídicos desde la filosofía", *Doxa, Cuadernos de Filosofía del derecho*, N° 36, 2013.

MARITAIN, Jacques, "Natural Law" en *St. Thomas Aquinas on Politics and Ethics*. Traslated and Edited by Paul E. Sigmund. A Norton Critical Edition, New York, 1988.

MEGINO RODRÍGUEZ, Carlos, "Introducción" en ARISTÓTELES, *Ética eudemia*, Alianza Editorial, Madrid, 2009.

MIGLIORE, Joaquín, "John Locke y el problema de la tolerancia. Un aporte a la historia del surgimiento de los derechos humanos". *Anuario de la Asociación Argentina de Filosofía del Derecho* (www.aafder.org). *Ideas y Derecho* N° 3, 2003, Rubinzal Culzoni, Buenos Aires.

NAUCKE, Wolfgang y HARZER, Regina, *Filosofía del Derecho. Conceptos básicos*, Editorial Astrea, Buenos Aires, 2008.

RAZ, Joseph, "Two Views of The Nature of The Theory of Law a Partial Comparaisson" en *Essays on the Postscript to The Concept of Law*, Oxford University Press, , edición de Amazon Kindle, New York, 2001.

REICH Robert B., *The Common Good*, Vintage Books, New York, 2019.

SCHIAVONE Aldo, *Ius. La invención del Derecho en Occidente,* Adriana Hidalgo editora, Buenos Aires, 2009.

SIGMUND, Paul E. (Editor and translator), *St. Thomas Aquinas on Politics and Ethics*. A Norton Critical Edition, New York, 1988.

_____________, "Thomistic Natural Law and Social Theory" en *St. Thomas Aquinas on Politics and Ethics*. Traslated and Edited by Paul E. Sigmund. A Norton Critical Edition, New York, 1988.

SPRAGUE, William C., en *Blackstone's Commentaries Abridged*, Ninth edition, Chicago Collaghan Company, Edición de Amazon Kindle, Chicago, 1915.

SVENSSON, Manfred, *Adiaphora en la reforma protestante ¿minimalismo doctrinal y neutralidad moral,* Instituto de Filosofía de la Universidad de los Andes, Teología y Vida, Teo, vida, vol. 53, n° 4, Santiago, 2012. Disponible en: http//dx.doi.org/104067/S0049-344 92012000300006.

WALDRON, Jeremy, "Normative (or Ethical) Positivism" en *Essays on the Postscript to The Concept of Law*, Edited by Jules Coleman, Oxford University Press, edición de Amazon Kindle, New York, 2001.

ILEGITIMIDAD DE *LA DOLARIZACIÓN* DE LAS SANCIONES TRIBUTARIAS*

HUMBERTO ROMERO-MUCI**

SUMARIO

Resumen. Introducción. I. Las causas de la hiperinflación y la hiperdepreciación del bolívar. 1. La hiperinflación; 2. La hiperdepreciación del bolívar; II. La disfunción del bolívar y la dolarización transaccional de la economía. 1. El concepto económico de la dolarización de la economía.2. Consecuencias jurídicas de los daños patrimoniales por la hiperinflación y la hiperdepreciación del bolívar. III. Ilegitimidad del uso del petro como un sucedáneo de la dolarización de las obligaciones tributarias municipales IV. inconstitucionalidad de la *"dolarización"* o del uso del Petro en el cálculo de las sanciones tributarias. 1. Infracción de la reserva legal: Deslegalización prohibida. 2. Desnaturalización de la obligación tributaria. 3. Inconstitucionalidad por infracción de los principios de taxatividad penal, la prohibición de retroactividad normativa y de razonabilidad de la Ley. 4. Inconstitucional pretensión de provecho de daños por hecho ilícito (*ex turpi causa)*. 5. Otras lesiones constitucionales por la dolarización de las sanciones tributarias. Conclusiones. Bibliografía.

RESUMEN

En esta investigación analizamos (i) las antinomias asociadas a la "***dolarización***" de las sanciones tributarias, (ii) su invalidez ***ex turpi causa*** y el (iii) despropósito del uso de estas como expresión de un

---

* Trabajo monográfico colaboración al libro homenaje a la profesora Cecilia Soda Gómez auspiciado por la Academia de Ciencias Políticas y Sociales. En expresión de afecto, admiración y reconocimiento por su trayectoria académica e impronta de venezolana ejemplar. La responsabilidad de todo lo aquí expuesto, opinado y presentado es exclusivamente del autor.

** Abogado *summa cum laude* de la Universidad Católica Andrés Bello, Magister en Leyes de Harvard Law School, Doctor en Derecho de la Universidad Central de Venezuela, Profesor Titular y Jefe de la Cátedra de Derecho Financiero en la Universidad Católica Andrés Bello, Profesor de Derecho de la Contabilidad en el Postgrado de Derecho Financiero de la Universidad Católica Andrés Bello y en los Cursos de Doctorado en Derecho de la Universidad Central de Venezuela, Individuo de Número y expresidente de la Academia de Ciencias Políticas y Sociales de Venezuela (Sillón No. 14). Socio en D´Empaire, abogados.

derecho sancionatorio máximo o de ***"el enemigo"***, en infracción de los principios de taxatividad penal, prohibición de retroactividad normativa y razonabilidad de la Ley.

INTRODUCCIÓN

En 2020 el régimen y partido de gobierno inventó una nueva vía de hecho normativa para reformar el Código Orgánico Tributario (COT). Desde la inconstitucional asamblea nacional constituyente sancionó el llamado "*Decreto constituyente mediante el cual se dicta el Código Orgánico Tributario*"[1]. También reformó por igual medio la Ley Orgánica de Aduanas (LOA)[2].

Con esta pretendida reforma[3], entre otros desafueros, se descontinuó el uso de la Unidad Tributaria (UT) como medio de corrección de valor de las sanciones tributarias. Se sustituyó por un mecanismo de

---

1 *Gaceta Oficial* No. 6.507 *Extraordinaria* del 29 de enero de 2020

2 *Gaceta Oficial* N° 6.507 *Extraordinario* del 29 de enero de 2020

3 En su día la Academia de Ciencias Políticas y Sociales fue firme en denunciar y rechazar la pretendida reforma fiscal de 2020: "*La Academia de Ciencias Políticas y Sociales, en cumplimiento de sus atribuciones legales, se dirige a la sociedad venezolana para manifestar su absoluto rechazo a los denominados "Decretos Constitucionales" que modifican el Código Orgánico Tributario (COT), la Ley Orgánica de Aduanas (LOA) y la Ley de impuesto al valor agregado (LIVA), emanadas de la inconstitucional Asamblea Nacional Constituyente (ANC), publicadas en la Gaceta Oficial No. 6.507 Extraordinaria del 29 de enero de 2020, y alerta a la ciudadanía de la nulidad e ineficacia de las mencionadas vías de hecho normativas. Con ellas se pretende (i) radicalizar la persecución tributaria, con la puesta en vigencia de sanciones, manifestación de un derecho penal del «enemigo» en contra del ciudadano contribuyente y (ii) la creación de nuevos tributos que, antes que basarse en la capacidad contributiva y procurar la elevación del nivel de vida de la población como lo demanda la Constitución, penalizan los medios de pago de uso legítimo, en violación de los más elementales derechos y garantías constitucionales y convencionales, que presiden la creación de sanciones y tributos en Venezuela, con evidentes propósitos de control y dominación social, contrarios a la libertad y dignidad humana.*
La Academia de Ciencias Políticas y Sociales reitera una vez más su criterio sobre la ilegitimidad de origen de la ANC1 y sobre la espuria intención de anular y suprimir a la Asamblea Nacional, único órgano constitucional del Poder Público legitimado por el pueblo venezolano para legislar en las materias de competencia Nacional2.
Consecuentemente, la Academia de Ciencias Políticas y Sociales condena la inconstitucional pretensión de la usurpadora ANC de legislar sobre materias de la reserva legal y soslayar la necesaria representación deliberativa esencial a la creación de tributos y sanciones en el Estado democrático de derecho. Tal como señaló la Corte Interamericana de Derechos Humanos. "Sólo la ley adoptada por los órganos democráticamente elegidos y

corrección de las sanciones pecuniarias en términos de un número de ***"...veces el tipo de cambio oficial de la moneda de mayor valor publicada por el Banco Central de Venezuela vigente a la fecha de pago de dichas obligaciones"***[4]. Así se modificaron los artículos 91 y 92 del COT 2020.

Se trata de un expediente absolutamente indeterminado y desproporcionado que no solo deslegaliza, sino que desnaturaliza la obligación tributaria causada en bolívares, para convertirla en una obligación de valor medida en términos de la moneda extranjera que se utiliza como especie de corrección. La multa ya no se determinará en bolívares sino en la moneda extranjera que ventajosa y arbitrariamente se decida aplicar ***"como la de mayor valor"***, aunque se pague en bolívares.

Económicamente un reconocimiento de la disfunción del bolívar como unidad monetaria y jurídicamente un subterfugio para desplazar el uso del bolívar. De esta forma la Administración Tributaria se garantiza (i) un ingreso por las sanciones tributarias vinculadas al valor de una divisa estable, a la par que (ii) pretende lucrarse de los daños causados ilícitamente por la hiperinflación e hiperdepreciación del bolívar, mediante una política de intimidación y control social sobre los contribuyentes, en el contexto de una gestión recaudatoria sin debido proceso.

En esta investigación analizamos (i) las antinomias asociadas a la ***"dolarización"*** de las sanciones tributarias, (ii) su invalidez ***ex turpi causa*** y el (iii) despropósito del uso de estas como expresión de un de-

---

constitucionalmente facultados, ceñidas al bien común, puede restringir el goce y ejercicio de los derechos y libertades de la persona humana.". Pronunciamiento de la Academia de Ciencias Políticas y Sociales en rechazo a los "Decretos Constitucionales" que pretenden modificar el Código Orgánico Tributario, la Ley Orgánica de Aduanas y la Ley de impuesto al valor agregado dictadas por la inconstitucional Asamblea Nacional Constituyente, de fecha 2 de febrero de 2020.

4 Artículo 91: "*Cuando las multas establecidas en este Código estén expresadas en el tipo de cambio oficial de la moneda de mayor valor, publicado por el Banco Central de Venezuela, se utilizará el valor del tipo de cambio que estuviere vigente para el momento del pago*".
Artículo 92: "*Las multas establecidas en este Código expresadas en términos porcentuales se convertirán al equivalente al tipo de cambio oficial de la moneda de mayor valor publicado por el Banco Central de Venezuela que correspondan al momento de la comisión del ilícito y se cancelarán utilizando el valor de la misma que estuviere vigente para el momento del pago*".

recho sancionatorio máximo o derecho penal ***"el enemigo"***, por infracción de los principios de taxatividad penal, la prohibición de retroactividad normativa y de razonabilidad de la Ley.

Resulta fundamental desnudar hasta el fondo la realidad venezolana[5], identificar las malas prácticas que se han enraizado en décadas de populismo desenfrenado e irresponsable y entender lo que no debe hacerse, ni tolerarse, para evitar que se repita. A ese empeño dedicamos este trabajo.

Solo unas palabras finales: Me complace dedicar este ensayo con especial afecto al libro homenaje a la obra académica y docente de la profesora Cecilia Sosa Gómez que auspicia la Academia de Ciencias Políticas y Sociales. La ejemplar ejecutoria personal de la admirada Dra. Sosa nos compromete e inspira en la indeclinable lucha por restaurar la civilidad, el Estado de Derecho y los principios republicanos.

I. LAS CAUSAS DE LA HIPERINFLACIÓN Y LA HIPERDEPRECIACIÓN DEL BOLÍVAR

La hiperinflación e hiperdepreciación pulverizaron el poder adquisitivo del bolívar, colapsando el sistema monetario nacional.

Hoy el bolívar es una moneda disfuncional. Como moneda perdió su capacidad para atesorar valor, servir como unidad de cuenta y como medio de pago. En 13 años el bolívar lleva 3 reconversiones y la quita de 14 ceros. Entre febrero de 1999 y diciembre de 2020, la inflación acumulada es de un 51.246.900.000.000 o 51 billones %. En 21 años se depreció 18.310.104.529.517% o 18.3 billones %.

Estas cifras son difíciles de expresar, asimilar y entender[6].

1. La hiperinflación

La causa de la hiperinflación se ubica en la pérdida autonomía del BCV en desmedro del equilibrio socioeconómico del país[7]. Se indujo al

---

[5] *Cfr*. Moisés Naim, prólogo al libro de Pedro Alma Carrillo, *La política cambiaria en Venezuela (más de cien años de historia)*, Editorial Jurídica Venezolana, Ediciones IESA, Caracas 2020, p. 34

[6] (Billón: Un millón de millones, que se expresa por la unidad seguida de doce ceros). https://dle.rae.es/bill%C3%B3n

[7] Ver Luis Zambrano Sequin, "Notas con relación a las reformas a la Ley del Banco Central de Venezuela", consultado en https://www.academia.edu/334101/Nota_con_relaci%C3%

incumplimiento de sus deberes constitucionales y legales de mantener la estabilidad de los precios y preservar el valor interno y externo de la unidad monetaria de curso legal en frontal infracción de artículos 3, 320 y 318 constitucionales[8].

Con las sucesivas reformas de la LBCV de 2001[9], 2002[10], 2005[11], 2009[12], 2010[13] y 2015[14] el instituto emisor fue instrumentalizado[15] por

---

B3n_a_las_reformas_a_la_ley_del_Banco_Central_de_Venezuela. "*En la reforma del 2005 incorporó la figura del <<...nivel adecuado de las reservas internacionales>> con el objeto de permitir la transferencia de recursos <<excedentarios>> en divisas, sin contrapartida efectiva alguna, a entes financieros del Gobierno que ejecutan gastos cuasifiscales. Además, se estableció que los excedentes de los ingresos externos de PDVSA, después de restar el aporte fiscal al Gobierno y los recursos requeridos para sus operaciones internas y externas, también se deben transferir a estos entes financieros públicos. Con esta reforma se debilitó la gestión de la política monetaria y cambiaria al reducir el control de la autoridad monetaria sobre los activos internacionales públicos que respaldan finalmente a la unidad monetaria nacional, además se instituyó un mecanismo que permite el financiamiento gratuito del Gobierno mediante la emisión monetaria sin respaldo*".

8 El Preámbulo de la Constitución de 1999 se señala el objetivo de la constitucionalización de la autonomía del BCV: "*...Se le da rango constitucional a la autonomía del Banco Central de Venezuela en el ejercicio de sus funciones para alcanzar un objetivo único y exclusivo. Este se precisa como el de estabilizar el nivel de precios para preservar el valor de la moneda. La autonomía del Banco Central implica que la autoridad monetaria debe ser independiente del Gobierno y se prohíbe constitucionalmente toda práctica que obligue al Banco Central a financiar o convalidar políticas fiscales deficitarias. En el ejercicio de sus funciones el Banco Central de Venezuela no podrá emitir dinero sin respaldo*". Este es un cometido estatal indubitable, condicionante axiológico del sentido y la finalidad del BCV en particular y de la validez de las restantes normas del ordenamiento jurídico sobre las materias conexas.

9 Ley de Reforma Parcial de la LBCV (*Gaceta Oficial* No. 37.296 de fecha 03 de octubre de 2001).

10 Ley de Reforma Parcial de la LBCV (*Gaceta Oficial Extraordinario* No. 5.606 de fecha 18 de octubre de 2002).

11 Ley de Reforma Parcial de la LBCV (*Gaceta Oficial* No. 38.232 de fecha 20 de julio de 2005).

12 Ley de Reforma Parcial de la LBCV (*Gaceta Oficial* No. 39.301 de fecha 06 de noviembre de 2009).

13 LBCV (*Gaceta Oficial* No. 39.419 de fecha 07 de mayo de 2010).

14 Decreto No. 2.179, mediante el cual se dicta el Decreto con Rango, Valor y Fuerza de Ley Orgánica de Reforma de la LBCV (*Gaceta Oficial Extraordinario* No. 6.211 de fecha 30 de diciembre de 2015).

15 Ver Luis Fraga Lo Curto, "Las soluciones institucionales a la crisis inflacionaria", consultado en https://www.academia.edu/32884364/SOLUCIONES_INSTITUCIONALES_A_LA_CRISIS_INFLACIONARIA_Por_Luis_Fraga_Lo_Curto_Abogado_UCAB_

el régimen para implementar una política monetaria expansiva para convalidar políticas fiscales deficitarias del sector público y financiar u otorgar créditos directos a la Estatal Petrolera (PDVSA)[16] y otras empresas del estado. Además, perdió su facultad para administrar las reservas internacionales que respaldan la convertibilidad del bolívar, flexibilizó los criterios para determinar los activos que sirven para tales reservas, emitió descontroladamente de dinero inorgánico y el nombramiento de su junta directiva fue secuestrada por el presidente de la República, excluyendo todo control desde la Asamblea Nacional. Todo esto degeneró la perversa hiperinflación y la destrucción del valor externo del bolívar.

Estos incumplimientos son causa directa del mal común que vive hoy el país, de la inestabilidad y vulneración de su economía; de la dolorosa miseria, de la oprobiosa desigualdad y del enorme sufrimiento

---

16 Concretamente en la reforma de la LBCV de 2015, el legislador delegado inoculó el veneno de la hiperinflación en el Artículo 37(2). Allí se estableció una excepción a la prohibición para el BCV de otorgar créditos directos al Gobierno Nacional o cualquier otro ente de carácter público o mixto. Sin embargo, en un esfuerzo fútil de disimulo, la misma redacción hace pasar por excepción a la prohibición de crédito al gobierno, una excepción normativa que se convirtió en la regla de permiso a la emisión inorgánica de bolívares. Así la parte final del mismo ordinal, incluye una excepción que niega la prohibición de principio: "*… podrá obtener, otorgar o financiar créditos al Estado y entidades públicas o privadas, cuando objetivamente exista amenaza interna o externa a la seguridad u otro perjuicio al interés público, que calificará el Presidente o Presidenta de la República mediante Informe confidencial; o en aquellos casos en que hayan sido aprobados de forma unánime por los miembros del Directorio*". Sobre los demás controles del ejecutivo sobre el BCV ver José Ignacio Hernández González, "Comentarios a la reforma de 2015 de la Ley del Banco Central de Venezuela y su defensa por la Sala Constitucional", en *Revista de Derecho Público*, No. 145-146, Enero-Junio de 2016, Caracas, 2016. pp. 107; ver también Anabella Abadi M., "15 años de violaciones a la autonomía del BCV <Proceso constante, resultado fulminante", en *Transparencia Venezuela,* Caracas 2018, https://transparencia.org.ve/wp-content/uploads/2018/07/Violaciones-Autonomi%CC%81a-BCV-2018-Anabella-Abadi-M.-.pdf
Academia de Ciencias Políticas y Sociales, "Opinión sobre el pedimento del Poder Ejecutivo Nacional al Banco Central de Venezuela para disponer, con propósitos de financiamiento del sistema agropecuario nacional, de 1000 millones de $ de las reservas monetarias internacionales y otras formas de financiamiento, sin la contraprestación correspondiente en bolívares", consultado el 15 de mayo de 2018, disponible en web: <http://www.acienpol.org.ve/cmacienpol/Resources/Pronunciamientos/Opinión%20de%20la%20Academia%20sobre%20el%20Pedimento%20del%20Ejecutivo%20al%20BCV%20de%201000%20millones%20de%20dólares%20de%20las%20reservas%20monetarias%20internacionales.pdf>.

humano de la población. Todo ello representa un incumplimiento grosero de los fines constitucionales más elementales del Estado venezolano, particularmente una dejación de ***"la defensa y desarrollo de la persona y el respeto a su dignidad"*** y ***"...la promoción de la prosperidad y bienestar del pueblo..."***[17].

Todas estas situaciones ilícitas y dañinas son imputables al Estado Venezolano.

Las propias estadísticas del BCV demuestran la clara relación entre los aumentos de la liquidez monetaria, el financiamiento monetario de los déficits públicos, la hiperinflación y su correspondencia con el desplazamiento del tipo de cambio[18].

Pero hay más desafueros imputables al BCV. En ese contexto de perfidia entre los años de 2016 hasta abril de 2019 el BCV omitió la publicación tempestiva de las cifras sobre inflación y otras cuentas nacionales en el país. Cuando el BCV publicó en 2019 la información omitida reveló el fracaso de la gestión económica del sector público durante esos años concretamente el reconocimiento de la hiperinflación, el decrecimiento económico y la involución de la economía venezolana a niveles de 1948[19].

---

17 Artículo 3 "*El Estado tiene como sus fines esenciales la defensa y el desarrollo de la persona y el respeto a su dignidad, el ejercicio democrático de la voluntad popular, la construcción de una sociedad justa y amante de la paz, la promoción de la prosperidad y bienestar del pueblo y la garantía del cumplimiento de los principios, derechos y deberes consagrados en esta Constitución. La educación y el trabajo son los procesos fundamentales para garantizar dichos fines*".

18 Humberto García Larralde, "Lineamientos de una política cambiaria para la competitividad en Venezuela", Instituto Latinoamericano de Investigaciones Sociales-Friedrich Elbert Stiftung (Observatorio de Economía), consultado en https://www.academia.edu/36643330/Lineamientos_de_una_pol%C3%ADtica_cambiaria_para_la_competitividad_en_Venezuela

19 Según Humberto García Larralde *"Las cifras revelan una caída de la actividad económica del 36,1% entre 2012 y 2017. De proyectarse para todo el año 2018 el comportamiento observado durante los primeros nueve meses, la contracción habrá sido del 48,1% para el período presidencial completo. Esto significa una contracción promedia en el ingreso de cada venezolano del 51,6%, situándolo en términos absolutos en un nivel ligeramente inferior al de 1950. Es la contracción más pronunciada de un país que no esté en guerra, mayor que la de Grecia en el siglo XXI, y que el de Ucrania o de Cuba en los '90". "La catástrofe que al fin reconoce el BCV"*, en https://www.descifrado.com/2019/07/28/humberto-garcia-larralde-la-catastrofe-que-al-fin-reconoce-el-bcv/

El desastre económico continua hoy[20]. Solo para tener una idea del tamaño de la destrucción de la economía venezolana basta con mencionar la serie estadística sobre las variaciones del producto interno bruto (PIB) entre los años 2014 hasta el primer trimestre de 2021. Estas cifras revelan el colapso macroeconómico más agudo de la historia mundial: (i) un ciclo recesivo (decrecimiento económico) de 8 años seguidos, (ii) una contracción agregada de 77% del PIB.

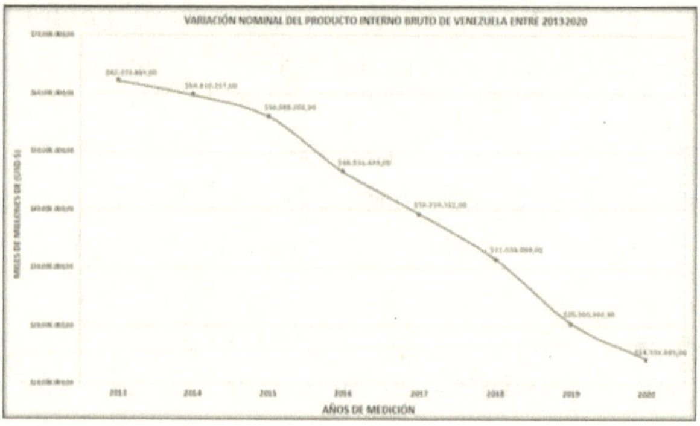

Fuente: BCV.

La caída interanual es de: -3.9%, -6.2%, -17.0%, -15.7%, -19.6%, -35.05%, -30.0% y -10.0%, para 2014, 2015,2016, 2017, 2018, 2019, 2020 y 2021(primer trimestre), respectivamente.

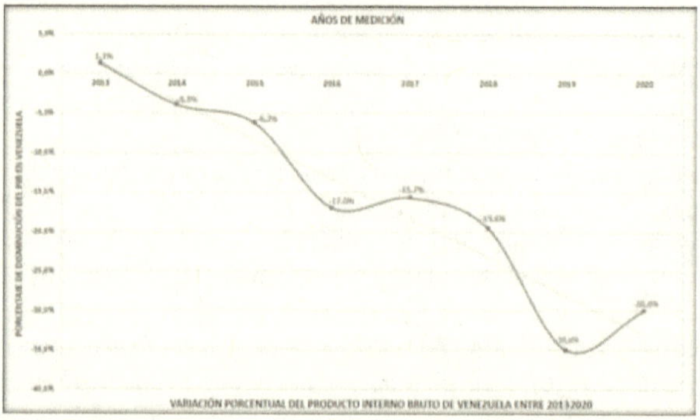

Fuente: BCV.

---

[20] *"...Las razones de esta tragedia están en las equivocadas políticas, derivadas del modelo político-ideológico del Socialismo del Siglo XXI y no en las sanciones económicas aplicadas por el gobierno de los Estados Unidos, como alegan quienes ejercen el gobierno. Es necesario aclarar que el año en que fueron introducidas sanciones financieras a la Re-*

Una situación calificada como "***Emergencia Humanitaria Compleja en Venezuela***"[21]. Quizás lo más doloroso sea 5.4 millones de habitantes desplazados o emigrados en los últimos 15 años según ANCUR (Agencia de las Naciones Unidas para refugiados)[22].

Por su parte la hiperinflación despuntó vertiginosamente con porcentajes interanuales escandalosos. Va desde 2014 con 68%, en 2015 180%, en 2016 274%, en 2017 862% en 2018 de 130.060%, 2019 de 9585% y 2020 de 2959%, según información del BCV e INE para 2020.

Como se dijo la razón principal de la hiperinflación consiste en el financiamiento directo y sin límite de las empresas y entes públicos, incluida PDVSA por el BCV. Para este fin se modificó la LBCV en 2009 con el objeto deliberado de habilitar esta práctica nociva y manifiestamente contraria a la función de un banco central cuya misión es la estabilidad de los precios y el valor de la moneda local.

---

pública y a PdVSA (2017), el Estado venezolano se vio imposibilitado de pagar su deuda internacional (default) aislándose, por su cuenta, de los mercados financieros mundiales. Asimismo, para el momento de entrar en vigencia las sanciones petroleras (21.01.2019), la producción de crudos había caído a apenas la tercera parte de la de 2013. Si bien puede decirse que esas sanciones acentuaron ese declive –hoy se produce apenas el 16%--, es evidente que la destrucción de la capacidad productiva de la industria petrolera ya había ocurrido. Las sanciones personales, por su parte, no son contra Venezuela, si no a funcionarios imputados de haber violado derechos humanos y/o incurrido en corruptelas. Por tanto, no tienen repercusiones económicas". Cfr. Pronunciamiento de la Academia Nacional de Ciencias Económicas de fecha 9 de marzo de 2021.

21 https://www.hrw.org/es/report/2019/04/04/la-emergencia-humanitaria-en-venezuela/se-requiere-una-respuesta-gran-esçala-de#; ver también https://news.un.org/es/story/2019/11/1464991; ver "*...El país sigue sufriendo una hiperinflación, una grave escasez de alimentos y medicinas, y una grave crisis humanitaria. Esta situación ha obligado a alrededor de una sexta parte de la población a abandonar el país, con más de cinco millones de venezolanos que habrían emigrado hasta abril de 2020, según estimaciones del ACNUR2". Conclusiones detalladas de la Misión internacional independiente de determinación de los hechos sobre la República Bolivariana de Venezuela, Consejo de Derechos Humanos Cuadragésimo quinto período de sesiones 14 de septiembre a 2 de octubre de 2020 Tema 4 de la agenda Las situaciones de derechos humanos que requieren la atención del Consejo, 15 de septiembre de 2020.* En https://www.ohchr.org/Documents/HRBodies/HRCouncil/FFMV/A_HRC_45_CRP.11_SP.pdf

22 https://www.acnur.org/situacion-en-venezuela.html. "*Las personas continúan saliendo de Venezuela para huir de la violencia, la inseguridad y las amenazas, así como la falta de alimentos, medicinas y servicios esenciales. Con más de 5 millones de venezolanos y venezolanas que se encuentran viviendo en el exterior, la gran mayoría en países de América Latina y el Caribe, esta se ha convertido en una de las principales crisis de desplazamiento del mundo*".

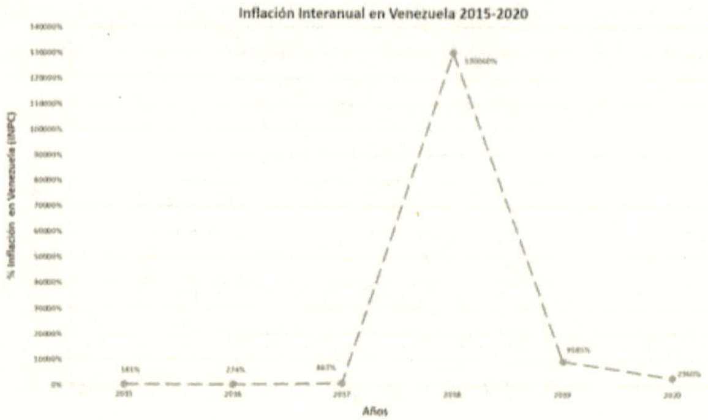

Fuente: BCV.

La creación de dinero puede ser y frecuentemente es utilizada por los gobiernos como un instrumento recaudatorio, esto es, la inflación tiene una funcionalidad como impuesto. El privilegio monopolístico en la creación de dinero es equivalente a permitirle que establezca un impuesto sobre los activos monetarios[23] (exacción monetaria). Este ingreso ficticio se introduce en los circuitos económicos como un aumento de la masa monetaria en la forma de préstamos del BCV al gobierno o a sus empresas públicas. Esto implica un gasto público clandestino que eleva el precio de los bienes y servicios presionando para un mismo nivel de oferta de estos.

Pero lo que es peor, la hiperinflación colocó al Estado en una trampa deficitaria porque redujo la recaudación impositiva real proveniente de actividades domésticas con una resistencia a la baja del gasto público (efecto Tanzi-Olivera)[24].

Desde 2014 la situación venia empeorando con la caída de los precios del petróleo con sensible impacto en los aportes fiscales de origen petrolero sobre el presupuesto del gobierno central. Paralelamente,

---

23 Con razón dijo John Maynard Keynes "*no hay un medio más útil ni seguro para subvertir las bases actuales de a la sociedad que la corrupción de la moneda*". *The economic consecuences of the Peace*, p. 236, citado por Geoffrey Brennan, y James Buchanan, *El poder fiscal <fundamentos analíticos>*, Unión Editorial, Madrid 1987, p. 146.

24 Vid. Humberto García Larralde, "Lineamientos de una política cambiaria para la competitividad en Venezuela", Instituto Latinoamericano de Investigaciones Sociales-Friedrich Elbert Stiftung (Observatorio de Economía), consultado en https://www.academia.edu/36643330/Lineamientos_de_una_pol%C3%ADtica_cambiaria_para_la_competitividad_en_Venezuela, p. 19

la inflación fue encontrando combustible; la recesión económica hizo manifiesta la profundización de la erosión de los ingresos tributarios internos. ***"Con una renta de origen petrolero mermada, ingresos tributarios internos insuficientes y sin acceso al financiamiento internacional, el sector público no encontró otra fuente de financiamiento que la impresión explosiva de dinero primario"***[25].

Concretamente en la reforma de la LBCV de 2015, el legislador delegado inoculó el veneno de la hiperinflación en el Articulo 37(2). Allí se estableció una excepción a la prohibición para el BCV de otorgar créditos directos al Gobierno Nacional o cualquier otro ente de carácter público o mixto. Sin embargo, en un esfuerzo fútil de disimulo, la misma redacción hace pasar por excepción a la prohibición de crédito al gobierno, una excepción normativa que se convirtió en la regla de permiso a la emisión inorgánica de bolívares. Así la parte final del mismo ordinal incluye una excepción que niega la prohibición de principio: ***"...podrá obtener, otorgar o financiar créditos al Estado y entidades públicas o privadas, cuando objetivamente exista amenaza interna o externa a la seguridad u otro perjuicio al interés público, que calificará el Presidente o Presidenta de la República mediante Informe confidencial; o en aquellos casos en que hayan sido aprobados de forma unánime por los miembros del Directorio"***[26].

---

25 *Cfr*. Leonardo Vera Azaf, "¿Hacia dónde avanza el desorden monetario venezolano?", en https://ancevenezuela.org.ve/hacia-donde-avanza-el-desorden-monetario-venezolano/ p. 15

26 Sobre los demás controles del ejecutivo sobre el BCV ver José Ignacio Hernández González, "Comentarios a la reforma de 2015 de la Ley del Banco Central de Venezuela y su defensa por la Sala Constitucional, en *Revista de Derecho Público*, No. 145-146, Enero-Junio de 2016, Caracas, 2016, pp. 107; ver también Anabella "15 años de violaciones a la autonomía del BCV <Proceso constante, resultado fulminante>", en *Transparencia Venezuela,* Caracas 2018, https://transparencia.org.ve/wp-content/uploads/2018/07/Violaciones-Autonomi%CC%81a-BCV-2018-Anabella-Abadi-M.-.pdf

Academia de Ciencias Políticas y Sociales, "Opinión sobre el pedimento del Poder Ejecutivo Nacional al Banco Central de Venezuela para disponer, con propósitos de financiamiento del sistema agropecuario nacional, de 1000 millones de $ de las reservas monetarias internacionales y otras formas de financiamiento, sin la contraprestación correspondiente en bolívares", consultado el 15 de mayo de 2018, disponible en web: <http://www.acienpol.org.ve/cmacienpol/Resources/Pronunciamientos/Opinión%20de%20la%20Academia%20sobre%20el%20Pedimento%20del%20Ejecutivo%20al%20BCV%20de%201000%20millones%20de%20dólares%20de%20las%20reservas%20monetarias%20internacionales.pdf>.

Venezuela entró en el último trimestre de 2017 en un contexto de hiperinflación ahogada por los compromisos externos, con precios e ingresos petroleros insuficientes para cubrir las necesidades de la economía nacional; sin reservas, incumplió sus compromisos financieros y aislada de los mercados internacionales de crédito (en ***default***), lo que obligó a eliminar el régimen de control de cambios y sus ilícitos y a liberar el tipo de cambio a mediados de 2018[27].

2. La hiperdepreciación del bolívar

El bolívar no solo se desintegró en valor internamente. También perdió todo valor de conversión con otras monedas extranjeras. Esa debacle se destapó con la derogación del régimen cambiario en vigor desde el año 2003. Tuvo su causa por la exacerbación de los incontables controles sobre la economía, los embates a la libertad económica, la propiedad y la confianza de los ciudadanos.

En efecto, el régimen de cambio se desreguló y despenalizó en agosto de 2018. Tanto (i) las contrataciones en moneda extranjera como las (ii) operaciones de cambio de monedas fueron sustancialmente liberalizadas, mediante (a) el efecto derogatorio de todas las normas sancionatorias a través del **"*Decreto Constituyente derogatorio del régimen cambiario y sus ilícitos*"**[28] y (b) el desmontaje que hace el nuevo

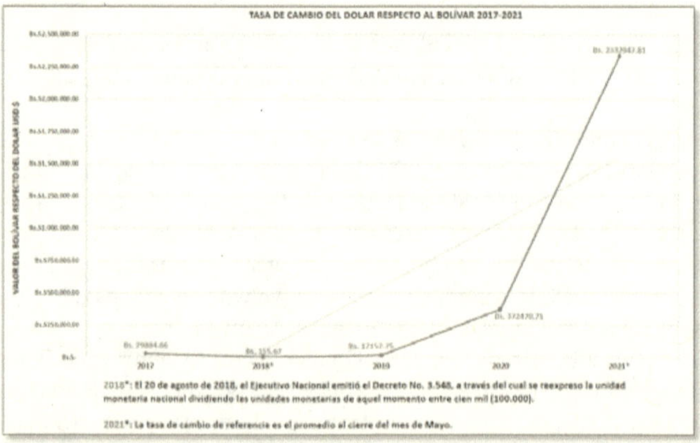

Fuente: BCV.

---

27 Vid., Leonardo Vera Azaf, *op.cit.*, p. 15.

28 *Gaceta Oficial* No. 41.452 del 2 de agosto de 2018.

CC No. 1 de todos los convenios cambiarios que integraban el antiguo régimen cambiario. En su lugar, se crearon y organizaron nuevas opciones institucionales de intercambio para el comprador o vendedor del bolívar por la moneda extranjera denominado ***"sistema de mercado cambiario"*** en esencia de libre flotación.

El ajuste cambiario fue de 2.268 % solo en ese año de 2018.

A su vez, el ritmo explosivo de la cotización del dólar socavó la confianza y pulverizó el valor externo de la moneda nacional[29].

II. LA DISFUNCIÓN DEL BOLÍVAR Y LA DOLARIZACIÓN TRANSACCIONAL DE LA ECONOMÍA

1. El concepto económico de la dolarización de la economía

Con la hiperinflación los operadores económicos iniciaron una progresiva sustitución espontánea por la moneda extranjera como marcador de precios para transacciones en moneda local. Su causalidad atiende a una simple razón del mayor riesgo y poca rentabilidad de la moneda de curso legal atizada por la pérdida de confianza en la misma. Así devino forzosamente la pérdida de las funciones del bolívar como moneda, tanto para servir como medio de reserva de valor, hasta medio para denominar y pagar obligaciones pecuniarias.

El fenómeno económico que denota la pérdida de cualquiera de estas funciones se denomina "*dolarización*" [30].

---

29 Puede consultarse el contraste de la serie sobre el producto interno bruto (PIB) constante, según precios de 1997, su variación porcentual anual, así como el producto interno bruto ***per cápita*** desde 1950 a 2021. La fuente de información es el BCV. La serie desde 2019, son cálculos basados en la caída estimada por el FMI. En cuanto a la población, la serie es del INE hasta 2014, y de ahí fue modificada para asimilar la migración de 6 millones de venezolanos entre esa fecha y 2021.

30 Sobre la dolarización transaccional de la economía venezolana, ver Pedro Palma Carrillo, *La política cambiaria en Venezuela (más de cien años de historia)*, Editorial Jurídica Venezolana, Ediciones IESA, Caracas 2020, p. 365; Humberto García Larralde, "Crítica del actual control de cambio en Venezuela", en web: [https://www.academia.edu/10234449/Cr%C3%ADtica_del_actual_control_de_cambio_en_Venezuela]; Ver sobre las posibilidades jurídicas de una dolarización formal, de derecho o propiamente dicha en Venezuela, José Ignacio Hernández G., "Aspectos jurídicos de la dolarización en Venezuela", en *Revista de Derecho Público*, No. 153-154, Editorial Jurídica Venezolana, Caracas 2018, p. 314.

Se trata de una situación fáctica y espontánea. El proceso de "*dolarización*" que enfatiza los aspectos transaccionales e implica sustitución de las funciones como ***medio de pago*** de la moneda de curso legal, se denomina "*sustitución de monedas*". Por su parte, cuando el énfasis del proceso recae sobre la función del dinero como ***reserva de valor***, se denomina "*sustitución de activos*"[31].

Esta dolarización transaccional agravó la desigual distribución del ingreso, pues alimentó la inflación para aquellos que solo tienen posibilidades de compra en bolívares. Ello desnuda la odiosa realidad del empobrecimiento de los que no tienen o generan divisas[32].

Desde un punto de vista de la libertad cambiaria el Convenio Cambiario No. 1 vigente permite la libre convertibilidad y contratación en moneda extranjera lo que implícitamente facilitó el desplazamiento de bolívar, primeramente, como medio para atesorar valor, complementariamente como medio para denominar las obligaciones pecuniarias y finalmente hasta para asegurar el uso de la moneda extranjera con exclusión del bolívar.

2. Consecuencias jurídicas de los daños patrimoniales por la hiperinflación y la hiperdepreciación del bolívar

Las consecuencias de la destrucción del poder adquisitivo del bolívar son radicalmente relevantes desde un punto de vista jurídico, pues como veremos la responsabilidad por los daños de la hiperinflación y la hiperdepreciación del bolívar son directamente imputables al mal funcionamiento del BCV.

Este ente público incumplió su deber institucional de ***"lograr la estabilidad de los precios y preservar el valor de la moneda"***[33]. Muy

---

31 Ver Alberto Gregorio Castellano Montiel, "La demanda de dinero y la sustitución de monedas y de activos en Venezuela: 1997-2008", en *Economía, XXXVII*, 34 Julio-diciembre, Caracas 2012, p. 98.

32 Humberto García Larralde, "Algunas implicaciones de la dolarización transaccional en Venezuela", en http://cronicadesdewashington.blogspot.com/2021/01/humberto-garcia-larralde-algunas.html

33 Artículo 318 de la Constitución: "*Las competencias monetarias del Poder Nacional serán ejercidas de manera exclusiva y obligatoria por el Banco Central de Venezuela. El*

por el contrario, puso en pie una política deliberada y una práctica consistente de emisión inorgánica de bolívares para el financiamiento del gasto del poder central y sus empresas públicas.

La falencia del BCV compromete la responsabilidad patrimonial de la República en la destrucción del sistema monetario y de todos los daños causados a la economía nacional, a los ciudadanos y a su nivel de vida, a su bienestar y prosperidad ***ex*** artículo 2, 6 y 140 Constitucionales.

De allí la ilegitimidad de cualquier medida de corrección o ajuste de obligaciones tributarias principales o accesorias a favor de cualquier administración tributaria, vinculadas al uso de otra moneda o referencia de valor como el dólar o del llamado Petro entre la fecha de la comisión del ilícito y la de su liquidación o pago.

Se trataría de un provecho o lucro indebido a expensas del daño creado por el propio Estado, pues nadie puede beneficiarse de un ilícito propio o ajeno. Lo contrario implica el absurdo de tolerar una desigualdad adicional al daño causado por el Estado con la hiperinflación e hiperdepreciación del bolívar, que se convierte en un objeto jurídicamente protegido. Algo inaceptable en el Estado Social de Derecho y de Justicia, pues la legitimidad de los fines normativos es condición de validez del ordenamiento y en particular de las normas que afectan derechos y garantías constitucionales.

En efecto, si el Estado es responsable por los daños y perjuicios causados por su actividad ilícita, con mayor razón, ***a fortiori,*** no puede

---

objetivo fundamental del Banco Central de Venezuela es lograr la estabilidad de precios y preservar el valor interno y externo de la unidad monetaria". Artículo 5 LBCV: "*El objetivo fundamental del Banco Central de Venezuela es lograr la estabilidad de los precios y preservar el valor de la moneda*". Artículo 7: "*Para el adecuado cumplimiento de su objetivo, el Banco Central de Venezuela tendrá a su cargo las siguientes funciones: 1. Formular y ejecutar la política monetaria; 9. Ejercer con carácter exclusivo, la facultad de emitir especies monetarias*". Artículo 21: "*corresponde al directorio ejercer la Suprema dirección del Banco Central de Venezuela, En particular, tendrá las siguientes atribuciones en: 2. formular y ejecutar las directrices de la política monetaria y establecer los mecanismos para su ejecución, así como realizar los ajustes que resulten de su seguimiento y evaluación. En este sentido ejercerá las facultades atribuidas al Banco Central en materia de encajes y otros instrumentos de política monetaria*".

ni debe beneficiarse, enriquecerse o lucrarse de los daños causados por su actividad sea dolosa, culpable o no. Esto aplica directamente a la Administración tributaria nacional como a cualquier otra administración pública, porque también es ilegítimo el enriquecimiento de cualquiera a partir del hecho ilícito de otro. Sobre esto volveremos más adelante. Por ahora solo avanzamos nuestra convicción sobre la ilegitimidad del ajuste de las sanciones tributarias de la hiperdepreciación del bolívar según la cotización de la moneda de mayor valor para aprovechar a la Administración Tributaria.

Particularmente dañina fue la política deliberada de opacidad del BCV de omitir la publicación tempestiva de las cifras sobre inflación en el país y otras cuentas nacionales entre los años de 2016 hasta abril de 2019. Se trató del incumplimiento de un deber de transparencia de interés general, del que depende el derecho a la información veraz y oportuna de la población para el ejercicio de otros derechos particulares, entre ellos la corrección monetaria de derechos y obligaciones pecuniarias para todo tipo de propósitos contractuales, la actualización de beneficios y derechos laborales, la tutela judicial efectiva mediante la actualización de condenas de sumas de dinero por los tribunales y por supuesto el derecho tributario a la corrección de bases imponibles, alícuotas y cuotas tributarias[34]. Esta fue una situación vergonzosamente cohonestada por la Sala Política Administrativa del Tribunal Supremo de Justicia[35].

---

34 Ver nuestro artículo "La mentira contable: crónica de incomunicación y engaño. <*aspectos jurídicos de la liberación del tipo de cambio según el CC No. 1 y de la publicación extemporánea de los INPC por el BCV para los años 2016, 2017, 2018 hasta septiembre de 2019*>", en *Revista Venezolana de Legislación y Jurisprudencia* No. 13 (Homenaje al académico Prof. James-Otis Rodner S.), Caracas, 2019.

35 Ver Sentencia No. 935 de 4 de agosto de 2015 dictada en el caso *Asociación Civil Transparencia Venezuela contra el Presidente del Banco Central de Venezuela* http://historico.tsj.gob.ve/decisiones/spa/agosto/180378-00935- 5815-2015-2015-0732.HTML vid. comentarios de Allan Brewer-Carías, *El secreto y la mentira como política de Estado y el fin de la Obligación de Transparencia, en* http://allanbrewercarias.com/documentos/el-secreto-y-la-mentira-como-politica-de-estado-y-el-fin-de-la-obligacion- de-transparencia-de-como-el-tribunal-supremo-de-justicia-libero-inconstitucionalmente-al-banco-central-de-venezuela-de-cumplir/

III. ILEGITIMIDAD DEL USO DEL PETRO COMO UN SUCEDÁNEO DE LA DOLARIZACIÓN DE LAS OBLIGACIONES TRIBUTARIAS MUNICIPALES

Por una seguidilla de sentencias de la Sala Constitucional No. 0250, 078, 118, 0161, 0273[36] en colusión con varios órganos del estado y con ciertos operadores políticos, se puso en pie una acción para ***desconstitucionalizar, deslegalizar, desdemocratiza***r y ***centralizar*** autoritariamente las reglas sobre tributación municipal, al margen de las facultades armonizadoras de la Asamblea Nacional y en fraude la autonomía tributaria de los Estados y Municipios. Para este fin se justificó la aprobación inconstitucional del llamado Acuerdo Nacional de Armonización Tributaria Municipal (ANAT), suscrito por el Consejo Bolivariano de Alcaldes de la República Bolivariana de Venezuela ("CBA").

El ingrediente más nefario del ANAT consistió en **"*apr[obar] el uso del Petro*"**, al que define como criptoactivo venezolano **"*...para ser utilizado como unidad de cuenta para el cálculo dinámico de los tributos y sanciones, cobrando exclusivamente a partir de su equivalente en bolívares soberanos...*"**, indicando que se hace **"*...con el firme propósito de avanzar en su uso como criptoactivo para fortalecer este ecosistema*".**

El uso del Petro constituye una forma de **"*dolarización*"** por **"*sustitución de activos*"** que tiene su causa en la hiperdevaluación y la hiperdepreciación del bolívar. Sus objetivos son sustituir el bolívar y entronizar el uso indirecto de la moneda extranjera de referencia que usa el Petro, como reserva de valor para la denominación de las obligaciones tributarias y sus accesorios. Independientemente de su ilicitud, económicamente, esa sustitución asegura una medida de equilibrio entre el uso del bolívar y la protección de valor indirectamente en el dólar o alguna moneda dura.

---

36 Sentencias de la SC (i) N° 0250 de fecha 08 de agosto de 2019, (ii) N° 078 de fecha 07 de julio de 2020, la (iii) No. 118 de fecha 18 de agosto de 2020 y las (iv) Nos. 0161 del 20 de noviembre de 2020 y 0273 de fecha 30 de diciembre de 2020, en colusión con otros poderes del estado y operadores políticos.

Como hemos dicho anteriormente, el uso del Petro como unidad de cuenta o pago o como pretendido mecanismo de corrección de la obligación y sanciones tributarias viola frontalmente la (i) obligación de determinar y pagar la obligación tributaria y sus accesorios en bolívares según el artículo 146 (encabezado) del COT de 2020, la (ii) indeterminación de su valor implica una deslegalización prohibida, (a) por tratarse de una materia de estricta reserva legal tributaria, según confirman el artículo 3 ***eiusdem*** y ultimadamente (b) porque el Petro no es moneda ni unidad monetaria y mucho menos tiene curso legal en Venezuela.

El uso del Petro como pretendido medio de corrección monetaria de las obligaciones y accesorios tributarios municipales, es un expediente radicalmente irrazonable; es inidóneo, innecesario y desproporcionado como medio de corrección de valor; resulta un contrasentido porque desnaturaliza la obligación tributaria originalmente en bolívares para medirla en términos de esa unidad de valor (que no unidad monetaria), aunque se pague en bolívares a su contravalor.

En efecto, el valor del Petro no responde a los cambios del poder de compra del bolívar. Solo pretende medir la especie a la que se refiere implícitamente, la cual no tiene conexión ni causalidad con la unidad de medida de la obligación tributaria que pretende ajustar. Es simplemente la sustitución indirecta del bolívar por otra moneda de valor estable.

El uso del Petro implica también un provecho de una Administración Pública sobre el daño sufrido por el contribuyente por la inflación o la depreciación del bolívar, que tiene su causa directamente en el fallo del Estado y concretamente del BCV ***ex turpi causa***.

En definitiva, se trata de una forma desproporcionada de agravar la situación fiscal del contribuyente sustituyéndola y sometiéndola a las vicisitudes del valor o de quien decida fijar el valor del llamado Petro. En esta pretendida corrección de valor no hay una finalidad legítima, sino un provecho sobre el daño ilícito por la hiperinflación y la hiperdepreciación del bolívar causado por el propio Estado, de la que no puede ni debe beneficiarse ninguna administración pública.

IV. INCONSTITUCIONALIDAD DE LA "DOLARIZACIÓN" O DEL USO DEL PETRO EN EL CÁLCULO DE LAS SANCIONES TRIBUTARIAS

Hemos señalado[37] que, la **"*dolarización*"** de sanciones en el COT de 2020 así como el uso del Petro como criterio de valoración de sanciones tributarias municipales constituye una protuberante antinomia de los artículos 146 y 3 encabezado del COT 2020, que obligan a la presentación y pago del tributo y sus accesorios en bolívares, con exclusión de cualquier otra moneda y ***a fortiori***, de cualquier pretendido sucedáneo monetario de cuantificación como el Petro.

Ello en sí mismo constituye una ilegalidad e inconstitucionalidad por (i) deslegalizar la moneda para denominar y pagar sanciones tributarias y (ii) contradecir el uso del bolívar como moneda de uso forzoso para denominar y pagar las obligaciones tributarias. Semejantes infracciones invalidan cualquier pretendida aplicación de sanciones medidas en dólares o en Petros.

1. Infracción de la reserva legal: Deslegalización prohibida

Efectivamente, el artículo 146 del COT 2020 señala que, los montos de la base imponible y de los créditos y débitos de carácter tributario que determinen los sujetos pasivos o la Administración Tributaria, en las declaraciones y planillas de pago de cualquier naturaleza, así como las cantidades que se determinen por concepto de tributos, accesorios o sanciones en actos administrativos o judiciales, **se expresarán y pagarán en bolívares**.

La redacción de este enunciado solo varió con respecto al texto del mismo artículo 146 del COT de 2014 señalando que la determinación solo se haría en "*bolívares*", dejando abierto la posibilidad del pago en alguna moneda extranjera, según disposición de la Ley creadora del tributo o por disposición del Ejecutivo Nacional. Obsérvese que el uso del medio de pago se limita a una **"*especie monetaria*"**, lo que, en principio

[37] *Cfr*. Humberto Romero-Muci, "La metamorfosis kafkiana de la Unidad tributaria y la dolarización de las sanciones tributarias", en *Libro homenaje a Jesus Caballero Ortiz*, Fundación de Derecho Administrativo (FUNEDA), Caracas 2021 (en prensa), p. 29.

excluye al Petro por no ser una especie monetaria sino un ***token*** o a lo más un pretendido criptoactivo.

De otro lado, la única moneda de curso legal en Venezuela es el bolívar[38]; corresponde exclusivamente al BCV la facultad de emitir moneda de curso legal, prohibiendo esa acción a cualquier otra institución pública o privada[39]. En complemento se atribuye al bolívar el poder liberatorio sin limitación alguna para el pago de obligaciones públicas y privadas, y con una redacción equívoca **"*... sin perjuicio de disposiciones especiales, de las leyes que prescriban un pago de impuestos, contribuciones obligaciones en determinada forma y del derecho de estipular modos especiales de pago*"[40].**

En todo caso, la redacción del artículo 146 del COT de 2014 es objetable porque la identificación de la moneda de pago del tributo es ***indelegable***, en razón que, todo lo relativo a la determinación de la obligación tributaria es materia de reserva legal, incluyendo la unidad monetaria de cuantificación y pago, según confirma el artículo 3 del mismo Código. Todas estas previsiones deben venir determinadas desde el rango legal. Semejante desafuero equivale a una deslegalización prohibida que acarrea la nulidad de la eventual decisión del Ejecutivo de utilizar un medio de pago distinto al bolívar, así como el de cualquier acto de ejecución de aquella.

Por su parte, esta nueva redacción del artículo 146 del COT 2020 establece que, tanto la ***expresión*** como el ***pago*** de la obligación tributaria será en bolívares, sin perjuicio de las *excepciones que establezca el Banco Central de Venezuela a requerimiento del Ministerio con competencia en materia de Finanzas*. Por un lado, concreta el principio del carácter pecuniario de la obligación tributaria, esto es, el bolívar está en la denominación como en la solución o pago de la obligación, pero de otro, incurre en el mismo vicio de deslegalización de la unidad monetaria de cuantificación o de pago de la obligación tributaria al establecer una regulación indeterminada sobre las pretendidas **"*excepciones que establezca*"** el BCV.

---

38 Artículo 106 LBCV.

39 Artículo 107 LBCV.

40 Artículo 116 LBCV.

Pero hay más. En todo caso, la pretendida dolarización ***ex*** artículos 91 y 92[41] de 2020 (la referencia **"*al tipo de cambio de la moneda de mayor valor*"**), sin menoscabo de la indeterminación de la identidad de la moneda, confiesa el propósito de maximizar el ajuste. Por supuesto la indeterminación de la moneda es también una prueba de la deslegalización del pretendido ajuste.

Pero cuál es esa ¿**"*...moneda de mayor valor publicada por el Banco Central de Venezuela...*"?**[42]**. *¿Qué significa moneda de mayor valor? ¿Por qué usar la moneda de mayor valor*?.**

El BCV informa una lista de 35 monedas extranjeras con sus respectivas cotizaciones en términos de bolívar. Estos valores varían continuamente, diariamente, en función de su precio específico en el mercado monetario internacional.

¿Mayor valor es mayor valor nominal en el cambio? ¿O mayor estabilidad en el cambio? Con sólo hacernos estas preguntas se evidencia la vaguedad del enunciado y su ilicitud para constituir elemento de la base normativa de la sanción tributaria. Pareciera que **"*mayor valor*"** significa la moneda que ofrezca la equivalencia más alta al momento de la conversión. ***A priori*** no existe una moneda de mayor valor. Esa es una situación circunstancial que puede variar según la cotización del tipo de cambio y el mercado de cada divisa. Esto en sí mismo es prueba del propósito adicional de hacer más ventajosa la traducción de valor.

Ahora bien, ¿por qué el régimen mantiene el ajuste de la UT (en bolívares) y sin embargo dolarizó las sanciones?

Primero, porque el régimen no puede deshacerse del bolívar por razones económicas, políticas y jurídicas. Ante todo, porque como explica Leonardo Vera Azaf[43] **"*... eliminar el bolívar no es opción para***

---

41 El equivalente en la reforma de la Ley Orgánica de Adunas: Artículo 159. "*Cuando las multas establecidas en este Decreto con Rango Valor y Fuerza de Ley se refieran al valor en aduana de las mercancías, se convertirán al equivalente del tipo de cambio oficial de la moneda de mayor valor, publicado por el Banco Central de Venezuela que corresponda al momento de la comisión del ilícito, y se cancelarán en bolívares utilizando el tipo de cambio oficial que estuviere vigente en el momento del pago.*
En caso de que no se pudiera determinar el momento de la comisión del ilícito, se tomará en cuenta el momento en que la Administración Aduanera tuvo conocimiento del mismo."

42 http://www.bcv.org.ve/estadisticas/otras-monedas. Contiene una lista de 35 monedas.

43 *Cfr.* Leonardo Vera Azaf, ¿Hacia dónde avanza el desorden monetario venezolano?, en https://ancevenezuela.org.ve/hacia-donde-avanza-el-desorden-monetario-venezolano/

***el gobierno […], pues la miseria se […] reparte en salarios y pensiones, a 7 millones y medio de empleados públicos y pensionados, sólo puede hacerse en bolívares (que es lo que produce). El pago en petros es una opción que sólo tiene viabilidad mientras haya convertibilidad con el bolívar, pues con el dólar resultó en un pronosticado fracaso*"**. A ello se añade la rigidez constitucional y legal que obliga a utilizar el bolívar como unidad de cuenta y presentación obligatoria de la información económica[44].

Segundo, porque con esta ambigüedad el régimen puede (i) manejar a su antojo el valor de la UT, subestimándola a conveniencia, con el fin de aumentar la presión fiscal a discreción, (ii) garantizarse un poder adquisitivo **"*actualizado*"** para un ingreso por las sanciones vinculado al valor de una divisa estable, a la par que (iii) mantiene una política de intimidación y control social sobre los contribuyentes, en el contexto de una gestión recaudatoria sin debido proceso.

2. Desnaturalización de la obligación tributaria

Pero adicionalmente la dolarización y el uso del Petro implican una desnaturalización de la obligación tributaria, en bolívares, porque económicamente la sustituye o transforma en esa otra especie monetaria extranjera que se utiliza como factor de corrección, independientemente de que se pague en bolívares.

La sola medición de la obligación pecuniaria en dólares o en Petros sea por concepto de impuesto o por cualquier accesorio de la obligación tributaria, hace de la sanción una obligación de valor en dólares o en Petros, prohibida por el artículo 146 del COT. Expone al contribuyente a las vicisitudes y riesgos del dólar o del Petro cuando la obligación tributaria es imperativamente en bolívares. Su objetivo, como en toda dolarización por sustitución de activos, consiste en evitar el riesgo cam-

---

[44] Artículo 129 de la LBCV: "*En la contabilidad de las oficinas, públicas o privadas y en los libros cuyo empleo es obligatorio, de acuerdo con el código de Comercio, los valores se expresarán en bolívares. No obstante, pueden asentarse operaciones de intercambio internacional contratadas en monedas extranjeras, cuya mención puede hacerse, aunque llevando a la contabilidad del respectivo contravalor en bolívares. Igualmente, pueden llevarse libros auxiliares para la misma clase de operaciones, con indicaciones y asientos en moneda extranjeras*".

biario del bolívar. En este caso desplazar deslealmente el riesgo cambiario al contribuyente.

Esto, aparte de prohibido, es discriminatorio con el resto de las mediciones de los elementos de la obligación tributaria que deben determinarse en bolívares y no en otra especie monetaria o pseudo monetaria. La dolarización de las multas persigue un fin ilegitimo y particularmente inmoral.

La dolarización de las multas es la única circunstancia de medición en moneda extranjera en el contexto del sistema tributario. Su aplicación sin la corrección de los demás elementos de la estructura de los tributos o de la relación tributaria, hace evidente el trato desigual y el despropósito de tomar ventaja del contribuyente.

Adicionalmente, la medición de la sanción se hace depender de una cotización incierta de la especie de que se trate a la fecha de su pago. No se trata de un medio de valor determinable y objetivo, sino de un criterio incierto en el caso de la dolarización y arbitrario en el caso del Petro. En el primer caso la medición depende de "***...el tipo de cambio oficial de la moneda de mayor valor publicada por el BCV...***" y en el segundo, el valor depende del que la Superintendencia Nacional de Criptoactivos (SUNACRIP) asigne al Petro.

3. Inconstitucionalidad por infracción de los principios de taxatividad penal, la prohibición de retroactividad normativa y de razonabilidad de la Ley

En ambos casos, la dolarización de las multas, incluido el uso de Petro, son mediciones inidóneas contrarias a la previsibilidad y certeza de la sanción penal. Son paradigmas de la deslegalización y subjetividad del aplicador. Infringen los principios de taxatividad penal, la prohibición de retroactividad normativa y de razonabilidad de la Ley

Al igual que el ajuste de las sanciones al valor de la UT a la fecha del pago, en el supuesto negado que fuera válido el ajuste por la dolarización de las sanciones o por un sucedáneo como el Petro, cualquier ajuste posterior a la fecha de la comisión del ilícito desvirtúa la actualización de la sanción, implica la aplicación retroactiva de un valor que no representaba el valor real del dólar o del Petro al momento de la infracción y la convierte en un mecanismo reñido con el mismo propósito sancionatorio (sea represivo o disuasivo) de la multa, aparte de un obstáculo al ejercicio del derecho a la tutela judicial efectiva como evidenciaremos más adelante.

En su caso, lo que, ***ex*** hipótesis podría ajustarse es el valor original de la sanción expresada en dólares al momento de la comisión del ilícito. Esta es la única circunstancia en la que se conoce y puede determinarse con certeza el valor de la sanción y por lo tanto sus consecuencias previsibles. El conocimiento previo se reduce al contenido ***in obligationem*** de la obligación pecuniaria por la multa, no al conteniendo material ***in solutionem*** de la misma, pues su conocimiento previo a la comisión del ilícito fiscal imposible[45]. Es contrario a la legalidad penal, ajustar la sanción sea al momento del pago voluntario o previa determinación de la Administración, pues se trata de momentos ***ex post facto*** desconocidos en el tiempo. Un ajuste en estas circunstancias constituye una situación incierta que implica una corrección indeterminada.

En nuestra opinión no es aceptable el pretexto de la finalidad disuasiva de la multa indeterminada para justificar la corrección de su valor a la fecha de su pago. Esa explicación solo encubre el despropósito de la aplicación arbitraria de la misma.

Que la finalidad de la pena pueda ser preventiva o disuasiva, no justifica ni se asegura con la incerteza o la indeterminación de su valor. La creación de una multa de cuantía incierta por indeterminada es un sinsentido que, la desnaturaliza inconstitucionalmente y la convierte en un medio arbitrario que depende de la voluntad del aplicador, esto es, ***lex incerta***[46].

Al igual que el ajuste de las sanciones al valor de la UT a la fecha del pago, la dolarización de las sanciones o su pago en Petros, constituyen un obstáculo para el acceso a la justicia y a una tutela judicial efectiva, ya que (i) inhiben a los contribuyentes a recurrir el acto administrativo por temor a la mayor onerosidad que pueda repercutir sobre

---

45 *Cfr*. Carlos H. Weffe E., "Inflación y derecho penal tributario <las sanciones tributarias como obligaciones de valor>", en *Revista de Derecho Tributario* No. 150, Abril-Junio. 2016, Asociación Venezolana de Derecho Tributario, Caracas, 2016. p. 32.

46 *Cfr*. Claus Roxin, *Derecho Penal*, Parte General, Tomo I, Fundamentos. La Estructura de la Teoría del Delito, Civitas, Madrid 1997, p. 141.

la deuda tributaria, la incertidumbre de las resultas del pleito y el prolongado transcurso del tiempo hasta la decisión final y se (ii) traduce en el despropósito de pretender perpetuar la ineficiencia de la Administración Tributaria en la recaudación de los tributos.

4. Inconstitucional pretensión de provecho de daños por hecho ilícito

Como hemos dicho, es ilegítimo que alguna administración pública pueda beneficiarse de su propio acto ilícito o del ilícito y los daños causados por el Estado a los ciudadanos (***Ex turpi causa***).

Pretender un ajuste de la sanción tributaria según el valor del dólar o del llamado Petro a la fecha del pago constituye un aprovechamiento ilegítimo del acreedor tributario sobre el daño antijuridico imputable directamente al funcionamiento ilegal del BCV, al ser causa eficiente, directa y absoluta de la hiperinflación y de la hiperdepreciación del bolívar.

La pretendida dolarización de las sanciones tributarias constituye una intención de provecho por causa ilícita de la Administración Pública que debe y puede ser rechazado por el afectado por vía de excepción de inconstitucionalidad e ilegalidad, en caso de fiscalización y consecuente liquidación de alguna presunta infracción cifrada en "***dólares***" o su eufemística enunciación como "***…el tipo de cambio oficial de la moneda de mayor valor publicada por el BCV***…".

Ahora bien, la prohibición de aprovechamiento de un ilícito tiene su propia racionalidad. Así como el ciudadano tiene derecho y acción para exigir indemnización por los daños causados por la prestación de la actividad administrativa ***ex*** artículo 140 Constitucional, con mayor razón, ***a fortiori***, tiene derecho a oponerse y excepcionarse de cualquier pretendido provecho, compensación o lucro de alguna administración pública que tenga fundamento en un hecho ilícito imputable al Estado, como una pretensión ilegitima ***ex turpi causa***, tal como es el caso de los daños al poder adquisitivo del bolívar causado a la población por la hiperinflación o la hiperdepreciación del bolívar.

Ya hemos demostrado que la pérdida de poder adquisitivo por hiperinflación e hiperdepreciación del bolívar es un daño directa e inmediatamente imputable al funcionamiento ilegal e inconstitucional del BCV.

Ante esta situación, en cada caso que se reclame a algún contribuyente una infracción a la legalidad tributaria y pretenda determinarse el ajuste dolarizado de la sanción, la Administración tributaria estaría individualizando un aprovechamiento injusto del daño monetario. Si bien todos nos perjudicamos por la hiperinflación e hiperdepreciación del bolívar imputable a la acción ilícita del BCV, es inaceptable pretender lucrarse o aprovecharse individualmente del deudor de la sanción pecuniaria, reclamándole la pérdida de valor de la moneda envilecida por el propio Estado, esto es, aparte de infligir el daño general (la pérdida del poder adquisitivo del bolívar), beneficiarse también del mismo daño (el ajuste del poder adquisitivo del bolívar) en situaciones particulares. El contribuyente no tiene deber de soportar el daño antijuridico individualizable.

El aprovechamiento injusto evaluable económicamente será la medida de la depreciación del bolívar frente a la moneda de mayor valor que pretenda aplicarse para ajustar la multa entre la fecha de la comisión de la infracción y su liquidación o pago.

Ese aprovechamiento injusto compromete claramente los derechos fundamentales de propiedad, igualdad, tutela judicial efectiva y razonabilidad de la Ley.

Ese importe representa el daño antijuridico y efectivo al poder adquisitivo de bolívar cuyo resarcimiento se pretende ilícitamente.

Ahora bien, solo si verifica efectivamente el ingreso de la sanción ajustada según el valor de la UT, del dólar o del llamado Petro a la fecha del pago, semejante ingreso constituiría un supuesto de ***"enriquecimiento injusto o sin causa lícita"*** a favor de la Hacienda Pública. En este caso particular, el enriquecimiento injusto tiene causa en el daño antijuridico individualizado por la depreciación del bolívar directamente imputable al funcionamiento inconstitucional e ilegal del BCV y responsabilidad del Estado.

Así las cosas, el ciudadano contribuyente tiene derecho y acción para reclamar la ***devolución*** de lo ingresado inconstitucionalmente ***ex*** artículo 67 del COT de 2021 y acumular una pretensión indemnizatoria o de condena para reintegrar los mayores daños que implique el pago indebido o el enriquecimiento injusto[47], que en hiperinflación excede con creces la tasa activa promedio incrementada en 1.2 veces. Todo ello para producir un pleno restablecimiento de la situación jurídica lesionada como acoge nuestro ordenamiento en el artículo 140 Constitucional, no solo para asegurar una reparación integral, sino evitar el desequilibrio patrimonial entre las partes de la relación jurídico-tributaria[48].

5. Otras lesiones constitucionales por la dolarización de las sanciones tributarias

Cifrar las multas según el tipo de cambio vigente de la moneda de mayor valor al momento del pago o en función de un pretendido sucedáneo monetario como el Petro, también implica una violación del derecho fundamental a la tutela judicial efectiva[49].

Ese pretendido ajuste supone un bloqueo ilegítimo al acceso a la justicia por la desproporción causada por la mayor onerosidad que puede significar el ejercicio de su derecho de impugnación frente al reclamo administrativo y la pendencia del proceso y el efecto inhibitorio que semejante amenaza económica implica (el ajuste permanente de la tasa de cambio de la divisa utilizada como medio de corrección hasta el momento incierto del pago) frente a la incerteza de las resultas y la prolongación del lance judicial. Tal situación, en la práctica, constituye un subterfugio legal para enervar parcialmente la eficacia del derecho a la tutela judicial efectiva y que puede obligar a los contribuyentes a

---

47 Ver sentencia del Tribunal Primero Contencioso Tributario de fecha 4 de diciembre de 2003, caso *Sociedad de Fabricación y Venta de Automóviles, S.A. (SOFAVEN) vs. SENIAT* "*además de acogerse al criterio del legislador tributario respecto al quantum indemnizatorio, resulta plenamente compatible con los principios generales del Derecho y también derechos constitucionales categóricamente formalizados (en los artículos 2, 26, 30, 49, 115, 140, 257 y 259) de tutela judicial efectiva, responsabilidad del Estado y reparación justa e integral de los daños imputables al Estado, a los cuales se suman los principios del Código Civil (art. 1178), de donde es claro que el daño (y el enriquecimiento injusto) ocurre desde el momento mismo del pago indebido, daño que puede ser resarcido por medio de intereses moratorios*". Consultada en original, p. 53.

48 Sobre la posibilidad de la acumulación de una pretensión de devolución y una indemnizatoria, *Cfr*. Fernando Casana Merino, *La responsabilidad patrimonial de la Administración derivada de actos tributarios*, Comares, Granada 2016, p. 11.

49 Artículo 26 de la Constitución de la República Bolivariana de Venezuela.

allanarse al viciado reclamo fiscal. Esto es lo que en otras jurisdicciones del derecho comparado se identifica como el ***"efecto congelamiento"*** (***chilling effect***) en el ejercicio de derechos constitucionalmente protegidos, como aquellas prácticas violatorias del principio constitucional de proporcionalidad[50].

En definitiva, los mandatos consagrados en artículo 91 y 92 del COT de 2020, así como, los criterios sobre el ajuste de sanciones tributarias por la UT mantenidos por la jurisprudencia del Tribunal Supremo de Justicia[51] (aplicables a la dolarización de las sanciones tributarias), constituyen un obstáculo para el acceso a la justicia y a una tutela judicial efectiva, ya que inhiben a los contribuyentes a recurrir el acto administrativo por temor a la mayor onerosidad que pueda repercutir sobre la deuda tributaria, la incertidumbre de las resultas del pleito y el prolongado transcurso del tiempo hasta la decisión final.

Finalmente, el absurdo que plantea la dolarización de las sanciones según el tipo de cambio de otra moneda o el uso de llamado Petro, también se traduce en el despropósito de pretender perpetuar la ineficiencia de la Administración Tributaria en la recaudación de los tributos a través de un sistema que garantiza una automática y desproporcionada "*indemnización*"[52], premiándosela por su desidia en total contradicción con los derechos y garantías de los ciudadanos, consagrados en la Constitución y en la Ley.

---

50 *Vid*., Markus González Beilfuss, *El principio de proporcionalidad en la jurisprudencia del Tribunal Constitucional*, Thomson Reuters Aranzadi, Pamplona 2015, p. 45.

51 Ver Sentencia de la Sala Político-Administrativa del Tribunal Supremo de Justicia de fecha 4 de junio de 2014, con ponencia del Magistrado Emilio Ramos González, caso *Tamayo & CIA., S.A. vs. República de Venezuela (Fisco Nacional)*, publicada en *Gaceta Oficial* No. 40.468 de fecha 5 de agosto de 2014, consultada en: http://historico.tsj.gob.ve/decisiones/spa/junio/165176-00815-4614-2014-2012-1813.HTML. Ver Humberto Romero-Muci, *Uso, abuso y perversión de la Unidad Tributaria*, Serie Estudios No. 111, Academia de Ciencias Políticas y Sociales, Caracas 2015, pp. 89; también "La metamorfosis kafkiana de la UT y la dolarización de las sanciones tributarias", en *Libro homenaje a Jesus Caballero Ortiz,* Fundación de Estudios de Derecho Administrativo, Caracas, 2021 (inédito).

52 *Vid.* José Andrés Octavio Leal, "El ajuste por inflación de las sanciones pecuniarias en el Código Orgánico Tributario de 2001", en *Revista de Derecho Tributario* No. 115, Julio-Septiembre de 2007, Asociación Venezolana de Derecho Tributario, Caracas, 2007. p. 68.

CONCLUSIONES

1. Es inconstitucional e ilegal la dolarización de las sanciones tributarias, sea el uso del (i) ***"... tipo de cambio oficial de la moneda de mayor valor publicada por el BCV***..." o (ii) el Petro vigente a la fecha del pago para dimensionar las multas expresadas normativamente en términos de dicha unidad de valor y no según la vigente a la fecha de la comisión del ilícito.
2. La ***"dolarización"*** de sanciones en el COT de 2020 constituye una protuberante antinomia de los artículos 146 y 3 encabezado del COT 2020, que obligan a la presentación y pago del tributo y sus accesorios en bolívares, con exclusión de cualquier otra moneda y ***a fortiori***, de cualquier pretendido sucedáneo monetario de cuantificación como el Petro
3. Ello en sí mismo constituye una ilegalidad e inconstitucionalidad por (i) deslegalizar la moneda para denominar y pagar sanciones tributarias y (ii) contradecir el uso del bolívar como moneda de uso forzoso para denominar y pagar las obligaciones tributarias.
4. La indeterminación de la moneda de mayor valor, así como el valor mismo de la unidad de cuantificación a la fecha del pago de la sanción, constituye una infracción de los principios de taxatividad penal, la prohibición de retroactividad normativa y de razonabilidad de la Ley.
5. Con la dolarización de las sanciones tributarias implica un provecho o lucro indebido a expensas del daño creado por el propio Estado por la hiperinflación y la hiperdepreciación del bolívar, pues nadie puede beneficiarse de un ilícito propio o ajeno (***Ex turpi causa***).
6. Constituyen un obstáculo para el acceso a la justicia y a una tutela judicial efectiva, ya que inhiben a los contribuyentes a recurrir el acto administrativo por temor a la mayor onerosidad que pueda repercutir sobre la deuda tributaria, la incertidumbre de las resultas del pleito y el prolongado transcurso del tiempo hasta la decisión final.

7. También se traduce en el despropósito de pretender perpetuar la ineficiencia de la Administración Tributaria en la recaudación de los tributos a través de un mecanismo que garantiza una automática y desproporcionada "*indemnización*" premiándosela por su desidia.

BIBLIOGRAFÍA

Doctrina

ABADI M, Anabella, "15 años de violaciones a la autonomía del BCV <Proceso constante, resultado fulminante>", en *Transparencia Venezuela*, Caracas 2018, https://transparencia.org.ve/wp-content/uploads/2018/07/Violaciones-Autonomi%CC%81a-BCV-2018-Anabella-Abadi-M.-.pdf

ACADEMIA DE CIENCIAS POLÍTICAS Y SOCIALES, Pronunciamiento en rechazo a los "Decretos Constitucionales" que pretenden modificar el Código Orgánico Tributario, la Ley Orgánica de Aduanas y la Ley de impuesto al valor agregado dictadas por la inconstitucional Asamblea Nacional Constituyente, de fecha 2 de febrero de 2020, en https://derysoc.com/pronunciamiento-de-la-academia-de-ciencias-politicas-y-sociales/

______________, Pronunciamiento de la Academia Nacional de Ciencias económicas ante la situación económica de fecha 9 de marzo de 2021, en https://ancevenezuela.org.ve/wp-content/uploads/2021/03/20210309-PronunciamientoANCE.pdf

BRENNAN, Geoffrey y BUCHANAN, James, *El poder fiscal <fundamentos analíticos>*, Unión Editorial, Madrid 1987.

BREWER-CARÍAS, Allan. "El secreto y la mentira como política de Estado y el fin de la Obligación de Transparencia", *en http://allanbrewercarias.com/documentos/el-secreto-y-la-mentira-como-politica-de-estado-y-el-fin-de-la-obligacion- de-transparencia-de-como-el-tribunal-supremo-de-justicia-libero-inconstitucionalmente-al-banco-central-de-venezuela-de-cumplir/*,

CASANA MERINO, Fernando, *La responsabilidad patrimonial de la Administración derivada de actos tributarios*, Comares, Granada 2016.

CASTELLANO MONTIEL, Alberto Gregorio, "La demanda de dinero y la sustitución de monedas y de activos en Venezuela: 1997-2008", en *Economía, XXXVII*, 34 Julio-diciembre, Caracas 2012.

FRAGA LO CURTO, Luis, "Las soluciones institucionales a la crisis inflacionaria", consultado en https://www.academia.edu/32884364/SOLUCIONES_INSTITUCIONALES_A_LA_CRISIS_INFLACIONARIA_Por_Luis_Fraga_Lo_Curto_Abogado_UCAB

FRAGA PITTALUGA, Luis J., *Algunos comentarios sobre la reforma del Código Orgánico Tributario de 2020*, en https://fragapittaluga.com.ve/fraga/index.php/e-learning/item/9-algunos-comentarios-sobre-la-reforma-del-codigo-organico-tributario-de-2020

HERNÁNDEZ GONZÁLEZ, José I., "Comentarios a la reforma de 2015 de la Ley del Banco Central de Venezuela y su defensa por la Sala Constitucional", en *Revista de Derecho Público*, No. 145-146, Enero-Junio de 2016, Caracas, 2016.

______________, "Aspectos jurídicos de la dolarización en Venezuela", en *Revista de Derecho Público*, No. 153-154, Editorial Jurídica Venezolana, Caracas, 2018.

GARCÍA LARRALDE, Humberto, "Algunas implicaciones de la dolarización transaccional en Venezuela", en http://cronicadesdewashington.blogspot.com/2021/01/humberto-garcia-larralde-algunas.html

______________, "Lineamientos de una política cambiaria para la competitividad en Venezuela", Instituto Latinoamericano de Investigaciones Sociales-Friedrich Elbert Stiftung (Observatorio de Economía), consultado en: https://www.academia.edu/36643330/Lineamientos_de_una_pol%C3%ADtica_cambiaria_para_la_competitividad_en_Venezuela

GARCÍA GOMEZ DE MERCADO, Francisco, *Responsabilidad patrimonial de la Administración*, 2da Edición, Colección Derecho Administrativo Práctico, Editorial Comares, Granada 2020.

GONZÁLEZ BEILFUSS, Markus, *El principio de proporcionalidad en la jurisprudencia del Tribunal Constitucional*, Thomson Reuters Aranzadi, Pamplona 2015.

GONZÁLEZ PÉREZ, Jesús, *Responsabilidad Patrimonial de las Administraciones Públicas*, 8va Edición, Civitas-Thomson Reuters, Pamplona 2016.

OCTAVIO LEAL, José A., "El ajuste por inflación de las sanciones pecuniarias en el Código Orgánico Tributario de 2001", en *Revista de Derecho Tributario* No. 115, Julio-Septiembre de 2007, Asociación Venezolana de Derecho Tributario, Caracas 2007.

PALMA CARRILLO, Pedro, *La política cambiaria en Venezuela (más de cien años de historia)*, Editorial Jurídica Venezolana, Ediciones IESA, Caracas 2020.

ROMERO-MUCI, Humberto, "La metamorfosis kafkiana de la Unidad tributaria y la dolarización de las sanciones tributarias", en *Libro homenaje a Jesus Caballero Ortiz*, patrocinado por la Fundación de Derecho Administrativo (FUNEDA), Caracas 2021 (en prensa).

______________, "La mentira contable: crónica de incomunicación y engaño. *<aspectos jurídicos de la liberación del tipo de cambio según el CC No. 1 y de la publicación extemporánea de los INPC por el BCV para los años 2016, 2017, 2018 hasta septiembre de 2019>*, en *Revista Venezolana de Legislación y Jurisprudencia* No. 13 (Homenaje al académico Prof. James-Otis Rodner S.), Caracas, 2019.

ROXIN, Claus, *Derecho Penal*, Parte General, Tomo I, Fundamentos. La Estructura de la Teoría del Delito, Civitas, Madrid 1997.

VERA AZAF, Leonardo, ¿Hacia dónde avanza el desorden monetario venezolano?, en https://ancevenezuela.org.ve/hacia-donde-avanza-el-desorden-monetario-venezolano/

WEFFE E., Carlos H, "Inflación y derecho penal tributario <las sanciones tributarias como obligaciones de valor>", en *Revista de Derecho Tributario* No. 150, Abril-Junio. 2016, Asociación Venezolana de Derecho Tributario, Caracas, 2016.

ZAMBRANO SEQUIN, Luis, "Notas con relación a las reformas a la Ley del Banco Central de Venezuela", consultado en https://www.academia.edu/334101/Nota_con_relaci%C3%B3n_a_las_reformas_a_la_ley_del_Banco_Central_de_Venezuela

Legislación

Venezuela. Código Orgánico Tributario: *Gaceta Oficial* No. 6.507 *Extraordinaria* del 29 de enero de 2020.

Venezuela. Ley Orgánica de Aduanas; *Gaceta Oficial* N° 6.507 *Extraordinario* del 29 de enero de 2020.

Venezuela. "Decreto Constituyente derogatorio del régimen cambiario y sus ilícitos"; *Gaceta Oficial* No. 41.452 del 2 de agosto de 2018.

Venezuela. Convenio Cambiario No.1, *Gaceta Oficial* No. 6.405 de fecha 07 de septiembre de 2018.

Venezuela. Ley de Reforma Parcial de la Ley del Banco Central de Venezuela *Gaceta Oficial* No. 37.296 de fecha 03 de octubre de 2001.

Venezuela. Ley de Reforma Parcial de la Ley del Banco Central de Venezuela *Gaceta Oficial* Extraordinario No. 5.606 de fecha 18 de octubre de 2002.

Venezuela. Ley de Reforma Parcial de la Ley del Banco Central de Venezuela *Gaceta Oficial* No. 38.232 de fecha 20 de julio de 2005.

Venezuela. Ley de Reforma Parcial de la Ley del Banco Central de Venezuela *Gaceta Oficial* No. 39.301 de fecha 06 de noviembre de 2009.

Venezuela. Ley del Banco Central de Venezuela *Gaceta Oficial* No. 39.419 de fecha 07 de mayo de 2010.

Venezuela. Ley del Banco Central de Venezuela *Gaceta Oficial* No. 39.419 de fecha 07 de mayo de 2010.

Venezuela. Ley del Banco Central de Venezuela *Gaceta Oficial Extraordinario* No. 6.155 de fecha 19 de noviembre de 2014.

Venezuela. Decreto No. 2.179, mediante el cual se dicta el Decreto con Rango, Valor y Fuerza de Ley Orgánica de Reforma de la Ley del Banco Central de Venezuela *Gaceta Oficial Extraordinario* No. 6.211 de fecha 30 de diciembre de 2015.

Sentencias

Sentencias de la Sala Constitucional del Tribunal Supremo de Justicia, N° 0250 de fecha 08 de agosto de 2019 .

Sentencias de la Sala Constitucional del Tribunal Supremo de Justicia N° 078 de fecha 07 de julio de 2020.

Sentencias de la Sala Constitucional del Tribunal Supremo de Justicia No. 118 de fecha 18 de agosto de 2020.

Sentencias de la Sala Constitucional del Tribunal Supremo de Justicia No. 0161 del 20 de noviembre de 2020.

Sentencias de la Sala Constitucional del Tribunal Supremo de Justicia No. 0273 de fecha 30 de diciembre de 2020.

Sentencia de la Sala Político-Administrativa del Tribunal Supremo de Justicia de fecha 4 de junio de 2014, caso *Tamayo & CIA., S.A. vs. República de Venezuela (Fisco Nacional)*, publicada en *Gaceta Oficial* No. 40.468 de fecha 5 de agosto de 2014, consultada en: http://historico.tsj.gob.ve/decisiones/spa/junio/165176-00815-4614-2014-2012-1813.HTML.

Sentencia de la Sala Político-Administrativa del Tribunal Supremo de Justicia No. 935 de 4 de agosto de 2015 caso *Asociación Civil Transparencia Venezuela contra el Presidente del Banco Central de Venezuela* http://historico.tsj.gob.ve/decisiones/spa/agosto/180378-00935- 5815-2015-2015-0732.HTML

Documentos electrónicos

https://www.acnur.org/situacion-en-venezuela.html
https://www.hrw.org/es/report/2019/04/04/la-emergencia-humanitaria-en-venezuela/se-requiere-una-respuesta-gran-escala-de#; ver también
https://news.un.org/es/story/2019/11/1464991
http://www.bcv.org.ve/estadisticas/otras-monedas.

EL LEVIATÁN PORTACONTENEDORES *"EVER GIVEN"*: UN COMPENDIO DE DERECHO MARÍTIMO

LUIS COVA ARRIA*

SUMARIO

I. Preámbulo II. El Accidente III. La causa del accidente y sus consecuencias IV. Sobre la posible limitación de responsabilidad por reclamaciones marítimas. V. La posible responsabilidad de la Autoridad del Canal de Suez y las acciones disponibles. VI. Sobre la responsabilidad potencial de los pilotos. VII. Conclusiones.

I. PREÁMBULO

Me complace presentar esta contribución para el libro homenaje a la Dra. Cecilia Sosa Gómez, quien goza de mi admiración por su conocida y destacada labor en el foro judicial, docente y miembro de número de nuestra Academia, electa en sesión de 21 de junio de 2016, habiéndose incorporado el 21 de noviembre de 2017, con un brillante

---

* Abogado, *magna cum laude* (U.C.V). Doctor en Derecho (U.C.V). Master en *Comparative Jurisprudence* (New York University), Individuo de Número de la Academia de Ciencias Políticas y Sociales de Venezuela y ex presidente de la misma, ex Consejero Ejecutivo del Comité Marítimo Internacional (CMI). Miembro Ejecutivo de la Organización Internacional de Arbitrajes Marítimos Internacionales (IMAO) del CMI y de la Cámara Internacional del Comercio de París (ICC). Ex director del Centro de Arbitraje Marítimo del Instituto Iberoamericano de Derecho Marítimo (CEAMAR). Coordinador y Profesor de la especialización en Derecho de la Navegación y Comercio Exterior del Centro de Estudios de Postgrado de la Facultad de Ciencias Jurídicas y Políticas de la Universidad Central de Venezuela, Ex-Presidente Fundador de la Asociación Venezolana de Derecho Marítimo (Comité Marítimo Venezolano), Presidente del Comité Marítimo Mercantil de la Comisión redactora de la Ley Orgánica de los Espacios Acuáticos e Insulares y la adecuación de la Legislación Marítima a la Constitución de 1999 que redactó la vigente Ley de Comercio Marítimo venezolana. Ha publicado varios libros y artículos jurídicos especializados. Delegado por Venezuela a numerosas conferencias de los organismos de las Naciones Unidas y del Comité Marítimo Internacional. Conferencista y asistente a numerosos coloquios, foros y conferencias nacionales e internacionales.

trabajo denominado «*La ética como fundamento de la justicia*». Nació en Caracas en 1943, egresada de Abogado de la Universidad Central de Venezuela (UCV) en octubre de 1967. Sus títulos, premios, diplomas y actividad judicial, profesional, docente y académica son incontables y, dedicaría muchas páginas de este artículo en enumerarlas.

El tema y la materia de este trabajo, en honor de Cecilia, es una continuación de mis exposiciones que hiciera a comienzos de este año ante el pleno de numerarios de esta docta institución, con motivo del incidente en el canal de Suez, del leviatán mega-contenedor "*Ever Given*", haciendo mención de las incidencias adicionales que justifican el examen de una serie de instituciones reguladas por el derecho marítimo, refiriéndome en estas notas a lo relativo a la responsabilidad del transportista de las mercancías transportadas por agua.

En consecuencia, haré referencia a algunos hechos y comentarios adicionales que no hiciera en esas presentaciones, sobre el emblemático caso del buque *Ever Given*, uno de los leviatanes portacontenedores más grandes del mundo, cuyo accidente ocurrido en marzo de este año en aguas del canal de Suez, llamó la atención de toda la comunidad internacional.

II. EL ACCIDENTE

El buque de transporte de carga de nombre *Ever Given*, como mencioné antes, es un leviatán portacontenedores, de los más grandes del mundo, con alrededor de 20.000 TEU a bordo, propiedad de la firma japonesa *Shoei Kisen Kaisha*, siendo operado por *Evergreen Marine*, firma registrada en Panamá, la cual ha encargado - de su gestión técnica - a la empresa alemana de gestión de barcos *Bernhard Schulte Shipmanagement (BSM)*.

El 23 de marzo de 2021 mientras viajaba desde el puerto de Tanjung Pelepas, en Malasia, al puerto de Róterdam en los Países Bajos, encalló en el canal de Suez que es uno de los puntos geográficos más importantes y sensibles del tráfico marítimo mundial, bloqueándolo completamente y causando una gran conmoción operativa y económica, con enormes repercusiones en los mercados, ya que obligó a muchos otros barcos con carga a parar porque no podían transitar por un paso tan estratégico, mientras que otros tuvieron que modificar urgentemente sus rutas iniciales, lo que incluso provocó una subida del precio del petróleo. Se calcula que había más de 200 embarcaciones atrapadas a ambos lados del Canal en la zona del encallamiento. Según un comunicado de la Autoridad del Canal de Suez, el barco encalló en diagonal después de perder la capacidad de maniobrar en medio de fuertes vientos y una tormenta de polvo. En un comunicado separado, *Evergreen Marine*, la compañía naviera y de transporte taiwanesa que opera el barco, dijo que el barco se creía que fue golpeado por un fuerte viento repentino, que provocó que el casco se desviara de su trazada por el canal y que accidentalmente tocase el fondo. El barco acabó con la proa encallada en un margen del canal y la popa casi tocando la otra. Los meteorólogos egipcios informaron que los fuertes vientos y una tormenta de arena habían afectado la zona el día en que encalló, con ráfagas de viento de hasta 50 kilómetros por hora.

Ocho remolcadores trabajaron para reflotar el barco en colaboración con una excavadora Komatsu que eliminaba la arena del lado del canal donde se encontraba encallada la proa del barco. Tras varios días de incertidumbre el 29 de marzo aprovechando la marea de sicigias lograron reflotar al buque, si bien las tareas no finalizaron sólo con eso y el canal siguió obstruido sin permitir el paso de otros buques.

El 13 de abril, la Autoridad del Canal de Suez anunció que el buque había sido embargado por orden judicial hasta que los propietarios pagaran 900 millones de dólares en concepto de daños y perjuicios. Después de muchas negociaciones, el 4 de julio de 2021, se informó que el propietario del buque y la Autoridad del Canal habían llegado a un acuerdo sobre la indemnización, aunque la cantidad no fue revelada.

El buque zarpó finalmente del canal de Suez el 7 de julio para realizar entregas programadas de carga en varios puertos europeos.

III. LA CAUSA DEL ACCIDENTE Y SUS CONSECUENCIAS

Este apartado nos lleva a estudiar uno de los temas clásicos del derecho marítimo, como lo es la causa del siniestro y la responsabilidad civil por daños en el transporte marítimo de mercancías.

Desde lejos se plantearon en principio varias hipótesis sobre las causas del accidente: ¿fuertes vientos y efecto "*vela*" de la estructura del barco? ¿Fallo del motor, con la consiguiente pérdida de control del barco? ¿Error humano? ¿o, el efecto de la interacción en aguas estrechas?

Esta determinación es importante porque dependiendo de la causa final del siniestro, surgirán las responsabilidades de unos u otros, siendo la responsabilidad derivada del siniestro, aunque no la única, una de las cuestiones más importantes que se derivarán del mismo. Es decir, dependiendo de la causa que se determine del siniestro, será responsabilidad del Capitán y su propietario y/ o armador de la embarcación, o del administrador del Canal de Suez o de los prácticos, que son los verdaderos expertos en el canal.

Además de la necesidad de determinar con precisión la causa del accidente y la responsabilidad directa de quien resultara responsable, igualmente, surgirán posibles responsabilidades adicionales por retrasos y daños de la mercancía en la ejecución del transporte por parte del *Ever Given* y el resto de buques afectados.

Las responsabilidades potenciales tanto por daños a las mercancías como retrasos en su entrega deben ser analizadas no solo desde la perspectiva del *Ever Given* con relación con sus cargadores y/o consignatarios, sino también desde la perspectiva de aquellos barcos que quedaron "*atrapados*" en el canal de Suez, que obviamente también tenían sus compromisos contractuales con terceras personas, o aquellos transportistas obligados a desviarse de sus rutas originales en la ejecución de sus respectivos transportes pactados. Lógicamente el encallamiento del *Ever Given* dio como resultado no solo daños potenciales a la carga por él transportada, sino también daños a la carga de otros buques y retrasos considerables en ambos casos.

Si bien las Reglas de La Haya-Visby, de las que Venezuela no es Estado Parte, pero que están asumidas por nosotros mediante la letra de la Ley de Comercio Marítimo, no contienen expresamente un principio general de responsabilidad del porteador, de sus disposiciones se desprende un régimen de responsabilidad por presunta culpa -con inversión de la carga de la prueba- del porteador por pérdida y daño de la mercancía en el no cumplimiento de sus obligaciones contractuales como transportista; estableciendo en las Reglas algunas excepciones (art. 4) por las cuales el transportista no será responsable de tal pérdida o daño.

En este sentido, para que el porteador pueda exculparse en base a alguna de dichas excepciones será necesario que (i) el hecho que dio lugar a la pérdida o daño no sea causado por el incumplimiento por parte del porteador de la obligación inicial de navegabilidad, y (ii) que el porteador acredite una de las excepciones del art. 4.2 y su vínculo causal con la pérdida o daño.

Dadas las diferentes causas posibles del encallamiento del *Ever Given* como el evento que desencadena la pérdida o daño potencial de la mercancía (causas del evento desencadenante que no serán las mismas para el *Ever Given* que para los otros buques involucrados), algunas de las posibles excepciones exculpatorias serían el «*acto, negligencia o falta del capitán, marinero, piloto o los sirvientes del porteador en la navegación o en la gestión del buque*» (letra a), o «*Peligros y accidentes de mar o de otras aguas navegables* » (letra c) para el *Ever Given* o« *fuerza mayor* »(letra d), entre otros, para los demás buques afectados.

En caso de que prosperen las reclamaciones, y salvo que el valor de la mercancía haya sido declarado e insertado en el conocimiento de embarque, el porteador tendría en principio derecho al beneficio de una limitación de responsabilidad que no exceda en ningún caso de 666,67 unidades de cuenta por persona, paquete o unidad, o dos unidades de cuenta por kilogramo de peso bruto de la mercancía perdida o dañada, el que sea mayor. Esto a menos que el daño sea resultado de un acto u omisión del transportista realizado con la intención de causar daño, o imprudentemente y con conocimiento de que probablemente se producirían daños, que en tal caso el transportista perderá dicho beneficio de limitación de responsabilidad.

Por otro lado, las Reglas de La Haya-Visby solo abordan la responsabilidad del transportista por la pérdida o daño de las mercancías. No obstante, la Ley de Comercio Marítimo venezolana (LCM), incluye expresamente el retraso en la entrega de mercancías dentro del ámbito del régimen de responsabilidad del transportista. En este sentido, «*Hay retraso en la entrega cuando las mercancías no han sido entregadas en el puerto de descarga dentro del plazo previsto en el contrato de transporte por agua o a falta de este, el que se llegare en común acuerdo, entre el porteador y el cargador*» (Art. 212 LCM).

En lo que respecta a la limitación de la responsabilidad del transportista por demora, ésta se limitaría a una cifra equivalente a dos veces y media el flete pagadero por las mercancías afectadas por el retraso, pero no excederá el monto total de la flete que debe pagarse en virtud del contrato de transporte de mercancías por agua (Art. 213 LCM).

Finalmente, en el caso de compensaciones concurrentes por daño y retraso, la acumulación de ambos debe limitarse a las cifras establecidas para limitar la responsabilidad por pérdida o daño (Art. 214 LCM).

IV. SOBRE LA POSIBLE LIMITACIÓN DE RESPONSABILIDAD POR RECLAMACIONES MARÍTIMAS

En vista de la avalancha de reclamos potenciales que surgen del encallamiento del Ever Given, dependiendo de la jurisdicción en la que se tramiten esos reclamos, el barco podría limitar su responsabilidad por reclamos marítimos.

A nivel internacional, existen varios convenios que regulan la limitación de responsabilidad por reclamaciones marítimas. Entre ellos, el que se aplica con más frecuencia es el Convenio sobre limitación de responsabilidad por reclamaciones marítimas, hecho en Londres el 19 de noviembre de 1976, y su Protocolo de enmienda, hecho en Londres el 2 de mayo de 1996 (LLMC 76/96).

La clave para la aplicación de este Convenio es la nacionalidad del Tribunal en un Estado Parte, de manera que la nacionalidad y domicilio del acreedor y del deudor, así como el pabellón que enarbola el buque, en este caso Panamá -que no es un Estado Parte-, perdería importancia.

En cuanto a las reclamaciones que puedan derivarse de reclamaciones marítimas, en general estas pueden ser tanto contractuales como extracontractuales. Siempre que no se demuestre intención o imprudencia en el accidente del buque, los propietarios (el propietario, el fletador, el administrador del buque) pueden limitar su responsabilidad en virtud de LLMC 76/96. La invocación de dicha limitación de responsabilidad no constituye una admisión de responsabilidad, y las cantidades máximas para reclamaciones marítimas ascenderían a una cifra de alrededor 81,5 millones de DEG.

V. LA POSIBLE RESPONSABILIDAD DE LA AUTORIDAD DEL CANAL DE SUEZ Y LAS ACCIONES DISPONIBLES

La Autoridad del Canal de Suez, una entidad estatal independiente que es propietaria del Canal de Suez y está a cargo de su administración y mantenimiento, fue creada por Egipto para reemplazar a la Compañía del Canal de Suez en la década de 1950, luego de la crisis de Suez. Esta Autoridad de propiedad estatal administra, opera, mantiene y monitorea el Canal de Suez, lo que podría hacerlo responsable ante el propietario/fletador y los intereses de carga del *Ever Given*, así como para los demás barcos afectados por este siniestro.

La Ley No 30 de 1975 establece que la Autoridad del Canal de Suez operará, mantendrá y optimizará las instalaciones del Canal de Suez. Sus funciones también incluyen regular el acceso y la navegación a través del Canal (en cumplimiento de la Convención de Constantinopla). De hecho, la Autoridad del Canal de Suez tiene reglas de navegación específicas publicadas y aprobadas por su Junta Directiva en 2015.

Si tomamos en cuenta estos parámetros, la responsabilidad de la Autoridad del Canal de Suez también podría analizarse ya sea por un dragado deficiente del Canal, por un mantenimiento deficiente del Canal -a lo que está obligada- o por un manejo inadecuado de la situación. Dado que, de acuerdo con la Ley No. 30 de 1975, la Autoridad del Canal de Suez es responsable de la administración y operación del Canal (a cambio de tarifas considerables), decisiones como no haber impedido el ingreso de algunos de los casi 400 barcos que quedaron atrapados directamente en el Canal podrían haber agravado o atenuado las consecuencias económicas del siniestro: Habría que analizar si la decisión de suspender la navegación por el Canal debería haberse tomado antes. Incluso si la tormenta de arena fuera previsible y significativa, ¿se debería haber advertido al *Ever Given* que evitara un paso más a través del canal; y están los puertos del canal preparados para la entrada urgente de estos mega portacontenedores? Dado que el gobierno egipcio exige que los barcos que pasan por el Canal de Suez tengan a bordo *'tripulación de Suez'*, es decir, uno o más pilotos pertenecientes a la Autoridad Marítima de Suez, ¿qué influencia han tenido las acciones de los pilotos que reportan a la Autoridad Marítima de Suez en el incidente?.

La Autoridad del Canal de Suez no solo podría ser responsable, sino que también podría ser un demandante contra la compañía naviera / barco: si finalmente se demuestra que el barco fue responsable, la Autoridad del Canal de Suez podría, (y de hecho lo hizo desde un principio), reclamar daños y perjuicios, entre otros otras cosas, por tener el Canal cerrado al tráfico marítimo durante casi una semana, a un ritmo de entre 14 y 15 millones de dólares diarios.

Sin embargo, como quedó dicho al principio de estos comentarios, el propietario del buque y la Autoridad llegaron a un acuerdo transaccional sobre la indemnización demandada por la Autoridad del Canal de Suez, por lo que las consideraciones de este apartado solo tienen un valor teórico y doctrinal.

VI. SOBRE LA RESPONSABILIDAD POTENCIAL DE LOS PILOTOS

En cuanto a las posibles responsabilidades de los pilotos, en algunos ordenamientos jurídicos el trabajo del piloto se configura como el de un asesor del capitán, como es el caso de Venezuela con la LCM - donde la presencia del piloto no exime de responsabilidad al capitán, aunque los daños y accidentes por inexactitud u omisión que el piloto deba proporcionar al capitán serán imputables al capitán - aunque existen otros ordenamientos jurídicos en los que el piloto asume la dirección de la maniobra del buque remolcado. Por lo tanto, dependerá de la configuración de la tarea del piloto en la ley aplicable en cuanto a cómo se configura la responsabilidad del piloto. En el tránsito de un canal, a una velocidad inferior a la habitual en aguas abiertas, pero superior a la utilizada en aguas portuarias, el conocimiento del canal por parte del piloto se vuelve fundamental, ya que es él quien conoce la zona y sus peculiaridades en detalle.

VII. CONCLUSIONES

Seguramente, tanto las autoridades marítimas egipcias como las panameñas iniciaron y a la fecha tendrán en curso investigaciones sobre el incidente con el fin de determinar la causa del mismo y determinar las responsabilidades pertinentes.

Por lo demás, queda pendiente y seguramente habrán todavía a esta fecha varios escenarios judiciales y/o arbitrales donde probablemente se estén dilucidando temas derivados del accidente, como por ejemplo: si las empresas que lograron reflotar el barco han tenido que reclamar los costos de la operación o, en su caso, la indemnización de salvamento a todos los implicados en la travesía, o si, en caso contrario, la naviera *EVERGREEN* aceptó asumir estos gastos y los reclamará a los demás implicados por vía de avería gruesa. Así como también acciones por daños y perjuicios sufridos por barcos ajenos al incidente.

Caracas, septiembre de 2021.

CARABOBO: LA BATALLA QUE NO TERMINA *A CIEN AÑOS DEL HOMENAJE Y A DOSCIENTOS DE LA EPOPEYA*

ENRIQUE URDANETA FONTIVEROS*

SUMARIO

I. Introducción. II. La reconstrucción de Carabobo desde las letras en el siglo XIX. III. El Centenario de 1921. IV. Carabobo desde la verdad. V. A doscientos años de Carabobo.

> *"...en aquella hora venturosa y solemne pudisteis contemplar el sol de Carabobo, alzándose radiante y triunfador, para no ponerse más en los ámbitos de Venezuela".*
>
> Enrique Urdaneta Maya[1]

I. INTRODUCCIÓN

Carabobo es una palabra que retumba vigorosa como el pulso latente que mantiene viva a la patria. Toda épica de estado o nación se construye sobre hitos atados a lugares geográficos. La Batalla de Salamina y el paso de las Termópilas marcan el futuro de la Grecia antigua. La caída de Constantinopla, hoy Estambul, será el fin del Imperio Romano de Oriente. La Batalla de Waterloo significó el final del poder de Napoleón sobre toda Europa.

---

* Profesor titular de Derecho Civil en la Facultad de Derecho de la Universidad Católica Andrés Bello (Caracas). Individuo de Número de la Academia de Ciencias Políticas y Sociales.

1 Enrique Urdaneta Maya, *Discurso de Orden en el Centenario de la Batalla de Carabobo, 24 de junio de 1921*, Litografía del Comercio, Caracas, 1921. p. 3. Este discurso lo pronunció de memoria mi abuelo, el Dr. Enrique Urdaneta Maya, en el campo de Carabobo para conmemorar el centenario de nuestra epopeya gloriosa. El Nuevo Diario, en su edición del 25 de junio de 1921, al destacar en su primera página esta celebración, se refirió al discurso del Dr. Urdaneta Maya con el siguiente titular: "*La elocuente voz del patriotismo vibrando en Carabobo.*"

El novelista e historiador Eduardo Casanova Sucre hace una hermosa descripción de la geografía de Carabobo, que acaso desentraña también la espiritualidad de lo que significa ese hito para Venezuela.

> *"Las sabanas de Carabobo están en tierra caliente. Son espacios llanos entre colinas muy breves, de bella vegetación y muchos soles. Es tierra de fuegos fatuos y noches reverberantes. A veces caen sobre sus montes violentas tormentas de rayos y explosiones, cataratas que vienen del cielo y convierten en ciegos a todos sus animales. Tempestades que se van tan rápido como llegaron, y dejan tras ellas la tierra lavada, el cielo perfecto y la luz renovada. Todo estaba listo. Todo convergía en aquellas sabanas de truenos y luces."*[2]

En aquellas tierras la certeza de la independencia apareció como poéticamente propone el símil de Casanova. Una tormenta rabiosa que se desploma acabando la quietud de la sabana. Sin embargo, aunque el hecho histórico en realidad se haya producido y concluido, con sus resultados de libertad de la ocupación española para la patria, no es menos cierto que el eco de Carabobo, como dura crítica a nuestro aciago presente, nos demanda completar esa victoria. La sangre, sudor y lágrimas que pidió Churchill al pueblo inglés durante la segunda guerra mundial, fue un reclamo en 1821 y lo es aún hoy, en 2021. La empresa aún no ha terminado, la hazaña que desató la tormenta en las sabanas de Carabobo se pelea día a día. Los enemigos son otros pero la causa es la misma, la libertad.

En estas páginas me propongo recorrer no la epopeya militar o el anecdotario de la batalla que ya se ha contado muchas veces[3]. Más bien me referiré a lo que significó Carabobo en la historia contemporánea venezolana, al conmemorarse sus primeros cien años, y hoy en el año que se celebra el bicentenario. En este breve recorrido trataré de presentar la simbología asociada a Carabobo desde el poder. Cómo los gobier-

---

2 Eduardo Casanova Sucre, *En los días de Bolívar*, Universidad Metropolitana, Caracas, 2004. p. 299.

3 Al respecto, véase: J. A. De Armas Chitty, *La Batalla de Carabobo,* Ernesto Armitano (editor), Caracas, 1971; José Luis Salcedo-Bastardo, *Carabobo: nacionalidad e historia*, Comisión del Ministerio de la Defensa para el Sesquicentenario de la Batalla de Carabobo, Caracas, 1971; Héctor Bencomo Barrios, *Campaña de Carabobo 1821*, Ministerio de la Defensa, Caracas, 1971.

nos, ayer y hoy, han intentado escamotearle el verdadero sentido al hito y valerse de él para sus fines políticos. Carabobo es un triunfo de todos y cada uno de los venezolanos. Una herencia que debemos glorificar, disfrutar y defender todos los hijos de esta nación.

En un plano eminentemente personal debo decir que me unen profundos vínculos de sangre con la gesta de Carabobo. En mi prosapia, ese hito tiene una gran significación. Mi tatarabuelo, Juan Nepomuceno Urdaneta y Montiel, que llegaría al rango de coronel, era oficial del Batallón "*Brillante*", comandado por otro pariente, el general Cruz Carrillo. Ellos tuvieron la misión, encargada por Bolívar los días previos a la batalla, de crear un segundo frente en las cercanías de Nirgua para que el mariscal Miguel de La Torre distrajera importantes tropas que no pudieron estar presentes el 24 de junio en la sabana de Carabobo. Esta maniobra conocida en la historia como "*La diversión de Cruz Carrillo*" es una de las más notables pruebas del talento del Libertador como estratega[4].

Pero también mi abuelo, el doctor Enrique Urdaneta Maya (1870-1928), secretario del presidente electo y comandante en jefe del ejército, general Juan Vicente Gómez, entre 1918 y 1925, y simultáneamente secretario del presidente provisional de la República, doctor Victorino Márquez Bustillos, entre 1918 y 1922[5], tuvo la honrosa responsabilidad de ser el orador de orden en el campo de Carabobo el 24 de junio de 1921, Centenario de la batalla, cuando se inauguró el monumento del Arco del Triunfo de Carabobo. A ellos, de alguna forma, con profundo agradecimiento y devoción filial, dedico estas páginas.

II. LA RECONSTRUCCIÓN DE CARABOBO DESDE LAS LETRAS EN EL SIGLO XIX

Para los venezolanos la Batalla de Carabobo ocurrida el 24 de junio de 1821 significa la consolidación definitiva de la Independencia.

---

4 Mario Briceño Perozo, "José de la Cruz Carrillo", en *Diccionario de Historia de Venezuela*, Fundación Empresas Polar. Disponible en https://bibliofep.fundacionempresaspolar.org/dhv/entradas/c/carrillo-jose-de-la-cruz/, consultado el 16/06/2021.

5 Ramón Urdaneta, "Enrique Urdaneta Maya", en *Diccionario de Historia de Venezuela*, Fundación Empresas Polar. Disponible en https://bibliofep.fundacionempresaspolar.org/dhv/entradas/u/urdaneta-maya-enrique/, consultado el 16/06/2021.

Sin embargo, en propiedad, esta afirmación no es del todo correcta. Luego de esta batalla, que en realidad es la segunda en aquel lugar pues la primera había sido librada por el Libertador en 1814, se sucederán otros cincuenta y cuatro combates, sitios y batallas por todo el territorio.[6] Faltaban dos años y cinco meses para cerrar definitivamente la Independencia, cosa que sucedió el 8 de noviembre de 1823 cuando el general Sebastián de la Calzada rindió sus restantes tropas al general José Antonio Páez luego del Sitio de Puerto Cabello. El 24 de julio de ese mismo 1823 había ocurrido la Batalla Naval del Lago de Maracaibo, el combate marino más grande acaecido durante la guerra de Independencia y en donde quedó destruida la escuadra española. Esta, para ser preciso, es la última batalla que cierra el período independentista.

Lo que sí es cierto es que la Batalla de Carabobo de 1821 marcó el debilitamiento de las fuerzas realistas y fue la última operación militar que Simón Bolívar comandaría personalmente en Venezuela. Quizás allí radique el por qué este enfrentamiento terminaría siendo tan destacado por la historiografía nacional. La victoria que irradió una onda de optimismo en toda Colombia, exacerbó el patriotismo y contribuyó a acelerar el proceso de la emancipación de las antiguas colonias españolas en América, sería reseñada por el propio Libertador, con comprensible amplificación dada la emoción que lo embargaba, en la proclama dirigida a los caraqueños apenas seis días después de ese triunfo:

> *"Una victoria final ha terminado la guerra en Venezuela. Solo una plaza fuerte nos queda que rendir. Pero la paz, más gloriosa que la victoria, debe ponernos en posesión de las plazas y de los corazones de nuestros enemigos. Todo se ha hecho por adquirir la libertad, la gloria y el reposo; y todo lo tendremos en el curso del año."*[7]

Casanova Sucre nos narra, con severa elocuencia, el ánimo desbordante del Libertador luego de Carabobo:

> *"Bolívar, maravillado por su propio triunfo, se llevó a Páez y sesenta lanceros para entrar en Caracas. Querría ver de nuevo su*

---

[6] Manuel Landaeta Rosales, *Gran Recopilación geográfica, estadística e histórica de Venezuela*, Tomo II, Colección Cuatricentenario de Caracas, Ediciones del Banco Central de Venezuela, Caracas, 1963. pp. 16-17.

[7] Simón Bolívar, *Discursos y proclamas*, compilación, prólogo y notas de Rufino Blanco Fombona, Fundación Biblioteca Ayacucho, Caracas, 2007. p. 243.

plaza, su montaña cinética, su torre pequeña y amiga, su casa en la esquina. Querría oír de nuevo los cantos mañaneros, los pájaros que trinan cuando sale el sol. Querría sentirse héroe entre los suyos, porque lo era. Atrás dejó las órdenes de perseguir a los pocos enemigos que se habían escapado en grupitos hacia Villa de Cura o hacia Ortiz (...) y galopó hacia su madre, hacia las tumbas de su padre y de su madre y de su joven esposa que lo esperaban en la capilla de la Trinidad, en la catedral de Agurto de la Mata, hacia sus juegos de niño con la muerte que siempre fue su amiga".[8]

Sin embargo, en el siglo XIX, incluso muchas décadas después de librada aquella legendaria batalla, Carabobo no pertenecía aún al conjunto de fechas patrias en el calendario oficial. Ni siquiera el general Antonio Guzmán Blanco, tan apegado a rendir homenajes y a decretar celebraciones como la Apoteosis de Páez o el Centenario de Bolívar, así como a erigir monumentos como el Panteón Nacional o la Estatua Ecuestre del Libertador, pensó conmemorar los cincuenta años de la batalla de Carabobo que coincidieron con su primer mandato.

Aunque apenas unas décadas después de aquel triunfo muchos autores de la talla de Rafael María Baralt o Tomás Cipriano de Mosquera escribieron sobre Carabobo, en el imaginario colectivo sería la obra de Eduardo Blanco "*Venezuela Heroica*" (1881) la que iniciaría una reconsideración del valor de esa batalla. Glosando con un estilo arrebatadamente romántico, Blanco contaría una epopeya que aún hoy resuena en muchos escritos.

Cercano a Blanco y también mitificador de la gesta de Carabobo está Francisco Tosta García (1846-1921), político, militar e historiador que llegaría en 1907 a la Academia Nacional de la Historia. Influenciado por los "*Episodios nacionales*" de Benito Pérez Galdós, Tosta García escribió sus "*Episodios venezolanos*" entre 1903 y 1907[9]. En esos seis libros intenta contar, con altas dosis de ficción e inventiva, los eventos entre el 19 de abril de 1810 y el 24 de junio de 1821. Justamente en el último libro de la serie, titulado "*Carabobo*" (1907), hace un

---

8 Eduardo Casanova Sucre, ob. cit., p. 306.

9 Véase al respecto: Horacio Biord Castillo, "Francisco Tosta García", en *Diccionario de Historia de Venezuela*, Fundación Empresas Polar. Disponible en https://bibliofep.fundacionempresaspolar.org/dhv/entradas/t/tosta-garcia-francisco/, consultado el 14/06/2021.

recuento detallado sobre quienes reconstruyeron esta gloriosa y trágica epopeya desde las letras:

> *"La célebre batalla de Carabobo ha sido descrita por tan innumerables y aventajadas plumas, por tan buenos escritores y preclaros ingenios, que francamente el actual narrador se halla dudoso, cohibido y perplejo para emprender esta labor tan magistralmente por otros manoseada (...).*
> *Referida ha sido con su nervio y elocuencia peculiares, por el propio Libertador en su mensaje al Congreso de Cúcuta; por el general Pedro Briceño Méndez, Ministro de Guerra en campaña, con sobriedad y precisión, en el parte oficial dirigido al Vicepresidente de la República de Colombia; por el general José Antonio Páez, o mejor dicho, por el desacertado y erudito mentor que tuvo la impropiedad de escribir su autobiografía (...) por el epistolar, acucioso y rebuscador O'Leary; por la benemérica (sic) urraca literaria llamada José Félix Blanco; por los bien informados, castizos y en algunos puntos severamente rudos y parciales, señores Baralt y Díaz; por el concienzudo, sabio y austero Restrepo; por el Plutarco venezolano, algunas veces apasionado y lírico, don Felipe Larrazábal; por el eminente Carlos Benedetti, tan minucioso como dado a consideraciones filosófico-políticas; por el chispeante humorista Capella Toledo; por el incisivo Juan Vicente González; por la prosa escultural y levantada de Eduardo Blanco; por el galeno estilo y corte teutónico del doctor Laureano Villanueva; por Francisco González Guinán, el Donoso Cortés carabobeño; por las clásicas e inspiradas estrofas de don Felipe Tejera, por la atildada, elocuente y sobria descripción de don Pedro Arismendi Brito; por la maestra pluma de Tomás Michelena; por la viril péñola de Eloy G. González; por Linares Bernal, Romanace, y por la de muchos otros notables escritores colombianos y venezolanos, entre los cuales no es posible silenciar a nuestro Gerard caraqueño, Tovar y Tovar, que si no escribió, inmortalizó con su inimitable pincel la máxima batalla".*[10]

Esta suerte de informal bibliografía, que por razones cronológicas se detiene en 1907, fecha de la escritura del libro de Tosta García, ex-

[10] Francisco Tosta García, "Carabobo", en *Episodios venezolanos,* Vol. VI, Eduven, Barcelona, España, 1980. pp. 100-101.

cluye a un conocido autor y comentarista de Carabobo. Una figura que impactará el final del siglo XIX y todo el XX, aunque de una manera terriblemente dañina: Karl Marx. El autor de "*El Capital*" y corredactor del "*Manifiesto del Partido Comunista*" sentía una especial antipatía por Bolívar. Sin reservas escribió en 1858 una amarga, irrespetuosa y alevosamente falsa entrada biográfica del Libertador para la *New American Encyclopedia* que apareció en su edición alemana. Ya solo el título revela un gran error. Llama a su artículo "*Bolívar y Ponte*", cuando lo correcto debió ser "*Bolívar y Palacios*". Sobre Carabobo expresa:

> *"Los españoles ocupaban una sólida posición en Carabobo, una aldea situada aproximadamente a mitad de camino entre San Carlos y Valencia; pero en vez de reunir allí todas sus fuerzas, Latorre sólo había concentrado su primera división, 2.500 infantes y unos 1.500 jinetes, mientras que Bolívar disponía aproximadamente de 6.000 infantes, entre ellos la legión británica, integrada por 1.100 hombres, y 3.000 llaneros a caballo bajo el mando de Páez. La posición del enemigo le pareció tan imponente a Bolívar, que propuso a su consejo de guerra la concertación de una nueva tregua, idea que, sin embargo, rechazaron sus subalternos. A la cabeza de una columna constituida fundamentalmente por la legión británica, Páez, siguiendo un atajo, envolvió el ala derecha del enemigo; ante la airosa ejecución de esa maniobra, Latorre fue el primero de los españoles en huir a rienda suelta, no deteniéndose hasta llegar a Puerto Cabello, donde se encerró con el resto de sus tropas. Un rápido avance del ejército victorioso hubiera producido, inevitablemente, la rendición de Puerto Cabello, pero Bolívar perdió su tiempo haciéndose homenajear en Valencia y Caracas."*[11]

Ante tal cantidad de desatinos, no vale la pena ni siquiera emprender una fe de erratas. Marx se suma al coro de mezquinos e injuriosos autores del siglo XIX, como José de la Riva Agüero, Manuel Lorenzo Vidaurre o Mariano Torrente, que trataron infructuosamente de derribar la indiscutible gloria del Libertador.[12]

---

11 Karl Marx, citado por Inés Quintero y Vladimir Acosta, en *El Bolívar de Marx: estudios críticos*, Editorial Alfa, Caracas, 2007. p. 20.

12 Nikita Harwich, "Un héroe para todas las causas: Bolívar en la historiografía", en *Iberoamericana. América Latina-España-Portugal*, Vol. 3, N°.10, Ibero-Amerikanisches Ins-

Lo cierto es que, aunque Carabobo representa un superior punto de inflexión en nuestra consolidación como nación libre de la ocupación española, durante el siglo XIX fue ascendiendo con lentitud hasta este sitial. El gran impulso y definitiva reconsideración ocurrirá a partir de 1908, cuando suba al poder el general Juan Vicente Gómez. Junto con Guzmán Blanco, Gómez es el gran instaurador del culto a Bolívar, especie de religión laica que busca entremezclar la tradición del Libertador con la realidad contemporánea de un gobierno particular. Sobre esta materia el historiador Germán Carrera Damas se ha explayado rigurosa y exhaustivamente.[13]

III. EL CENTENARIO DE 1921

> *"Nuestros heroicos antepasados, tal día como hoy y a esta misma hora, clavaron aquí rodilla en tierra, para recibir la muerte que abrió para ellos el cielo de la inmortalidad y para nosotros la vida de la Libertad y del Derecho; y al cabo de una centuria venimos a este inmenso altar de la Patria libre, en romería de apoteosis, a poner las almas de hinojos, para rendirles ferviente culto de admiración y gratitud...".*
>
> Enrique Urdaneta Maya[14]

La tradición gubernamental venezolana ha privilegiado casi siempre las gestas militares relegando a un segundo plano la contribución del mundo civil.

Fue Antonio Guzmán Blanco quien, como política de estado, intensificó la visión militarista de la Independencia que venía imponiéndose desde apenas terminar la gesta emancipadora. El Ilustre Americano se ocupó de hacer grandes homenajes a los héroes de uniforme, estableciendo una retórica militar en los discursos y publicaciones de la época. Se creaba así una cosmogonía exclusivamente armada, desesti-

---

titut Preußischer Kulturbesitz, Berlín, 2003. Disponible en https://journals.iai.spk-berlin.de/index.php/iberoamericana/article/view/600, consultado el 12/06/2021.

13 A estos efectos, pueden consultarse dos de sus textos más representativos: Germán Carrera Damas, *El culto a Bolívar*, Alfadil Editores, Caracas, 2003; Germán Carrera Damas, *El bolivarianismo-militarismo: una ideología de reemplazo*, Editorial Alfa, Caracas, 2017.

14 Enrique Urdaneta Maya, *Discurso de Orden*... cit., p. 1.

mando el aporte y protagonismo de lo civil. La idealización de Bolívar que nos entrega Guzmán es la del militar y general, la del portador del sable por encima de sus otros rasgos de civilizador, estadista, legislador, educador, pensador e ideólogo. Obviamente el objetivo de esa política era crear una historia que entroncara con su propia tradición. Siendo Guzmán Blanco un militar surgido de otro conflicto bélico, la Guerra Federal, debía equiparar ambas guerras para usufructuar todo el simbolismo. Esa es la razón por la que los grandes caudillos de la Federación rápidamente escalaran hasta el sitial de nuestros jefes militares de la independencia.

Resulta paradójico pero explicable que la primera personalidad que arribe al Panteón Nacional, el 1 de mayo de 1874, sea Juan Crisóstomo Falcón, mariscal de la Federación. Esto ocurría después que la antigua iglesia de la Santísima Trinidad de Caracas fuera transformada en Panteón Nacional mediante un decreto promulgado el 27 de marzo de 1874 por el presidente Antonio Guzmán Blanco, con el objeto de conservar los restos de los próceres de la independencia y de las personas eminentes. Para el momento de la construcción del Panteón Nacional, ya estaban enterrados en ese santo lugar el Marqués del Toro con sus antepasados, por ser estos benefactores de esa iglesia, José Gregorio Monagas y otros dos héroes de la guerra larga: Ezequiel Zamora y Manuel Ezequiel Bruzual.[15]

Si bien es Guzmán Blanco quien le da entidad a la galería de los rostros militares de la Independencia, tan solo consagra las fechas del 19 de abril y del 5 de julio como fiestas patrias. Con el Centenario de Bolívar, conmemorado en 1883 durante "*El Quinquenio*", su segundo período presidencial, y en el que se realiza una gran Exposición Nacio-

---

15 Manuel Landaeta Rosales, *El Panteón Nacional*, Tipográfica Empresa El Cojo, Caracas, 1911. pp. 6-9 Disponible en: https://books.google.co.ve/books?id=0H1rAAAAMAAJ&printsec=frontcover&dq=centenario+del+pante%C3%B3n+nacional&hl=es&sa=X&redir_esc=y#v=onepage&q&f=false, consultado el 18/06/2021. Cabe hacer notar que la escogencia de este templo para tan particular destino fue motivada por sus antecedentes históricos: a su regreso desde Santa Marta, en 1842, los restos del Libertador Simón Bolívar habían sido depositados temporalmente en esta iglesia. En ella también fueron sepultados, en 1851, los restos del Marqués del Toro y más tarde, los de José Gregorio Monagas y Ezequiel Zamora, tal y como se indica en el texto.

nal, se le daba empuje al Culto a Bolívar pero no se ampliaba el grupo de efemérides oficiales.

Joaquín Crespo extendió esta política de estado, supeditada a la encarnación independentista de sus héroes militares. Para ello decretó la celebración nacional de actos como la Apoteosis de Miranda en 1896[16], pero no llegó al extremo de Guzmán Blanco de acercarse en identidad al Padre de la Patria.

Solo el general Juan Vicente Gómez, al llegar al poder en 1908, retomaría con la misma energía e interés personal aquel proyecto de restablecer la valía y dimensión de los jefes militares de nuestra gesta emancipadora. Con su reconocido talento y habilidad política, que le permitió mantenerse en el poder durante 27 años, rápidamente identificó la necesidad de aglutinar el sentimiento nacionalista desde esas figuras militares y para ello propuso nuevas fechas que simbolizaran la fusión del ideal de su gobierno con la gesta libertadora. Es muy conocido que Gómez nació el mismo día que Bolívar, así que no es de extrañar que usara esa casualidad para crear un paralelismo que se extendió incluso hasta la propia fecha de su muerte, el 17 de diciembre de 1935, la misma que la del Libertador.

El 5 de agosto de 1909, el Congreso de los Estados Unidos de Venezuela dicta la Ley de Fiestas Nacionales[17]. Por primera vez en la historia republicana de Venezuela se conmemoraba una batalla como fecha patria. En esa ley se modificaba la ley anterior para incluir el 24 de junio entre nuestras efemérides, junto con el 19 de abril, el 5 de julio y el 28 de octubre, ya consagradas en el calendario oficial como días de fiesta nacional. Conviene tener en cuenta que en aquel entonces el onomástico del Libertador se celebraba el día de San Simón que era el 28 de octubre. Pero el 19 de mayo de 1918, por una Ley de Fiestas Nacionales, sancionada por el Congreso Nacional y promulgada por el

---

16 Al respecto puede consultarse a José María Salvador González, *Efímeras Efemérides: fiestas cívicas y arte efímero en la Venezuela de los siglos XVIII-XIX*, Universidad Católica Andrés Bello, Caracas, 2001, pp.282-289 y 367-373.

17 Ley de Fiestas Nacionales del 5 de agosto de 1909, en *Recopilación de Leyes y Decretos de Venezuela*, Tomo 32, 1909, Imprenta Bolívar, Caracas, 1913. p. 193. Disponible en https://cidep.com.ve/files/recopilacion/tomo-32-1909.pdf, consultado el 20/06/2021.

presidente provisional Victorino Márquez Bustillos, se introdujo el 24 de julio, natalicio del Libertador, como fecha patria[18]. Es de suponer que esta decisión que recordaba también el nacimiento del general Gómez le fue consultada y contó con su visto bueno. Con respecto al 24 de junio, al ser el día de San Juan el mismo de la batalla de Carabobo, políticamente también se aprovechaba la coincidencia para celebrar indirectamente el onomástico del Benemérito.

El antecedente directo de la conmemoración de los cien años de Carabobo es el Centenario de la Independencia de Venezuela. El 19 de abril de 1909 el general Gómez mediante Decreto N°10.570 dispuso la celebración solemne del primer siglo de la emancipación con grandes eventos que culminarían el 5 de julio de 1911. El decreto establecía además una junta encargada de organizar y planificar los actos conmemorativos integrada por Manuel Díaz Rodríguez, Laureano Villanueva, Julio Calcaño, John Boulton, Salvador Llamozas, César Zumeta, Antonio Herrera Toro, Raimundo Andueza Palacio, Pedro Emilio Coll, Santiago Key Ayala y Felipe Tejera, entre otras distinguidas personalidades. Como presidente de la junta fue designado el general Francisco Linares Alcántara, Ministro de Relaciones Interiores, que quedó encargado de la ejecución del decreto.[19] Fueron unas fiestas de gran significación para el país. Se instaló el famoso Congreso de las Municipalidades el 19 de abril de 1911, el cual realizó un moderno y completo ejercicio de análisis sobre la situación de Venezuela toda vez que los 103 delegados trajeron de sus regiones un diagnóstico pormenorizado sobre justicia, instrucción, salud pública, rentas, cultura e infraestructura.[20] También se inauguraron muchas obras artísticas y de ornato público, edificacio-

---

18 Ley de Fiestas Nacionales del 19 de mayo de 1918, en *Recopilación de Leyes y Decretos de Venezuela*, Tomo 41, 1918, Litografía El Comercio, Caracas, 1921. p. 43. Disponible en https://cidep.com.ve/files/recopilacion/tomo-41-1918.pdf, consultado el 20/06/2021.

19 Decreto N°10.560 del 19 de abril de 1909 por el cual se nombra a una junta para la elaboración del programa y organización de los actos con que ha de celebrarse el Centenario de la Independencia, en *Recopilación de Leyes y Decretos de Venezuela*, Tomo 32, 1909, Imprenta Bolívar, Caracas, 1913, p. 87. Disponible en https://cidep.com.ve/files/recopilacion/tomo-32-1909.pdf, consultado el 20/06/2021.

20 Al respecto, véase: *Actas y Conclusiones del Primer Congreso de Municipalidades de Venezuela,* Imprenta Bolívar, Caracas, 1913, pp.26-39. Disponible en https://archive.org/details/actasyconclusion00cong, consultado el 02/06/2021.

nes y vías de comunicación que aún perduran como los bustos de los héroes de la Independencia Manuel Gual, José María España, Francisco Salias, José Félix Ribas, Manuel Cedeño, Ambrosio Plaza y Pedro Camejo, la inauguración del Museo Bolivariano, el monumento a Simón Bolívar y Pablo Morillo con la columna en el pueblo de Santa Ana, los edificios del Registro Público y el Archivo Nacional y el de la Biblioteca Nacional, la remodelación del Panteón Nacional y de la Universidad Central, entre otras.[21]

Justamente en el marco de ese Centenario, se inauguró en Caracas un gran monumento a la batalla de Carabobo, hoy conocido popularmente como la India del Paraíso, diseñado por el escultor Eloy Palacios.[22] El acto de develación ocurriría precisamente el 24 de junio de 1911, día de San Juan y de la batalla, y naturalmente en las palabras del día retumbaron las felicitaciones a Gómez por su santo.

La celebración del Centenario de Carabobo resaltó nuevamente la imagen de nuestra independencia como un hecho de armas ejecutado exclusivamente por militares. La asunción de lo militar como único elemento protagonista de nuestra gesta emancipadora estaba implícita en las líneas de acción propuestas por el general Gómez en su llamado gobierno de Rehabilitación Nacional. De allí que su lema "*unión, paz y trabajo*" contemplara, entre otros aspectos, la unificación de una sola historia patria cabalgada en las grupas de sus héroes a caballo. Desde ese momento se impulsó la idea de que el Ejército Nacional era el heredero del Ejército Libertador. El paralelismo entre ambos cuerpos se hizo una constante oficial que perdura hasta nuestros días.

El 23 de marzo de 1921, por medio del Decreto N°13.761, se instauraban las festividades por los cien años de la batalla de Carabobo que se desarrollarían desde el 23 de junio hasta el 5 de julio de ese año. Le tocó al Dr. Victorino Márquez Bustillos, en su carácter de presidente provisional de los Estados Unidos de Venezuela, firmar el decreto que

---

21 Para una relación de las obras que se inauguraron para conmemorar el centenario de la independencia, véase: Roldán Esteva Grillet, *Las artes plásticas venezolanas en el centenario de la independencia, 1910-1911*, Academia Nacional de la Historia, Caracas, 2010.

22 Juan Calzadilla, "Eloy Paredes", en *Diccionario de Historia de Venezuela*, Fundación Empresas Polar. Disponible en https://bibliofep.fundacionempresaspolar.org/dhv/entradas/p/palacios-eloy/, consultado el 20/06/2021.

establecía el programa de los actos conmemorativos. En el único Considerando del decreto se exponía en propiedad la visión del gobierno sobre el significado de esta fecha en los siguientes términos:

> *"Considerando*
> *Que el día 24 de junio del presente año se cumple el primer Centenario de la memorable batalla que en el Campo de Carabobo dio triunfo definitivo a las armas patriotas en Venezuela y base para la gloriosa campaña con la que el Libertador llevó hasta el Perú la obra redentora de su genio".*[23]

En ese mismo decreto se estableció que los actos del 24 de junio en el campo de Carabobo estarían presididos por el general Juan Vicente Gómez, Presidente Electo y Comandante en Jefe del Ejército Nacional, y que el discurso de orden le tocaría en honor y responsabilidad a mi abuelo, el Dr. Enrique Urdaneta Maya. También se dispuso que el Congreso de la República tuviera una Sesión Solemne en la ciudad de Valencia el mismo día, tal y como lo había acordado ese cuerpo el año anterior.

Como era habitual, los presidentes de los estados cumplirían su propia agenda de celebraciones. Se inaugurarían varios edificios públicos y se instituían por vez primera maniobras militares en el propio campo de Carabobo. Desde entonces los desfiles y paradas militares en el lugar serían una habitual actividad de estado.

Pero en el decreto inmediato siguiente, el N°13.762, también de fecha 23 de marzo de 1921, el Presidente electo de la República y Comandante en Jefe del Ejército Nacional, Juan Vicente Gómez, "*animado siempre del más puro patriotismo y del noble propósito de exaltar la gloria de los héroes de nuestra Independencia*", exhortó al Ejecutivo Federal a que "*ordene la erección de un Arco de Triunfo en el propio sitio donde se libró aquella jornada memorable*".[24] La rareza del de-

---

23 Decreto N° 13.761 del 23 de marzo de 1921 por el cual se elabora el programa para la celebración del Centenario de la Batalla de Carabobo, en *Recopilación de Decretos y Leyes de Venezuela*, Tomo 44, 1921, Litografía del Comercio, Caracas, 1922, p. 94. Disponible en https://cidep.com.ve/files/recopilacion/tomo-44-1921.pdf, consultado el 21/06/2021.

24 Decreto N°13.762 del 23 de marzo de 1921 por el cual se dispone erigir un Monumento en el Campo de Carabobo, en *Recopilación de Decretos y Leyes de Venezuela*, Tomo 44,

creto es que en el Considerando se cite el deseo del Presidente electo y Comandante del Ejército, Juan Vicente Gómez, pero quien lo firma y lo dispone es el Presidente provisional, el Dr. Victorino Márquez Bustillos.

En este decreto se dispuso, además, que el monumento debía contener las mismas inscripciones que fueron ordenadas por el Congreso de Cúcuta en su disposición del 23 de julio de 1821 para honrar a los caídos en la batalla legendaria.

En verdad la patria tenía una deuda histórica con esa orden. En 1887 atendiendo el reclamo, el general Hermógenes López, presidente encargado de la República, había decidido erigir una Columna Ática para conmemorar la batalla de Carabobo. Al frente de la Junta de Fomento de ese monumento estaba el distinguido historiador Dr. Francisco González Guinán, Ministro de Relaciones Interiores. La obra le fue contratada al empresario teatral y de óperas Miguel I. Leicibabaza (1857-1915) quien la hizo construir en Génova y Roma. Sería inaugurada el 24 de junio de 1889, durante la presidencia del Dr. Juan Pablo Rojas Paúl. El acto contó con la presencia del propio general Hermógenes López, a la sazón presidente del estado Carabobo. También estuvo el Dr. Jesús Muñoz Tébar, Ministro de Obras Públicas, en representación del primer mandatario nacional y el Dr. González Guinán que dio las palabras de rigor.[25]

Lamentablemente a los pocos años las severidades del clima afectaron gravemente la columna, debiendo restaurarla en 1901 el Dr. Gerónimo Maldonado, presidente provisional del estado Carabobo. Ese monumento sería sustituido por el Arco de Triunfo cuya construcción ordenó el general Gómez en 1921.

1921, Litografía del Comercio, Caracas, 1922, p. 96. Disponible en https://cidep.com.ve/files/recopilacion/tomo-44-1921.pdf, consultado el 21/06/2021.

25 Francisco González Guinán, *Historia del Gobierno del Dr. J.P. Rojas Paúl*, Imprenta de La Voz Pública, Valencia, 1891. pp. 247-256. Disponible en https://books.google.co.ve/books?id=AXcCAAAAYAAJ&printsec=frontcover&dq=Historia+del+gobierno+del+doctor+J.P.+Rojas+Paul&hl=es&sa=X&redir_esc=y#v=onepage&q&f=false, consultado el 19/06/2021.

El Arco de Triunfo de Carabobo fue proyectado y diseñado por el gran arquitecto Alejandro Chataing[26], quien contó con la colaboración del ingeniero Ricardo Razzetti, hermano del eminente médico Luis Razzetti, que junto con el ingeniero Manuel Vicente Hernández se encargaron de su construcción en un tiempo récord. Los casi doscientos motivos ornamentales fueron obra del escultor Lorenzo González.[27]

Algunas de las más célebres piezas de oratoria pronunciadas durante las festividades del Centenario de Carabobo fueron publicadas y han quedado para el acervo histórico de la nación. Además del ya mencionado discurso de orden del Dr. Enrique Urdaneta Maya en el campo de Carabobo, se podrían citar las palabras del Dr. Laureano Vallenilla Lanz quien, como presidente del Congreso Nacional, fue el orador de orden en la Sesión Solemne de ese cuerpo en la ciudad de Valencia el mismo 24 de junio. También se recuerdan los discursos del Dr. José Ladislao Andara, presidente de la Academia Nacional de la Historia, en el acto solemne con que esa corporación honró el Centenario en el Paraninfo de la Universidad Central de Venezuela; del Dr. Gumersindo Torres, Ministro de Fomento, el 27 de junio en Maracay con motivo de la inauguración del Edificio de Correos y Telégrafos; del presbítero Carlos Borges en la casa natal del Libertador el 5 de julio y en la misma fecha el discurso en el Panteón Nacional del Dr. Vicente Dávila, notable historiador, entonces director del Archivo General de la Nación, con el cual oficialmente concluyeron los actos.

El Centenario de Carabobo tendría su culminación nueve años después, en 1930, cuando el general Gómez inauguró el Monumento a Carabobo que junto el Arco del Triunfo constituyen el gran conjunto arquitectónico de aquel lugar. Para la erección del monumento, Gómez hizo traer piedras del sitio de La Puerta donde Bolívar sufrió una costosa derrota a manos de Boves en 1814 que aceleró la caída de la Segunda

---

26 Para un resumen de la trayectoria vital y obra artística de Alejandro Chataing, véase: Leszek Zawisza, "Alejandro Chataing", en *Diccionario de Historia de Venezuela*, Fundación Empresas Polar. Disponible en https://bibliofep.fundacionempresaspolar.org/dhv/entradas/c/chataing-alejandro/, consultado el 18/06/2021.

27 Mariana Figarella Mota, "Lorenzo González", en *Diccionario de Historia de Venezuela*, Fundación Empresas Polar. Disponible en https://bibliofep.fundacionempresaspolar.org/dhv/entradas/g/gonzalez-lorenzo/, consultado el 18/06/2021.

República. La razón para usar aquellas piedras en el monumento fue simbólica. Se argumentó que representaban el espíritu de resistencia y la inquebrantable constancia del Libertador para la consecución de la libertad de la patria. Pero veladamente también significaba una forma de introducirse Gómez en esta epopeya. En La Puerta, Juan Vicente Gómez había logrado una gran victoria en 1901 contra las huestes de Luciano Mendoza y la Revolución Libertadora. Por lo cual, bien podría tratarse de un intento por fusionar ambas historias y perpetuar en la memoria colectiva a Gómez junto a Bolívar.[28]

Carabobo representa la cumbre en la guerra de independencia pues ella en su grandeza aseguró la liberación de Venezuela. Es a partir de Carabobo que se da inicio a la Campaña de Occidente, que comandó José Antonio Páez entre 1821 y 1823, y con la que se estableció el completo control del territorio. Pero además Carabobo permite emprender la Campaña del Sur liderada por el Libertador Simón Bolívar que condujo a la libertad de Ecuador, Perú y Bolivia.

Pero precisamente por ello Carabobo no ha dejado de ser utilizado políticamente por todos los gobiernos que sucedieron a Gómez hasta nuestros días. El general Eleazar López Contreras en 1939 decretó que se celebrase en esa misma fecha patria el Día del Ejército,[29] extendiendo el mito de que los soldados de la Independencia formaban un solo cuerpo con los hombres actuales de las Fuerzas Armadas. Pero es en el período que va desde 1999 cuando la manipulación de la batalla más se distorsiona. Se ha intentado trastocar la historia nacional para ponerla al servicio de una personalidad y una ideología. Para construir la auténtica identidad de Venezuela debemos denunciar esta situación y hacer frente a tal pretensión de manera de restablecer las reales dimensiones de la más grande epopeya que haya afrontado la patria: la Independencia.

---

28 Al respecto véase: Pedro Correa, "¿Y quién dijo que la batalla de Carabobo puso fin a la guerra de independencia?", en *El relato invariable: independencia, mito y nación*, coordinado por Inés Quintero, Editorial Alfa, Caracas, 2016, pp. 254-257.

29 Decreto del 12 de junio de 1939 por el cual se declara Día del Ejército el 24 de junio, en *Memoria y Cuenta del Ministerio de Guerra y Marina*, Talleres Patria, Caracas, 1944, p.7. Disponible en https://books.google.co.ve/books?id=MADWgNcz9nwC&printsec=frontcover&dq=inauthor:%22Venezuela.+Ministerio+de+Guerra+y+Marina%22&hl=es&sa=X&redir_esc=y#v=onepage&q&f=false, consultado el 08/07/2021.

IV. CARABOBO DESDE LA VERDAD

> *"Dichosos ¡Oh! Vosotros, mártires de la gloria: Farriar, Devy, Cedeño, Plaza, Mellado, Arrais, Meleán, Olivares, Camejo... y tantos otros, cuyos nombres ¡ay! no menciona la historia (...) ¡Salve! Bolívar, el primero de todos ellos, Libertador de cinco repúblicas, Padre de la Patria y genio de esta batalla decisiva de la Independencia. ¡Salve! también Páez, héroe mitológico, ángel exterminador en Carabobo, como te llamó Madiedo, brazo prepotente que ejecuta los designios de Bolívar".*
>
> Enrique Urdaneta Maya [30]

Con ocasión de la celebración del bicentenario de la batalla de Carabobo se intenta reescribir la historia. El discurso y la propaganda en los medios de comunicación social abundan en equívocos sobre la gesta emancipadora y la significación de Carabobo. Hay un uso político de la historia y un falseamiento respecto de Carabobo.

El bicentenario invita a la búsqueda de la realidad histórica más allá de la propaganda política que postula interpretaciones sobre la significación de la batalla de Carabobo condicionadas por la ideología. Por ejemplo, hay el empeño de algunos de silenciar la figura del general Páez. Otros ignoran el rol de las mujeres en la gesta emancipadora. Hasta hay quienes pretenden convertir a Carabobo en una victoria contra el imperialismo. También se manipula cuando se destaca solo la importancia de los jefes militares sobre los civiles en nuestra lucha por la independencia.

Para desmentir la visión de la historia que se nos quiere imponer sin asidero alguno, se hace necesario decir algunas verdades sobre nuestra hermosa y trágica epopeya para apreciar su verdadera dimensión. Cuando la verdad se distorsiona, se quiebra el natural sentido de la historia como proceso lógico y consecuente. La historia no es lo que uno quiere que sea. Es lo que fue y su estudio permite comprender las dimensiones de lo vivido, así como las consecuencias que hoy cargamos como legado. Al deformarse los acontecimientos, solo se busca

---

30 Enrique Urdaneta Maya, *Discurso de Orden*… cit., p. 2.

entrampar a los más jóvenes en un neo discurso ideológico. No saber de dónde venimos es difuminar el destino hacia dónde vamos. Nuestra esencia, aquello que nos explica como nación, lo que nos hace ser lo que somos y nos da personalidad e identidad, en buena parte subyace en la historia. Manipularla o distorsionarla es un crimen de lesa patria contra el espíritu y la personalidad de Venezuela.

Debemos comprender lo que realmente ocurrió (y lo que no ocurrió) en el pasado ya que es este y no otro el verdadero punto de apoyo para construir el presente y el porvenir. Hay que restituir entonces la verdad en el discurso político para enfrentar las desafiantes tareas que tenemos por delante. El bicentenario de la batalla de Carabobo es, sin duda, una ocasión propicia para la búsqueda de la verdad histórica.

En ese reconocimiento de lo histórico como verdadero, debemos comprender, en primer lugar, que Carabobo fue un escenario donde confluyeron las grandes personalidades del país que estaba por nacer. En aquella llanura hacen de héroes figuras que desempeñarán altos cargos y responsabilidades que contribuirán con relevancia, hasta por lo menos la Guerra Federal, a la construcción de nuestra entidad nacional. De Carabobo emergerán muchos de los protagonistas de la historia de Venezuela durante las siguientes décadas.

José Antonio Páez alcanza el cénit en Carabobo. El Libertador mismo lo reconoce ascendiéndolo a General en Jefe en el propio campo de batalla. Cuando inmediatamente después de Carabobo, Bolívar emprende la Campaña del Sur para dar la libertad al Ecuador, al Perú y al Alto Perú, queda Páez con la enorme misión de consolidar el triunfo en Venezuela. Victorioso y constante da persecución a lo que queda del ejército realista y es el llamado a rendir sus últimas tropas en Puerto Cabello, dos años después de la gesta de Carabobo. Es él quien, en realidad, pone el punto final en lo militar al proceso de emancipación y es él quien abre formalmente el capítulo de la identidad nacional.

Mucho se ha dicho que Páez traiciona el proyecto de la Gran Colombia del Libertador cuando, en realidad y durante toda su actividad en la independencia, se dedica exclusivamente a luchar por y para Venezuela. Nunca acompañó a Bolívar en su cruzada continental. Su idea central fue Venezuela y su libertad. Recela de Bogotá y sus autoridades. No desea ser mandado por otros, aunque estos sean sus hermanos americanos de gesta libertaria. Él se ha batido con sus llaneros por una nación, su nación. La que conoce y ama. La tierra que lo alumbró. El proyecto anfictiónico de la América es sueño de Bolívar, heredado de Miranda, no suyo. No se puede traicionar lo que nunca se ha compartido. Reconocerle ese hecho hace más comprensible a Páez en su devenir histórico.

La presencia de Páez es cimera en la complicada, ruidosa y turbulenta aventura que se sigue para forjar la personalidad de Venezuela. José Antonio Páez es protagonista y testigo de primer orden durante varias décadas posteriores a Carabobo. Comete errores, como todo hombre. Pero también tiene grandes aciertos. Uno principal es la propia Venezuela tal y como la conocemos. Señalarlo de traidor es al menos tergiversar su rol histórico. De allí que querer borrarlo o minimizarlo de la trama de nuestro devenir republicano es un acto injusto que solo obedece a un fin eminentemente ideológico. No es posible concebir la república de hoy sin el Centauro de los llanos. Tampoco es posible concebir Carabobo sin Páez. El interés de hacerle a un lado, al compás de una manipulada nueva historiografía nacional, es demasiado evidente para que pueda tener éxito. La historia es lo que fue, no lo que se quiere que sea. Y ningún gobierno o revolución podrá imponer una idea falsaria que solo convenga a sus propósitos declarados o disimulados. Al final si no se desea ver el sol bastará con cerrar los ojos, pero eso no lo hará desaparecer del cielo.

De Carabobo también surgen con valía propia otros actores importantísimos en el teatro de la nación por venir. Santiago Mariño, jefe del Estado Mayor General del Ejército Libertador en Carabobo, será otra destacada figura en el elenco de los jefes militares que aseguraron la independencia de Venezuela. A veces contra el Libertador, a veces a su lado, Mariño comporta una imagen que debe estudiarse en el contexto de su tiempo.[31] Para el oriente venezolano su nombre significa afecto, respeto, admiración, simpatía.[32] La contraparte regional al propio Bo-

---

31 Caracciolo Parra Pérez, *Mariño y la Independencia de Venezuela: El ilustre general*, Ediciones Cultura Hispánica, Madrid, 1955.

32 Uno de los primeros textos que dio cuenta de la estima, admiración y afecto por Mariño es este que firman "*Varios Republicanos*". Está fechado en 1831. *Anónimo, Justicia y gratitud hacia el Benemérito de la patria, general Santiago Mariño*, Imprenta de

lívar. Las coyunturas políticas accidentales no lo obligan a hacer *mutis* en esta obra de la patria. Hay que darle su cuota de refulgencia, agradecerle los sacrificios y honrarle las hazañas.

Bartolomé Salom, José Cornelio Muñoz, José Laurencio Silva, Diego Ibarra, Carlos Luis Castelli, Carlos Minchin, José Escolástico Andrade, José Trinidad Portocarrero, José de la Cruz Paredes, José Ignacio Pulido del Pumar, Guillermo Smith, Judas Tadeo Piñango, Francisco de Paula Alcántara, todos ellos emergen de Carabobo a tener roles protagónicos en la Venezuela que estaba naciendo, hasta más allá de mediados del siglo XIX.[33] Serán ministros, diputados, militares al servicio de la patria o revolucionarios tras sus propios ideales. Participarán en casi todos los sucesos ocurridos en esta tierra hasta la Guerra Federal. La gloria debe ser compartida, como en todas las grandes empresas que son imposibles de alcanzar por una sola persona.

Hay otro hecho que no deja de ser significativo. Poca gente sabe que en Carabobo lucharon cuatro presidentes de cuatro diferentes repúblicas. Naturalmente se asume al Libertador, presidente entonces de la Gran Colombia, y a Páez que llegaría a serlo de Venezuela en tres ocasiones. Pero también participa Juan Nepomuceno Moreno quien recientemente ha sido reconocido en Colombia como el primer presidente "*accidental o provisorio*" de la Nueva Granada, cargo que ejerció de facto y por unos meses entre 1818 y 1819, incluso antes que el propio Bolívar.[34] El otro mandatario sería uno en ciernes. Se trata del entonces jovencísimo teniente coronel Juan José Flores, que oficiaba de jefe del Estado Mayor de la Segunda Brigada de la Guardia. Flores será el pri-

---

Tomás Antero, Caracas, 1831. Disponible en https://books.google.co.ve/books?id=lqNcAAAAcAAJ&printsec=frontcover&dq=santiago+mari%C3%B1o&hl=es&sa=X&redir_esc=y#v=onepage&q&f=false, consultado el 05/07/2021.

33 Manuel Landaeta Rosales, *La Batalla de Carabobo 1821*, Tipográfica Empresa El Cojo, Caracas, 1921. pp. 11-15. Disponible en https://books.google.co.ve/books?id=NAXQ-tm23wUC&printsec=frontcover&dq=Batalla+de+Carabobo&hl=es&sa=X&redir_esc=y#v=onepage&q&f=false, consultado el 20/06/2021.

34 Véase al respecto: Jane M. Rausch, "La doma de un caudillo colombiano: Juan Nepomuceno Moreno, de Casanare", en *Boletín Cultural y Bibliográfico del Banco de la República*, Vol. 26, N°20, Bogotá, 1989. Disponible en https://www.researchgate.net/publication/28083684_La_doma_de_un_caudillo_Juan_Nepomuceno_Moreno_de_Casanare/fulltext/5859d6b508aeffd7c4fd0fdf/La-doma-de-un-caudillo-Juan-Nepomuceno-Moreno-de-Casanare.pdf, consultado el 23/06/2021.

mer presidente de la República del Ecuador entre 1830 y 1834, cargo que repetirá en dos ocasiones más.[35]

Otro bulo insistente con el que se quiere hoy reescribir la historia es el de la presencia totalizadora y absoluta del estamento militar como único responsable de Carabobo y de la Independencia. No hay tal hecho. Como afirmó Tomás Polanco Alcántara: "*La independencia fue ante todo un proceso jurídico*".[36]

Aunque predomine una narración puramente guerrera y épica de la independencia fueron, en realidad, nuestros próceres civiles los que aportaron las ideas y los documentos esenciales que fundamentaron el cambio político que derivó en la fundación de la república y en la extinción del régimen monárquico.[37] Sin Juan Germán Roscio, sin Martin Tovar y Ponte, Cristóbal Mendoza, Fernando Peñalver o Ramón Ignacio Méndez, no hay Carabobo. Sin Alejo Fortique, Diego Bautista Urbaneja, Francisco Javier Yanes o Miguel Peña no existe Venezuela. Tantos y tantos ciudadanos son también partícipes de esta proeza de la formación de la república y el nacimiento del nuevo Estado independiente. Baste decir que el movimiento revolucionario del 19 de abril de 1810 fue un evento civil. Que la declaración de Independencia el 5 de julio de 1811 fue una acción civil, jurídica y política. La mezquindad les roba brillo. La mezquindad y las ganas de crear una imagen en donde los uniformes y las armas lo copen todo por el simple deseo de que así permanezca para siempre. Solo armas y uniformes guiando lo político, solo armas y uniformes arropando el acontecer diario. Una falacia supremacista que le ha hecho un daño inconmensurable al país en el último siglo, y sigue haciéndoselo en el siglo actual.

---

35 "Juan José Flores", en *Diccionario de Historia de Venezuela*, Fundación Empresas Polar, Disponible en https://bibliofep.fundacionempresaspolar.org/dhv/entradas/f/flores-juan-jose/, consultado el 23/06/2021.

36 Tomás Polanco Alcántara, *Las formas jurídicas de la independencia*, Instituto de Estudios Políticos, Universidad Central de Venezuela, Caracas, 1962, p. 10.

37 Al respecto, véase: Allan R. Brewer-Carías, "Los próceres civiles en la transición hacia la independencia y la justificación de sus causas", en *El pensamiento político y jurídico de la independencia*, AA.VV., coordinación y edición a cargo de Allan R. Brewer-Carías y Rafael Badell Madrid, Academia de Ciencias Políticas y Sociales, Editorial Jurídica Venezolana, Caracas 2021, pp. 25-108.

Igual acontece con las mujeres, verdaderos pilares de una gesta contada por varones para varones. Apenas algunos nombres que descuellan por su sacrificio monumental como Luisa Cáceres de Arismendi, Eulalia Buroz o Josefa Camejo. Otros nombres suenan remotos y escondidos como el de Barbarita de la Torre, María Josefa Palacios o Teresa Heredia. Pero tras ellas hay legiones y legiones de damas. Centenares y miles de silenciosas y augustas mártires que incluso padecieron más que muchos héroes visibles.[38] El olvido las enmantilla y, sin embargo, son conspicuos ejemplos de esa sociedad civil que protagonizó con intensidad la Independencia. Hubo mujeres que combatieron con gran valor en Carabobo. Venezuela entera, de alguna forma, estuvo presente en la sabana inmortal para liberar definitivamente la patria.

Otra desviación que hay que atajar es la magnificación del actual discurso antiimperialista equiparando la guerra de la Independencia con el pensamiento marxista leninista que tomará cuerpo y entidad tras el libro de Vladimir Lenin publicado en 1916, titulado "*Imperialismo, fase superior del capitalismo*".

El término "*antiimperialismo*" se empezó a acuñar a finales del siglo XIX. Un importante impulsor del concepto sería Mark Twain que, a partir de 1898, a raíz del conflicto entre España y Estados Unidos en Cuba, empieza a usarlo en una serie de escritos de prensa y discursos recopilados después de su muerte.[39] Si bien el escritor norteamericano no estaba afiliado a la doctrina marxista, su pensamiento libertario lo llevaba a tener una postura crítica con su propio país.

Pero el salto ideológico que se produce cuando Lenin anda y desanda el término, supuso un reenfoque de muchos investigadores de filiación marxista quienes pretendieron leer todos los movimientos independentistas americanos, que tenían más de un siglo y medio de distancia, a través de esa visión.[40] Supondría la misma aberración in-

---

38 Al respecto, véase: Inés Quintero, *La palabra ignorada. La mujer: testigo oculto de la historia de Venezuela*, Editorial Planeta venezolana, Caracas, 2016.

39 Al respecto, véase: Mark Twain, *Antiimperialismo: Patriotas y Traidores*, Icaria Editorial, Barcelona, España, 2006. Disponible en https://books.google.co.ve/books?id=_N8Ex9qxhEUC&printsec=frontcover&dq=antiimperialismo+patriotas+y+traidores+mark+twain&hl=es&sa=X&redir_esc=y#v=onepage&q&f=false, consultado el 22/06/2021.

40 A escala internacional se reconocen los diferentes trabajos de Antonio Gramsci (1891-1937), A.L.Morton (1903-1987) o Mijaíl Pokrovski (1868-1932). Pero también destacan

telectual que decir que Cristo fue socialista solo por la doctrina que predicaba o que los padres fundadores de la democracia norteamericana fueron marxistas leninistas porque eran antiimperialistas con respecto a Inglaterra.

Quienes pregonan esta deformación, muy típica del pensamiento marxista, parecen no haber leído la obra de Juan Germán Roscio "*El triunfo de la libertad sobre el despotismo*" (1817), o el "*Manifiesto que hace al mundo la confederación de Venezuela de las razones en que ha fundado su absoluta independencia de la España, y de qualquiera dominación extrangera*" (1811), redactado principalmente por Roscio. En ambos textos queda patente que el anhelo de independencia no se supedita a una situación exclusivamente económica de monopolios y concentración de capital, como lo plantea Lenin en su libro.

Tampoco es cierto que en el ideario de los libertadores exista un desprecio por los valores morales, religiosos, éticos, de lengua, de principios o tradiciones que hemos heredado de España, como se nos quiere hacer ver. Lo que proclaman los padres de la patria es que desde esos mismos valores se considera insostenible que los venezolanos no puedan ser los protagonistas de su destino y darse su propio gobierno, gobierno este que no sería impuesto por un sistema de castas y privilegios, sino con la participación de todos y cada uno de los habitantes de nuestra tierra. Nuestros próceres hablan de democracia y no de monarquía; de independencia política pero no de abominación de la cultura en la que crecimos. Por eso se invoca a Dios como principal promotor de estos anhelos y esperanzas. Por eso se plantea la concordia y la paz entre españoles y americanos en el concurso de la hermandad que nos ha brindado la historia común. En resumidas cuentas, no existe en el pensamiento de nuestros próceres civiles y militares ni un atisbo de lo que implica el concepto de la lucha antiimperialista de hoy en día.

Pero hay algo más. Los argumentos antiimperialistas utilizados presuponen que la guerra de Independencia, ejemplarizada en Carabobo, resultó ser una lucha maniquea entre venezolanos y españoles. Cier-

---

los del historiador Daniel Guérin (1904-1988) quien se empeñó en leer la revolución francesa desde la ideología marxista. En Venezuela algunos notables historiadores en esta corriente fueron Federico Brito Figueroa, Miguel Acosta Saignes y Juan Bautista Fuenmayor.

tamente los realistas representaban esencialmente el poder de la Corona española, pero no puede desconocerse que sus fuerzas en combate, defendiendo esas ideas, eran principalmente criollos nacidos en Venezuela, o al menos peninsulares con muchos años radicados aquí y por tanto considerados indianos por ellos mismos y por España.

Fue el Dr. Laureano Vallenilla Lanz el primero que desarrolló esa idea que hoy está asumida como incuestionable, aunque algunos intenten torcerla para sus fines. En su polémico pero extraordinario texto "*Cesarismo democrático*" (1919) plantea con lucidez el tema de la lucha por la independencia como una contienda civil en los siguientes términos:

> *"Decir que la guerra de la Independencia fue una guerra civil, no amengua en nada la gloria de nuestros Libertadores. (...) No sabemos, en verdad, por qué habrá de ser menos meritoria la obra de los revolucionarios del 10 y del 11 y de los guerreros que realizaron o consolidaron la Independencia de Hispano-América porque sus contendores fuesen en la mayor parte americanos. Ni tampoco por qué habrá de empequeñecerse la gloria de Páez en la Mata de Miel y en el Yagual, porque el ejército realista estuviese mandando por el Padre Torrellas y Facundo Mirabal (N. del A.: el primero era un cura nacido en Lara que había estudiado en el Seminario en Caracas, y el segundo un llanero que se inició en las filas de Boves.) Ni hayan de marchitarse los laureles de Las Queseras cuando se recuerde que el más terrible contendor de ese día glorioso fue el caraqueño Narciso López (...) ¿Y por qué ha de ser un baldón para Venezuela el hecho de que los degolladores capitaneados por Boves, Yañes, Morales, Calzada, fuesen venezolanos? (...) La Independencia de casi todas las Repúblicas de Sur-América fue decidida en una gran batalla. En Carabobo se conquistó a Caracas, pero la guerra que ya tenía diez años, continuó en el resto del país casi con la misma intensidad. No quedaban ejércitos peninsulares; apenas se señalaba uno que otro oficial expedicionario, pero poblaciones enteras continuaron proclamando al rey de España hasta 1827 (...) en cuyos movimientos estaban comprometidos multitud de venezolanos cuyos apellidos estamos pronunciando todos los días. (...). En todo ese largo período de cruentísima guerra yo no veo otra cosa que una lucha entre hermanos, una guerra intestina, una contienda civil y por más que lo busco no encuentro el carácter*

internacional que ha querido darle la leyenda. (...) Los hombres que mandaron las montoneras delincuentes de aquellos años, aunque isleños y peninsulares muchos de ellos, tenían largos años de residencia en el país, habían ejercido los oficios y profesiones que los ponían más en contacto con la gente del pueblo, y en presencia del Ejército Expedicionario eran tan extraños como cualquiera de los llaneros del Guárico (...) Hasta 1815, la inmensa mayoría del pueblo de Venezuela fue realista o goda, es decir, enemiga de los patriotas (...) La lucha entre los patriotas y los españoles enviados expresamente de la Península a sostener la guerra, no llena sino unas pocas páginas de nuestra historia".[41]

A nuestro modo de ver, esta larga cita resume lo fundamental de la famosa tesis de Vallenilla Lanz. Pero su obra aporta otros datos para desestimar la campaña equívoca de pretender, mediante un ejercicio de sobre simplificación, reducir la guerra de independencia a una contienda entre nativos y peninsulares. Por ejemplo, Reyes Vargas, un indio nacido en Siquisique, hoy estado Lara, sería uno de los más conspicuos jefes realistas. Cuando empuñó las armas contra los patriotas, su tropa estaba formada por indios y mestizos. Y a pesar de ser analfabeto, en 1815 recibió de Fernando VII una condecoración.[42]

Tal y como afirma Luis Ugalde:

"En el año 1814 fue el más desastroso y terrible en toda la lucha de nuestra independencia. Bolívar derrotado y asustado por los propios patriotas reconoce en el Manifiesto de Carúpano que quienes lo derrotan son nativos: 'Vuestros hermanos y no los españoles han desgarrado vuestro seno, derramado vuestra sangre, incendiado vuestros hogares, los han condenado a la expatriación'. (Bolívar, Carúpano 7-9-1814). El español Boves sin tropas españolas avanzó arrasando con llaneros mestizos curtidos por el sol que venían como sus enemigos a los blancos mantuanos y no al rey."[43]

---

[41] Laureano Vallenilla Lanz, *Cesarismo Democrático*, Monte Ávila Editores, Caracas, 1994. pp. 39-49.

[42] Véase al respecto: Manuel Pérez Vila, "Juan de los Reyes Vargas", en *Diccionario de Historia de Venezuela*, Fundación Empresas Polar, Disponible en https://bibliofep.fundacionempresaspolar.org/dhv/entradas/v/vargas-juan-de-los-reyes/, consultado el 22/06/2021.

[43] Luis Ugalde, "Batalla de Carabobo hoy". Disponible en https://www.analitica.com/opinion/batalla-de-carabobo-hoy/, consultado el 02/07/2021.

En Carabobo, cuyo bicentenario es la cita que nos convoca, se sabe a ciencia cierta que, de los casi cinco mil soldados realistas, al menos la mitad eran nacidos en este suelo. El Batallón Primero de Valencey tenía casi la misma cantidad de venezolanos que de españoles. El Batallón Infante, el Regimiento del Rey, el Regimiento de Guías y cuatro escuadrones más estaban integrados totalmente por venezolanos.[44] Y el jefe del Estado Mayor General Realista era un coronel nacido en Caracas, ciudad a la que, luego de partir para España, regresó al terminar la guerra, tras ser amnistiado, y en la que murió en 1853 luego de convertirse en un famoso educador, fundador de colegios e historiador. Nos referimos a Feliciano Montenegro y Colón[45].

Ciertamente la actuación de las tropas peninsulares en Venezuela no tuvo la enorme influencia que se ha creído. En efecto, cómo podría explicarse, se pregunta Vallenilla Lanz, la prolongación de la guerra de independencia, la más encarnizada de Hispanoamérica, si nuestros próceres hubieran tenido que combatir únicamente contra los quince mil soldados que vinieron de España durante el curso de la guerra.[46]

Como dato anecdótico para apoyar esta idea del carácter civil de la guerra de independencia, conviene recordar que cuando el general Páez, en un trance de la batalla convulsiona preso de un ataque de epilepsia, quien lo rescata al caer de su caballo y lo devuelve a sus filas es el comandante Antonio Martínez, llanero de Calabozo y jefe de uno de los escuadrones venezolanos en las filas realistas. Así lo cuenta el mismo Páez.[47]

Era habitual que los soldados cambiaran de bando o desertaran sobre todo si se considera que, a fin de cuentas, no hablamos de ejércitos establecidos, con doctrinas, escuela y formación. Nos referimos a hombres humildes, llaneros, gente del campo, ciudadanos del pueblo que se

---

44 Manuel Landaeta Rosales, *La Batalla de Carabobo…*. cit., pp. 16-18.

45 Héctor Bencomo Barrios, "Feliciano Montenegro y Colón", en *Diccionario de Historia de Venezuela*, Fundación Empresas Polar, Disponible en https://bibliofep.fundacionempresas-polar.org/dhv/entradas/m/montenegro-y-colon-feliciano/, consultado el 19/06/2021.

46 Laureano Vallenilla Lanz, ob. cit., p. 41.

47 *Autobiografía del general José Antonio Páez*, Tomo I, Publicación de Petróleos de Venezuela y sus empresas filiales con ocasión del bicentenario de su nacimiento, Caracas, 1990. p. 234.

sumaban intermitentemente y dependiendo de las condiciones a uno u otro lado. Tal y como lo expresa Arturo Uslar Pietri:

> *"A lo largo de la correspondencia de Bolívar en los diez años que dura la guerra de Independencia en Venezuela, encuentra uno repetidamente la queja de la constante escasez y de la miseria del país. En 1821, en vísperas de la batalla de Carabobo, le escribe a Santander: 'Este ejército es un saco roto, donde entran todos los meses mil hombres y se vuelven a ir a sus casas, al hospital y al cementerio, a causa del clima, de la miseria y de la incuria."*[48]

Como reconoce el propio Bolívar, citado por Uslar, los ejércitos en choque apenas se distinguían de las montoneras por la reglamentación y justicia militar que se les imponía, pero la guerra de Independencia fue sin dudarlo una lucha de signo civil y popular, en donde venezolanos lucharon contra venezolanos. Jamás en propiedad o con conciencia se trató de la ideológica lucha antiimperialista que se trata de hacer ver mediante un uso político de la historia.

Finalmente, otra importante corrección que se impone frente a la manipulación de los hechos o al uso político de la historia es la visión de que han existido cinco repúblicas en nuestra historia. Esta división artificial no tiene asidero real en la historiografía.[49]

Las tres primeras repúblicas representan períodos particulares de la gesta independentista. Cada una de ellas tiene linderos puntuales bien demarcados en donde hay caracterizaciones que académicamente avalan su diferenciación. Así la Primera República se entiende que va desde el 5 de julio de 1811, al nacer jurídicamente el Estado, y el 25 de julio de 1812, fecha de la Capitulación de San Mateo cuando termina su existencia. La Segunda República se estima que comprende el lapso que va desde la Toma de Cumaná por Mariño y la entrada de Bolívar a Caracas, en 1813, cuando se reanuda el proyecto emancipador ahora con dos focos de poder. Uno en el centro y otro en el oriente. Las costosas derrotas patriotas en Urica y Maturín en 1814 le ponen fin. La Tercera

48 Arturo Uslar Pietri, *Las Nubes*, Monte Ávila Editores, Caracas, 1997. p. 295.

49 Para una explicación más detallada, véase: Rafael Arráiz Lucca, *Historia política de Venezuela. Desde 1498 hasta nuestros días*, Editorial Universidad del Rosario, Bogotá, 2013. pp. 387-394.

República se considera que empieza al consolidarse el proyecto político en Angostura en 1817 y se cierra al proclamarse la Gran Colombia.

La Cuarta República se asume desde la existencia de Venezuela luego de su separación de Colombia en 1830. Es la que perduraría hasta hoy, aunque algunos historiadores gusten más llamar a esta etapa la de la República Soberana.[50]

No hay una Quinta República. Carece de sentido predicar su existencia en la historia nacional por cuanto en toda esta época que transcurre desde 1830, Venezuela nunca ha perdido su Independencia. Se ha conservado íntegra con las sucesiones de gobierno entre los diferentes actores políticos y funcionarios en importantes roles de poder, sucesiones que, si bien es cierto muchas veces han sido traumáticas, suponen un proceso visible con encadenamientos, causas y consecuencias que establecen de todas maneras un paso identificable y único siempre bajo el concepto soberano. Los cambios de nombre del Estado no suponen una modificación de la esencia de la República. Fuimos Estado de Venezuela en 1830, República de Venezuela en 1857, Estados Unidos de Venezuela en 1864, nuevamente República de Venezuela en 1953 y República Bolivariana de Venezuela desde 1999 y ninguno de esos cambios supuso modificaciones en la soberanía, la independencia o el territorio. Así que la denominación de Quinta República solo obedece a un uso político de la historia.

Históricamente no se ha refundado la Patria. Esta no ha cambiado. Sigue siendo la misma Venezuela surgida de 1830. Modificar nombres, alterar fechas patrias, cambiar símbolos patrios, trastocar manuales de historia, inventar interpretaciones, dar protagonismo a unas figuras y acallar a otras, sustituir leyes por otras que benefician intereses de un grupo, no significa refundar una nación. En todo caso solo revela el azaroso momento que vive la República hoy en día. Un momento sombrío, es verdad, pero del que saldremos como siempre lo ha hecho Venezuela desde sus albores como nación independiente.

---

50 De los primeros que lo usan está José Gil Fortoul en su Tomo II de la *Historia Constitucional de Venezuela* (1909), pero quienes lo sistematizan serán Guillermo Morón en su *Historia de Venezuela* (1960) y José Luis Salcedo Bastardo en *Historia fundamental de Venezuela* (1977).

V. A DOSCIENTOS AÑOS DE CARABOBO

"Venid aquí los que habíais dudado del gran porvenir que la Providencia ha reservado a Venezuela, para que derraméis lágrimas de arrepentimiento y adquiráis la fe que no habéis tenido; venid también, los que como vosotros que me oís, lleváis constantemente la imagen de la Patria en los corazones, a templar las almas, para proseguir en la titánica lucha, al contacto de esta tierra de holocausto y heroísmo, que arde, calienta y alumbra con el fuego sagrado de la inmortalidad."

Enrique Urdaneta Maya [51]

En el 2021 fue edificado un nuevo monumento en el campo de Carabobo que vino a sumarse al conjunto que ya celebraba nuestra gloriosa epopeya. Simbólicamente su diseño nada aporta al paisaje. No encaja por su abstracción y mucho menos por temas de armonía estética. Lo ecléctico del panorama ahora solo envía el mensaje de que vivimos tiempos de gran confusión. Pretendía honrar las lanzas criollas con la alegoría de largos estiletes quebrados señalando al cielo. Pero más bien parecen dedos que suplican a lo alto, como si clamaran a Dios. Pareciera que se tratara de una ironía del autor de la obra, pues luce más como una llamada de auxilio, una desesperada imploración por socorro ante la dramática situación que padecemos. Que esté precisamente ubicado en Carabobo le añade más valor a esta lectura semiológica que se hace de la construcción.

Se nos repite incesantemente una y otra vez que hay que volver a Carabobo. Pero la visión de Carabobo a la cual a troche y moche se proclama que hay que retornar no tiene nada que ver con el presente. Es una imagen estática, museística, de palabras huecas y ningún contacto con nuestra realidad. Carabobo definió la república, esa misma que hoy se diluye entre guerras de bandas delincuenciales, escasez, miseria, precariedad sanitaria, inseguridad jurídica, desempleo, corrupción. Entonces pareciera que aquella batalla la perdimos. Nada hemos caminado desde esos instantes de parto nacional. Se concibe más bien al 24 de junio como un motivo de carnaval que debemos banalizar. Tal y como si

---

51 Enrique Urdaneta Maya, *Discurso de Orden…* cit., p. 7.

fuera un mantra o una letanía, ese volver a Carabobo intenta regresar el tiempo para tocar aquel suelo y robarse un poco de la gloria que en nada les pertenece. Arrebatar lo que otros sudaron, bregaron y ganaron para usufructuarlo en la rebatiña anárquica con la que se inunda al país. Visto así entonces el nuevo monumento, pareciera como si el mazo gigante de la mediocridad y la indolencia se estrellara contra la tierra haciéndola estallar en mil pedazos; la alegoría de las supuestas lanzas que han quedado congeladas en una fotografía de nuestro propio presente.

No, no hay que volver de esa manera a Carabobo. Hay que recordarlo y agradecerlo, hay que honrarlo y enaltecerlo, pero no volver a él así desde una noción hierática. Aquella batalla que se ganó en menos de una hora pertenece a otra épica. Son otros los triunfadores, a otros les pertenece la gloria del triunfo. Un tiempo muy distante de nosotros. Si acaso el ejemplo debemos tomarlo prestado, si acaso aprender de la dignidad, el sacrificio y el valor de aquellos mártires de la gloria, pero dejarlo allá en ese orgulloso pasado. No debemos volver a él porque implicaría voltearnos y mirar hacia atrás, cuando lo que toca, con urgencia y desespero, es mirar hacia adelante, al presente y al porvenir.

Después de nuestra accidentada vida republicana durante buena parte de los siglos XIX y XX, caracterizada por una mezcla confusa de penas y exaltaciones, de frustraciones y esperanzas, de despotismo con fugaces relámpagos de civilismo, hoy con profundo dolor, desde el fondo del alma, no podemos sino repetir la frase final de Reinaldo Solar "*la noche invadió la barranca solitaria*".[52]

Entonces, a los doscientos años de Carabobo, tenemos que librar una dura pelea por romper las cadenas que nos atan a la violencia, a la miseria y al despotismo.

Si miramos atrás es solo para reforzar nuestra convicción de marchar adelante. Es adelante donde nos lleva Carabobo, en nuestro empeño por ganar cada instante la batalla de la libertad que sigue siendo materia pendiente al momento de celebrar el bicentenario de Carabobo.

Aún a los 200 años de Carabobo, nos queda una dura pelea por ganar la libertad. Libertad que tenga su fundamento en el respeto a la dignidad de todas las personas, que se traduzca real y efectivamente en

[52] Rómulo Gallegos, *Reinaldo Solar*, Imprenta Bolívar, Caracas, 1920, p. 289.

la pluralidad del pensamiento y de la acción política y tenga su proyección en el derecho de todos los habitantes y grupos sociales a participar en la construcción de un orden social y económico más justo e inclusivo que ofrezca iguales oportunidades a todos, permitiéndoles conocer los beneficios del progreso. Así rendiremos justo homenaje a los héroes de nuestra epopeya gloriosa.

Ha sido mucha la sangre derramada por hombres y mujeres que ofrendaron sus vidas por la libertad de Venezuela. Ya es hora de que retoñe el árbol frondoso de la libertad, como decía Jefferson. Carabobo debe marcarnos el rumbo hacia la libertad y la independencia. Como decía Goethe, la libertad solo la merecen quienes saben conquistarla todos los días.[53]

Los caballos de los héroes de Carabobo no nos sirven hoy. Lo que necesitamos son valores de civilidad, respeto e integridad para cabalgar nuestro propio campo de batalla. De nada nos valen las lanzas brillosas de los llaneros del ayer, cuando lo que necesitamos es entereza, audacia y moral para atravesar la estulticia, el deshonor y la impudicia del enemigo que tenemos enfrente actualmente. No nos son útiles los sables de los prohombres de la independencia cuando lo que requerimos es honestidad, civismo, compromiso y justicia para cortar de raíz por la vía democrática todo lo que nos oprime y tiraniza.

Carabobo nos convoca a restaurar las ideas originarias que alimentaron el sacrificio y el esfuerzo de 1821: la libertad como condición inmanente de los venezolanos. La paz como la atmósfera donde lograrla. La justicia como el piso donde proveerla. La lucha que nos toca librar a los doscientos años de Carabobo es por superar las condiciones de catástrofe humanitaria en que se encuentra sumida la gran mayoría de los venezolanos. Luchar por una República Civil donde la soberanía resida en el pueblo que la exprese en elecciones limpias, por una democracia pluralista, por un Estado de Derecho y de Justicia, por el respeto de los derechos humanos, por la paz y la justicia social, por la consecución del bien común, por una economía moderna, innovadora y productiva,

---

[53] Goethe, citado por Héctor Faúndez Ledesma, en su *Discurso de Incorporación como Individuo de Número en el Sillón N° 34 de la Academia de Ciencias Políticas y Sociales*, Academia de Ciencias Políticas y Sociales, Caracas, 2019, p. 15.

por mayores oportunidades de trabajo productivo y bien remunerado para todos, por una educación de calidad en todos los niveles accesible a toda la población, por servicios públicos de calidad para todos, por condiciones adecuadas de seguridad para cada habitante.

En fin, la lucha es por la reconstrucción del país en un camino democrático, por la construcción de un sistema que ofrezca posibilidades a todos.

Nuestra batalla es otra muy distinta a la de Carabobo en 1821. El Batallón Valencey de aquel lance es diferente al Batallón de la Ideología que nos trata de doblegar. El otrora Regimiento del Rey en nada se parece al Regimiento de la Corrupción que como la sarna lo contagia todo.

En nuestra historia reciente, hay muchos intentos por robarse a Carabobo, pero muy pocos esfuerzos por volverla realidad. Es más difícil consolidar el ideario del Libertador que solo recitarlo como una letanía vacía. La memoria colectiva se honra con la imitación del sacrificio, no con discursos o simple retórica política.

Debemos ver hacia ese porvenir al que miraron los hombres de Carabobo. Eso sí debemos hacer. Levantar el rostro y mirar al mismo horizonte de justicia, legalidad, respeto, educación, libertad, cultura, democracia, concordia y paz que ellos miraron. Asumiríamos entonces la posición de esos relieves en el Arco y de esas estatuas en el verdadero Monumento a Carabobo. Todos, como una nación que se encuentra a sí misma, impulsados por el mismo espíritu que llevó a nuestros padres fundadores al sueño que dos siglos después aún no ha sido honrado. Tal vez entonces entenderemos que Carabobo no está atrás, por lo que no hay que volver a lo que ya fue, sino que está adelante, hacia donde hay que luchar afanosamente con todos los arrestos, con todas las fuerzas y toda la emoción para derrotar indeclinablemente a ese enemigo que nos quiere sojuzgar para siempre y al fin conseguir la paz política y social en democracia.

Caracas, a los doscientos años de la batalla de Carabobo.

LA LEGISLACIÓN DEL AGUA EN VENEZUELA

JORGE LUIS LOZADA GONZÁLEZ*

SUMARIO

1. La legislación del agua en Venezuela. 1.1. Generalidades. 1.2. Antecedentes históricos legales. 1.2.1.Las aguas en los tiempos precolombinos y en la época colonial. 1.2.2. Derecho Español Antiguo. 1.2.3. Normas que contemplaron la protección de los recursos naturales. 1.2.4. Normas que contemplaron la planificación y la salubridad pública. 1.2.5. Normas que contemplaron aspectos varios de preservación del acervo histórico, e indicaciones para la selección de las tierras a ser pobladas. 2. Legislación vigente sobre las aguas. 2.1. Disposiciones constitucionales. Constitución venezolana de 1999. 3. Consideraciones generales sobre la problemática de los recursos hídricos en Venezuela: el Arco Minero del Orinoco. Bibliografía

1. LA LEGISLACIÓN DEL AGUA EN VENEZUELA

1.1. Generalidades

En su momento para el año 2007, escogí como tema de mi tesis Doctoral la legislación de aguas en Venezuela. En tal sentido, asumí el estudio de dicha legislación, su evolución y perspectiva actual, utilizando como elementos comparativos del derecho de la Unión Europea, las reformas del derecho español y la legislación latinoamericana.

Brewer Carías señalaba lo que justamente fue una de las dificultades para trabajar el tema de mi investigación, y era el hecho que en Venezuela la legislación sobre los recursos naturales ha sido limitada. Hasta 1.965 estuvo signada por criterios civilistas propios del estado liberal consolidado durante el siglo pasado; y si bien en esa fecha la "*Ley Forestal de Suelos y Aguas*" introdujo modificaciones importantes al régimen de la propiedad privada con motivo de la declaratoria de parques nacionales y zonas protectoras, el régimen de agua fue, sin

* Abogado Doctor en Derecho Ambiental por la Universidad de Alicante, España. Profesor titular de la Universidad de Carabobo. Colaborador Especial de la Academia de Ciencias Políticas y Sociales por el Estado Aragua.

embargo, olvidado. Poseemos recursos hidráulicos abundantes pero irregularmente repartidos en el tiempo y en el espacio. Se ha planteado que existen dos Venezuela, una situada a la margen derecha del rio Orinoco, abundante en recursos hidráulicos y casi inhabitada, y otra situada a la margen izquierda donde el agua es un recurso relativamente escaso, pero con una creciente concentración de población. En efecto la escasez de agua se hace más dramática en los grandes centros poblados y muy especialmente en la región central, un pedazo del territorio donde se concentra un alto porcentaje de la población total del país los habitantes del país son privilegiados, hay recursos suficientes, pero lamentablemente hay una cultura del derroche. En este sentido debe iniciarse una tarea para lograr un cambio de mentalidad, que propicie una nueva cultura del agua, y así podamos romper esquemas y fomentar nuevos modelos de conducta en las comunidades para adaptarnos a los nuevos tiempos, y así acabar con la anarquía y el individualismo, que permita llevar el agua a centros poblados de difícil acceso; que podamos mejorar la red de recolección de aguas servidas y brindar un suministro seguro evitando su contaminación. En esta evolución del derecho de aguas en Venezuela, nos referiremos a los antecedentes históricos y legales, las aguas en tiempos precolombinos, en la época colonial y la referencia obligada al derecho español antiguo. Recalcando la importancia que tuvo la ley española de 1866 en los países de América Latina. De lo cual se infiere que existen fundadas razones para sostener que en el derecho español está el origen de los derechos de aguas de muchos países iberoamericanos, que en algunos casos, han sufrido evoluciones que los separan de su origen común en la búsqueda de nuevas formas de regular la moderna gestión del agua en Venezuela. Se hizo énfasis al tratamiento que le dio al tema la Constitución del República Bolivariana de Venezuela de 1.999, al considerarlas como bienes del dominio público, para posteriormente analizar las distintas normas y cuerpos de leyes sobre la materia. Como experiencia personal puedo comentar y así lo dejare plasmado en estas líneas, que para la fecha en que redacté la tesis no existía una ley de aguas en Venezuela que regulara uniformemente los recursos hídricos. Ante esa ausencia de una ley especial se dictó el Decreto No. 1.400 en 1.996 denominado "*Normas sobre la Regulación y el Control del Aprovechamiento de los Recursos Hídricos y de las Cuencas Hidrográficas*" que en buena medida suplió la carencia de una ley de aguas. Estas normas tenían por objeto desarrollar las disposiciones sobre recursos hídricos y cuencas hidrográficas contenidas en la Ley Orgánica del Ambiente, Ley Orgánica para la Ordenación del Territorio y Ley Forestal de Suelos y Aguas. Posteriormente se consideraron dos proyectos de ley sobre la materia uno de 1976 y otro de 2.001, y finalmente en el año 2007 se promulga la ansiada y anhelada Ley de Aguas, así como la Ley Orgánica del Ambiente en 2.006 y la nueva Ley Penal del Ambiente en 2012. Otra ley importante dictada fue la "Ley Orgánica de Prestación de los Servicios de Agua y Saneamiento", Gaceta Oficial No.5.568 del 31 de Diciembre de 2001, que establece que el servicio de agua es ahora potestad del municipio debiendo dichos entes estar preparados para asumir esta delicada competencia. Y más recientemente en el año 2018 se dictó el Reglamento de la Ley de Aguas, Decreto 3367 del 13 de Abril de 2018 Gaceta Oficial No. 41.377 al cual habrá de recurrir para aclarar muchos aspectos que remita la ley, haya oscuridad o ambigüedad en su aplicación a los efectos de determinar los alcances, y verificar el espíritu, razón y propósito de la legislación. De seguidas haremos un recorrido por la doctrina en esta materia, con las observaciones del caso, que se refieren al periodo en que no existía la profusión de nuevas leyes en materia de recursos hídricos en Venezuela, partiendo de las bases constitucionales hasta los aspectos de índole legal y reglamentario. Sin embargo consideramos no sustituirlas para que el estudioso vea el antes y el después de tantos años de regulaciones, de historia de opiniones y criterios que nos dan una visión más integral de la materia y nos ayuda a comprender la situación actual partir de la Constitución de 1999.

Comencemos el tema con las siguientes consideraciones, el territorio venezolano es un mosaico de regiones naturales y paisajes dispuestos en una contrastante geografía que abarca costas, islas, llanuras, montañas, serranías, tepuyes y páramos, contenidos a su vez en el conjunto heterogéneo de los sistemas llanero, andino, marino-costero y guayanés, donde una intrincada red hidrográfica drena las aguas superficiales hacia el río Orinoco, el mar Caribe y el Océano Atlántico.

El modelo económico del país está basado en la explotación de recursos naturales, principalmente petróleo, el cual sustenta una economía que moviliza a una masa humana de más de 20 millones de habitantes. El 70% de esa población está asentada en la franja norte costera, en 8 centros urbanos: Caracas, Los Teques, Maracay, Valencia, Barquisimeto, Maracaibo, Puerto la Cruz y Cumaná. De la población total, el 4% corresponde a etnias indígenas, que habitan en su mayoría en la parte meridional del país. La población indígena de Venezuela está constituida por unas 35 etnias, muchas de ellas con un profundo arraigo en el uso de los ecosistemas de humedales.

Según los datos, extraídos de la compilación efectuada por Rafael Rodríguez Altamiranda, Venezuela cuenta con abundantes aguas superficiales en las cuencas que conforman la hidrografía nacional. La distribución geográfica del recurso agua no es homogénea, debido a que cuenta con una importante producción al sur del país. El 85% de las escorrentías superficiales, unos 700.000 millones de metros cúbicos o 22.000 m^3/s, se producen en la margen sur del río Orinoco, es decir, en los estados Bolívar y Amazonas. El 15% restante se produce principalmente en las cuencas del sur de la Cordillera Andina y el río Unare, las cuales drenan hacia el Lago de Maracaibo y el Mar Caribe, respectivamente.

Dada la importancia de los recursos hidráulicos en Venezuela se hace necesario conocer el estado del aprovechamiento del recurso y las políticas de conservación en las cuencas. Las políticas implementadas en esta materia han sido efectivas para establecer buenos inventarios de los recursos, y deficientes en la ejecución de planes de conservación. Por esa razón es importante promover el modelo de cuencas para enfocar los programas de conservación nacionales, regionales y locales. La cuenca se puede visualizar como una unidad espacial similar a un organismo, conformado por un sistema de partes interconectadas e interdependientes. Cuando se evalúa desde el punto de vista ambiental la ejecución de un proyecto que afecta a una parte de una cuenca determinada, se debe esperar que se manifiesten los efectos en toda su extensión, tal como si se afectara una parte de un organismo vivo. El agua es el fluido que comunica a todas las partes de la cuenca.

El marco jurídico vigente sin duda representa otro indicador positivo, especialmente en lo referente a la protección y manejo de cuencas. Los fundamentos del marco legal en Venezuela están convenidos en el

"*Sistema Jurídico Ambiental*", a través de tres principios rectores: ordenación del territorio, control de las actividades antrópicas susceptibles de degradar al ambiente y aprovechamiento sostenible de los recursos naturales. La legislación venezolana trata específicamente la conservación y el uso sostenible de humedales en el anteproyecto de la Ley de Aguas (actualmente ya se promulgo la nueva Ley de Aguas) y mediante la ratificación de tratados y convenios internacionales como Ramsar y Diversidad Biológica, acota Rodríguez Altamiranda[1].

Venezuela cuenta con abundantes recursos de aguas superficiales provenientes de las grandes Cuencas del Sistema Hidrográfico Nacional que aportan 1.223 millones de metros cúbicos al año.

Conforme las estimaciones de la Organización Panamericana de la Salud, la distribución de agua en Venezuela es eficiente. "*Es uno de los países con mayor cobertura en áreas urbanas*", asegura Marcos Rondón, consultor de la OPS. El déficit se da en las zonas rurales dispersas, en las indígenas y en las perimetrales de las grandes ciudades. La cobertura del servicio de agua en la población venezolana alcanza 84% de los habitantes.

Según Rondón se ha notado un declive en la inversión del sector hidrológico en los últimos 5 años, pero en los últimos meses se han hecho anuncios importantes en esta materia. Hay planes para rehabilitar plantas de saneamiento a mediano plazo que es lo más importante para el tratamiento del agua residual.

La falta de tratamiento de agua podría ser un problema en el corto plazo debido a sus efectos en las fuentes naturales, alerta la OPS. "*La contaminación de los principales reservorios de agua provocaría un ciclo de problemas y se encarecería el tratamiento si están muy contaminadas*".

Sin embargo vemos con preocupación que la contaminación acecha la mitad de los ríos venezolanos, según datos del Ministerio del Ambiente cerca del 60% de los ríos andinos están contaminados por

---

1 COMITÉ VENEZOLANO de UICN. *Conservación de Humedales en Venezuela. Inventario, Diagnóstico Ambiental y Estrategia.* Compilador: Rafael Rodríguez Altamiranda. Impreso por altolitho C.A. Fundación Polar, Provita, UICN. CV. Junta de Andalucía. Coordinación Editorial Armando Hernández Arocha- Fundación Polar / CV. UICN. Caracas, Venezuela 1999. Pág. 11.

órganos fosforados y clorados. La zona de minería de Guayana también ha sido impactada por la actividad de las empresas básicas. La industria petrolera ha hecho otros tanto en zonas costeras y en cuerpos de aguas de algunas micro cuencas.

De allí la importancia del tema y la necesidad de afrontar la realidad venezolana con proyectos de saneamientos urgentes; tales como plantas de tratamiento, planes de contingencia frente a derrames, fortalecer los sistemas de abastecimiento y acueductos, para solventar el problema, y por otra parte exigir el cumplimiento de la normativa ambiental en todos los niveles.

El administrativista venezolano Eloy Lares Martínez señala en el prólogo de la obra de Francisco Meaño "*Régimen Legal de las Aguas en Venezuela*", que tal vez no está lejana la hora en que ha de emprenderse entre nosotros la necesaria tarea de individualizar lo que por su importancia económica y social, especial estructuración y magnitud y complejidad de problemas que suscita ha llegado a constituir una disciplina jurídica autónoma: El Derecho Hídrico[2].

Señala el autor Meaño, cuyo esquema expositivo tomaremos de seguidas, que lo único cierto es que el estudio de la institución en la Legislación Romana, desde la amplitud de criterios para distinguir entre las aguas públicas y privadas hasta el establecimiento de las servidumbres coadyuvantes al aprovechamiento del agua, pone de manifiesto la importancia de aquel Derecho para la interpretación cabal de los textos modernos y sirve de antecedente mediato a las tendencias actuales de hacer privar en la reglamentación legal la utilización social del agua por sobre su goce individualista.

1.2. Antecedentes histórico legales

1.2.1. Las aguas en los tiempos precolombinos y en la época colonial

El asunto de las aguas estuvo a la orden del día entre los aborígenes americanos desde antes del descubrimiento.

2 Francisco Meaño, *Régimen legal de las aguas en Venezuela.* Editorial Arte. Caracas, Venezuela. 1979. Pág.: 19, 23, 24, 25, 26, 27, 36.

También en la América precolombina aparecen destacadas civilizaciones del riego, que como en el Oriente Medio van acompañadas del arrastre de conocimientos sobre el comportamiento de los astros y su influencia sobre las precipitaciones, lo que luce en monumentos y pirámides que incorporan no sólo una depurada simbología, sino también notables testimonios sobre el nivel de las investigaciones astronómicas. El Dios de las lluvias centra en las regiones claves de este subcontinente la principal mitología.

La civilización azteca, la maya sobre todo la incaica consiguieron así importantes desarrollos económicos y depuradas organizaciones político-religiosas sobre la base de un profundo dominio de la hidrología, señalan Azpurúa y Gabaldón, citados por Martín Mateo[3].

La legislación española en este particular se atuvo a la costumbre del aborigen: las aguas son de todos.

A fin de destacar el principio dominante en el derecho autóctono americano en materia de aguas, expone Spota: "*el sistema inoperante entre los incas y los aztecas a fines del siglo XVI, o sea el AYLLU o comunidad agraria de los primeros, y el CALLPULLI o clan territorial de los otros*".

A los cuales habría que agregar los existentes entre los Chibchas, aunque se ignorase la palabra indígena que los singularizara, según se afirma en decisión del Consejo de Estado de la República de Colombia del 19 de diciembre de 1.946, al analizar la Legislación de Indias y el Antiguo Derecho Español sobre Aguas en América.

Coincidieron, pues, en tan amplia concesión de las aguas el legislador español de las partidas y las costumbres de los aborígenes americanos, a pesar de lo diferente de las latitudes y de las distintas gentes que en ellos vivían.

De suerte que nada nuevo estableció realmente la Recopilación de Leyes de los Reinos de las Indias al sancionar el derecho igual de todos sobre las aguas.

Es más, en las leyes de ese Código siempre ha de referirse el monarca español a los usos y costumbres indígenas anteriores al Descubrimiento y a la oportunidad de observarlos.

---

3 Ramón Martín Mateo, "Cultura y Tecnología del Agua". *Revista Española de Derecho Administrativo*. Editorial Civitas. Separata Nº 62. Abril-Junio1989. Pág. 176.

Así bien, pudo el Consejo de Estado de la República de Colombia en su citada Sentencia del 19 de Diciembre de 1.946, que la Legislación de Indias no significa un simple trasplante del Derecho Castellano, sino que fue una elaboración de síntesis entre las concepciones jurídicas peninsulares, las costumbres indígenas y las necesidades de las nuevas colonias.

Concluye el autor Francisco Meaño que las notas referentes al Derecho Romano se dan porque él constituye tronco común de todas las legislaciones incorporadas en la cultura occidental.

Las del Derecho Español Antiguo y de la Recopilación de Indias, así como las basadas en Costumbres de los aborígenes Americanos, antes de la Conquista, porque ellas constituyen indudablemente, el hontanar de nuestro régimen sobre aguas, siendo de lamentar las desviaciones que la incitación de extrañas legislaciones han causado en lo que debe y debía ser nuestro sistema legal.

Nada mejor que la definición del eminente profesor argentino Alberto G. Spota, dada en su erudito Tratado de Derecho de Aguas, para concretar la materia:

> *"El derecho de aguas está constituido por aquellas normas, que perteneciendo al derecho público y al privado, tienen por objeto reglar todo lo concerniente al dominio de las aguas, a su uso y aprovechamiento, así como a las defensas contra sus consecuencias dañosas"*

El agua hoy, como ya lo afirmaba Platón, continúa siendo el primero de los bienes. Por su parte, el profesor Lucas Fernández Navarro, refiriéndose al problema del agua en España, dice:

> *"Así como en el orden espiritual el, problema de nuestro país es el de la educación e instrucción del pueblo, en el orden material corresponde a la supremacía al magno, interesantísimo problema del agua"*[4].

A continuación, según Meaño transcribimos un cuadro sintético de la clasificación de las aguas, adaptable al que sigue nuestro régimen

---

4 Francisco Meaño, *Régimen Legal De las Aguas en Venezuela.* Editorial Arte, Caracas, Venezuela. 1979. Pág. 285, 286, 287, 288, 289, 290.

legal, advirtiendo que hemos prescindido de la gran división que las agrupa en aguas marítimas y aguas terrestres (antes de la Constitución de 1.999).

- Por su dominio
  - Vivas
    - Públicas
    - De los ribereños
    - Privadas

Manantiales de ríos
Corrientes de arroyos

- Por su origen
  - Subterráneas
    - Lagos
    - Lagunas
    - Aljibes
  - Ciénagas
  - Esteros

Igualmente se extienden los escritores especialistas en determinar la naturaleza de los problemas que suscitan las aguas, y si ellos deben hallar cabida en el derecho público o en el derecho privado. Sin embargo, dado lo extenso del tema y tratándose de un aspecto del campo del Derecho Administrativo no abundaremos en profundidad sobre el Dominio Público de las Aguas, sino sólo se hará una referencia general del problema.[5]

---

[5] Ramón Martín Mateo, *Tratado de Derecho Ambiental*. Volumen II. Editorial Trivium. 1 Edición 1992. Pág. 99 y 100. Allí afirma lo siguiente: "*La tutela de la calidad de las aguas está básicamente montada sobre normas de Derecho Público, lo cual no es óbice para que se avance paralelamente en la utilización de las técnicas de Derecho Privado cuando sea detectable una lesión producida en la esfera de intereses de un sujeto determinado. Pero evidentemente no se puede combatir la contaminación de los ríos y de otros cursos superficiales sobre la base de meras relaciones interprivatos. Las aguas en general tienen una indudable vocación comunitaria y por tanto su conservación incumbe a los poderes públicos, que han de aplicar medidas eficaces de carácter material, como es la provisión de las instalaciones necesarias, pero sin olvidar que ello no es suficiente y que es preciso instaurar una auténtica disciplina legal puesto que como se ha dicho: El "enfoque de*

Pero de acuerdo con la definición citada antes, los estudiosos sostienen los problemas son del resorte de ambas ramas del Derecho, y que la tendencia actual es sacar las aguas de la esfera de aplicación del Derecho privado para atribuirlas al Derecho Público, criterio al cual llega el constituyente venezolano de 1999. Recordemos que estamos haciendo un recorrido doctrinario y legislativo.

Al dominio público pertenecen y deben pertenecer la mayoría de aguas; sólo por excepciones, cada vez más restringidas, pertenecerían al dominio privado, si han de rendir ellas toda la utilidad, todo el beneficio, todas las aplicaciones de que son capaces. De allí que sea cierta la consideración de Nicolás Stolfi, de que el aspecto civilista del derecho de aguas ha perdido gran parte de su importancia, mientras ha ganado el aspecto publicista.

Merece destacarse, según Meaño, que es en la materia del agua, y desde hace mucho tiempo, donde ha aparecido por primera vez entre nosotros el concepto de considerar el derecho de propiedad en función social.

Por el Código Civil en vigor desde el 01 de octubre de 1.942, se rigen principalmente, en la actualidad, las aguas, y este régimen se ha mantenido, a través de las diversas legislaciones vernáculas desde el Código Civil de 1.867. Modificaciones sólo las hubo en detalles en la forma: el fondo ha permanecido intacto.

Más aún, esa reglamentación nos viene del Derecho Español Antiguo contenido en la Recopilación de Leyes de los Reinos de las Indias, y de las costumbres localistas del aborigen.

Los regímenes de otros países, el existente en Francia por ejemplo, que restringe a los navegables y flotables los ríos de uso público, no son los propicios a nuestro desarrollo económico, si bien allá la virtualidad de antiguas costumbres lo ha hecho inmutable.

---

ingeniería" de los servicios de abastecimiento de agua y saneamiento subestima el papel y la importancia de las reglamentaciones jurídicas.
La intervención pública en el uso de las aguas superficiales está plenamente justificada y en este sentido el Derecho de Aguas es parte del Derecho ambiental, lo que no impide el que se apliquen también determinaciones provenientes del Derecho sanitario, aunque recordemos que el ambiente no se agota en el hombre si no que engloba las condiciones esenciales para la vida in extenso a escala planetaria".

Tampoco Meaño considera apropiado el establecimiento en el Estado de Israel por su novísima Ley de Aguas del 03 de Agosto de 1.959, según la cual los recursos de aguas de la Nación -manantiales, quebradas, ríos, lagos y otras corrientes o acumulaciones de aguas superficiales o subterráneas, naturales, reguladas o artificiales incluyendo las de drenaje o cloacales-, son de propiedad pública y están sujetas al control del Estado con miras a satisfacer las necesidades de la población y contribuir al desarrollo del país.

El derecho que tenga una persona sobre una tierra no es extensivo a dichas aguas, bien que toda persona tiene derecho a recibir y usar aguas sujeto a las disposiciones de esa Ley (actualmente en Venezuela según la Constitución de 1.999 pasó a ser bien del dominio público, la referencia anterior y las que se hacen en esta sección tienen un eminente carácter histórico comparativo) (Secciones 1, 2 y 4 del Capítulo I: Disposiciones Preliminares).

Habida cuenta de que si entre nosotros las aguas están regidas principalmente por el Código Civil, columna vertebral del Derecho Privado, a la reglamentación de su uso, aprovechamiento y conservación, concurren también disposiciones de varias leyes administrativas, hemos de concluir que la institución recibe normas tanto del Derecho Público como del Derecho Privado, que ella tiene un doble aspecto: El Privado reglamentado por el Derecho Civil, y el Público, regido por el Derecho Administrativo, destacando otra vez la prevalencia de este último aspecto sobre el primero.

Se ha discutido si el agua puede ser considerada, desde el punto de vista jurídico, como una cosa (*res*), o como un bien, económicamente hablando, y por ende, susceptible de apropiación, ya por el Estado, ya por los particulares.

Hoy están mayoritariamente fijadas la doctrina y la jurisprudencia en el sentido de considerar no sólo el agua, sino aún la energía hidroeléctrica que de ella emana, como un bien susceptible de constituir el objeto de propiedad pública o privada (criterio descartado en la Constitución de 1999, las aguas son del dominio público).

Y por cuanto nuestro régimen legal sobre aguas, aparte su doble abolengo, que le viene del Derecho Español Antiguo y de las costumbres aborígenes, se calca exclusivamente, desde el Código de 1.873, en el Derecho Italiano, bueno es recordar que en la actualidad el régimen legal de las aguas en Italia, se complementa con los artículos 822,857 a 868, 909 a 921 y 1.027 a 1.099 del anterior Código Civil de 1.942.

El artículo 909 hace referencia al texto Único, en que se concretaron las disposiciones anteriores, y el cual fue puesto en vigencia por el real decreto del 11 de diciembre de 1.933.

Hemos dicho, afirma Meaño, que las disposiciones fundamentales del régimen de las aguas se encuentran en el Código Civil, y, por esto, en el recuento de su reglamentación en el derecho venezolano puede señalarse como hitos la promulgación de cada uno de nuestros códigos civiles, desde el de 1.862, de efímera vigencia. Más no está todo el régimen en el Código Civil.

Disposiciones que le atañen se hallan en la Constitución Nacional, en los Códigos Penales y de Procedimiento Civil, en varias Leyes Administrativas y sus Reglamentos, en algunos Decretos Ejecutivos, en Leyes Estadales y en Ordenanzas Municipales reunir tales dispersos ordenamientos en un solo cuerpo de Leyes, tal como lo han realizado otros países en sus Códigos de Aguas o Rurales, sería labor eminente según criterio de Meaño, y por su realización en Venezuela se propugna de 1.926, estando pendiente de aprobación un proyecto de Ley de Aguas que fue elaborado en 1976 y actualmente ha sido introducido otro a la consideración de la Asamblea Nacional en el año 2001 (ya este criterio fue desplazado contamos con una Ley de Aguas de 2007).

En este recorrido histórico no podemos pasar por alto la visión de Nuestro Libertador Simón Bolívar en materia ecológica referente a aguas y ríos, cuando el 19 de diciembre de 1.825, en Chuquisaca, Bolivia, dicta el célebre Decreto de Chuquisaca que establece:

"1.825

CONSIDERANDO.

1. Que una gran parte del territorio de la República carece de agua y por consiguiente, de vegetales para el uso común de la vida.

2. Que la esterilidad del suelo se opone al aumento de la población y priva entre tanto a la generación presente de muchas comodidades.

3. Que por falta de combustible no puede hacerse o se hace inexactamente con imperfección la extracción de metales y la confección de muchos productos minerales que por ahora hacen casi la sola riqueza del suelo.
Oída la diputación permanente.

DECRETO.

Que se visiten las vertientes de los ríos, se observe el curso de ellos y se determinen los lugares por donde puedan conducirse aguas a los terrenos que están privados de ellas.
2. Que en todos los puntos en que el terreno prometa hacer prosperar una planta mayor cualquiera, se emprenda una plantación regulada a costo del Estado, hasta el número de un millón de árboles, prefiriendo los lugares donde haya más necesidades de ellos.
3. Que el Director General de Agricultura proponga al Gobierno las ordenanzas que juzgue convenientes a la creación, prosperidad y destinos de los bosques en el territorio de la República.
4. El Secretario General interino queda encargado de la ejecución de este Decreto.

Imprímase, publíquese y circúlese. Dado en el Palacio de Gobierno de Chuquisaca a 19 de Diciembre de 1.825.

SIMÓN BOLÍVAR
Chuquisaca, 19 de Diciembre de 1.825"

1.2.2. Derecho español antiguo

Herederas del Derecho Romano, no del estricto y riguroso de los primeros tiempos, sino del más humanizado del Bajo Imperio, las Siete Partidas acogieron, sin restricción alguna, la doctrina de los institutos, estableciendo el dominio público de los ríos.

Fue España el primer país de Europa que dictó una Ley especial sobre aguas; la del 03 de agosto de 1.866; que la mayoría de sus antiguos códigos, desde el Fuero Juzgó hasta la Novísima Recopilación, contienen disposiciones relacionadas con las aguas, y que aquella primera Ley de Aguas tuvo marcada influencia en los países de América Latina, llegando algunos hasta copiarla al pie de la letra en sus leyes respectivas.

Por ello, indica el autor Meaño que Bolivia, al transcribirla en su Ley de Aguas del 28 de noviembre de 1.879, incluyó disposiciones referentes al mar, al que pensara llegar algún día.

Hay que destacar las huellas que en la reglamentación de la materia en estudio dejo la legislación árabe, pueblo de genio hidráulico, según se le ha llamado, que durante siete siglos dominó la Península Ibérica, influenciando, en el sentido del uso público, todas las corrientes de agua; y la legislación romana, que junto con aquella, contribuyó a suplir los adelantadísimos principios que la legislación española adoptó e hizo ley.

En criterio de Rafael Machado, cuya clasificación adoptamos, antes de la Independencia de Venezuela, en el período de la conquista y de la colonización, o "*pacificación y poblamiento*" como eufemísticamente y de la manera oficial, lo propugnó Felipe II, existen registros de que la Legislación Española preveía normas tanto para proteger a la naturaleza y desarrollar sus poblados, como de salubridad pública. Éstas las encontramos recopiladas en las Leyes de Indias, Nueva Recopilación y Recopilación de Castilla, donde se recogieron las leyes y normas generales promulgadas para cada uno de los países y de las colonias del imperio.

1.2.3. Normas que contemplaron la protección de los recursos naturales

Un primer ejemplo, de normas destinadas a la protección de la naturaleza, lo encontramos en la Nueva Recopilación. La Ley II, tit. XXIV, libro VII; "*manda que para la conservación de los montes como un objeto de tanta utilidad: 1º que se atienda el planteo de los árboles según la calidad del terreno, y conservándose los montes viejos y poniéndose guardas para ello, a cuyo fin las justicias visitarán cada año dichos montes y cuidarán que se ejecuten las pautas expresadas en las ordenanzas, la cual debe ser confirmada por el Consejo; 2º Que los corregidores omisos en el cumplimiento de estas leyes pierdan la tercera parte de su sueldo*", acota Machado.

Otro ejemplo de la misma índole está en la Ley XI, de los mismos títulos, del 3 de mayo de 1716 "*manda a la justicia de los lugares, hacer plantar todos los montes, dehesas y baldíos que están en jurisdicción, partido y distinto perteneciente a la Corona, así como a los concejos y personas particulares aquellos árboles a que las tierras se adaptan según calidad y temperamento, ejecutándolo a costa de los comunes y dueños tales montes, plantíos y dehesas, fijando la cantidad de simiente o el número de árboles que deban ser sembrados por año en cada legua legal, encargándole este deber bajo la más estricta responsabilidad, obligándolos a visitar dichos terrenos plantados todos los daños y sujetándolos a una severa residencia*".

En estas singulares leyes se destaca la preocupación del legislador en cuidar las reservas forestales tan necesarias, para mantener la riqueza de los suelos, preservar los recursos hídricos, la flora y fauna silvestre, de las que dependía la propia subsistencia de los lugareños, por esto, la severidad de la norma al establecer guardas y sanciones para los funcionarios responsables. Los jueces de residencia eran los delegados de las audiencias judiciales de la península, los Gobernadores y otros altos empleados, al terminar su cargo, eran sometidos a juicios de residencias, para revisar su gestión. Normalmente duraban sesenta días, a no ser que el Rey los dispensase. Estos procedimientos conformaban una institución de las colonias, que según el distinguido venezolano, Dr. José Gil Fortoul, citado por Machado, en cuanto al orden y la responsabilidad, fue de los miembros más estrictos pertenecientes a éstas. En caso de la inobservancia de las obligaciones en materia forestal, advierte la norma, que será materia de severa residencia.

1.2.4. Normas que contemplaron la planificación y la salubridad pública

En cuanto a materia de planificación, apunta Machado; que para prever la salubridad de sus poblaciones, la Ley ij, en título IV, De los Hospitales y Cofradías, establece: "*Que los hospitales se funden conforme a esta ley cuando se fundare o poblara alguna villa o lugar, se ubiquen los hospitales para pobres y enfermos de enfermedades que no sean contagiosas, junto a las iglesias y dentro de ellas y para los enfermos de enfermedades contagiosas en lugares levantados y partes que ningún viento dañoso pasando por los hospitales vaya a ir en dirección de las poblaciones.*".

En la misma Ley ij, tit, VI, referente a las fábricas y fortificaciones, se establece: "*Que se procure desmontar y labrar la tierra alrededor del sitio donde hubiera fábrica. Los comisarios de fábricas y fortificaciones han de procurar que se amplíen las cabañas y rancherías lo que fuere menester, desmontando el arcabuco, y arboledas donde conviniere, y que se labre y se siembre cerca del sitio donde se trabajare, pues además de que servirá para la comodidad de la gente que estará dispuesta por si después se hubiere de hacer cerca de las fortificaciones alguna población.*".

Para Machado, en estos dos casos presentados se observa un esfuerzo, para la ordenación del urbanismo siguiendo principios prácticos, con el fin de salvaguardar a los pobladores de epidemias, diferenciar a los "*enfermos de enfermedades contagiosas*" de los "*enfermos de enfermedades no contagiosas*", ubicándolos en sitios distintos y lejos de las comunidades urbanas, y luego, proyecta la posibilidad de economizar esfuerzos en planificación, ubicando a los trabajadores cerca de las fábricas y fortificaciones para su propia comodidad, y estimando la posibilidad de radicar poblaciones en caso de crecimiento.

1.2.5. Normas que contemplaron aspectos varios de preservación del acervo histórico, e indicaciones para la selección de las tierras a ser pobladas

En el libro III, tit. XIV, se demuestra el interés del régimen en preservar el acervo histórico y cultural de sus posesiones, cuando el Rey Felipe II dicta una normativa, emitida el 25 de junio de 1578, referente a los Informes y Relaciones de Servicios, partes y calidades de que se deben dar cuenta al Rey, en la Ley XXX dictamina así "*Que se envíen los papeles tocantes a historia*".

Para que se pueda proseguir la historia general de las Indias con el fundamento de verdad, y noticia universal de los casos, y sucesos dignos de memoria mandamos a los Virreyes, Audiencias y Gobernadores, que hagan ver y reconocer los archivos y papeles que tuvieren por personas inteligentes, y los que tocaran a historia, así en materias de gobierno, como de guerra, descubrimientos y cosas señaladas, que en sus distritos hubieren sucedido, nos envíen originales, o copias auténticas, dirigidas al Consejo de Indias, apunta Machado en su interesante recopilación.

El tit. V, libro IV, referido a las Poblaciones, de la Recopilación de Ley de los Reinos de las Indias, observa leyes variadas y algunas muy peculiares, dedicadas a dictar los lineamientos para asegurar el éxito de las comunidades que se irán estableciendo por el imperio. Cita Machado que la ley primera de dicho título, trata las calidades que deben observar las tierras que se elijan para poblarse. En la actualidad, una norma análoga sería elaborada bajo consideraciones técnicas, pero en esos tiempos, la ausencia de patrones científicos, obligó a sus legisladores a recurrir a términos muy comunes y ambiguos en las leyes, tales como, cuando señalan las pautas a seguir cuando los pobladores seleccionen tierras: deben asegurarse de que éstas sean "*saludables*", y para determinar ello, se debe reconocer que los moradores que los habitan tienen "*buena complexión*" o llegan a "*edad avanzada*", además de presentar "*buena disposición y color*", o si los animales y ganado son "*sanos y de competente tamaño*", si el cielo es "*de buen y feliz constelación*", claro y benigno, el aire es puro, suave sin impedimentos, ni alteraciones, si el temple es "*caliente o frío*" (ordenando escoger temperaturas preferiblemente frías a las calientes), "*muchas buenas aguas para beber y regar, indios y naturales para predicar el santo evangelio*".

Más adelante, en la Ley V, establece que los vecinos solteros sean persuadidos para casarse. Se consideraba necesario el crecimiento demográfico para el bienestar de las colonias, así que, no se dejó de estimar importante, el incitar, aunque ignoremos bajo que métodos persuasivos, a los jóvenes a contraer nupcias, para que constituyesen familias, y que "*todos vivan con buen ejemplo*". El resto de las leyes de este título, la igual que las del título VI que trata de los Descubridores, Pacificadores y Pobladores, o las del título VII referido a las Poblaciones de las Ciudades Villas y Pueblos, también dictan todo tipo de normas que indicarán cómo y dónde debe realizarse la ocupación del territorio en procura del bienestar social.[6]

---

6 Rafael Machado, *La Revolución Ambiental (Análisis al Nuevo Paradigma Constitucional.)* Editorial Venezolana C.A. Mérida. Venezuela. Marzo 2001. Pág. 21 a 26.

2. LEGISLACIÓN VIGENTE SOBRE AGUAS

2.1. Disposiciones constitucionales

CONSTITUCIÓN VENEZOLANA DE 1999

La Constitución de la República Bolivariana de Venezuela de fecha 30 de diciembre de 1.999, incorpora por primera vez en nuestra historia constitucional un Capítulo referido a los derechos ambientales.

En opinión de Ricardo Combellas, esta categoría de derechos ha sido definida con razón como derechos progresivos transgeneracionales, pues expresan el derecho, pero también el deber de cada generación, de proteger y mantenerle ambiente en beneficio de sí misma y el mundo del futuro. El tema del ambiente tiene una faz de derecho y una faz de deber, además de ser un hecho tanto individual como colectivo. Con relación al artículo 127, C.N. puede consultarse la sentencia emanada de la Sala Político Administrativa del Tribunal Supremo de Justicia expediente N°0213, Magistrado Ponente Levis Ignacio Zerpa, de fecha 22 de Febrero de 2001, en juicio de nulidad contra el Decreto N° 385 de la Gobernación del Estado Falcón.

La Constitución se pone en esta materia al día como sistema constitucional de protección del ambiente, no sólo por abarcar todas las dimensiones de nuestro entorno vital (aire, agua, suelos, costas, clima, capa de ozono, especies vivas), sino que abre las puertas a la delicada materia de la biotecnología, y la consiguiente regulación del genoma de los seres vivos de acuerdo a los principios bioéticos. El genoma humano es nuestro mapa interior, tema de investigación científica de insospechadas consecuencias prácticas y urgente valoración ética.

La Constitución establece los principios de la política de ordenación del territorio, donde la participación ciudadana (como en todos los aspectos de la protección del ambiente), juega un sobresaliente papel.

Combellas[7], considera que es de resaltar "*cláusula ecológica*" de los contratos que celebre la República con personas naturales o jurídicas, nacionales o extranjeras, donde se considerará incluida, aunque no estuviera expresa, la obligación de conservar el equilibrio ecológico.

---

7 Ricardo Combellas, *Derecho Constitucional.* Edit. Mc. Graw Hill. Venezuela, 2001. Pág. 104.

La reciente Constitución Venezolana de 1.999, señala en su exposición de motivos, que en lo que se refiere a los derechos ambientales, establece por primera vez en nuestra historia constitucional un Capítulo especialmente dedicado a los mismos, supera, con una visión sistemática o de totalidad, la concepción del conservacionismo clásico que sólo procuraba la protección de los recursos naturales como parte de los bienes económicos.

En efecto, anteriormente la protección jurídica del ambiente se caracterizaba por una regulación parcial cuyo principal objeto era la conservación de los recursos naturales. Ahora, impulsados por una necesidad y una tendencia mundial, los postulados constitucionales exigen que la normativa en esta materia responda a políticas ambientales de amplio alcance que se inscriban en los parámetros contenidos en los tratados internacionales de carácter ambiental, todo ello con el objeto de garantizar un desarrollo ecológico, social y económicamente sustentable, en el que el uso de los recursos por parte de las presentes generaciones no comprometa el patrimonio de las futuras.

Consagra como obligatoria la educación ambiental conforme el Artículo 107 que establece:

> *"**Artículo 107:** La educación ambiental es obligatoria en los niveles y modalidades del sistema educativo, así como también en la educación ciudadana no formal. Es de obligatorio cumplimiento en las instituciones públicas y privadas, hasta el ciclo diversificado, la enseñanza de la lengua castellana, la historia y la geografía de Venezuela, así como los principios del ideario bolivariano."*

Obviamente estos artículos constituyen una novedad y un paso de avance de nuestro sistema jurídico actual, aunque ello no significaba que con la anterior Constitución del año 1.961 estos derechos no pudieran ser invocados, o no estuvieren reconocidos a los ciudadanos, ya que existía una norma constitucional que si lo permitía y cuyo texto fue redactado de manera que no existiera equívocos o dudas sobre la existencia de dichos derechos.

> *"**Artículo 50:** La enunciación de los derechos y garantía contenidas en esta Constitución no debe entenderse como negación de otros que, siendo inherentes a la persona humana, no figuren expre-*

samente en ella. La falta de ley reglamentaria de estos derechos no menoscaba el ejercicio de los mismos".

Por otra parte la nueva constitución venezolana, incorpora una serie de disposiciones en materia ambiental y del recurso agua.

Allan Brewer Carías, en su obra "*LA CONSTITUCIÓN DE 1.999*" hace la siguiente clasificación de la que tomaremos los artículos más representativos:[8]

A) ARTÍCULOS REFERENTES AL AMBIENTE.

***"Artículo 184:** La ley creará mecanismos abiertos y flexibles para que los Estados y los Municipios descentralicen y transfieran a las comunidades y grupos vecinales organizados los servicios que éstos gestionen, previa demostración de su capacidad para prestarlos, promoviendo:*

1. La transferencia de servicios en materia de salud, educación, vivienda, deporte, cultura, programas sociales, ambiente, mantenimiento de áreas industriales, mantenimientos y conservación de áreas urbanas, prevención y protección, construcción de obras y prestación de servicios públicos. A tal efecto, podrán establecer convenios cuyos contenidos estarán orientados por los principios de interdependencia, coordinación, cooperación y corresponsabilidad."

B) DERECHOS AMBIENTALES.

***"Artículo 127:** Es un derecho y un deber de cada generación proteger el ambiente en beneficio de sí misma y del mundo futuro. Toda persona tiene derecho individual y colectivamente a disfrutar de una vida y de un ambiente seguro, sano y ecológicamente equilibrado. El Estado protegerá el ambiente, la diversidad biológica, los recursos genéticos, los procesos ecológicos, los parques nacionales y monumentos naturales y demás áreas de especial importancia ecológica. El genoma de los seres vivos no podrá ser patentado, y la ley que se refiera a los principios bioéticos regulará la materia."*

Es una obligación fundamental del Estado, con la activa participación de la sociedad, garantizar que la población se desenvuelva en un

---

8 Allan Brewer Carías, *La Constitución de 1999*. Editorial Arte Caracas, 2000. Pág. 395 y ss.

ambiente libre de contaminación, en donde el aire, el agua, los suelos, las costas, el clima, la capa de ozono, las especies vivas, sean especialmente protegidos, de conformidad con la ley.

*"**Artículo 128:** El Estado desarrollará una política de ordenación del territorio atendiendo a las realidades ecológicas, geográficas, poblacionales, sociales, culturales, económicas, políticas, de acuerdo con las premisas del desarrollo sustentable, que incluya la información, consulta y participación ciudadana. Una ley orgánica desarrollará los principios y criterios para este ordenamiento."*

*"**Artículo 129:** Todas las actividades susceptibles de generar daños a los ecosistemas deben ser previamente acompañadas de estudios de impacto ambiental y sociocultural. El Estado impedirá la entrada al país de desechos tóxicos y peligrosos, así como la fabricación y uso de armas nucleares, químicas biológicas. Una ley especial regulará el uso, manejo, transporte y almacenamiento de las sustancias tóxicas y peligrosas.*
En los contratos que la República celebre con personas naturales o jurídicas, nacionales o extranjeras, o en los permisos que se otorguen, que afecten los recursos naturales, se considerará incluida aun cuando no estuviere expresa, la obligación de conservar el equilibrio ecológico, de permitir el acceso a la tecnología y la transferencia de la misma en condiciones mutuamente convenidas y de restablecer el ambiente a su estado natural si éste resultare alterado, en los términos que fije la ley."

C) POLÍTICA EN MATERIA AMBIENTAL.

*"**Artículo 156:** Es de la competencia del Poder Público Nacional:*
16. El régimen y administración de las minas e hidrocarburos; el régimen de las tierras baldías; y la conservación, fomento y aprovechamiento de los bosques, suelos, aguas y otras riquezas naturales del país.
29. El régimen general de los servicios públicos domiciliarios y, en especial, electricidad, agua potable y gas."

D) ARTÍCULOS REFERENTES A RECURSOS NATURALES.

*"**Artículo 113:** ...*
Cuando se trate de explotación de recursos naturales propiedad de la Nación o de la prestación de servicios de naturaleza pública con

exclusividad o sin ella, el Estado podrá otorgar concesiones por tiempo determinado, asegurando siempre la existencia de contraprestaciones o contrapartidas adecuadas al interés público."

"Artículo 120: *El aprovechamiento de los recursos naturales en los hábitats indígenas por parte del Estado se hará sin lesionar la integridad cultural, social y económica de los mismos e, igualmente, está sujeto a previa información y consulta a las comunidades indígenas respectivas. Los beneficios de este aprovechamiento por parte de los pueblos indígenas están sujetos a esta Constitución y a la ley."*

E) ARTÍCULOS REFERENTES A LAS AGUAS

"Artículo 156: *Es de la competencia del Poder Público Nacional:*
1. ...
29. El régimen general de los Servicios Públicos Domiciliarios, y en especial, electricidad, agua potable y gas."
"Artículo 178: *Es de la competencia del Municipio..., de conformidad con la Delegación Prevista en la Ley que rige la Materia:*
1. ...
6. Servicio de agua potable, electricidad y gas doméstico; alcantarillado, canalización y disposición de aguas servidas; cementerios y servicios funerarios."

La Constitución Venezolana actual (1.999) pone fin a las disposiciones doctrinarias existentes acerca del aspecto dominial de las aguas, cuando establece en forma clara en el Artículo 304 que todas las aguas son bienes del Dominio Público del siguiente modo:

"Artículo 304: *Todas las aguas son bienes de Dominio Público de la Nación, insustituibles para la vida y el desarrollo. La ley establece las disposiciones necesarias a fin de garantizar su protección, aprovechamiento y recuperación, respetando las fases del ciclo hidrológico y los criterios de ordenación del territorio."*

2.2. Los intereses difusos y colectivos

También es menester puntualizar lo atinente a los intereses Colectivos y Difusos, de tanta connotación en materia ambiental, que el

Constituyente de 1.999 incorpora en el Artículo 26 así:

> ***"Artículo 26:*** *Toda persona tiene derecho de acceso a los órganos de administración de justicia para hacer valer sus derechos e intereses, incluso los colectivos o difusos, a la tutela efectiva de los mismos y a obtener con prontitud la decisión correspondiente.*
> *El Estado garantizará una justicia gratuita, accesible, imparcial, idónea, transparente, autónoma, independiente, responsable, equitativa y expedita, sin dilaciones indebidas sin formalismo o reposiciones inútiles."*

En criterio de Brewer Carías, esta norma fundamental incorpora a nuestro constitucionalismo, el principio del Derecho a la tutela judicial efectiva, que proviene del Constitucionalismo Español (Art. 21,1 Constitución de 1.978); y el Derecho de rango constitucional a la celeridad judicial.[9]

Se entiende por "***Intereses Difusos***" los que pueden surgir como consecuencia de daños o riesgos inminentes a una importante pluralidad de individuos pertenecientes a determinados colectivos de la comunidad social, que dotados, de personalidad jurídica o sin ella, pueden reaccionar procesalmente mediante el ejercicio de las denominadas, en el derecho comparado, "*Acciones de Grupo*" (Las *verbandklage* Del Derecho Alemán o las *Class Action* de los U.S.A) cuya fundamental virtualidad consiste en provocar una extensión subjetiva de los límites de la cosa juzgada en favor de todas aquellas personas partícipes del mismo interés que el de la agrupación que ejercita la acción.[10]

Para Lorenzo Bujosa Vadell, en realidad el origen de estos intereses de grupo está en la misma constitución. Así la Constitución Española vigente al proclamar los principios rectores de la política social y económica, reconoce algunos que pueden tener trascendencia como intereses de grupo: el derecho a la protección a la salud (Art.43 CE), el acceso a la cultura (Art.44 CE),el derecho a disfrutar de un medio ambiente adecuado para el desarrollo de la persona (Art.45), el derecho

---

9 Allan Brewer-Carías, *La Constitución de 1.999* Editorial Arte, Caracas, 2000. Pág. 163.

10 V. Gimeno-Sendra, y J. Llobregat-Garberi, "La Protección Procesal del Medio Ambiente". Ponencia presentada en el Congreso Nacional del Medio Ambiente, celebrado en Sevilla, España. 19-21 de abril de 1995. *Poder Judicial,* N° 37, Pág. 141-158.

a disfrutar de una vivienda digna y adecuada (Art.47), la defensa de los consumidores y usuarios, protegiendo mediante procedimientos eficaces, la seguridad, la salud y los legítimos intereses económicos de los mismos (Art.51 CE)... El reconocimiento, el respeto y la protección de estos principios, aunque solo podrán ser alegados ante los juzgados y tribunales de acuerdo con lo que dispongan las leyes que los desarrollen, informarán la legislación positiva, la práctica judicial y la actuación de los poderes públicos (Art.53.3 CE). Pero, además señala Bujosa Vadell, la dimensión social viene especialmente reconocida en el Art. Inicial de la CE, al determinar que España se constituye en un estado social y democrático de derecho (Art.1.1 CE), y sobre todo, el tenor del Art.9.2 del mismo texto que expresamente se refieren a los grupos: "*Corresponde a los poderes públicos promover las condiciones para que la libertad y la igualdad del individuo y de los grupos en que se integra sean reales y efectivas; remover los obstáculos que impidan o dificulten su plenitud y facilitar la participación de todos los ciudadanos en la vida política, económica, cultural y social.*" Sin embargo, frecuentemente estas proclamaciones constitucionales progresistas y otros reconocimientos legislativos que desarrollan aquellas, se encuentran frecuentemente con una regulación en las normas procesales, dirigida todavía a un esquema del Estado Liberal en el que existían relaciones entre la posición individual y la pública, pero sin mayores intermediaciones sociales.[11]

En este aspecto existe un interesante trabajo acerca de "*La Protección del Ambiente y el Contencioso Administrativo*", del Profesor Alberto Blanco-Uribe Quintero, destacado abogado venezolano diplomado en Estudios Superiores Especializados en Derecho Ambiental y de la Ordenación del Territorio (Universidad de Estraburgo III Francia), del cual citaremos lo siguiente:[12]

> *"la protección del ambiente y el mejoramiento del cuadro de vida son de interés tanto individual como colectivo, un individuo aislado*

[11] Lorenzo Bujosa Vadell, "Sobre el Concepto de Intereses de Grupo Difusos y Colectivos". Artículo publicado en *"La Ley"* Buenos Aires, Argentina. 26-11-97 Nº 228, ISSN 0024-1636.

[12] Alberto Blanco-Uribe Quintero, *La Protección del Ambiente y el Contencioso Administrativo.* Editorial Sherwood. Caracas, Venezuela, 1998, Pág. 153, 154.

podría actuar en justicia para obtener, por ejemplo, la anulación de un acto administrativo que perjudique al ambiente. Pero en dicho caso, el recurrente, en ausencia de consagratoria legal de acción popular, sólo por defender su interés individual, ya que no disfrutará de la representatividad de los intereses colectivos o difusos, debiendo justificar su acción en la lesión de una situación jurídica subjetiva u objetiva, pero individual o particular, y hasta exclusiva, en algunos casos, lo cual no es siempre fácil.
Así, el ambiente y el cuadro de vida se benefician de la actividad contenciosa de las asociaciones. El movimiento asociativo será más eficaz en su rol de recurrente, que los individuos aislados.
Las asociaciones cuentan con la representatividad de los intereses difusos o colectivos y su interés para actuar en juicio es apreciado de un modo más liberal: existencia de relaciones inmediatas entre el contenido de la decisión administrativa o del interés lesionado y sus objetos estatutarios. Las asociaciones para la protección del ambiente y/o el mejoramiento del cuadro de vida, en Francia y en Venezuela, tienen la representatividad de los intereses difusos o colectivos cuya salvaguarda constituya sus objetos sociales o estatutarios, por lo que, en consecuencia, están autorizadas para actuar en justicia en nombre de la colectividad y en beneficio de todos, entre otras, ante los órganos jurisdiccionales integrantes de la impropiamente denominada Jurisdicción Contencioso-Administrativa."

Lo anterior ha sido reconocido en Francia, primero por la Jurisprudencia de la Jurisdicción Contencioso-Administrativa y, luego, por la Ley del 10 de Julio de 1.976 relativa a la Protección de la Naturaleza y otros textos legislativos. En España, Gabriel Real Ferrer,[13] [14] profesor

---

13 Gabriel Real Ferrer, "El Medio Ambiente en la Constitución Española". *Revue Juridique de L'Enviromennement,* 4/1.994, pág. 319 y ss.

14 Con relación a Francia véase el interesante trabajo de Valeria Piergigli, de la Universidad de Udine, Italia sobre "La Protección de la Naturaleza en el Ordenamiento Francés", traducido por Claudia Herrera Castaño y publicado en la obra *Derecho Comparado del Medio Ambiente y de los Espacios Naturales Protegidos.* Coordinador Gerardo Ruiz-Rico Ruiz, Biblioteca Comares de Ciencia Jurídicas. N° 13, Editorial Comares S.L. Granada 2000. Pág. 117. Señala que:
El concepto ambiguo y polisémico de "*ambiente*" se incorpora en el ordenamiento jurídico francés recientemente. Tras el silencio de la Constitución del año 1958, que no consagra el ambiente ni el patrimonio natural como situaciones jurídicas subjetivas constitucionalmente protegidas, se debe principalmente al Parlamento y al gobierno la progresiva

de la Universidad de Alicante, en su trabajo "*El medio Ambiente en la Constitución Española*" de 1978, expresa:

En el derecho español, por imperativo del artículo 53 de la Constitución, esta materia es propia de la legislación ordinaria. Si la ley otorga legitimación a los ciudadanos, individual o colectivamente considerados, para acudir a los Tribunales en defensa de los valores ambientales, estarán legitimados, si no, no.

Hasta la fecha, las sucesivas demandas de la doctrina favorables al reconocimiento generalizado de la legitimidad por la vía de la protección de los intereses "*difusos*" han chocado con una jurisprudencia indecisa que no encuentra apoyo suficiente en el vigente Derecho positivo. El legislador, de momento, no ha querido abrir esta vía de protección de los valores ambientales con carácter general, únicamente en algunas

---

enucleación de un "*derecho ambiental*". A partir de los años 70, se suceden una amplia cantidad de iniciativas legislativas y reglamentarias, produciendo modificaciones en diversas disposiciones contenidas en los códigos rural, forestal y urbanístico, sin alcanzar aún a delinear un *corpus* normativo completo y unitario. Se le atribuye al legislador el mérito de haber contribuido a delinear un derecho subjetivo a un ambiente sano (Art. L. 200-2 cod. rural) y un interés general a la protección de la naturaleza (Art. L 200-1 Cod. rural). Con específica referencia al ambiente en su acepción naturalística, el Art. 1 de la ley del 10 de julio de 1976 sobre la protección de la naturaleza, modificado por la ley Nº 101 del 2 de febrero de 1995 (Art. L. 200-1 cod rural), indica algunos elementos naturales (espacios, recursos y ambientes naturales, sitios y paisajes, especies animales y vegetales, diversidades y equilibrios biológicos que constituyen el patrimonio común de la nación) en relación a los cuales son consideradas de interés general las actividades de protección, valorización, restauración y gestión.

Según la ley del 10 de julio de 1976, tal interés general es equiparado al interés para el desarrollo económico y social: el uno y el otro constituyen valores desde los cuales se promueve la integración y la armonización a través de una equilibrada y racional actividad de programación. Ulteriores disposiciones legislativas confirman la orientación claramente enunciada en el año 1976: se reconoce el interés público en la protección de la naturaleza, en la conservación de ciertos inmuebles como los monumentos históricos por la presencia de un valor histórico o artístico (Art. 1 Ley del 31 de diciembre de 1913), en la conservación de los monumentos naturales y de los sitios por razones artísticas, históricas, científicas, tradicionales o estéticas (Art, 4 Ley del 2 de mayo de 1930), en la colocación de las construcciones y de las obras arquitectónicas en un espacio determinado para respetar el paisaje natural y urbano (Art. 1 de la Ley del 3 de enero de 1977), en la tutela de los espacios acuáticos y en la protección del patrimonio pesquero (Art. 2 de la ley del 29 de junio de 1984), en la protección y valorización de la foresta (Art. 1 de la Ley del 4 de diciembre de 1985), en la administración y conservación de la montaña (Art. 1 de la Ley del 9 de enero de 1985), del litoral (Art. 1 de la Ley del 3 de enero de 1986) y del agua (Ley Nº 3 del 3 de enero de 1992).

leyes sectoriales se encuentra la figura de la "*acción popular*". Pero ni siquiera la legitimación de asociaciones o grupos sociales esta positivizada, "*puede afirmarse que sólo forzando el vigente ordenamiento jurídico español puede admitirse la existencia de una legitimación colectiva*". Afirma Real Ferrer que en el panorama es, pues, insatisfactorio en este punto y exige de una reforma legislativa que establezca cauces adecuados para excitar la actividad jurisdiccional.

Blanco Uribe, puntualiza en materia de intereses colectivos y difusos que sitial especial amerita ser adjudicado al reconocimiento expreso que hace la Constitución, en el citado artículo 26, a que este acceso a la justicia no está limitado a la defensa de los intereses individuales o subjetivos clásicos, sino que se extiende, ello con trascendencia evidente en lo ambiental, "*para hacer valer sus derechos e intereses, incluso los colectivos o difusos*", aunque la jurisprudencia reciente de la Sala Constitucional del Tribunal Supremo de Justicia se ha auto atribuido la competencia exclusiva para conocer de las acciones en justicia con ese propósito, mientras no se dicte la ley de la materia, lo cual de suyo aleja la justicia del ciudadano común.[15]

Desde el mismo modo sostiene que en Venezuela, el reconocimiento ha sido hecho en provecho de las Asociaciones de vecinos por el Reglamento Parcial Nº 1 de la Ley Orgánica de Régimen Municipal y por la Ley Orgánica de Ordenación Urbanística y también por una cierta y tímida jurisprudencia que comienza a desarrollarse gracias a tales textos legislativos, a la instancia doctrinal y a la perseverancia de las asociaciones. En cuanto a las asociaciones creadas en el marco de la Ley Orgánica de Ambiente, este reconocimiento no debe tardar en producirse a iniciativa jurisprudencial, dada la evolución doctrinal, la jurisprudencia relativa a las Aso vecinos, la ambigüedad de la LOU y del Decreto sobre Guardería Ambiental al hablar de "*otras asociaciones*" y el ejemplo de derechos extranjeros como el francés, que son próximos al nuestro desde el punto de vista de los Principios Generales del Proceso Contencioso-Administrativo, sostiene Blanco Uribe.

---

[15] Alberto Blanco Uribe Quintero, "El Ciudadano Frente a la Defensa Jurídica del Ambiente en Venezuela". Ponencia presentada en el *"VIII Congreso Venezolano de Derecho Ambiental"* Camino a la Cumbre sobre Desarrollo Sostenible 2002. www.vitalis.net.

Considero pertinente señalar someramente la opinión del venezolano Dr. Juan Carlos Sánchez co-ganador del Premio Nobel de la Paz 2007, por pertenecer al panel del cambio climático en la ONU, en las I Jornadas de Derecho Ambiental en homenaje al Dr. Henrique Meier, en Octubre de 2019, efectuadas en la Academia de Ciencias Políticas y Sociales donde trato el tema "*Consideraciones para una estrategia ambiental en Venezuela*", indicaba que es necesario fortalecer la capacidad de levantamiento de información estadística y cartográfica ambiental; **gestión integral de los recursos hídricos;** controlar la deforestación; impulsar la reducción , reúso y reciclaje de residuos sólidos; coordinar con la industria petrolera de actividades para reducir los derrames petroleros y sanear los pasivos ambientales; detener la intervención de áreas naturales y por supuesto amplias referencias a su especialidad relativas al cambio climático, que sería extenso referir en este trabajo y que no obstante estar relacionado, escapa los límites de estas acotaciones.

3 CONSIDERACIONES GENERALES SOBRE LA PROBLEMÁTICA DE LOS RECURSOS HÍDRICOS EN VENEZUELA: EL ARCO MINERO DEL ORINOCO

Comenzaré refiriéndome a la opinión de Bolinaga, Levy, Márquez y Canova, distinguidos abogados del foro capitalino, quienes exponen algunos instrumentos de control administrativo ambiental para el aprovechamiento del recurso hídrico en la nueva Ley de Aguas (CONCESIONES).Esta ponencia fue presentada en un Foro de la Cámara de Industriales del Estado Aragua S/F, pero dada su importancia la citamos dando el crédito correspondiente a sus autores.

En primer lugar antes de 1.999: a) Régimen dual en cuanto a la titularidad de las aguas (Código Civil, Ley Forestal de Suelos y Aguas, Decreto 1.400" Normas Sobre la Regulación y el Control del aprovechamiento de los Recursos Hídricos y de las Cuencas Hidrográficas "Gaceta Oficial No. 36.013 del 2-8-96 dictado por el Presidente Rafael Caldera,): aguas del dominio público y aguas susceptibles de apropiación privada.

b) Antiguos instrumentos de control administrativo ambiental para el aprovechamiento: Concesión para aguas del dominio Público (con pago de contraprestación), autorización para aguas de propiedad privada (sin pago de contraprestación) y libre aprovechamiento.

En segundo lugar: Después de 1.999:

a) Régimen único en cuanto a la titularidad de las aguas (Constitución de 1.999, art. 304 de la Ley de Aguas Caceta Oficial No. 38595 del 2 de enero de 2007,): Todas las aguas pasaron a ser del dominio público de la Republica.
b) Nuevos Instrumentos para el aprovechamiento: asignaciones, licencias y concesiones (todos sujetos a pago de contraprestación art. 94 de la Ley de Aguas) y libre aprovechamiento. (Art. 73 *eiusdem*).

Luego tenemos los instrumentos de aprovechamiento de las aguas en la Ley de Aguas (Tipos).

a) Licencias (art.80, Ley de Aguas): Acto autorizatorio por el cual se permite a particulares el uso de las aguas de fuentes superficiales y subterráneas, con fines de abastecimiento de poblaciones, agrícolas o recreacionales.
b) Asignaciones (artículos 75,76 y 78 de la Ley de Aguas):

Convenios interadministrativos por los cuales se otorga a un ente de la Administración Pública del derecho de usar y disponer de aguas para generación hidroeléctrica, actividades industriales y comerciales.

c) Concesiones (artículos 75,76 y 77 Ley de Aguas): Contratos Administrativos por los cuales se confiere a un particular el derecho de usar y disponer por un tiempo limitado, de aguas para generación hidroeléctrica, actividades industriales y comerciales.

Con relación al Arco Minero y el ecocidio allí cometido, el mismo debe ser calificado y nos adherimos a ello como un delito de lesa humanidad, este Decreto 2.248 de fecha 24 de Febrero de 2016, abarca una extensión de 111.846,70 kilómetros cuadrados y supone la destrucción de 110 mil kilómetros cuadrados en el proyecto minero más grande de Venezuela. Comprende los ecosistemas de los estados Amazonas, Bolívar y Delta Amacuro, dentro del cual se lleva a cabo la explotación de materiales crudos como el coltán y el oro. Afirmaba el Dr. Román Duque Corredor, en su trabajo "*La Transnacionalidad del Derecho Amazónico y la Creación de la Defensoría de la Amazonia*", presentado en la Academia de Ciencias Políticas y Sociales en Octubre de 2019, I Jornadas de Derecho Ambiental en Homenaje al Dr. Henrique Meier que este Decreto no solo violenta los artículos 127 al 129 y 304 y 327 de la Constitución, sino también la normativa internacional ambiental suscrita por Venezuela, como el Convenio sobre Diversidad Biológica, la Convención para la protección de la Flora, de la Fauna y de las Bellezas Escénicas Naturales de los Países de América o Convención de Washington, la Convención para la protección del Patrimonio Mundial Cultural de la UNESCO, y el Convenio del Medio Ambiente en la región del Gran Caribe. Estos daños son irreversibles señala ----Duque Corredor--- por su incapacidad de regeneración. Tales son los daños que internacionalmente se le considera "*el quinto crimen perdido contra la paz*", por no encontrarse previsto expresamente entre los cuatro crímenes en el Estatuto de la Corte Penal Internacional, limitándosele siempre a situaciones de guerra y a daños intencionales, pero si los daños son de tal magnitud, extensos, duraderos y graves que afectan poblaciones como a las indígenas y a la mayor reserva de agua del país, y desproporcionados a sus supuestos fines y ventajas, se alega, si quienes actúan lo hacen consciente e intencionalmente, de los daños que provocan, porque por ejemplo----señala Duque Corredor---- no se elaboraron los estudios de impacto ambiental que imponen las leyes nacionales e internacionales y porque permiten la pequeña minería, o brigadas socialistas, que utilizan mercurio, podría hablarse de que tales hechos cabrían en la competencia de la Corte Penal Internacional, conforme el artículo 30 del Estatuto. En conclusión propone:

1. La creación dentro de la organización internacional del Tratado de Cooperación Amazónica de una instancia o Defensoría de la Amazonia.
2. Y de un Tribunal de Derechos Humanos de los Pueblos Amazónicos.

Para culminar, en mi opinión agregaría la promulgación mediante Ley Aprobatoria del Tratado de Minamata por parte la Asamblea Nacional, para reducir y regular la presencia de mercurio en el recurso hídrico. Y fortalecer la institucionalidad de los Ministerios con competencia en el área, toda vez que en Venezuela actualmente y de manera insólita contamos con tres Ministerios para atender el problema de las aguas y minería , que son a saber el Ministerio del Poder Popular para el Ecosocialismo y Aguas, el Ministerio del Poder Popular de Atención a las Aguas, y un tercer Ministerio del Poder Popular de Desarrollo Minero Ecológico, ente ministerial que ha dado motivo a la preocupación ambiental nacional, por haber dictado la Resolución No. 0010 del 8 de Abril de 2020 en la Gaceta Extraordinaria 6.526, que determina las áreas en las cuales en las cuales se podrá ejecutar la extracción fluvial de oro y diamante y su procesamiento en el marco del Arco Minero del Orinoco. Esta resolución afecta aproximadamente 700 km de ríos al sur de Venezuela y un área directa de 254 Km2 de los ríos Cuchivero, Caura, Caroní, Aro, que son afluentes del rio Orinoco y de los ríos Cuyuni y Yuruarari. La ilegalidad e inconstitucionalidad de la mencionada Resolución ha sido ampliamente debatida y está en pleno cuestionamiento. No siendo suficiente con dichas normas, nos preocupa también sobremanera, un reciente Decreto Nro. 4392 del 22 de Diciembre de 2020 que crea la Zona Económica Especial Militar de Desarrollo Forestal No. 1, que incidirá en el ambiente de la región. Con esta remoción de los suelos -señalan los expertos- los ríos son recargados de sedimentación y afectaría la producción hidroeléctrica, un 70% del Rio Cuyuni podría estar afectado la minería aurífera e impactara la vida del embalse.

Finalmente, creo oportuno hacer en este instante un reconocimiento especial en Venezuela a los tratadistas Francisco Meaño y al Ingeniero Pedro Pablo Azpurua, Ingeniero Arnoldo Gabaldon Berti, Dr. Henrique Meier, por sus valiosos aportes en la materia. Igualmente a nuestra homenajeada la Dra. Cecilia Sosa Gómez, brillante jurista, precursora del derecho ambiental en el país, particularmente quiero destacar su obra con Osvaldo Mantero "*Derecho Ambiental Venezolano*", publicada en Noviembre de 1983, Editorial Arte, Caracas, UCAB- Fundación Polar. Y en España nuestro justo tributo a insignes maestros como Sebastián Martin Retortillo, Antonio Embid Irujo y Ramón Martin Mateo (mi Tutor de Tesis Doctoral, ya fallecido), referencia y punto de apoyo esencial para el desarrollo de cualquier investigación sobre recursos hídricos.

A título de epílogo, culmino con dos importantes citas muy apropiadas para el momento que vive Venezuela y los retos ambientales que tiene por delante. Al Gore decía, que es sin embargo en los países en vías de desarrollo donde los problemas medioambientales llegan a ser más graves, la degradación del suelo y la desertización, la destrucción de los hábitats, la explotación excesiva de los recursos naturales, el deterioro de los asentamientos y la degradación de las reservas de agua dulce se encuentran entre los problemas ambientales más acuciantes de estos países. La presión demográfica y la pobreza son factores claves en la aparición de unas pautas de desarrollo no sostenible en muchas de estas naciones. El crecimiento de la población presiona en forma apremiante sobre la frágil base de recursos que satisface las necesidades básicas: una dieta adecuada, agua potable, energía, cobijo y bienes materiales. Al mismo tiempo la delicada situación económica en la que se encuentran estos países puede obligarles a adoptar a corto plazo estrategias nocivas para el medio ambiente, en un intento de aumentar los ingresos en divisas extranjeras necesarias para responder a las necesidades más inmediatas. Parafraseando, al Vicepresidente de EUA el Señor Al Gore, -quien en su momento expresaba en declaraciones publicadas en El Nacional, Caracas, en 1.995- véase el caso de Haití el país más pobre de nuestro hemisferio. El pueblo de Haití ha debido soportar golpes y dictaduras y sus esfuerzos actuales para quitarse el yugo de la pobreza son obstaculizados por la casi total deforestación de su isla que originalmente tenía una vegetación exuberante. Es que tanto las autocracias como las tiranías nunca han sido gentiles con el Ambiente. Todo lo dicho por Gore es semejante a lo que ocurre actualmente en el país. Y más vigente aun, cito un reportaje publicado en EL Universal, Caracas, Venezuela el 9 de Octubre de 2003, donde reseñaba que investigadores académicos como Jack M. Hollander, "*La Verdadera Crisis Ambiental*" o Amartya Sen, Premio Nobel de Economía "*Desarrollo en Libertad*" han planteado que el verdadero enemigo y depredador del ambiente es la pobreza y el gran aliado de esta, los regímenes totalitarios, donde las libertades y la democracia están confiscadas sin rendición de cuentas, facilitando desmanes sin control alguno.

Con estas palabras doy por terminada mi intervención. Muchísimas gracias por haberme permitido con este modesto trabajo participar en el libro homenaje a la Dra. Cecilia Sosa Gómez.

BIBLIOGRAFÍA

BLANCO URIBE QUINTERO, A. *El Ciudadano Frente a la Defensa Jurídica del Ambiente en Venezuela.* Ponencia presentada en el *"VIII Congreso Venezolano de Derecho Ambiental"* Camino a la Cumbre sobre Desarrollo Sostenible. 2002.

BLANCO-URIBE QUINTERO, A. *La Protección del Ambiente y el Contencioso Administrativo*, Editorial Sherwood. Caracas, Venezuela, 1998.

BREWER CARÍAS, A. *La Constitución de 1999*, Editorial Arte Caracas. Caracas, Venezuela, 2000.

BUJOSA VADELL, L. *Sobre el Concepto de Intereses de Grupo Difusos y Colectivos*. Artículo publicado en *"La Ley"*, N° 228, Buenos Aires, Argentina, 1997. ISSN 0024-1636.

COMBELLAS, R. *Derecho Constitucional*, Editorial Mc. Graw Hill. Venezuela, 2001.

COMITÉ VENEZOLANO de UICN. *Conservación de Humedales en Venezuela. Inventario, Diagnóstico Ambiental y Estrategia.* Pág. 11. Impreso por altolitho C.A. Fundación Polar, Provita, UICN. CV. Junta de Andalucía Coordinación Editorial Armando Hernández Arocha- Fundación Polar. Caracas, Venezuela, 1999.

DUQUE CORREDOR, R. "La transnacionalidad del derecho amazónico y la creación de la defensoría de la Amazonia". *I Jornadas de derecho ambiental Henrique Meier*. Academia de Ciencias Políticas y Sociales de Venezuela. Palacio de Las Academias. Caracas, 2019.

GIMENO-SENDRA, V. y LLOBREGAT-GARBERI, J. "La Protección Procesal del Medio Ambiente", Ponencia presentada en el *Congreso Nacional del Medio Ambiente*, celebrado en Sevilla, España. 1995.

MACHADO, R. *La Revolución Ambiental (Análisis al Nuevo Paradigma Constitucional.)*, Editorial Venezolana C.A. Mérida. Venezuela, 2001.

MARTÍN MATEO, R. *Cultura y Tecnología del Agua. Revista Española de Derecho Administrativo.* Editorial Civitas. Madrid, 1989.

MARTÍN MATEO, R. *Tratado de Derecho Ambiental,* vol. II, ed. 1, Editorial Trivium. 1992

MEAÑO, F. *Régimen legal de las aguas en Venezuela*, Editorial Arte. Caracas, Venezuela. 1979.

REAL FERRER, G. *El Medio Ambiente en la Constitución Española*, 1994.

SÁNCHEZ, J. C. "Consideraciones para una estrategia ambiental en Venezuela. I Jornadas de derecho ambiental de Henrique Meier". *Boletín de la Academia de Ciencias Políticas y Sociales* nro. 159. Academia de Ciencias Políticas y Sociales de Venezuela. Caracas, 2019.

EL EMPRENDIMIENTO SOCIAL Y SU PROTECCIÓN POR LA LEGISLACIÓN DE PROPIEDAD INTELECTUAL

FRANKLIN HOET-LINARES*

SUMARIO

Resumen. Introducción. 1. La defensa del sistema de protección de los derechos de propiedad intelectual (DPI). 1.1. Violaciones denunciadas en el recurso de amparo constitucional relacionado con la protección de los DPI. 1.2. La protección general de los DPI como un derecho humano fundamental. 1.3. La sentencia afirmativa del amparo constitucional interpuesto. 2. Caracterización de los emprendimientos sociales, como nueva herramienta de negocio. 2.1. Antecedentes. 2.2. Marco teórico del emprendimiento social. 2.3. La Propiedad Intelectual como estrategia para el Emprendimiento Social. Recomendaciones: I. A los Emprendedores Noveles: Factores Prácticos. II. Una Agenda de Investigación. Conclusiones. Referencias Bibliográficas. Reconocimiento.

RESUMEN

Introducción al fenómeno social del Emprendimiento Social (ES), su realidad en Venezuela, perspectivas y amenazas; su protección bajo la legislación de Propiedad Intelectual, como un sistema internacional de protección; y considerada como un derecho humano fundamental y una garantía constitucional; con recomendaciones para los noveles emprendedores a través de una agenda dirigida a los estudiosos del derecho invitándolos a aceptar las bases para una configuración jurídica del modelo de negocio.

---

* Abogado egresado de la Universidad Central de Venezuela (1967), Estudios de Postgrado: de Economía Financiera, Finanzas Publicas Comparadas, Derecho Comparado y Derecho Administrativo: Institut International d´Administration Publique (Paris), Universidad de Paris (Sorbone), Faculte Internationale pour l`(Enseignement du Droit Comparé, (Strasbourg); Escuela Nacional de Administración Pública, Universidad de Alcalá de Henares.

INTRODUCCIÓN

Recibida con agradecimiento la invitación para participar con un trabajo en el área de derecho de mi especialidad, formulada por la Comisión Coordinadora del Libro Homenaje a la Profesora Cecilia Sosa Gómez de la Academia de Ciencias Políticas y Sociales, vinieron a mi mente dos pensamientos. primero, poder participar con ilustres juristas en un meritorio reconocimiento a la trayectoria de una compañera de estudios en las Universidades Central de Venezuela y la Sorbona, París. Además de ser miembro del Consejo Asesor de Hoet & Partners; y socia en Jurisfinanzas, Consultores Jurídicos y Financieros. Segundo, profundizar en una figura híbrida en pleno auge y de extracción popular como es el ES, e incitar a continuar su investigación y desarrollo.

En nuestro Bufete la praxis profesional se ha centrado, aunque no en exclusividad, en materias de la Propiedad Intelectual; a su vez, ha venido propulsando y apoyando institucionalmente este nuevo desarrollo desde fines del pasado milenio y comienzos del presente. Pero, a decir verdad, una cosa es intervenir como patrocinante y hasta como conferencista; y otra, totalmente diferente, es inmiscuirse como investigador y desarrollador de un instituto todavía en gestación, sin configuración ni teoría jurídica que lo sustente.

Ello de por sí, luce como un reto para los académicos, y es lo que hemos venido descubriendo cuando tratamos de llegar a sus raíces y presentar unas anotaciones antes de caer en el tema preciso de **la protección del ES a través de la especial legislación de Propiedad Intelectual**. Temática, ampliamente estudiada por varios académicos, cuyas obras han enriquecido el acervo doctrinario, sino han sentado jurisprudencia, como así destacan Hildegard Rondón de Sansó y, la propia homenajeada, Cecilia Sosa Gómez.

El enfoque realizado es desde la perspectiva de un abogado corporativo en ejercicio. Originalmente minero y petrolero. Luego prestado a las inversiones extranjeras y la práctica empresarial; hoy, a la Propiedad Intelectual. Sin embargo, ajeno a las experticias académicas o de investigación. Por lo que me alagaría, si las conclusiones de estas anotaciones lograran motivar a los Señores Académicos a incorporar en sus agendas científicas, al ES, como objeto de estudio, desde la perspectiva de las ciencias políticas y sociales, como de las ciencias jurídicas, ello por formar parte de los propósitos de esa importante corporación, como así se establece en los numerales 1 y 2 del artículo 3 de la ley[1] especial que la regula.

Son atribuciones de la Academia:

1. Propender al desarrollo y progreso de las Ciencias Políticas y Sociales en general.
2. Cooperar al progreso y mejora de la legislación venezolana, ya por medio de estudios sobre puntos determinados, que se publicarán en el órgano oficial de la Corporación, o promoviendo certámenes de acuerdo con sus Estatutos.

Se tratará de integrar en esta argumentación, algunos avances, conclusiones y recomendaciones en tres partes: a) analizar el sistema de protección de los derechos de Propiedad Intelectual, b) caracterizar los emprendimientos sociales, como nueva herramienta de negocio amparable por el Derecho, y c) Estudiar la Propiedad Intelectual como estrategia para el ES.

La Propiedad Intelectual es tan vasta como el ingenio humano lo permite. Hoy por hoy, frente a la Cuarta Revolución Industrial, ya no tan incipiente, se ha implantado como un nuevo paradigma social, muy lejos de ser una elucubración del futuro, la estamos viviendo. Los desafíos son ilimitados, los abogados debemos estar atentos a esos cambios en curso, tales como comprender la nueva revolución tecnológica, que conlleva a la transformación de la humanidad por la convergencia de los sistemas digitales, físicos y biológicos. No es vano repetir, que las nuevas tecnologías están cambiando la calidad de vida, el trabajo (teletrabajo) y las relaciones humanas (la tele-socialización de la humanidad).

La velocidad, amplitud y profundidad de este tsunami tecno-revolucionarlo, obligan a repensar cómo será el desarrollo de los países. Cómo las organizaciones generarán valor e incluso el significado de ser humano. Amén del impacto en el ejercicio de las profesiones liberales, entre ellas la abogacía.

---

1 Venezuela. *Ley sobre Academia de Ciencias Políticas y Sociales*, publicada en Gaceta Oficial No. 15.361, del 13 de agosto de 1924.

Si, el Covid-19 nos cambió para siempre, tecnológicamente estamos al inicio de cambios más profundos. Hay mucho por desarrollar, con lo cual el campo de protección se amplía y con ello el beneficio para los creativos, entre ellos los emprendedores y sus emprendimientos.

La Constitución de la República Bolivariana de Venezuela (CRBV[2]) obliga a los profesionales del derecho a prestar su auxilio y patrocinio a los emprendedores para obtener la protección de sus creaciones intelectuales y de sus emprendimientos (CRBV, 1999: artículo 98[3]), sus planes, programas y actividades culturales (CRBV, 1999: artículo 100[4]), el libre ejercicio de la actividad económica de su preferencia (CRBV, 1999: artículo 112[5]), y a los jóvenes en especial el derecho y el deber de ser sujetos activos del proceso de desarrollo (CRBV, 1999: artículo 79[6]). Todo ello, dentro de un plan más vasto como lo es el

---

2 Venezuela. *Constitución de la República Bolivariana de Venezuela*, publicada en Gaceta Oficial No. 5.453, Extraordinario, del 24 de marzo de 2000. *Enmienda No. 1*, publicada en Gaceta Oficial No. 5.908, Extraordinario, del 19 de febrero de 2009.

3 La creación cultural es libre. Esta libertad comprende el derecho a la inversión, producción y divulgación de la obra creativa, científica, tecnológica y humanística, incluyendo la protección legal de los derechos del autor o de la autora sobre sus obras. El Estado reconocerá y protegerá la Propiedad Intelectual sobre las obras científicas, literarias y artísticas, invenciones, innovaciones, denominaciones, patentes, marcas y lemas de acuerdo con las condiciones y excepciones que establezcan la ley y los tratados internacionales suscritos y ratificados por la República en esta materia.

4 Las culturas populares constitutivas de la venezolanidad gozan de atención especial, reconociéndose y respetándose la interculturalidad bajo el principio de igualdad de las culturas. La ley establecerá incentivos y estímulos para las personas, instituciones y comunidades que promuevan, apoyen, desarrollen o financien planes, programas y actividades culturales en el país, así como la cultura venezolana en el exterior. El Estado garantizará a los trabajadores y trabajadoras culturales su incorporación al sistema de seguridad social que les permita una vida digna, reconociendo las particularidades del quehacer cultural, de conformidad con la ley.

5 Todas las personas pueden dedicarse libremente a la actividad económica de su preferencia, sin más limitaciones que las previstas en esta Constitución y las que establezcan las leyes, por razones de desarrollo humano, seguridad, sanidad, protección del ambiente u otras de interés social. El Estado promoverá la iniciativa privada, garantizando la creación y justa distribución de la riqueza, así como la producción de bienes y servicios que satisfagan las necesidades de la población, la libertad de trabajo, empresa, comercio, industria, sin perjuicio de su facultad para dictar medidas para planificar, racionalizar y regular la economía e impulsar el desarrollo integral del país.

6 Los jóvenes y las jóvenes tienen el derecho y el deber de ser sujetos activos del proceso de desarrollo. El Estado, con la participación solidaria de las familias y la sociedad, creará oportunidades para estimular su tránsito productivo hacia la vida adulta y, en particular, para la capacitación y el acceso al primer empleo, de conformidad con la ley.

sistema de protección de los derechos de Propiedad Intelectual. En fin, hacer ver que la protección de los ES, es viable, pero que no se trata de dar soluciones concretas a casos específicos. Eso es campo de los especialistas en la materia.

Como corolario, se hace una propuesta, englobada en una agenda de interrogantes que pretende invitar al estudio de los emprendimientos sociales y su institucionalización jurídica. No obstante, es inquietante, por prematura o limitante, la reglamentación o regulación legal del ES, que se vislumbra como una vía de solución de problemas sociales que ni el Estado ni el sector privado han podido resolver satisfactoriamente.

¿Salvo los cánones clásicos de las creaciones artísticas o literarias, puede legislarse sobre su expresión? ¿Cómo queda el contenido del artículo 57 constitucional, que consagra a toda persona el derecho a expresarse libremente[7]?

1. LA DEFENSA DEL SISTEMA DE PROTECCIÓN DE LOS DERECHOS DE PROPIEDAD INTELECTUAL (DPI)

Las presentaciones destinadas a enmarcar la protección legal de los DPI, parten desde los textos constitucionales. Pero, la materia ha venido avanzando, quizás con brazos más tendientes al largo plazo, forzadas por la globalización y la armonización de normas regulatorias y textos legales.

Ya se vislumbra todo un sistema supraconstitucional de protección de los DPI, que refuerza aún más la importancia y trascendencia de los derechos que se pretenden proteger, como parte integral de los derechos humanos. Un ejemplo de ello lo veremos más adelante al desarrollar el tema de los derechos humanos y su progresividad, y sus diferencias sobre derechos fundamentales.

---

7 Toda persona tiene derecho a expresar libremente sus pensamientos, sus ideas u opiniones de viva voz, por escrito o mediante cualquier otra forma de expresión, y de hacer uso para ello de cualquier medio de comunicación y difusión, sin que pueda establecerse censura. Quien haga uso de este derecho asume plena responsabilidad por todo lo expresado. No se permite el anonimato, ni la propaganda de guerra, ni los mensajes discriminatorios, ni los que promuevan la intolerancia religiosa. Se prohíbe la censura a los funcionarios públicos o funcionarias públicas para dar cuenta de los asuntos bajo sus responsabilidades.

Al fin y al cabo, es en el ser humano que se debe centrar el desarrollo, tal como se proclamara en la Encíclica *Populorum Progressio* (marzo 26, 1957[8]), con más de 54 años de vigencia. Así, para que el desarrollo sea auténtico ha de ser integral, de todo el hombre y de todos los hombres. Consecuencia de lo anterior, se impone superar la concepción economicista del desarrollo. Tan imperante en aquella época; y, hoy en un socialismo más salvaje que el capitalismo, como así aludiera San Juan Pablo II[9]. Lo cual conduce al desarrollo de la persona abierta a Dios, como último horizonte de la plenitud humana. Lebret[10] y Maritain[11] fueron inspiradores indiscutibles en uno y otro aspecto.

Esta concepción humanista, quedó plasmada en el recurso que se presentara ante el Tribunal Supremo de Justicia designado por la Asamblea Nacional en fecha 17 de Julio de 2017, también conocido como "*Legítimo*". El recurso de **Amparo Constitucional con Medida Cautelar de suspensión de efectos** se interpuso contra el Decreto Constituyente sobre Criptoactivos y la Criptomoneda Soberana Petro del 4 de abril de 2018[12], y, el Decreto Constituyente sobre el Sistema Integral de Criptoactivos del 20 de noviembre de 2018[13]; asimismo, contra el Aviso Oficial[14] de fecha 1° de febrero de 2019, dictado por el Servicio Autónomo de la Propiedad Industrial (SAPI).

---

8 "*13. ... Tomando parte en las mejores aspiraciones de los hombres y sufriendo al no verlos satisfechos, desea ayudarles a conseguir su pleno desarrollo, y esto precisamente porque ella les propone lo que posee como propio: una visión global del hombre y de la humanidad*" (Cfr. Paulo VI, *Carta Encíclica Populorum Progressio*, Vaticano, 1957. Disponible en: https://www.vatican.va/content/paul-vi/es/encyclicals/documents/hf_p-vi_enc_26031967_populorum.html, consultado en fecha 3 de junio de 2021).

9 Juan Pablo II, *Carta Encíclica Centesimus Annus*, Vaticano, 1991. Disponible en: https://www.vatican.va/content/john-paul-ii/es/encyclicals/documents/hf_jp-ii_enc_01051991_centesimus-annus.html. consultado en fecha 3 de junio de 2021.

10 Kay Chadwick, *Catholicism, Politics and Society in Twentieth-Century France*, Liverpool University Press, Liverpool, 2000.

11 Jacques Maritain, *The Collected works of Jacques Maritain. Integral Humanism, Freedom in the Modern World and A Letter on Independence*, University of Notre Dame, Indiana, 1996.

12 Venezuela. *Decreto Constituyente sobre Criptoactivos y la Criptomoneda Soberana Petro*, publicada en Gaceta Oficial No. 6.370, Extraordinario, del 9 de abril de 2018.

13 Venezuela. *Decreto Constituyente sobre el Sistema Integral de Criptoactivos*, publicada en Gaceta Oficial No. 41.575, del 30 enero de 2019.

14 Servicio Autónomo de la Propiedad Intelectual. *Boletín de la Propiedad Industrial*, No. 591, Tomo I, Caracas, del 20 de febrero de 2019, pp. IV-XIV.

En los referidos instrumentos sublegales, se adoptó el criptoactivo denominado "***Petro***" como medio de pago y valor de referencia. Para calcular y establecer las tasas oficiales y costos de los productos y servicios que presta ese servicio autónomo[15].

El Aviso Oficial, como acto administrativo derivado, contiene violaciones graves a principios constitucionales que afectan intereses colectivos difusos, particularmente para aquellos que operan en materia de Propiedad Intelectual.

A continuación, se hace referencia a las violaciones constitucionales y legales denunciadas en el recurso de la referencia. A manera de evidenciar, cómo una política pública puede incidir negativamente en el estímulo a los emprendimientos sociales.

1.1. Violaciones denunciadas en el recurso de amparo constitucional relacionado con la protección de los DPI

En el Aviso Oficial del 1° de febrero de 2019, el SAPI sobre la base del "*Decreto Constituyente sobre Criptoactivos y la Criptomoneda Soberana **Petro***" adoptó como medio de pago el uso de la nueva "***Divisa Internacional El Petro***", considerando que ello se origina "*por los constantes ataques y al Bloqueo perpetrado en contra la República*". Por tanto, deciden anclar con el valor de referencia Petro los productos y servicios que presta el referido servicio autónomo.

Así, se establece que las solicitudes de marcas y patentes cuyo titular sea de nacionalidad venezolana podrá cancelar su equivalente en bolívares en las cuentas habilitadas para ello, esto es, otorgan la opción de usar el Bolívar también. Sin embargo, las solicitudes de personas naturales o jurídicas **de nacionalidad extranjera deberán pagarse exclusivamente en Petro**; y otorga el plazo de sesenta días para realizar la respectiva cancelación. De tal manera que este Aviso fija las tarifas de productos y servicios en petros y en bolívares, dependiendo de la nacionalidad del solicitante o titular del DPI.

Igualmente, el medio de pago se hace extensivo para la cancelación de los servicios que presta la Administración Pública en materias

---

15 Recurso presentado por Franklin Hoet Linares, por ante la Sala Constitucional del TSJ "*legítimo*", en fecha 19 de marzo de 2019.

concernientes a la Propiedad Intelectual de registro y otras actividades. Por tanto, para pagar dichos servicios bajo el esquema del **Petro**, se viola el derecho a pagar en la moneda de curso legal o en la moneda que establece la Ley, particularmente lo que estatuye la Ley de Timbre Fiscal[16], que en su artículo 6[17] dispone el pago en dólares americanos.

En tal sentido, en el recurso de amparo se denunciaron las siguientes violaciones constitucionales:

1.1.1. Violación del trato igualitario

Se denunció la violación del derecho al trato igualitario contemplado en el artículo 301[18] constitucional. Es clara la orden emanada del ente administrativo al establecer, que las solicitudes que se presenten ante el SAPI, si el titular es de nacionalidad venezolana, podrán pagarse en su equivalente en bolívares. Por el contrario, aquellas solicitudes de marcas y patentes que sean presentadas por extranjeros deberán pagarse "*Exclusivamente en Petros*".

1.1.2. Violación del principio de irretroactividad de la Ley

Es categórica la aseveración impuesta por el Constituyente de 1999 al indicar que "***ninguna disposición legislativa tendrá efecto retroactivo***" (CRBV, 1999: artículo 24[19]) (negrillas nuestras). Este principio

---

16 Venezuela. *Decreto con Rango, Valor y Fuerza de Ley que Reforma Parcialmente la Ley de Timbre Fiscal*, publicado en Gaceta Oficial No. 6.150, Extraordinario, del 18 de noviembre de 2014.

17 "*Las personas ... de nacionalidad extranjera pagarán dichas tasas en el equivalente en dólares de los Estados Unidos de América al tipo de cambio para la compra establecido por el Banco Central de Venezuela o el tipo de cambio para la compra al cierre de la respectiva jornada. En los casos que existan múltiples tipos de cambio, se utilizará la menor de ellas.*"

18 "*El Estado se reserva el uso de la política comercial para defender las actividades económicas de las empresas nacionales públicas y privadas. No se podrá otorgar a empresas y organismos o personas extranjeros regímenes más beneficiosos que los establecidos para los nacionales. La inversión extranjera está sujeta a las mismas condiciones que la inversión nacional*".

19 "*Ninguna disposición legislativa tendrá efecto retroactivo, excepto cuando imponga menor pena. Las leyes de procedimiento se aplicarán desde el momento mismo de entrar en vigencia aun en los procesos que se hallaren en curso; pero en los procesos penales, las*

constitucional es norma rectora del ordenamiento jurídico; y, en el radica también, el principio constitucional de la seguridad jurídica (CRBV, 1999: artículo 299[20]).

La seguridad jurídica es la confianza que tiene todo sujeto de derecho convencido que, ante cualquier situación jurídica, le será aplicada la legislación vigente al momento que se derive el hecho. De igual manera, cuenta con la certeza de que las normas futuras no modificarán situaciones jurídicas creadas o dirimidas, al amparo de una norma otrora vigente en un momento determinado.

El Aviso Oficial del SAPI establece que las solicitudes que fueron aprobadas antes del 1° de febrero del 2019, también les serán aplicables retroactivamente el esquema anclado al Petro, otorgando un lapso perentorio de 60 días para la ejecución de este nuevo mecanismo.

1.1.3. Violación del derecho de propiedad

Dispone el artículo 115 de la Constitución de la República Bolivariana de Venezuela, lo siguiente:

> *"Se garantiza el derecho de propiedad. Toda persona tiene derecho al uso, goce, disfrute y disposición de sus bienes. La propiedad estará sometida a las contribuciones, restricciones y obligaciones que establezca la ley con fines de utilidad pública o de interés general. Sólo por causa de utilidad pública o interés social, mediante sentencia firme y pago oportuno de justa indemnización, podrá ser declarada la expropiación de cualquier clase de bienes."*

---

pruebas ya evacuadas se estimarán en cuanto beneficien al reo o rea, conforme a la ley vigente para la fecha en que se promovieron."

20 *"El régimen socioeconómico de la República Bolivariana de Venezuela se fundamenta en los principios de justicia social, democracia, eficiencia, libre competencia, protección del ambiente, productividad y solidaridad, a los fines de asegurar el desarrollo humano integral y una existencia digna y provechosa para la colectividad. El Estado conjuntamente con la iniciativa privada promoverá el desarrollo armónico de la economía nacional con el fin de generar fuentes de trabajo, alto valor agregado nacional, elevar el nivel de vida de la población y fortalecer la soberanía económica del país,* ***garantizando la seguridad jurídica****, solidez, dinamismo, sustentabilidad, permanencia y equidad del crecimiento de la economía, para lograr una justa distribución de la riqueza mediante una planificación estratégica democrática participativa y de consulta abierta*" (negrillas del autor).

Tal como fuera delatado en la denuncia, se consideró, además, que se está afectando gravemente el derecho de propiedad de las personas y empresas a las cuales les fue concedido el registro correspondiente por el SAPI. Por cuanto se les menoscabó el ejercicio del derecho al uso de sus marcas o patentes registradas. Ello debido, a un acto arbitrario sustentado en dos seudo decretos constituyentes de una írrita Asamblea Nacional Constituyente (ANC). Decretos no sólo inconstitucionales y arbitrarios, sino jurídicamente inexistentes.

1.1.4. Violación del derecho a la cultura por la restricción impuesta al derecho a la Propiedad Intelectual

EL TSJ "*legítimo*" consideró que de acuerdo a las normas constitucionales 98 y 99[21], se evidenció que el Aviso Oficial del SAPI, acto administrativo derivado de los írritos decretos constituyentes, violó por desconocimiento flagrante el ejercicio de la Propiedad Intelectual.

Más cuando, el mandato constitucional impone la obligación al Estado no solamente a reconocerla como derecho cultural, sino a protegerla en las condiciones y excepciones que establezcan la ley y los tratados internacionales. Violación que se hace extensible, al menoscabo grave del derecho a la cultura.

Estos derechos constitucionales, igualmente se encuentran reconocidos en la Declaración Universal de los DDHH[22] (ONU, 1948: artículo 27[23]), en la Declaración de los Principios de la Cooperación Cultural

---

21 Los valores de la cultura constituyen un bien irrenunciable del pueblo venezolano y un derecho fundamental que el Estado fomentará y garantizará, procurando las condiciones, instrumentos legales, medios y presupuestos necesarios. Se reconoce la autonomía de la administración cultural pública en los términos que establezca la ley. El Estado garantizará la protección y preservación, enriquecimiento, conservación y restauración del patrimonio cultural, tangible e intangible, y la memoria histórica de la Nación. Los bienes que constituyen el patrimonio cultural de la Nación son inalienables, imprescriptibles e inembargables. La Ley establecerá las penas y sanciones para los daños causados a estos bienes.

22 Adoptada y proclamada por la Asamblea General de la Organización de las Naciones Unidas (ONU), Resolución 217 A (III), Nueva York, del 10 de diciembre de 1948.

23 1. Toda persona tiene derecho a tomar parte libremente en la vida cultural de la comunidad, a gozar de las artes y a participar en el progreso científico y en los beneficios que de él resulten. 2. Toda persona tiene derecho a la protección de los intereses morales y materiales que le correspondan por razón de las producciones científicas, literarias o artísticas de que sea autora.

Internacional[24] (UNESCO, 1966: artículos I[25] y II[26]), y, en el Pacto Internacional de Derechos Económicos, Sociales y Culturales[27] (ONU, 1966: artículo 15[28]), habiéndose incorporados a nuestro derecho interno conforme los preceptos constitucionales 19[29] y 23[30].

1.2. La protección general de los DPI como un derecho humano fundamental

La Propiedad Intelectual se ha ido formando como un derecho especial sobre las obras del ingenio humano; ostenta una sistemática sus-

---

[24] Adoptada por la Organización de las Naciones Unidas para la Educación, la Ciencia y la Cultura (UNESCO), Paris, del 4 de noviembre de 1966. Disponible en: https:// studylib. es/doc./ 5576841/ declaraci%C3% B3n-de-los-principios-de-la-cooperaci%C3%B3n-cultural-, consultado en fecha 3 de junio de 2021.

[25] "*1. Toda cultura tiene una dignidad y un valor que deben ser respetados y protegidos. 2. Todo pueblo tiene el derecho y el deber de desarrollar su cultura. 3. En su fecunda variedad, en su diversidad y por la influencia recíproca que ejercen unas sobre otras, todas las culturas forman parte del patrimonio común de la humanidad.*"

[26] "*Las naciones se esforzarán por lograr el desarrollo paralelo y, en cuanto sea posible, simultáneo de la cultura en sus diversas esferas, con el fin de conseguir un equilibrio armónico entre el progreso técnico y la elevación intelectual y moral de la humanidad*".

[27] Adoptado por la Asamblea General de las Naciones Unidas, *Resolución 2200 A (XXI)*, Nueva York, del 16 de diciembre de 1966. Disponible en: https://www.ohchr.org/sp/professionalinterest/pages/cescr.aspx, consultado en fecha 12 de junio de 2021. La posibilidad de un gran desarrollo cooperativo está en la integración de la energía de todos los que aportan su trabajo en esta modalidad.

[28] "*1. Los Estados Parte en el presente Pacto reconocen el derecho de toda persona a: a) Participar en la vida cultural; b) Gozar de los beneficios del progreso científico y de sus aplicaciones; c) Beneficiarse de la protección de los intereses morales y materiales que le correspondan por razón de las producciones científicas, literarias o artísticas de que sea autora. 2. Entre las medidas que los Estados Partes en el presente Pacto deberán adoptar para asegurar el pleno ejercicio de este derecho, figurarán las necesarias para la conservación, el desarrollo y la difusión de la ciencia y de la cultura. 3. Los Estados Partes en el presente Pacto se comprometen a respetar la indispensable libertad para la investigación científica y para la actividad creadora. 4. Los Estados Partes en el presente Pacto reconocen los beneficios que derivan del fomento y desarrollo de la cooperación y de las relaciones internacionales en cuestiones científicas y culturales.*"

[29] "*El Estado garantizará a toda persona, conforme al principio de progresividad y sin discriminación alguna, el goce y ejercicio irrenunciable, indivisible e interdependiente de los derechos humanos. Su respeto y garantía son obligatorios para los órganos del Poder Público de conformidad con la Constitución, los tratados sobre derechos humanos suscritos y ratificados por la República y las leyes que los desarrollen.*"

[30] "*Los tratados, pactos y convenciones relativos a derechos humanos, suscritos y ratificados por Venezuela, tienen jerarquía constitucional y prevalecen en el orden interno, en la medida en que contengan normas sobre su goce y ejercicio más favorables a las establecidas por esta Constitución y la ley de la República, y son de aplicación inmediata y directa por los tribunales y demás órganos del Poder Público.*"

tantiva, procesal, administrativa e internacional. A su alrededor se ha construido, no sólo una normativa legal, sino también procesos y jurisdicciones especiales, al igual que una tipología de contratos. Así como también, de medios alternos de solución de conflictos. Conformando, incluso, estructuras administrativas para la prestación de un servicio especializado a niveles nacionales, regionales e internacionales.

De tal manera, que, por la integración de todos esos componentes, hoy día, la Propiedad Intelectual además de ser una institución jurídica; es una sistemática científica especializada con sus propios principios, sus fuentes, sus categorías y sus procesos. Con reglas técnicas de armonización entre derechos exclusivos y la libre competencia e iniciativa.

Ello ha determinado, entre otros efectos, **que la Propiedad Intelectual se le considere un derecho humano fundamental y una garantía constitucional.**

Según la Organización Mundial de la Propiedad Intelectual (OMPI), todo ello constituye **el sistema de la Propiedad Intelectual**, el cual con su normativa ha impulsado, también, un orden jurisdiccional especializado de defensa y protección de la Propiedad Intelectual, concretamente de sus derechos a ejercer una pretensión indemnizatoria, así como restauradora o reivindicación[31].

Leonel Salazar plantea el conflicto entre los derechos humanos y los derechos fundamentales en el marco de la sentencia objeto de análisis, en los siguientes términos.

> *"Por los primeros se entiende que son los derechos inherentes a toda persona humana, también denominados derechos naturales, sin ningún tipo de discriminación... o exclusión en la sociedad global. Mientras, que los segundos están reconocidos por la Ley Fundamental (Carta Magna Libertatum), de allí su calificación de derechos fundamentales.*
> *El conflicto se plantea sobre la validez, eficacia y eficiencia entre ambas clases de derechos. Los primeros no necesitan ser reconoci-*

[31] Francis Gurry, *Discurso inaugural del Director General en la Asamblea General de la OMPI*, del 24 de septiembre de 2018. Disponible: https://www.wipo.int/about-wipo/es/dg_ gurry/speeches/ a_58_dg_ speech. html, consultado en fecha 13 de junio de 2021. La posibilidad de un gran desarrollo cooperativo está en la integración de la energía de todos los que aportan su trabajo en esta modalidad.

dos en la Constitución para probar su existencia, sino que ella no los puede reconocer a todos porque la dinámica de los derechos humanos dada su constante progresividad y universalidad, surgen de forma más rápida que los denominados derechos fundamentales. Los derechos fundamentales para su validez, eficacia, eficiencia y competitividad dependen de su subsunción en la norma fundante, mediante procedimientos legislativos rígidos y taxativos para su aprobación. Sin ese proceso de reconocimiento o de aprobación legislativa se hace nula la tutela constitucional efectiva"[32].

La Propiedad Intelectual, en el presente milenio, se ha desarrollado como un derecho especial e institución. El sistema internacional de la Propiedad Intelectual tiende a ser más fuertemente integrado. A decir, de Albarza y Katz[33] esta propiedad se ha convertido en un instrumento, junto con otros, para la consecución de los Objetivos de Desarrollo del Milenio de las Naciones Unidas[34], conforme la Recomendación 22 de la Agenda para el Desarrollo[35]; en igual sentido el Informe de abril del 2010 de la OMPI[36].

En ese orden de ideas, ese organismo internacional precisó, que deberá abordar, en sus documentos de trabajo sobre las actividades normativas, cuestiones sobre:

---

32 Leonel Salazar Reyes-Zumeta, "La Propiedad Intelectual. Un derecho humano de primera y única generación" en *Revista Venezolana de Derecho Mercantil*, Nro. 3, 2019, Sociedad Venezolana de Derecho Mercantil, Caracas, 2019, p. 76. Disponible en: https://7907dbdc-6e18-443b-9fb4-5bed4fd1da0a. filesusr.com/ugd/de1016_aa2124bb-d8a549b89f313f76cb6acf14.pdf, consultado en fecha 3 de junio de 2021.

33 Jaqueline Abarza y Jorge Katz, "Los Derechos de Propiedad Intelectual en el mundo de la OMC", Naciones Unidad/Cepal/SLTA, Santiago de Chile, 2002. Disponible en: https://www.cepal.org/sites/default/files/ publication/files/4504/S01121080_es.pdf, consultado en fecha 12 de junio de 2021.

34 Organización Mundial de Comercio, "Objetivos de Desarrollo del Milenio de las Naciones Unidas", Ginebra. Disponible en: https://www.wto.org/spanish/thewto_s/coher_s/mdg_s/mdgs_s.htm, consultado en fecha 12 de junio de 2021.

35 Organización Mundial de la Propiedad Intelectual, "Las 45 recomendaciones adoptadas en el marco de la Agenda de la OMPI para el Desarrollo", Ginebra. Disponible en: https://www.wipo.int/export/sites/www/ip-development/es/agenda/recommendations.pdf, consultado en fecha 3 de junio de 2021.

36 Organización Mundial de la Propiedad Intelectual. "Informe sobre la contribución de la OMPI a los Objetivos de Desarrollo del Milenio de las Naciones Unidas", Ginebra, del 26 de febrero de 2010. Disponible en: https://www.wipo.int/edocs/mdocs/mdocs/es/cdip_5/cdip_5_3.pdf, consultado en fecha 12 de junio de 2021.

- La salvaguardia de la aplicación nacional de normas sobre Propiedad Intelectual;
- La relación entre la Propiedad Intelectual y la competencia;
- La transferencia de tecnología en materia de Propiedad Intelectual;
- Las posibles flexibilidades, excepciones y limitaciones de los Estados miembros; y,
- La posibilidad de establecer nuevas disposiciones especiales para los países en vías de desarrollo y los programas de promoción contra la pobreza y la creación de riqueza en los países menos adelantados (PMA).

Dentro de esa orientación, los temas relativos a la creación de capacidades en el ámbito de la Propiedad Intelectual y de conocimientos con el fin de la generación de riqueza y del desarrollo social y cultural, ocupan gran parte de los estudios de la OMPI. Con ello se pretende vincular a la Propiedad Intelectual con el derecho humano al desarrollo.

El derecho humano al desarrollo recibió su consagración como derecho individual y colectivo en el derecho internacional en la Declaración sobre el Derecho al Desarrollo[37] del 4 de diciembre de 1986 y en la Conferencia Mundial de Derechos Humanos[38] del 25 de junio de 1993.

En ese contexto se ha venido dando relevancia a la Propiedad Intelectual, por cuanto sirve para:

- La utilización del sistema de patentes en aras del desarrollo y la transferencia de tecnología;
- Para el fomento de identificadores comerciales (signos distintivos), que favorezcan la comercialización de productos y servicios creados por los PMA;
- La función que desempeñan el derecho de autor y los derechos conexos, y los organismos de gestión colectiva, en tanto que factores de crecimiento económico;

---

[37] Organización de las Naciones Unidas, "Declaración sobre el Derecho al Desarrollo", Ginebra, del 4 de diciembre de 1986. Disponible en: https://www.ohchr.org/Documents/Issues/Development/ Declaration RightDevelopment_sp.pdf , consultado en fecha 12 de junio de 2021.

[38] Organización de las Naciones Unidas, Conferencia Mundial de Derechos Humanos (junio 25, 1993). [Documento en línea] Disponible: https://www.ohchr.org/Documents/ProfessionalInterest/vienna.pdf, consultado en fecha 12 de junio de 2021.

- Las últimas tendencias internacionales en la esfera de la Propiedad Intelectual y los conocimientos tradicionales, en lo relativo a los recursos genéticos; y,
- La función que desempeñan las instituciones de educación superior y de investigación, especialmente las de investigación y desarrollo; por ejemplo, el Instituto de Tecnología Venezolana para el Petróleo (PDVSA-INTEVEP), como catalizador de la innovación nacional en materia de hidrocarburos.

Al respecto se sostiene, que, en la sociedad mundial, en la que los conocimientos y la información son dos motores fundamentales, el sistema de Propiedad Intelectual desempeña una función determinante en la transformación de la creatividad, la innovación, los conocimientos y la información en activos económicos concretos. Con ese fin se señala que la creación de una infraestructura y la modernización de los sistemas de Propiedad Intelectual han de ser uno de los objetivos, al igual que la creación de centros de servicios de asesoramiento e información en esta materia para fomentar una toma de conciencia sobre la utilización del sistema de Propiedad Intelectual.

El sistema servirá de plataforma para promover el desarrollo científico, tecnológico e industrial, y lograr los beneficios de la competitividad de las economías de los PMA en los sectores agrícola, industrial y de servicios.

1.3. La sentencia afirmativa del amparo constitucional interpuesto

Al denunciar las violaciones constitucionales, se solicitó a la Sala Constitucional (SC) del TSJ "*legítimo*", que considerara los efectos de los actos inexistentes, dictados por una ANC írrita. Pero, que igualmente considerarán que esos órganos y esos funcionarios que usurpan cargos y ejercen una autoridad que ya no tienen, no apliquen tales normas.

El único objetivo de esa **acción de amparo** fue proteger la Propiedad Intelectual de todas aquellas personas naturales y jurídicas para que no cancelaran y en el futuro cancelen en **petros**; y, sus derechos constitucionales queden tutelados por la sentencia de manera expresa.

Mientras dure la usurpación, esa sentencia puede que no sea ejecutada ni cumplida por los funcionarios usurpadores. Pero, una vez cese la usurpación, la sentencia permitirá a las personas naturales y jurídicas mantener y proteger los DPI menoscabados. De allí, que se interpusiera formalmente la pretensión de amparo constitucional, como única vía práctica y capaz de generar la protección ansiada.

El 16 de julio de 2019[39], la SC del TSJ "*legítimo*" se pronunció admitiendo el amparo constitucional, así como declaró con lugar la pretensión constitucional ejercida *in limine litis,* a cuyo análisis de sus pronunciamientos se procede.

- **La idoneidad de la pretensión de derechos o intereses colectivos.** El criterio de la Sala Constitucional, frente al alegato del recurrente, fue la de admitir la acción de amparo, porque si la pretensión es enervar una lesión que proviene de violaciones a derechos y garantías constitucionales, la vía procedente es la pretensión de amparo para restablecer la situación jurídica infringida, ante las interacciones denunciadas [Ley Orgánica del Tribunal Supremo de Justicia (LOTSJ[40]), 2010: artículo 146].
- La SC estableció que el asunto versa exclusivamente sobre un punto de mero derecho. Como lo es determinar si se menoscaban o no los derechos constitucionales en los decretos constituyentes, específicamente por quien ocupa ilegalmente la Dirección General del SAPI, y donde se adopta como medio de pago la nueva divisa internacional "*Petro*". Por lo tanto, se considera absolutamente innecesaria, a los fines de la resolución de la controversia, la convocatoria y sucedánea celebración de la audiencia oral ***"ya que lo señalado en la solicitud de amparo y el contenido del expediente constituyen elementos para emitir pronunciamiento del mérito, y en el caso de efectuarse la audiencia oral, la misma no aportaría datos y elementos nuevos que modifiquen el objeto controvertido".***

[39] Ponencia del Magistrado Miguel Ángel Martin Tortabu, expediente SC-2019-004.

[40] Venezuela. *Ley Orgánica del Tribunal Supremo de Justicia*, publicado en Gaceta Oficial No. 39.522, de 1° de octubre de 2010.

- La Sala Constitucional se declaró competente para conocer la pretensión de Amparo **Constitucional con Medida Cautelar de suspensión de efectos** de los decretos constituyentes; porque es de su competencia material conocer de aquellos conflictos donde deba garantizar el respeto a la Carta Fundamental, y resolver cualquier controversia que verse sobre la afectación del orden constitucional.
- La Sala confirmó la acreditación presentada por el recurrente, en su condición de ser venezolano, además de ser usuario del SAPI, siendo igualmente, en su condición de abogado integrante del sistema de justicia interesado en el adecuado funcionamiento de los poderes públicos y en la vigencia efectiva de los derechos constitucionales, que incumben al ámbito del servicio que presta el Ministerio del Ramo del Comercio y su dependencia, **ostenta la cualidad necesaria para interponer la pretensión de Amparo Constitucional, donde se pretende tutelar derechos de naturaleza colectiva.**
- La SC al declarar la admisibilidad del amparo constató que se habían cumplido todos los requisitos formales de la pretensión especial, comprendidos en el artículo 18 de la **Ley Orgánica de Amparo sobre derechos y garantías constitucionales**[41] (LOADGC, 1988: artículo 18) y las previstas en el artículo 147 de la LOTSJ. Igualmente, determinó que la pretensión no estaba incursa en ninguna de las causales de inadmisibilidad previstas en el artículo 6 de la LOADGC, ni las descritas en el artículo 150 de la LOTSJ.
- La Sala al analizar la legalidad del Aviso Oficial del SAPI, percibió que la Sala Político-Administrativa (SPA) del TSJ "*legítimo*", había declarado la nulidad absoluta de la moneda Petro[42].

41 Venezuela. *Ley Orgánica de Amparo sobre Derechos y Garantías Constitucionales*, publicado en Gaceta Oficial No. 34.060, de 27 de septiembre de 1988.

42 Expediente SPA-2018-00. Esta decisión tomando en cuenta el artículo 318 de la Constitución Nacional, sobre la competencia monetaria ejercida por el BCV, declaró que le fueron arrebatas tales competencias cuando el Decreto objeto de la demanda de ilegalidad creó una autoridad diferente. Por ello, determinó que el decreto analizado resultó nulo de toda nulidad, por perseguir la supuesta creación de una moneda, distinta a la nacional, en los términos que contempla el artículo 318 Constitucional.

En tal sentido, estableció que los mencionados decretos "***constituyen una flagrante violación para el normal desarrollo y desenvolvimiento de la Propiedad Intelectual, entendida ésta, como la más clara e inequívoca creación por intermedio de la mente inteligente del hombre, razón por la cual, la misma goza de la protección y garantías constitucionales, que deben ser amparadas bajo el más y estricto resguardo, para de esta manera enriquecer el desarrollo de la ciencia, la cultura y la tecnología en el país. Así se decide***".

- Respecto de la violación del trato igualitario, invocando el artículo 301 de la Constitución de la República, la Sala ratificó que la unidad monetaria de la República Bolivariana de Venezuela es el bolívar; y estableció que constituye un evidente trato discriminatorio "***exigírsele al usuario extranjero que acude a la administración pública, la cancelación de cualquier tipo de operación y/o trámite que éste realice, con una unidad monetaria distinta al bolívar***".
- **Sobre la base de la declaratoria de nulidad absoluta del criptoactivo** "*Petro*", por la SPA del TSJ, la SC estableció que "***cualquier uso que de la misma se haga, resulta absolutamente ilegal, y mucho menos aún, por aplicación retroactiva de la ley, la cual se encuentra expresamente prohibida por mandato constitucional, resultando una clara y absoluta violación de lo preceptuado en el artículo 24 CRBV***".

Finalmente, la sentencia fue divulgada de conformidad a lo establecido en el artículo 152 de la LOTSJ. Se ordenó notificar al recurrente abogado Franklin Hoet Linares; a la Asamblea Nacional de la República Bolivariana de Venezuela, en la persona de su presidente diputado ingeniero Juan Gerardo Guaidó Márquez; a la Fiscalía General de la República, en la persona de la Fiscal General, Dra. Luisa Ortega Diaz; a la Procuraduría Especial de la República, en la persona del Procurador, Dr. José Ignacio Hernández, SAPI, OMPI, CNUDMI – UNCITRAL-OCDE OECD - OSD, ALCA, CCI - ICC; ONU, OEA, BM y BID.

A pesar de los efectos y notoriedad que la decisión del TSJ "*legítimo*" tuvo en el foro internacional, es natural, que no todos hubieren quedado satisfechos con los puntos resueltos en el fallo y que consideren que se haya podido insistir aún más en el aspecto del derecho de la Propiedad Intelectual como un derecho humano fundamental. Ello por cuanto esta afirmación se encuentra sustentada en diversos tratados de Propiedad Intelectual regionales e internacionales. Si trató la concepción del derecho de Propiedad Intelectual como una garantía constitucional, que es un medio establecido por la Constitucional Venezolana para acceder a la justicia y para la protección y tutela judicial de los derechos humanos y los derechos fundamentales consagrados en ellos, tal como fue el amparo constitucional otorgado por el Tribunal.

Para Leonel Salazar, un asunto no resuelto fue "*la categorización del derecho de Propiedad Intelectual como un derecho humano cultural*"[43]. Al efecto, señala que el derecho de Propiedad Intelectual es un derecho humano, que nace como categoría histórica del primer período y ubicable dentro de los de primera generación, como un derecho individual que protege los derechos de propiedad de autores e inventores sobre sus creaciones intelectuales. Soy de la modesta opinión, que mucho se ha avanzado en esta materia, se sigue progresando y se solidifica el principio de que las creaciones intelectuales asumen cada día más un mayor compromiso con el desarrollo sustentable de la humanidad. Se va por buen camino, aun cuando las políticas de inversiones y de Propiedad Intelectual no sean las más atractivas para atraer inversionistas extranjeros.

Pero se deja aquí sentado, que lo que se refiere a los emprendedores sociales nacionales sus creaciones intelectuales tienen una ventana muy amplia de protección, que a través de una estrategia y planificación adecuada pueden lograr cabida a su creatividad, a sus iniciativas y esfuerzos individuales.

2. CARACTERIZACIÓN DE LOS EMPRENDIMIENTOS SOCIALES, COMO NUEVA HERRAMIENTA DE NEGOCIO

2.1. Antecedentes

La historia demuestra que en no pocas veces los estudiantes han sido los disparadores de hitos trascendentes. Sin ir más lejos la Revo-

[43] Leonel Salazar, ob. cit., p. 83.

lución de Mayo o Protestas de 1968 en Francia, conllevaron una escalada mundial de conflictos sociales. Entre ellas la manifestación y subsiguiente matanza de Tlatelolco, Ciudad de México, en octubre del mismo año, cuando una brutal reacción contra los estudiantes cambió a ese país para siempre.

En Estados Unidos de América, para 1968, ocurren las protestas contra la guerra de Vietnam en los Estados Unidos, el movimiento por los derechos civiles y las muertes de Martin Luther King y Robert Kennedy. Ese mismo año, la Primavera de Praga o la Revolución de Terciopelo con su propuesta de socialismo de rostro humano. Un año después se da el otoño caliente en Italia, caracterizado por las luchas sindicales obreras y estudiantiles.

En Paris se convivió con los slogans de ***Il est interdit d'interdire*** (prohibido prohibir), o, "*seamos* ***realistas, exijamos lo imposible*****".** Entre otros hechos importantes y contemporáneos.

En Venezuela, no se pueden olvidar las gestas heroicas de los estudiantes venezolanos en este milenio. Todas ellas demostraciones que esos movimientos espontáneos, con gran presencia estudiantil, más tarde que temprano serán aprovechados o manipulados por distintas fuerzas políticas, blanco de la represión policial y persecución política. Para finalmente terminar, siendo fuerzas incontrolables que desbordan lo meramente considerado como cauces sociales convencionales, sindicales y políticos, con las fuerzas económicas expectantes e inmovilizadas.

Los ES han irrumpido en el mundo venezolano de los negocios. Podría decirse también a nivel latinoamericano y hasta global, como una fuente inspiradora de negocios, catalizadora de sentimientos frustrados en las nuevas generaciones, por la carestía de oportunidades de desarrollo y por las limitantes impuestas por un Estado interventor.

Ángel Colomina[44], Director de Oppino -una empresa ecuatoriana que organiza desde el 2015, los premios a innovadores menores a 35 años- ha categorizado a los ES como un "*fenómeno social*". Colomina ha expresado que hay dos factores internos que afectan el emprendi-

---

44 Ángel Colomina, "El emprendimiento es un fenómeno social en Latinoamérica". Disponible en: https://www.revistalideres.ec/lideres/angelcolomina-emprendimiento-latinoamerica-jovenes-entrevista.html, consultado en fecha 12 de junio de 2021.

miento, tales son: la aversión al riesgo y el miedo al fracaso. Asimismo, agrega como factor externo, la debilidad de las estructuras en ocasiones para dar soporte y ayudar a madurar los proyectos generados, entre ellos el acceso a la financiación. Tal categorización la hace a nivel latinoamericano, desde la mirada del autoempleo y las micropymes (en si emprendimientos) hasta las grandes empresas que han surgido de emprendedores latinoamericanos en la última década.

En igual sentido, Hernán Cheyre, desde Chile, critica que las soluciones propuestas con mayor intervención estatal no sólo no están resolviendo el problema de fondo; sino que, además, deja a la sociedad civil al margen del proceso, generándose nuevas frustraciones. Así surge, espontáneamente de la sociedad civil el emprendedor social como un potente agente de cambio. Tan fuerte ha sido su impacto en la sociedad, que lo califica también como un "*fenómeno*"[45].

Si partimos de una de las acepciones del fenómeno, como cosa extraordinaria y sorprendente, no estaríamos de acuerdo, ya que es natural que la gente busque sus propias soluciones. Cuando el Estado no procura la satisfacción de sus necesidades, ni crea mecanismos para la solución de sus problemas. Valga el ejemplo de la población venezolana, que, de la noche a la mañana, y sin programa de inducción alguno se ha rebelado contra la escasez de la moneda corriente nacional y está sobreviviendo con el manejo cotidiano de cuatro monedas (Bs., $, €, PT). Por el contrario, si tomamos el fenómeno como algo muy bueno, extraordinario, en lenguaje coloquial español "*fenomenal*", si, los ES son un fenómeno: se han convertido en un instrumento válido, novedoso, modelo a estudiar, para mejorar la calidad de vida de las personas

Los ES serán investigados como una expresión inicial de rebelión estudiantil, que no encuentra salida a sus aspiraciones de desenvolvimiento profesional o laboral. Ello debido dadas las restricciones de una economía controlada por el Estado, o asfixiada por la avidez del sector privado que no abre cauces suficientes a nuevas participaciones. Un denominador común en estas protestas es la falta de sintonía que se pro-

[45] Hernán Cheyre, "Emprender «con sentido»: un nuevo fenómeno social", Chile, mayo, 2015. Disponible en: https://negocios.udd.cl/noticias/2015/05/emprender-consentido-un-nuevo-fenomeno-social/, consultado en fecha 12 de junio de 2021.

duce entre los problemas sociales visualizados como prioritarios por las nuevas masas de estudiantes, obreros y jóvenes profesionales; y, la forma en que la sociedad (El Estado) se organiza y legisla para resolverlos.

Es una especie de contrarrevolución empresarial, sin armas y sin disparos, con lo que se tiene a la mano: talento, creatividad, necesidades insatisfechas, aspiraciones legítimas, deseos de superación, tenacidad y perseverancia. Así como, las virtudes innatas en el ser humano que saca a relucir lo mejor de sí mismo en momentos extremos, sobre todo para los jóvenes con un futuro amplio por delante.

El ES es un fenómeno global: un descontento generalizado y que en algunos países los agrupan en la generación de los *millennials*. Pero que a lo largo de la historia la bandera de cambiar el orden establecido, y por qué no el mundo, ha sido enarbolada por los jóvenes de todas las épocas, e insisto, por los estudiantes, por ser los que cuentan con mayor educación. Venezuela no ha sido la excepción, recordemos las de 1928 y 1958.

2.2. Marco teórico del Emprendimiento Social

2.2.1. Emprendimiento Social (ES) y Emprendimiento Económico (EE)

Hay que diferenciar el impacto que pueda generar el ES en los ciudadanos, del EE, que trata de lo que puede ganarse, en términos de utilidad para los accionistas o socios. Se afirma, que los ES se diferencian de los EE en que su objetivo social o medioambiental siempre se encuentran como el punto focal de sus operaciones.

Es así que los emprendedores sociales priorizan sus aspiraciones más que la maximización de las utilidades de sus operadores, en el logro de objetivos sociales, colectivos y medioambientales. Esto hay que verlo con mucha atención, ya que tal afirmación no puede ser generalizada, porque objetivos culturales, educativos, deportivos, religiosos o de otra naturaleza también pueden ser el objeto fundamental de algunos emprendimientos. Y esto varía de país, de cultura, por la influencia del medioambiente o del determinismo geográfico, objeto de largos estudios.

El secreto de emprender en Venezuela está en ser siempre ingenioso, creativo, adaptable y flexible a los cambios, tenaz y no rendirse ante los primeros fracasos, fallas u objetivos alcanzados a medias. Venezuela es un país donde las condiciones están en permanente cambio y adaptación, y, los procesos son dinámicos.

La revolución del s. XXI es una causa en constante evolución, sin aparentes planes definitorios o ideologías precisas; quizás por ello se llama revolución. El permanente autoanálisis y readaptación desconcierta a quienes están acostumbrados a planes rígidos quinquenales, ya en desuso. Vivir, pero más importante: sobrevivir. El que no lo entienda seguirá perdido.

El maestro, José Antonio Abreu; así como, el hoy director musical de la Opera de Paris, Gustavo Dudamel, lo comprendieron muy bien y lograron sus éxitos, hoy mundiales, cabalgando entre dos regímenes políticos. El concepto de orquestas juveniles, "*El Sistema*", es y seguirá siendo novedoso. Ha sido adoptado, como ejemplo, en muchos países, por creativo, inspirador y socialmente rentable. Nada pudo detenerlo, por sus objetivos definidos desde el comienzo. Entre sus cometidos el de ayudar a la gente de menores recursos económicos, además de encomiable, se convirtió en un pegamento social que atrajo y sigue atrayendo a miles de estudiantes a programas de alta disciplina y de sacrificios permanentes. Logró captar lo más difícil: El "*concurso humano*", en palabras del maestro Abreu. La música pudo más que la política y las penurias del financiamiento. Este emprendimiento cultural-musical se constituyó en el emprendimiento más exitoso de toda la historia venezolana y en un referente mundial, como movimiento cultural-musical que integra nuestra marca país.

Pero al lado de un proyecto exitoso hay decenas de fallidos. Las causas son variadas, entre ellas los condicionamientos económicos, al margen de los políticos. Los emprendedores sociales requieren de capital, con el cual usualmente no cuentan por estar en el comienzo de sus vidas activas empresariales. Sin embargo, tienen la oportunidad de asociarse, y de optar por un capital inicial, participando en proyectos de organismos internacionales o incluso con la banca nacional, que también hace aportes a los emprendedores y sus emprendimientos.

2.2.2. Emprendimiento y Emprendedores Sociales

Tanto para el emprendimiento como para los emprendedores sociales, la clave es la creatividad; es decir, hacer algo que no se había hecho o hacerlo diferente. Así, por emprendimiento se entiende en la doctrina latinoamericana: el lanzamiento al mercado de una idea en forma de modelo de negocio económico, novedoso, por personas llamadas **emprendedores** no expertos en el desarrollo de empresas. Por tanto, no empresarios, pero con conocimientos de algo en particular que piensan puede ser acogido por el mercado y convertirse en un éxito económico.

El emprendimiento también es concebido, aun en Venezuela, como un proceso: el diseño, lanzamiento y administración de un nuevo negocio, el cual generalmente comienza como una pequeña empresa o una emergente, ofreciendo la venta de un producto, una nueva forma de presentación de un producto conocido, un servicio o un proceso en sí mismo.

D. Roberts y C. Woods definen al emprendedor como aquella persona que "*descubre, evalúa y explota oportunidades rentables, tomando en cuenta el riesgo, está alerta a las oportunidades y necesidad por la innovación. ¿Entonces dónde encaja el aspecto social al interior de este marco conceptual para el emprendimiento?*"[46].

Mientras que, por **emprendedor social** se entiende:

> *"Una persona que busca resolver problemas que afectan a la sociedad haciendo uso de los criterios y herramientas propios del manejo de los negocios, para impulsar iniciativas que sean financieramente sustentables en el tiempo. Es un líder a quien no amedrentan los riesgos, con el fin de lograr sus objetivos, lucrativos o no. Es un empresario de la innovación. Su creatividad, como pionero, abre las puertas a otros empresarios y a otros nuevos productos."*

---

[46] La posibilidad de un gran desarrollo cooperativo está en la integración de la energía de todos los que aportan su trabajo en esta modalidad. D. Roberts y C. Woods, "Changing the world on a shoestring: The concept of social entrepreneurship", en *University of Auckland Business Review*, Volumen 7, No.1, 2005, p. 46.

2.2.3. ¿El lucro como objetivo de los Emprendimientos Sociales está descartado? El acceso al valor económico sustentable.

El lucro como objetivo de los ES no es necesariamente una condición. Sin embargo, tradicionalmente se ha relacionado el emprendimiento con el descubrimiento de oportunidades rentables. Se le conoce como el cuarto sector por estar incursionando entre el Estado, las organizaciones filantrópicas y sector privado de los negocios. Por eso se entiende por oportunidades de emprendimiento aquellas situaciones en las que nuevos bienes, servicios, materias primas y métodos de organización, pueden ser vendidos e introducidos a un precio mayor que sus costos de producción, y que no están cubiertos eficazmente o con eficacia por los otros tres sectores.

Si por emprendedor se entiende que es aquella persona que descubre, evalúa y explota oportunidades rentables tomando en cuenta el riesgo, está alerta a las oportunidades y necesidad por la innovación. Se critica, sin embargo, que las oportunidades sociales no se descubren, sino que se construyen gracias a la generación de ideas. Una idea se evalúa y lleva a la otra, más eficiente o productiva. Tampoco es necesario tomar en cuenta las características del individuo. Por tanto, es incorrecto decir que existe propensión del individuo a generar ES, afirmación que se disiente porque no todos los seres humanos tienen las mismas características o facultades de ser creativos, emprendedores y laboriosos, acompañados de empuje y tenacidad, deseos de superación, bondad y generosidad hacia nuestros semejantes. Esto se ha aprendido desde que el Padre Adán procreó a Caín y Abel.

Tampoco aparece el factor social en estos esbozos de definición, por lo cual se ofrece una posición **ecléctica**, que introduce **el valor social sostenible**, empleado para diferenciar el ES, de la obra de beneficencia o de caridad.

Así el ES es individualizado como un tipo específico de emprendimiento que busca soluciones para problemas sociales (oportunidades) a través de la construcción, evaluación y persecución de oportunidades que permiten la generación de valor social sostenible, alcanzando equilibrios nuevos y establecen relación con las condiciones sociales, a través de la acción directa llevada a cabo por organizaciones sin ánimos, empresas u organismos gubernamentales.

Entidades u organizaciones sin fines de utilidad económica pueden serlo, orientadas a la eficiencia empresarial. Es una respuesta a soluciones que ni el Estado ni la empresa privada han logrado satisfacer en forma eficiente. En el mundo del emprendimiento, mayoritariamente capitalista, existe un tipo de proyectos que no buscan el beneficio económico, sino el de la sociedad. Una serie de iniciativas que surgen con el objetivo de ayudar a grupos de personas a solucionar problemas de los que no podrían librarse por sí solos.

En 1993, la firma consultora norteamericana Stern Stewart & Co. desarrolló un nuevo criterio para evaluar el resultado económico de las empresas, representado principalmente por el indicador de valor económico agregado (VEA), entendido como:

> *"el retorno neto de la actividad operativa de una compañía una vez restado el costo de capital –costo de la financiación otorgada por los accionistas– y por deuda con terceros (Baran, Hrotko y Olejník, 2007, citado por la firma consultora). Cuando una empresa cumple con las obligaciones adquiridas con quienes han financiado su operación y aun así genera excedentes adicionales de riqueza para los accionistas, se dice que está generando un valor económico agregado. Esta definición de valor económico está enfocada en el beneficio percibido por los accionistas"*[47].

2.2.4. Valor Social

Con base en las premisas anteriores, a continuación, se define **valor social** como:

> *"La búsqueda del progreso social, mediante la remoción de barreras que dificultan la inclusión, la ayuda a aquellos temporalmente debilitados o que carecen de voz propia y la mitigación de efectos*

---

[47] Desde 1989 esta firma Stern Stewart & Co introdujo y registró como marca a su nombre el EVA (Cfr. Federico Li Bonilla. "El Valor Económico Agregado (Eva) en el Valor del Negocio", en *Revista Nacional de Administración*, Volumen 1, No. 1, p. 56. Disponible en: https://revistas.uned.ac.cr/index.php/rna/ article/ view/284. https://doi.org/10.22458/rna.v1i1.284, consultado en fecha 12 de junio de 2021).

secundarios indeseables de la actividad económica. En contraposición a lo que ocurre con el valor económico desde el punto de vista del consumidor, que es capturado en forma autónoma por sus beneficiarios y remunerado con sus propios recursos en un intercambio comercial, en este caso el ES ayuda al beneficiario a obtener un valor que, por distintos motivos, habría estado fuera de su alcance".

Esta definición permite entender por qué razón los ES, principalmente encargados de la generación de valor social, pueden ser desarrollados por el sector privado con o sin ánimo de lucro y por el sector público. Es por esto que los académicos se refieren al ES como la creación de cambio social positivo, sin importar las estructuras o procesos a través de los cuales se lleva a cabo.

2.2.5. El valor económico sostenible o sustentable.

En el ámbito académico hay mediana claridad sobre lo que se conoce como generación de valor económico.

En 2006, la *Social Enterprise Knowledge Network* (SEKN) desarrolló un proyecto de investigación colectiva donde propuso definiciones para valor económico y valor social. El valor económico, como beneficio económico recibido por los clientes, lo definieron como "*la creación de valor económico mediante "identificación de oportunidades, en donde los beneficiarios del valor creado están dispuestos a pagar un precio por él que es superior al costo de producirlo, por lo que se genera riqueza material*"[48].

La creación de valor social, por su parte, consiste esencialmente en cambiar para bien las vidas de los individuos, mediante la consecución de objetivos socialmente deseables. Sin embargo, ¿cómo se logra la generación de este valor social por parte de los ES?

A tal fin la SEKN estableció cuatro mecanismos para crear valor social:

---

[48] Patricia Márquez, Ezequiel Reficco y Gabriel Berger. Negocios Inclusivos, Iniciativa de mercado con los pobres de Iberoamérica, Banco Interamericano de Desarrollo/Harvard University. Disponible en: http://www.sekn.org/wp-content/uploads/2016/12/SEKN-Negocios-inclusivos-version-espanol.pdf, consultado en fecha 12 de junio de 2021.

a) Derribar barreras

El trabajo desarrollado para derribar la presencia de barreras en el grupo objetivo que sufre de una carencia específica. Hay barreras de diferentes tipos. Las primeras y más comunes son las de precio/ingreso, como la falta de acceso a educación formal, sexual y de planificación familiar. Organismos internacionales reconocen que, aunque las mujeres tengan derecho a controlar su propia reproducción, numerosas barreras sociales las previenen de hacerlo. Aunque estas barreras varían entre y al interior de los países, generalmente incluyen la falta de educación.

Otro tipo de barreras es el impuesto por la exclusión de los mercados de capitales; algunos ES buscan derribar este tipo de barreras a través de la promoción del microcrédito, el cual busca mejorar las condiciones de vida y la capacidad de generar riqueza, es decir, reducir los niveles de pobreza en el mundo. Se busca que las personas de escasos recursos pongan en marcha pequeños negocios que generen ingresos para mejorar su nivel de vida.

Además de los tipos de barreras mencionados anteriormente, se destacan barreras geográficas y culturales o simbólicas. Un estudio realizado en Guatemala respecto a las barreras de acceso a los servicios de salud por parte de la comunidad indígena, determinó la presencia de barreras geográficas, relacionadas con la distancia y con la escasez de transporte; y barreras culturales, entre las que se destaca la lengua española como obstáculo y la concepción de los indígenas de la medicina y los tratamientos[49].

b) Apoyar a las poblaciones objetivo-debilitadas

Como posible fuente de generación de valor social, está el apoyo proporcionado a las poblaciones objetivo-debilitadas. En ocasiones, incluso las empresas toman acciones a favor de la comunidad porque reconocen que no pueden progresar como islas de riqueza en un océano de pobreza.

---

49 Maeve Hautecoeur, María Victoria Zunzunegui y Bilkis Vissandjee, "Las barreras de acceso a los servicios de salud en la población indígena de Rabinal en Guatemala", en *Salud Publica*, No. 49, 2007, México, pp. 86-93. Disponible en: https://www.researchgate.net/publication/28208696_Las_barreras_de_acceso_a_los_ servicios_de_salud_en_la_poblacion_indigena_de_Rabinal_en_Guatemala.DOI:10.1590/S0036-36342007000200003, consultado en fecha 12 de junio de 2021.

Las empresas se enfocan en invertir sus recursos en organizaciones no gubernamentales, cooperativas, pequeños negocios, instalaciones comunitarias y viviendas de interés social. El principio que guía este tipo de inversiones en la corporación es el tomar acciones que fortalezcan las comunidades locales.

c) Dar voz a grupos para la defensa de sus intereses y derechos

El buscar dar una voz a quien de otra manera permanecería pasivo frente a la defensa de sus intereses y sus derechos. Entre grupos potenciales que pueden ser ayudados con este mecanismo se ubican los niños y adolescentes, quienes en ocasiones no cuentan con respaldo alguno para hacer valer sus derechos. Los consumidores, los discapacitados físicos y mentales y el medioambiente, también pueden ser soportados a través de ES.

Un problema que pretende ser mitigado con este tipo de emprendimientos es el tráfico de seres humanos. En Europa, niños son traficados al interior del continente hacia países vecinos, África, Asia y las antiguas repúblicas soviéticas. Una de las razones de este tráfico es la explotación económica, la mayoría a través de la explotación sexual. Las propuestas para combatir este tipo de esclavitud contemporánea van desde la promulgación de leyes, hasta la concienciación de las comunidades en riesgo.

d) Solucionar los efectos secundarios de bienes y servicios indeseables

Un cuarto mecanismo está representado por las soluciones que se buscan a efectos secundarios indeseados de bienes o servicios que se producen en el marco normativo vigente. Así se tienen a los residuos sólidos, la adicción a la nicotina o al alcohol. Las empresas generalmente deben tomar acción para ganar legitimidad social y poder desempeñarse sin la oposición de la comunidad.

Un caso para citar es el de la compañía petrolera argentina Pérez Companc, propiedad de Petrobras desde el 2002, que sufrió varios cambios estructurales para poder asumir los nuevos desafíos de la industria petrolera, incluyendo asuntos de sostenibilidad ambiental. Factores internos y externos han influenciado los cambios experimentados en la compañía. Dentro de los factores externos, la presión de la sociedad civil jugó un papel central. Las organizaciones no gubernamentales del país referido por la prensa protestaron informando a la población sobre los problemas sociales y de medio ambiente generados por las empresas, con una firme presión a las compañías y al gobierno a actuar. En ocasiones, estos problemas llegaron a la corte.

2.2.6. El emprendimiento como programa de estudio por instituciones educativas de negocios

Desde la década de los ochenta el emprendimiento ha cobrado interés para las escuelas de negocios debido a su estrecha relación con la creación y dirección de empresas, entre otras razones. Eso implica que su surgimiento comenzó a destacarse como tal en los 70's, o antes, aunque no es ni una exclusividad ni una creación absoluta del s. XX.

La explosión global de este fenómeno ha forzado a las principales escuelas de negocios en el mundo, tanto de influencia liberal como conservadora, a crear divisiones orientadas a encausar el emprendimiento y la corriente renovadora social entre su alumnado. Es lógico entonces deducir que en una sociedad que aplique los principios del liberalismo, libertad, derecho de propiedad y derecho de autonomía contractual, el principal atributo de un ser humano es la tendencia a la acción.

El emprendimiento es un campo vasto que involucra diferentes tópicos: financiación del emprendimiento, características del emprendedor, emprendimiento corporativo, empresas de familia, reconocimiento de oportunidades, aprendizaje y ES, entre otros.

Esta revisión se enfoca en lo que representa el ES, su constructor técnico, importancia, características y tópicos para investigaciones futuras, identificación de sus características fundamentales, amén de su relevancia presente y futura para el desarrollo de países. Se les considera una especie de "*héroes*", porque se requiere mucha creatividad para poder "*desarrollar*" un negocio frente a todas las dificultades que están atravesando los ciudadanos, sobre todo en países con crisis generalizadas como las nuestras donde la palabra emprendimiento puede significar supervivencia, anti-conformidad. Sin embargo, pese a las adversidades, diversos negocios han alcanzado el éxito, continúan y aumentan y los emprendedores han comprendido la necesidad de agruparse, asociarse y contar con el asesoramiento adecuado dadas las múltiples facetas que los emprendimientos implican.

2.2.7. El emprendimiento como objeto de estudio por otras disciplinas

Además de las escuelas de negocios, el emprendimiento ha sido estudiado desde la economía, la psicología, la sociología y la antropología. La economía se encargó de estudiarlo buscando la relación de éste con el desarrollo desde un punto de vista puramente económico. Posteriormente, la psicología, la sociología y la antropología desarrollaron aportes que se encargaron del estudio del fenómeno desde un punto de vista social.

Al interior de las escuelas de negocios, ha cobrado interés desde la década de los ochenta debido a la relación con la creación y dirección de empresas, entre otras razones.

El emprendimiento involucra diferentes acepciones como lo es el ES, sobre el cual existen relativamente pocos acuerdos. Para algunos, está asociado a la realización de obras benéficas o se refiere a las cuestiones de la caridad humana. Otros, consideran que este tipo de emprendimiento es de vital importancia para el desarrollo económico y social.

La investigación realizada evidencia que no existe un desarrollo legislativo ni reglamentario divulgados en Venezuela sobre esta nueva manifestación de negocios. Asimismo, se defiende la posición de que no deba serlo en lo inmediato, antes de hacer aproximaciones no solo teóricas sino empíricas.

Se ha sostenido, que no es lo mismo promover y participar en eventos de emprendimiento, ayudarlos a organizarse y a buscar salidas internacionales y financiamiento, y una totalmente diferente es pretender regularlos cuando es un árbol en pleno crecimiento. Quizás podarle las ramas que no echan frutos sino solo hojas, como en la parábola de la vid.

En el derecho comparado existen diferentes estudios y publicaciones, mayormente enfocadas en el ámbito económico y negocial, empresarial y de rentabilidad para el sector oficial, como contribuciones a los espacios dejados por el Estado y el sector privado, con la secuela de necesidades insatisfechas.

La crisis de estos últimos años ha sido terreno fértil para la generación de los emprendimientos. Si se tuviera que formular una ley, se afirmaría: **la multiplicación de los ES es directamente proporcional a los espacios de la economía abandonados o mal servidos por el Estado y el sector privado**.

2.2.8. El emprendimiento desde la perspectiva del derecho comparado. Ley de cooperativas

Otro enfoque de derecho comparado interdisciplinario que podría realizarse es el análisis entre los emprendimientos y el cooperativismo. Determinar, cómo pueden ambas instituciones colaborar para lograr mutuos beneficios. Las cooperativas compartiendo sus experiencias desde lo organizacional, y los emprendedores a través del logro de sus cometidos sociales.

El movimiento cooperativista nacional cuenta con una ley especial desde 1910, cuya última reforma data del año 2001[50]. En la Exposición de Motivos del texto reformado, constituye una advertencia para el Estado, si pretende regular los emprendimientos, en tanto que manifestación social espontánea, o, por el contrario, si la iniciativa proviene del sector privado, se percibe su temor al crecimiento incontrolado de un competidor a mediano o largo plazo:

> *"Las cooperativas se han desarrollado en Venezuela sin contar con un marco regulatorio que respondiese a su realidad. La Constitución de 1961 las refiere en un contexto entre organizaciones de poca trascendencia, a ser protegidas y tuteladas, sin establecerles ningún papel protagónico en el desarrollo de nuestra sociedad. La ley de cooperativas de 1966 nace más como iniciativa de organismos internacionales que como resultado de un proceso nacional. La reforma de 1975 no modificó el sentido general de la ley.*
> *Las cooperativas eran en la Constitución de 1961, como entes dedicados a solucionar pequeños problemas comunitarios, como sujetos de protección y de tutela, incapaces de desarrollar por sí solas grandes empresas y a las que expresamente se les vedaban campos de acción en el desarrollo económico y social. Se establecieron limitaciones para constituir bancos, aseguradoras, fondos y empresas cooperativas para atender la seguridad social. Otros sectores*

---

50 *Venezuela. Decreto 1.440 con Fuerza de Ley* Especial de *Asociaciones Cooperativas, publicado en* Gaceta Oficial No. 37.285, del 18 de septiembre de 2001.

sociales encontraban en las leyes facilidades para desarrollar actividades en esas materias y, a la vez, la certeza de que no tendrían competencia seria porque no estaba permitida una opción asumida por trabajadores o usuarios de los servicios.

La Ley de Cooperativas establecía infinidad de disposiciones que pretendían regular el accionar de los entes cooperativos, limitando su capacidad de desarrollo empresarial, estableciéndoles una camisa de fuerza organizativa que las obligaba a desarrollar sólo un modelo de empresa asociativa. Eso limitó la constitución de organizaciones abiertas y flexibles que pudiesen desenvolverse en un entorno cambiante. Esa misma visión, contradictoria con la naturaleza participativa de las cooperativas, privilegiaba las formas de gestión vertical, estableciendo mecanismos legales de delegación en pequeños grupos directivos, impulsando de hecho, así, formas de democracia representativa dentro de organizaciones que, por su esencia, deben desarrollar la democracia participativa. Esas disposiciones tendían a hacerlas ineficientes y propiciar las carencias y peligros que se derivan de concentrar en pocas manos la gestión de estas empresas.

También consagraba mecanismos de articulación de las cooperativas, prediseñados, rígidos, que limitaban la capacidad de integración real de las cooperativas con su comunidad, con otras organizaciones de gestión democrática, con otras cooperativas y con el país. El Estado se reservaba un papel excesivamente tutelar que se manifestaba en disposiciones, como las referentes a la misma constitución inicial de estos entes, que, en lugar de realizarse en los registros públicos en cada localidad, debían ser canalizados ante un ente nacional, que además les exigía estudios de viabilidad onerosos que eran evaluados sin parámetros establemente definidos.

Se pretendía sustituir el control democrático que los asociados y el movimiento cooperativo debe tener sobre sus propias organizaciones, por una supervisión externa, ejercida por un solo ente, necesariamente ineficiente, porque no puede concentrarse en un solo organismo público la supervisión de actividades tan variadas y disímiles que pueden realizar las cooperativas, como son las de carácter financiero, de seguros, de producción, de distribución de alimentos, educativas, de atención a la salud, de seguridad social. Se creaban paralelismos con otros entes especializados de la administración pública en el control de actividades específicas, por un control que se realizaba a grupos humanos, por el simple hecho de optar por un tipo de personería jurídica: la cooperativa. Esta contradicción no se da con otras modalidades de personería jurídica. No existen organismos especializados en la fiscalización de compañías anónimas o empresas personales, o asociaciones civiles. Los entes de control se orientan al de actividades o procesos definidos, que pueden ser realizados por empresas y diversos tipos de personería jurídica.

Igualmente, la visión minimizadora del hecho cooperativo, limitado a pequeñas y débiles empresas orientadas a servicios marginales, no le dio importancia al Trabajo Asociado. Las cooperativas son empresas gestionadas con participación democrática por los que asocian su trabajo para lograr bienestar personal y colectivo. La posibilidad de un gran desarrollo cooperativo está en la integración de la energía de todos los que aportan su trabajo en esta modalidad."

2.3. La Propiedad Intelectual como estrategia para el Emprendimiento Social.

Se ha establecido en este análisis que la Propiedad Intelectual en Venezuela goza de protección constitucional como un derecho humano fundamental. Asimismo, el Código Civil[51] (CC) al regular el derecho de propiedad (CC, 1982: artículo 545[52]), reconoce a la Propiedad Intelectual como un derecho de propiedad especial, en los siguientes términos:

"El producto o valor del trabajo o industria lícitos, así como las producciones del ingenio o del talento de cualquiera persona, son propiedad suya, y se rigen por las leyes relativas a la propiedad en general y las especiales sobre estas materias."

De donde se puede inferir, que la Propiedad Intelectual no sólo es un derecho humano fundamental, sino que también tiene naturaleza de derecho privado.

---

51 Venezuela. *Código Civil*, publicado en Gaceta Oficial No. 2.990, Extraordinaria, del 26 de julio de 1982.

52 La propiedad es el derecho de usar, gozar y disponer de una cosa de manera exclusiva, con las restricciones y obligaciones establecidas por la Ley.

Igualmente, guarda correspondencia con los términos establecidos en el Preámbulo del Anexo 1C del Tratado de creación de la Organización Mundial del Comercio[53] (1994), que contiene el Acuerdo sobre los Aspectos de los Derechos de Propiedad Intelectual relacionados con el Comercio (ADPIC), donde se reconoce "*que los derechos de propiedad intelectual son derechos privados*".

Por su parte, la Ley de Propiedad Industrial[54] (LPI, 1955) también le brinda ese carácter de derecho privado a los titulares de derechos de Propiedad Industrial (LPI, 1955: artículo 1). En igual sentido la Ley sobre el Derecho de Autor[55] (LSDA, 1993) respecto de los derechos de los autores sobre sus obras literarias, artísticas o científicas (LSDA, 1993: artículo 5[56]).

De allí, que, para los fines de esta investigación, la Propiedad Intelectual se ha de percibir no sólo en ese aspecto jurídico relevante, sino que va a permitir, igualmente, la viabilidad para que los emprendedores diseñen estrategias de protección de sus emprendimientos en el marco normativo nacional, regional e internacional. En ese contexto normativo se detallan algunas modalidades de protección de los bienes intelectuales, de donde derivan los DPI de sus titulares, entre ellos los emprendedores sociales.

2.3.1. Factores claves en la práctica de la Propiedad Intelectual: Con especial referencia al mundo y al Derecho de la Moda (*Fashion Law*)

Es de particular relevancia, que no sólo aspectos de orden jurídico influyen en la protección de los DPI. Así existen, factores claves que

---

53 Venezuela. *Ley Aprobatoria del Acuerdo de Marrakech por el que se establece la Organización Mundial del Comercio: Anexo 1-C: Acuerdo sobre los Aspectos de los Derechos de Propiedad Intelectual relacionados con el Comercio*, publicada en Gaceta Oficial No. 4.829, Extraordinario, del 29 de diciembre de 1994.

54 Venezuela. *Ley de Propiedad Industrial*, publicada en Gaceta Oficial No. 24.873, del 14 de octubre 1955.

55 Venezuela. *Ley Sobre el Derecho de Autor*, publicada en Gaceta Oficial No. 4.638, Extraordinario, del 1° de octubre de 1993.

56 "*El autor de una obra del ingenio tiene por el solo hecho de su creación un derecho sobre la obra, que comprende, a su vez, los derechos de orden moral y patrimonial determinados en esta ley. Los derechos de orden moral son inalienables, inembargables, irrenunciables e imprescriptibles.*"

determinan el desarrollo de la industria y el comercio, algunos de los cuales esquemáticamente se señalan, entre otros:

1) El constante crecimiento de negocios con marcas propias.
2) El crecimiento de emprendedores y ES en diversas áreas.
3) La existencia de un ambiente competitivo.
4) La irrupción en la economía de nuevas oportunidades imprevistas, como es el caso de la pandemia del Covid-19.
5) La necesidad de búsqueda de soluciones para crear una estrategia propicia que abarque no solo la protección local de los derechos de Propiedad Industrial; sino también buscar la protección de los DPI en otras latitudes donde puedan competir.

Un ejemplo práctico de esta proyección internacional lo encontramos en los emprendimientos que han crecido a niveles jamás imaginados y, en no pocos casos se ha convertido en iconos. Tal como, en el mundo de los diseños de la moda, donde compiten a la par venezolanos y latinos, hombres y mujeres, citemos algunos casos de exitosos venezolanos:

Ángel Sánchez: Arquitecto que abandonó su carrera en la USB, se dedicó a trabajar nuevamente en el taller de confección de su madre, ya lo había hecho desde niño, y actualmente es un modisto reconocido mundialmente de prendas de vestir para la noche, en especial trajes nupciales. Es miembro del Consejo de Diseñadores de Modas de América (CFDA).

Carolina Herrera: Presentó su primera colección en 1981, en el *Metropolitan Club* de la ciudad de Nueva York y posee actualmente un imperio de moda que abarca no solo confecciones femeninas, sino masculinas, maquillajes, perfumería y productos varios para el hogar.

Durán & Diego: Se inaugura en Caracas en 1993, con manejo muy profesional de la tela y se ha convertido en una firma preferida en la moda nacional, se ha expandido y cuenta con varios establecimientos en Caracas.

Giovanni Scutaro: Egresado UCV, realizó estudio de diseño de modas en Italia, tiene tiendas en varias partes de Venezuela y Queens NY, Estados Unidos, premio ForiArte Hispano, otorgado por la Asamblea del Estado de Nueva York.

Oscar Carvallo: Otro abogado diseñador, que abrió su boutique de *Prêt á Porter* en París en el 2006 y en el 2011 estableció su primer taller en la famosa *Rue du Faubourg Saint Honoré* de París.

Vanessa Bulto: Diseñadora receptora del galardón *Creative Accessory Design Award*, que otorga el Diseño Creativo de Accesorios[57].

Podríamos agregar muchos otros más como Lucchi, Mayela Camacho, egresada de economía de la UCAB, Nicolás Felizola, abogado de la USM, Daniela Panaro fundadora de la firma de diseño de moda "*No pise la Grama*". A todos ellos, dedicamos las próximas recomendaciones, especialmente a los emprendedores noveles que se inician en el desarrollo de sus creaciones. Sin embargo, por razones de editorial académicas el capítulo sobre protección múltiple en la PI, las representaciones gráficas en forma, colores y diseños fueron excluidas de este artículo más completo sobre los ES, dejando a los interesados la posibilidad de acceder a la misma, a través de la página web de Hoet & Partners (https://www.hoetpartners.com).

RECOMENDACIONES

I. A LOS EMPRENDEDORES NOVELES: FACTORES PRÁCTICOS

Además del perfil ya enunciado, de lo que es o debería ser o tener un emprendedor para alcanzar el éxito, las características propias del negocio a emprender o aventura, marcan su futuro destino, por lo cual se recomienda:

1.- Analizar los resultados de otros emprendimientos. Fallidos y exitosos.

2.- Aplicar estrategias de mercado. Por tanto, es necesario conocer los mecanismos generales para poder penetrar mercados desconocidos o nuevos.

3.- Minimizar la necesidad de una sede social física. Estos emprendimientos se caracterizan por estar "*siempre en movimiento*". Des-

[57] María Carolina Chapellin de Mirabal. "Los diseñadores de Moda venezolanos más reconocidos". Disponible en: https://mariacarolinamirabal.com/moda/los-disenadores-de-moda-venezolanos-mas-reconocidos/, consultado en fecha 12 de junio de 2021.

capitalizarse desde el comienzo, cuando no se tienen todos los alcances del proyecto no es recomendable. Aunque un plan de negocios se presente muy atractivo, la economía de gastos es primordial.

Así que una inversión inicial para la adquisición o arrendamiento de una sede física, puede resultar contraproducente para la implantación del plan de negocios; salvo que por la naturaleza del emprendimiento ello sea necesario.

4.- Elaborar un plan de negocio para obtener financiamiento. Sobre la base que un emprendedor es un soñador por excelencia, sin sueños no hay metas, no es raro que la parte financiera le sea desconocida, sino por completo, al menos en sus reglas principales. Luego de pergeñar la idea generatriz del emprendimiento, debe estimar los costos generales, en detalle de ser posible, de lo que implica su creación, lanzamiento y capital de trabajo. Es una aventura económica y como tal debe estar fundamentada en un plan de negocios. Ello implica un riguroso Cronograma de actividades y presupuesto. Así como, aceptar los elementos básicos de lo que es precisamente un plan para operar un negocio, así:

- Resumen Ejecutivo.
- Descripción del emprendimiento, destacando sus novedades y atractivos.
- Forma jurídica del emprendimiento.
- Acuerdo de inversionistas y personas responsables de la dirección.
- Análisis del mercado.
- Organización, administración y gestión.
- Productos y servicios.
- Mercadeo de venta de productos o de prestación de servicios.
- Requerimiento y solicitud de fondos.
- Protección de los derechos de Propiedad Intelectual.
- Apéndice.

Pero si no se cuenta con fondos propios, el financiamiento no solo debe estar basado en un buen plan de negocios, sino en uno hecho por profesionales y bien estructurado. El tiempo que se invierte en este plan es tiempo ganado al futuro, sea en las negociaciones para captar financiamiento o inversionistas, o en la implementación del mismo, preparación y formación del personal. Este será requerido por las instituciones prestamistas, o por inversionistas cautos y conocedores de negocios.

Hay que estar preparados para defenderlo, ya que es una herramienta de evaluación del crédito, monto, demás términos y condiciones del mismo. Pero, sobre todo la capacidad de repago y la protección legal del emprendimiento.

5.- Obtener financiamiento y lograr independencia.

Independientemente de la figura o forma jurídica que se seleccione para implantar el emprendimiento, la escogencia de la fuente de financiamiento, y su condicionamiento presente o futuro es crítico, así sean de origen privado.

Pero en caso de ser los apoyos del Estado, usualmente condicionados, económica o políticamente, en particular aquellos financiamientos sin espíritu lucrativo deben analizar con cuidado el valor de su independencia.

Hoy en día, en Venezuela es raro un financiamiento del Estado sin términos y condiciones inaceptables para un surgimiento libre del emprendimiento. Esto, también suele ocurrir, en cualquier escenario internacional. Mientras muchos ES aceptan al día de hoy fondos y otras formas de apoyo del Estado; particularmente aquellas que no tienen ánimo de lucro, esencialmente son empresas que buscan independencia tanto del Estado como del capital privado a través de estrategias que crean una economía social[58].

Ante el crecimiento de este tipo de emprendimientos, se desarrolló una estructura de trabajo sin realizar grandes inversiones.

a. Alianzas universitarias

Las alianzas universitarias pueden generar empresas integradas por un equipo de trabajo de manera casi gratuita. Mientras, las universidades se benefician con estudios, información científica y reconocimientos varios.

58 Emprendimiento Sicla, Historia y Filosofía, Barraza, ¿qué es Emprendimiento Social? (htts//eb. Archive. ORG/web/20180702035648/htts://impactosocial.com/

b. Equipo de trabajo reducido

Como quedara demostrado con la experiencia del maestro Abreu; el capital humano es una inversión esencial que realizan las empresas. No solo por razones de dinero, sino también de tiempo. La creación de un equipo de trabajo pequeño es un requerimiento para iniciar un ES. Ello no excluye, eliminar la posibilidad de crecimiento del equipo más adelante, cuando los avances del proyecto así lo requieran.

c. Trabajar con estructuras existentes

Los expertos afirman que quien desee crear un ES de baja inversión, debe buscar la forma de utilizar estructuras de trabajo existentes. A través de alianzas con otros emprendimientos de este tipo, con organizaciones más grandes, e incluso con empresas tradicionales que buscan crear campañas de responsabilidad social empresarial, es posible tomar prestados los procesos y métodos de trabajo que ya están comprobados.

d) Evitar sedes físicas

El enfocarse demasiado en tener una sede física para comenzar a trabajar. Es un error común. Los expertos explican que una de las principales características de los ES es que se mantienen "*siempre en movimiento*", por lo que una sede física es algo que puede esperar hasta que se tenga más apoyo financiero.

Cimentar un emprendimiento de cualquier naturaleza que sea, es un proceso complejo. El acudir a los expertos y a la asesoría de empresarios con experiencia es recomendable desde el inicio.

6.- Proteger los derechos de Propiedad Intelectual

Destacar el valor e importancia de la protección de los derechos de Propiedad Intelectual, desde el inicio y con profesionales especializados en la materia. Una improvisación para ahorrar costos puede acarrear dificultades o imposibilidad de captación de fondos y hasta la pérdida de los derechos creados y el mismo negocio emprendido. Quizás éste sea el elemento o sustrato más valiosos con el transcurso del tiempo. Los conceptos de conocimiento del dominio público y de uso de las marcas por terceros, o de protección del derecho de autor desde la creación son fundamentales. A llorar al valle, si no se hacen a tiempo.

II. UNA AGENDA DE INVESTIGACIÓN

Es cierto que la conclusión final -no escrita, pero confesa- es que hay más interrogantes que respuestas. Cuestionamientos, más bien orientadores, de lo que significa, estudiar un instituto incipiente. Este tipo de emprendimientos permite desarrollar escenarios más propicios para el crecimiento económico. De allí la necesidad de generar instrumentos de recolección de información y medición apropiados para evaluar tanto a los emprendedores como sus ES.

1. Cuestionamientos para determinar la motivación

¿Qué factores llevan a las personas u organizaciones a ser emprendedores sociales?

¿Es necesario entender mejor qué tipo de apoyo, por parte de los gobiernos locales, aumentan las iniciativas de ES?

¿Importan la naturaleza del problema o el nivel de apoyo ofrecido?

2. Cuestionamientos para formular políticas públicas

¿Pueden los gobiernos de alguna manera soportar la expansión del ES hasta poder reducir significativamente la cantidad de dinero invertido en los principales problemas sociales?

¿Se podrían señalar sectores prioritarios a ser atendidos, con apoyo en el financiamiento constitucionalmente previsto?

¿Podría alentarse una política de mayor participación de la mujer, especialmente de las madres, tal como ya han comenzado a protegerse en algunas leyes especiales?

¿Es viable el establecimiento de programas de inducción, preparación y formación de emprendedores y de incubadoras de emprendimientos emergentes, sin que sean pasto de la desviación y manipulación político-partidista?

¿Es viable y recomendable para coadyuvar en esa formación, protección y desarrollo la participación de las Academias, Colegios de Abogados y de otras profesiones?

¿Qué de las instituciones financieras, bancos y demás actores del sistema bancario y financiero nacional?

3. Cuestionamientos para caracterizar los Emprendimientos Sociales

¿Qué emprendimientos con financiamiento público o privado han resultado exitosos?

¿Qué tipo de emprendimientos y cuantos han podido acceder al mercado de valores o bursátil?

¿Qué factores deben tenerse en cuenta cuando se está decidiendo hacer una contribución a un ES?

¿Son acertados los criterios de evaluación empleados por las instituciones financieras para conferir financiamientos al sector de los emprendimientos sociales?

¿Se cuenta con estadísticas válidas y certificadas sobre los emprendimientos sociales?

¿Quién la valida? Las mujeres tienen menos capacidad de riesgo y por tanto son menos emprendedoras. ¿Quién lo certifica, basado en qué estadísticas?

¿Qué tipo de comparación seria existe entre los emprendimientos nacionales, fallidos y exitosos, y otros del escenario internacional?

¿Es viable la importación de soluciones de otras regiones, habida cuenta de la diferencia idiosincrática, cultural, lingüística, costumbres y niveles diferentes de desarrollo, sin olvidar los aspectos del determinismo geográfico?

¿Pueden el derecho, la economía, la psicología, sociología y la antropología ser instrumentos de apoyo en la búsqueda de respuestas a estas interrogantes?

4. Cuestionamientos por materia[59]

Por la materia también se pueden clasificar las interrogantes para evaluar tanto a los emprendedores como sus ES, así:

Mercado: ¿Cuáles son los efectos de las fuerzas del mercado sobre la formación y comportamiento de los ES?

Misión: ¿Cómo afecta la misión la movilización de recursos?

Capital: ¿Qué nuevos instrumentos financieros pueden ser desarrollados para vencer algunas de las deficiencias actuales de los mercados de capitales filantrópicos?

---

59 James Austin, Howard Stevenson y Jane Wei-Skillern. "Social and commercial entrepreneurship: same, different, or both?", en *Entrepreneurship: Theory and Pratice Journal*, 2006 (30-1), pp. 1-22. Disponible en: https://www.scielo.br/j/rausp/a/HM3r8D3Tfwm7WJZYFkNt5vz/?lang=en&format=pdf, consultado en fecha 12 de junio de 2021.

Personas: ¿Hasta qué punto pueden ser utilizados efectivamente los sistemas de incentivos pecuniarios de los negocios en las empresas sociales y, viceversa, hasta qué punto pueden desarrollarse en los negocios los sistemas de incentivos no pecuniarios de las empresas sociales?

Desempeño: ¿Cómo se puede medir la creación de valor social?

Contexto: ¿Cómo las fuerzas contextuales configuran la creación de oportunidades para el ES?

El espíritu capitalista: Si lo relacionamos con la naturaleza de los ES, pueden plantearse algunos interrogantes:

¿Se ha modificado el espíritu capitalista dando surgimiento a un pensamiento más colectivo respecto a la acumulación de riqueza?

¿El emprendedor social encuentra el origen de su espíritu cooperativo en otro tipo de creencias religiosas, como las católicas? O, simplemente ¿Actuar de manera racional en la actualidad implica un actuar más responsable desde el punto de vista social?

La recomendación final es que la investigación en ES debe prestar especial énfasis al enfoque sociológico. Lo anterior no implica que los enfoques psicológicos y económicos no sean importantes en este campo; ni tampoco el enfoque jurídico, para abordar una eventual y prudente protección jurídica.

Sin embargo, el ES, como un fenómeno sociológico, más que jurídico, representa un amplio desafío para la investigación. Sociológicamente, el ES ha sido estudiado por Ruef y Lounsbury[60]. Esos autores, han señalado que existen cuatro perspectivas sociológicas en el comportamiento emprendedor: a) la perspectiva contextual, entorno e individuo; b) la perspectiva de comportamiento, análisis micro; c) la perspectiva constructivista, impacto; y d) la perspectiva ecológica, entorno. Cuyo análisis pormenorizado excede los límites de esta propuesta e investigación; sin embargo, puede ser empleado a los fines de implantar la agenda de investigación propuesta.

60 Martin Ruef y Michael Lounsbury, "The Sociology of Entrepreneurship", en *Research in the Sociology of Organizations*, No. 25, 2007, pp. 1-29. Disponible en: https://doi.org/10.1016/S0733-558X(06)25001-8, consultado en fecha 12 de junio de 2021.

CONCLUSIONES

Las consideraciones generales resaltadas de artículos, obras dispersas, experiencias personales, de emprendedores con cierta experiencia y de empresas que se dedican a lanzar las empresas emergentes, llamadas *start up* en el escenario internacional, permiten llegar a ciertas conclusiones útiles para un desarrollo posterior y a ser comparadas con experiencias de terceros que contribuyan a enriquecer la literatura en estas materias, frente a un modelo de negocios en pleno desarrollo.

Ya se adelantó que resulta más propicio alentar el nacimiento, desarrollo, dar acceso a los jóvenes al sistema de financiamiento nacional, público y privado, que dedicar tiempo y recursos en regular prematuramente los ES. Orientar si, estimular también. Es como podar las ramas de la vida para que den más frutos, en lugar de solo hojarasca improductiva.

Se ha constatado que la acción directa de los emprendedores sociales, y, la modificación permanente y estable al desequilibrio identificado en un ambiente determinado, es beneficiosa para la economía en general. Por tanto, no es conveniente frenar su desarrollo o regularlo con legislaciones improvisadas. Sean bienvenidas las políticas públicas de fomento y estímulo para su desarrollo, como las de incentivos fiscales formuladas para su gestación, crecimiento y fusión eventual para enfrentar mejor la dura competencia nacional e internacional.

No puede limitarse la intervención de potenciales actores en este sector. La Exposición de Motivos de la Ley de Cooperativas así lo señala con mucha sabiduría, producto de la experiencia de leyes anteriores y de errores cometidos por el afán del Ejecutivo y, en no pocas veces, de la Asamblea Nacional; de intervenir en el proceso productivo.

Cualquier organización puede adelantar ES. Esto trae al tapete el papel de las corporaciones y su responsabilidad social. Las gerencias empresariales deben preocuparse por el bienestar de los grupos de interés, desarrollando ES que puedan ser complementarios a su actividad económica. En otras palabras, si bien los ES deben buscar apoyo en los económicos, éstos no se pueden separar de los primeros. La coexistencia entre los intereses económicos y los sociales debe ir aparejada, para no crear más disparidades y hacer efectivos los principios de la justa distribución de la riqueza.

La gran paradoja es que las barreras de mercado que puedan surgir para el Estado o para el sector privado, pueden ser excelentes oportunidades para los emprendedores sociales que las repotencian. Las diferencias pueden resultar acercamientos vistos desde diferentes ángulos. Si bien se dice que los emprendedores sociales no buscan riquezas, sino persiguen beneficios sociales y no meramente económicos, el principio regulador del valor económico sustentable, termina coincidiendo con los objetivos del sector empresarial tradicional.

Si este modelo de negocio suplidor de soluciones a necesidades no cubiertas por los sectores a quienes corresponde por la Constitución, en ejercicio de la libertad de industria y comercio, se fortalece, entonces, puede llegar a constituirse en un complemento importante para el propio Estado.

El Estado venezolano, siempre carente de recursos, sea por negligente en su función de recaudación fiscal, mala administración, negligencia o impericia en el manejo de fondos públicos, no llega a implementar las políticas sociales necesarias para el desarrollo del país. Por el contrario, sus políticas van sesgadas con fines partidistas y de aseguramiento del poder, lo cual a su vez crea una corrupción desenfrenada, que no facilita el sano crecimiento de los ES. Queda por tanto al sector privado reconocer esta realidad y facilitar el acceso de los nuevos modelos de negocios, vitales para la reconstrucción del país.

REFERENCIAS BIBLIOGRÁFICAS

ABARZA, Jaqueline y Jorge Katz. "Los Derechos de Propiedad Intelectual en el mundo de la OMC", Naciones Unidad/Cepal/SLTA, Santiago de Chile, 2002. Disponible en: https://www.cepal.org/sites/default/files/publication/files/4504/S01121080_es.pdf consultado en fecha 12 de junio de 2021.

ABBOTT, Frederick M. Thomas Cottier y Francis Gurry, *International intellectual property in an integrated world economy (Aspen casebook)*, IV Edición, Wolster Kluwer, Aspen, 2019.

AUSTIN, James, Howard Stevenson y Jane Wei-Skillern. "Social and commercial entrepreneurship: same, different, or both?", en *Entrepreneurship: Theory and Pratice Journal*, 2006 (30-1), pp. 1-22. Disponible en: https://www.scielo.br/j/rausp/a/HM3r8D3Tfwm7WJZYFkNt5vz/?lang=en&format=pdf, consultado en fecha 12 de junio de 2021.

CHADWICK, Kay (Editor). *Catholicism, Politics and Society in Twentieth-Century France*, Liverpool University Press, Liverpool, 2000.

CHAPELLIN DE MIRABAL, María Carolina. "Los diseñadores de Moda venezolanos más reconocidos". Disponible en: https://mariacarolina-mirabal.com/moda/los-disenadores-de-moda-venezolanos-mas-reconocidos/ consultado en fecha 12 de junio de 2021.

CHEYRE, Hernán. "Emprender «con sentido»: un nuevo fenómeno social", Chile, mayo, 2015. Disponible en: https://negocios.udd.cl/noticias/2015/05/emprender-consentido-un-nuevo-fenomeno-social/ consultado en fecha 12 de junio de 2021.

COLOMINA, Ángel "El emprendimiento es un fenómeno social en Latinoamérica". Disponible en: https://www.revistalideres.ec/lideres/angelcolomina-emprendimiento-latinoamerica-jovenes-entrevista.html, consultado en fecha 12 de junio de 2021.

GURRY, Francis *Discurso inaugural del Director General en la Asamblea General de la OMPI*, del 24 de septiembre de 2018. Disponible: https://www.wipo.int/about-wipo/es/dg_gurry/speeches/a_58_dg_speech.html, consultado en fecha 13 de junio de 2021.

HAUTECOEUR, Maeve, ZUNZUNEGUI, María V. y VISSANDJEE, Bilkis, "Las barreras de acceso a los servicios de salud en la población indígena de Rabinal en Guatemala", en *Salud Pública*, No. 49, 2007, México, pp. 86-93.Disponible en: https://www.researchgate.net/publication/28208696_Las_barreras_de_acceso_a_los_servicios_de_salud_en_la_poblacion_indigena_de_Rabinal_en_Guatemala.DOI:10.1590/S0036-36342007000200003, consultado en fecha 12 de junio de 2021.

JUAN PABLO II. *Carta Encíclica Centesimus Annus*, Vaticano, 1991. Disponible en: https://www.vatican.va/content/john-paul-ii/es/encyclicals/documents/hf_jp-ii_enc_01051991_centesimus-annus.html. consultado en fecha 3 de junio de 2021.

LI BONILLA, Federico. "El Valor Económico Agregado (Eva) en el Valor del Negocio", en *Revista Nacional de Administración*, Volumen 1, No. 1. Disponible en: https://revistas.uned.ac.cr/index.php/rna/article/view/284. https://doi.org/10.22458/rna.v1i1.284, consultado en fecha 12 de junio de 2021.

MARITAIN, Jacques. *The Collected works of Jacques Maritain. Integral Humanism, Freedom in the Modern World and A Letter on Independence*, University of Notre Dame, Indiana, 1996.

MÁRQUEZ, Patricia, Ezequiel Reficco y Gabriel Berger. "Negocios Inclusivos, Iniciativa de mercado con los pobres de Iberoamérica", Banco Interamericano de Desarrollo/Harvard University. Disponible en: http://www.sekn.org/wp-content/uploads/2016/12/SEKN-Negocios-inclusivos-version-espanol.pdf, consultado en fecha 12 de junio de 2021.

PAULO VI, *Carta Encíclica Populorum Progressio*, Vaticano, 1957. Disponible en: https://www.vatican.va/content/paul-vi/es/encyclicals/documents/hf_p-vi_enc_26031967_populorum.html, consultado en fecha 3 de junio de 2021.

ROBERTS, D. y Woods C., "Changing the world on a shoestring: The concept of social entrepreneurship", en *University of Auckland Business Review*, Volumen 7, No.1, 2005.

RUEF, Martin y LOUNSBURY. Michael, "The Sociology of Entrepreneurship", en *Research in the Sociology of Organizations*, No. 25, 2007, pp. 1-29. Disponible en: https://doi.org/10.1016/S0733-558X(06)25001-8, consultado en fecha 12 de junio de 2021.

SALAZAR REYES-ZUMETA, Leonel. "La Propiedad Intelectual. Un derecho humano de primera y única generación" en *Revista Venezolana de Derecho Mercantil*, Nro. 3, 2019, Sociedad Venezolana de Derecho Mercantil, Caracas, 2019. Disponible en: https://7907dbdc-6e18-443b-9fb4-5bed4fd1da0a.filesusr.com/ugd/de1016_ aa2124bbd8a549b-89f313f76cb6acf14.pdf, consultado en fecha 3 de junio de 2021.

Legislación

Comunidad Andina de Naciones, *Decisión Nro. 486, Régimen Común sobre Propiedad Industrial*, publicada en Gaceta Oficial No. 600, del 19 de septiembre de 2000.

Organización Mundial de Comercio, "Objetivos de Desarrollo del Milenio de las Naciones Unidas", Ginebra. Disponible en: https://www.wto.org/spanish/thewto_s/coher _ s/mdg_s/mdgs_s.htm, consultado en fecha 12 de junio de 2021

Organización de las Naciones Unidas, "Declaración sobre el Derecho al Desarrollo", Ginebra, del 4 de diciembre de 1986. Disponible en: https://www.ohchr.org/ Documents/ Issues/Development/ Declaration-RightDevelopment_sp.pdf consultado en fecha 12 de junio de 2021.

Organización de las Naciones Unidas, Conferencia Mundial de Derechos Humanos, New York, del 25 de junio de 1993. [Documento en línea] Disponible: https://www.ohchr.org/Documents/ProfessionalInterest/vienna.pdf, consultado en fecha 12 de junio de 2021.

Organización Mundial de la Propiedad Intelectual, "Las 45 recomendaciones adoptadas en el marco de la Agenda de la OMPI para el Desarrollo", Ginebra. Disponible en: https://www.wipo.int/export/sites/www/ip-development/es/agenda/ recommendations.pdf, consultado en fecha 3 de junio de 2021.

Organización Mundial de la Propiedad Intelectual. "Informe sobre la contribución de la OMPI a los Objetivos de Desarrollo del Milenio de las Naciones Unidas", Ginebra, del 26 de febrero de 2010. Disponible en: https://www.wipo.int/edocs/ mdocs/ mdocs/es/cdip_5/cdip_5_3.pdf, consultado en fecha 12 de junio de 2021.

Organización Mundial de la Propiedad Intelectual. *Tratado de Singapur sobre el Derecho de Marcas*, del 26 de marzo de 2006. Disponible en: https://wipolex.wipo.int/es/treaties/textdetails/12668, consultado en fecha 6 de junio de 2021.

Organización Mundial de la Propiedad Intelectual. *Reglamento del Tratado de Singapur sobre el Derecho de Marcas,* del 1° de noviembre de 2011. Disponible en: https://wipolex.wipo.int/es/text/290033, consultado en fecha 5 de junio de 2021.

Servicio Autónomo de la Propiedad Intelectual. *Boletín de la Propiedad Industrial*, No. 591, Tomo I, Caracas, del 20 de febrero 2019, pp. IV-XIV.

Venezuela. *Ley sobre Academia de Ciencias Políticas y Sociales*, publicada en Gaceta Oficial No. 15.361, del 13 de agosto de 1924.

Venezuela. *Constitución de la República Bolivariana de Venezuela*, publicada en Gaceta Oficial No. 5.453, Extraordinario, del 24 de marzo de 2000. *Enmienda No. 1*, publicada en Gaceta Oficial No. 5.908, Extraordinario, del 19 de febrero de 2009.

Venezuela. *Decreto Constituyente sobre Criptoactivos y la Criptomoneda Soberana Petro*, publicada en Gaceta Oficial No. 6.370, Extraordinario, del 9 de abril de 2018.

Venezuela. *Decreto Constituyente sobre el Sistema Integral de Criptoactivos*, publicada en Gaceta Oficial No.41.575, del 30 enero de 2019.

Venezuela. *Decreto con Rango, Valor y Fuerza de Ley que Reforma Parcialmente la Ley de Timbre Fiscal*, publicado en Gaceta Oficial No. 6.150, Extraordinario, del 18 de noviembre de 2014.

Venezuela. *Ley Orgánica del Tribunal Supremo de Justicia*, publicado en Gaceta Oficial No. 39.522, de 1° de octubre de 2010.

Venezuela. *Ley Orgánica de Amparo sobre Derechos y Garantías Constitucionales*, publicado en Gaceta Oficial No. 34.060, de 27 de septiembre de 1988.

Venezuela. Decreto 1.440 con Fuerza de Ley Especial de *Asociaciones Cooperativas, publicado en* Gaceta Oficial No. 37.285, del 18 de septiembre de 2001.

Venezuela. *Código Civil*, publicado en Gaceta Oficial No. 2.990, Extraordinaria, del 26 de julio de 1982.

Venezuela. *Ley Aprobatoria del Acuerdo de Marrakech por el que se establece la Organización Mundial del Comercio: Anexo 1-C: Acuerdo sobre los Aspectos de los Derechos de Propiedad Intelectual relacionados con el Comercio*, publicada en Gaceta Oficial No. 4.829, Extraordinario, del 29 de diciembre de 1994.

Venezuela. *Ley de Propiedad Industrial*, publicada en Gaceta Oficial No. 24.873, del 14 de octubre 1955.

Venezuela. *Ley Sobre el Derecho de Autor*, publicada en Gaceta Oficial No. 4.638, Extraordinario, del 1° de octubre de 1993.

RECONOCIMIENTO

La protección múltiple de la Propiedad Intelectual en el diseño de modas la presentamos por vez primera en Múnich, Alemania, el 2 de mayo del 2018, durante la Conferencia de la Asociación Mundial de Juristas (WJA): *IP Protection & Trademark Rights: Worlwide Challenges*, en seguimiento a los desafíos de la Cuarta Revolución Industrial (4.O). Los equipos de Hoet & Partners encargados de los Departamentos de Marcas y Derechos de Autor, liderizados por los Dres. María Milagros Nebreda y Joaquín Núñez, colaboraron en la presentación que hice de este ampliado enfoque, al igual que participaron en la recopilación de datos técnicos jurídicos para la preparación y edición de este trabajo. A ellos mi agradecimiento por su entusiasta disposición y colaboración[61].

---

[61] Para una visualización más gráfica de los diseños, formas y colores pasibles de protección a través de la Legislación Nacional o Internacional de la PI, visitar la página de Hoet & Partners (https://www.hoetpartners.com).

Es obligatorio mencionar también el interés del Prof. Leonel Salazar en los comentarios que le solicité en su oportunidad, sobre la sentencia de la SC del TSJ "*legítimo*", de fecha 16 de julio de 2019, analizada en este artículo, y sus valiosas anotaciones sobre los derechos humanos y los fundamentales. Esperamos seguir trabajando con él en próximas investigaciones y desarrollos en esta materia de ES, que tanto nos ha motivado a ambos, amparados siempre bajo la legislación de la PI.

A todos ellos mi gratitud y mis palabras de estímulo, para que sigan incursionando en estas materias relacionadas con los nuevos modelos de negocios, la Tecnología y la Propiedad Intelectual.

Caracas, 15 de junio de 2021.

INDIVIDUALIZACIÓN DE LAS SANCIONES EN EL SISTEMA PENAL DE RESPONSABILIDAD DEL ADOLESCENTE

NELLY DEL VALLE MATA*

SUMARIO

Consideraciones previas. • Principios y garantías del sistema penal de responsabilidad del adolescente. • Legalidad y lesividad. • Dignidad. • Proporcionalidad. • Juicio educativo. • Defensa. • Confidencialidad. • Única persecución. • Excepcionalidad de la privación de libertad. • Separación de personas adultas. • Proceso a indígenas. • Especialización. • El sistema de sanciones. • Finalidad de las sanciones. • Tipos. a. Orientación verbal educativa. b. Imposición de reglas de conducta. c. Servicios a la comunidad. d. Libertad asistida. e. Semi-libertad. f. Privación de libertad. • Pautas para la aplicación de las sanciones. • Sentido individualizador de las sanciones. La fase de ejecución. • Fines de la fase de ejecución. • Tribunal competente y funciones. • Revisión. sustitución y modificación de las sanciones. • El interés superior del niño y la sanción en el sistema penal de responsabilidad del adolescente. • Referencias Bibliográficas.

CONSIDERACIONES PREVIAS

El Sistema Penal de Responsabilidad del Adolescente es una manifestación de la influencia y las exigencias surgidas como resultado de la suscripción por parte de la República de Venezuela de los tratados, acuerdos y convenios sobre derechos humanos, lo que significó la proscripción de las prácticas procedimentales derivadas de la aplicación de la Ley Tutelar de Menores, la cual desarrollaba las pautas y principios propios de la Doctrina de la Situación Irregular, imperante para aquel momento.

---

* Abogado egresada de la ULA. Especialista en Derecho Procesal UCAB. Especialista en Ciencias Penales y Criminalísticas UCAB. Diploma en Derecho de la Niñez y la Adolescencia. UCAB. Maestría en Derecho UCAB. Doctor en Derecho UCAB. Juez jubilada de la Corte de Apelaciones de la Sección de Adolescentes del Área Metropolitana de Caracas. Docente Universitaria.

En efecto, para la oportunidad de la entrada en vigencia de la Ley Orgánica para la Protección del Niño y del Adolescente (LOPNA), hoy conocida después de dos reformas como Ley Orgánica para la Protección de Niños, Niñas y Adolescentes (LOPNNA), Venezuela pone fin a comportamientos estatales conforme a los cuales, el "*menor de edad*", a pesar de la eufemística proclama contenida en la ley vigente hasta entonces, de que no debían ser considerados delincuentes, eran objeto de un sistema, producto del cual, bastaba que conforme a las previsiones de la derogada Ley Tutelar de Menores, quien no hubiese alcanzado la mayoridad, estuviese incurso en algunas de las situaciones que caracterizaban la Situación Irregular para que los órganos competentes, lo colocaran a la orden del Instituto Nacional del Menor (INAM) con miras a la "*protección*" de sus intereses, tal como establecía el artículo 5 de la misma Ley.

Bajo la égida de la Doctrina de la Situación Irregular, pese a lo sostenido como declaración de principios de la misma, el Estado bajo la excusa de la protección del Interés del niño, asumía la Tutela del "*menor de edad*", lo que significó su sustracción del seno familiar y entrega a instituciones, con lo cual se privilegió la privación de libertad como medida a la cual se acudía con frecuencia, en franca violación de los derechos de quienes sometidos a las prácticas propias del sistema imperante eran "*protegidos por el Estado*", fundamentalmente, porque el derecho a la defensa era inexistente, limitado o mal concebido, en virtud de que la Procuraduría de Menores, adscrita al Ministerio Público, se comportaba como un órgano híbrido, que en principio asumía la investigación de los hechos y al producirse el traslado del "*menor de edad*" al órgano jurisdiccional actuaba como defensor, que posteriormente dejaba, al procesado bajo la "*tutela*" del Juez de Menores.

La minoridad, lejos de ser una razón para la protección de quienes formaran parte de dicha población y estuvieran incursos en alguna de las circunstancias que informaban la situación irregular, constituyó un subterfugio para hacer de la presunción de culpabilidad, la regla y la presunción de inocencia la excepción, así como la excepcionalidad de la privación de libertad, resultó ser un principio obviado, en virtud de que en el marco de la superada doctrina, privó el criterio de la "*peligrosidad*", y se observaba la tesis de la escuela Lombrosiana desde cuya perspectiva, se atendía a la tipología del individuo incurso en cualquiera de las circunstancias catalogadas como Situación Irregular, a los efectos de la puesta en marcha del sistema y la aplicación de las medidas contempladas a los fines de la protección del "*interés del menor*".

En efecto, los criterios imperantes bajo la vigencia de la doctrina de la Situación Irregular requerían que la persona que no había alcanzado la mayoridad, encuadrase con los requisitos establecidos en las normas descriptoras de situaciones que exigían la intervención del Estado y por lo tanto la "*tutela*" del mismo, para que se tomaran las medidas que permitieran la "*protección*" de sus intereses, la cual solo podía ser ofrecida por los entes estatales, mediante la aplicación de las mismas medidas para situaciones diferentes, es decir, se daba respuesta similar a hechos que requerían ser abordados desde diferentes perspectivas y con fines distintos.

En congruencia con lo antes planteado, el artículo 84 de la Ley Tutelar de Menores establecía:

"*Podrán ser considerados menores en Situación de Abandono:*

1) Quienes carezcan de medios de subsistencia.

2) Quienes se vean privados frecuentemente de los alimentos o de las atenciones que requiera su edad.

3) Quienes no dispongan de habitación cierta.

4) Quienes sin causa justificada no reciban educación.

5) Quienes habitualmente se vean privados del afecto o del cuidado de sus padres.

6) Quienes sean objeto de malos tratos físicos o mentales graves o habituales

7) Quienes sean objeto de explotación sexual.

8) Quienes se encuentren en otras circunstancias de desamparo que lleven a la convicción de que el menor se halla en situación de abandono."

Por su lado el artículo 85 del mismo texto planteaba:

"*Podrán ser considerados menores en situación de peligro:*

1) Quienes consuman sustancias psicotrópicas no prescritas facultativamente o ingieran habitualmente bebidas alcohólicas.

2) Quienes frecuenten la compañía de malvivientes o vivan con ellos.

3) Quienes se empleen en ocupaciones que puedan considerarse perjudiciales a la moral y a las buenas costumbres o que se realicen en ambientes nocivos a su formación, a su salud o a su vida.
4) Quienes se fuguen del hogar o se dediquen a la mendicidad o deambulen frecuentemente por las calles.
5) Y en general a quienes se encuentren en cualquier otra situación que pueda constituir riesgo inminente para su salud, su vida o su moralidad."

Por otra parte el artículo 86 de la derogada ley, establecía:

"Se consideran menores infractores:
Quienes incurran en cualquier hecho sancionado por las leyes penales u ordenanzas policiales."

Como puede observarse de la lectura de las transcritas normas, el legislador incluía dentro de la Situación Irregular, circunstancias de diferente índole, de modo que sin distinción alguna, proporcionaba el mismo trato a quienes fueran víctimas por carencias afectivas, económicas, educativas, por abuso o maltrato o porque se hallasen afectados por hechos que los ubicaban en circunstancias cercanas a la comisión de delitos y a los victimarios, es decir, a quienes infringían la norma penal. En verdad, los hechos eran distintos, de modo que algunos requerían de una atención primaria centrada en proteger sus derechos, y por lo tanto de un detenido abordaje del asunto al cual no podía dársele igual trato que aquellos, referidos a "*menores*" incursos en hechos punibles.

Lo antes señalado se evidencia del contenido del artículo 87 de la derogada ley, de conformidad con el cual, el juez podía aplicar a los menores infractores o a los que se encontraren en situación de peligro, cualquiera de las medidas, contempladas en el Capítulo III del Título II del Libro Tercero de la misma ley, o del contenido del artículo 88 del mismo texto normativo, según el cual, cuando el Juez de Menores, el Procurador de Menores o cualquier autoridad encargada de la "*protección*" al menor de edad, tuvieran conocimiento de que uno de ellos, se encontrase en alguna de las situaciones contempladas en el artículo 84, debía colocarlo bajo la protección del Instituto Nacional del Menor, al cual correspondía tomar las medidas del caso, prefiriendo si fuere posible, el propio hogar o un hogar sustituto.

La vieja doctrina, tal como se ha señalado, no distinguía entre víctimas y victimarios, y en el entendido que frente a las circunstancias que rodeaban a los "*menores de edad*" incursos en cualquiera de los hechos constitutivos de la Situación Irregular, había que suplir necesidades, el artículo 107 del texto antes mencionado, preveía la aplicación de una serie de medidas, que sin fundamento alguno servían, desde la perspectiva doctrinaria imperante, para abordar los diferentes hechos que informaban la situación en la cual se encontrara incurso, y lo que es peor, se acudía con frecuencia a la privación de libertad, tal como se desprende del texto del antes citado artículo 88, cuando se pretendía a través de la colocación a la orden del Instituto Nacional del Menor, dar solución a las carencias que afectaban a la persona que no había alcanzado la mayoridad, y sobre todo cuando el antes citado artículo 87 ordenaba que se aplicara a los menores en situación de peligro, las mismas medidas previstas para los infractores.

Lo cierto es que el abordaje de las situaciones referidas obedecía a un criterio peligrosista, más que al deseo de resolver las diferentes situaciones, y ello se hace más evidente, cuando al Juez de Menores, se le imponía como obligación, de acuerdo con el contenido del artículo 95 de la derogada ley, que al tener conocimiento de un menor de edad en situación irregular ordenara al Instituto Nacional del Menor acordara las providencias del caso, mientras abría la averiguación, recabara los datos e informes necesarios para la determinación de todas las circunstancias ligadas al caso.

El artículo 89 de la misma ley, abona en el carácter interventor del Estado y sobre todo en la participación de órganos policiales, los cuales de conocer de cualquier menor incurso en cualquiera de las circunstancias constitutivas de la Situación Irregular, debían proceder de inmediato a trasladarlo a un establecimiento del Instituto Nacional del Menor, de lo cual debía notificarse luego al Juez y al Procurador de Menores.

En definitiva la percepción tipológica de la persona inmersa en circunstancias consideradas como "*situación irregular*" condujo en muchos casos a la aplicación discrecional de medidas, no solo cautelares, sino definitivas, basadas en el criterio de la peligrosidad, y por lo tanto dirigidas al análisis, estudio y observación, para determinar la suerte del "*menor*" sometido al sistema desarrollado en la derogada Ley Tutelar de Menores, tal como se desprende de los numerales 4 y 5 del artículo 107 de la misma.

El antes señalado estado de cosas determinó la necesidad de introducir cambios de orden institucional y legislativo, que fundamentados en la observancia de los derechos ciudadanos, produjeran un viraje necesario, de modo que quienes estuvieran inmersos en las circunstancias antes señaladas, y sin haber alcanzado la mayoridad, recibieran el trato al que tenían derecho, en tanto seres humanos.

En atención a lo antes planteado, Venezuela se inscribe dentro de los países que procuran y auspician una visión distinta del ciudadano en términos generales y de quienes no hubieran cumplido la mayoría de edad, todo lo cual trae como consecuencia, la suscripción de instrumentos internacionales, dentro de los cuales destaca la Convención Internacional sobre los Derechos del Niño, lo que representaría, no solo modificaciones legislativas, sino un cambio paradigmático, por cuanto desde su perspectiva, se tiene una visión ciudadana de quienes no hubiesen alcanzado la mayoridad, y se propicia un trato humano, fundamentado en observancia de los derechos que le son inherentes en tanto persona y se distinguen las diferentes circunstancias en las cuales pudiesen estar inmersos, de modo que se ofrezca respuesta distinta a cada una de ellas.

En efecto, Venezuela deroga la Ley Tutelar de Menores y el 1° de abril del año 2000, entró en vigencia la Ley Orgánica para la Protección del Niño y el Adolescente (LOPNA), tal como se le denominó inicialmente, la cual ha sufrido dos modificaciones, en 2007 y 2015, a raíz de las cuales, se le denomina Ley Orgánica para la Protección de Niños, Niñas y Adolescentes (LOPNNA), producto de lo cual se distingue entre niños y adolescentes, entre víctimas y victimarios, y como resultado de ello, se crean dos sistemas perfectamente delimitados: El Sistema de Protección de Niños, Niñas y Adolescentes y el Sistema Penal de Responsabilidad del Adolescente.

El primero de los Sistemas ha sido concebido para atender las situaciones que significaron en el marco de la vieja doctrina, carencias afectivas, económicas, educativas, culturales, incluso discapacidad física y mental, es decir, la situación de abandono, además de los hechos informantes de la situación de peligro y las instituciones familiares, a través de procedimientos y medidas, gracias a las cuales, en tanto víctimas o niños y adolescentes, cuya protección resulte necesaria, los órganos administrativos o jurisdiccionales emitieran providencias o decisiones dirigidas en ese sentido.

El Sistema Penal de Responsabilidad del Adolescente, está dirigido a atender, con absoluto apego a los principios y garantías que lo informan, aquellas situaciones constitutivas de delito, de conformidad con la ley, dentro de las cuales estuvieran incursos como autores o partícipes, los adolescentes mayores de catorce y menores de dieciocho años. Sistema que será abordado, con específica atención al régimen sancionatorio que en el marco del mismo se aplica.

- El Sistema Penal de Responsabilidad del Adolescente.
- Definición.

El artículo 526 de la Ley Orgánica para la Protección de Niños, Niñas y Adolescentes establece lo siguiente:

> *"El Sistema Penal de Responsabilidad de los y las Adolescentes es el conjunto de normas, órganos y entes del Poder Público que formulan, coordinan, supervisan, evalúan y ejecutan las políticas y programas destinados a garantizar los derechos de los y las adolescentes un conflicto con la Ley Penal establecidos en esta Ley. Así mismo, sus integrantes con competencia en la materia, se encargarán del establecimiento de la responsabilidad de los y las adolescentes por los hechos punibles en los que ellos incurran, así como el control de las sanciones que les sean impuestas. Este sistema funciona a través de un conjunto de acciones articuladas por el Estado, las Familias y el Poder Popular, orientadas a su protección integral y su incorporación progresiva a la ciudadanía".*

De la revisión de la citada norma, se evidencia que la finalidad de los órganos que conforman el sistema, es la de determinar si un adolescente está incurso o ha participado en la perpetración de un hecho punible y el control de la sanción que se le haya impuesto como resultado del pronunciamiento de una sentencia de condena, además de estar facultados para la planificación, elaboración, desarrollo y aplicación de los programas dirigidos al cumplimiento de los fines del sistema, es decir, garantizar los derechos de los y las adolescentes en conflicto con la Ley Penal establecidos en la especialísima Ley.

El Sistema Penal de Responsabilidad del Adolescente, tal como se desprende de las previsiones de los artículos 531 y 532 de la Ley Orgánica para la Protección de Niños, Niñas y Adolescentes, ha sido concebido para ser aplicado a adolescentes mayores de catorce y menores de dieciocho años, lo que significó la exclusión, a partir de la reforma del 2015, de los adolescente mayores de doce y menores de catorce años de la aplicación del sistema penal desarrollado en la señalada Ley.

En efecto, el artículo 531 plantea:

> *"Las disposiciones de este Título serán aplicadas a todas las personas con edad comprendida entre catorce y menos de dieciocho años al momento de cometer el hecho punible, aunque en el transcurso del proceso alcancen los dieciocho años o sean mayores de esa edad cuando sean acusados o acusadas*
>
> *Del mismo modo el artículo 532 del mismo texto legal establece lo siguiente:*
>
> *Cuando un niño, niña o adolescente menor de catorce años se encuentre incurso en un hecho punible, sólo se le aplicarán medidas de protección de acuerdo a lo previsto en esta ley.*
>
> ***Parágrafo Primero:** Si un niño o una niña o un o una adolescente menor de catorce años es sorprendido o sorprendida en flagrancia por una autoridad policial, ésta dará aviso al o la fiscal del Ministerio Público especializado quien lo pondrá, dentro de las veinticuatro horas siguientes, a la orden del consejo de protección de niños, niñas y adolescentes. Si es un particular quien lo sorprende, debe ponerlo de inmediato a disposición de la autoridad policial para que ésta proceda de la misma forma.*
>
> ***Parágrafo Segundo:** Cuando del resultado de una investigación o juicio surjan serias evidencias de la concurrencia de un niño, niña o un o una adolescente menor de catorce años en un hecho punible, se remitirá copia de lo conducente al consejo de protección de niños, niñas y adolescentes.*
>
> *El consejo de protección de niños, niñas y adolescentes deberá notificar dentro de las setenta y dos horas siguientes de haber conocido del caso, a la Dirección Estadal del Instituto Autónomo del Consejo Nacional de Derechos de Niños, Niñas y Adolescentes para su conocimiento."*

Del texto de las antes citadas normas, se desprende que los niños y adolescentes menores de catorce años, incursos o participes en la perpetración de un hecho punible, solo podrán ser sometidos a las medidas de protección contempladas en el artículo 126 de la Ley Orgánica para la Protección de Niños, Niñas y Adolescentes, por parte de los Consejos de Protección, salvo las contempladas en los literales i) y j) de dicho dispositivo, lo que es corroborado por el artículo 129 del mismo texto.

Como puede observarse, el citado Sistema Penal, reconoce que los adolescentes, pueden estar incursos en la comisión o participar en la perpetración de un hecho punible, razón por la cual, en tanto personas sujetos de derecho, tal como se desprende del contenido del artículo 13 de la misma ley, podrán no solo ejercer sus derechos, sino responder por las obligaciones susceptibles de asumir, de acuerdo con su capacidad evolutiva.

En efecto, el artículo 13 de la Ley Orgánica para la Protección de Niños, Niñas y Adolescentes, establece lo siguiente:

> *"Se reconoce a todos los niños y adolescentes el ejercicio personal de sus derechos y garantías, de manera progresiva y conforme a su capacidad evolutiva. De la misma forma, se le exigirá el cumplimiento de sus deberes.*
> *Parágrafo Primero: Los padres, representantes o responsables tienen el deber y el derecho de orientar a los niños y adolescentes en el ejercicio progresivo de sus derechos y garantías así como en el cumplimiento de sus deberes, de forma que contribuya a su desarrollo integral y a su incorporación a la ciudadanía activa.*
> *Parágrafo Segundo: Los niños y adolescentes en condición de retardo mental ejercerán sus derechos hasta el límite de sus facultades".*

En efecto, el antes citado artículo reconoce a niños y adolescentes como sujetos plenos de Derecho, y se hace congruente con el artículo 78 Constitucional, que si bien posterior al texto legal, primigeniamente vigente, es decir, la Ley Orgánica para la Protección del Niño y del Adolescente (LOPNA), necesariamente debían hacerse coincidentes, dado que tanto un texto como el otro, son la resultante del desarrollo del Derecho Internacional de los Derechos Humanos, razón por la cual, en tanto personas dotadas de dignidad, la población que no ha alcanzado la mayoridad, es titular de derechos y susceptible de obligaciones.

En el entendido, que en tanto seres humanos pueden asumir deberes y compromisos, el artículo 93 de la Ley Orgánica para la Protección de Niños, Niñas y Adolescentes señala, entre otras, como obligaciones de niños y adolescentes:

> *"....b) Respetar, cumplir y obedecer todas las disposiciones del ordenamiento jurídico y las órdenes legítimas que, en la esfera de sus atribuciones, dicten los órganos del poder público.*
> *c) Respetar los derechos y garantías de las demás personas."*

En correspondencia con lo antes señalado, el mismo legislador, al reconocer que niños y adolescentes asumen obligaciones y que ante su incumplimiento deben responder en la medida de su capacidad evolutiva, establece en el artículo 14 de la citada Ley lo siguiente:

> *"Los derechos y garantías de los niños, niñas y adolescentes reconocidos y consagrados en esta Ley sólo pueden ser limitados o restringidos mediante ley, de forma compatible con su naturaleza y los principios de una sociedad democrática y para la protección de los derechos de las demás personas."*

De la referida norma se aprecia que el legislador concibe la posibilidad de limitar los derechos inherentes a niños y adolescentes, pero es menester señalar, que en cuanto al ámbito penal, solo es posible respecto a los adolescentes sujetos del sistema desarrollado en la especialísima ley, cuando los mismos incurren en incumplimiento de las obligaciones adquiridas que constituyan delito, atendiendo al principio de legalidad, en el marco y en atención a los principios de una sociedad democrática y cuando de proteger derechos de las demás personas se trate.

En ese mismo sentido, el artículo 89 de la Ley Orgánica para la Protección de Niños, Niñas y Adolescentes, prevé la posibilidad de aplicar medidas privativas de libertad, sin que ello, signifique excesos, por cuanto es imprescindible observar sentido humanitario en cuanto al trato a proporcionársele y el respeto a la dignidad humana, razón por la cual establece

> *"Todos los niños, niñas y adolescentes privados o privadas de libertad tienen derecho a ser tratados o tratadas con la humanidad y el respeto que merece su dignidad como personas humanas. Asimismo, gozan de todos los derechos y garantías de los niños, niñas*

y adolescentes, además de los consagrados específicamente a su favor en esta Ley, salvo los restringidos por las sanciones impuestas".

La lectura de la norma permite advertir el desaguisado del legislador por cuanto, si niños y adolescentes menores de catorce años, solo pueden ser sujetos de medidas de protección y de la revisión del artículo 126 de la especialísima ley, ninguna de las allí previstas y a ser acordadas por el Consejo de Protección, como órgano administrativo del sistema de protección, no son de carácter punitivo, ni implican privación de libertad, no es posible que se haga referencia a niños privados de libertad. En todo caso, sería aplicable a los adolescentes mayores de catorce y menores de dieciocho años de edad.

En ese mismo sentido, el artículo 90 del mismo texto legal plantea:

"Todos los y las adolescentes que, por sus actos, sean sometidos o sometidas al Sistema Penal de Responsabilidad de Adolescentes, tienen derecho a las mismas garantías sustantivas, procesales y de ejecución de la sanción, que las personas mayores de dieciocho años, además de aquéllas que les correspondan por su condición específica de adolescentes."

Las antes citadas normas informan del carácter garantista del sistema aplicable al adolescente en conflicto con la ley penal, el cual a raíz de las modificaciones legislativas que se introducen en Venezuela, en tanto signataria de tratados, acuerdos y convenios internacionales en materia de derechos humanos, dan a conocer un proceso penal de orden acusatorio, desarrollado en varias fases perfectamente delimitadas, y en el marco del cual, cada órgano estará encargado de funciones específicas, y cada una de las etapas procesales tendrá una finalidad, dirigida a la materialización del sentido garantista que le impulsa. Es por ello, que los adolescentes sometidos al proceso penal contemplado en la Ley Orgánica para la Protección de Niños, Niñas y Adolescentes, conservan sus derechos y están provistos de las mismas garantías sustantivas, procesales y de ejecución de la sanción que los adultos, y todas las que le correspondan por su condición especifica de ser adolescente.

El Sistema Penal de Responsabilidad del Adolescente, a decir del legislador que lo diseña, es en esencia, el mismo sistema concebido para ser aplicado a los adultos, pero diferenciado fundamentalmente por el sujeto al cual se dirige la acción del mismo y en definitiva por las sanciones que han de aplicarse al adolescente que sea declarado penalmente responsable, mediante pronunciamiento del tribunal correspondiente, y por la competencia especializada, más que la jurisdicción, como erróneamente, refiere el artículo 528 de la Ley..

En efecto, el antes mencionado artículo 528 de la Ley Orgánica para la Protección de Niños, Niñas y Adolescentes (LOPNNA), plantea lo siguiente:

> *"El o la adolescente que incurra en la comisión de hechos punibles responde por el hecho en la medida de su culpabilidad, de forma diferenciada del adulto. La diferencia consiste en la jurisdicción especializada y en la sanción que se le impone."*

En verdad, el legislador, lejos de asumir la posición imperante bajo la égida de la derogada Ley Tutelar de Menores, admite que los adolescentes, incursos en la comisión de hechos punibles, deben ser sometidos a proceso penal, en tanto personas responsables, aunque admite también que dicha responsabilidad se asume en mayor o menor grado, atendiendo a la capacidad evolutiva del sujeto al cual se dirige la acción del sistema, tal como se indicó antes, por disposición del artículo 13 de la Ley Orgánica para la Protección de Niños, Niñas y Adolescentes.

En virtud de lo antes planteado, el legislador ha diseñado un Sistema Penal que se fundamenta en un proceso de corte acusatorio, basado en las pautas de la Convención Internacional sobre los Derechos del Niño (CIDN) e instrumentos internacionales sobre derechos humanos, los cuales imponen la obligación de observar Principios y Garantías, con miras a ofrecer y asegurar sentido humanitario, a los objetivos perseguidos por el mismo, y por lo tanto a las sanciones que habrían de ser impuestas, en caso de una sentencia condenatoria.

PRINCIPIOS Y GARANTÍAS DEL SISTEMA PENAL DE RESPONSABILIDAD DEL ADOLESCENTE

El Sistema Penal de Responsabilidad del Adolescente, en tanto fundamentado en la Convención antes señalada y los tratados, acuerdos y convenios sobre derechos humanos, y en específico aquellos referidos a la población que no ha alcanzado la mayoridad, se distingue de aquel que ha sido diseñado para aplicar a los adultos sometidos a proceso penal, fundamentalmente por la gama sancionatoria que lo caracteriza, tal como señala artículo 528 de la Ley Orgánica para la Protección de Niños, Niñas y Adolescentes, antes citado. Es por ello, que a objeto de alcanzar sus fines, el proceso de corte acusatorio que lo informa, se basa en principios y garantías, centradas en gran medida en la individualización de las sanciones previstas para ser aplicadas, cuando se determine la responsabilidad del adolescente en un hecho punible. Los Principios y garantías a observar son los siguientes

LEGALIDAD Y LESIVIDAD

Establece el artículo 529 de la ley Orgánica para la Protección de Niños, Niñas y Adolescentes:

> *"Ningún adolescente puede ser procesado o procesada ni sancionado o sancionada por acto u omisión que, al tiempo de su ocurrencia, no esté previamente definido en la ley penal, de manera expresa e inequívoca, como delito o falta. Tampoco puede ser objeto de sanción si su conducta está justificada o no lesiona o pone en peligro un bien jurídico tutelado. El o la adolescente declarado o declarada responsable de un hecho punible sólo puede ser sancionado o sancionada con medidas que estén previstas en esta Ley. Las medidas se deben cumplir conforme las reglas establecidas en esta Ley".*

En perfecta congruencia con el numeral 6 del artículo 49 del texto constitucional, la transcrita norma, establece la prohibición de juzgar o condenar a las personas, por hechos que no revisten carácter penal, es decir, que no estuvieran contemplados en normas jurídicas como delito.

Pero además exige la norma, que no basta con que el adolescente haya desplegado una conducta definida en la norma penal como delito, sino que resultado de la misma, se haya ocasionado un daño o puesto en peligro un bien jurídico protegido.

El legislador patrio exige además, que el principio de legalidad no solo se observe en cuanto a la conducta desplegada y el daño ocasionado, sino que también es menester, de acuerdo con el artículo 530 del mismo texto, que para determinar la responsabilidad de un adolescente en un hecho punible y la aplicación de la sanción que corresponda, se debe seguir el procedimiento previsto en la Ley. Ello implica que la exigencia de legalidad procesal, no es solo para juzgar, sino para imponer la sanción, de modo que el órgano jurisdiccional debe regirse por las pautas establecidas en el artículo 622 de la misma ley, que habrá de ser analizado más adelante.

DIGNIDAD

Establece el artículo 3 del texto constitucional:

"El Estado tiene como fines esenciales la defensa y el desarrollo de la persona y el respeto a su dignidad, el ejercicio democrático de la voluntad popular, la construcción de una sociedad justa y amante de la paz, la promoción de la prosperidad y bienestar del pueblo y la garantía del cumplimiento de los principios, derechos y deberes reconocidos y consagrados en esta Constitución.
La educación y el trabajo son los procesos fundamentales para alcanzar dichos fines."

De la citada norma se desprende que para el Estado diseñado desde la perspectiva del artículo 2 del mismo texto, el respeto a la dignidad de las personas constituye fundamento para obrar en aras de la defensa y el desarrollo de las mismas. Es por eso que el sistema objeto de estudio considera de conformidad con el artículo 538 que se debe respetar la dignidad inherente a la persona humana, el derecho a la igualdad ante la ley, la integridad personal y el libre desarrollo de la personalidad.

Esta visión de la dignidad de las personas, entre ellas los adolescentes sometidos a proceso penal, significa que los mismos no pueden ser limitados en el ejercicio de sus derechos y garantías, más allá de los fines, alcances y contenido de las medidas cautelares o definitivas que se deban imponer.

La previsión contenida en la norma objeto de comentario, indica a las claras la intención del legislador de garantizar un trato digno a quienes siendo adolescentes incurran en la comisión de un hecho punible, y ese trato implica que en la oportunidad de aplicar la sanción correspondiente, la misma se adecúe en aras de lograr el desarrollo de la personalidad del mismo.

PROPORCIONALIDAD

El artículo 539 establece: "*Las sanciones deben ser racionales, en proporción al hecho punible atribuido y sus consecuencias*".

Como puede observarse, en franca preocupación por proporcionar un trato digno al adolescente incurso, como autor o participe en la comisión de un hecho punible, el legislador exige al órgano encargado de imponer la sanción que corresponda, una vez declarada la responsabilidad penal del mismo, obrar con racionalidad, es decir, mediante una fundamentación lógica y seria, no solo a los efectos de la escogencia de la misma, sino con miras a establecer el plazo para su cumplimiento, a fin de hacerla proporcional al hecho cometido y sus efectos. De allí la obligación de observar el artículo 622 de la Ley Orgánica para la Protección de Niños, Niñas y Adolescentes.

JUICIO EDUCATIVO

El artículo 543 de la Ley Orgánica para la Protección de Niños, Niñas y Adolescentes, al hacer referencia al carácter educativo de las actividades a desplegar dentro del proceso aplicable a los adolescentes en conflicto con la ley penal, exige que el adolescente debe ser informado de manera clara, precisa y educativa, por el órgano investigador y el tribunal, sobre el significado de cada una de las actuaciones procesales que se desarrollen en su presencia, del contenido y de las razones legales y ético sociales de las decisiones que se produzcan.

Significa o traduce la antes transcrita norma que la investigación que se desarrolla en el marco del Sistema Penal de Responsabilidad del Adolescente, definido en el artículo 526 de la Ley Orgánica para la Protección de Niños, Niñas y Adolescentes, no puede reducirse a la realización de diligencias dirigidas a la búsqueda de los elementos de convicción y pruebas, que servirán de fundamento a una acusación, a recabar los objetos activos y pasivos que guardan relación con el hecho punible que se le atribuye al adolescente, sino que es obligación del órgano encargado de la investigación y del juez, el de informar sobre el significado de cada una de las actuaciones procesales que se desarrollan en su presencia y del contenido de las decisiones que se emitan, además de explicar las razones ético-legales y ético sociales que sirvieron de fundamento a las mismas.

Obedece lo antes planteado a las exigencias propias de un sistema cuya actividad recae sobre una persona, que conforme a las previsiones del artículo 13 de la Ley Orgánica para la Protección de Niños, Niñas y Adolescentes, se halla en proceso de desarrollo, condición que significa que el mismo, si bien sujeto de derecho, conforme a la misma norma y las previsiones del artículo 78 constitucional, ejerce derechos en la medida de su capacidad evolutiva, y que en esa misma medida asume sus obligaciones. Ello implica, la necesidad de formarlo e informarlo, en tanto ciudadano, con miras a darle a entender la magnitud de sus actuaciones y las consecuencias que las mismas acarrean.

En atención a lo antes señalado, estará el adolescente, su defensor, representante o responsable, en condiciones de ejercer los recursos de los cuales dispone a los efectos de lograr la adecuación de las decisiones, sobre todo, las ligadas a la imposición de la sanción correspondiente, cuando considere que las mismas le causan agravio.

DEFENSA

El artículo 544 de la Ley Orgánica para la Protección de Niños, Niñas y Adolescentes, establece lo siguiente:

> *"La defensa es inviolable desde el inicio de la investigación hasta el cumplimiento de la sanción impuesta. A falta de abogado defensor privado o abogada defensora privada, el o el adolescente debe tener la asistencia de un defensor público especializado o defensora publica especializada."*

En perfecta congruencia con lo contemplado en el numeral 1 del artículo 49 Constitucional, el derecho a la defensa, sea material o técnica, representa garantía o mecanismo que preserva el debido proceso o proceso justo, toda vez, que no solo permitirá a quien es objeto de persecución penal, presentar argumentos, pruebas, controlar las presentadas por la otra parte y refutar los argumentos presentados en su contra, sino la procuración de un trato digno, que de observarse, podría resultar que pese al pronunciamiento de una sentencia condenatoria, la misma termine con la imposición de una sanción proporcional al hecho y sus efectos, y por lo tanto adecuada en cuanto a tipo y *quantum*, a los objetivos propios del sistema penal objeto de estudio, del sistema sancionatorio y de la fase de ejecución del mismo.

Insiste el legislador en la especialización, en este caso de la defensa pública, lo que no impide exigirla a la de carácter privado, todo lo cual permitirá la correcta interpretación del sistema y la búsqueda de efectos poco lesivos del mismo sobre el adolescente sometido a proceso, producto de estar incurso en la perpetración o haber participado en la comisión de un hecho punible.

CONFIDENCIALIDAD

El Sistema Penal de Responsabilidad del Adolescente, si bien concebido para establecer la responsabilidad de un adolescente, mayor de catorce y menor de dieciocho años, en la comisión o perpetración de un hecho punible, y el control de la sanción que se le imponga, no puede cumplir sus fines, si a lo largo de su desarrollo, no se observan los valores y principios dirigidos a garantizar los derechos, que al adolescente corresponden como ciudadano, y aquellos que le son propios, por su especifica condición de ser adolescente, toda vez que se trata de una persona en desarrollo, lo que ha conducido al legislador a exigir de los órganos involucrados en el proceso penal que se desarrolla en la Ley Orgánica para la Protección de Niños, Niñas y Adolescentes, la preservación de la integridad física, moral, psíquica y la estabilidad emocional del mismo. En ese sentido, el artículo 545 de la Ley establece:

> *"Se prohíbe la publicación de datos de la investigación o del juicio, que directa o indirectamente, posibiliten identificar al adolescente. Se dejan a salvo las informaciones estadísticas y el traslado de pruebas previsto en el artículo 535 de esta Ley."*

El principio de confidencialidad está íntimamente relacionado con el artículo 60 del texto constitucional, que establece:

> *"Toda persona tiene derecho a la protección de su honor, vida privada, intimidad, propia imagen, confidencialidad y reputación. La ley limitará el uso de la informática para garantizar el honor y la intimidad personal y familiar de los ciudadanos y ciudadanas y el pleno ejercicio de sus derechos".*

En efecto la previsión legislativa no hace otra cosa que preservar valores como el honor, la vida privada, propia imagen, el resguardo de información personal y la reputación de las personas, y en el caso de los adolescentes sometidos a proceso penal, más aún, por cuanto en su condición de persona en desarrollo, se hace necesario, reforzar tales valores y por ello, la obligación de los órganos de investigación y jueces de preservar la información ligada a la investigación penal y a las decisiones que se dicten durante el proceso, que pudieran posibilitar el conocimiento público de los datos de identificación del adolescente objeto de persecución penal.

El derecho a la confidencialidad, guarda íntima relación también con el derecho del adolescente al libre desarrollo de su personalidad, por lo que resguardar los valores antes señalados, debe ser objeto del Sistema Penal, no solo a lo largo del proceso, sino en la oportunidad de imponer la sanción y de la ejecución de la misma. Por esa razón, se hace menester la aplicación de una sanción idónea y respetuosa, que no afecte u obre en perjuicio o detrimento del adolescente objeto de la misma, tal como se desprende del texto del artículo 625 de la especialísima Ley, referido a los Servicios a la Comunidad pero que debe observarse en cualquiera de las otras sanciones.

ÚNICA PERSECUCIÓN

El numeral 7 del artículo 49 constitucional establece: "*Ninguna persona podrá ser sometida a juicio por los mismos hechos en virtud de los cuales hubiese sido juzgada anteriormente*".

El artículo 547 de la Ley Orgánica para la Protección de Niños, Niñas y Adolescentes, establece lo siguiente:

"La remisión, el sobreseimiento y la absolución impiden una nueva investigación o juzgamiento del adolescente por el mismo hecho, aunque modifique la calificación legal o se conozcan nuevas circunstancias."

La única persecución constituye en sí, una prohibición a la doble persecución o a las persecuciones múltiples, hecho que puede estar referido no solo a la cosa juzgada, sino a la apertura simultanea de más de una averiguación contra las personas por un mismo hecho. En ambos casos, se pretende evitar la imposición de sanciones por hechos ya juzgados, y cuya sentencia alcanzó firmeza, o en procedimientos simultáneos abiertos por los mismos hechos que podrían conducir a sentencias contradictorias o a una multiplicidad de sanciones.

De acuerdo con la Ley especial, la remisión, el sobreseimiento y la absolución impiden una nueva investigación o juzgamiento del adolescente por el mismo hecho, a lo que podría agregarse, la conciliación, porque tanto la remisión como esta última de darse los extremos exigidos para su materialización, traerán como consecuencia la extinción de la acción penal y por ende el sobreseimiento de la causa. Así mismo, la procedencia del sobreseimiento, en cualquiera de las fases del proceso, en las cuales sea posible su decreto, traerá como consecuencia el cese de la persecución penal, razón por la cual, no será posible iniciar una nueva persecución por los hechos que ya fueron juzgados, aunque para ello, se realice una modificación de la calificación dada antes a los mismos.

El legislador ha considerado como excepción a la prohibición de la doble persecución, lo contemplado en los numerales 1 y 2 del artículo 20 del Código Orgánico Procesal Penal, aplicable por remisión del artículo 537 de la Ley Orgánica para la Protección de Niños, Niñas y Adolescentes. En estos casos, no hay doble persecución, porque en caso de que el Fiscal presentare acusación como lo prevé el numeral 1, por ante un tribunal incompetente, este deberá declinar la competencia y remitir las actuaciones al tribunal que si lo es, y en el caso del numeral 2 si la acusación adoleciera de defectos y se ordenara subsanar, si el fiscal lo hiciere y consignare nuevamente el escrito acusatorio, no será una nueva acusación, sino la misma corregida.

EXCEPCIONALIDAD DE LA PRIVACIÓN DE LIBERTAD

El legislador venezolano al concebir el Sistema Penal de Responsabilidad del Adolescente, con estricto apego a principios de la Convención sobre los Derechos del Niño, y a los instrumentos internacionales sobre derechos humamos, convierte a la privación de la libertad en la última *ratio* del mismo, razón por la cual, solo excepcionalmente, las personas y en específico los adolescentes incursos en la comisión o partícipes en la perpetración de un hecho punible pueden ser privados de libertad, tal como se desprende de las previsiones del artículo 548 de la Ley Orgánica para la Protección de Niños, Niñas y Adolescentes.

En efecto el señalado dispositivo expresa:

> *"Salvo la detención en flagrancia, la privación de libertad solo procede por orden judicial, en los casos, bajo condiciones y por los lapsos previstos en esta Ley. La prisión preventiva es revisable en cualquier tiempo a solicitud del adolescente."*

La citada norma coincide con las previsiones del numeral 1 del artículo 44 del texto constitucional, de conformidad con el cual:

> *"Ninguna persona puede ser arrestada o detenida sino en virtud de una orden judicial, a menos que sea sorprendida in fraganti. En este caso será llevada ante una autoridad judicial en un tiempo no mayor de cuarenta y ocho horas a partir del momento de la detención. Será juzgada en libertad, excepto por las razones determinadas por la ley y apreciadas por el juez o jueza en cada caso."*

Admiten tanto el constituyente como el legislador que contra las personas proceden dos tipos de detenciones, que serían por un lado, la detención en flagrancia del presunto autor de un hecho punible y por otro lado, la que es producto de una orden judicial. De lo contrario, la persona cualquiera sea ella, tiene derecho a ser juzgada en libertad, y la prisión preventiva puede ser objeto de revisión en cualquier tiempo, a petición del adolescente imputado.

Lo antes señalado implica que al igual que en el proceso penal ordinario, la privación de libertad, en forma preventiva o definitiva, obedece a criterios de excepcionalidad, motivo por el cual, y con mayor razón, en el Sistema Penal de Responsabilidad del Adolescente, la privación de libertad como medida cautelar o como sanción, solo es procedente en los delitos contemplados en los literales a) y b) del artículo 628 de la Ley Orgánica para la Protección de Niños, Niñas y Adolescentes, pero además, cuando se trata de sentencia condenatoria, en la oportunidad de imponer la sanción, se requiere de la estricta observancia de las pautas del artículo 622 de la misma ley, a los efectos de hacerla idónea respecto de los hechos y del adolescente autor o participe en la perpetración de los mismos.

SEPARACIÓN DE PERSONAS ADULTAS

El artículo 549 de la Ley Orgánica para la Protección de Niños, Niñas y Adolescentes establece:

> *"Los y las adolescentes deben estar siempre separados o separadas de las personas adultas cuando estén en prisión preventiva o cumpliendo sanción privativa de libertad. Las oficinas de la policía de investigación deben tener áreas exclusivas para los y las adolescentes detenidos o detenidas en flagrancia o a disposición del o de la Fiscal del Ministerio Público para su presentación al juez o jueza, debiendo remitirlos o remitirlas cuanto antes a los centros especializados. Tanto la prisión preventiva como las sanciones privativas de libertad deben cumplirse exclusivamente en establecimientos adscritos al sistema previsto en esta Ley."*

Constituye la separación de los jóvenes sometidos proceso penal, de personas adultas e incluso de otros adolescentes, no solo un asunto de política penitenciaria, sino una exigencia contemplada en instrumentos internacionales, con cuya aplicación se procura preservar la integridad física, psíquica y moral de los adolescentes, tanto procesados como sancionados. Uno de los asuntos a tener en cuenta por parte de los jueces en la oportunidad de dictar sentencia definitiva y si esta implica privación de libertad, es la de comprobar la posición individual del adolescente, el deseo de reparar el daño causado, el arrepentimiento frente a su actuación, hecho que podría verse afectado, por la convivencia poco sana de los adolescentes en centro de reclusión con personas adultas e incluso con otros adolescentes de conducta comprometida. En virtud de ello, es menester la separación atendiendo a la gravedad de los hechos cometidos, a la implicación en otros hechos y a la influencia que ello podría ejercer en la oportunidad de establecer la sanción a aplicar.

Exige la norma bajo comentario que las oficinas de la policía de investigación deben tener áreas exclusivas para los y las adolescentes detenidos o detenidas en flagrancia o a disposición del o de la Fiscal del Ministerio Público para su presentación al juez o jueza, debiendo remitirlos o remitirlas cuanto antes a los centros especializados y además exige que la privación de libertad como medida cautelar o como sanción deben cumplirse exclusivamente en establecimientos adscritos al sistema previsto en esta Ley, planteamientos o exigencias que no se cumplen y atentan contra la finalidad del sistema.

PROCESO A INDÍGENAS

El artículo 550 de la Ley Orgánica para la Protección de Niños, Niñas y Adolescentes establece:

> *"Cuando se trate de adolescentes pertenecientes a pueblos y comunidades indígena, se debe observar, además de las reglas de esta Ley, sus usos y costumbres y se oirá a las autoridades propias, siempre que sea posible su comparecencia".*

El Proceso a indígenas hace referencia a la necesidad de observar en cuanto a esta población por aplicación del principio de discriminación positiva, sus usos, y costumbres y oír de ser posible su comparecencia, a las autoridades propias. Ello también tiene implicaciones a los efectos de aplicar la sanción que corresponda por los hechos en los cuales se vea incurso el adolescente procesado perteneciente a la citada población.

ESPECIALIZACIÓN

Preocupa al legislador y se puede observar a lo largo del despliegue de normas relativas al Sistema Penal de Responsabilidad del Adolescente, la exigencia de la especialización en la materia de jueces, fiscales, defensores y funcionarios del área. Requisito que de conformidad con el artículo 528 de la Ley, junto con la gama de sanciones contempladas en el artículo 620 del mismo texto, marca la diferencia del Sistema aplicable a los adolescentes, respecto del concebido para ser aplicado a los adultos.

La especialización permitirá conocer con propiedad los fines del sistema, de las sanciones, de la fase de ejecución y del control y vigilancia de las sanciones, de allí, la necesidad de su individualización, porque ello, sin duda permitiría comprender los ajustes que se requerirían para adecuar la sanción al hecho y al adolescente sometido a proceso penal.

EL SISTEMA DE SANCIONES

A diferencia del sistema penal diseñado para ser aplicado a los adultos incursos en hechos punibles, el legislador patrio ha previsto para aquel que se desarrolla en la Ley Orgánica para la Protección de Niños, Niñas y Adolescentes, no solo una competencia especializada, atendiendo al sujeto sobre el cual recae la acción del mismo, sino una gama de sanciones, con las cuales y previa observancia de pautas establecidas en el artículo 622 de la misma Ley, el juez que emita la sentencia condenatoria, procure en forma razonada, lógica y proporcional la consecución de los fines educativos de las mismas y los del propio sistema.

Sobre las sanciones contempladas en el Sistema Penal de Responsabilidad del Adolescente, Morais[1] expresa lo siguiente:

> *"Aunque a muchos se les dificulte aceptar, y otros tantos recomienden cuidarse mucho de no admitir expresamente la sanción impuesta al adolescente que comete un hecho típico y antijurídico es una medida de seguridad. Porque la dogmática penal no ofrece más que dos posibilidades sancionatorias, a consecuencia de la comisión de un delito: penas y medidas de seguridad. La pena es una sanción que se aplica cuando procesalmente se ha demostrado que una persona plenamente imputable -por su total capacidad de entender el carácter lesivo de su acto y de actuar de acuerdo a ese*

---

1 María Gracia Morais. *La Pena: Su Ejecución en el Código Orgánico Procesal Penal*. 2da. Edición. Vadell Hermanos, Caracas, 2000. p. 187.

> *entendimiento- cometió una acción típica, antijurídica y culpable. Las medidas se aplican a la persona inimputable, porque aun cuando carezca del pleno discernimiento responde ante la sociedad, en virtud de haber lesionado un bien jurídico penalmente tutelado".*

Acepta la autora citada que las sanciones aplicadas en el Sistema Penal de Responsabilidad del Adolescente, son medidas de seguridad, pero más adelante, indica "*...estas ya no se asientan en la peligrosidad del autor, sino en la lesividad del hecho que implica el daño social...*"

Sostiene así mismo la autora, que no es una buena política recurrir a eufemismos y encubrir la naturaleza de las sanciones previstas en la Ley Orgánica para la Protección de Niños, Niñas y Adolescentes, denominándolas "*medidas educativas*" o "*socio educativas*", porque educativa es solo la finalidad.

Más adelante, la misma autora[2] señala:

> *"En el caso de la LOPNNA hubo grandes avances en ese sentido. Nos atreveríamos a decir que el legislador optó por una tercera vía sancionatoria, puesto que establece una medida de seguridad que se aplica en base a la culpabilidad del adolescente."*

La autora cuyas notas sirven de fundamento argumental a la posición del legislador venezolano, sostiene que el Sistema de Sanciones aplicada en el Sistema Penal de Responsabilidad del Adolescente, está constituido por medidas de seguridad, y en ese sentido, admite la necesidad de evitar los eufemismos, propios del viejo sistema, porque en la nueva doctrina, se ha introducido una tercera vía sancionatoria, fundamentada en medidas de seguridad aplicables en tanto lograse demostrase la culpabilidad del adolescente.

La posición de la autora resulta razonable por cuanto, si la intención del legislador patrio sobre la materia objeto de análisis, es la de adecuar la sanción a ser impuesta al adolescente incurso en la comisión de un hecho punible, una tercera vía sancionatoria, basada en la aplicación de una medida de seguridad, desde cuya perspectiva no se considere al autor del hecho atendiendo a una visión peligrosista de tiempos pretéritos, sino como individuo dotado en tanto persona de de-

---

2 Ibid. p. 188.

rechos, pero en proceso de desarrollo, lo correspondiente es que una vez determinada su responsabilidad en los hechos en los cuales se ha visto involucrado, se atienda a criterios que conduzcan a la búsqueda de una sanción dirigida a dotarlo de las herramientas necesarias para su incorporación a la familia y la sociedad, con sentido de integración y en conocimiento de sus derechos y sus deberes como ser social que es.

FINALIDAD DE LAS SANCIONES

Establece el artículo 621, en franca referencia al artículo 620 de la Ley Orgánica para la Protección de Niños, Niñas y Adolescentes, en el cual se despliega la gama de sanciones del sistema:

> *"Las medidas señaladas en el artículo anterior tienen una finalidad primordialmente educativa y se complementará, según el caso, con la participación de la familia y el apoyo de especialistas. Los principios orientadores de dichas medidas son el respeto a los derechos humanos, la formación integral del o de la adolescente y la búsqueda de su adecuada convivencia familiar y social".*

La norma antes referida señala con meridiana claridad, la finalidad de las sanciones a ser impuestas por el órgano jurisdiccional, cuando como resultado del proceso logra establecerse la responsabilidad del adolescente en los hechos que le han sido imputados, es decir, las mismas persiguen un fin educativo, no es que son educativas, sino que las mismas se aplican en aras de lograr la concientización de los adolescentes incursos o partícipes en la perpetración de un hecho punible.

Del mismo modo, se propicia la participación del adolescente mediante la elaboración y cumplimiento del plan individual, y de la participación, de requerirse, de la familia y con el apoyo de especialistas. Todo en el marco del respeto a los derechos que asisten a los adolescentes de acuerdo con las previsiones de los artículos 630 y 631 de la Ley.

TIPOS

El artículo 620 de la ley Orgánica para la Protección de Niños, Niñas y Adolescentes, en congruencia con lo indicado en el artículo 528 de la misma Ley, registra una gama de sanciones con cuya aplicación, se procura materializar efectiva y eficazmente la reintegración del adolescente a la familia y a la sociedad, dotado de herramientas con miras a una convivencia armónica en ambos espacios. De allí, la finalidad educativa de las sanciones.

El antes citado artículo establece: Comprobada la participación del o la adolescente en el hecho punible y declarada su responsabilidad, el tribunal lo sancionará aplicándole las siguientes medidas:

a. Orientación verbal educativa

El Legislador ha pretendido con la aplicación de esta sanción, atender a situaciones de poca relevancia en las cuales se ve involucrado el adolescente, y que del estudio de su perfil se observa que obedece a criterios de disciplina, para lo cual se requiere de una reprimenda que resalte la magnitud y los efectos de su conducta y la previsión de una posterior que pudiese constituir participación en hechos muchos más graves que significarían la imposición de sanciones más exigentes.

El Artículo 623 define la antes referida sanción como aquella que consiste en la explicación por parte del juez o la jueza de control o de juicio en forma clara y precisa de la ilicitud del hecho cometido dirigida a internalizar y concientizar su conducta, a los efectos de comprender su responsabilidad y el daño social causado. Señala además, el legislador, que dejará constancia en acta dándose por cumplida esta sanción.

En efecto, la definida sanción obedece al sentido educativo de la gama de sanciones concebidas para ser aplicadas en el marco del Sistema Penal de Responsabilidad del Adolescente, y ello es así, por cuanto a través de la misma, se pretende o procura concientizar al adolescente, acerca de la ilicitud o prohibición legal de su conducta, de su responsabilidad por los efectos que la misma ha tenido para con la sociedad en la cual se desenvuelve, y por supuesto el daño causado.

La característica de esta sanción es que la misma se agota con su imposición por parte del juez que dicta la sentencia condenatoria, sea por aplicación del procedimiento por admisión de los hechos o en virtud de sentencia condenatoria emitida en fase de juicio, por lo que no requiere su remisión al juez de ejecución, a los efectos de su vigilancia y control.

b. Imposición de reglas de conducta

Con la imposición de esta sanción, se pretende disciplinar, marcar pautas orientadoras que conduzcan al adolescente, a la obediencia de normas que en tanto ciudadano conoce o debe conocer, pero que las transgrede, sin que su conducta pueda calificarse o enmarcarse dentro de aquellas que por su gravedad, hagan necesaria la privación de libertad. Se trata de una sanción aleccionadora y por lo tanto con un fin educativo.

El Artículo 624 de la Ley Orgánica para la Protección de Niños, Niñas y Adolescentes, define la Imposición de reglas de conducta como aquella que:

> *"...consiste en la determinación de obligaciones o prohibiciones impuestas por el juez o jueza para regular el modo de vida del o de la adolescente, así como para promover y asegurar su formación. Las órdenes o prohibiciones tendrán una duración máxima de dos años y el cumplimiento deberá iniciarse, a más tardar, un mes después de impuestas."*

Del contenido de la antes citada norma, se evidencia la finalidad reguladora de la conducta del adolescente inmerso en la comisión de un hecho punible, como resultado de la revisión de los hechos y las circunstancias sociales y vitales del adolescente sancionado, de las cuales debe desprenderse la necesidad de promover y asegurar su formación, y ello, según la visión o percepción del juzgador, debe conducir a la imposición de órdenes y prohibiciones, que no deben exceder de dos años, que orienten su modo de vida. El cumplimiento de esta sanción debe iniciarse un mes después de su imposición.

c. Servicios a la comunidad

La sanción a ser analizada, se aplicará atendiendo a una serie de características del adolescente objeto de la misma, dado que no se podría pretender la prestación de servicios a la comunidad, si no se observare la predisposición, las destrezas y habilidades presentes en él, que le hagan apto para cumplir ciertas actividades en beneficio de la comunidad.

En efecto, el artículo 625 de la ley Orgánica para la Protección de Niños, Niñas y Adolescentes, señala que tal sanción consiste en tareas de interés general que él o la adolescente debe realizar en forma gratuita, por un periodo que no exceda de seis meses, durante una jornada máxima de ocho horas semanales, preferentemente los días sábados, domingos y feriados, o en días hábiles pero sin perjudicar la asistencia a la institución educativa o jornada normal de trabajo.

Las tareas a que se refiere este artículo deberán ser asignadas, según las aptitudes del o la adolescente, en servicios asistenciales, en actividades que signifiquen servicios a la comunidad, en programas comunitarios públicos y desarrollados por los Consejos Comunales y otras organizaciones sociales, que no impliquen riesgo o peligro para el o la adolescente ni menoscabo para su dignidad. La sanción consistiría en tareas:

a) De interés general,
b) Realizados en forma gratuita,
c) No deben exceder de seis meses,
d) A ser realizadas en una jornada máxima de ocho horas semanales, preferentemente los días sábados, domingos y feriados, o en días hábiles,
e) A ser realizadas, sin perjudicar la asistencia del adolescente a la institución educativa o jornada normal de trabajo,
f) A aplicarse tomando en consideración, las aptitudes del o la adolescente,
g) A ser desarrolladas en servicios asistenciales, en actividades que vayan en servicio de la comunidad, en programas comunitarios públicos y desarrollados por los Consejos Comunales y otras organizaciones sociales,
h) Ellas no deben implicar riesgo o peligro para el o la adolescente ni menoscabo para su dignidad.

Tejeiro[3] al referirse a este tipo de sanción plantea:

"Por su parte y en razón a la necesidad de diferenciar el grado de intervención del Estado frente a las conductas en contra vía de la

---

[3] Carlos Enrique Tejeiro López. *Teoría General de Niñez y Adolescencia.* 2da. Edición. Universidad de los Andes. Colombia. 2005. p. 312.

ley ejecutadas por los adolescentes, se implementa la presente sanción, que tiene como principal fin, direccionar a través del juez de conocimiento de los actos, el desarrollo personal, social e incluso familiar del adolescente que ha cometido una conducta sancionable, propendiendo no solo, por el restablecimiento de sus derechos, sino, por su efectiva integración en sociedad bajo las normas y parámetros de debida convivencia pacífica".

Resulta lógico entender, que unas sanciones que se hallan ajustadas a las pautas de la Convención sobre los Derechos del Niño y a los instrumentos internacionales que en materia de derechos humanos, han forjado el Sistema Penal de Responsabilidad del Adolescente, que es precisamente, un mecanismo dirigido, si bien al establecimiento de la comisión de un hecho punible y a determinar, si un adolescente ha participado en su perpetración, ello debe alcanzarse con estricto apego al debido proceso, a la observancia de garantías procesales y con respeto a la dignidad humana, punto de partida para el diseño y elaboración de cualquier régimen normativo, dentro de los países signatarios de los señalados instrumentos jurídicos surgidos de las luchas por el respeto de los derechos ciudadanos, no pueden ni deben menoscabar, la dignidad y mucho menos, los derechos inherentes al adolescente sancionado en tanto persona. Por ello, el servicio a la comunidad como sanción, debe ser bien diseñada, vigilada debidamente, en aras de su cumplimiento efectivo, y sobre todo de garantizar que resulte beneficiosa, educativamente hablando, para quien ha resultado ser sancionado con la misma, de modo que no atente contra su dignidad y no menoscabe sus derechos.

d. Libertad asistida

El legislador patrio define la Libertad Asistida en el artículo 626 de la Ley Orgánica para la Protección de Niños, Niñas Adolescentes, como, la concesión de la libertad que da el juez o la jueza competente al o la adolescente con la condición obligatoria de incorporarse a un programa socio educativo que le brinde la supervisión, el acompañamiento y orientación de un equipo multidisciplinario o una persona capacitada, en el área de educación, psicopedagogía, psicología, psiquiatría y jurídica, debidamente registrada ante el consejo municipal de derechos de niños, niñas y adolescentes, de la localidad donde se pretende desarrollar los mismos, tal cual lo prevé esta Ley. Su duración máxima será de dos años.

Los elementos característicos de la Sanción citada son los siguientes:

a) Es una concesión de Libertad por parte del Juez al adolescente, por un hecho de cierta gravedad, que podría significar privación de libertad,
b) La concesión de libertad impone como condición que el adolescente se someta o incorpore a un programa socio educativo que le brinde la supervisión, el acompañamiento y orientación de un equipo multidisciplinario o una persona capacitada, en el área de educación, psicopedagogía, psicología, psiquiatría y jurídica,
c) El programa al cual se someta el adolescente sancionado, debe estar debidamente registrado ante el consejo municipal de derechos de niños, niñas y adolescentes, de la localidad donde se pretenden desarrollar los mismos,
d) Su duración máxima será de dos años.

El Sistema de Sanciones contemplado para ser aplicado a los adolescentes en conflicto con la ley penal, asume niveles de exigencia en la medida en que la conducta observada por el adolescente implique estar incurso en delitos de cierta gravedad, que podrían significar la privación de libertad, pero que hechas las ponderaciones y las motivaciones correspondientes por parte del juez y plasmadas en la sentencia, podrían significar que en vez de imponer la privación de libertad, el mismo acuerde, atendiendo a las características individuales del adolescente, una menos gravosa como la libertad asistida.

Lo antes señalado se desprende de la definición misma de la medida, por cuanto la misma se convierte en libertad asistida por concesión del juez, siempre que el adolescente objeto de la sanción, acepte someterse a la supervisión y vigilancia, el acompañamiento y orientación de un equipo multidisciplinario o una persona capacitada, en el área de educación, psicopedagogía, psicología, psiquiatría y jurídica, debidamente registrada ante el consejo municipal de derechos de niños, niñas y adolescentes, de la localidad donde se pretende desarrollar los mismos, tal cual lo prevé esta Ley. La Libertad asistida, dependerá de la aceptación que haga el adolescente de las condiciones señaladas en la norma que la describe.

e. Semi-libertad

El artículo 627 de la Ley Orgánica para la Protección de Niños, Niñas y Adolescentes, define la Sanción de Semilibertad como aquella que consiste en la incorporación obligatoria del o la adolescente a una entidad de atención durante el tiempo libre de que disponga en el transcurso de la semana, la duración de esta medida no podrá exceder de un año. Se considera tiempo libre aquél durante el cual él o la adolescente no deba asistir a un centro educativo o cumplir con su horario de trabajo.

Como puede observarse, a diferencia de lo que sucede con la sanción antes considerada, la Semilibertad, impone obligatoriamente al adolescente, su incorporación a una entidad de atención; es decir, un establecimiento, que de conformidad con la Ley, debe ser de carácter público, y ello debe ocurrir durante el tiempo libre del cual disponga, una vez haya cumplido con su jornada laboral y/o educativa, en el transcurso de la semana.

Esta sanción, es tan exigente como la que constituye o implica privación de libertad, porque el adolescente debe trabajar y/o estudiar y luego de cumplir con estas actividades, deberá acudir a la entidad de atención en la cual permanecerá y pernoctará.

f. Privación de libertad

El legislador patrio define a la Privación de Libertad, en el artículo 628 de la especialísima Ley, como la restricción del derecho fundamental de la libertad del o la adolescente en edad comprendida entre catorce y menos de dieciocho años, en un establecimiento público o entidad de atención del cual sólo podrá salir por orden judicial o una vez cumplida la sanción impuesta.

Por otro lado la misma norma establece:

"La privación de libertad es una medida sujeta a los principios de excepcionalidad y de respeto a la condición peculiar de la persona en desarrollo y sólo podrá ser aplicada al o la adolescente:
a. Cuando se tratare de la comisión de los delitos de homicidio, salvo el culposo, violación, secuestro, delitos de drogas en mayor cuantía, en cualquiera de sus modalidades, abuso sexual con penetración, sicariato o terrorismo, su duración no podrá ser menor de seis años ni mayor a diez años.
b. Cuando se tratare de los delitos de lesiones gravísimas, salvo las culposas, robo agravado, robo sobre vehículos automotores, abuso sexual, extorsión o asalto a transporte público, no podrá ser menor de cuatro años ni mayor a seis años.
En ningún caso podrá aplicarse al o la adolescente un lapso de privación de libertad mayor al límite mínimo de pena establecido en la ley penal para el hecho punible correspondiente.
Si incumpliere injustificadamente otras sanciones que le hayan sido aplicadas, la privación de libertad tendrá una duración máxima de seis meses.
En el caso de reincidencia o concurso real de delitos previstos en este artículo, se sancionará al o la adolescente con el límite superior de la sanción.
En el caso de los supuestos de hechos en las letras "a y b", se incluirán las formas inacabadas o las participaciones accesorias, previstas en el Código Penal vigente, asimismo al momento de imponer la sanción el juez o la jueza, según el caso, debe observar lo previsto en el artículo 622 de esta Ley."

Atendiendo a las previsiones del artículo 548 de la Ley Orgánica para la Protección de Niños, Niñas y Adolescente, concordante con las manifestaciones contenidas en tratados, acuerdos y convenios internacionales y en el texto constitucional, la privación de libertad solo procedería en los casos en los cuales sea absolutamente necesaria su aplicación, y en observancia del principio de excepcionalidad de la privación de libertad y a la interpretación restrictiva de las normas referidas a la misma, sea como medida cautelar o como sanción.

El legislador, vista la dureza de la privación de libertad y los efectos que la misma pueda producir en lo físico y mental en el adolescente, ha considerado que su aplicación debe atender a la gravedad de los hechos en los cuales el mismo se vea incurso como autor o participe, pero además ha previsto, que a los efectos de su aplicación, se observen las pautas contempladas en el artículo 622 de la Ley Orgánica para la Protección de Niños, Niñas y Adolescentes, toda vez que además del hecho mismo, debe hacerse ponderación de las circunstancias ligadas al perfil del adolescente, es decir, las individuales, familiares y sociales que le circundan, con miras al establecimiento del quantum de la sanción privativa de libertad a imponer.

Debe recordarse que en el Sistema Penal de Responsabilidad del adolescente no se observa la Dosimetría Penal, razón por la cual, la imposición de la sanción debe significar un trabajo arduo, racional, lógico, ponderado y fundamentalmente justo, de modo que el Juez que emite la sentencia condenatoria, deberá fundamentarla no solo en lo atinente a los hechos y la autoría, sino en cuanto a la sanción y el quantum de la misma.

La norma antes transcrita, prevé la aplicación de la sanción de Privación de Libertad:

a) Cuando se tratare de la comisión de los delitos de homicidio, salvo el culposo, violación, secuestro, delitos de drogas en mayor cuantía, en cualquiera de sus modalidades, abuso sexual con penetración, sicariato o terrorismo, su duración no podrá ser menor de seis años ni mayor a diez años.
b) Cuando se tratare de los delitos de lesiones gravísimas, salvo las culposas, robo agravado, robo sobre vehículos automotores, abuso sexual, extorsión o asalto a transporte público, no podrá ser menor de cuatro años ni mayor a seis años.

En ambos casos, corresponde al juzgador, no solo imponer la sanción por el hecho en el cual incurra el adolescente, sino realizar la ponderación con fundamento en las pautas del artículo 622 de la Ley Orgánica para la Protección de Niños, Niñas y Adolescentes, a los efectos de establecer el plazo para el cumplimiento de la misma, atendiendo al rango establecido para estos fines, todo ello con el objeto de su idoneidad o adecuación justa al hecho y a la realidad del adolescente sometido a proceso penal.

Podría suceder que pese a que el hecho constituya uno de aquellos para los cuales el legislador ha previsto la aplicación de la privación de la libertad, tal como se desprende de los literales a) y b) de la norma bajo análisis, la ponderación circunstanciada del asunto por parte del juez, lo conduzca a la aplicación de la Semilibertad o haga una concesión de libertad, siempre que por las condiciones del adolescente, este se comprometa a someterse a uno de los programas referidos en el artículo 626, el cual regula la sanción de la Libertad Asistida.

Lo antes señalado, exige a las claras la especialización del juzgador y de los funcionarios actuantes, en la materia, de modo que pueda conocerse y razonarse el alcance de la medida privativa de libertad y los fundamentos de su aplicación o de otra en su lugar.

En la norma objeto de consideración, el legislador ha previsto que la Privación de Libertad procede cuando el adolescente incumple con cualquiera de las otras sanciones no privativas de libertad, caso en el cual, la medida no podrá exceder de seis meses, lo que significa también, la necesidad de ponderado razonamiento por parte del juzgado al momento de imponerla.

Del mismo modo, la sanción contemplada en el citado artículo 628, sería aplicable en caso de reincidencia, caso en el cual se impondría como sanción el límite máximo del *quantum* de la sanción previsto para el delito en el cual estuviera incurso.

El artículo 100 del Código penal establece:

> *"El que después de una sentencia condenatoria y antes de los diez años de haberla cumplido o de haberse extinguido la condena, cometiere otro hecho punible, será castigado por este con pena comprendida entre el término medio y máximum de la que le asigne la ley. Si el nuevo hecho punible es de la misma índole que el anteriormente perpetrado, se aplicará la pena correspondiente con aumento de una cuarta parte."*

Quiere decir lo antes planteado, que habrá reincidencia cuando quien después de ser condenado mediante sentencia definitivamente firme y antes de los diez años de haberla cumplido o de haberse extinguido la condena, cometiere otro hecho punible. No se trata de quien sometido a proceso incurre en la comisión o participa en la perpetración de un nuevo hecho punible, sino que debe haber sido condenado previamente e incurre en nuevo hecho delictivo.

Del mismo modo, el legislador prevé la Privación de Libertad para quienes estén incursos en concurso real de los delitos contemplados en el citado artículo 628 objeto de análisis

Prevé el citado artículo que en el caso de los supuestos de hechos en las letras "*a y b*", se incluirán las formas inacabadas o las participaciones accesorias, previstas en el Código Penal vigente, asimismo al momento de imponer la sanción el juez o la jueza, según el caso, debe observar lo previsto en el artículo 622 de esta Ley. Lo que significa que la Privación de Libertad procede en caso de tentativa, frustración y en cualquiera de las modalidades de participación del adolescente en la perpetración de los hechos. Lo antes planteado, obedece a la discusión presente antes de la reforma de 2015, acerca de la procedencia de la aplicación de la misma en el caso de las conductas delictivas inacabadas y en las participaciones accesorias.

PAUTAS PARA LA APLICACIÓN DE LAS SANCIONES

El legislador patrio, dada la importancia del sistema sancionatorio y la finalidad del mismo, ha establecido una serie de indicaciones dirigidas a jueces del sistema a los fines de la aplicación de la sanción a que haya lugar como resultado de una sentencia condenatoria, pautas o condiciones que también servirán de orientación al fiscal del Ministerio Público a los fines de solicitar la condena.

Las pautas establecidas en la norma citada, hacen referencia a una serie de situaciones que deben ser objeto de ponderación por parte del órgano decisor al momento emitir la sentencia de condena y fijar la sanción a imponer. Las señaladas situaciones, obedecen o toman en cuenta los hechos y sus efectos, al adolescente autor o participe en la perpetración del hecho punible, con miras a establecer, después del análisis de los elementos referidos en la norma contentiva de dichas indicaciones, la sanción a imponer y el tiempo de su cumplimiento, además de las condiciones a establecer de ser procedentes.

En efecto, el artículo 622 de la Ley Orgánica para la Protección de Niños, Niñas Adolescentes, establece una serie de pautas que deben ser observadas con miras a determinar y aplicar la sanción correspondiente en cada caso. De esa manera, las condiciones a tomar en cuenta para los antes indicados fines, son las siguientes:

a) La comprobación del acto delictivo y la existencia del daño causado.
b) La comprobación de que el o la adolescente ha participado en el hecho delictivo.
c) La naturaleza y gravedad de los hechos.
d) El grado de responsabilidad del o de la adolescente.
e) La proporcionalidad e Idoneidad de la Medida.
f) La edad del o de la adolescente y su capacidad para cumplir la medida.
g) Los esfuerzos del o de la adolescente por reparar los daños.
h) Los resultados de los informes clínicos y psico-social.

Parágrafo Primero. El tribunal podrá aplicar las medidas en forma simultánea, sucesiva y alternativa, sin exceder el plazo fijado en la sentencia para su cumplimiento. Asimismo, las medidas podrán suspenderse, revocarse o sustituirse durante la ejecución.

Parágrafo Segundo. Al computar la medida privativa de libertad, el juez o jueza debe considerar el periodo de prisión preventiva al que fue sometido el o la adolescente.

Obedece lo previsto en la citada norma, al objeto del proceso penal, que de conformidad con lo previsto en el artículo 13 del Código Orgánico Procesal Penal, es la verdad por las vías jurídicas, lo que implica el establecimiento de un hecho punible, utilizando para ello, las vías procedimentales contempladas en el mismo texto adjetivo penal y mediante la justicia en aplicación del derecho, que no puede ser de otra forma, que no signifique el pronunciamiento de una decisión por parte de un órgano jurisdiccional, de modo que se satisfaga el debido proceso y la tutela judicial efectiva, con absoluto respeto de los derechos de los involucrados en el proceso. Establecido como sea el hecho y la autoría o participación, deberá dictarse sentencia de condena y aplicarse la sanción correspondiente.

En atención a lo antes señalado, a los efectos de imponer la sanción en el sistema objeto de análisis, el juez debe tomar en cuenta los hechos y las condiciones individuales, familiares y sociales del adolescente sancionado.

La primera de las referidas pautas contenida en el literal a) del artículo 622 de la tantas veces referida ley especial, exige como primer supuesto, que el Juez del sistema que deba aplicar la sanción, verifique que el hecho se produjo, es decir, que verdaderamente haya ocurrido o que se haya producido un hecho y como consecuencia del mismo, un daño, porque de lo contrario, no habrá persona o hecho sancionable.

De los principios supra señalados, para poder imponer sanciones debe existir una conducta descrita como delito en una ley, y debe haberse producido un daño o puesto en peligro un bien jurídico protegido, razón por la cual, si no se llenan los extremos de los principios de legalidad y lesividad, no podrá ser posible imponer sanción alguna.

El literal b) del artículo bajo análisis, exige comprobación de que el adolescente es el autor o partícipe en la comisión del hecho delictivo. Quiere decir lo anterior, que además de comprobarse el hecho y el daño o el peligro en el cual se colocó el bien jurídico protegido, debe comprobarse que un adolescente es el autor o ha participado en su perpetración,

El literal c) del mismo artículo, atiende a la naturaleza y gravedad de los hechos, lo que indicará al juez *ab initio*, el tipo de sanción que deba aplicar, de modo que estarían proscritas las actuaciones o decisiones arbitrarias, centradas en asuntos, totalmente alejados de lo racional. El juez conocerá si se trata de un delito grave, y tendrá una aproximación a la respuesta que debe darle los hechos verificados.

El literal d) del artículo 622 del texto objeto de consideración, desde la perspectiva del Sistema Penal de Responsabilidad del Adolescente, exige del juez que ha de dictar la sentencia condenatoria, tome en cuenta el grado de responsabilidad del adolescente. En este caso, además de comprobado el hecho y la incursión del adolescente en su perpetración, el juez debe prestar atención al grado de compromiso que conductualmente tiene el adolescente en el hecho, y ello se evidencia del cumplimiento de los otros principios y garantías del sistema, de modo que debe informársele y oírsele debidamente.

En efecto, informar debidamente al adolescente acerca de las actuaciones resultado de la investigación y de las autoridades encargadas de las mismas, permitirá, en observancia de derechos fundamentales del adolescente perseguido penalmente, dar respuesta a las imputaciones que pudiesen hacérsele, solicitar la práctica de actuaciones, tal como contempla en artículo 287 del Código Orgánico Procesal Penal, argumentar frente a las imputaciones y preparar mejor la defensa, lo que sin dudas conducirá a comprender el grado de participación o compromiso del adolescente en cuanto a los hechos, y por supuesto, el alcance de su responsabilidad.

Lo mismo puede sostenerse respecto del derecho a ser oído, el cual podría significar, la recepción de información importante, a lo largo del proceso, toda vez que puede ser ejercido en cualquiera de las fases del mismo, y permitiría aclarar los hechos y una mejor visión acerca de la participación del adolescente en los sucesos, la naturaleza y gravedad de los mismos, el grado de compromiso del adolescente, los esfuerzos dirigidos a reparar el daño, cuando sea procedente, su arrepentimiento frente a los hechos o su empatía ante los afectados por los mismos.

Los literales e) f) y g) del mismo artículo, exige del juez observar la proporcionalidad y la idoneidad, además de la edad del adolescente, su capacidad para cumplir la medida y los esfuerzos para reparar el daño, en la oportunidad de pronunciar la sentencia condenatoria y a los efectos de aplicar la sanción correspondiente.

De conformidad con los señalados literales, corresponderá al juez, después de las consideraciones anteriores, es decir, después de verificado el hecho, la incursión del adolescente en el mismo, sea como autor o partícipe, el daño ocasionado, la naturaleza y gravedad del delito, el grado de responsabilidad del adolescente en los hechos, previo haberle informado y oído, escoger la sanción a aplicar para lo cual deberá atender a la proporcionalidad e idoneidad de la misma.

La proporcionalidad estará representada por la correspondencia entre la sanción impuesta y el daño ocasionado producto del hecho, lo que quiere decir, que la sanción debe atender, tal como lo expresa el antes citado artículo 539 de la Ley Orgánica para la Protección de Niños, Niñas y Adolescentes, al hecho punible y sus características. Norma que exige, racionalidad y logicidad al juez, en la oportunidad de aplicar la sanción.

La racionalidad con la cual actúe el juez debe conducirle a pronunciar una decisión que si bien condena, la sanción a imponer, además de corresponderse con la gravedad de los hechos motivadores de la resolución jurisdiccional, se fundamente en consideraciones acerca de la persona del adolescente implicado en los hechos. La observación de las circunstancias que medien para aplicar la sanción, permitirán no solo establecer cuál ha de aplicarse, sino el tiempo o plazo para su cumplimiento.

El literal h) está referido a otros parámetros a tomar en cuenta por el Juez, en la oportunidad de sentenciar, y serían los resultados de los informes clínicos y psico-social.

La exigencia contenida en el citado literal, será observable en la medida en que sea necesario, por cuanto su aplicación obligatoria, dependerá de si se observare que en forma previa, concomitante o sobrevenida, el adolescente pudiera estar afectado por trastornos que requirieran de la práctica de estudios o análisis dirigidos a establecer la salud mental del mismo, antes, durante o con posterioridad a la perpetración del hecho punible, que podrían dar lugar a pronunciamientos que decreten el sobreseimiento, la suspensión del proceso o de la ejecución de la sanción, con fundamento en el numeral 2 del artículo 300 del Código Orgánico Procesal Penal o del artículo 619 de la Ley Orgánica para la Protección de Niños, Niñas y Adolescentes.

SENTIDO INDIVIDUALIZADOR DE LAS SANCIONES

La individualización de las sanciones obedece, indudablemente a la relevancia adquirida por los tratados, acuerdos y convenios internacionales, los cuales, como es el caso de Venezuela y de los países suscriptores de los mismos, forman parte del bloque de la constitución, y se convierten en normas de obligatorio cumplimiento. Lo que condujo a Cafferata[4] a señalar que los mismos constituyen un plexo axiológico de obligatoria aplicación por parte de los jueces.

Lo antes expresado determinó que los autores Bolívar y Hernández[5], señalaran lo siguiente:

---

4 José Ignacio Cafferata Nores. *Proceso Penal y Derechos Humanos. La Influencia de la normativa supranacional sobre derechos humanos de nivel constitucional en el proceso penal argentino.* Editores del Puerto S.R.L. Buenos Aires. 2000. p. 3.

5 Jorge Mario Bolívar Tovar y Ana Milena Hernández Muñoz. *Las Sanciones en el Sistema de Responsabilidad Penal para Adolescentes en el Departamento de Quindío durante el periodo 2011-2013.* Universidad Libre de Colombia. Pereira. 2015. p. 15.

"Ahora bien, en virtud al bloque de constitucionalidad y los tratados internacionales, específicamente las reglas de las Naciones Unidas para la Administración de Justicia en el Área de menores, denominadas "Reglas de Beijing", se anuncia que los sistemas por los cuales se juzgue y condene a los adolescentes, deben poseer un contenido primordialmente re-educativo y pedagógico, enfocado a las finalidades de orden protector y restaurativo de los derechos de los adolescentes en conflicto con la norma, tomando en cuenta eso sí, las características individuales del adolescente, para la imposición de una sanción."

Los citados autores, hacen hincapié en el sentido educativo del sistema sancionatorio previsto para ser aplicado a los adolescentes en conflicto con la Ley penal, para lo cual deben tomarse en cuenta las características individuales del adolescente, lo cual conduce indudablemente a la adecuación de la sanción a imponer, de modo que cumpla fines vinculados a la persona a la cual se aplica, tomando en cuenta sus derechos y los hechos o circunstancias, que influyeron o incidieron en la conducta delictiva del adolescente y su posición frente al hecho mismo y sus efectos.

Las pautas establecidas en el artículo 622 de la Ley Orgánica para la Protección de Niños, Niñas y Adolescentes, sin duda alguna, constituyen una serie de reglas que atribuyen cierta discrecionalidad al Juez para que al momento de dictar la sentencia producto de la cual se condene y sancione al adolescente, proceda en forma razonada, lógica y centrada en la condición de la persona sometida a proceso, quien por la edad, está en pleno desarrollo. En virtud de ello, el juez al aplicar la sanción debe hacerlo, atendiendo al hecho, la personalidad, habilidades y destrezas del adolescente, sobre todo porque las sanciones tienen un grado de mayor o menor gravedad, y las circunstancias a ser tomadas en cuenta de acuerdo a lo pautado en la citada norma, deben conducir al juez a establecer aquella que resulte adecuada al hecho y al adolescente, y si se trata de la privación de libertad, podría conforme a los parámetros establecidos en el dispositivo legal, aplicar la sanción en su totalidad o en forma disminuida.

Es indudable que lo antes planteado debe conducir al juez a hacer consideraciones que debe plasmar en la oportunidad de dictar sentencia, razón por la cual, dadas las características y fines del sistema sancionatorios, además de atender al principio de legalidad, por razón de seguridad jurídica, deberá motivar la sentencia, no solo en lo atinente a los hechos y a la autoría, sino en cuanto a la sanción que habrá de aplicar.

En efecto, las pautas contenidas en el artículo 622 de la ley *in comento*, no puede constituir una enumeración de indicaciones sin sentido, por cuanto las mismas han sido concebidas para ser aplicadas en armonía, con el artículo 8 de la especialísima Ley, referido al principio del Interés Superior del Niño y a los fines, tanto del sistema de sanciones concebido para ser aplicado a los adolescentes incursos en la perpetración de un hecho punible, como a los objetivos perseguidos con su ejecución y el sistema de Penal de Responsabilidad del Adolescente en conjunto.

Es indudable que el Sistema tiene como objeto inicial, establecer si se ha cometido un hecho punible, si un adolescente participó en su perpetración, todo lo cual debe perseguirse con absoluto apego a principios y garantías que lo informan, pero además, si de la actuaciones se establece la responsabilidad del adolescente en los hechos, la sanción a imponer, debe perseguir el desarrollo de la personalidad del mismo y dotarlo de herramientas que hagan posible su armónica convivencia, familiar y social, una vez cumplida la misma. Claro está, que impuesta la sanción es obligatorio observar los derechos del adolescente sancionado, contemplados en los artículos 630 para cuando se imponen sanciones no privativas de libertad y los contemplados en el artículo 631, aplicables junto con los anteriores a quienes resulten privados de libertad.

Aunque pudiese pensarse que las citadas normas deben ser observadas por lógica, dado que el Sistema en el marco del cual han sido juzgados los adolescentes sancionados es de carácter garantista, es menester considerar que además de su aplicación u observación por las razones antes señaladas, su obligatorio seguimiento, está íntimamente ligado al carácter individualizador de la sanción.

Las sanciones del Sistema Penal de Responsabilidad del Adolescente, tienen una finalidad educativa y cada una de ellas ha sido diseñada, con miras a lograrla, por lo que en aras de su consecución en el marco del sistema se ha previsto una fase en el marco de la cual, el órgano jurisdiccional debe convertirse en vigilante de su consecución, que en términos generales es prepararle de acuerdo con sus destrezas y habilidades para su reincorporación a la familia y la sociedad, dotado de herramientas suficientes y necesarias para asumir plenamente su vida social y familiar.

La observancia de las pautas señaladas en el artículo 622 de la Ley Orgánica para la Protección de Niños, Niñas y Adolescentes, permitirán al juez el conocimiento de que ha ocurrido un hecho punible, de la participación de un adolescente en su perpetración, de la naturaleza y gravedad del hecho, la edad del adolescente, el compromiso o vinculación del adolescente con los hechos, el tipo de sanción a establecer, el tiempo de cumplimiento del mismo, la capacidad del adolescente para cumplirla, y sobre todo podrá acordar una única sanción o varias para ser cumplidas de forma simultánea o sucesiva y por supuesto evitará el establecimiento de condiciones que hicieran inejecutables las sanciones, por ser contrarias al desarrollo del adolescente o por no cumplir los fines para los cuales se acordó su aplicación.

Cabe señalar que el parágrafo tercero del artículo 622 ya analizado de la citada Ley especialísima, establece lo siguiente: "*A los fines de la fijación de la sanción, queda expresamente prohibida la aplicación del artículo 37 del Código Penal Venezolano vigente, referido a la dosimetría penal*".

Si bien ligado al principio de Proporcionalidad, y con miras a evitar excesos, la dosimetría penal, orienta al juez para que en la oportunidad de dictar sentencia de condena, cuando la sanción o pena prevista para el delito este comprendida entre dos límites, superior o máximo e inferior o mínimo, se entiende que la normalmente aplicable es el término medio que se obtiene sumando los dos números y tomando la mitad; se la reducirá hasta el límite inferior o se la aumentará hasta el superior, según el mérito de las respectivas circunstancias atenuantes o agravantes que concurran en el caso concreto, debiendo compensárselas cuando las haya de una y otra especie, tal como se desprende de la citada norma.

En el caso del Sistema Penal de Responsabilidad del Adolescente, el Juez no se ve sometido a límites para la aplicación matemática de la sanción, pues se trata de darle u otorgarle un sentido humano a la sanción para cuya aplicación, el juez, además de tomar en cuenta los hechos, debe centrarse también en el adolescente, su historia de vida, que no es otra cosa que la que se desprende de las exigencias pautadas en el artículo 622 de la Ley Orgánica para la Protección de Niños, Niñas y Adolescentes, de la cual podrá verificar las circunstancias vitales ligadas a la comisión del delito, sobre todo cuando se le exige tomar en cuenta los esfuerzos hechos por el autor o partícipe en el hecho, por reparar el daño, su arrepentimiento, y por supuesto, su edad y capacidad para soportar los embates del cumplimiento de la sanción.

En definitiva la discrecionalidad reglada con la cual actúa el Juez Penal en el marco del sistema objeto de estudio, no significa someterse a las matemáticas, pero tampoco puede considerarse que goza de potestad para incurrir en excesos, por cuanto está obligado a observar principios y garantías que constituyen un límite, una camisa de fuerza a su actuación, pues debe aplicar en forma racional y proporcional la sanción, atendiendo a la naturaleza y a la lesividad ocasionada por el delito, y la misma debe ser la idónea, atendiendo a características propias del adolescente sancionado

En torno a lo antes planteado, Morais[6] señala lo siguiente:

> *"...la LOPNNA prevé como medida sancionatoria una medida de seguridad post-delictual de finalidad educativa aplicada y ejecutada por un juez especializado, sin ninguna consideración a la peligrosidad del adolescente, dentro de los límites fijados por la norma y ejecutada de acuerdo a las condiciones, derechos y garantías establecidas.*
>
> *Finalmente, es menester recordar que por tratarse de medidas de seguridad es que se permite al juez al momento de individualizar la sanción, escoger entre múltiples posibilidades que le da le ley, la que siendo proporcional al hecho, más favorezca el desarrollo integral del adolescente y con el mismo sentido, modificarla o sustituirla por otra menos gravosa, para adecuarla mejor a la evolución del caso."*

6 María Gracia Morais. *op. Cit.* p.189.

De acuerdo con lo expresado por la citada autora, la naturaleza jurídica de la sanción a imponer, tal como quedó evidenciado supra, es una medida de seguridad sancionatoria post-delictual, susceptible de ser individualizada, atendiendo a los parámetros del artículo 622 de la Ley Orgánica para la Protección de Niños, Niñas y Adolescentes, por parte de un Juez especializado, no en balde el artículo 528 hace referencia a la competencia especializada, aunque la norma refiere en específico a la jurisdicción, pero siendo que la jurisdicción es una potestad de la cual están dotados todos los jueces, para administrar justicia en nombre de la República y por autoridad de la ley conforme a las previsiones del artículo 523 del texto constitucional, lo que ha de ser especializado es la competencia por la materia y las funciones que deba desarrollar cada juez, en el marco del sistema penal objeto de estas consideraciones. Esa individualización, es la que permite la revisión obligatoria de la sanción impuesta, a los fines de su modificación o sustitución, por una menos gravosa, según plantea el legislador, en aras de adecuarla a la evolución del caso.

LA FASE DE EJECUCIÓN

Es la última fase del proceso a cargo de un juez, cuyas atribuciones le conducen a encargarse de la vigilancia y control de la sanción impuesta, una vez se haya pronunciado una sentencia de condena.

FINES DE LA FASE DE EJECUCIÓN

El artículo 629 de la ley in comento, señala sobre la indicada fase procesal lo siguiente: "*La ejecución de las medidas tiene por objeto lograr el pleno desarrollo de las capacidades del o de la adolescente y la adecuada convivencia con su familia y con su entorno social*".

Como puede observarse, la ejecución de las sanciones a imponer en el proceso penal diseñado para ser aplicado a los adolescentes en conflicto con la ley penal, tiene como finalidad preparar al sancionado con base en sus facultades, destrezas y habilidades, para la adecuada reinserción social y familiar. Es por ello que sancionar en el Sistema Penal de Responsabilidad del Adolescente, no significa castigar o retribuir a la víctima o a la sociedad, sino obrar en aras de desarrollar habilidades o capacidades del adolescente objeto de la medida, para en tanto persona, en tanto ciudadano, la convivencia familiar y social, resulte adecuada, una vez cumplida la sanción.

TRIBUNAL COMPETENTE Y FUNCIONES

El artículo 646 de la Ley Orgánica para la Protección de Niños, Niñas y Adolescentes, establece lo siguiente:

> *"El Juez o Jueza de Ejecución es el encargado o encargada de controlar el cumplimiento de las medidas impuestas al o a la adolescente. Tiene competencia para resolver las cuestiones o incidencias que se susciten durante la ejecución y para controlar el cumplimiento de los objetivos fijados por esta Ley."*

En congruencia con las previsiones anteriores, el artículo 647 señala como funciones del Juez de Ejecución del Sistema Penal de Responsabilidad del Adolescente:

> *"a) Vigilar que se cumplan las medidas de acuerdo con lo dispuesto en la sentencia que las ordena.*
> *b) Controlar que la ejecución de cualquier medida no restrinja derechos fundamentales que no se encuentren fijados en la sentencia condenatoria.*
> *c) Vigilar que el plan individual para la ejecución de las sanciones esté acorde con los objetivos fijados en esta Ley.*
> *d) Velar porque no se vulneren los derechos del o de la adolescente durante el cumplimiento de las medidas, especialmente en el caso de las privativas de libertad.*
> *e) Revisar las medidas por lo menos una vez cada seis meses, para modificarlas o sustituirlas por otras menos gravosas, cuando no cumplan con los objetivos para los que fueron impuestas o por ser contrarias al proceso de desarrollo del o de la adolescente.*
> *f) Controlar el otorgamiento o denegación de cualquier beneficio relacionado con las medidas impuestas.*
> *g) Conocer y decidir sobre la impugnación de las medidas disciplinarias impuestas a los privados de libertad.*

h) Decretar la cesación de la medida.
i) Las demás atribuciones que esta u otras leyes le asignen."

Las atribuciones del juez de ejecución del sistema objeto de consideración, requiere de la especialización en el área, de modo que en conocimiento de los fines del sistema mismo, de las sanciones y de la fase bajo su conducción, procure un proceso caracterizado por la progresividad, fundamentalmente en la búsqueda de la asunción consciente del adolescente de la gravedad y consecuencia de sus actos, pero fundamentalmente, y siempre en ese sentido, desarrollar las capacidades del sancionado, a fin de lograr la adecuada convivencia social y familiar del mismo.

REVISIÓN. SUSTITUCIÓN Y MODIFICACIÓN DE LAS SANCIONES

Tal como se ha dejado sentado previamente, el Juez de Ejecución tiene atribuidas funciones dentro de las cuales destaca, de conformidad con el literal e) del artículo 647:

> *"Revisar las medidas por lo menos una vez cada seis meses, para modificarlas o sustituirlas por otras menos gravosas, cuando no cumplan con los objetivos para los cuales fueron impuestas o por ser contrarias al proceso de desarrollo del o la adolescente."*

La facultad de revisar las sanciones impuestas está ligada a la tendencia o previsión de la individualización de las mismas, de modo que de resultar necesario, y atendiendo a las razones señaladas que lo justifiquen el juez proceda a la modificación o la sustitución de la sanción impuesta.

En efecto, el legislador ha contemplado que de oficio o a solicitud de parte, el Juez de Ejecución deberá revisar por lo menos cada seis meses, la sanción impuesta con miras a su modificación o sustitución por medidas menos gravosas.

Como puede observarse, el juez de ejecución podrá revisar la sanción impuesta, por lo menos dos veces al año, es decir, cada seis meses, lo que significa que podría ser en más oportunidades por requerirlo así las circunstancias.

Además de poder revisar las sanciones por lo menos en las citadas oportunidades, tal hecho debe obedecer a razones perfectamente justificadas. En ese sentido el legislador ha previsto que resultado de la revisión, podría ser que se requiera la modificación de la sanción, lo que significa mantener la misma que había sido aplicada, e introducir cambios en cuanto a las condiciones establecidas para el cumplimiento de las mismas.

Las sanciones deben cumplirse en condiciones de modo, tiempo y lugar, las cuales podrían sufrir o experimentar modificaciones, es decir, si en vez de hacerlo tres veces a la semana, durante dos horas, podría concentrarse en dos días, a solicitud del sancionado o de oficio, y siempre que se compruebe que la modificación obra a su favor.

Lo mismo podría ocurrir con el lugar de cumplimiento e incluso, podría establecerse que en vez de presencialidad física, la misma se realice en forma remota, si las destrezas o habilidades del adolescente lo permiten. El lugar de cumplimiento de la sanción podría ser objeto de modificación, en la medida en que la permanencia o la frecuente presencia en el lugar fijado para el cumplimiento de la sanción, sea contrario al desarrollo del adolescente o a los fines para los cuales fue aplicada la medida. Una de las razones podría estar representada por el hacinamiento del lugar o la presencia de personas que dificulten el desarrollo de las potencialidades o el ejercicio de los derechos del adolescente sancionado.

Lo mismo puede ocurrir, cuando las habilidades y destrezas están ligadas a la cultura, el arte, el deporte, circunstancias que podrían facilitar modificaciones que hagan posible su cumplimiento y sobre todo, desarrollar el potencial del adolescente sancionado, en el entendido que la medida impuesta, y cuya modificación se realiza, se fundamentó en las posibilidades y capacidades ofrecidas por el adolescente.

El citado literal e) del artículo 647 de la Ley señala otro supuesto resultado de la revisión y es que una vez realizada la misma, el Juez de Ejecución podría sustituir la sanción impuesta por una menos gravosa, cuando la misma es contraria al desarrollo de adolescente o no cumple con los objetivos para los cuales fue fijada.

Debe recordarse que los adolescentes sometidos a proceso penal, pese a resultar sancionados como resultado de una sentencia condenatoria, conservan sus derechos en tanto seres humanos, razón por la cual, la sentencia no puede limitar derechos más allá de los contemplados en el fallo, por lo que de suscitarse una situación como la planteada, no es por la vía de la revisión de la sanción como puede pretenderse, enervar el pronunciamiento jurisdiccional, ya que el legislador atribuye a las partes, y fundamentalmente atendiendo a los principios de impugnabilidad objetiva y subjetiva, dentro del lapso y las formalidades previstas en la ley, y con la debida argumentación, hacer uso de los recursos contra las decisiones dictadas por los jueces del sistema, en este caso. En definitiva los afectados por una decisión, disponen de medios para enervar sus efectos, y no es precisamente por vía de la revisión.

Lo anteriormente señalado es importante, por cuanto se ha pretendido en oportunidades que el Juez de Ejecución se convierta en juez de alzada de los jueces de juicio. Las funciones del Juez de Ejecución, están perfectamente delimitadas, razón por la cual, las funciones que han sido señaladas supra, están vinculadas a la ejecución de la sanción impuesta. En virtud de lo antes expuesto, la revisión con miras a sustituir la sanción impuesta por una menos gravosa, requiere en este caso, de una prueba contundente, por parte del adolescente sancionado o su defensa con miras a demostrar que la sanción impuesta mediante sentencia es contraria al desarrollo integral del adolescente o a los fines para los cuales fue impuesta.

De lo antes expresado, podría indicarse que la sustitución debe darse en situaciones extremas, es decir, por razones de carácter humanitario, si se tratase de una medida privativa de libertad o de una Semilibertad, que podría dar lugar a que la primera sea sustituida por la segunda, y esta, por una menos gravosa, solo en esas situaciones extremas de orden humanitario, porque de mantenerse la primera podría significar una afección física o psíquica, contraria a la tranquilidad, a la estabilidad del adolescente sancionado.

Lo antes planteado informa que de no ofrecerse debidamente fundamentada la solicitud de revisión con miras a la sustitución de la sanción, y por lo tanto no demostrada que la sanción afecta al desarrollo del adolescente y que es contraria al objetivo perseguido con su aplicación, el juez debe mantenerla y no sustituirla.

La sustitución es más viable en cuanto a las sanciones distintas a la privativa de libertad, porque en esta última, salvo motivos de humanidad como los antes señalados, sería posible la modificación, en cuanto a las condiciones de modo, tiempo o lugar antes referidas, pero si se alegara que la misma es contraria al desarrollo del adolescente o no cumple los fines para los cuales fue aplicada, resulta bastante cuesta arriba.

En oportunidades se ha observado como alegato para lograr la sustitución de la medida privativa de libertad, el cumplimiento por parte del adolescente de un buen porcentaje de la sanción o que está observando buena conducta, a lo que es necesario argüir, que una de las obligaciones del adolescente es "*Respetar, cumplir y obedecer todas las disposiciones del ordenamiento jurídico y las ordenes legitimas que, en la esfera de sus atribuciones, dicten los órganos del poder público*", tal como se desprende del literal b) y del artículo 93 ya citado de la Ley Orgánica para la Protección de Niños, Niñas y Adolescentes.

Como puede observarse del citado literal e) del artículo 647 de la ley Orgánica para la Protección de Niños, Niñas y Adolescentes, la revisión de la medida impuesta es obligatoria, lo que quiere decir, que dada su obligatoriedad, podría el juez, proceder a hacerlo de oficio o a solicitud de parte, lo que no es obligatorio es que modifique la medida o que la sustituya, por cuanto es necesario que se cumplan las exigencias del literal bajo análisis, puesto que deben darse una u otra de las condiciones exigidas para la procedencia de la modificación o sustitución.

El legislador exige que para que proceda la modificación o sustitución de la sanción esta debe ser contraria al desarrollo del adolescente o a los objetivos perseguidos con su fijación. En ese sentido, se ha planteado cuáles situaciones podrían conducir a la modificación de la sanción, pero cuando se atiende a las causas que podrían dar lugar a la sustitución de la misma, la gama de oportunidades u opciones se reduce.

La previsión y observancia del artículo 622 de la Ley Orgánica para la Protección de Niños, Niñas y Adolescentes, es una garantía de la idoneidad de la sanción a imponer, pero la revisión de la misma, con miras a su modificación o sustitución es un mecanismo dirigido lograr la adecuación de las mismas, en caso de observarse fallas en su imposición, previa demostración de su procedencia.

EL INTERÉS SUPERIOR DEL NIÑO Y LA SANCIÓN EN EL SISTEMA PENAL DE RESPONSABILIDAD DEL ADOLESCENTE

El Interés Superior del Niño, consagrado en el artículo 8 de la Ley Orgánica para la Protección de Niños, Niñas y Adolescentes, constituye principio de obligatoria observancia e interpretación, a los efectos de la toma de decisiones cuando de personas que no han alcanzado la mayoridad se trata. En el caso del Sistema Penal de Responsabilidad del Adolescente, su consideración se hace imprescindible, sobre todo cuando la sentencia resulte condenatoria y haya que aplicar la sanción correspondiente.

En efecto, ya se ha establecido que el órgano decisor a los fines de aplicar la sanción que corresponda, debe atender al mecanismo garantizador de la individualización de la misma, como lo es el artículo 622 de la Ley Orgánica para la Protección de Niños, Niñas y Adolescentes, conformado por pautas orientadoras, claras y precisas que permitirán al juez obrar con justicia y por lo tanto adecuar la medida correspondiente a la realidad de los hechos y del autor o partícipe en su perpetración. Sin embargo, es menester que el juez recurra al principio antes señalado, dada su obligatoria aplicación, y sobre todo por su sentido orientador a los fines de hacer la ponderación de intereses en juego.

El artículo 8 de la citada Ley establece:

> *"El Interés Superior del Niño, Niña y Adolescente es un principio de interpretación y aplicación de esta Ley, el cual es de obligatorio cumplimiento en la toma de todas las decisiones concernientes a los niños, niñas y adolescentes. Este principio está dirigido a asegurar el desarrollo integral de los niños, niñas y adolescentes, así como el disfrute pleno y efectivo de sus derechos y garantías.*
> *Parágrafo Primero. Para determinar el interés superior de niños, niñas y adolescentes en una situación concreta se debe apreciar:*
> *a) La opinión de los niños, niñas y adolescentes.*
> *b) La necesidad de equilibrio entre los derechos y garantías de los niños, niñas y adolescentes y sus deberes.*
> *c) La necesidad de equilibrio entre las exigencias del bien común y los derechos y garantías del niño, niña o adolescente.*
> *d) La necesidad de equilibrio entre los derechos de las personas y*

los derechos y garantías del niño, niña o adolescente.
e) La condición específica de los niños, niñas y adolescentes como personas en desarrollo.
Parágrafo Segundo. En aplicación del Interés Superior de Niños, Niñas y Adolescentes, cuando exista conflicto entre los derechos e intereses de los niños, niñas y adolescentes frente a otros derechos e intereses igualmente legítimos, prevalecerán los primeros."

Del texto de la transcrita norma se desprende que el Juez en la oportunidad de emitir el fallo de condena y a los efectos de la aplicación de la sanción correspondiente, debe tomar en cuenta lo dicho por el adolescente en conflicto con la ley penal, en atención a la obligación y necesidad de oírlo, equilibrar derechos, garantías y deberes del mismo, con la exigencias del bien común, los derechos de las demás personas, y por supuesto la condición especifica del adolescente sometido a proceso penal, por tratarse de una persona en desarrollo.

Sin duda alguna la debida ponderación de intereses permitirá una decisión justa, para lo cual se hace necesario, obrar de forma racional, atendiendo al principio de legalidad y a la proporcionalidad. Eso permitirá evitar excesos, y establecer el debido equilibrio entre derechos e intereses a tomar en cuenta. El Interés Superior del Niño, garantizará el debido respeto al adolescente sometido a proceso penal, pero no debe ser un subterfugio para la impunidad, es decir, no puede ser empleado e incluso alegado como argumento, para eludir la obligación de atender al binomio Severidad-Justicia que informa la Doctrina de la Protección Integral.

El adolescente es un sujeto pleno de derecho y como tal, además de derechos, asume obligaciones y por lo tanto, deberá responder por el incumplimiento de estas últimas. En virtud de ello, el juez no solo debe tomar en cuenta, los derechos y garantías del mismo, sino los deberes que como ciudadano asume, por lo que de resultar responsable de la comisión o haber participado en la perpetración de un hecho punible, luego de un trabajo arduo, razonado, lógico y ponderado, deberá aplicar la sanción que resulte idónea a la situación concreta, con absoluto apego a las exigencias y fines del sistema y del régimen sancionatorio diseñado en el marco del mismo.

REFERENCIAS BIBLIOGRÁFICAS

BOLÍVAR TOVAR, Jorge M. y HERNÁNDEZ MUÑOZ, Ana M. *Las Sanciones en el Sistema de Responsabilidad Penal para Adolescentes en el Departamento de Quindío durante el periodo 2011-2013.* Universidad Libre de Colombia. Pereira. 2015.

CAFFERATA NORES, José I. *Proceso Penal y Derechos Humanos. La Influencia de la normativa supranacional sobre derechos humanos de nivel constitucional en el proceso penal argentino.* Editores del Puerto S.R.L. Buenos Aires. 2000.

MORAIS, María G. *La Pena: Su Ejecución en el Código Orgánico Procesal Penal.* 2da. Edición. Vadell Hermanos, Caracas, 2000.

TEJEIRO LÓPEZ, Carlos E. *Teoría General de Niñez y Adolescencia.* 2da. Edición. Universidad de los Andes. Colombia. 2005.

VENEZUELA. *Código Orgánico Procesal Penal.* Gaceta Oficial No 6.078 del 15 de junio de 2012

VENEZUELA. *Código Penal.* Gaceta Oficial No 5.768 del 13 de abril de 2005.

VENEZUELA. *Ley Orgánica para la Protección de Niños, Niñas y Adolescentes.* Gaceta Oficial No 6.185 del 8 de junio de 2015.

VENEZUELA. *Ley Tutelar de Menores.* Imprenta de la Republica Caracas, 1982.

LIBRO HOMENAJE A CECILIA SOSA GÓMEZ

AUTORES

Alejandro González Valenzuela
Alfredo Parés Salas
Allan R. Brewer-Carías
Ana Sánchez Lamelas
Ángel Manuel Moreno Molina
Carlos Ayala Corao
César Augusto Carballo Mena
Enrique Urdaneta Fontiveros
Fernando M. Fernández
Fortunato González Cruz
Franklin Hoet-Linares
Gabriel Ruan Santos
Gonzalo Pérez Salazar
Héctor Faúndez Ledesma
Henrique Iribarren Monteverde
Humberto Romero-Muci
Jaime Rodríguez-Arana
Jesús Ollarves Irazábal
Jorge Luis Lozada González
José Antonio Muci Borjas
José Araujo-Juárez
José Ignacio Hernández G.
Juan Antonio Hernández Corchete
Juan Carlos Cassagne
Juan Cristóbal Carmona Borjas
Juan Manuel Alegre Ávila
Juan Manuel Raffalli
Julio Rodríguez Berrizbeitia
Luciano Parejo Alfonso
Luis Alberto Petit Guerra
Luis Cova Arria
Luis Miguez Macho
María Amparo Grau
Milagros Betancourt C.
Moisés Troconis Villarreal
Nelly Del Valle Mata
Rafael Badell Madrid
Ramón Escovar León
Ramsis Ghazzaoui
Raúl Arrieta Cortés
Raúl Arrieta Cuevas
Rodrigo Rivera Morales
Román J. Duque Corredor
Salvador R. Yannuzzi Rodríguez
Xabier Arzoz Santisteban

UCAB UNIVERSIDAD CATÓLICA ANDRÉS BELLO

FUNEDA FUNDACION ESTUDIOS DE DERECHO ADMINISTRATIVO

ISBN: 978-980-416-040-0
9 789804 160400

www.ingramcontent.com/pod-product-compliance
Lightning Source LLC
LaVergne TN
LVHW040055051026
849525LV00002B/696
9789804160400